AF477320

Il tempo presente e il tempo passato
son forse presenti entrambi nel tempo futuro.
e il tempo futuro è contenuto nel tempo passato.
Se tutto il tempo è eternamente presente
tutto il tempo è irredimibile.
Time present and time past
Are both perhaps present in time future.
And time future contained in time past.
If all time is eternally present
All time is unredeemable.

Thomas S. Eliot

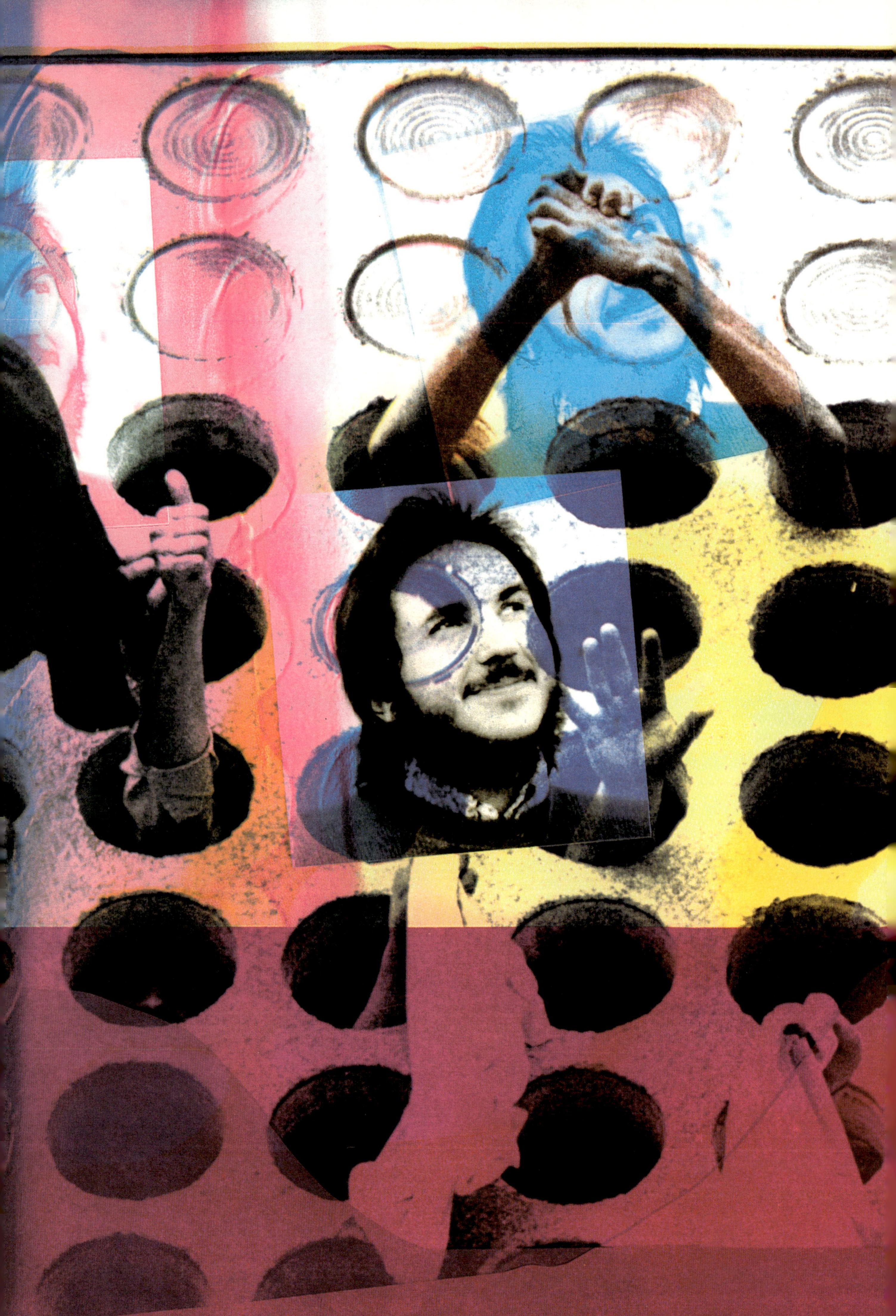

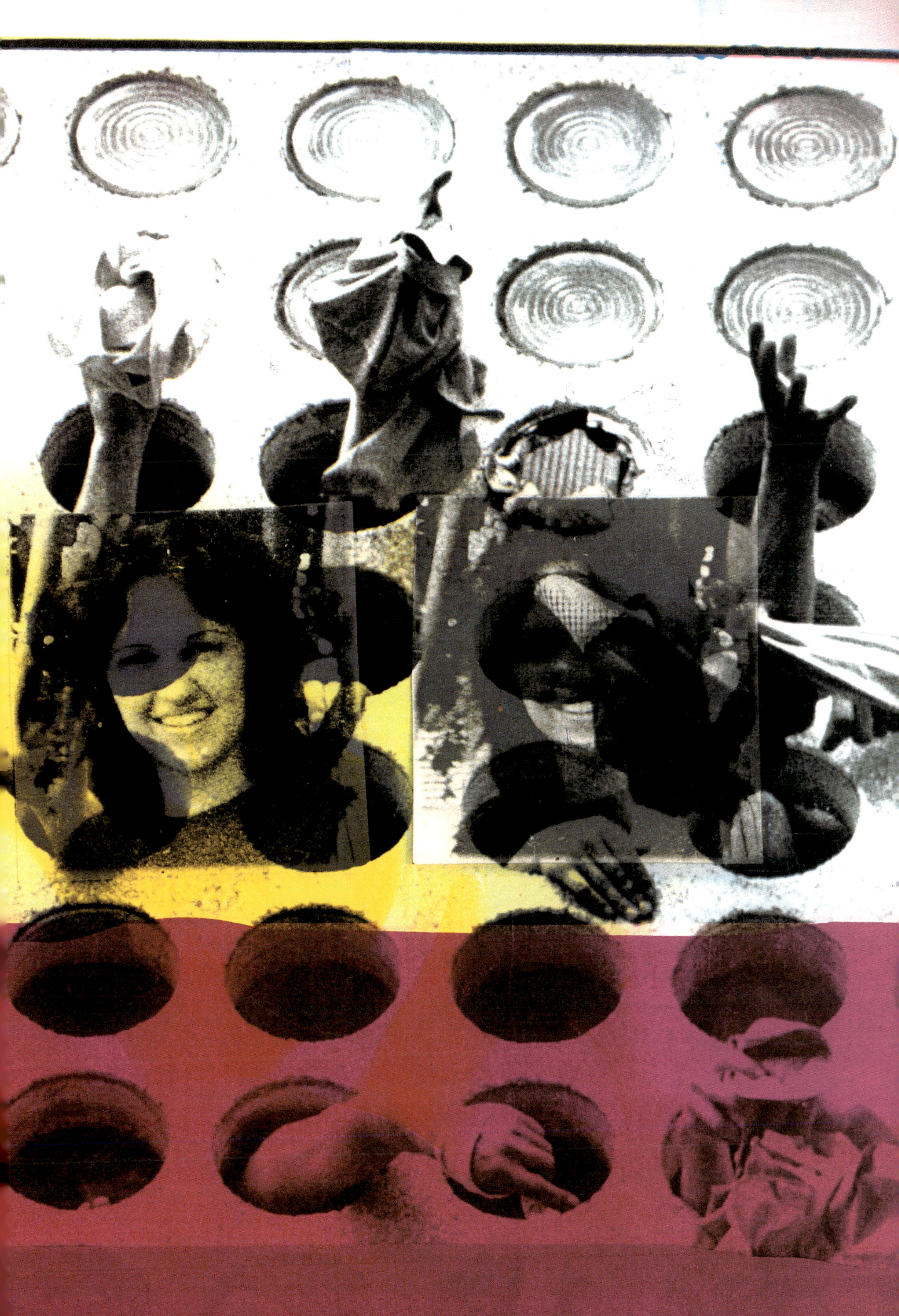

Moreno Gentili

VIE DI MEMORIA
GIANLUIGI COLIN
STREETS OF MEMORY

Testi/Texts

Matteo Collura
Francesco Durante
Arturo Carlo Quintavalle
Gianni Riotta
Lalla Romano

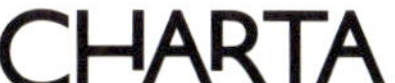

Con il contributo di/With the support of

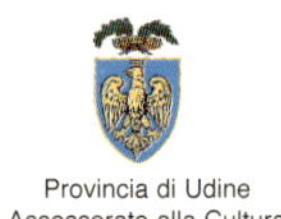

Provincia di Udine
Assessorato alla Cultura

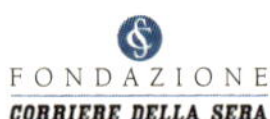

FONDAZIONE
CORRIERE DELLA SERA

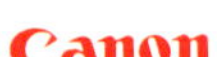

Canon

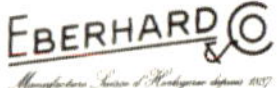

Progetto grafico/Graphic Design
Francesco Dondina e Associati, Milano

Coordinamento generale/General Coordination
Modo, Milano

Coordinamento grafico/Graphic Coordination
Gabriele Nason

Coordinamento redazionale/Editorial Coordination
Emanuela Belloni

Redazione/Editing
Elena Carotti
Harlow Tighe

Traduzione/Translation
Judith Mundell

Copy e ufficio stampa/Copywriting and Press Office
Silvia Palombi Arte&Mostre, Milano

Grafica Web e promozione on-line/Web Design and On-line Promotion
Barbara Bonacina

ISBN 88-8158-428-X

Edizioni Charta
via della Moscova, 27
20121 Milano
Tel. +39-026598098/026598200
Fax +39-026598577
e-mail: edcharta@tin.it
www.chartaartbooks.it

Printed in Italy

Ai compagni di viaggio

Ho sempre pensato alla memoria non come nostalgia ma come valore fondante ed essenziale del presente. Un valore per capire chi siamo e dove andiamo. Per questo, dò un bacio alle mie cucciole Paola Maria e Flavia, pensando a Giulia che, con il suo affetto, la sua presenza e i costanti suggerimenti, ha dato corpo a questo progetto che è stato, davvero, un'esperienza ricca di sorprese ed emozioni.

Vie di memoria è nato da un Raptus. Nel marzo del 2001 nella casa editrice che pubblica questo libro, Moreno Gentili, invitandomi a una performance (i Raptus di Charta, appunto) ha dato il via a questo progetto di cui è diventato poi curatore, seguendolo con partecipazione e preziosi consigli. A lui, dunque, il primo, sentito, grazie. A Francesco Dondina, poi, un abbraccio per aver condiviso, il lavoro e averne restituito, con sensibilità, una nuova visione.

Sono stati determinanti i consigli e i contributi di alcuni cari amici: Irma Arestizabal, Emanuela Belloni, Roberto Benini, Marzio Breda, Elena Carotti, Francesco Cèvasco, Anna Corno, Aldo D'Andria, Paola De Ciuceis, Bruno Delfino, Danilo De Marco, Francesco Durante, Pasquale Elia, Marina Maiella, Daniele Manca, Pedrag Matvejevic, Roberto Micheli, Nestore Morosini, Flavio Natalia, Anna Piva, Fernanda Pivano, Diana Quarti, Arturo Carlo Quintavalle, Giuseppe Ravera, Antonio Ria, Gianni Riotta, Luisa Ronchi, Francesca Terranova, Antonio Troiano, Alberto Valeri, Giovanni Vallar, Giovanni Zanolin.

Un ringraziamento a chi ha permesso la realizzazione delle performance durante le quali sono state raccolte le memorie: Giuseppe Liverani, editore di Charta: Fiorella Piras dell'Istituto di Cultura di Buenos Aires; Nora Hoctbaun, direttrice del Centro Culturale Recoleta di Buenos Aires: Luigi Morra, direttore della libreria "La Feltrinelli" di Napoli; Mauro Covacich, responsabile di Pordenonelegge.it: Danilo Eccher, direttore del MACRO, Museo d'arte contemporanea di Roma.
A Roberto Stringa e Cesare Biffi della Fondazione del Corriere della Sera i miei più affettuosi ringraziamenti per il preziosissimo aiuto.
La mia riconoscenza a Mauro Dominici delle Arti Grafiche Friulane per aver creduto in questo progetto. A Mosè Franchi, infine, un grazie per avermi seguito con amicizia e disponibilità con il supporto indispensabile di Canon.

Ma il più sentito grazie a tutti coloro che con la loro "memoria privata" hanno condiviso questo racconto corale di tanti universi affettivi, questa rete straordinaria di relazioni tra il nostro mondo interiore e la realtà. Un abbraccio, dunque, a chi sa che "ricordare" resta un esercizio necessario per avere sempre con sé il senso della Storia. Quella privata e quella collettiva.

To my travel companions

I have always thought of memory not as nostalgia but as a founding and essential value of the present. A value for understanding who we are and where we are going. For this reason, I embrace my babies Paola Maria and Flavia, and think of Giulia, who with her affection, presence and constant suggestions, gave a shape to this project, which was truly an experience rich in surprises and emotions.

Vie di memoria (Streets of Memory) was born of a Raptus. In March 2001 Moreno Gentili, by inviting me to a performance (Charta's Raptus obviously) at Charta, the publishers of this book, was the one who got this project going. He subsequently became its editor, present every step of the way with his precious advice and participation. Therefore I owe my first heartfelt thanks to him. Then I embrace Francesco Dondina for having shared the project and sensitively given it fresh vision.

The project was only made possible thanks to the affection, constructive criticism and contribution of some friends: Irma Arestizabal, Emanuela Belloni, Roberto Benini, Marzio Breda, Elena Carotti, Francesco Cevasco, Anna Corno, Aldo D'Andria, Paola De Ciuceis, Bruno Delfino, Danilo De Marco, Francesco Durante, Pasquale Elia, Marina Maiella, Daniele Manca, Pedrag Matvejevic, Roberto Micheli, Nestore Morosini, Flavio Natalia, Anna Piva, Fernanda Pivano, Diana Quarti, Arturo Carlo Quintavalle, Giuseppe Ravera, Antonio Ria, Gianni Riotta, Luisa Ronchi, Francesca Terranova, Antonio Troiano, Alberto Valeri, Giovanni Vallar, Giovanni Zanolin.

Thanks as well to those who hosted the performances during which memories were collected: Giuseppe Liverani, editor of Charta, Fiorella Piras of the Cultural Institute of Buenos Aires, Nora Hoctbaun, director of the Recoleta Cultural Center of Buenos Aires, Luigi Morra, director of the bookshop "la Feltrinelli" of Naples, Mauro Covacich, Danilo Eccher, director of the Macro Museum of Contemporary Art of Rome. To Roberto Stringa and Cesare Biffi of the Fondazione del Corriere della Sera my fondest thanks for their invaluable help. My thanks to Mauro Dominici of Arti Grafiche Friulane for having believed in this project. Finally thanks to Mosè Franchi for following me with friendship and readiness to help, and the indispensable support of Canon.

But my most sincere thanks goes to all those who with their "private memories" shared this choral tale of many affective universes, this extraordinary network of relationships between our interior world and reality. So, thank you from the bottom of my heart to those who know that "remembering" remains a necessary exercise in order to have a sense of history constantly with you. Both the private and the collective.

Gianluigi Colin

A mia madre, che sa cosa ricordare e
cosa dimenticare.
To my mother, who knows what to
remember and what to forget.

Moreno Gentili

Vie di memoria

"A sollecitare la memoria dello smemorato, gli furono mostrate fotografie", scrive nel *Teatro della memoria* Leonardo Sciascia, uno dei protagonisti della cultura italiana che, per ingegno e impegno civile, rappresenta oggi un percorso di memoria, inquieto e autentico, del nostro paese. Nel libro, lo scrittore siciliano mette in campo tutta la propria abilità per restituire un profondo insegnamento in merito al valore, insostituibile, della *memoria* e insieme degli inganni che spesso si mettono in atto per tacerla, negarla e confutarla agli occhi della Storia. Ma Sciascia, autore dotato di ironia e saggezza, rivela al tempo stesso la forza di una memoria che rimane inconfutabile: quella degli affetti dove "non ci sono prove contrarie che tengano, quando si vuol credere".

"… gli furono mostrate fotografie", sono parole che descrivono un gesto apparentemente semplice, ma carico di quella ritualità che è preludio di rivelazioni importanti, di conoscenza, di *memoria*, appunto. Qualcosa che nel compiersi appartiene a ognuno di noi, forse nucleo intimo di un DNA emozionale, che vive delle visioni di un passato trascorso in termini di unica e indivisibile esperienza di vita.

Un luogo profondo dell'anima dove tra visioni di intimi e personali ricordi, si tirano ogni volta somme indelebili sulla positività della propria esistenza, sull'infelicità, ma anche sulle opportunità avute dal destino, sul senso dell'errore, magari ignorato, non compreso al momento giusto.

È comunque nel *ricordo*, sia quando questo è parte di un'esperienza breve o anche di una vita intera, che si ha l'opportunità di osservare quella soglia temporale, indefinibile e rapida, tanto apparente quanto profonda e vertiginosa. Inutile davvero tentare di sfuggirvi, a meno che non si sia disposti a intraprendere un cammino nel complesso terreno della menzogna interiore, verso la rinuncia a se stessi e alla dignità di un rapporto con la propria coscienza.

Ricordo ora come è nato Vie di memoria, *tra le poche cantine rimaste a Milano dove, dopo la mezzanotte, si riesce a bere ancora qualcosa con una certa tranquillità.*

Colin arrivava dopo la chiusura del Corriere della Sera, *a volte stanco, altre irritato o felice, ma sempre determinato a proseguire nel progetto. Volevamo parlare della memoria di questo Paese, della sua forza e delle sue debolezze, delle sue storie di uomini, tra errori e opportunità. E nelle ore che passavano in fretta, diluite passeggiando intorno a Brera, magari in quei freddi invernali che rendono Milano così simile alle più malinconiche e memorabili città del mondo, si discuteva di fotografia e Copy-art, territori percorsi come laboratorio di utopia e fatica. Ambiti personali di impegno e ricerca su cui innestare un comune principio: la "cultura del progetto" che è cardine su cui muove quella straordinaria possibilità di misurarsi con il proprio senso del dovere civile, costi quello che costi.*

E nel vivere notturno di utopie concrete, così, come dei sognatori, forse dotati di quel pizzico di follia necessaria a scalare uno ad uno i gradini di ogni progetto a cui si crede fino in fondo, ci si è ritrovati tra le mani qualcosa di prezioso. L'idea di chiedere agli italiani qualcosa di intimo e di personale in forma di ricordo per elaborarlo, "rivederlo" in forma di elaborato artistico. Un'idea di memoria a cui molti hanno risposto con entusiasmo nel corso delle molte performance organizzate in diverse città italiane e nel mondo per raccogliere fotografie, lettere, oggetti disparati, portafortuna e altri feticci come insieme di simulacri per tante esistenze.

In uno dei principi etici del nostro vivere, è risaputo che la propria libertà finisce dove inizia la *libertà* dell'altro. Dove cioè è necessario che mutino i comportamenti di chi costruisce una forma di convivenza in cui i valori di appartenenza, non siano interscambiabili con atti di violenza, ma secondo una coscienza sociale. Ed è qui che entra in gioco la *memoria* come esperienza, capace di contenere etica ed estetica del vivere. La memoria come senso della Storia.

Nelle pagine di Sciascia ritroviamo celata tra le righe la storia del nostro paese, dove letteratura e impegno civile, descrivono il divenire di una memoria collettiva combattuta tra il ricordare il nostro passato, senza condizioni, con coraggio assoluto e il tentativo di negarlo. Ed è allora semplice correre con il pensiero, alla lugubre voce dei "non ricordo" che costellano la storia italiana del '900 e che ancora ci condiziona. Di chi cioè ha taciuto segreti e trascurato verità che ancora tormentano la memoria italiana dei nostri padri. Le leggi razziali, la Risiera di San Sabba, le deportazioni, la migrazione forzata e ancora più su, dove, in quanto *figli* del nostro tempo, si vivono ricordi come la *strategia della tensione*, le stragi, il terrorismo rosso e nero, il Consumismo, la rinuncia al senso dello Stato, la Mafia, gli omicidi di Falcone e Borsellino, la caducità della Politica e poi, per arrivare ai giorni più recenti dei nostri *figli*, la caduta dei valori di solidarietà universale e i timori di nuove guerre.

E che stupore osservare, poi, nel divenire del progetto, centinaia di "memorie private" raccolte a Milano, Napoli, Pordenone, Roma, Buenos Aires. E proprio da qui, dall'Argentina, l'evoluzione del progetto nelle "memorie migranti", nelle testimonianze di chi ha viaggiato magari in cerca di fortuna, per fuggire da qualcosa o per piacere personale. Immagini di chi ha lasciato in ogni parte del mondo il proprio Paese, la propria terra. Immagini di lavoro, esilio, povertà, ricerca di un riscatto, fughe d'amore e altro che ha restituito al progetto frammenti di memoria su cui si è lavorato con entusiasmo, rielaborando il tutto per ridare vita a visioni preesistenti, a memorie seminate ovunque. Immagini accavallate ad altre immagini, orsacchiotti consumati da mani infantili, cravatte che hanno viaggiato chissà dove, scarpette di una danzatrice disillusa, lettere di assunzione a lungo desiderate, pagine di agende con i nomi progressivamente cancellati, bicchieri, ricordi di madri, amiche, mogli, sorelle e fratelli, amanti, donne e uomini, esseri umani soprattutto. Immagini che magicamente sono confluite tra le pieghe del progetto e che hanno ritrovato una nuova vita attraverso le performance e il linguaggio tecnologico della Copy-Art che Colin sta affrontando con una tenacia tutta friulana, anche "migrante".

Dimenticare? Alcuni *mostri* praticano questo esercizio. *Dimenticare?* Sarà forse perché *ricordare*, ancora oggi, comporta partecipazione, attenzione, solidarietà, espiazione, sensi di colpa? Potrebbe essere, ma il punto è che si vive meglio accanto a ricordi condivisibili, piuttosto che a segreti ingestibili. Anche davanti allo specchio. E *Vie di memoria* è uno scrigno di ricordi in molti casi piacevoli allo sguardo, in altri malinconici e in altri ancora davvero terribili, ma pur sempre "condivisibili" in termini di umanità.
D'altronde come dimenticare che tra un corso e l'altro della Storia, *qualcuno o qualcosa*, emerge sempre, prima o poi, a ricordare un'esperienza, un comportamento, un fatto, un evento, una scelta responsabile e anche altre irresponsabili, come l'annientamento di una civiltà o di una lingua, di una tradizione particolare, di un'usanza o un rito, di una semplice idea, di una singola vita o una moltitudine di queste. E oggi è più che mai necessario riconoscere, una volta di più, che l'antidoto all'estinzione della specie umana è la *memoria*.

Ricordo ora le mani di Colin correre veloci a inseguire la luce sul piano luminescente della fotocopiatrice. Mani che stringono memorie altrui, mosse con la precisione di un orologiaio capace di restituire vitalità al tempo attraverso un nuovo linguaggio che invita alla condivisione di un'emozione. Nelle sue mani le immagini avute in uno scambio di reciproca fiducia da chi ha partecipato. Immagini di molti volti anonimi e famosi di un'Italia in crescita, che ha voluto certo costruire insieme un percorso di memoria forse per ricongiungersi ai ricordi. Di Colin ricordo curiosamente la sua camicia sempre dotata di cravatta, la sua giacca sempre in ordine nonostante lo sforzo distribuito lungo le ore della performance, la sua pazienza nell'acconsentire alle innumerevoli richieste di chi voleva riconoscersi nell'elaborato della propria, personale, memoria.
Un'esperienza che andava comunque vissuta, dove ho potuto registrare con una piccola telecamera lo svolgersi dei fatti. Posso dire di essere stato testimone di un trasporto tra le intenzioni dell'artista e le centinaia di persone che hanno concesso un mandato di fiducia intimo e straordinario, utile ad arricchire una volta di più la storia del viaggio interiore di un valore insostituibile quale è il piacere di un ricordo, anche privato, di felicità o sofferenza, di grandezza o di semplicità. Come descrivere altrimenti le immagini di alcuni figli scomparsi delle madri di Plaza de Mayo a Buenos Aires, di Montanelli appena ferito o, ancora, di corpi amati a lungo, di bambini ricordati con affetto estremo, di attimi di felicità irripetibili provenienti da innumerevoli album di famiglia?

"Vietato l'andare in bicicletta, vietato il camminare lungo certi marciapiedi, vietato traversare certe strade, vietato portar dentro viveri, vietato telegrafare e telefonare fuori di Roma, vietato entrare e uscire dalla città, vietato passare la notte in casa d'altri", riporta Paolo Monelli della Roma del '43, dove il margine temporale tra dittature decadute e nuovi massacri all'orizzonte era ormai ridotto all'estremo.
Ma è nel rileggere oggi queste parole che la "libertà" italiana, intesa nel senso più semplice che si riesca a immaginare, appare forte e insopprimibile. E non vi è migliore memoria di quella a cui si è appartenuti, forse perché intrinseca a quelle pagine di storia che rendono il ricordo amaro e dolce insieme, soprattutto indimenticabile.

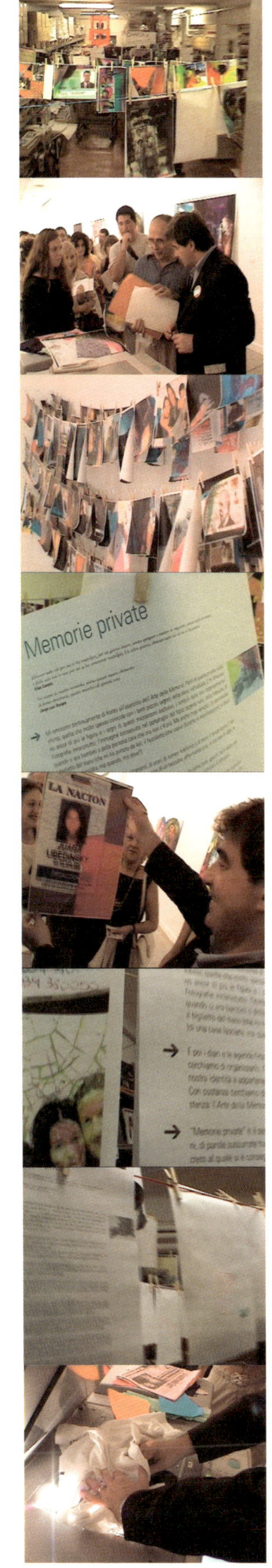

Un esempio da cui trarre spunto di fronte a nuovi annunci di guerra, per evitare altri errori che potrebbero essere irreparabili per molte generazioni. *Dimenticare, distruggere, trascurare*, a dispetto di valori quali *ricordare, costruire, tutelare*, sono oggi parole imperanti di un divenire inquietante a cui opporsi ancora. Poco è più incerto del futuro, ma che momenti si potrebbero poi vivere se, alla luce di una memoria storica come quella *Resistenza* che ha abbattuto quei divieti descritti da Monelli, non si possano mettere in discussione errori ormai incombenti?

E ora corro con una certa nostalgia al succo del piacere di questa esperienza, dove si è compreso, una volta di più, il valore autentico della memoria e della sua permanenza nella storia di ogni essere umano. Le persone disposte in lunghe file, nel corso delle performance, in attesa di consegnare il proprio oggetto, ognuna con un frammento di memoria in mano, ognuna con qualcosa di dolce racchiuso nel cuore e nella mente, ognuna priva di paura a guardare con fiducia Colin che, filtro dopo filtro, colore dopo colore, ha "rielaborato" una nuova immagine oltre i meccanismi tecnologici di una macchina fotocopiatrice. Pioggia, vento, neve o freddo, caldo o arsura, ma anche fretta o frenesia, piacere e dolore, come nel caso delle madri di Plaza de Mayo a Buenos Aires. Ricordi pesanti e insopportabili in questo caso, che forse questo progetto ha reso più sopportabili, certo rinnovando il valore della loro verità e della mancanza di giustizia. E altrove, in altre città, ancora persone a chiedere di avere la propria memoria rielaborata in termini di immagine, qualcosa a cui ridare una volta ancora il piacere dello sguardo e in cui rivedere se stessi. Oggetti a cui ognuno dei partecipanti, è stato invitato a scrivere un breve testo divenuto oltre che titolo, un insieme di tante chiavi di lettura dei lavori: poesie, pensieri e invocazioni a ritrovare il tempo perduto. "Dedicato a Ilaria Alpi, un viaggio in Africa, l'inizio di tante emozioni, di amicizie forti", di Isabella Balena, "Dormo felice con lui da 30 anni e sogno di ballare libera sulla spiaggia del mare", di Laura Peronti, "Los inamorados", di Armando Carara, "Le chiavi che hanno girato il mondo con te, che sei stato il primo a farmi sognare il mondo", di Maria Ramirez, "Un giorno felice", di Melania Guida e altre memorie ancora, molte altre.

E oggi? Come si è evoluto il concetto di *memoria*, con l'affermarsi di una tecnologia che prevede una conoscenza anche *virtuale*? Certo è qualcosa che richiede sempre più formule di applicazioni veloci e invasive, capaci di condizionare e trasformare tanto le abitudini di lavoro, quanto la quotidianità nella sfera del privato. Ma cosa rimane del confronto tra memoria interiore e memoria visiva, se non la libertà di rimanere coerenti al proprio amore di fondo per la verità? E come difendere verità profonde, a volte anche inaccettabili, se la tecnologia cresce di pari passo alla perdita di valori insostituibili quali il dialogo, il confronto tra esseri umani, la difesa dei diritti civili, la tolleranza, la difesa dei più deboli? Cosa potrebbe accadere se, improvvisamente, ogni persona delegasse alla semplificazione tecnologica ogni opinione privandola di verifica e di riscontro umano? Mai accaduto? Hannah Arendt, in *La banalità del male*, rivela l'esistenza del pensiero debole dell'Uomo, della sua continua capacità di incorrere nell'errore e della sua tendenza a proliferare meglio in assenza di responsabilità.

Ma fa anche di più, e cioè indica con precise deduzioni l'esistenza di una soglia oltre cui l'individuo giustifica anche il senso dell'errore a cui è stato educato in profondità e con attenzione. È la soglia della memoria, punto in cui si dimentica il proprio passato per costruire un futuro che si crede possa essere più funzionale al proprio sistema di vita, alla permeabilità di errori che inevitabilmente conseguono. E come? Magari adottando la tecnologia come strumento di elaborazione per ripristinare una realtà che sembra ormai appartenere più al virtuale che al reale? No, affatto. Semplicemente adottando con determinazione il piacere della sincerità verso gli errori compiuti, alle divagazioni memorabili di una Storia costruita sugli inganni e sulle attese irresponsabili.

Quanti, ad esempio, avrebbero pensato che dopo la Shoa, evento che ha cambiato i parametri del concetto di "memoria" dell'umanità intera, violenze così efferate non si sarebbero più ripetute? Eppure la guerra in Jugoslavia ha dimostrato il contrario.

Lo "stupro etnico" è addirittura, proprio in termini etici, una precisa evoluzione dell'orrore a cui guardare con attenzione e timore. E la tecnologia? Non è certo il nemico, ma proprio una certa adozione della tecnologia recita una parte fondamentale tanto nella messa in atto della Shoa, quanto nella guerra dei Balcani e in quella successiva del Golfo, dove i bersagli sembravano apparire dalla consolle di una Play Station prima di venire annientati. È comunque importante non trascurare il fatto che, se il *Teatro della memoria* di Sciascia rivela una realtà con cui fare i conti in termini di finzione, questa stessa realtà non viene poi combattuta con strumenti tecnologici che ne condizionano il suo divenire.

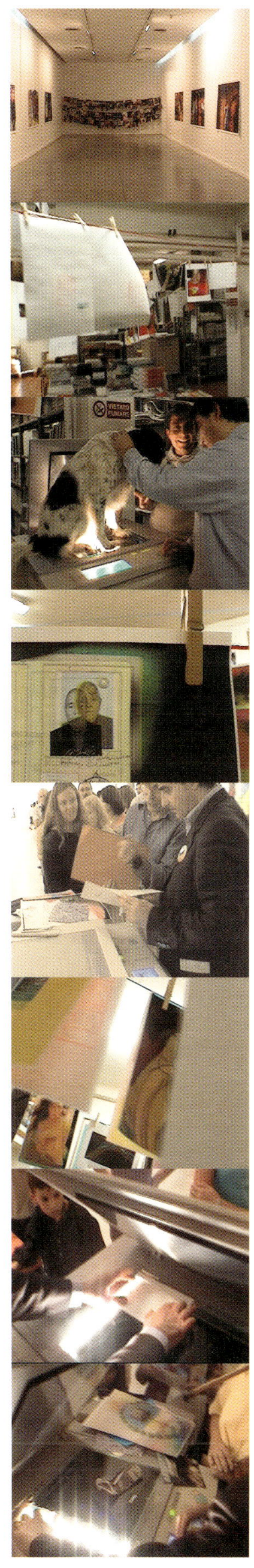

E nell'ultima parte del progetto si è cercato un modo di stabilire un nesso tra tecnologia e memoria, elementi di evoluzione della specie umana che hanno ormai cambiato il modo di vedere, conoscere e percorrere il mondo.

Nelle Memorie di rete *Colin ha esercitato il proprio diritto di navigazione interstellare percorrendo alcuni siti nel mondo, nel tentativo di costruire una visibilità della tecnologia ormai "memoria" del nostro tempo. E la "rete", per quanto infinita e impercorribile nella sua vastità, ha restituito risposte straordinarie proprio in termini di performance; il viaggiatore ha cioè potuto riportare a casa immagini di un immaginario universale racchiuso in quel grande album della memoria collettiva che è Internet, universo tecnologico imprescindibile, dotato di spazio pressoché infinito, percorribile in ogni direzione possibile e immaginabile, figlio di un disegno impensabile appena pochi decenni indietro. Vie di memoria è dunque un progetto che ha affrontato tre viaggi tematici alla ricerca di un significato emozionale quale è il valore, appunto, della memoria stessa. Valore in termini di percorribilità della medesima, di rivisitazione dei sentimenti che permangono nel tempo, di fruibilità dei ricordi e delle emozioni che non potranno mai essere compressi tecnologicamente, questo sì, ma rappresentati come qui si è fatto. In* Memorie private *si è guardato all'intimità dei ricordi personali di chi ha voluto ridare vita ad alcune proprie, imprescindibili, emozioni. In* Memorie migranti *si è reso omaggio a chi ha lasciato il proprio luogo natio alla ricerca di migliore fortuna e di un'altra vita, con tutto quello che ne consegue in termini di fascino, prospettive e attese. In* Memorie di rete *si è viaggiato nel Web, alla ricerca di ricordi e frammenti di memoria che misteriosamente spostano il proprio esistere da un punto all'altro dell'universo, a cavallo di una tecnologia che ne comprova l'esistenza.*

"They showed photographs to the forgetful to jog their memory," writes Leonardo Sciascia in *Teatro della memoria*. Sciascia is one of the leading figures of Italian culture who, due to his genius and social commitment, now represents a disturbing and original odyssey of memory in Italy. In his book, the Sicilian writer uses all his skill in order to teach a profound lesson on the uniqueness of memory and the tricks that are often used to silence, deny and disprove it in the eyes of history. But Sciascia, a writer gifted with irony and wisdom, reveals at the same time the strength of a memory that remains incontestable, the affective memory where "there is no creditable proof to the contrary, when you want to believe."

"… He was shown photographs": words that describe an apparently simple gesture, but loaded with that rituality that is the prelude to important revelations, precisely of conscience, of memory. Something that in its fulfillment belongs to each of us, perhaps the intimate nucleus of emotional DNA, which feeds off visions of a past spent in terms of unique and indivisible life experience. A place deep in the soul where, amidst visions of private and personal memories, you draw indelible conclusions regarding the positiveness of your existence, or unhappiness, but also the opportunities fate gave you, the meaning of mistakes, perhaps ignored or not grasped at the right moment.

It is at any rate in the "memory," whether it is of a short-lived experience or an entire lifetime, that you have the opportunity to observe that indefinable and rapid temporal threshold, as apparent as it is deep and dizzying. It is futile to try to escape it, unless you are prepared to undertake a journey into the complex terrain of the inner falsehood, towards the surrender of yourself and of the dignity of a relationship with your own conscience.

I remember now how Vie di memoria *(Streets of Memory) began, in the few wine cellars left in Milan where, after midnight, you can still manage to drink something in relative peace and quiet. Colin would arrive after the closure of* Corriere della Sera, *sometimes tired, sometimes irritated or happy, but always determined to go on with his project.*

We wanted to talk about the memory of this country, its strength and its weaknesses, its stories of men, amidst mistakes and opportunities. And in the hours that raced by, diluted by strolls around Brera, perhaps in that winter cold that makes Milan so similar to the most melancholic and memorable cities in the world, we discussed photography and Copy Art, ground we covered as though it were a workshop on utopia and hard work. Personal spheres of commitment and research on which to graft a common principle: the "culture of the project" on which hinges that extraordinary opportunity to confront one's own sense of civil responsibility, whatever it may cost. And in our nocturnal musings on concrete utopias, like dreamers, perhaps gifted with that pinch of madness necessary for clambering up, one by one, the rungs of each project we profoundly believe in, we found we were holding something precious.

The idea of asking Italians for something private and personal in the shape of a memory in order to elaborate it, "re-examine" it in the form of an artistic work. An idea of memory to which many responded enthusiastically during the many performances organized in various Italian and other cities in the world to collect photographs, letters, mismatched objects, lucky charms and other fetishes to form a collection of images of many lives.

A well-known ethic is that one's own freedom ends where another person's begins. Meaning a space where it is necessary to alter the conduct of those who desire to create a form of cohabitation in which belonging is not interchangeable with acts of violence, but dependent on a social conscience. And it is here that memory as experience comes into play, able to contain the ethic and aesthetics of living. Memory as sense of History. Reading between the lines, in the pages of Sciascia, we find the history of our country where literature and social commitment describe the future of a collective memory caught between remembering our past, unconditionally, with absolute courage, and the attempt to reject it. And it is then easy to make the mental leap to the lugubrious voices of those who say, "I don't remember," which speckle twentieth-century Italian history and which still surround us. Those, that is, who have kept their silence and neglected truths that still torment the Italian *memory* of our fathers. The racial laws, Risiera di San Sabba, the deportations, the enforced migration, and more recently where we ourselves remember the strategy of tension, the massacres, left wing and right wing terrorism, Consumerism, the relinquishment of the idea of State, the Mafia, the murders of Falcone and Borsellino, the transitory nature of politics and then, to arrive at the most recent generation of our own children, the collapse of the values of universal solidarity and fear of new wars.

And with what astonishment did we then observe, as the project took shape, hundreds of "private memories" collected in Milan, Naples, Pordenone, Rome, Buenos Aires. And it was precisely from here, from Argentina, that the project of "migrating memories" evolved using the testimonials of those who journeyed perhaps in search of fortune, to flee from something or for personal pleasure. Images of those who, all over the world, left their own country, their own land. Images of work, exile, poverty, the search for deliverance, elopements and others that gave to the project fragments of memory that were enthusiastically reworked, re-elaborating everything in order to resuscitate preexisting visions, memories scattered all over. Images crossed with other images, teddy bears made threadbare by children's hands, neckties that traveled who knows where, the ballet shoes of a disillusioned dancer, longed for letters of employment, pages of diaries with names gradually crossed out, spectacles, memories of mothers, friends, sisters and brothers, lovers, men and women, human beings above all.
Images that magically merged in the recesses of the project and found new life through the performances and technological language of Copy Art, which Colin is broaching with an entirely Friulian, even "migratory" tenacity.

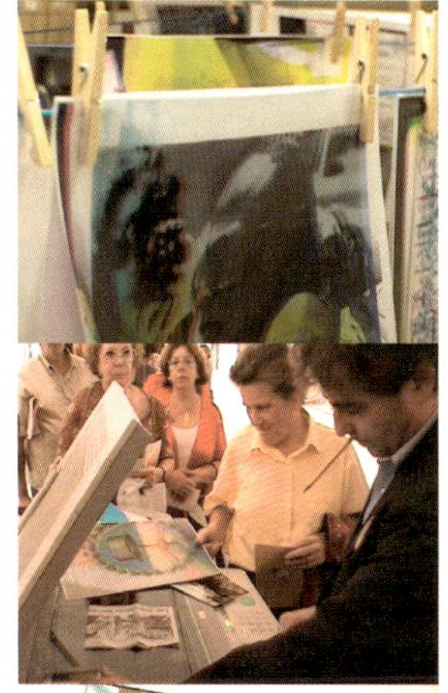

To forget? There are some *wizards* who manage to do it. To forget? Is it perhaps because remembering still now entails participation, care, solidarity, expiation, guilt? That might be true, but the point is that one is happier if memories are shared rather than unmanageable secrets. Even if they are only told to the mirror. And *Vie di memoria* is a casket of memories in many cases easy on the eye, in others still truly terrible, though they can still be benevolently shared.

On the other hand, how can we forget that between courses of history someone or something always emerges sooner or later, to remind us of an experience, a conduct, a fact, an event, a responsible choice and other irresponsible choices, like the annihilation of a civilization or a language, a particular tradition, a custom or rite, a simple idea, a single life or a multitude of these. And now more than ever it is necessary to recognize once again that the antidote to the extinction of the species is memory.

I now remember Colin's hands moving quickly in the light from the luminescent plane of the photocopier. Hands clasping other memories, moving with the precision of a clockmaker able to repair time by using a new language that invites us to share an emotion. He holds the images he was given by the participants in an exchange of mutual trust. Images of many anonymous and famous faces of a growing Italy, which certainly desired to help put together a trail of memory perhaps to be reunited once more with their own memories. Curiously I recall Colin always wearing a shirt and tie, his jacket always tidy despite the effort he put into the long hours of performance, his patience in granting the numerous requests of people who wanted to recognize themselves in the elaboration of their own personal memory. A necessary experience, where I was able to record with a small film camera the unfolding of events. I can say I was witness to a transport between the artist's intentions and the hundreds of people who conceded a mandate of intimate and extraordinary trust, of help in further enriching the story of the interior journey with a unique value such as the pleasure of a memory, even a private one, of happiness or pain, grandeur or simplicity. How otherwise to describe the images of some of the missing children of the mothers of Plaza de Mayo in Buenos Aires, of Montanelli just after he was wounded, or the beloved bodies of children remembered with extreme affection – unrepeatable moments of happiness originating from numerous family albums?

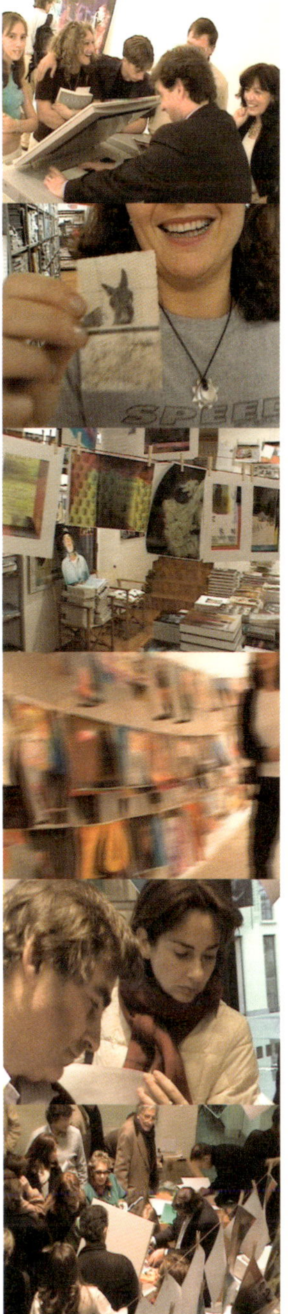

"Forbidden to use bicycles, forbidden to walk on certain pavements, forbidden to cross certain streets, forbidden to bring food inside, forbidden to send telegraphs and telephone outside Rome, forbidden to leave or enter the city, forbidden to spend the night in others' houses," reports Paolo Monelli from the Rome of '43, where the temporal margin between fallen dictatorships and new massacres on the horizon was now reduced to the very limit. But it is in rereading these words now that Italian "freedom," meant in the simplest sense one might imagine, seems strong and insuppressible. And there is no better memory than of something pertinent, perhaps due to its being intrinsic to those pages of history that make the memory bittersweet and above all unforgettable.

An example to take as a cue in the face of new tidings of war, to avoid other mistakes that might be impossible to repair for many generations to come. Forgetting, destroying, neglecting, in spite of values such as remembering, building, preserving, are now ruling words of a disturbing future to be resisted yet again. There is very little that is more unsure than the future, but what kind of life awaits if, in the light of an historical memory such as the *Resistance* that demolished those prohibitions described by Monelli, we are unable to question the errors that are now hanging over us?

And now I turn, with a measure of nostalgia, to the essence of the pleasure of this experience, where we once more understood the authentic value of memory and its permanence in the history of every human being. The people standing in long lines during the performances, waiting to hand over their own object, each one holding a fragment of memory, each one with something sweet in their heart and their minds, each one fearlessly and trustingly watching Colin who, filter after filter, color after color "re-elaborated" a new image over and above the technological mechanisms of a photocopy machine. Rain, wind, snow or cold, heat or drought, but also hurry and frenzy, pleasure and pain, as in the case of the mothers of Plaza de Mayo in Buenos Aires. Leaden and unbearable memories this time, which perhaps this project has made a little easier to bear. It has certainly reminded us of the truth they contain and the lack of justice. And elsewhere, in other cities, more people asking to have their own memory re-elaborated as image, something to provide visual pleasure, in which they can see themselves reflected. Objects for which each participant was invited to write a brief text, which then became, in addition to a title, a collection of interpretive keys for the works: poems, thoughts and invocations to rediscover lost time. "Dedicated to Ilaria Alpi, a journey in Africa, the beginning of many emotions, strong friendships," by Isabella Balena, "I have slept happily alongside him for 30 years and I dream of dancing freely on the beach by the sea," by Laura Peronti, "Los inamorados" by Armando Carara, "The keys that traveled the world with you, you who were the first to make me dream of the world," by Maria Ramirez, "A happy day," by Melania Guida, and still other memories, many more.

And today? How has the concept of memory evolved, with the establishment of a technology that foresees a virtual conscience, too? Certainly it is something that requires increasingly fast and invasive formulas of application, capable of conditioning and transforming work habits as much as private routines. But what remains of the comparison between inner memory and visual memory if not the freedom to remain coherent to one's basic love of truth? And how to defend profound, sometimes unacceptable truths, if technology develops at the same pace as the loss of irreplaceable values such as dialogue, comparison with other human beings, the defense of civil rights, tolerance, the defense of the weakest? What might happen if, all of a sudden, everyone were to delegate every opinion to technological simplification depriving it of human control and examination? It has never happened? Hanna Arendt in "The Banality of Evil" reveals the existence of the weak mind of Man, his constant capacity to make mistakes and his tendency to proliferate better in the absence of responsibility. But she does more, and that is she indicates, making logical deductions, the existence of a threshold beyond which the individual justifies even error, against which he has been thoroughly and carefully educated. Is the threshold of memory the point where we forget our past in order to build a future that we think might be more serviceable for our own system of living, to the permeability of errors that inevitably follow? And how? Perhaps by adopting technology as a tool of elaboration to salvage a reality that now seems more virtual than real? Not at all. Simply by determinedly embracing the pleasure of being honest about mistakes made, the memorable strayings of a history built on deceit and irresponsible expectations.
How many people, for example, would have thought that after the Shoah, the event that changed the parameters of the concept of "memory" for the whole of humanity, such ferocious violence would never be repeated? And yet the war in Yugoslavia proved the opposite. "Ethnic rape" is even, in ethical terms, a faithful evolution of horror to be observed with attention and fear. And technology? It is certainly not the enemy, but some adoption of technology plays a fundamental part in the enactment of the Shoah and the war in the Balkans and the subsequent war in the Gulf where the targets seemed to emerge from the console of a Play Station before being annihilated. It is anyway important not to neglect the fact that, if Sciascia's *Teatro della memoria* reveals a reality with which to reckon with in fiction, that same reality should not be fought with technological instruments that condition its future.

And in the last part of the project we tried to find a way of establishing a link between technology and memory, elements of the evolution of the human species that have now changed our way of seeing, knowing and traveling the world.
In Memorie di rete *(Net Memories) Colin exercised his right to navigate in space, visiting sites around the world, in an attempt to render visible the technology that is now the*

memory of our age. And the "Internet," though infinite and too vast to be visited in its entirety, gave back extraordinary answers precisely in performance terms: that is, the traveller managed to bring home images of a universal imagination locked into that huge album of collective memory that is the Internet, an inescapable technological universe, gifted with almost infinite space, which can be traveled in every possible and imaginable direction, child of a project that would have been unthinkable even a few decades ago. Vie di memoria is therefore a project that has undertaken three thematic journeys in search of an emotional significance, which is precisely the value of the memory itself. Memorie Private (Private Memories) looked at the intimacy of the personal memories of those who wanted to revive some of their own irrefutable emotions. Memorie migranti (Migrating Memories) paid homage to those who left their birthplace in search of better fortune and another life, with all that entails in terms of appeal, prospects and expectations. Memorie di rete (Net Memories) traveled the web in search of memories and fragments of memories that mysteriously shift from one point of the universe to another, astride a technology that proves their existence.

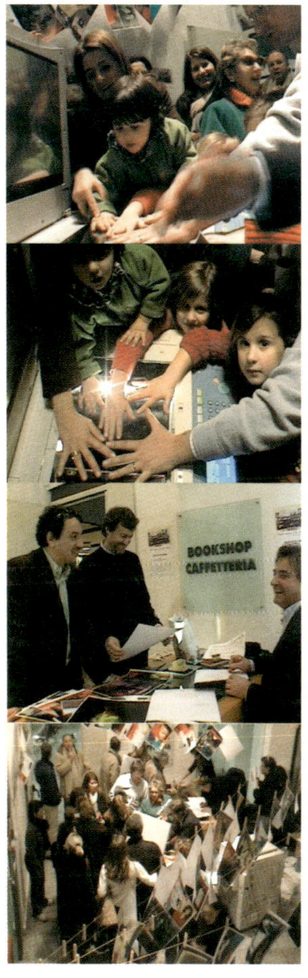

Arturo Carlo Quintavalle **I Colori della memoria**

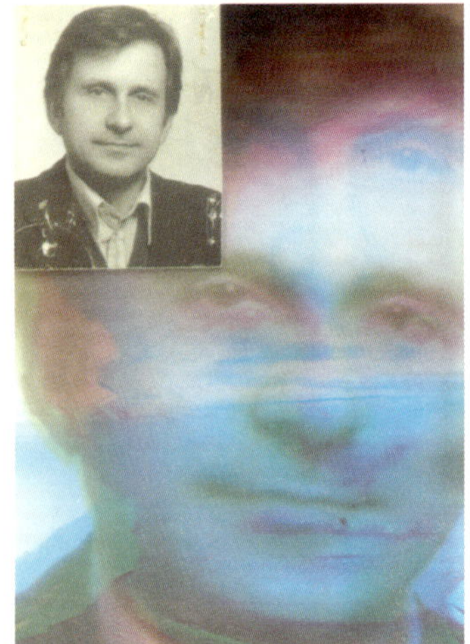

Quando inizia la storia

Gianluigi Colin ha cominciato, veramente, disegnando, e allora i suoi erano modi di scrivere le figure dando loro un contorno, riducendole ai bordi, segnandone i margini, costruendole secondo un filo continuo che le appendeva al foglio, da una parte o dall'altra, e in mezzo, strappi di colore.

Ha cominciato così, Colin, e per anni è andato avanti. Poi c'è stata una fase diversa, quelle immagini, quelle prove su carta, colorate appunto, ma con una spinta grafica sempre presente, quelle allusioni a Klee piuttosto che a Kandinskij, sono diventate altro, sono diventate, dentro una fotocopiatrice, immagini dilatate, diverse: la dimensione, come sempre accade, ne cambiava il senso. Allora Colin ha cominciato a vedere se veramente quelle costruzioni reggevano alla dilatazione, alcune sì, altre meno, e così provava e riprovava, sempre sulle fotocopiatrici, scandendo forme diverse ma sperimentando anche qualche variante del colore, qualche spostamento, qualche trasformazione.

Ma era sempre arte ingrandita, e il medium, forse non lo persuadeva del tutto, dico il medium grafico o pittorico. Eppure lui, Colin, al *Corriere della Sera* ogni giorno passa ore intere a scegliere immagini, a sceglierle da Internet, a programmare le pagine, a disegnarle con velocità impressionante. Insomma per lui il dialogo con la macchina della memoria collettiva, col sistema della comunicazione, è un momento di quotidiano confronto con il mondo. E con i colleghi che, ora dopo ora, gli portano le pagine, le foto appena scelte, da dilatare, ingrandire, restringere, impaginare dentro le griglie, fare stare insieme ai testi in un dialogo complesso, con titoli e spazi d'intervallo, riquadri, sottolineature.

Colin sa molto bene queste cose, non ha fatto altro, in questi ultimi anni, che dialogare a livello internazionale col mondo dei grafici, e le sue pagine sono state premiate, ad esempio negli USA, molte volte, tanto che per lui ricevere questi riconoscimenti è divenuta quasi un'abitudine. E questo vuol dire che Colin sa costruire la pagina come un'architettura, e sa inventare un racconto di figure e di parole. Ma Colin è anche un fotografo, prima di fare l'art director del *Corriere* ha fatto anche, e continua ancora a fare, fotografie, con la 6x6 e con le 24x36, procedimento chimico, insomma vecchia maniera, anche se saprebbe usare tutte le bellurie del computer, e magari inventarne qualcuna di più. Eppure questi lavori con le fotografie, e con l'acquarello, la tempera, la matita, non sono di quelli che fino in fondo lo hanno soddisfatto, e per questo, a un certo punto, c'è stata come una rottura. Una trasformazione.

Siamo nel 1995, è il 15 luglio: "Ho preso una giornata a caso, e ho voluto raccontare la contemporaneità, il presente", dice. E che cosa vuol dire prendere una giornata qualsiasi e i giornali di mezzo mondo, quelli che arrivano al *Corriere* ma anche quelli delle edicole delle grandi città, decine di giornali stranieri e italiani, e metterli insieme, confrontarli per trovare un luogo, un momento dove le figure dei caratteri grafici siano composte insieme con quelle delle fotografie, trovando una chiave per costruire, con questi accostamenti, un altro racconto? Non siamo davanti soltanto al confronto fra pagine stampate, ma c'è un altro atto, che ha alle spalle una lunga storia, dai dadaisti all'Arte Povera, dalla Pop Art al Concettuale, ed è la manomissione, la trasformazione di quelle pagine, che vengono accartocciate, vengono spianate, vengono piegate, allargate, sovrapposte, e con queste manomissioni si determinano accostamenti singolari, di parti scritte e di altre fotografate, oppure soltanto di titoli, di figure che stanno dentro, e che improvvisamente, restringendo il campo o dilatandolo, o comunque modificandolo, prendono una evidenza particolare, assumono un impatto nuovo.

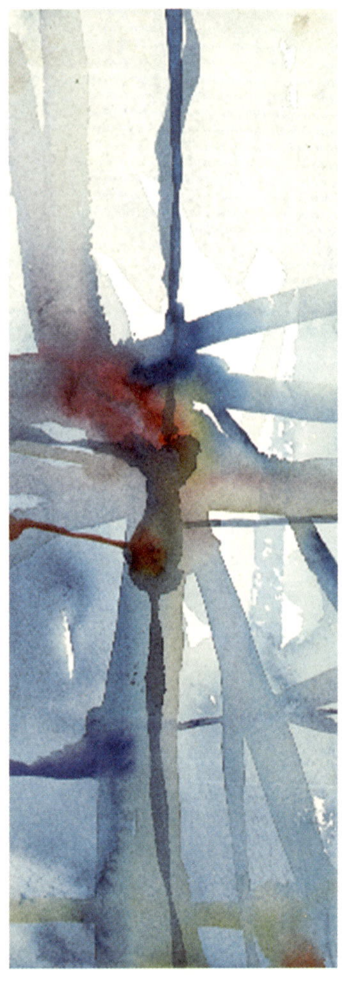

I personaggi della cronaca ci sono tutti, ma Colin li reinventa, e divengono tutti protagonisti: siano essi sconosciuti o pin-up, capi di stato oppure modelle, uomini dei campi di sterminio oppure leader dell'Intifada. Insomma, il procedimento è diverso, e di molto, da quello delle carte strappate, oppure dei giornali appiccicati sui dipinti dei cubisti. L'idea è quella di proporre un oggetto moltiplicato come è il giornale quotidiano in tutto il mondo, di passarlo dentro la fotocopiatrice modificandone la fisionomia, proprio come se fosse un volto, un viso, e infine riproporlo come evento, come opera. Il senso di quei giornali cambia così completamente: sono diventati altro dalla notizia e dall'immagine, una sola parte di essi è visibile, ed è come se si fosse operato un ingrandimento, una dilatazione di una parte di un evento, sia esso parola, immagine, oppure sovrapposizione di queste forme diverse.

Dentro a tutto questo c'è anche l'idea della durata distinta che gli eventi assumono nel mondo; e cioè l'idea dell'accento diversissimo che, sugli eventi, si pone dai diversi continenti e dalle diverse nazioni. E Colin, che vive dentro un giornale e deve costruirlo all'interno della nostra cultura, passa le giornate a confrontarsi coi tempi e i modelli diversi degli altri, e per questo ha voluto proporre una giornata non di una persona ma di tutte le persone nel mondo, ha voluto costruire la contemporaneità dei racconti, diversissimi fra loro, degli eventi nel mondo. E, come uno spaccato, un taglio sincronico nelle storie, quelle pubblicate, quelle esposte; ma è anche altro da questo, è l'idea che una lingua comune, in questo caso soprattutto il Concettuale, possa servire a rendere uniforme un universo di fatti distinti, e quindi possa servire come strumento per interpretare la realtà di ciò che accade. Si badi, non quello che veramente accade, ma quello che è raccontato sui quotidiani e che viene scelto due volte, prima selezionando la pagina da proporre, poi selezionando il modo di modificarla, di intervenire su di essa, di rileggerla, se così posso dire, e dunque trasformarne il senso.

Colin, insomma, finisce per costruire un sistema globale di comunicazione che somiglia, forse, a quello che, ogni notte, affiora nella sua memoria, quando ha chiuso il giornale e lo manda in stampa. E allora emergono le tracce di figure vedute e scartate, centinaia di foto che scompaiono dentro i francobolli colorati di Internet e che nessuno stampa o stamperà mai più perché ormai sono eventi del giorno prima, e domani si deve ricominciare.

Così, ecco una storia che serve per confrontarsi con la memoria collettiva con la memoria di tutti, ma anche una storia che passa dall'icona del quotidiano, singolarmente presa a una entità globale, che tendenzialmente mescola o trasforma tutto. E quegli interventi, accartocciare, sovrapporre, vogliono simboleggiare proprio questo: la presenza dei frammenti e, insieme, la distruzione del sistema, ma anche l'affiorare di un singolo, prescelto dettaglio. In fondo, la memoria funziona alla distanza così, come nei sogni: scompare il sistema e affiora un particolare molto spesso significativo.

Si pensi a quello che in queste immagini viene lasciato emergere e a quello che scompare. il processo non è altro che un test di sovrapposizioni, una specie di schermo contro il quale Colin, inconsciamente, proietta le proprie memorie e le proprie pulsioni. Dunque, questa è, in realtà, un'operazione sottilmente autoanalitica, anche se appare un modo per rappresentare civilmente la quotidiana, moltiplicata, incombente, pressante realtà del mondo.

Insomma, quello che emerge o che si nasconde nasce dai rifiuti o dalle consapevolezze di Colin stesso, è per lui un altro modo di rappresentare la propria reazione agli eventi, a volte più controllata, a volte manifestamente liberatrice. E poi vi sono le invenzioni che solo un grande grafico sa proporre. scoprire il fascino degli ideogrammi cinesi, e dilatarli, o quello certo più nascosto degli istogrammi dei titoli di borsa.

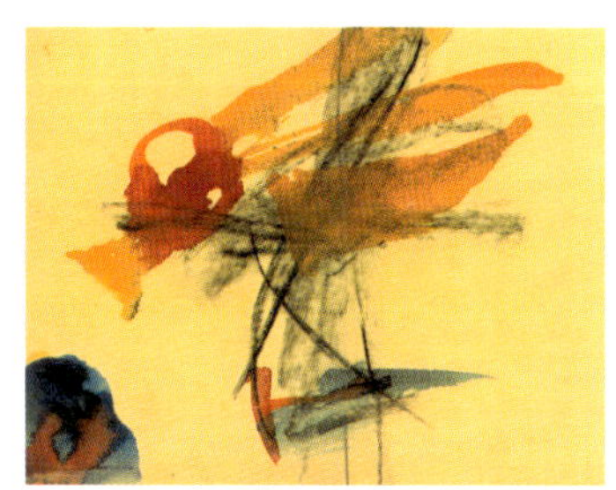

Nel 1998 si muove però un'altra ricerca che in qualche modo riprende la precedente, ma la trasforma completamente. La chiama *Presente storico*, e mai una definizione è stata più appropriata. Ma che cosa vuol dire con questo lavoro Colin? Prima di tutto che lui stesso, dentro il presente, dentro le immagini degli eventi che si affollano sullo schermo del computer o che arrivano dalle agenzie, o che si vedono riprodotte sulle pagine colorate delle riviste, dentro questo presente sa e "vuole", e sottolineo il vuole, scoprire delle radici più antiche, quelle che nessuno, che non sia uno storico dell'immagine, o se si preferisce dell'arte, saprebbe scoprire.

Ma, si badi, si tratta di uno storico particolare, di uno storico che punta sulla costruzione del senso, cioè che sceglie di mettere insieme un'immagine della realtà contemporanea, questa volta colorata, non più dunque come nella precedente ricerca in bianco e nero, per confrontarla con un'immagine che, dal passato, in genere della pittura, emerge per dare un senso alla vicenda di oggi. Il meccanismo attraverso il quale si costruisce il confronto è l'accoppiamento di una foto a colori, di un evento contemporaneo, e quella pure a colori, di un'opera d'arte, l'unirle insieme, il sovrapporle parzialmente, il modificarle, intervenendo graficamente in modo da riorganizzarle, determina il nuovo senso delle immagini stesse.

E così, c'è una donna di Zapata di Danilo de Marco e Delacroix, c'è la ragazzina urlante del Vietnam e *L'urlo* di Munch, ci sono gli albanesi che arrivano a decine sulla piccola nave e *La zattera della Medusa*, di Géricault, c'è Che Guevara disteso e il *Cristo morto*, del Mantegna, un morto di mafia a Palermo e la *Pietà*, di Sebastiano del Piombo. Vorrei fermarmi su questa immagine perché penso a un'altra, tratta dalla stessa fotografia di mafia, e usata per un manifesto da Oliviero Toscani, credo, infatti, sia importante leggere il senso diverso delle due; Toscani punta sulla dilatazione e sulla evidenza della foto, con qualche intervento grafico, dunque punta come sempre sulla forza dell'orrore che scopri lentamente, nel sangue quasi specchiato e lustro, e nelle figure; Colin punta su una costruzione molto diversa, sulla meditazione lunga proposta dalla Pietà sul Cristo morto, che è dominante, e che dà il senso a tutto il resto. Insomma sono le immagini della

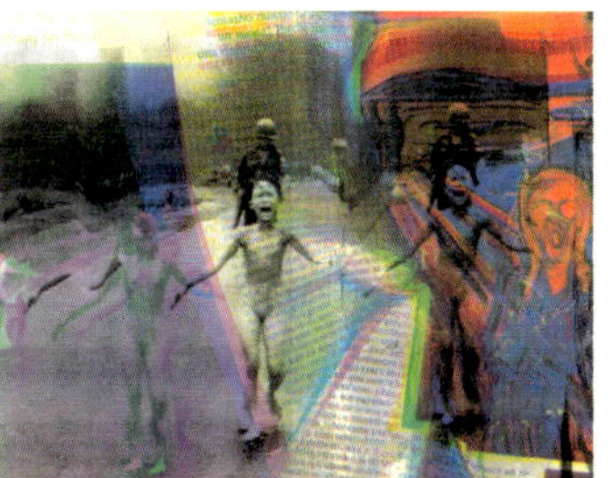

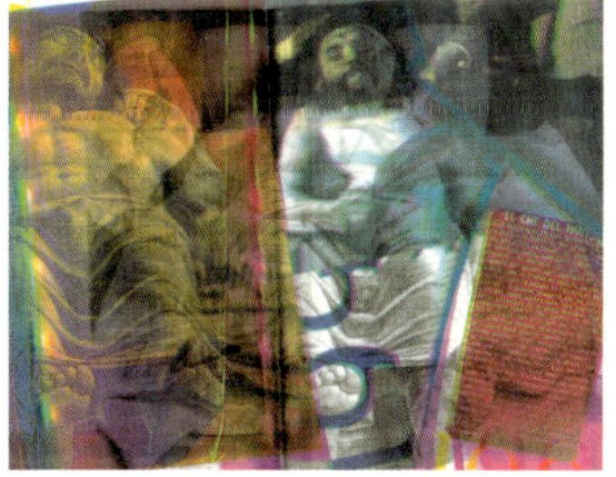

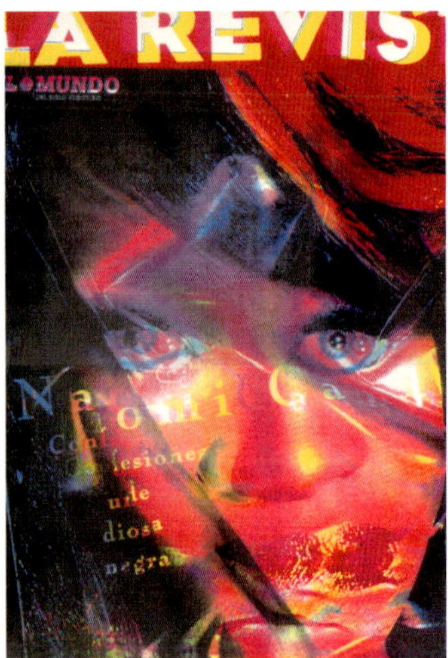

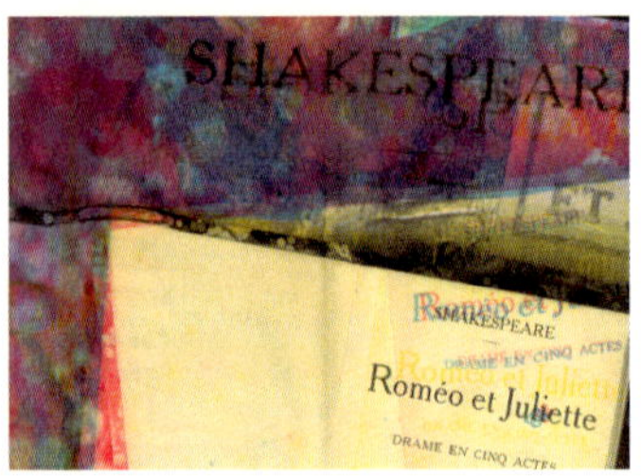

memoria, sono le figure della storia che chiariscono il come leggere la realtà del quotidiano, la cronaca di ogni giorno. E non c'è immagine più persuasiva, per me, fra le decine tutte importanti e intense di Colin, di quella del Cristo di Brera a confronto con il Che morto, scorcio identico, ripresa assurdamente coincidente: sarà stato il fotografo che aveva una memoria del quadro o siamo noi a sovrapporla adesso nell'ottica tutta italiana, o magari occidentale, di chi ha in mente un certo dipinto? Non saprei veramente, ma è certo che Colin, con questa ricerca, ci ha proposto un altro tema: quanto vediamo realmente e quanto vediamo attraverso la nostra memoria storica?

Io credo, da storico dell'arte, che non vi sarebbe migliore dimostrazione dell'importanza dell'iconologia per capire quanto pesi la storia delle immagini dentro ciascuno di noi, e quanto pesi, soprattutto, per dare il senso alle icone del quotidiano che, in apparenza, non recherebbero dentro di sé alcuna storia, dico di immagine.

In fondo anche la fotografia del dipinto con la Torre di Babele e delle Torri gemelle che stanno crollando l'11 settembre 2001 è un segno, un segno che vuol proporre un momento simbolico.

Anche *Ritratti di carta* comincia nel 1998 e Colin sceglie, come modello di lettura, una frase di Francis Bacon: "Io voglio deformare la cosa al di là dell'apparenza, ma allo stesso tempo voglio che la deformazione registri l'apparenza"; e ricorda, inoltre, un'altra frase di Walter Benjamin, riferita a prima della invenzione della fotografia, quando "il volto umano era circondato da un silenzio dentro cui lo sguardo riposava", e aggiunge: "oggi questo silenzio appare devastato da un rumore assordante: siamo continuamente circondati da immagini di figure che dalle copertine dei giornali ci guardano: è la rappresentazione del potere contemporaneo".

Ma allora, come porsi di fronte a questi volti, come analizzarli realmente, tenendo conto delle tre frasi che ho citato? Colin sa bene che questi volti sono talmente ripetuti, consumati, usurati, esposti, da essere subito identificati, riconosciuti, e anche per questo decide di frapporre, tra loro e noi, uno schermo, una specie di mediazione grafica, la trasformazione dell'immagine sulla fotocopiatrice a colori, magari sovrapponendo a quelle fotografie una scritta, delle parole, un titolo, come nel caso di John Kennedy: oppure intervenendo come se si trattasse di un'immagine post-futurista sopra il volto di Fidel Castro redento da una raggiera di luce; o ancora, comprimendo dentro un foglio accartocciato una parte del corpo di Madonna: o avvolgendo con un nastro di ombre e di lettere, tre quarti del volto di Diego Maradona; o ancora, scavando dentro la moltiplicazione dei contorni il volto di Giovanni Agnelli; o lustrando e deformando le labbra e dilatando gli enormi occhi di Naomi Campbell; o compiendo una analoga operazione, ma in chiaro, quindi quasi illuminando il viso e il sorriso di Diana, la principessa morta nel 1997. Ma che cosa ha voluto realmente fare, al di là di queste trasformazioni, di queste modificazioni delle immagini, Colin? Certo, la cultura attraverso la quale ormai egli trasforma le figure è quella legata alla tradizione Pop inglese, come sarà chiaro analizzando l'ultimo importante suo ciclo, ma, al di là di questo aspetto, credo si debba cogliere un altro tema. Non siamo davanti soltanto a un'abile trasformazione di tipo grafico: con questa sovrapposizione di interventi, Colin ha cercato di dare un'interpretazione grafica del personaggio, un poco come fanno i più attenti ritrattisti, un poco come fanno i caricaturisti più raffinati, ma cercando anche di costruire, credo, un discorso diverso, puntando su un elemento singolo, un dettaglio a volte nascosto, un dettaglio che attraverso la manipolazione dell'immagine emerge improvvisamente e caratterizza tutto il resto.

Di molti di questi protagonisti perdiamo parte del viso, eppure sono subito riconoscibili, forse, perché dentro quel frammento, emerge la volontà di racconto, la partecipazione di Colin all'essenza anche psicologica di quella figura.

I colori della memoria

Quando Colin mi ha parlato di questa ricerca ultima, ricerca che vuol proporre il colore delle nostre memorie, ho capito che essa era la fine di un'indagine che si organizzava da tempo. Ma è anche l'inizio di un nuovo percorso. Colin invita delle persone e chiede loro di portare un frammento, un segno, una traccia del loro passato, e intende lavorare su questo elemento, e questo soltanto. Dopo aver capito i segni di una storia singolare e privata, intende proporre del frammento, una elaborazione grafica, di forte valenza simbolica. Colin, insomma, intende mettere insieme alcune cose che fino ad ora erano rimaste divise.

Prima di tutto l'evento, l'happening si sarebbe detto quarant'anni fa: quindi, unisce a questo evento, la moltiplicazione con la fotocopiatrice a colori; ma mette, insieme a tutto questo, anche il dialogo, e in qualche modo, la confessione del singolo, trascritto con la

capacità di racconto e di elaborazione del narratore. di Colin stesso. che si prende la responsabilità. perché di questo si tratta. di esaltare quell'evento. e di proporlo come un'immagine diversa. di enuclearne il significato nascosto.
Finora Colin ha puntato sulla storia, sul quotidiano, sulle immagini moltiplicate. ma adesso si trova non con le foto selezionate dalle agenzie. non con le immagini comunque significative. non con i ritratti dei personaggi che sono protagonisti. ma con le foto di oggetti. di frammenti di un antico quotidiano. di un insieme di fatti o di un fatto singolo che comunque non hanno fatto storia se non per quel singolo. per quell'interlocutore che sta proprio lì. accanto. e che ti spiega perché quel frammento è così importante.
Colin avverte la responsabilità umana di questo fatto e mi racconta alcune storie. analizzando le grandi immagini a colori: come la madre argentina di quelle di Plaza de Majo. che porta la foto spaventosa delle braccia che escono da un muro di carcere. Escono da dei buchi rotondi. braccia di gente scomparsa. alle quali Colin sovrappone le foto di due bei ragazzi, un giovane e una giovane. i figli della donna, *desaparecidos*. come tanti, come troppi. E poi c'è la fotografia della classe del liceo, con le alunne dell'anno prima delle persecuzioni razziali e dell'anno dopo. sette di meno. meno una che si salva: sei moriranno ad Auschwitz. Colin per rendere l'idea dello strappo dilata una parte della foto. striscia via l'immagine che è come manomessa, sconvolta, e sovrappone le firme delle ragazze che erano sul retro. di tutte, anche di quelle scomparse.
Ma se queste sono le storie tanto violente e angoscianti che sono anche facili da raccontare. esiste un universo di altre storie che Colin sa cogliere e che invece sono storie molto più semplici. minute. apparentemente poco rilevanti. e che si devono però saper leggere e capire. La ragazza di venticinque anni che porta il pelouche ancora con sé: gli intellettuali che portano il loro libretto di appunti, la loro agenda, ma uno, dentro l'agenda, ci mette dei disegni e quindi rappresenta in qualche modo il proprio momento mitico, fra alberi e rossi e verdi che sono segno di evasione. magari liberty; e ancora altri che portano le loro foto da giovani universitari. quasi da ragazzi, come per raccontare il momento che vogliono ancora oggi rivivere. E poi le foto dei bambini, che sono in qualche modo le più tristi, o sconvolgenti. perché se è un grande a portartele. e sono quelle della sua stessa infanzia, ti impressiona il senso di quello che esse vogliono dire, mentre sono più amaramente comprensibili quelle dei ragazzi morti che le madri portano con sé nel segno della memoria.
E poi ci sono i frammenti diversi. quelli di chi porta un biglietto di viaggio. di tram. oppure di chi ti dà una moneta che non vale più nulla, un peso argentino. ed è l'operaio che deve portar via la fotocopiatrice nel momento in cui l'happening a Buenos Aires è finito: e ancora. c'è il giovane che ha fatto il '68 e vuol esibire il momento dell'arresto. oppure l'altro. che è stato a soccorrere Montanelli appena sparato. ed è lì. adesso. una generazione dopo. con la foto che è una specie di medaglia. Ecco. sono tante queste storie. e ciascuna foto è dunque. un intero racconto; impossibile seguirli tutti. e non avrebbe senso. ma serve invece percorrere l'operazione che Colin intende fare. prima a livello di costruzione narrativa. poi sul piano del linguaggio.
Colin sceglie di affrontare tante piccole storie. tante storie individuali. e di stimolare chi viene da lui a raccontare un frammento di vita che gli sia caro. a portare un oggetto che abbia senso nella esistenza. un oggetto di quelli che si tengono nel portafoglio. una foto dei genitori o dei figli. o magari una lettera. un santino o una licenza di matrimonio. Così ciascuno arriva con un frammento. e attorno ricostruisce la propria vicenda. e magari, proprio nel ricostruirla. scopre qualcosa che prima non conosceva. per esempio che ha gli stessi occhi del padre morto. Sono le stesse storie. ma senza violenza. estratte con dolcezza. dialogando. sono le stesse storie che altrove, alla TV, si urlano davanti agli ex compagni amorosi, conviventi, ai figli ribelli, alle madri o ai padri?
Non direi. il modo di agire di Colin è silenzioso e prudente. è quello di un confessore. di chi intende proporre il dialogo. non di chi vuole sovrapporsi. di chi vuole pesare con la propria personalità su chi viene da lui con in mano un frammento del proprio passato. magari che fa fatica a far affiorare. con emozione e forse pudore. E così. la prima domanda è proprio questa. come mai accade che, con Colin, la gente riesce a confessarsi? Forse proprio perché è un estraneo, forse proprio perché, da Milano a Buenos Aires, da Napoli a Pordenone e a Roma, tutti scoprono in lui la vocazione dello psicoanalista? Forse, ma potrebbe esserci qualche altra spiegazione. per esempio. che l'idea di dilatare un proprio frammento di passato. di scoprire una parte di se stessi. di rallentare quel tempo che in genere ci travolge nel quotidiano. l'idea di trasformare in immagine. e quasi in manifesto. qualcosa che finora ci siamo portati dentro come esperienza privata. ebbene. tutto questo è il segno di una necessità: di vivere secondo un tempo diverso e in un sistema di rapporti diversi.

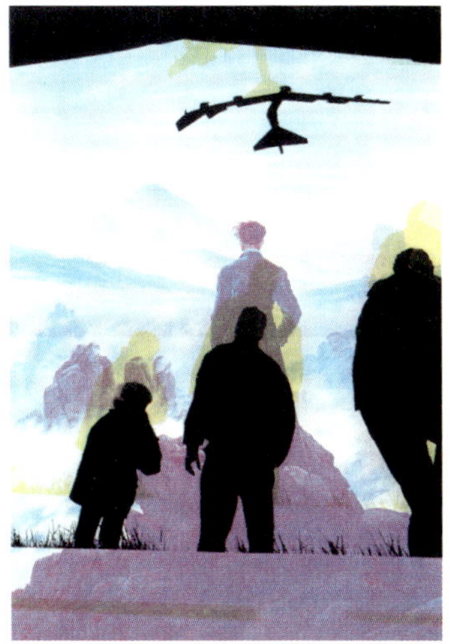

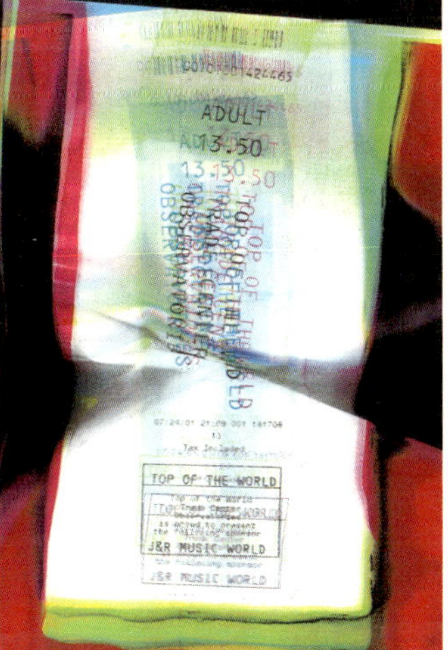

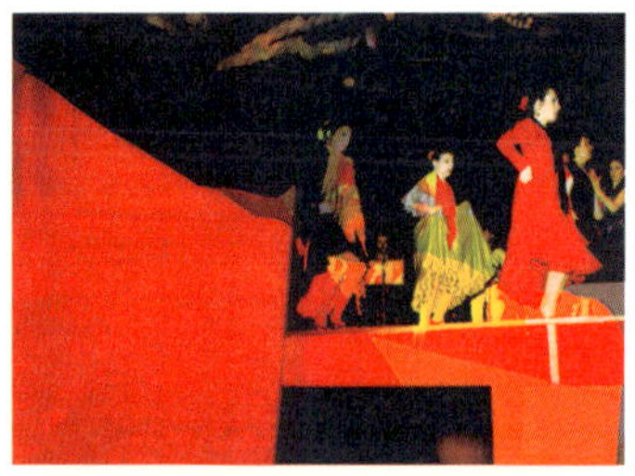

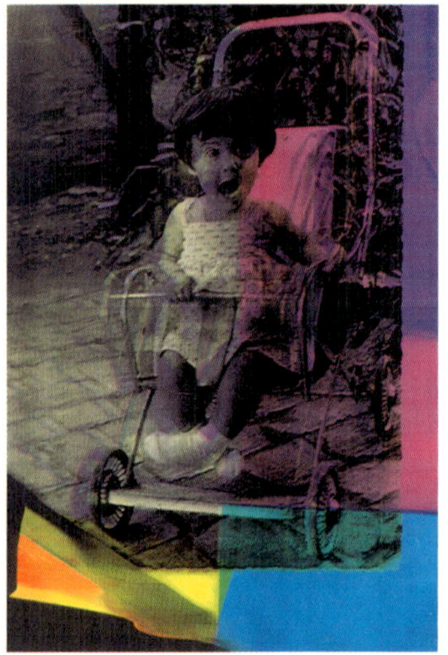

In questo senso, piuttosto che un analista, Colin somiglia a un confessore, o meglio non somiglia affatto a un confessore, anche se ne fa perfettamente le veci. E poi, per spiegare questo singolare rapporto fra Colin e tutti gli altri, credo sia importante il rituale tecnologico, che sembra in qualche modo rendere meno diretto il dialogo, ma da parte di chi porta il frammento di memoria c'è subito l'esigenza, diciamo così, tecnica, di spiegare la foto, l'oggetto, il fatto privato che si intende proporre.

E ancora, un altro livello di spiegazione è il mito dell'arte. Perché è diffuso e compreso un poco da tutti, il mito che permette di rendere meno diretta, di estraniare qualsiasi operazione, che la differenzia da un dialogo immediato da persona a persona. Così, delle storie non ci si deve meravigliare, sono davvero quanto di più umano e intenso, in molti casi, possa trovarsi, ma sono state raccontate in maniera da poter essere comunicate prima di ogni altra cosa a se stessi. Chi racconta si scopre e apprende di essersi scoperto nel momento in cui lo viene facendo.

In questo senso, il lavoro di Colin è molto complesso, e segna un passaggio importante rispetto alle ricerche precedenti. Infatti, lui vuole adesso dialogare con la gente, con le singole persone anche perché sa bene che, attraverso questo dialogo, supera l'estraniamento delle figure delle copertine, di quelle immagini dove, con abilità e grande capacità di inventare, ha saputo cavare fuori tensioni umane, come è evidente nelle serie che abbiamo analizzato e che sono parte molto significativa del suo lavoro di otto anni. Adesso, da questi singoli eventi che gli vengono raccontati, Colin trae immagini che poi sono storie di persone ma che, insieme, sono vicende di protagonisti di una complessa esperienza se essa viene letta come sistema, se si riesce a proporre, dalle singole storie, come un'inchiesta sulla memoria delle persone.

E il grande tema della memoria collettiva, quello che un gruppo, magari una città, magari una nazione, ritiene importante portarsi dietro come memoria: i volti, i santini, le singole esperienze, le scritture di un momento, un frammento, un oggetto, che credi sia solo tuo ma che invece molti posseggono, molti conservano. Ecco, questo senso di appartenenza a una memoria globale, Colin è riuscito a ritrovarlo e a esprimerlo per immagini.

Se, dunque, nelle prime ricerche Colin aveva analizzato un giorno dei quotidiani di tutto il mondo, e poi, nelle immagini di cronaca, la stratificazione della memoria, e ancora dopo, dentro i volti dei protagonisti della comunicazione mediatica, il senso stesso della loro esistenza, adesso ha spostato l'accento in direzione diversa, sulle storie delle persone qualunque, che vogliono raccontare e vogliono farsi quindi ascoltare, che vogliono proporre un segno della memoria e che vogliono suggerire lo spazio, la dimensione del racconto singolo, che però vorrebbero diventasse coscienza collettiva.

Perché il senso di queste immagini è anche di essere confessione privata perché diventi pubblica, oggetto minimale, frammento, perché diventi parte di un tutto. Vorrei adesso ricordare la lingua che Colin utilizza: se possibile, ancora più raffinata e consapevole di quella delle altre immagini delle serie precedenti, una lingua legata al Pop inglese in modo molto evidente, da Peter Blake a Kitaj, da Allen Jones a Tilson, ma una lingua che Colin ha scaldato, ha mosso, ha trasformato, pensando all'espressionismo tedesco, quello recente, pensando ai colori della grande civiltà kleeiana, che è poi un ritorno alle ricerche della sua fase di disegnatore e acquarellista.

Quello che Colin sa trarre dalla fotocopiatrice, quello che sa muovere con i gesti, quello che sa manovrare quasi istantaneamente, in pochi secondi, in genere tre o quattro, spostando, sovrapponendo, dilatando, rimpicciolendo, colorando, scalando le tinte, strisciando, nascondendo o intrecciando, è sotto gli occhi di tutti. Quello che però emerge, sotto questa trama apparentemente violenta, espressiva, coloratissima delle sue immagini, è invece un ordine, un rigore che vengono da una profonda esperienza dell'organizzazione grafica, da De Stijl e dal Bauhaus in avanti.

Ecco, dunque, una netta contraddizione, da una parte una profonda, appassionata partecipazione alle vicende civili e a quelle private delle figure di cui egli racconta, dall'altra invece, una necessaria consapevolezza che serve distacco, che serve capacità analitica, che serve oggettiva considerazione dei fatti che vengono raccontati e, soprattutto, che serve consapevolezza del proprio fare, del proprio operare con la macchina, e dopo, in ogni momento.

Se si riflette, Colin, in queste immagini, si confessa, e proprio attraverso i racconti di tanti, e proprio attraverso le storie private di molti Colin.

Colin si confessa, si confessa come padre, si confessa come testimone civile, si confessa come uomo che sa volere bene. Lo so, sono parole un poco strane in una presentazione di opere che si conviene chiamare arte, ma le foto sono anche per noi, sempre, una specie di testimonianza della realtà, le foto sono in qualche modo connotate come realistiche, come veritiere, e quindi finiamo per credere che, dentro di esse, sia rappreso qualcosa che in altri media non pensiamo di trovare, crediamo insomma che quella figura di donna giovane che era nostra madre, che quella immagine di noi bambini, che quella fotografia di un fratello perduto, siano la prova, il vero, la realtà. Non pensiamo che sono immagini fittizie e rese ancora più fittizie dalle trasformazioni di chi le rilegge, le ripropone, anche e proprio perché quell'affetto, quell'amore civile e poi quel rispetto per ogni singola persona che caratterizza il lavoro di Colin permette, a quei frammenti di un vero perduto, di diventare veri anche adesso, per noi, di diventare non più testimonianza del singolo ma di tutti, non più racconto del passato ma del presente, e questo accade grazie alla trascrizione di quelle antiche memorie in una nuova lingua, che fa scoprire la antica realtà, facendola contemporanea.

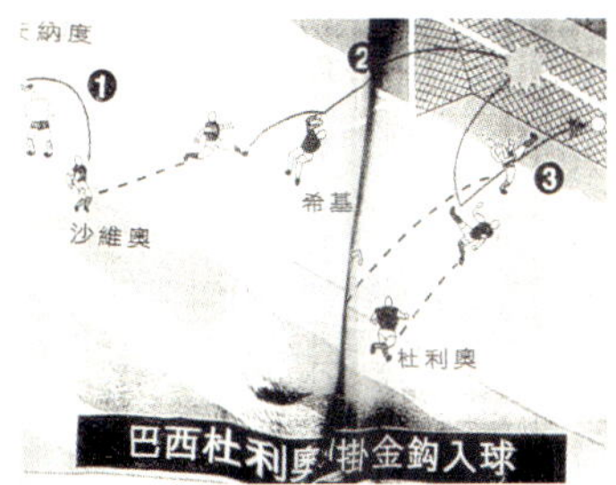

Provate ad ascoltare Colin mentre parla di queste immagini colorate, provate a sentirlo mentre racconta le storie che una persona qualsiasi, a Napoli o a Buenos Aires, a Roma o Milano, gli ha confidato; provate a capire quanta passione e quanto affetto metta, soffermandosi su ogni traccia di quelle memorie. Capirete, allora, la singolarità di un'esperienza che non ha confronti sulla scena dell'invenzione d'immagine in Italia. Sono fotografie, sono fotocopie a colori, che cosa sono?

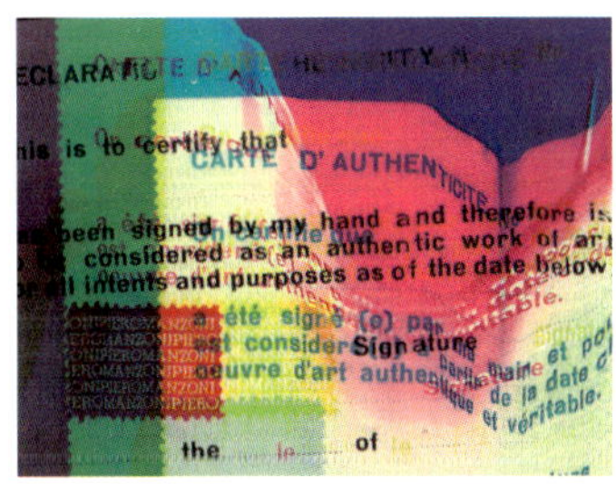

Non so, potrei solo dire che sono, da una parte il segno di una memoria collettiva, dall'altra, di una volontà di essere testimone di una realtà umana che si viene ogni giorno trasformando. Oggi non esistono confessori, se non quelli dentro le chiese.

I confessori laici, gli psicoanalisti, fanno una professione estraniata; per questo, una breve apparizione da un signore che produce arte la più pura, fra le esperienze, è questa un modo di autoanalizzarsi, un happening che tutti possiamo vivere.

Dimenticavo, Colin adesso chiude il cerchio, torna su Internet. Ma questa volta, non per le singole immagini che si usano anche nelle pubblicazioni dei quotidiani, ma per aprire portali, per accedere ai luoghi dove tutti ci inseriamo, per narrare, attraverso questo spazio enorme il problema della memoria. Passiamo, insomma, dalla memoria singola a quella collettiva, passiamo da un dialogo con una persona che porta un frammento di storia, a uno spazio smisurato dove tutti possono accedere e dove ogni evento, ogni immagine, si sovrappone e confonde, ma anche dove ritrovare il senso di una storia globale è troppo difficile.

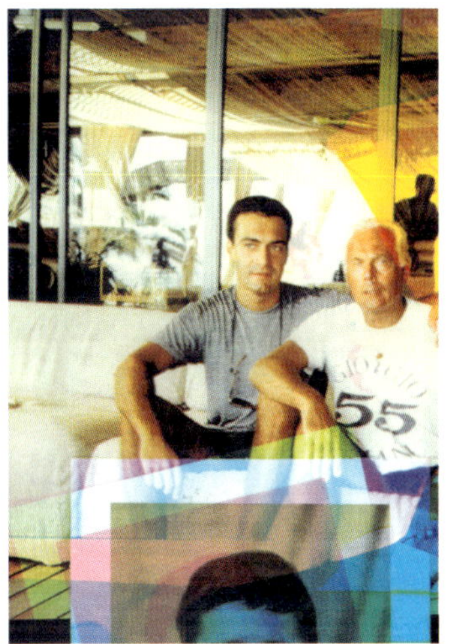

I portali sono tanti e attraverso questi, accedi, anche qui, ai luoghi della memoria: quella della Shoa e quella della Monroe, quella dei Beatles e quella delle Torri Gemelle, quella di Ellis Island, dove arrivavano gli emigranti e dove adesso trovi negli elenchi antichi un cognome friulano. Milioni di italiani sono sbarcati lì, e il sito ne mantiene la traccia. Memorie, memorie, frammenti, ma a volte anche la fine della memoria, come quando trovi "not found", dopo aver infilato un nome nel motore di ricerca. Eppure, tutte queste immagini tratte dalle strade del virtuale dell'informazione, Colin le ha ricostruite una per una, usando ancora una volta, un'altra immagine dentro la sua memoria, quella della cultura pittorica astratta a Parigi negli anni Trenta, insieme all'idea che, comunque, quando si racconta, si deve poter inventare un discorso diverso se il tema narrato è nuovo, come nel caso di questa serie ultima.

Ecco, dunque, memorie dell'orrore e memorie del sadismo, un cadavere di donna e le figure martirizzate dei campi di sterminio, ma sopra tutto, l'idea che anche dentro questo enorme spazio virtuale dentro cui si naviga con il computer, dentro questo spazio sta una possibile memoria, forse stanno tutte le memorie, ma la strada per recuperarle non si individua facilmente.

Ricordare troppo, a volte vuol dire anche dimenticare, confondere, sovrapporre.

Ecco, quindi, le due facce del nostro tempo: una memoria collettiva troppo grande perché un singolo la controlli, e una memoria privata talmente piccola che si ha persino paura a presentarla. Era più stabile e leggibile il tempo, in cui si raccontava coi versi, migliaia e migliaia, appresi a memoria. Era più facilmente comprensibile il tempo, in cui l'informazione era poca e difficile da raggiungere e da dominare ed era riservata a pochi. Era più semplice il tempo, in cui le memorie individuali si conservavano soltanto se erano di potenti, e per gli altri era la polvere del nulla?

Non so, certo che Colin, con queste sue immagini, sta indicando una strada nuova per riconoscere senso e valore degli individui e della loro storia e anche per la ricerca della fotografia e della grafica, dell'arte se si preferisce.

Arturo Carlo Quintavalle   **The Colors of Memory**

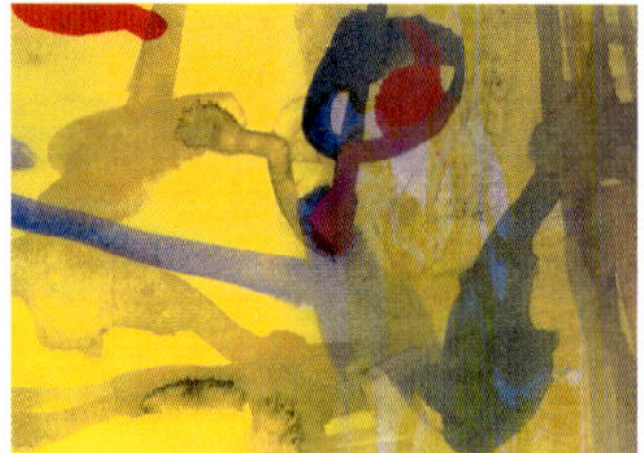

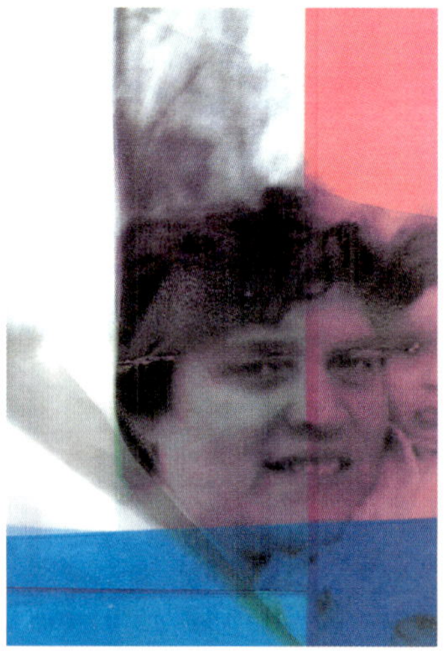

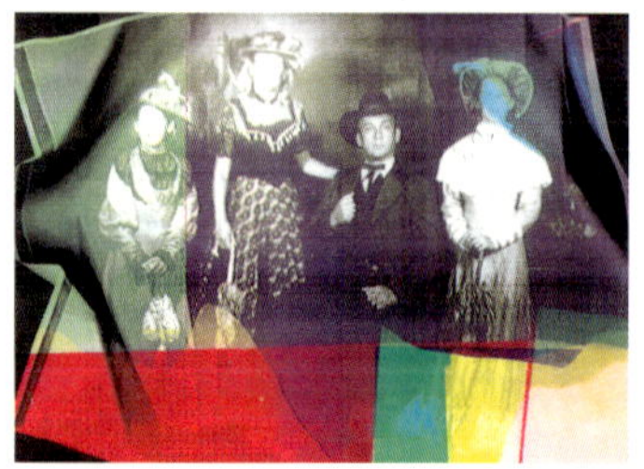

When the Story Begins

Gianluigi Colin really began by drawing, and his drawings were at that time a means of putting down figures, giving them an outline, reducing them to edges, noting their margins, constructing them according to a continuous thread that fixed them on one side or the other of the sheet, and, in the middle, intervals of color.

This is how Colin began and for years that is how he continued.

Then there was a new phase. Those images, those experiments on paper – colored of course, but with an ever-present graphic slant – those allusions to Klee or Kandinskij became something else. Inside a photocopier they became dilated, different images: the dimension, as always, changed the meaning. So Colin began to see if those creations could really withstand dilation. Some did, others less so, and so he tried again and again, continuing to use photocopiers, scanning different shapes but also experimenting with some variant of color, some shift, some transformation.

But it was still blown up art, and the medium, I mean the graphic or pictorial medium, perhaps didn't entirely convince him. Yet every day at the offices of *Corriere della Sera*, Colin spends hours on end choosing images from the Internet, making up pages, designing them at an amazing speed. In short, for him this interaction with the machine of collective memory, with the system of communication, is a moment of daily confrontation with the world. And with his colleagues who, hour after hour, bring him the pages and photos they have just chosen to be dilated, blown up, shrunk, made up into grids, put together with texts in a complex dialogue, with titles and spaces, frames, underlinings.

Colin knows a lot about these things. He has done nothing else in the last few years but converse on an international level with the world of graphics, and his pages have often won prizes – in the United States, for example – so that for him receiving awards of this nature has almost become routine. This means that Colin can construct the page like a work of architecture and can invent a story using pictures and words. But Colin is also a photographer. Before becoming art director of the *Corriere* he took, and continues to take 6x6 and 24x36 format photographs, and uses chemical processes, i.e. the old method, even though he would be perfectly able to use all the frills of the computer, and perhaps invent some more. And yet the results he obtained with photographs, watercolors, tempera and crayon did not completely satisfy him, and for this reason, at a certain point there was a kind of break.

It is the fifteenth of July 1995. "I took a day at random, wanting to narrate the contemporary, the present," he says. And to find out what it means to take any old day and the newspapers of half the countries in the world, the ones that arrive at the *Corriere* but also the ones you can buy from the news kiosks in big cities, dozens of foreign and Italian newspapers, and put them together, comparing them in order to find a place, a moment where the figures of the graphic characters are compounded with those of the photographs, finding a key with which to create another story, using these combinations. We are not merely comparing printed pages. There is another act, which has a long story behind it, from the Dadaists to Arte Povera, from Pop Art to Conceptual Art, and this is the tampering, the transformation of those pages, which are crumpled, smoothed, folded, opened out and overlapped. Through this tampering we stumble across unique combinations, partly text and partly photograph, or just titles, figures that are there and which, suddenly, by shrinking the field or dilating it, or anyway modifying it, take on a particular emphasis, a fresh impact.

All the people who have been in the news are present, but Colin reinvents them so that they all become protagonists: whether they be unknowns or pin ups, heads of state or models, men from the death camps or leaders of the Intifada. In short the procedure is a great deal different from that of the torn papers, or the newspapers stuck onto Cubist paintings. The idea is to offer an object multiplied in the same way as a daily newspaper is all over the world, feeding it into the photocopier and modifying its physiognomy, exactly as though it were a face, a look and finally reproposing it as an event, a work of art. The sense of those newspapers thus changes completely: they have turned into something more than news and image, only a part of them is visible and it is as though an enlargement, a dilation of part of an event, be it word or image, or an overlapping of these different forms, had taken place.

Within all this there is also the idea of the distinct duration events have in the world; that is, the idea of the very different emphasis that is given to events by different continents and nations. And Colin, who works on a newspaper and has to construct it within the parameters of our culture, spends days measuring himself with others' different times and models. This is why he wanted to propose a newspaper not for one person but for every person in the world. He wanted to construct the contemporariness of stories, each very different from the other, describing world events.

It is like a cross-section, a synchronous break in those stories that are published, exposed. But it is also something else. It is the idea that a common language, above all the conceptual, may serve to make a universe of distinct facts uniform, and may therefore serve as an instrument with which to interpret the reality of events. Not what really happens, of course, but what is reported in newspapers and is chosen twice over, first by selecting the page, then by selecting a way to modify it, to act on it, to reread it, you might say, and therefore transform its meaning.

Colin, in short, ends up by creating a global system of communication that perhaps resembles the one that, every night, surfaces in his memory when he has put the newspaper to bed. And so the traces of figures seen and discarded emerge, hundreds of photos that disappear into the colored frames of the Internet and that nobody prints nor will ever print again because they are now yesterday's news, and tomorrow you have to start afresh.

So here is a story used to confront the collective memory, everybody's memory, but it is also a story that changes from the icon of the everyday, taken singularly, to a global entity that tends to mix and transform everything. And those actions – crumpling, overlapping – symbolize precisely this: the presence of fragments and, together with these, the destruction of the framework, but also the emergence of a single, selected detail. After all, after a long while this is how memory works, like a dream: the framework vanishes and an often meaningful detail surfaces.

If one thinks of what in these images is left to emerge and what disappears, the process is none other than a test of overlappings, a kind of screen against which Colin unconsciously projects his own memories and impulses. Therefore, this is in reality a subtly self-analytical operation, even though it appears to be a means of civilly representing the everyday, multiple, imminent, pressing reality of the world.

In short, what emerges or is hidden, stems from Colin's own denial or acceptance, and is for him another way of representing his own reaction to events, at times more controlled, at times manifestly liberating. And then there are the inventions that only a great draughtsman can come up with, discovering the charm of Chinese ideograms, and dilating them, or the certainly more hidden fascination of the histograms of stock exchange shares.

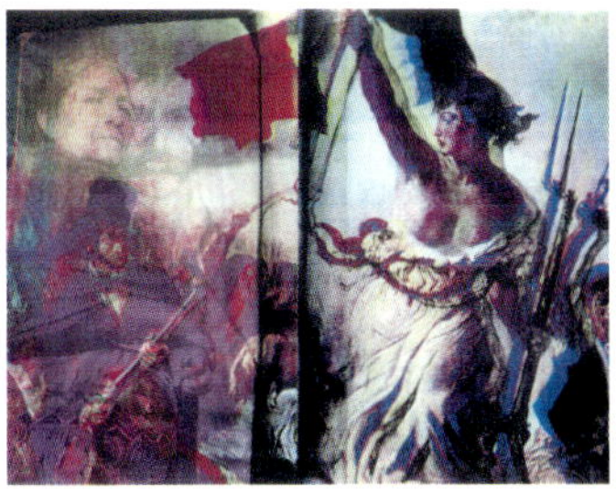

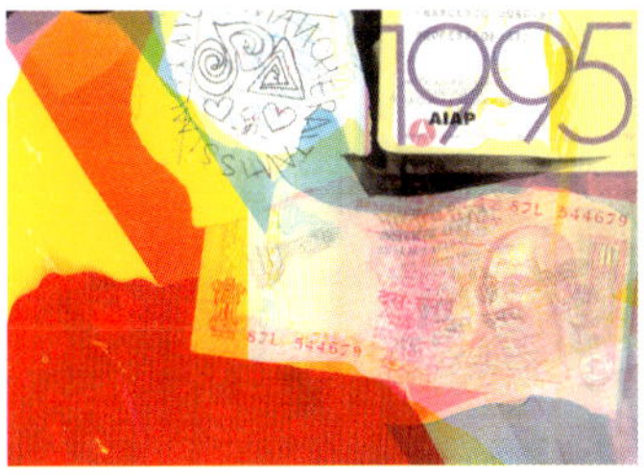

In 1998, however, another work that echoed the previous one though altering it completely began to take shape. He calls it *Presente storico* and a never has a definition been so apt. But what is Colin trying to say with this work? First of all that he himself, within the present, within the images of those events that crowd the computer screen or land on his desk from press agencies, or that are seen reproduced on the colored pages of magazines, within this present he is both able to and desires – and I emphasize desires – to discover more ancient roots, those that no one other than a historian of images, or art if you like, would be able to unearth.

But, mind, we are dealing with a unique historian, a historian who aims at constructing meaning, that is who chooses to align an image of contemporary reality, this time colored, and therefore no longer like his previous work in black and white, with an image that emerges from the past, generally from painting, to make sense of today's events. The mechanism with which we create a comparison and the matching of a color photo, a contemporary event and a color photo of a work of art, aligning them, partly overlapping them, modifying them, intervening graphically in such a way as to reorganize them, determines the new meaning of the images themselves.

And so we have a Danilo de Marco Zapata woman with a Delacroix, the screaming Vietnamese girl and Munch's *The Scream*, scores of Albanians arriving on small boats and Géricault's *Raft of the Medusa*, the body of Che Guevara laid out and Mantegna's *Dead Christ*, a mafia victim in Palermo and Sebastiano del Piombo's *La Pietà*. I would like to linger on this image because I am thinking of another, based on the same mafia photograph, and used for an Oliviero Toscani poster. I think it is important to read the different meanings of the two. Toscani focuses on the dilation and the vividness of the photo, with some graphic intervention, therefore focusing as always on the force of the horror that you slowly discover in the almost flawless, glossy blood, and in the figures. Colin aims at a very different construction, on the long meditation suggested by the *Pietà* on the dead Christ, which dominates and makes sense of all the rest.

In short, it is the images of memory, the figures of history that explain how to read everyday reality, the daily news. And for me there is no more persuasive image, out of

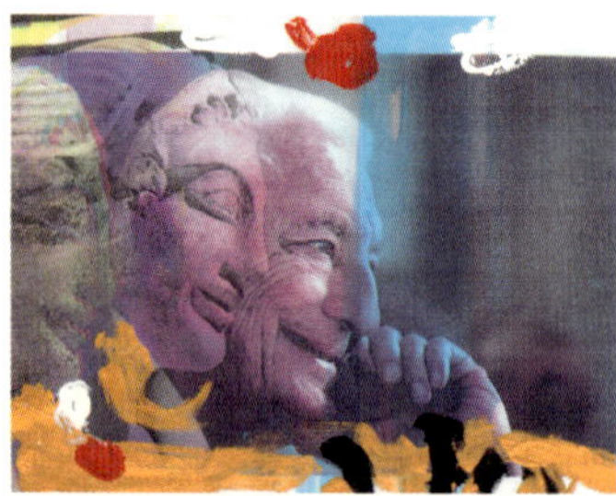

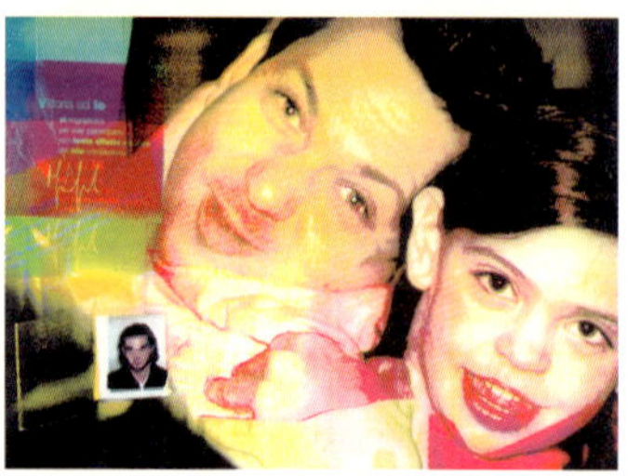

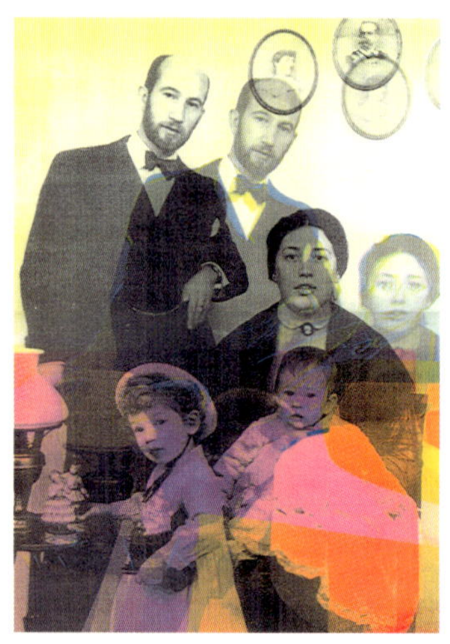

Colin's scores of important and intense images, than that of the Brera Christ opposite the dead Che – an identical pose, captured in an absurdly coincidental fashion. Was it the photographer who remembered the painting or is it us with our Italian, or perhaps Western, perspective, having a certain painting in our minds, who superimpose it? I wouldn't really know but certainly Colin, with this work, has given us another theme: how much do we really see and how much do we see with our historical memory?

I think, as an art historian, that there is no better demonstration of the importance of iconology in understanding how much we are all influenced by the history of images and, above all, what a vital role this plays in making sense of the everyday icons that seemingly contain no history, image-wise I mean. After all, the photograph of the painting of the Tower of Babel and the Twin Towers collapsing on the September 11, 2001 is a sign, there to suggest a symbolic moment.

Colin also began *Ritratti di Carta* in 1998, and he chose a phrase of Francis Bacon's as a literary model: "I want to deform the thing beyond the appearance, but at the same time I want the deformation to record the appearance." Moreover, the work recalls another phrase from Walter Benjamin, referring to the time before the invention of photography when "The human face was surrounded by a silence within which the gaze rested," adding, "Nowadays this silence appears to be blighted by deafening noise: we are continuously surrounded by images of figures looking out at us from the pages of newspapers: it is the representation of contemporary power."

But how can we approach these faces and truly analyze them, bearing in mind the three phrases I have quoted? Colin knows all too well that these faces are so copied, consumed, worn, exposed that they are immediately identified, recognized and it is for this reason too that he puts a screen up between them and us, a kind of graphic mediation, the transformation of the image on the color photocopier, perhaps overlaying it with some writing, words, a title, like in the case of John Kennedy.

Or he works it like a post-futurist image on the face of Fidel Castro redeemed by a halo of light; or squeezes a part of Madonna's body inside a crumpled sheet; or wraps three quarters of the face of Diego Maradona with a ribbon of shadows and letters; or unearths the face of Giovanni Agnelli from a multiplication of lines; or glosses and deforms Naomi Campbell's lips and dilates her enormous eyes; or carries out a similar, but opposite operation, almost lighting up the face and smile of Diana, the princess who died in 1997. But what did Colin really want to achieve by modifying these images, other than these transformations? Certainly the culture he now uses to transform the figures is linked to the English Pop tradition, as will become clear by an examination of his last important cycle, but, other than this aspect, I believe we should detect another theme.

We are not merely dealing with a clever graphic transformation: using this mixture of techniques Colin has tried to create a graphic interpretation of the person, a little like the most observant portrait painters, a little like the most sophisticated caricaturists, but he also tries to construct, I believe, something different, aiming at a single element, a detail at times hidden, a detail that, through the manipulation of the image, emerges unexpectedly to characterize the whole. We lose part of the face of many of these personalities, and yet they are immediately recognizable, perhaps because from within that fragment, a story, the psychological essence, emerges, captured by Colin.

The Colors of Memory

When Colin talked to me about his latest work, a work that means to suggest the color of our memories, I understood that this was the end of an investigation that he had been working on for some time. But it is also the beginning of a new journey. Colin invites people and asks them to bring along a fragment, a sign, a trace of their past, intending to work on this element alone. After grasping the impressions of an individual and private story, he proposes a fragment, a graphic elaboration, with a strong symbolic value. Colin, in short, puts together things that up to now had remained separate.

First and foremost, there is the event, the "happening" we would have said forty years ago. He puts this event together with the multiplied copies of the color photocopier; but he also adds the dialogue, and in some way, the confession of the individual, transcribed with Colin's own story-telling expertise and skill for elaboration, taking responsibility, because this is what it comes down to, for extolling the event and proposing it as a different image, elucidating its hidden meaning.

Up until now Colin has focused on the story, on the everyday, on multiplied images, but now he finds himself left not with photos selected from agencies, not with images that are anyway significant, not with portraits of leading figures but with photos of objects, fragments of an ancient everyday life, a group of facts or a single fact which would not have made history if it had not been for that individual, for that interlocutor who is right there beside you, explaining to you why that fragment is so important. Colin perceives the human element and tells me some stories, analyzing large color images. Like the one of an Argentinean mother in Plaza de Majo, carrying the terrifying photo of arms coming out of the walls of a jail. They emerge from round holes, the arms of missing people, on top of which Colin overlays the photos of two attractive young people, a man and a woman, the woman's children, *desaparecidos*, like many (too many). And then there is the photo of the secondary school class, with the students the year before the racial persecutions and the year after, seven less, minus one who escapes: six would die in Auschwitz. To render the idea of the split Colin dilates a part of the photo, tears away the image that seems tampered and messed with, and superimposes the girls' signatures, which were on the back – all of them, even the signatures of the ones who disappeared. But if these are violent and distressing stories so easy to tell, there is a universe of other stories Colin collects, which are instead very simple, trifling stories, apparently of little importance, but which require interpretation and understanding. The twenty-five-year-old girl who still carries a stuffed animal with her; the intellectuals who carry their notebooks and diaries. But one of them keeps his drawings in his diary, representing his own mythical moment, in the midst of trees and reds and greens, signs of evasion, perhaps freedom; and still others who carry photos of themselves as young university students, almost kids, as though to tell of a time they would like to live all over again. And then the photos of children that are in some way the saddest or the most upsetting, because if it is an adult who brings them to you and if they are photos of his childhood, you are touched by their meaning, while photos of dead children that mothers carry as a tokens of memory are more bitterly intelligible.

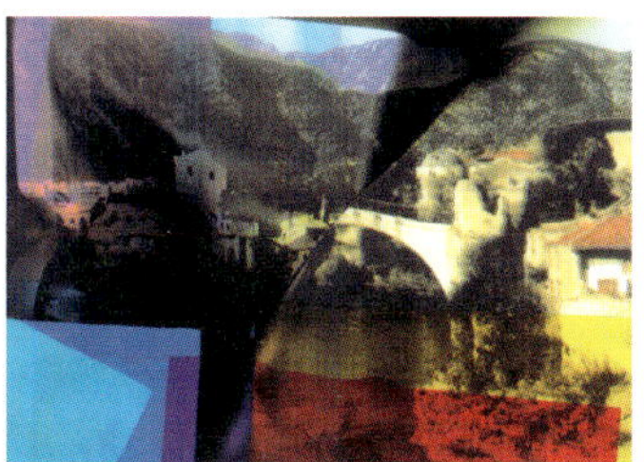

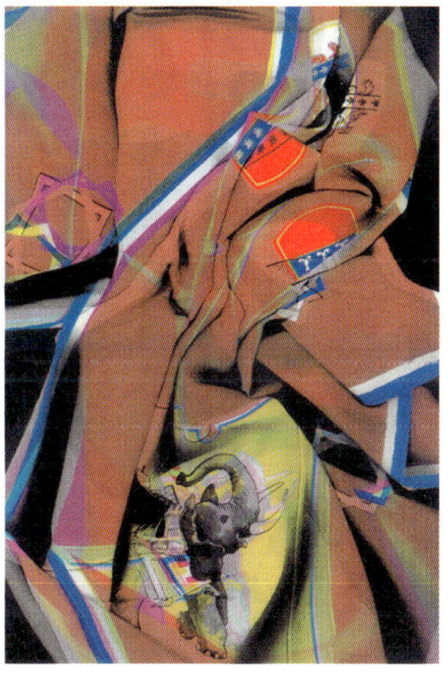

And then there are different fragments, people who bring a travel or tram ticket, or people who give you a coin that is no longer worth anything, an Argentinean peso from the workman employed to take the photocopier away at the end of the happening in Buenos Aires. And then there is the young man who took part in the demonstrations of '68 and wants to show you the moment of his arrest, or the other one who ran to help Montanelli just after he had been shot, and who is there now, a generation on, holding his photo, which is a kind of medal. There are many stories like these and every photo represents a complete story. It is impossible to follow them all and it wouldn't make sense either, but it is worth doing what Colin means to do, first on the level of narrative construction and then on the level of language.

Colin chooses to tackle many small stories, many individual stories, and to stimulate those who come to him to narrate a fragment of life dear to them, bringing some meaningful object, one of those objects you keep in your wallet, a photo of your parents or children, or perhaps a letter, a picture of a saint or a marriage license.

So each person comes with a fragment, and reconstructs his own story around this fragment and perhaps, precisely during the reconstruction, discovers something he didn't know before, for example that he has the same eyes as his dead father. Are they the same stories but told without violence, drawn out gently, as those that elsewhere, on the TV, are yelled between ex-lovers, or between parents and rebellious children?

I would say not. Colin's behavior is quiet and prudent, like a confessor, like somebody willing to talk on equal terms, not somebody who wants to dominate, to oppress with his personality the person who comes to him holding a fragment of his past, who perhaps finds it hard to come out of his shell, who is emotional and perhaps modest. And so the first question is, how on earth do people manage to confess to Colin?

Perhaps because he is a stranger, perhaps because from Milan to Buenos Aires, from Naples to Pordenone and Rome, everybody sees the psychoanalyst in him? Perhaps, but there might be a different explanation, for example, that the idea of dilating one's fragment of the past, baring a part of oneself, slowing down that pace that overwhelms us daily, the idea of transforming in image, almost in manifesto, something that up to now we have kept inside as private. All this is the sign of a need: the need for a different rhythm and a different system of relationships.

In this sense, Colin is more like a confessor than an analyst; or rather he doesn't look at all like a confessor even though he does the job perfectly. And then, to explain this unusual relationship between Colin and the others, I believe the technological ritual to be important. It somehow seems to render the dialogue less direct, while on the part of the person who brings along the fragment of memory, there is an immediate need, let's call it technical, to explain the photos, the object, the private fact they intend to offer.

Another explanation is the myth of art, because the myth is widespread and comprehended to a limited extent by everybody. It allows you to be less direct, to estrange any operation, making it unlike an immediate dialogue between two people. So

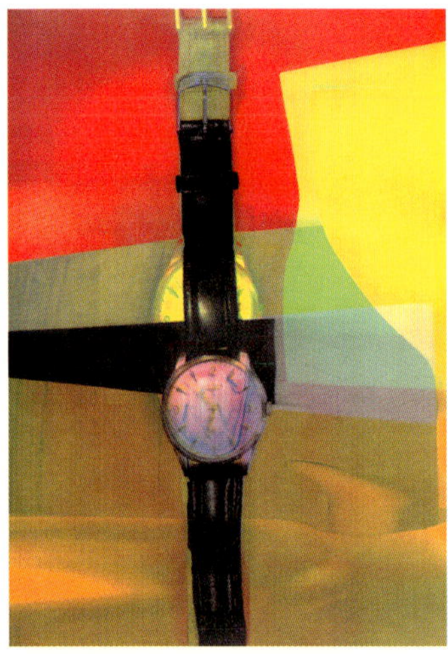

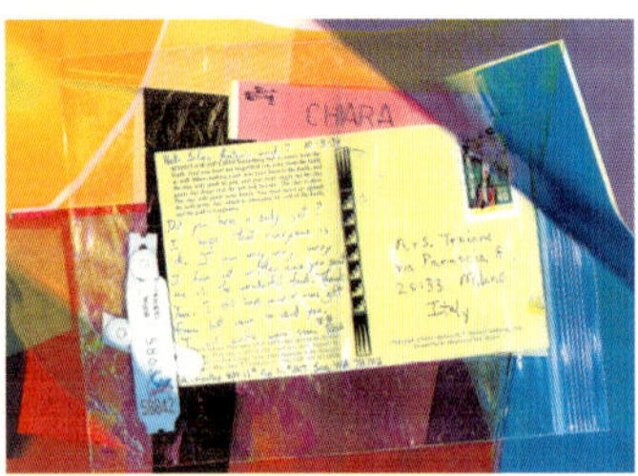

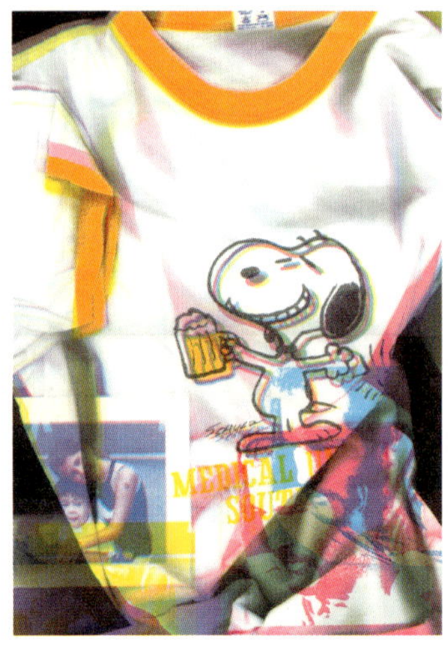

one mustn't be astounded by the stories. They really are, in many cases, as human and intense as anything you might find, but they have been told in such a way that means they communicate above all to the person telling them. The narrator reveals himself and learns he has been laid bare in the very moment he is doing it.

In this sense, Colin's work is extremely complex and marks an important step forward compared to his previous work. In fact, he now wants to talk to the people, to individuals because he also knows that, through talking, he can overcome the alienation of those figures on the covers, those images from which, using dexterity and enormous inventive skill, he has succeeded in unearthing human tensions, as is evident in the series we have analyzed, a series that is a very important part of his work of eight years. Now, from these individual events told to him, Colin draws images that are stories of people, but at the same time are stories of protagonists of a complex experience if they are interpreted as a framework of single stories, an investigation into people's memories.

And the great theme of collective memory is what a group, perhaps a city, perhaps a nation, believes it important to carry with it as a memory: faces, small pictures of saints, individual experiences, jottings, a fragment, an object, which you think are yours alone but which instead are possessed and preserved by many. There, Colin has managed to discover and express in images this sense of belonging to a global memory.

If, therefore, in his early works Colin analyzed a day in the newspapers from around the world and then, in the images in the news, the layers of memory, and afterwards, on the faces of media protagonists, the very meaning of their existence, now he has shifted the emphasis elsewhere, onto ordinary people, who want to tell their stories and be heard, who want to offer up a token of memory suggesting the space and dimension of their individual stories that they would like to add to the collective conscience.

The meaning of these images is also a private confession that becomes public, a minimal object or fragment that becomes part of a whole. I would now like to recall the language Colin uses, which is, if possible, even more sophisticated and conscious than that of the images of the previous series, a language very obviously linked to English Pop, from Peter Blake to Kitaj, from Allen Jones to Tilson, but a language that Colin has stirred and shaken, transforming it, thinking of recent German expressionism, thinking of the colors of the great Klee, a return to the works he produced during his drawing and watercolor phase.

What Colin is able to extract from the photocopier, what he is able to manipulate, what he manages to maneuver almost instantaneously, in the space of a few seconds, generally three or four, shifting, overlaying, dilating, shrinking, coloring, grading the hues, dragging, hiding or interlacing, is visible to everyone. What emerges, however, beneath this apparently violent, expressive, highly colored tangle of images is instead an order, a rigor that comes from a profound knowledge of graphic arrangement, from De Stijl and from the Bauhaus onwards.

Here then we have a clear contradiction. On the one hand a deep, passionate participation in the public and private affairs of the figures whose stories he tells, on the other a necessary consciousness that aids detachment, analytical deftness, the objective consideration of the facts that are recounted and, above all, the awareness of his own actions, of his own ability in using the machine and afterwards, at all times.

If you think about it, through these images Colin is confessing the private stories of many people and many Colins.

Colin confesses. He confesses as a father, he confesses as a public witness, he confesses as a man who knows how to love. Yes I know, these are strange words to use in presenting works that might appropriately be labeled art, but photos are also, for us, a constant evidence of reality. Photos are in some way connoted as realistic, truthful, and therefore we end up believing that within them, something gels that we don't expect to find in other mediums. We believe, in short, that that figure of a young woman who was our mother, that picture of us as children, that picture of the brother we lost, are the proof, the truth, the reality. We don't think that they are fictitious images made even more fictitious by the transformations of those who reread them, repropose them, because that affection, that brotherly love and that respect for each person that characterizes Colin's work enables those fragments of a lost truth to become true now for us as well, no longer the testimonial of the individual but of everybody, no longer the story of the past but of the present. And this is thanks to the recording of those ancient memories in a new language, which allows us to discover an ancient reality, making it contemporary.

Try listening to Colin as he speaks of these colored images, try listening to him when he tells stories that an ordinary person, in Naples or in Buenos Aires, in Rome or Milan, has told him in confidence. Try to understand how much passion and how much affection he feels, lingering on every trace of those memories. You will understand then the uniqueness of an experience that has no comparison in the panorama of image invention in Italy. Are they photographs? Are they color photocopies? What are they?

I don't know. I can only say that they are, on one hand, the sign of a collective memory, on the other, the desire to be a witness to a human reality that is changing every day. Nowadays there are no confessors outside churches. Lay confessors, pyschoanalysts, exercise an estranged profession. This is why a brief apparition by a man who produces the purest art out of experiences, is a means of self-analysis, a happening we can all share. I almost forgot – Colin has now come full circle. He is returning to the Internet. However, this time it is not for the individual images they use in newspaper publications, but to open portals, to gain access to places where all of us go, in order to tackle the issue of memory in that enormous space. In short, we are passing from the individual to the collective memory, from a dialogue with a person who brings us a fragment of history, to an immense space where we can all gain access and where every event, every image, overlaps and blurs, but also a space where we can rediscover the sense of a global and too complicated history.

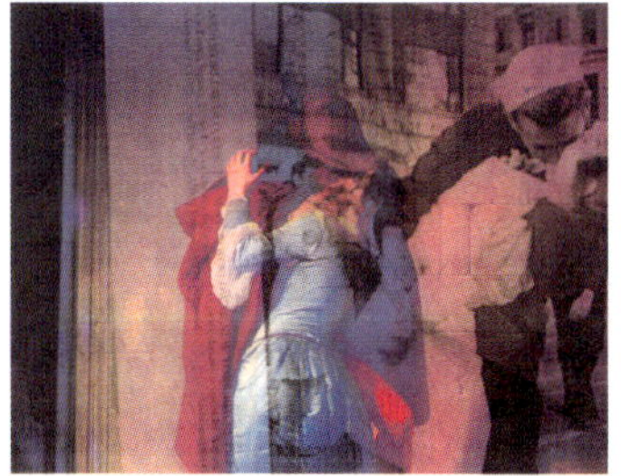

There are many portals and through these, you can gain access to shrines of memories: memories of the Shoah, Monroe, the Beatles, the Twin Towers, Ellis Island where the emigrants arrived and where you can now find a Friuli surname in the ancient registers. Millions of Italians disembarked there and the site conserves traces of them. Memories, memories, fragments but sometimes also the end of memory, like coming across Not Found when you type a name into the search engine. And yet Colin has reconstructed, one by one, all these images extracted from the virtual information highway, using once again another image from his memory, the abstract painting culture in Paris in the thirties, together with the idea that, anyway, when you tell a story, you have to be able to invent a different medium if the theme narrated is new, like in this last series.

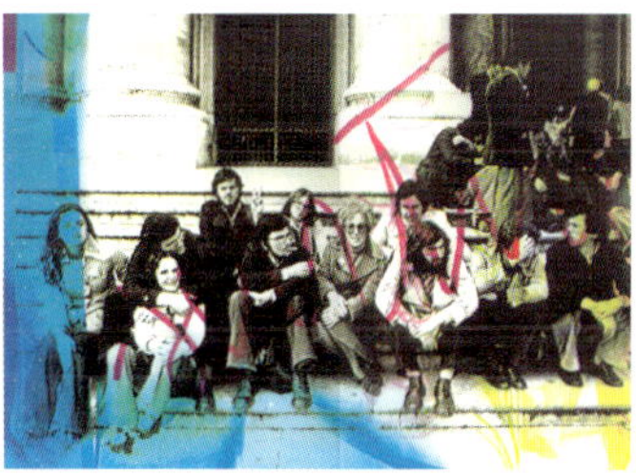

Here, therefore, we have memories of horror and sadism, the corpse of a woman and the tortured figures of the concentration camps, but above all, the idea that within this enormous virtual space navigable by computer, there is a possible memory, perhaps all memories, though it is hard to find a way of retrieving them.

Remembering too much sometimes also means forgetting, blurring, overlapping.

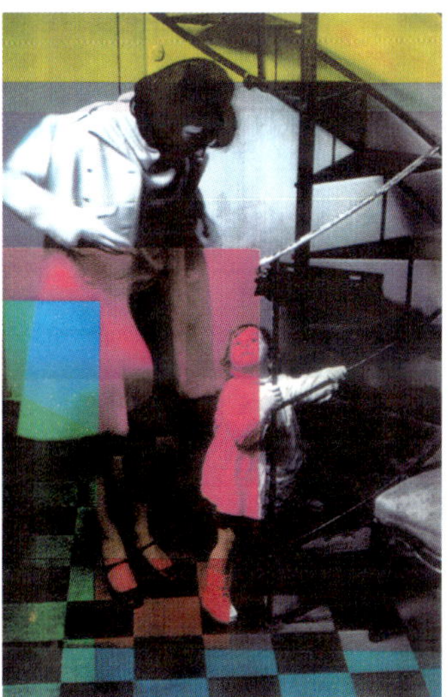

Here then are the two sides to our age: a collective memory that is too large for a single person to control and a private memory that is so small that one is almost afraid to show it. The time when one told stories in thousands and thousands of lines of verse, learned by heart, was more stable and legible. It was easier to understand the age in which there was little information that was hard to obtain and control and reserved for a few. Was it easier when individual memories were preserved only if they belonged to powerful people, while others turned to dust and oblivion? I don't know, but I am certain that with his images Colin is indicating a new direction for recognizing the meaning and value of individuals and their stories, and also for photographic and graphic research, of art if you prefer.

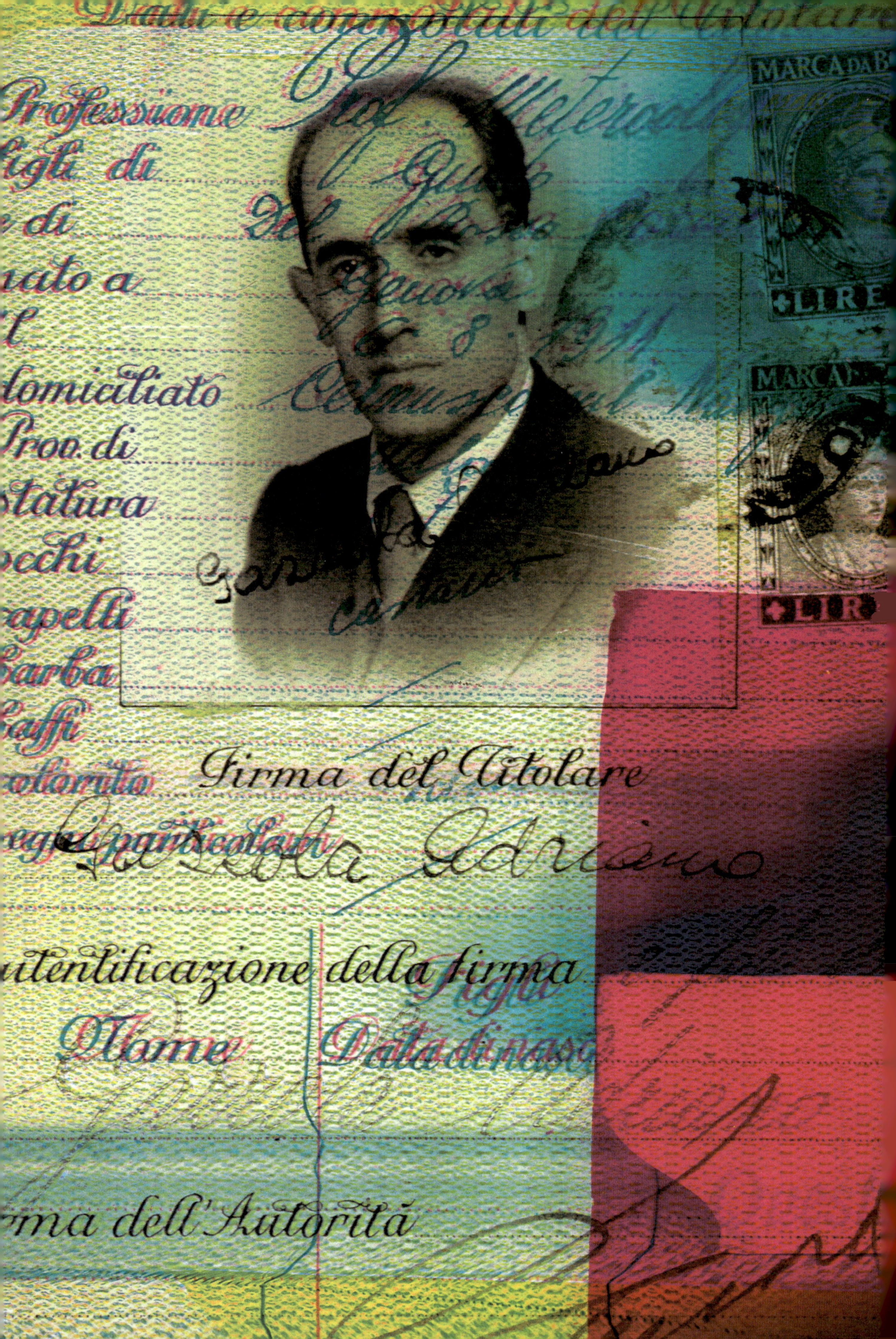
Professione
igli di
di
ato a
il
omiciliato
Prov. di
statura
occhi
capelli
barba
baffi
colorito
Firma del Titolare
utentificazione della firma
Nome
Data di nasc
ma dell'Autorità
MARCA DA B
LIRE
MARCA
LIR

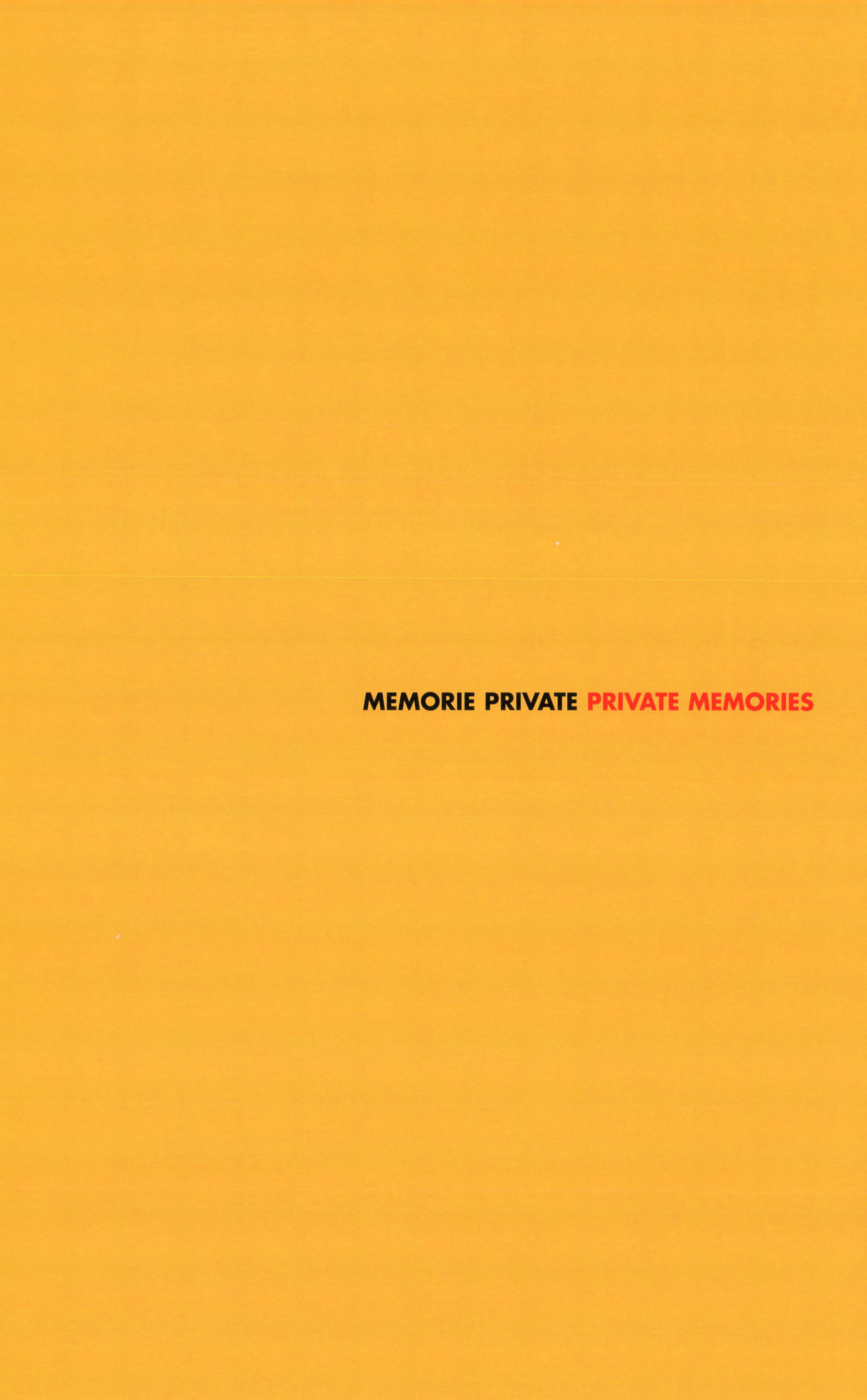
MEMORIE PRIVATE PRIVATE MEMORIES

Elencare tutto ciò per cui si ha
nostalgia, per un giorno intero,
senza spiegare e mettere in
rapporto, senza nulla in mezzo,
e farlo solo con le cose per cui si
ha veramente nostalgia.
Un altro giorno elencare tutto
ciò di cui si ha paura.

Set down everything for which
you feel nostalgic, for a whole
day, without explaining or
relating, without anything in
between, and do it only with
the things you truly feel
nostalgic for. On another day
set down everything that
makes you afraid.

Elias Canetti

Cos'è essenziale, nei ricordi e rievocazioni? Ciò che
sarà colto, rivissuto da chi non c'era.
In fondo, è la sola immortalità che ci compete.
Ciascuno porrà nomi e tempi nuovi, e saranno storie
vere, comunque.
Vere, in quanto amate.
Non importano le differenze: prevarrà sempre qualcosa
di vero, nonostante l'apparente diversità.
Anche se il vero è proprio nell'essere diverso, unico.

Chi ha detto "la verità vi farà liberi"? Basta amarla,
la libertà. E così la memoria.
Memoria e libertà? Deve esserlo. La memoria è sacra,
ma non è un carcere.
Amare la memoria è anche amare il futuro.

Care memorie, perché vere, cioè inventate. Storia,
geografia: non prigioni ma libertà.
Il tempo continua. Procede e ritorna. Tale è il ritmo.
Solo così il tempo può diventare musica.
Per ritornare, il tempo deve essere perduto. Solo ciò
che è stato perduto ritorna. Solo ciò che si è perduto sarà
ritrovato.
È una legge del cuore o del mondo?
Si perde ciò che si è amato. È la legge. Ma solo ciò
che si è perduto, ritorna.

giugno 2000

Memory Is Freedom

What is essential in memories and recollections? The parts which
will be perceived, relived by those who were not there.
After all, it is only immortality which rests with us.
Each of us will establish new names and times, and they will
Still be true stories.
True in so far as we are capable of love.
Differences don't matter: truth will always prevail,
notwithstanding apparent diversity.
Even though truth lies precisely in being different, unique.

Who said "The truth will set you free?" It is enough to love it,
Freedom, that is. And memory, too.
Is memory freedom? It has to be. Memory is sacred, but not a jail.
Loving memory also means loving the future.

Memories are dear, because they are real, invented, that is. History,
geography: not prisons but freedom.
Time continues. It continues and returns. Such is its rhythm.
Only thus can time turn into music.
To return, time has to be lost. Only what has been lost
Will return. Only what is lost will be found again.
Is it a rule of the heart or of the world?
You lose what you love. That is the rule. But only what
has been lost, returns.

June 2000

Matteo Collura

Sei personaggi in cerca di memoria

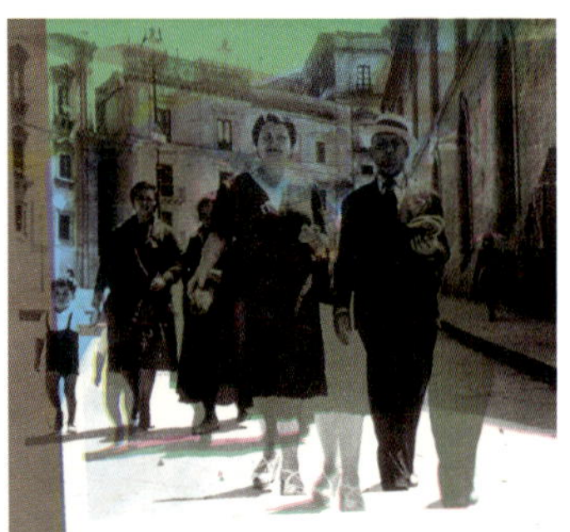

Omaggio a Capa / Homage to Capa

Non è né un'ovvietà né una banalità dire che la fotografia è per la memoria quello che per un motore a scoppio è il carburante. Non soltanto un'immagine fotografica cristallizza un determinato momento, ma con la sua obiettività – vera o presunta, non è questo il problema – che pur isola un fatto, un volto, un angolo di mondo dal suo contesto, essa ci mostra una realtà che credevamo perduta o dimenticata: ce ne mostra la sua essenza, e perciò la sua perenne, irriducibile verità, nonostante la polvere del tempo, le rughe, gli stravolgimenti del progresso.

È a Robert Capa che indirettamente devo la definitiva messa a punto, nella mia memoria, di un luogo da cui mai, pur standone lontano, mi sono completamente distaccato. Un luogo negazione di se stesso, della sua storia, della sua oggettività topografica, persino. Negli album fotografici di Capa un'immagine, che può dirsi compiutamente "pirandelliana" nel senso dell'ostentata, ancorché involontaria, teatralità espressa dalle persone ritratte (davvero personaggi che, in cerca d'autore, ne hanno trovato uno nel fotografo), è indicata da questa didascalia: "Italia, 26 luglio 1943. Una strada due giorni dopo la liberazione di Cefalù". E invece no, non è una strada di Cefalù quella che la foto documenta, ma la piazza su cui si affaccia il municipio di Agrigento e che da esso prende nome.

Vorrei farvi conoscere bene questo luogo, perché grazie all'errore di trascrizione di Capa o, non importa stabilirlo, di qualche catalogatore venuto dopo di lui, esso appare riassuntivo del più tipico paradosso pirandelliano, quello che concerne l'impossibile certezza dell'identità.

Agrigento, Pirandello, la follia: non si può parlare dell'uno senza parlare delle altre. Questo è il filo da seguire se si vuole comprendere qualcosa di questo luogo in cui sono nato e cui la sorte ha dato di ereditare uno dei parchi archeologici più ricchi e vasti del mondo senza mai trarne vantaggio; al contrario, vestendosi negli anni di assurdi palazzi che ne hanno fatto una sorta di Manhattan stracciona.

Merita di essere descritta nei particolari, questa foto. Avanzano come attori su un palcoscenico, i *soggetti* ritratti. In primo piano una coppia di sposi in abiti domenicali; lui, doppiopetto stazzonato, paglietta corta, leggermente più basso della massiccia moglie in vestitino leggero. Entrambi hanno in mano delle piccole forme di pane, segno che sono reduci della festa, che nel rovente mese di luglio, gli agrigentini apparecchiano in onore del santo più amato, il nordafricano Calogero, che sembrerebbe avere aperto la strada a quegli infelici che oggi vengono fatti sbarcare su queste spiagge. Al simulacro di questo Venerabile dalla pelle nera, portato in giro a spalla su e giù per l'accidentata città, da balconi e terrazze si usa lanciare piccole forme di pane; le stesse che la coppia appena descritta, con devozione e una punta di compiacimento, mostra. Appena dietro, un terzetto che forse fa parte della stessa famiglia: una donna anziana ammantata di nero; una giovane, anche lei, per ragioni di lutto è da presumere, costretta in nero soprabito, il viso rotondo e bellissimo, di quella bellezza mediterranea, piena, luminosa ma destinata a consumarsi presto; e un bambino.

Eccoli, come a rappresentare l'insondabile mistero dell'esistere questi cinque dei *sei personaggi* che sconvolsero il teatro; eccoli, quei fantasmi che ossessionarono, facendo grande la sua arte, Pirandello ("È mia vecchia abitudine dare udienza, ogni domenica mattina, ai personaggi delle mie future novelle… M'accade quasi sempre di trovarmi in cattiva compagnia. Non so perché, di solito accorre a queste mie udienze la gente più scontenta del mondo, o afflitta da strani mali, o ingarbugliata in speciosissimi casi, con la quale è veramente una pena trattare. Io ascolto tutti con sopportazione…"): ecco, alcune delle creature nate dalla fantasia di uno scrittore visionario che quel giorno di luglio sembrò aver guidato l'estro di Robert Capa, il quale per meglio riprendere il gruppetto, è lecito pensarlo, s'inginocchiò come spesso i fotografi fanno, dandoci così la più estemporanea e per questo veritiera rappresentazione di una pirandelliana scena madre: "Inginocchiatevi! Inginocchiatevi!… Giù! Tutti, avanti ai pazzi, si deve stare così…".

La piazza, dove per scattare la foto presumibilmente s'inginocchiò Robert Capa, pur essendo denominata così, non è una piazza, piuttosto un luogo di passaggio, come quelli che negli appartamenti borghesi si chiamano disimpegni e sono spazi considerati utili, ma non si sa bene destinati a cosa e, per questo, falsi spazi. Una piazza che ha soltanto certificazione toponomastica, e così, di punto in bianco, potrebbe sparire e nessuno se ne accorgerebbe. Per questo l'errore di catalogazione delle fotografie, realizzate da Capa al seguito delle truppe americane che risalirono l'Italia, non poteva che cadere qui, in un luogo condannato a non esistere, in questo slargo di passaggio, leggermente in pendenza, ma che tuttavia sembra tirar giù, verso la parte bassa della città, come a voler far scomparire la gente che vi si trova a transitare. Come quel giorno di festa a quei pirandelliani personaggi capitò.

Six Characters in Search of Memory

It is neither obvious nor banal to say that photography is to memory what fuel is to an internal combustion engine. Not only does a photograph crystallize a given moment but, with its objectivity – real or presumed, this is not the issue – which also isolates a fact, a face, a corner of the world from its context, it shows us a reality that we believed lost or forgotten, it shows us its essence, and therefore its everlasting, unshakeable truth, notwithstanding the sands of time, the wrinkles, the distortions of progress.

It is to Robert Capa I indirectly owe the definitive formulation, in my memory, of a place from which I have never, though living a long way away now, completely detached myself. A place that is the negation of itself, its history, its topographic objectivity even. In Capa's photo albums, a picture that might be defined as entirely Pirendellian, in the sense of the flaunted though involuntary theatricality expressed by the people portrayed (truly characters in search of an author, who found one in the photographer) is labeled with this caption: "Italy, 26 July 1943: A street two days after the liberation of Cefalù". But no, it isn't a street in Cefalù that is recorded in the photograph, but the piazza flanked by the town hall of Agrigento, from which it takes its name.

I'd like to reveal this place to you because thanks to the printing error made by Capa or some cataloguer who came along later – it isn't important to establish who – this appears to sum up the most typical Pirandellian paradox, the one concerning the impossible certainty of identity.

Agrigento, Pirandello, madness: you cannot talk of one without talking of the others. This is a theme that must be explored if you want to understand something of the place where I was born, whose fate it is to have inherited one of the richest and vastest archaeological sites in the world without ever exploiting it; on the contrary, draping itself in absurd buildings that have made it into a sort of ragged Manhattan.

This photo in particular is worth describing in detail. The subjects portrayed advance like actors on a stage. In the foreground a newly married couple in Sunday clothes: he, wearing a crumpled double-breasted suit, narrow-brimmed straw hat, slightly shorter than his enormous wife in a skimpy dress. Both are holding small loaves of bread, a sign that they are veterans of the festival the Agrigento citizens hold in the scorching month of July in honor of their most beloved saint, the North African Calogero, who seems to have paved the way for all those unfortunates who wash up on these shores nowadays. It is the custom to throw small loaves of bread from balconies and terraces, the same loaves the couple just described are devotedly and a touch complacently holding up, at the image of this black-skinned Venerable, carried on shoulders up and down the bumpy streets of the city. Just behind the couple is a trio who perhaps all belong to the same family: an elderly woman dressed in black; a young woman, also squeezed into a black overcoat, in mourning we presume, her face round and lovely, one of those Mediterranean beauties, full, bright but destined to age quickly; and a little boy.

There they are, as though to represent the unfathomable mystery of existence, these five of the *six characters* that shocked the theater. There they are, those ghosts that obsessed Pirandello, making his art great ("It is an old habit of mine to grant an audience, every Sunday morning, with the characters of my future short stories… I always end up in bad company. I don't know why but usually the unhappiest people in the world, afflicted by the strangest diseases or involved in extremely specious cases, who it is truly an agony to listen to, come rushing to me. I listen to all of them with forbearance…"). There, some of the creatures born of the fantasy of a visionary writer, which that July day seemed to inspire the imagination of Robert Capa, who, it is reasonable to think, kneeled down as photographers often do in order to photograph the group better, giving us the most impromptu and therefore truthful representation of a chief Pirandellian scene: "Inginocchiatevi! inginocchiatevi! …Giù! Tutti, avanti ai pazzi, si deve stare così …"

The square where presumably Robert Capa kneeled to take the photo is not really a square though that is its name, but rather a thoroughfare, like those rooms in bourgeois apartments they call hallways, spaces considered useful, but nobody really knows what for, and therefore false spaces. It has nothing of a square but its name.

It might disappear and nobody would notice.

This is why the mistake made in cataloguing the photographs that Capa took in the wake of the American troops' liberation of Italy could only have happened here, in a place condemned to non-existence, in this widening of the passage, slightly sloping towards the foot of the town, as though it desired to make chance passersby vanish. The fate of those Pirandellian characters on that festival day.

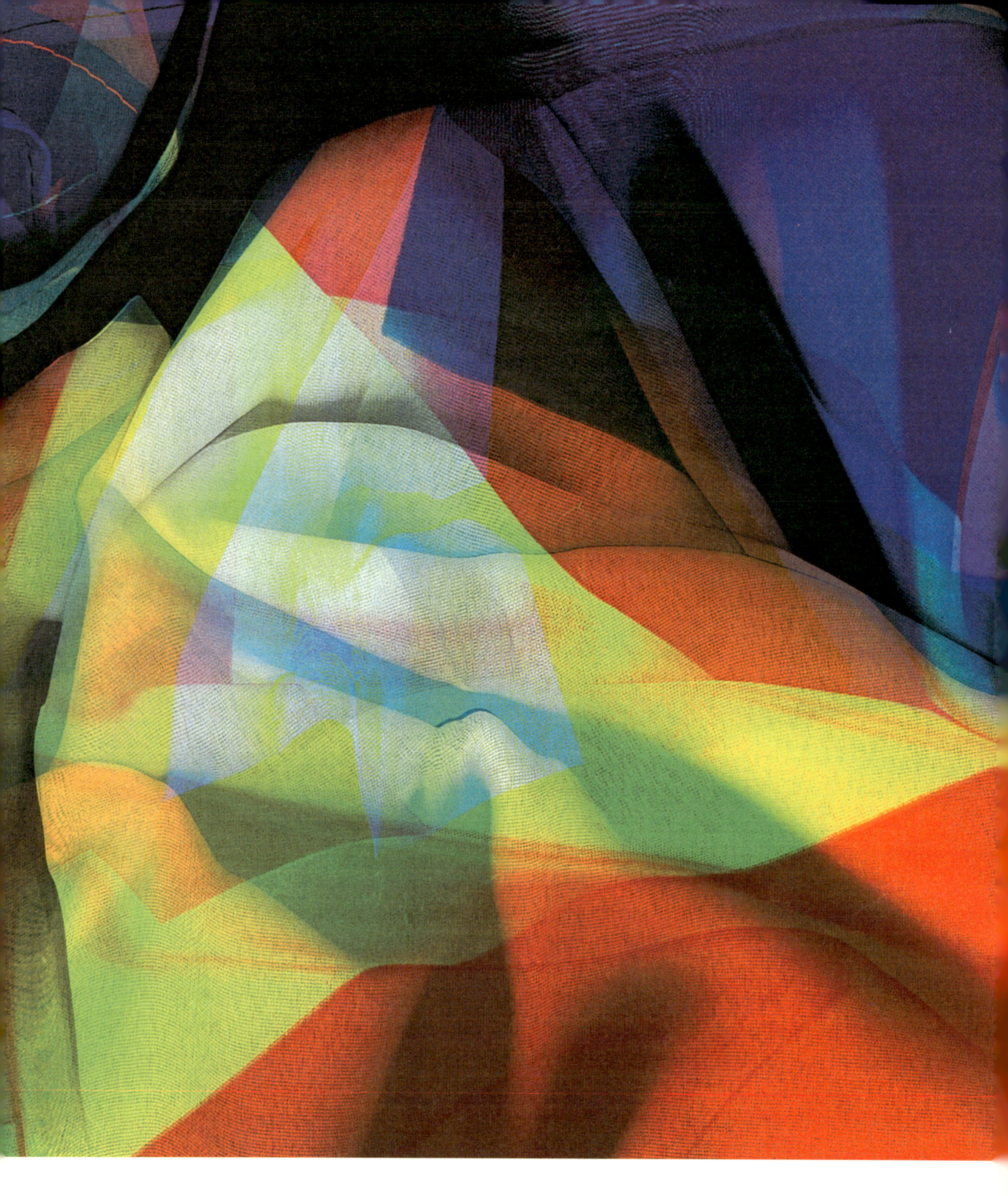

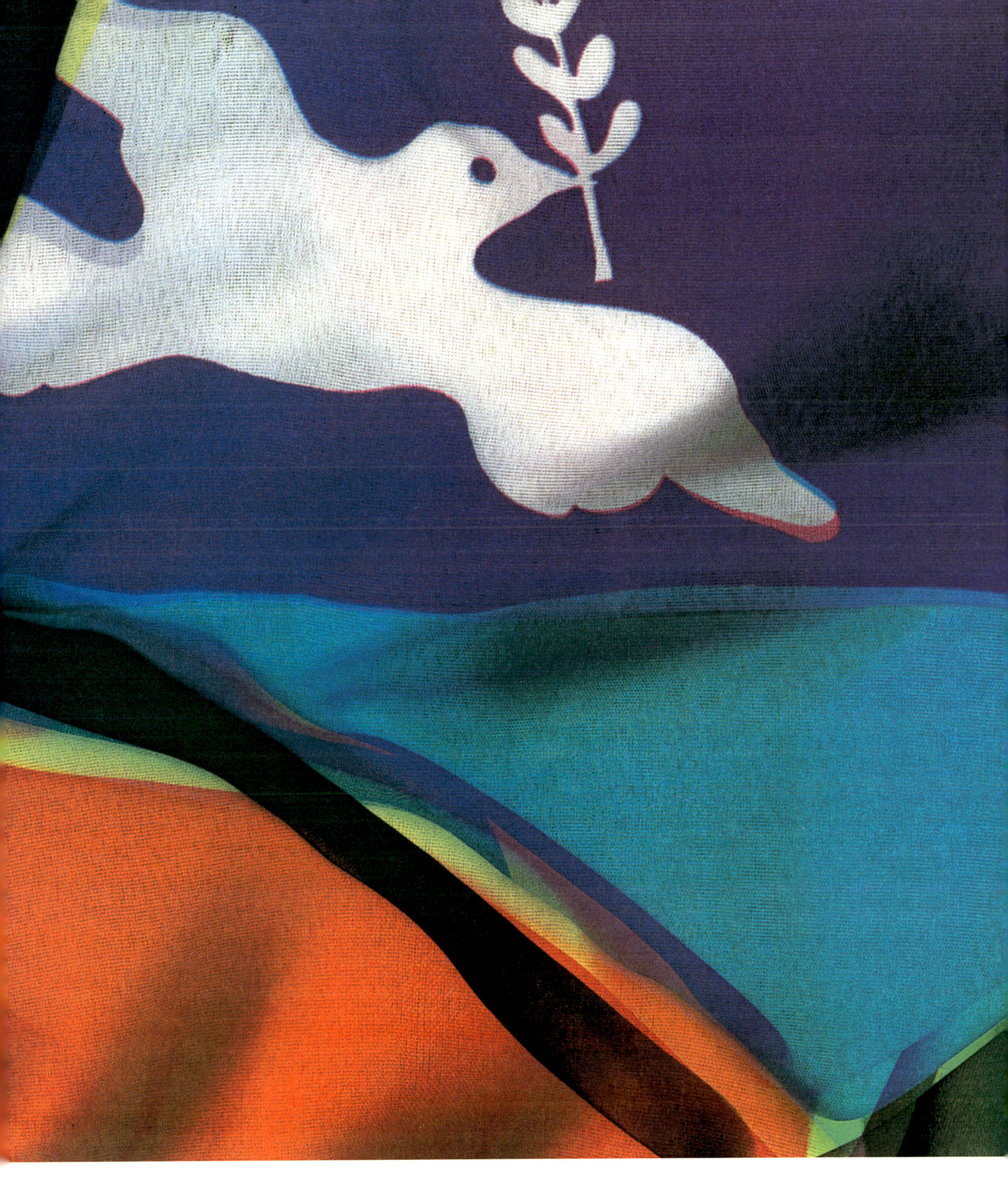

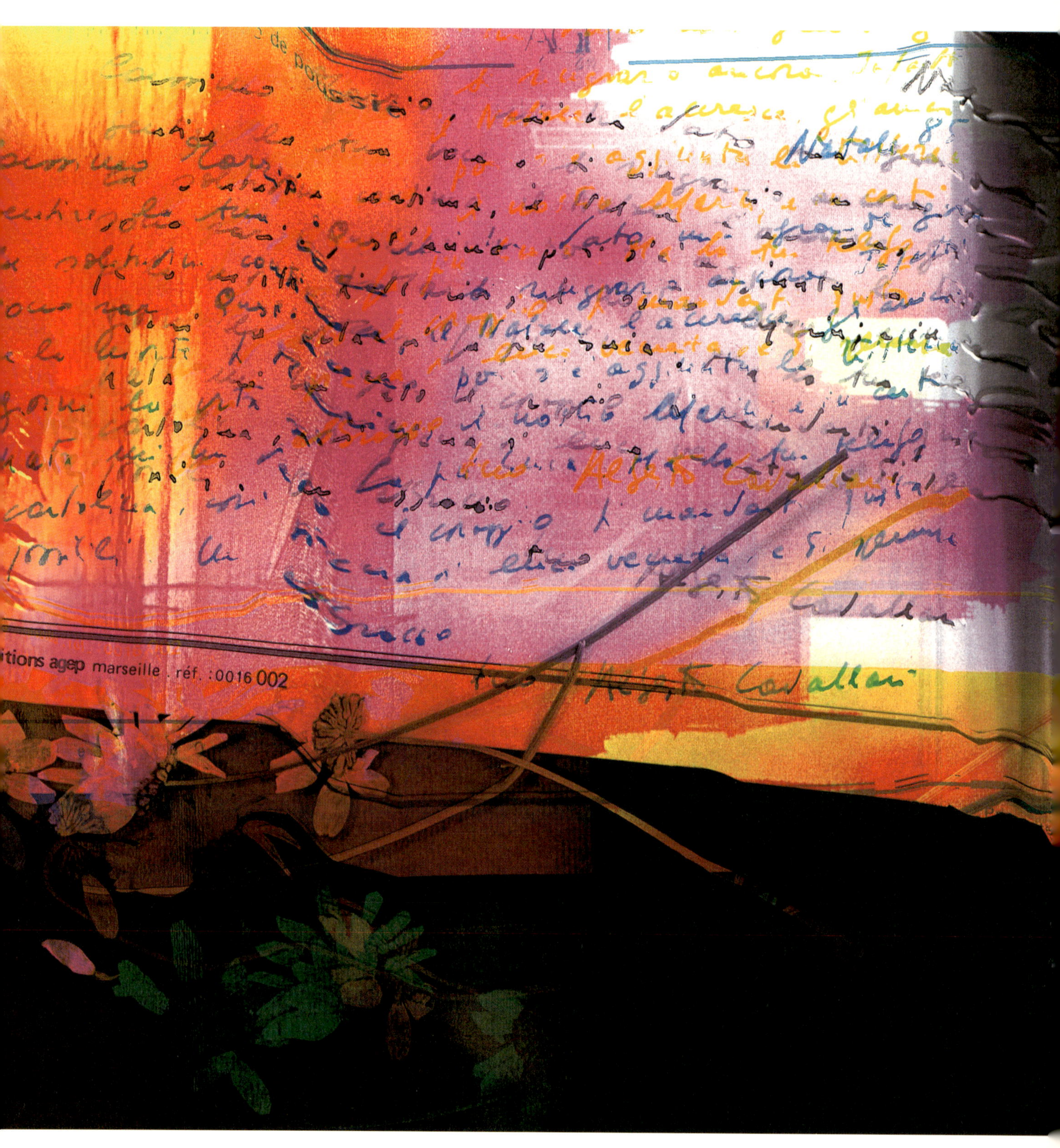

tions agep marseille réf. : 0016 002

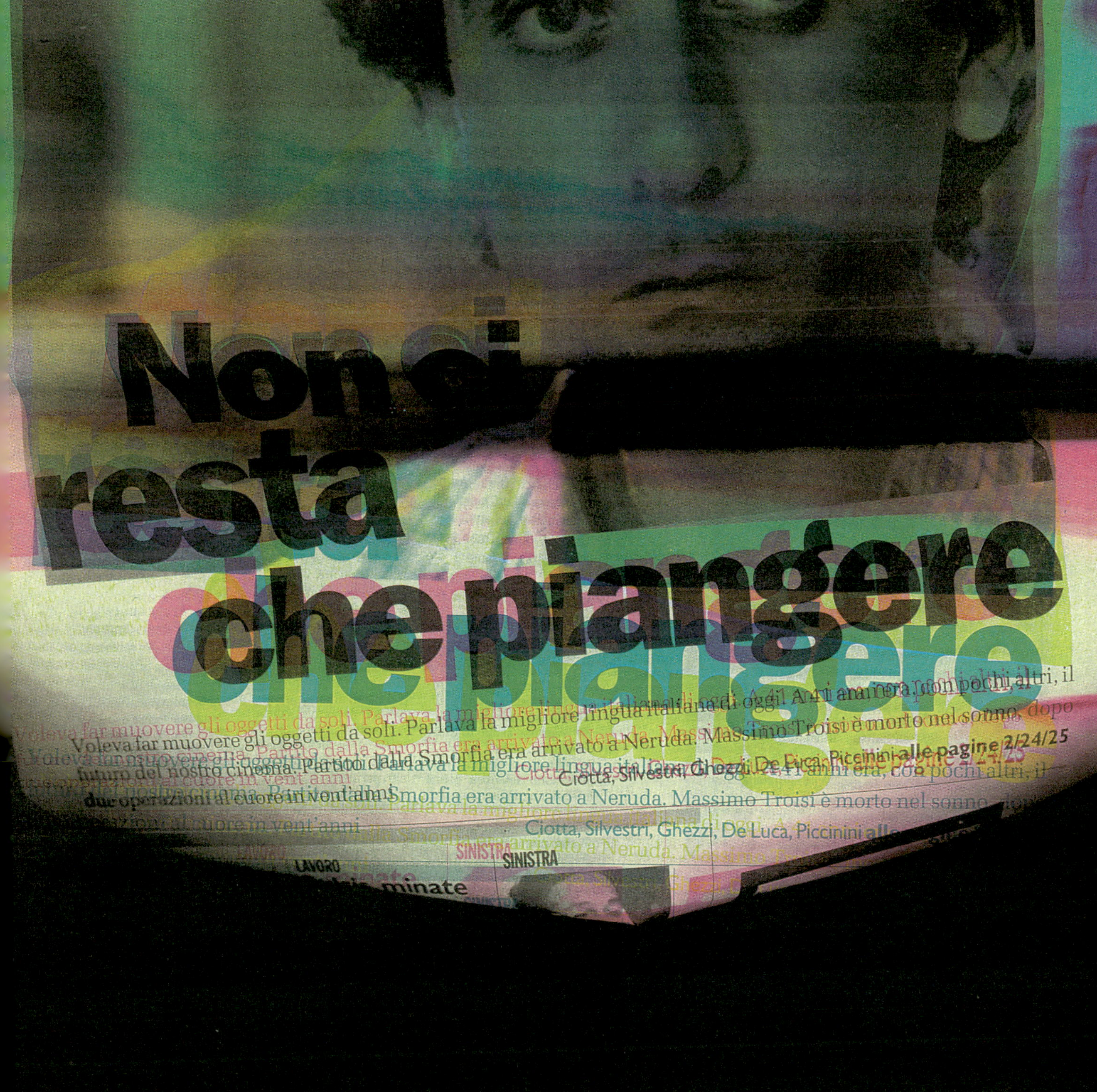

Non ci resta che piangere
che piangere
Voleva far muovere gli oggetti da soli. Parlava la migliore lingua italiana di oggi. Anni amara, con pochi altri, il
futuro del nostro cinema. Partito dalla Smorfia era arrivato a Neruda. Massimo Troisi è morto nel sonno, dopo
due operazioni al cuore in vent'anni
Ciotta, Silvestri, Ghezzi, De Luca, Piccinini alle pagine 2/24/25
LAVORO
SINISTRA
minate

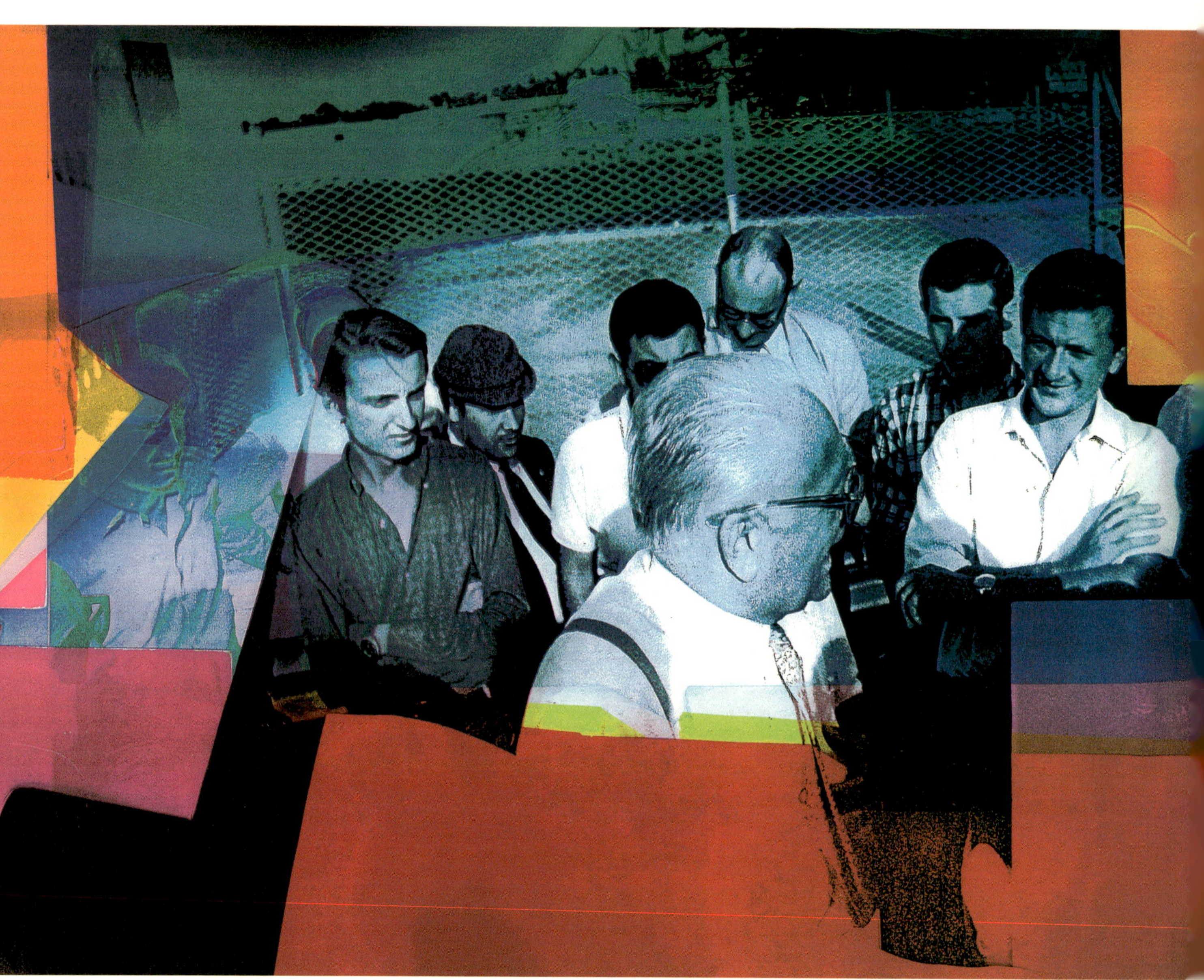

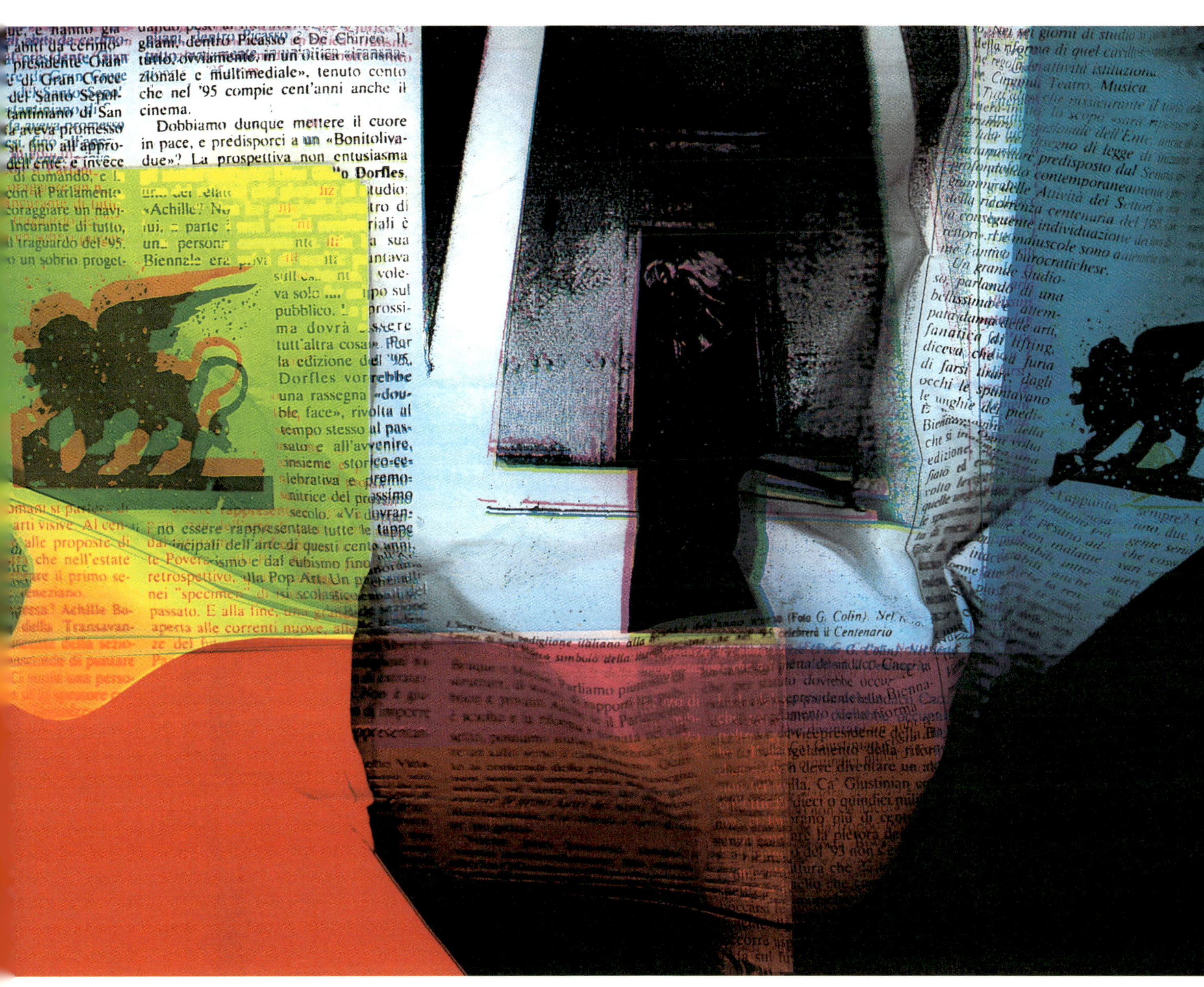

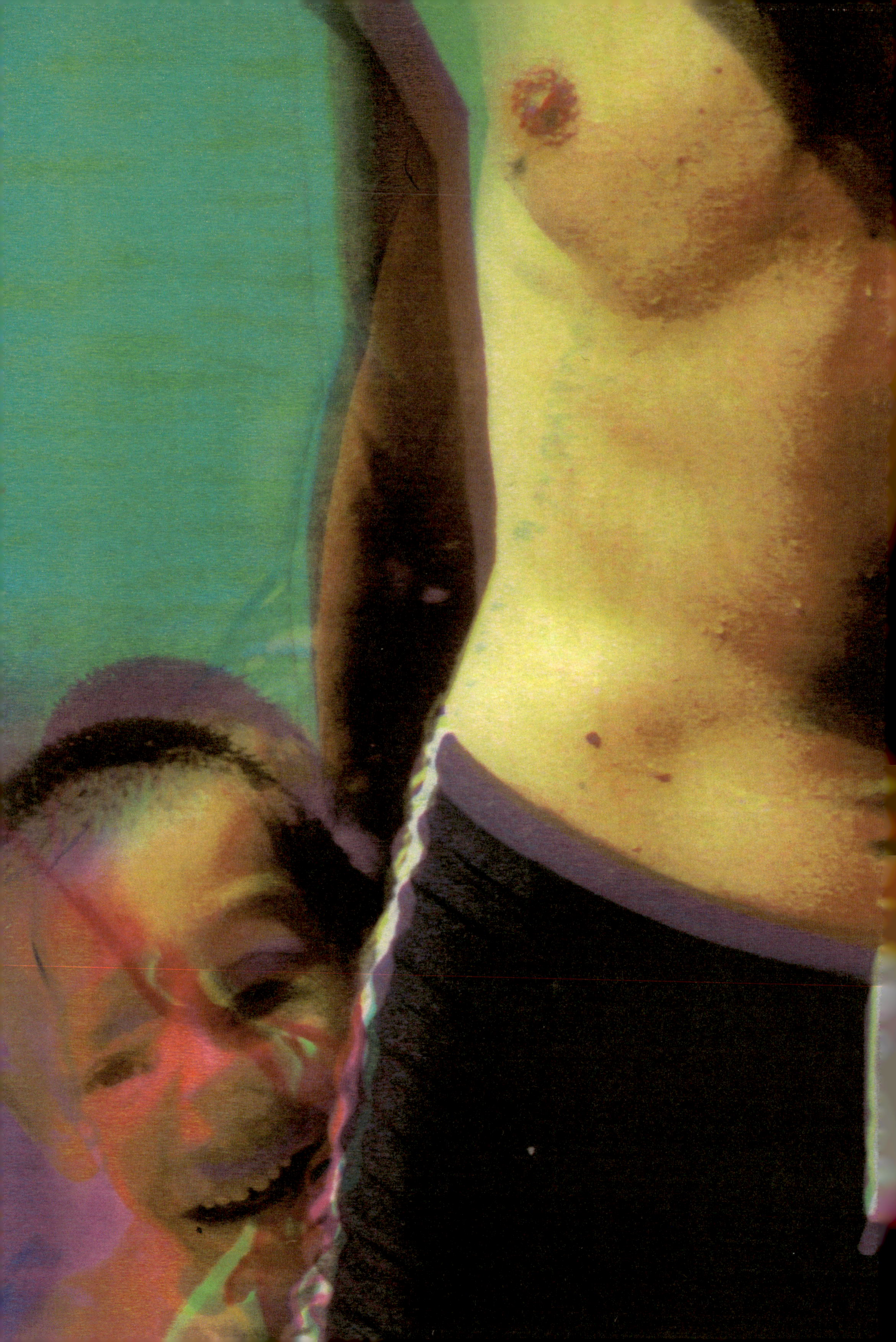

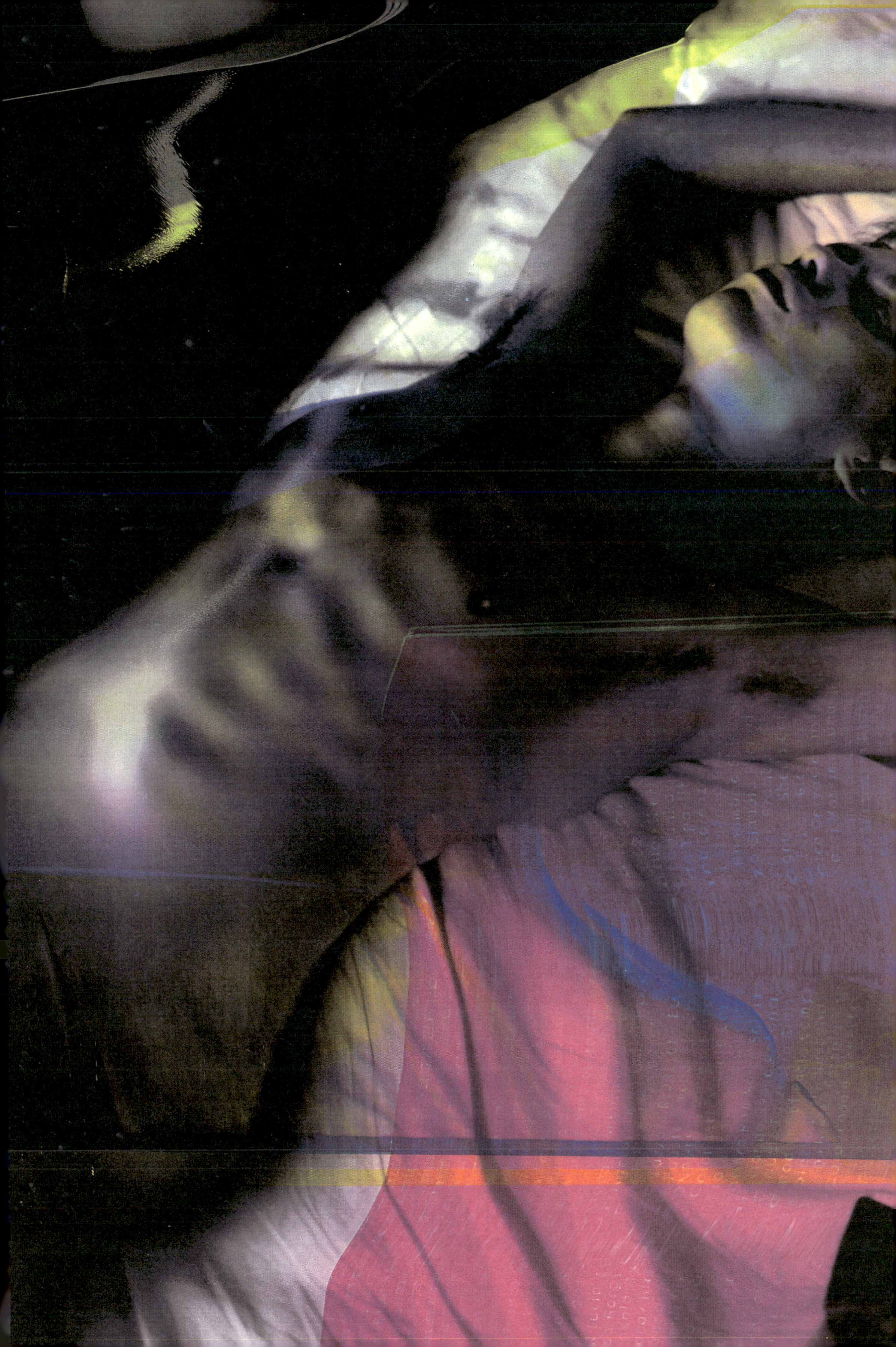

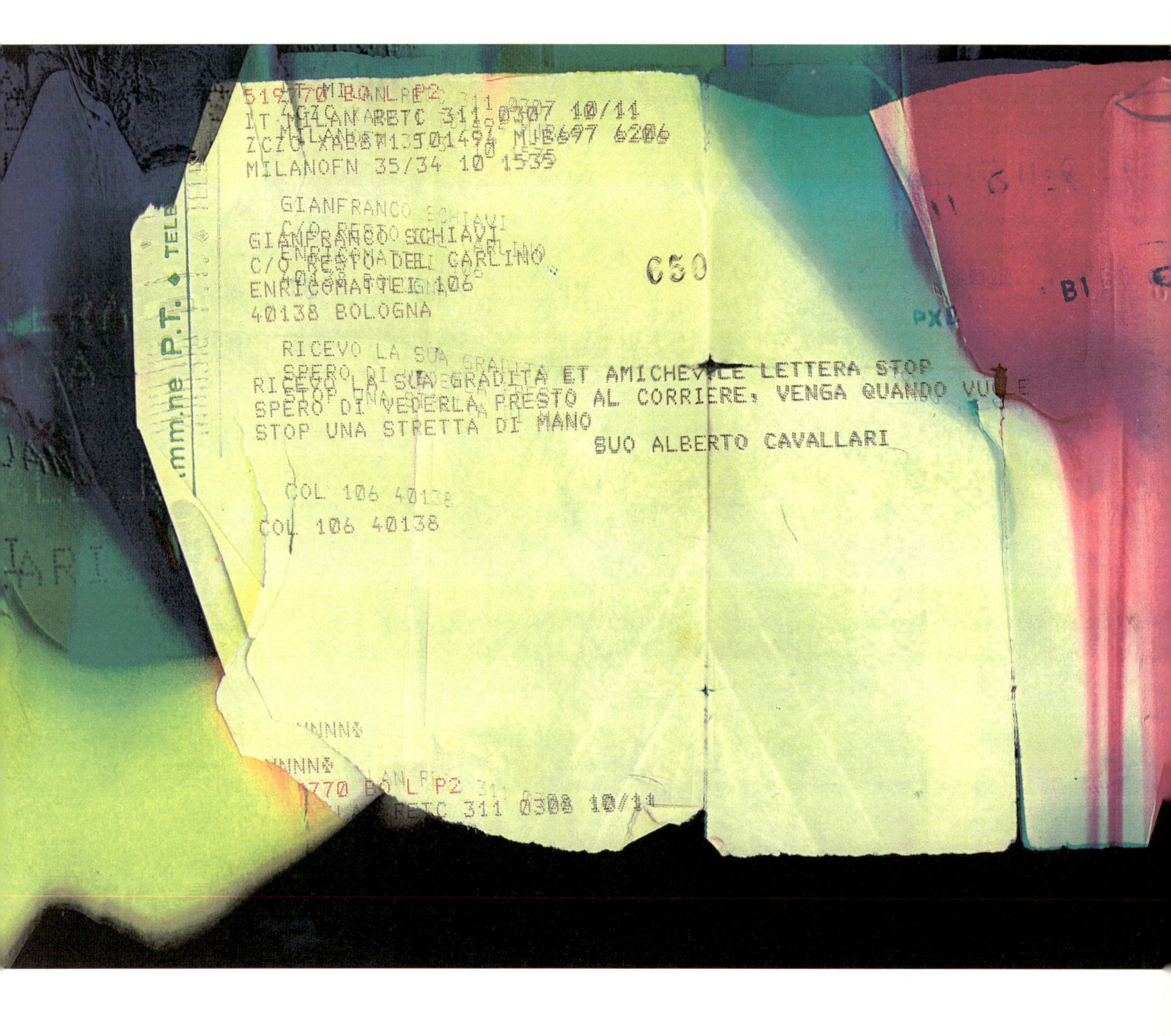
519770 MILANO BANLRE2 311 0307 10/11
IT.MILANO RETC 311 0307 10/11
ZCZC XAB87135 0149 MI B697 6206
MILANOFN 35/34 10 1535

GIANFRANCO SCHIAVI
C/O RESTO DEL CARLINO
ENRICO MATTEI 106
40138 BOLOGNA

RICEVO LA SUA GRADITA ET AMICHEVOLE LETTERA STOP
SPERO DI VEDERLA PRESTO AL CORRIERE, VENGA QUANDO VUOLE
STOP UNA STRETTA DI MANO
                         SUO ALBERTO CAVALLARI

COL 106 40138

NNNN

770 BOLOGNA LRP2 311 0308 10/11
MILANO RETC 311 0308 10/11

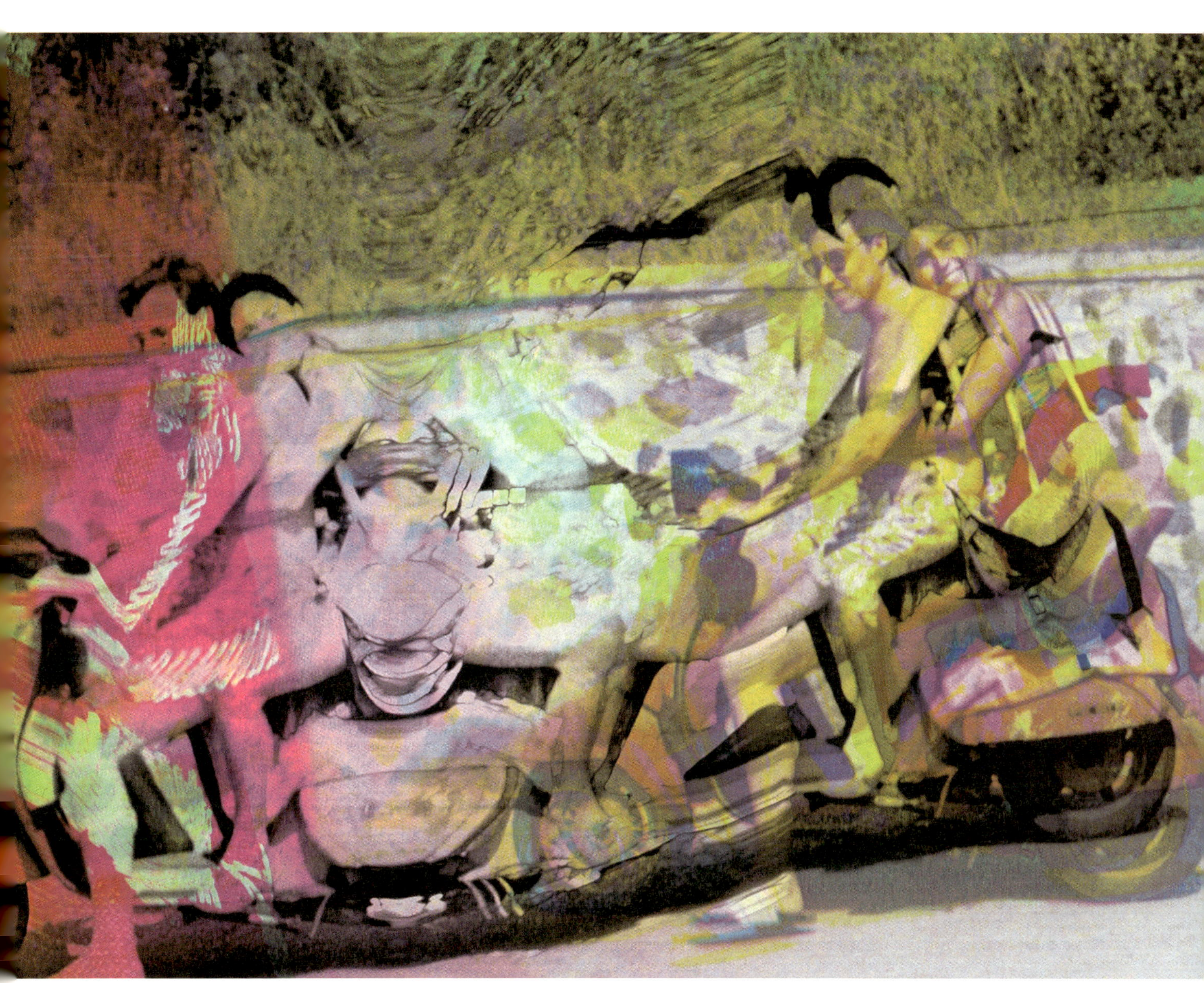

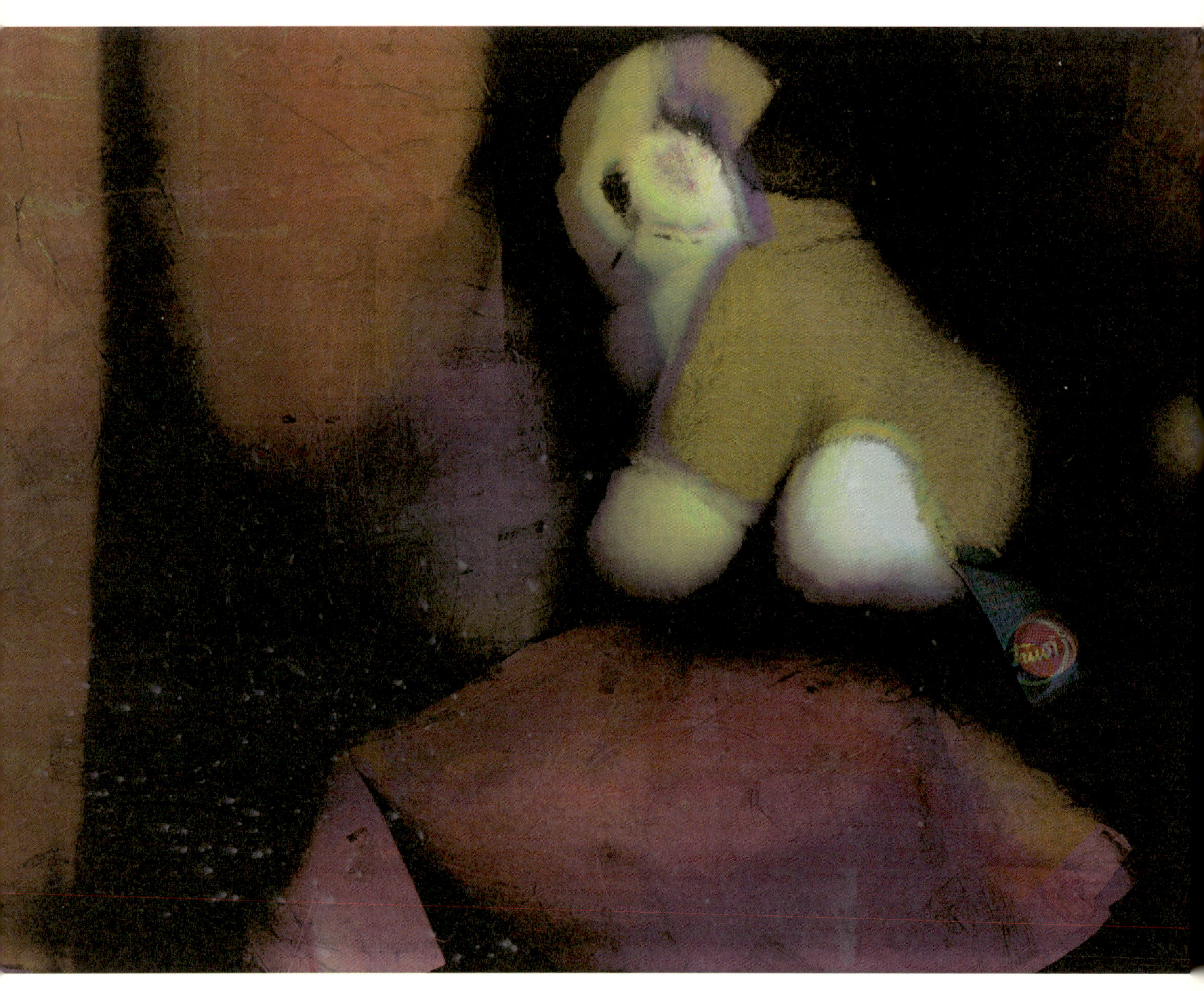

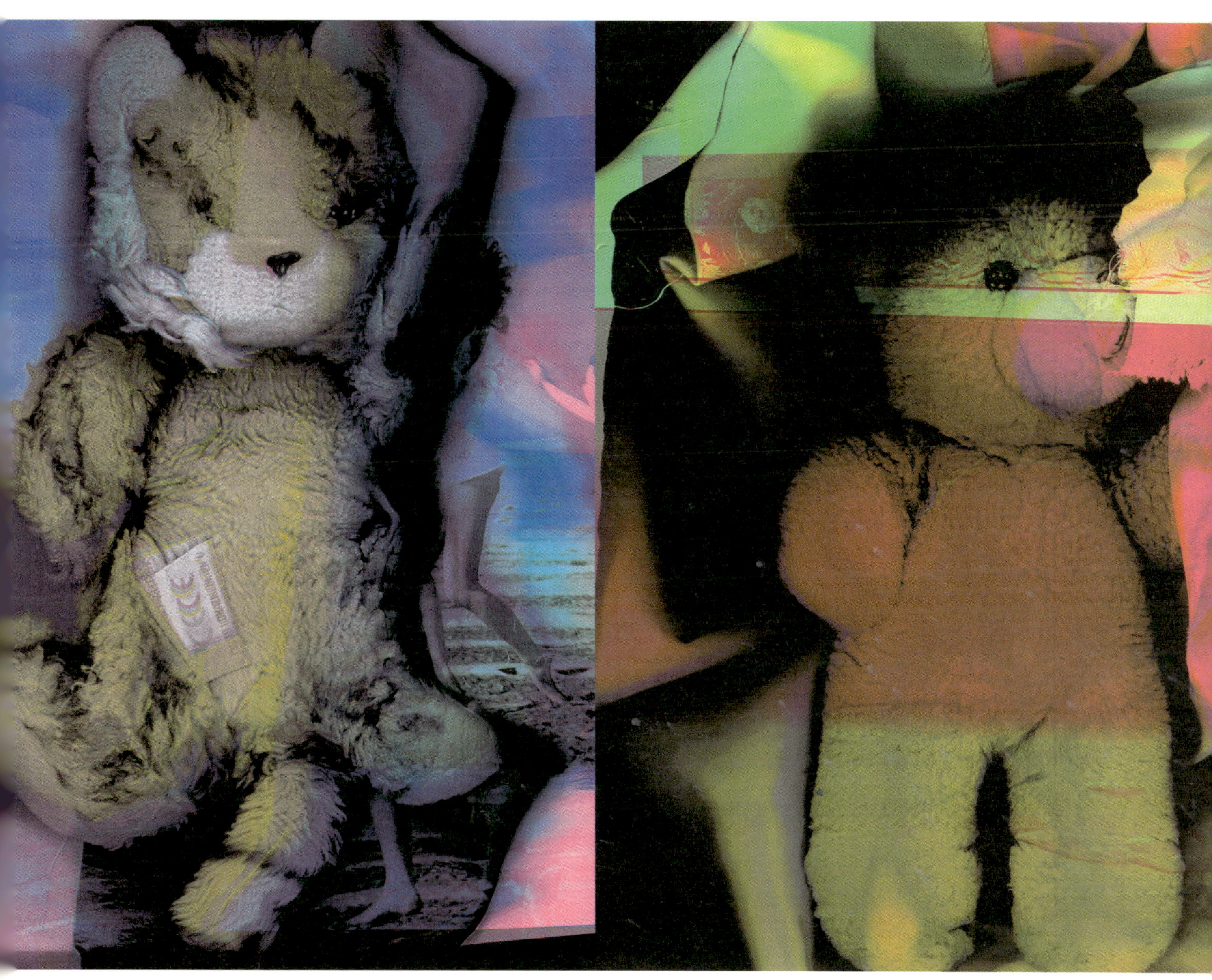

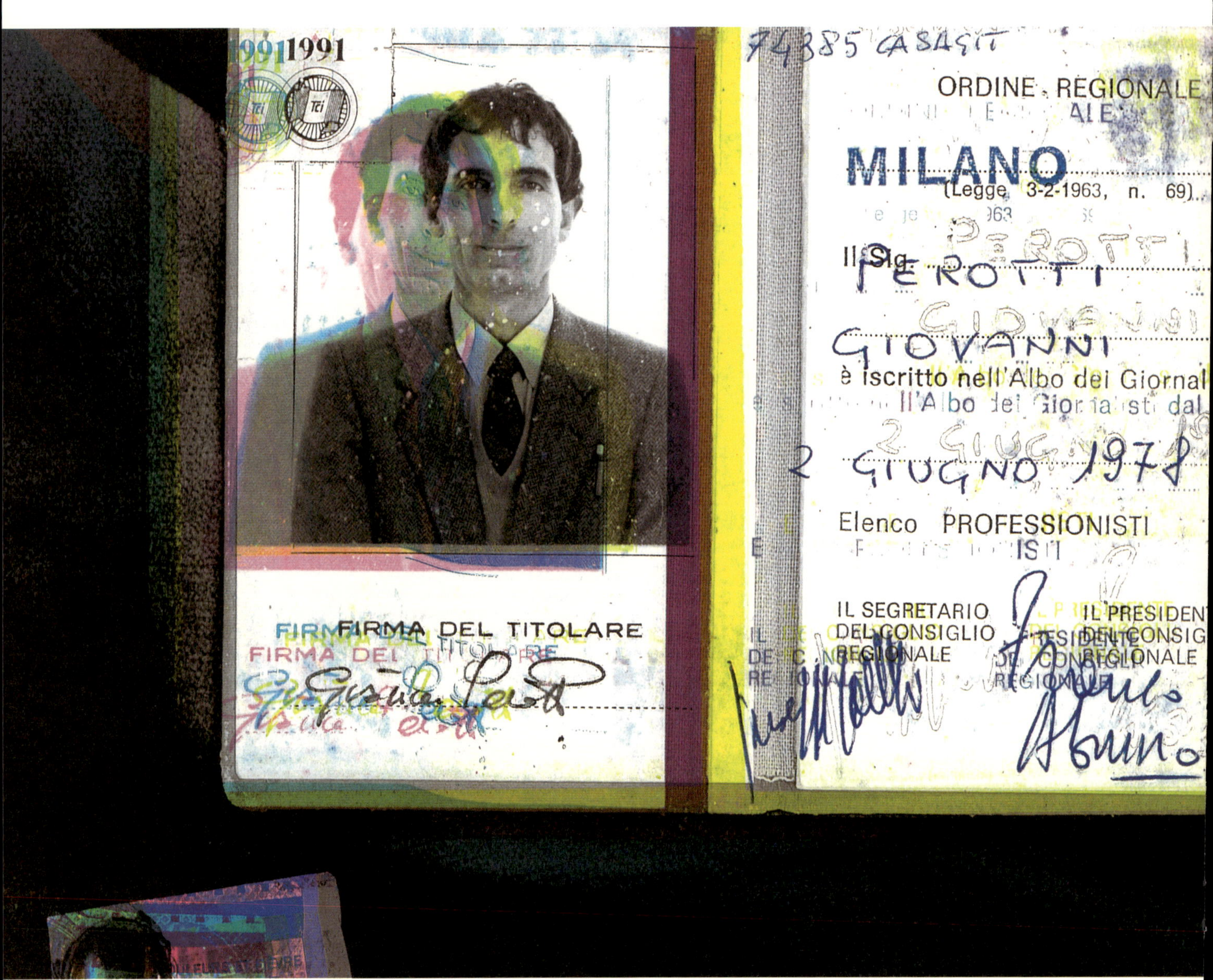

1991
FIRMA DEL TITOLARE
74385 CASAGIT
ORDINE REGIONALE
MILANO
(Legge 3-2-1963, n. 69)
Il Sig. PEROTTI
GIOVANNI
è iscritto nell'Albo dei Giornalisti dal
2 GIUGNO 1978
Elenco PROFESSIONISTI
IL SEGRETARIO
DEL CONSIGLIO
REGIONALE
IL PRESIDENTE
DEL CONSIGLIO
REGIONALE

La presente tessera
zione del Ministero
del D.P.R. 26 ottobre
sale cinematografi
verrà ritirata se
Per motivi o
diritto di pr

su autorizza-
quinto comma,
visione di films nelle
mento, personale e
ersonale e
alla cassa. Non dà
alla cassa. Non dà

ASSOCIAZIONE NAZIONALE
ANEC
ESERCENTI CINEMA

IL PRESIDENTE DELL'AGIS
(G. van Straten)

IL PRESIDENTE DELL'ANEC
(F. Di Sarro)

PAOLO MEREGHETTI

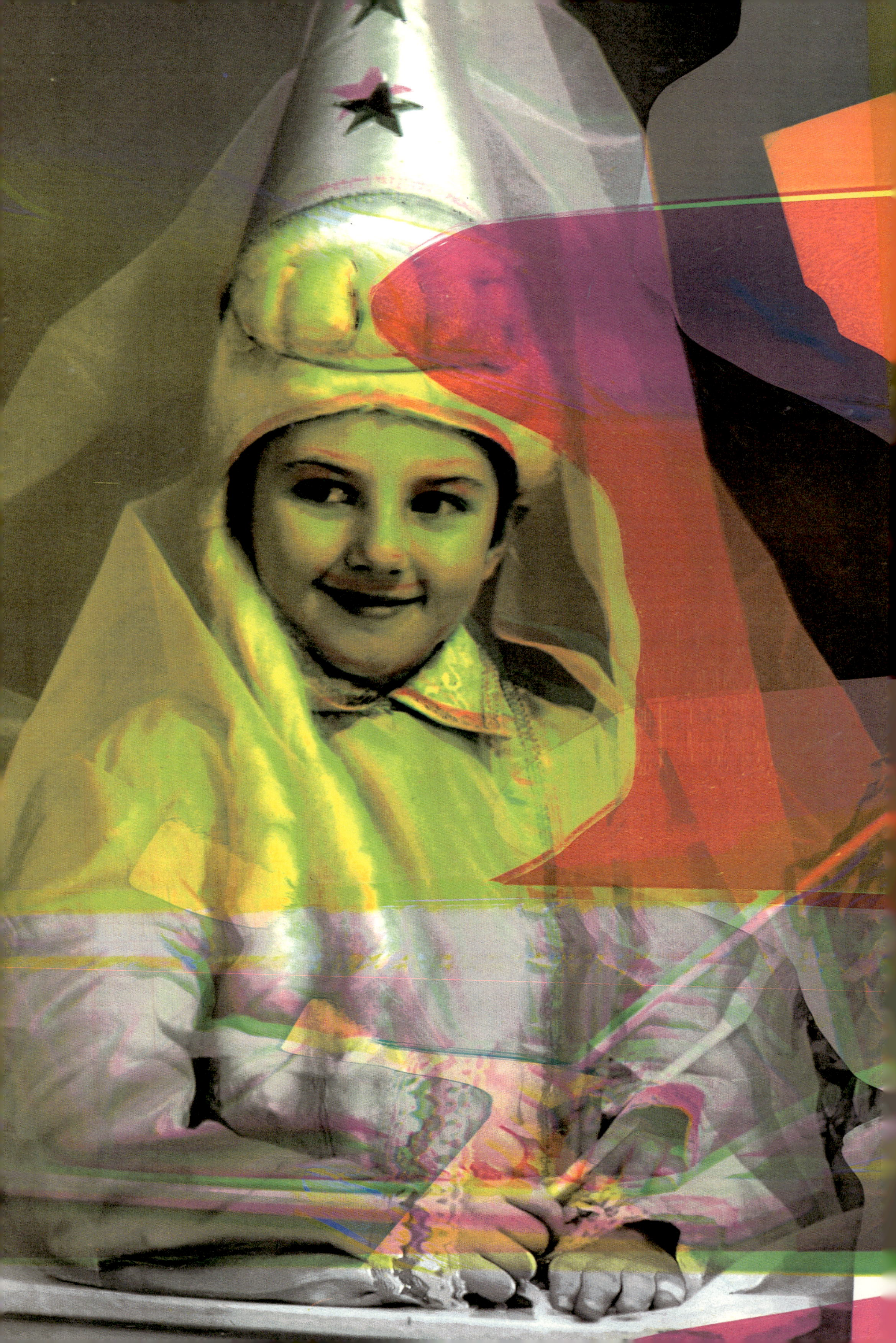

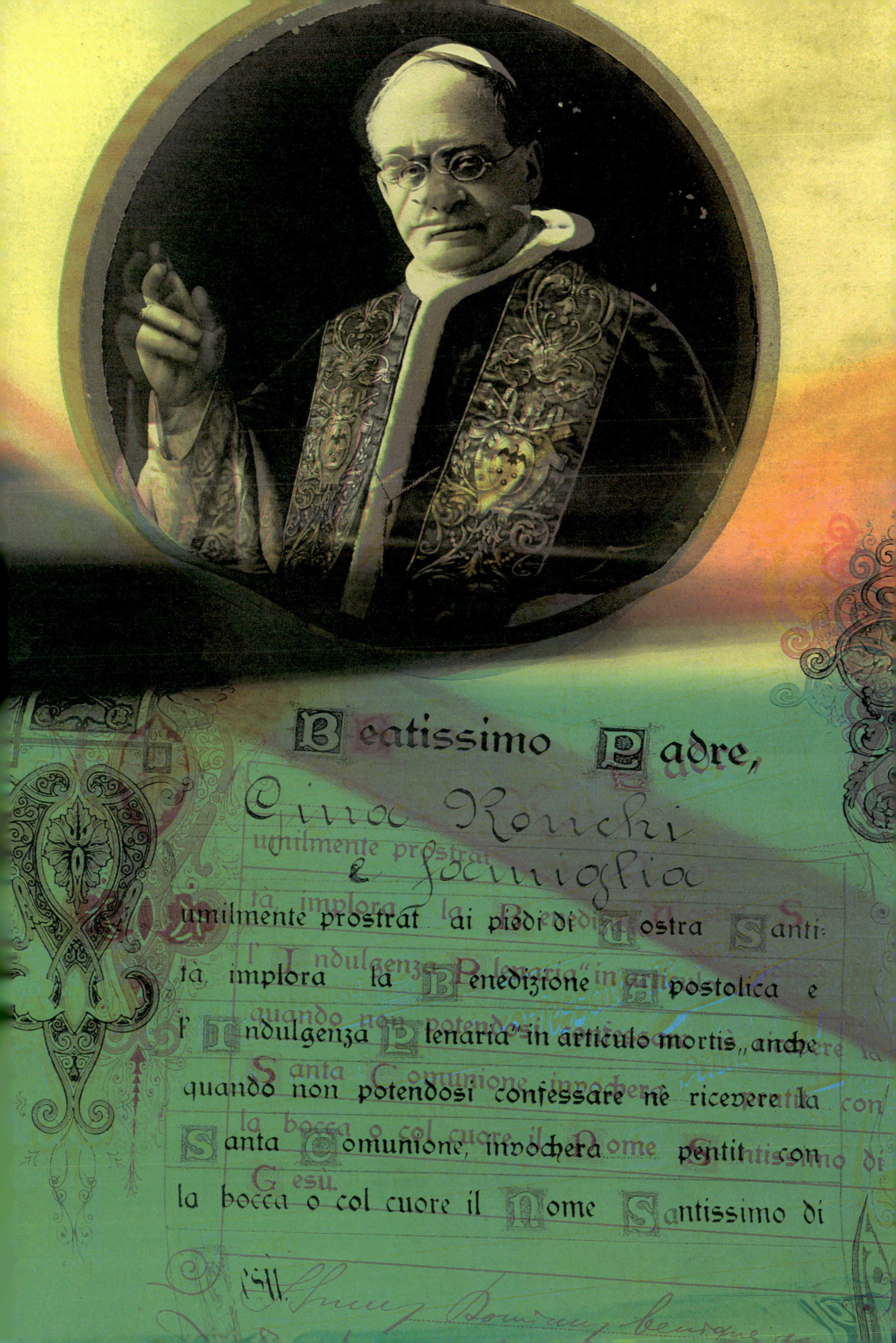

Beatissimo Padre,

Cirro Ronchi
e famiglia

umilmente prostrat ai piedi di Vostra Santi-
tà implora la Benedizione Apostolica e
l'Indulgenza Plenaria "in articulo mortis,, anche
quando non potendosi confessare nè riceverà la
Santa Comunione, invocherà pentit con
la bocca o col cuore il Nome Santissimo di

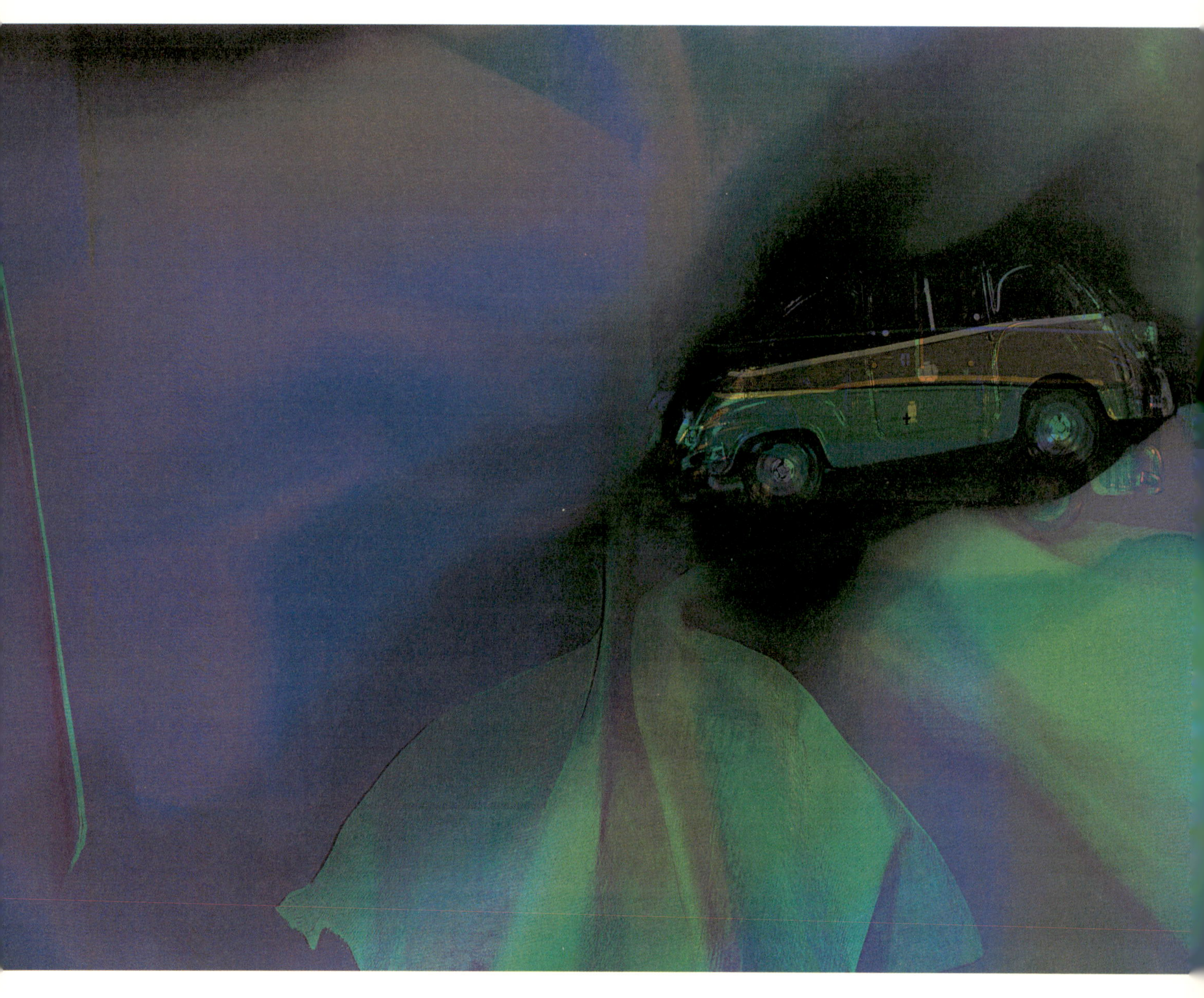

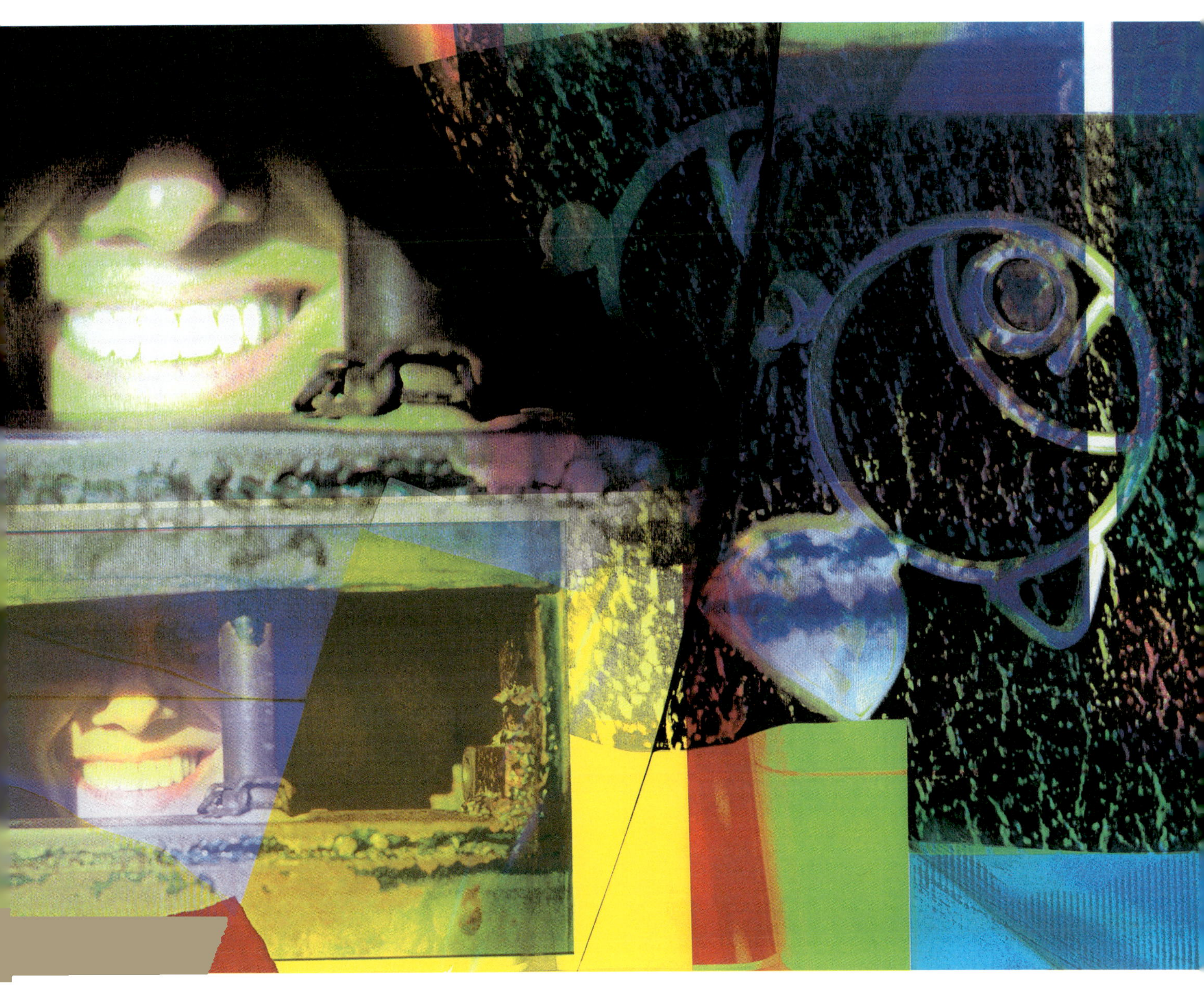

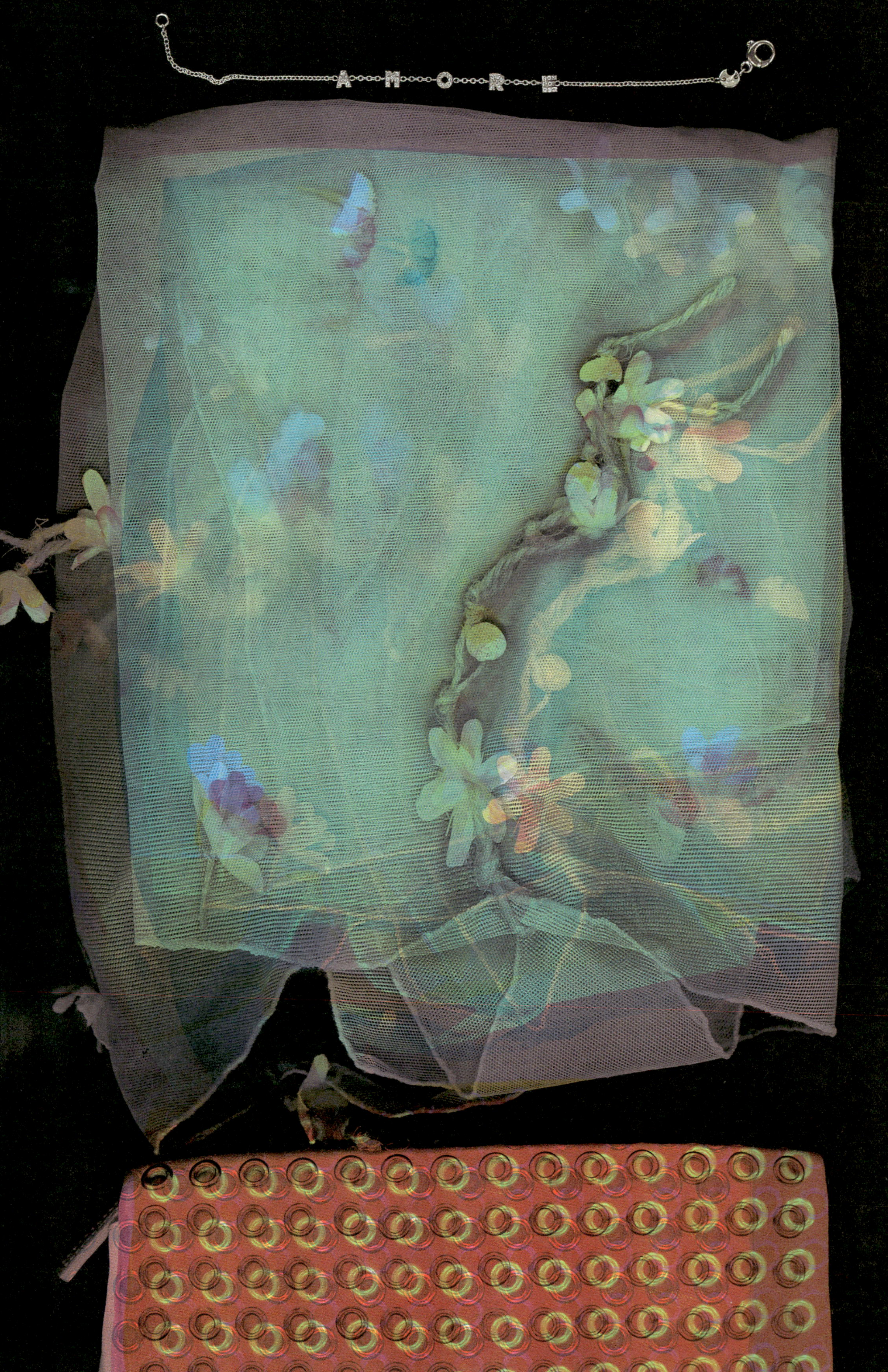

AMORE

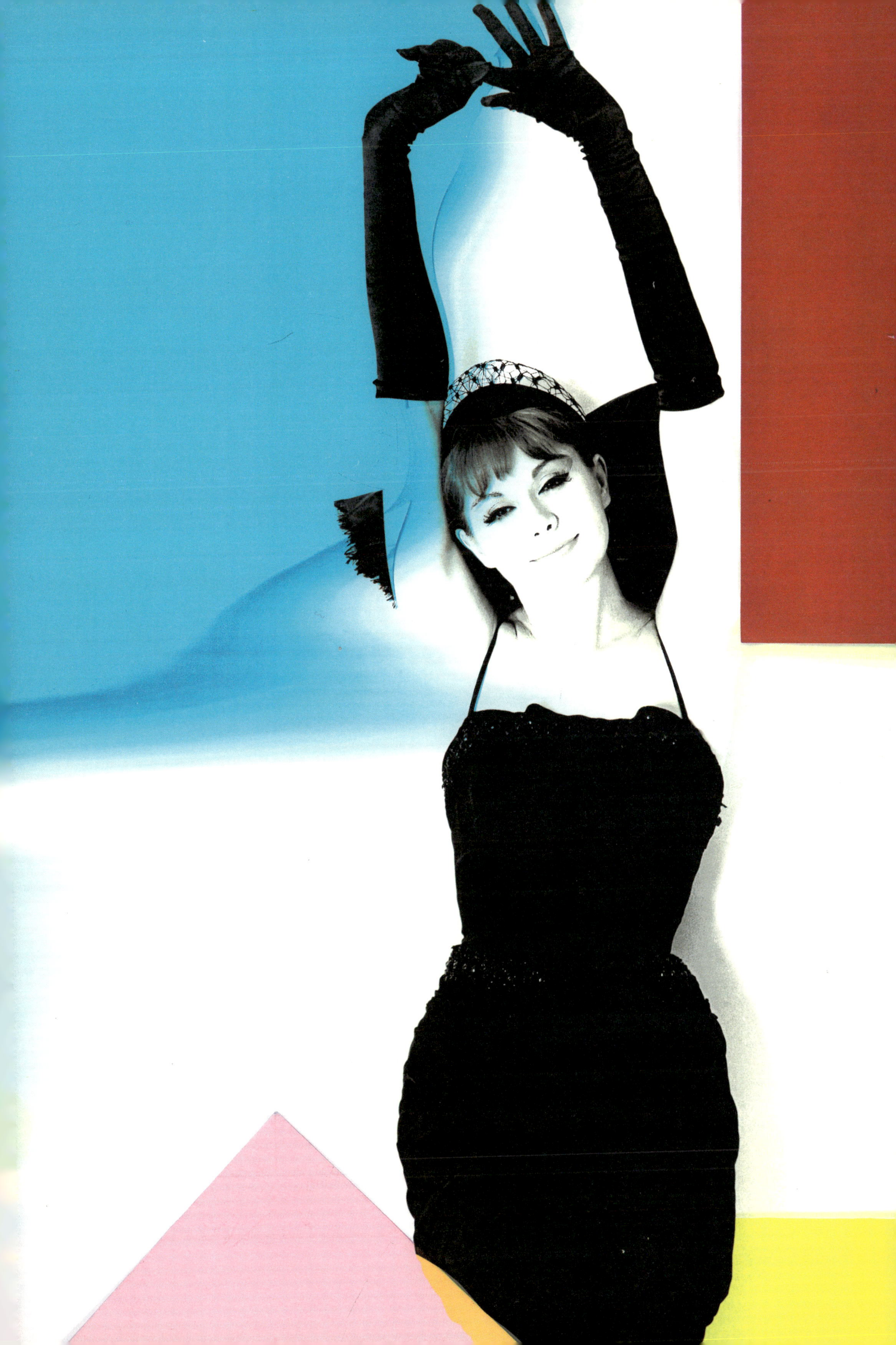

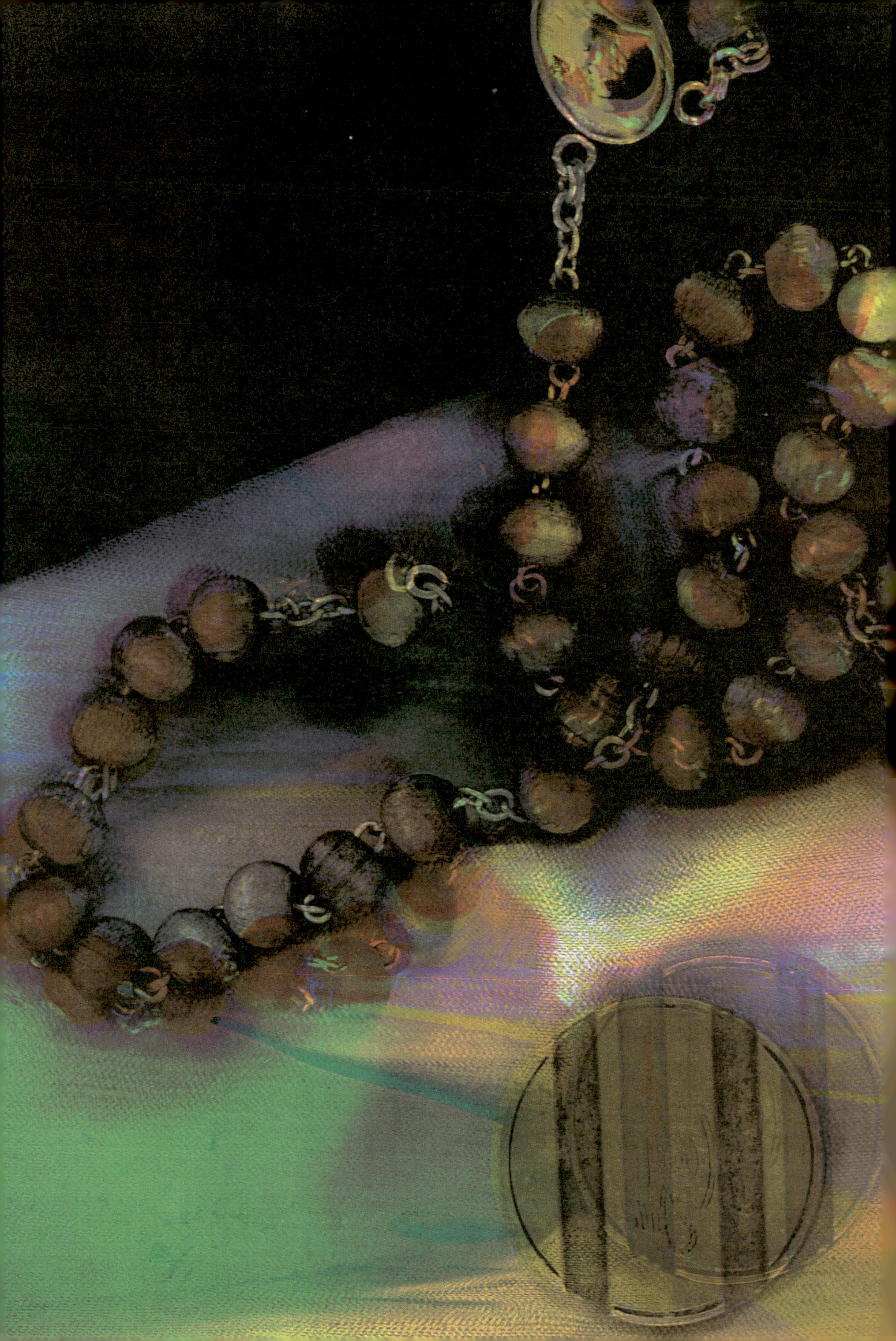

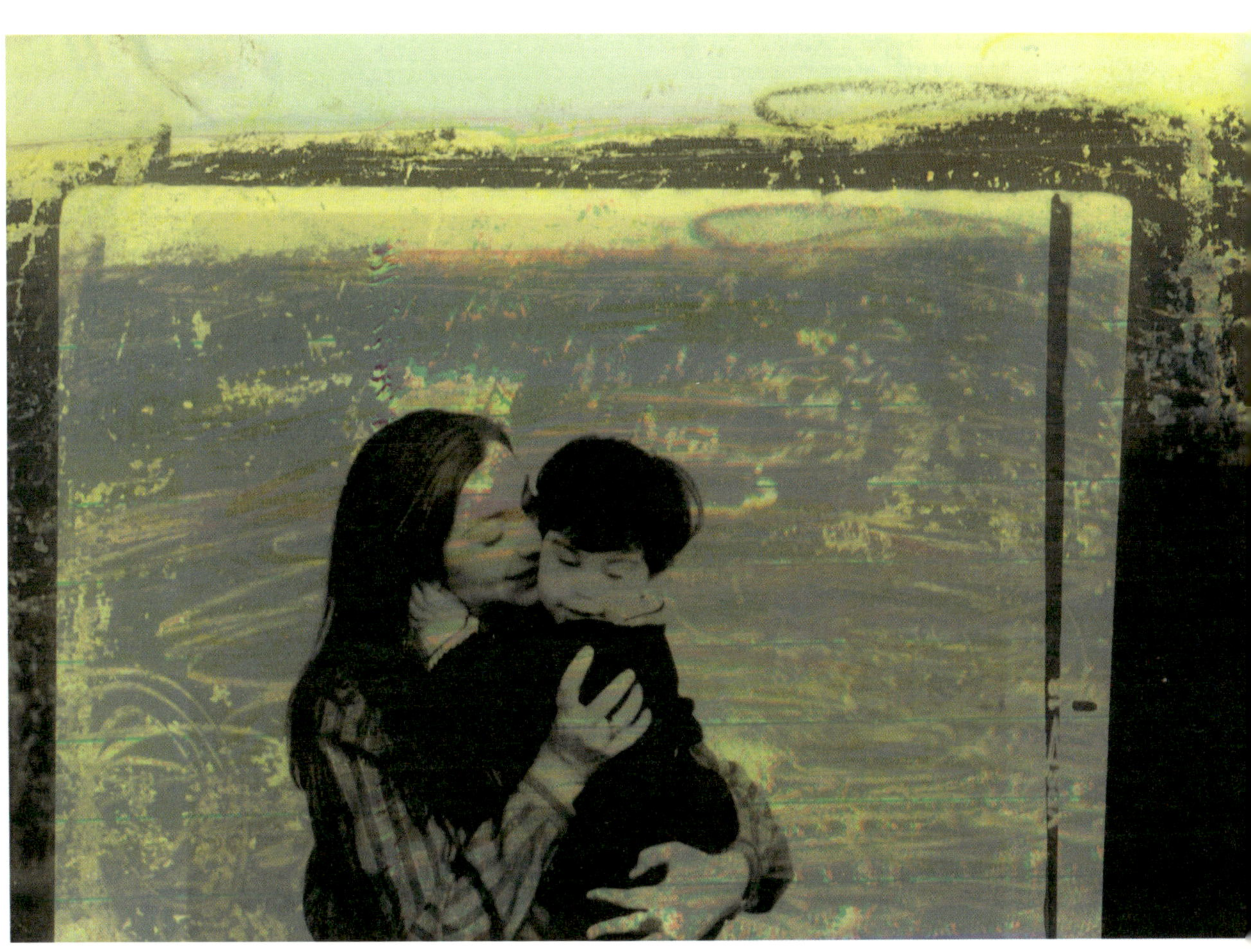

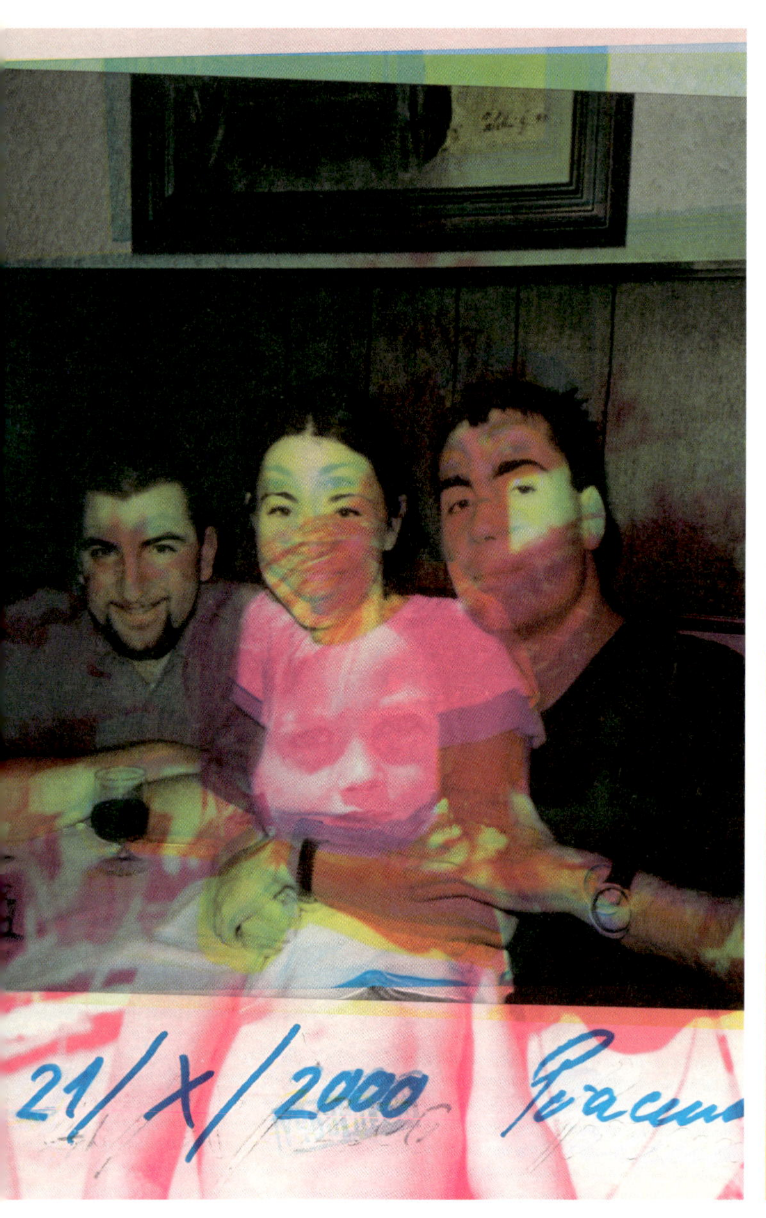
21/X/2000

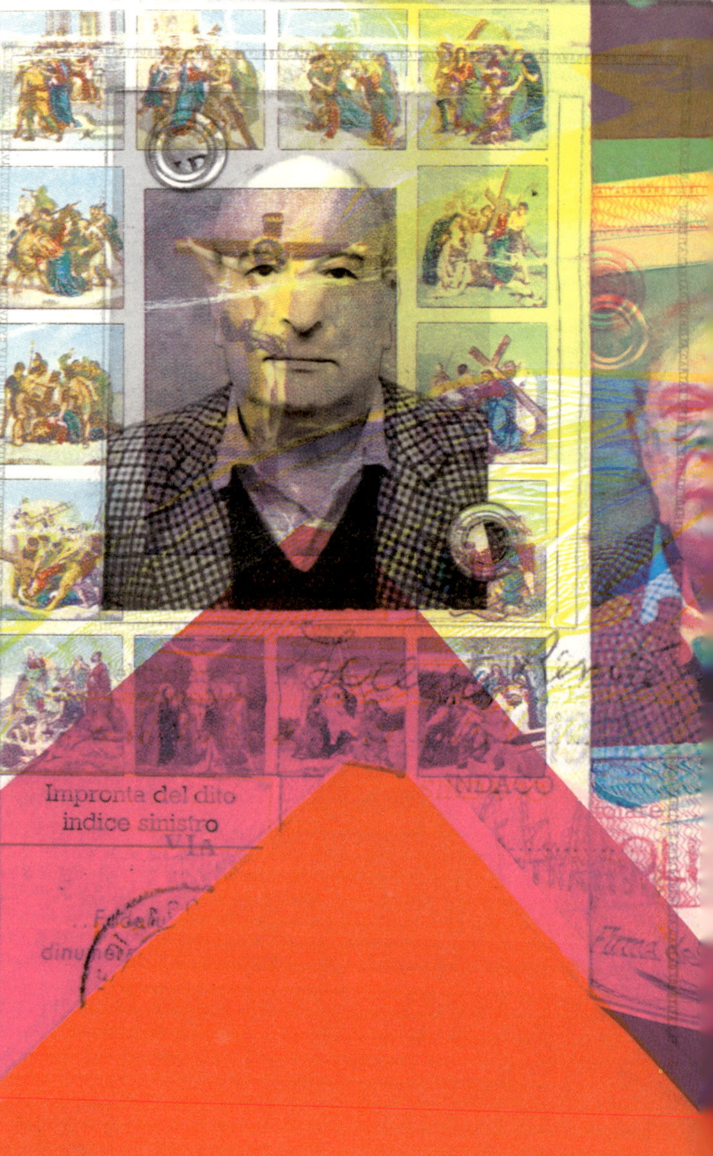
Impronta del dito
indice sinistro
VIA
dinun

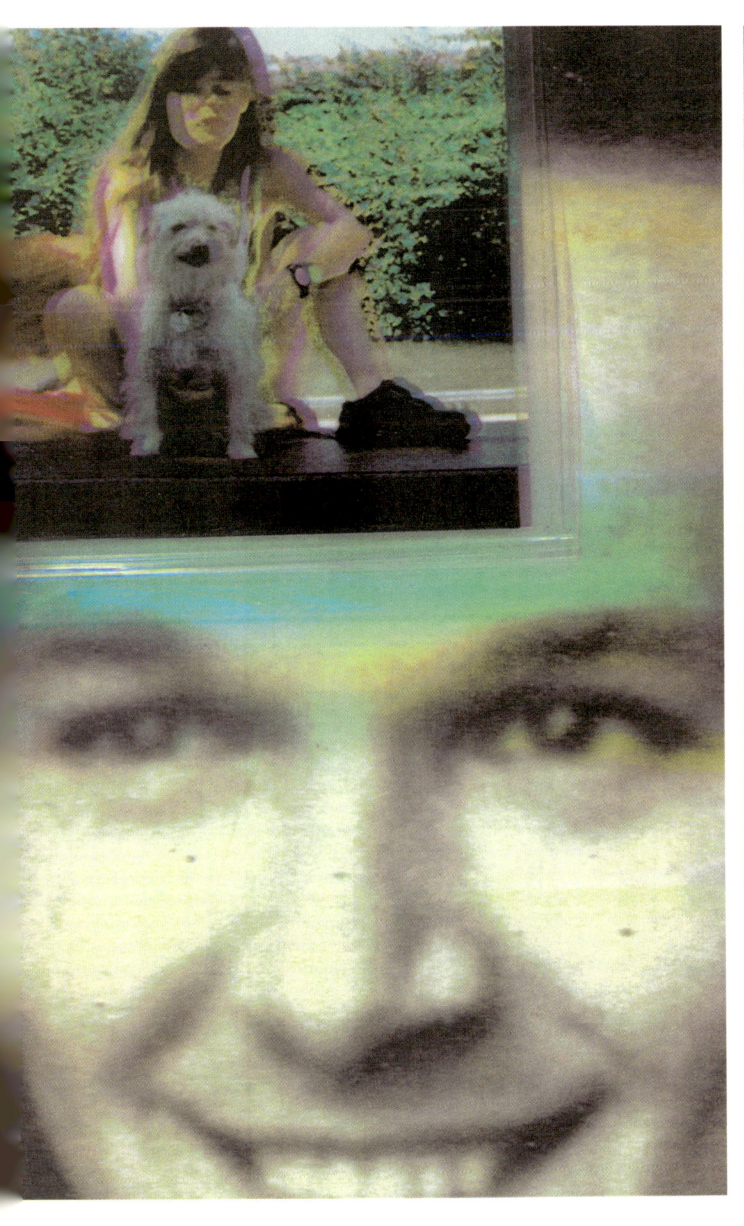
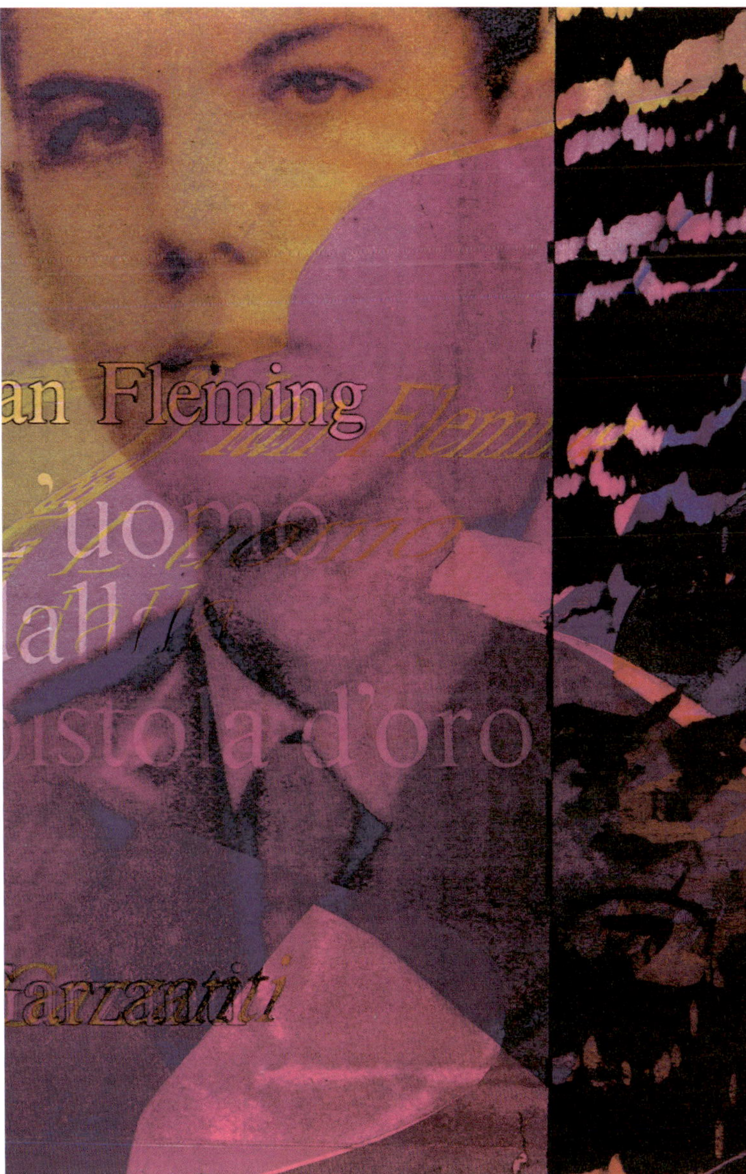
an Fleming
l'uomo
dalla
pistola d'oro
Garzanti

HENRI CARTIER-BRESSON FOTOGRAFO
HENRI CARTIER-BRESSON FOTOGRAFO
HENRI CARTIER-BRESSON FOTOGRAFO
HENRI CARTIER-BRESSON

a Lan Franco
avec l'"Hamitie"
"En ri Ka-Bré" et
mi da neau
25 de l'année
et du mois
présent

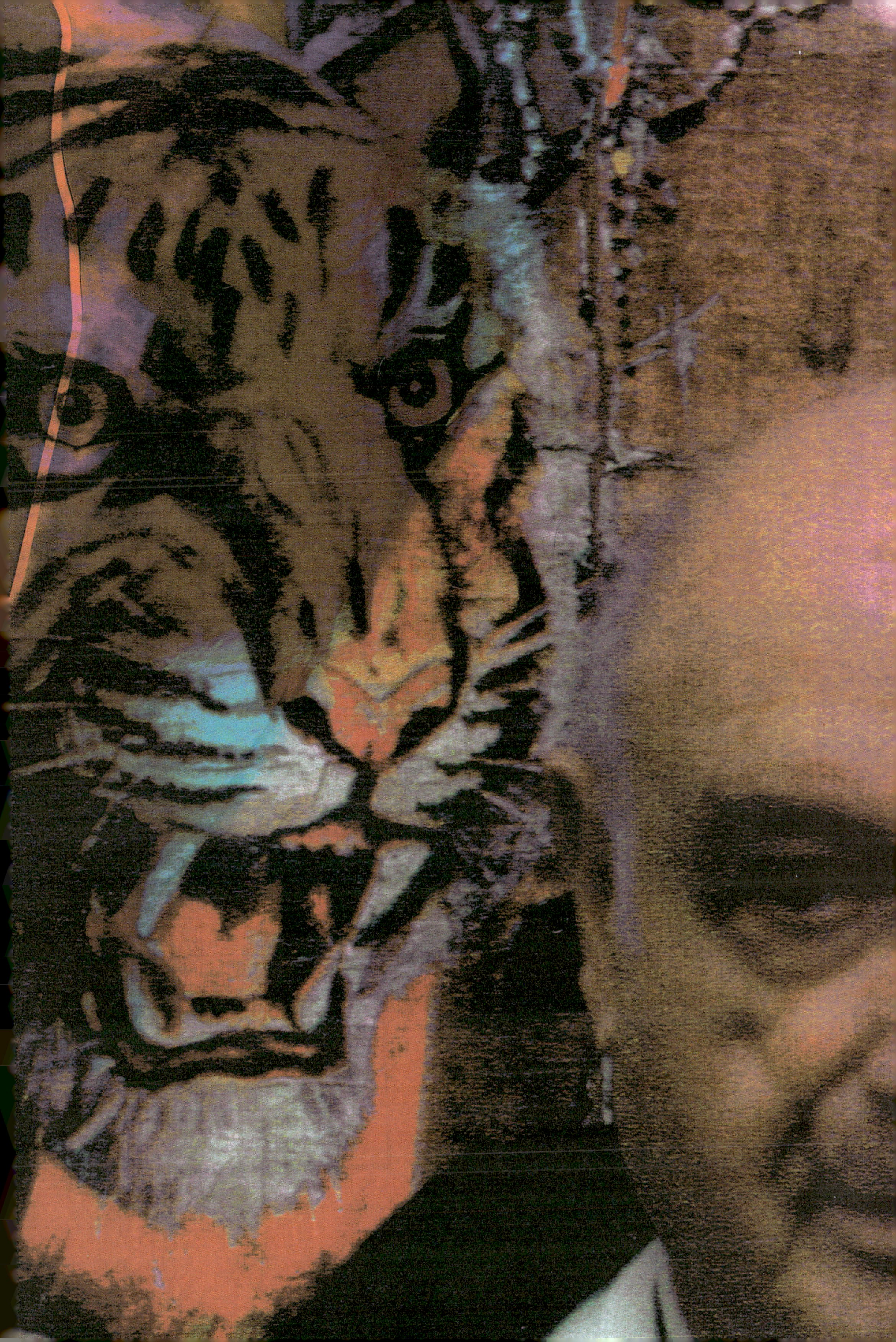

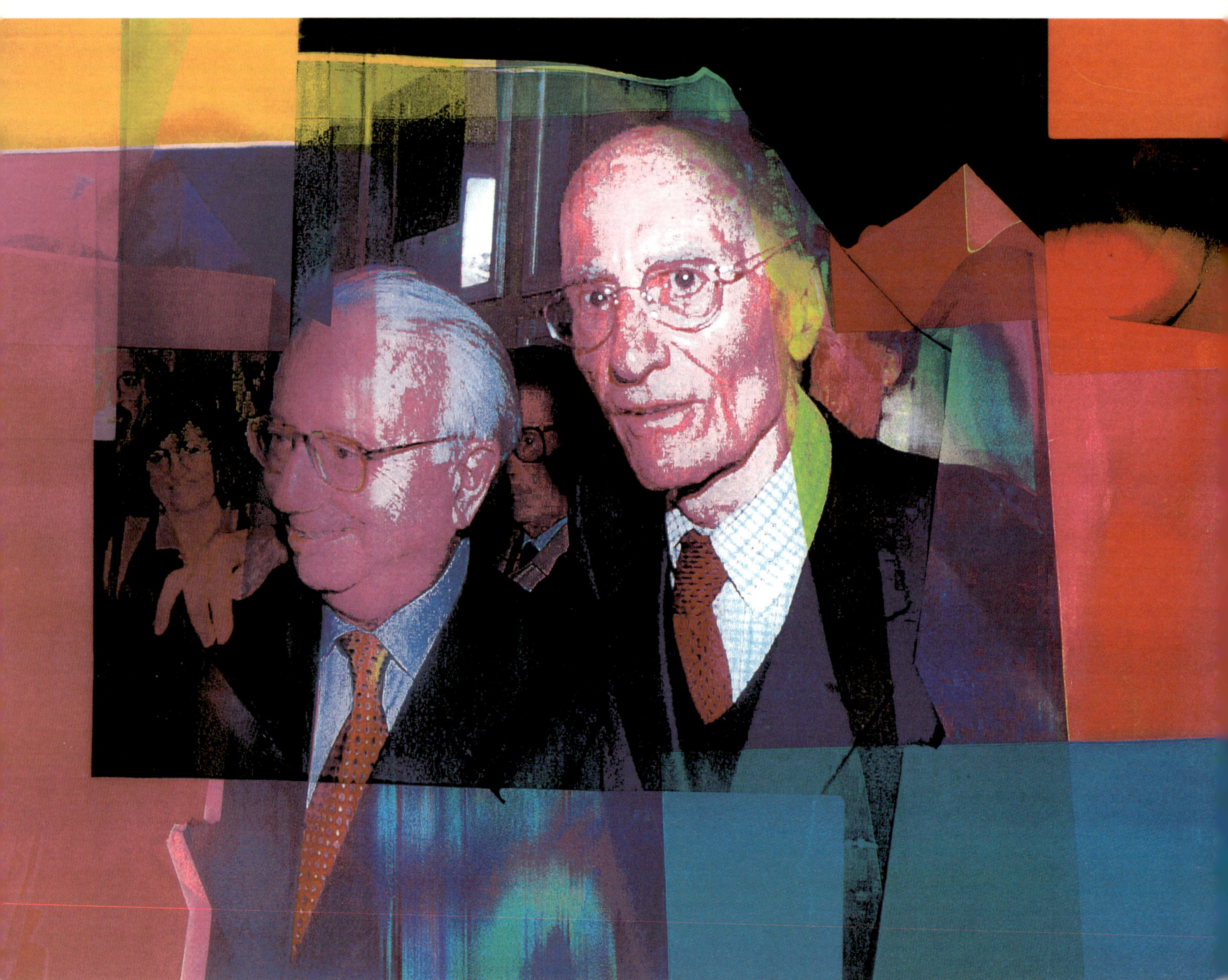

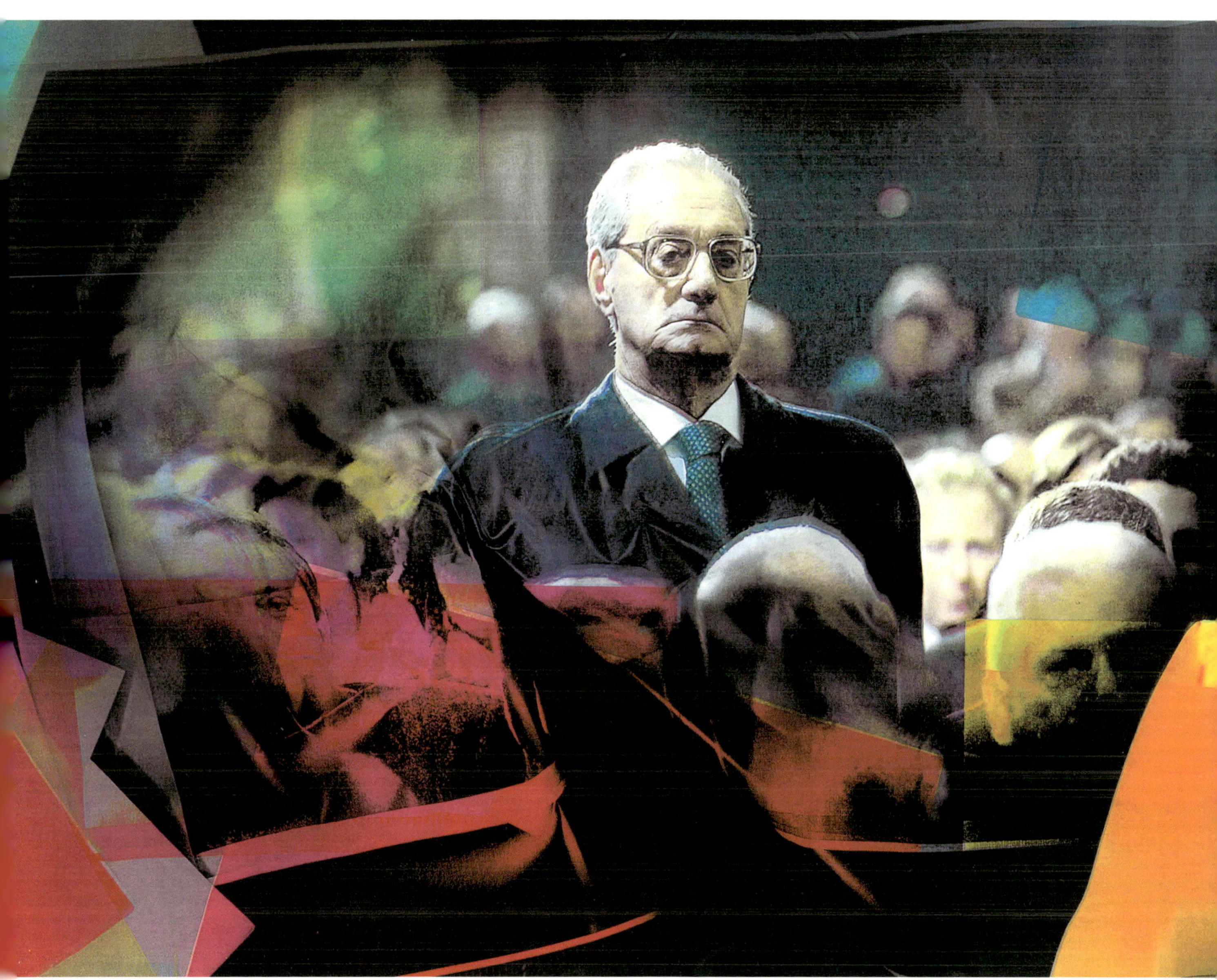

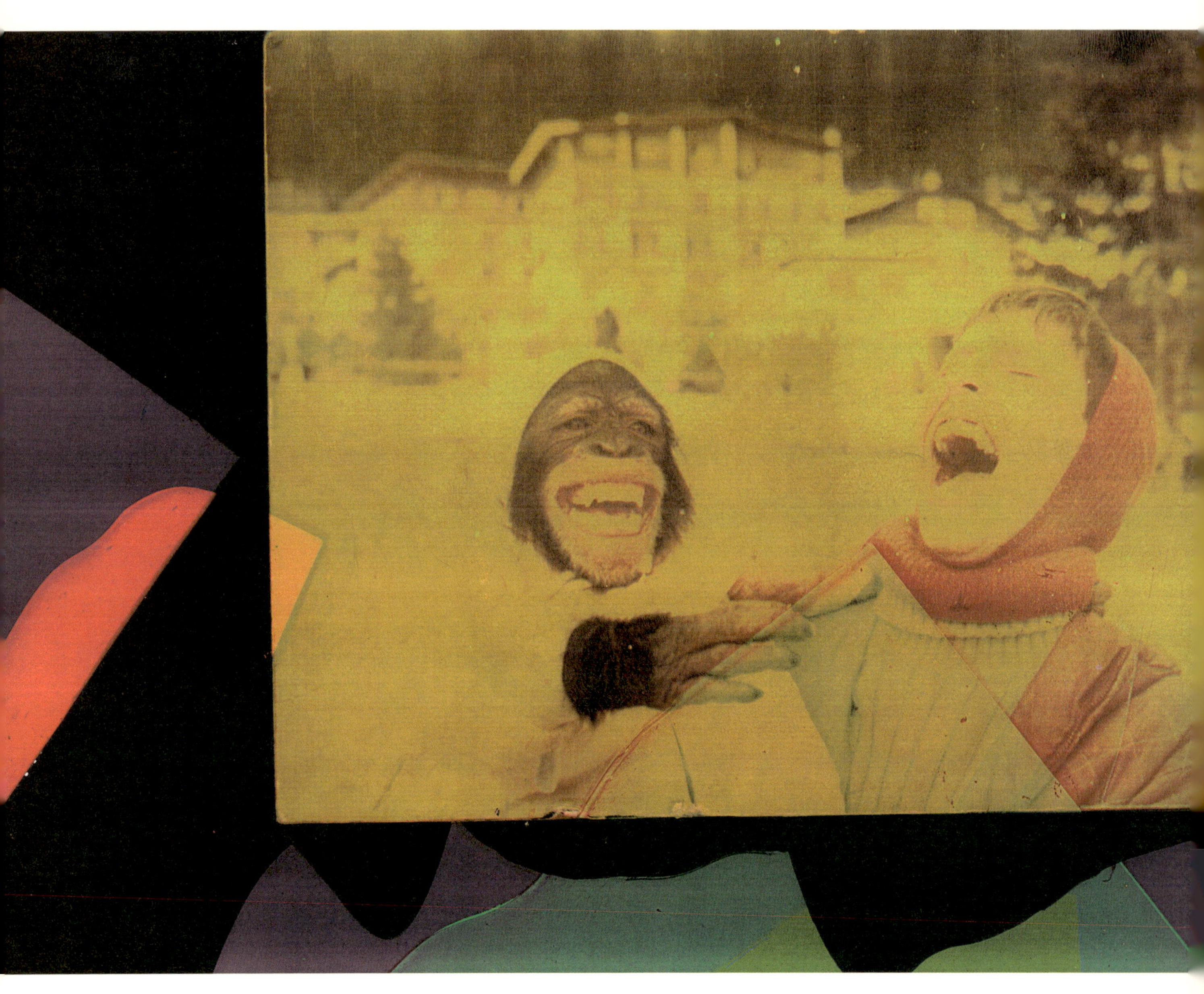

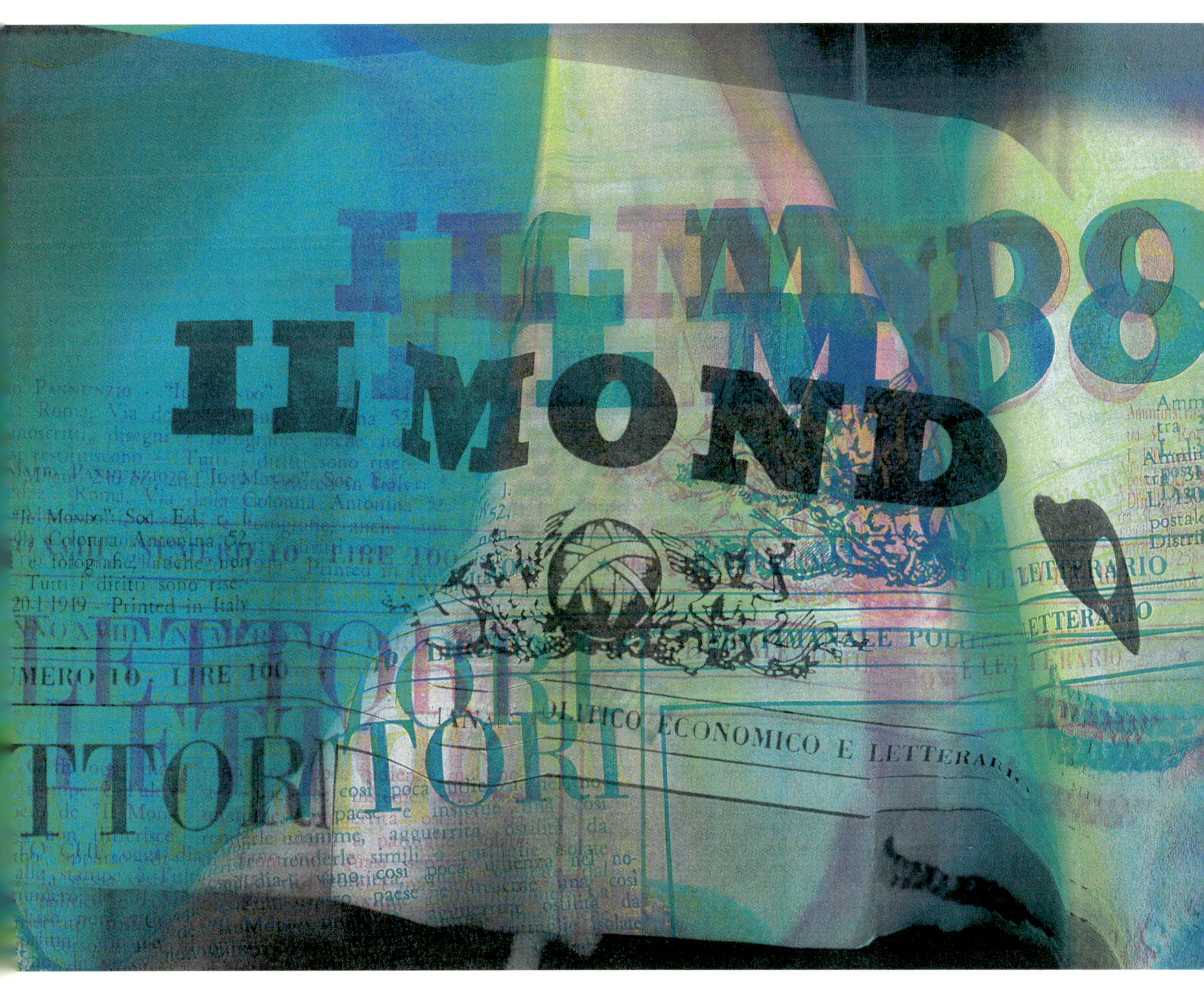

IL MONDO
IL MONDO
POLITICO ECONOMICO E LETTERARIO
LETTERARIO
LETTORI
NUMERO 10 - LIRE 100
20-1-1919 - Printed in Italy

اللهم إنا نسألك إيمانًا دائمًا
وقلبًا ... اللهم إني أسألك إيمانًا دائمًا
صادقًا وقلبًا خاشعًا وعلمًا نافعًا ...
دوام ... صادقًا ودينًا قيمًا ... وأسألك
دوام الحياة ... وأسألك
تمام ... وأسألك دوام العافية وأسألك
تمام العافية عن الناس وأسألك الشكر
العافية وأسألك الغنى عن الناس

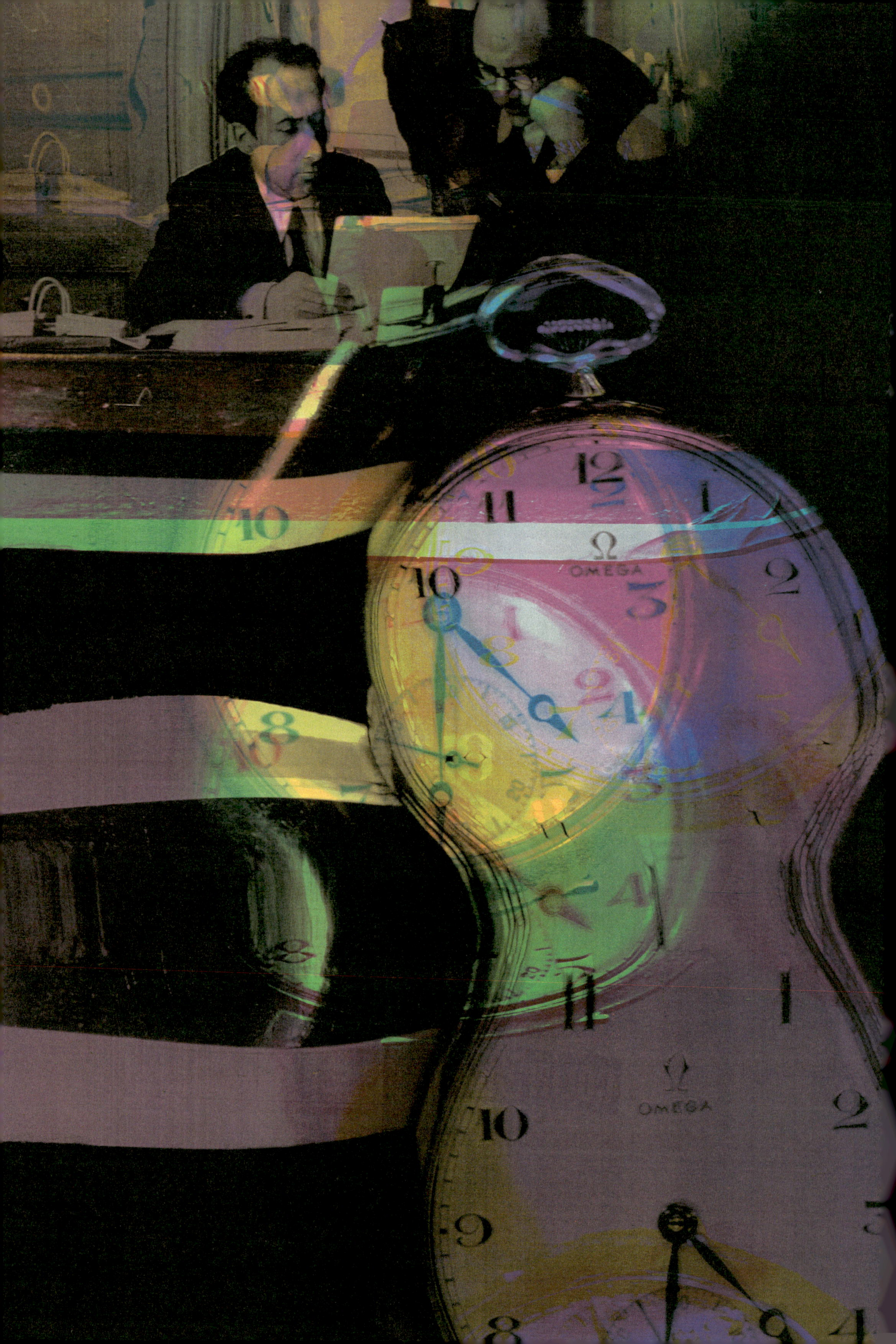

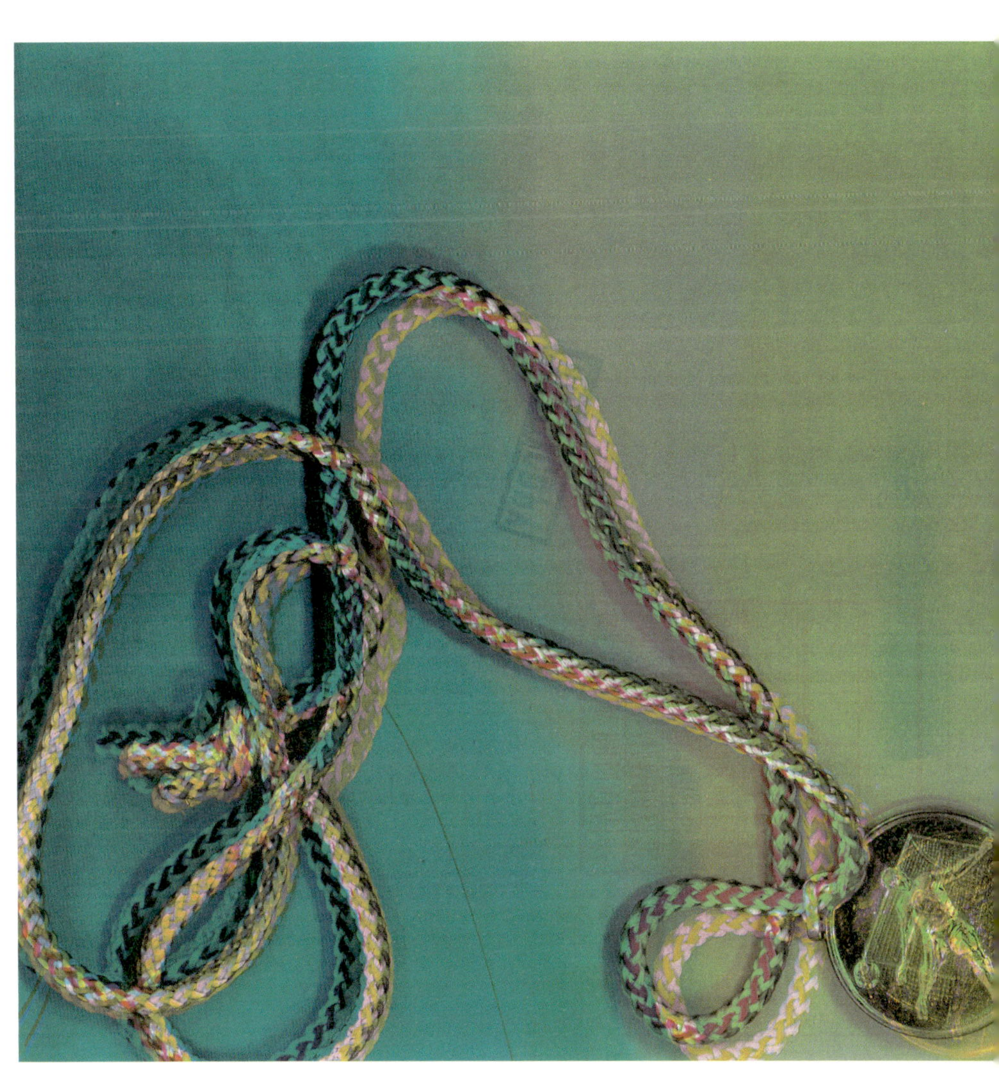

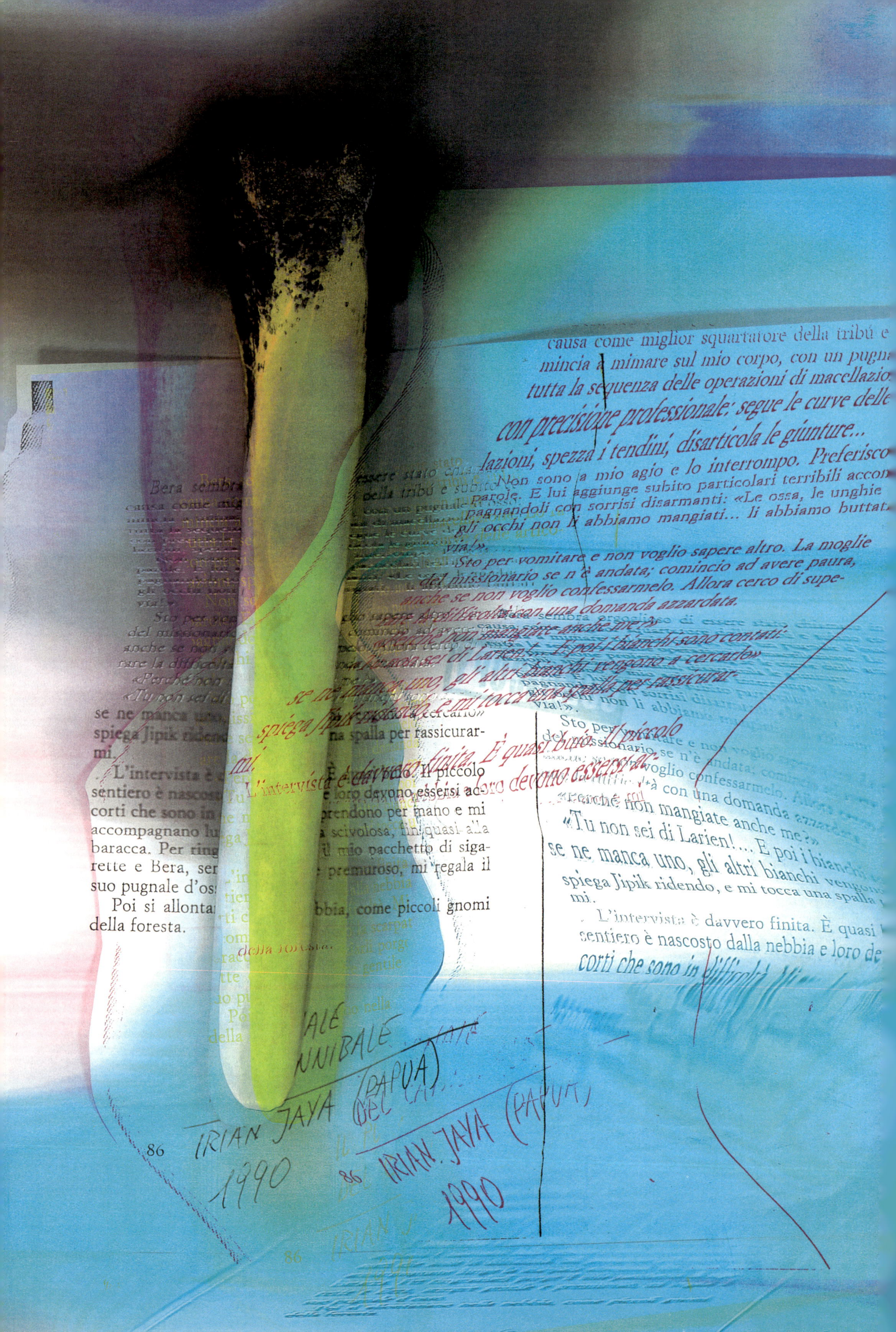
causa come miglior squartatore della tribú e
mincia a mimare sul mio corpo, con un pugna
tutta la sequenza delle operazioni di macellazio
con precisione professionale: segue le curve delle
lazioni, spezza i tendini, disarticola le giunture...
Non sono a mio agio e lo interrompo. Preferisco
parole. E lui aggiunge subito particolari terribili accom
pagnandoli con sorrisi disarmanti: «Le ossa, le unghie
gli occhi non li abbiamo mangiati... li abbiamo buttat.
via!».
Sto per vomitare e non voglio sapere altro. La moglie
del missionario se n'è andata; comincio ad avere paura,
anche se non voglio confessarmelo. Allora cerco di supe-
rare la difficoltà con una domanda azzardata.
«Tu non sei di Larien!... E poi i bianchi sono contati...
se ne manca uno, gli altri bianchi vengono a cercarlo»
spiega Jipik ridendo, e mi tocca una spalla per rassicurar-
mi.
L'intervista è davvero finita. È quasi buio. Il piccolo
sentiero è nascosto dalla nebbia e loro devono essersi ac-
corti che sono in difficoltà. Mi
prendono per mano e mi
accompagnano lungo la china scivolosa, fin quasi alla
baracca. Per ringraziarli del mio pacchetto di sigarette e Bera, sempre premuroso, mi regala il
suo pugnale d'osso.
Poi si allontanano nella nebbia, come piccoli gnomi
della foresta.

86   CANNIBALE
IRIAN JAYA (PAPUA)
1990

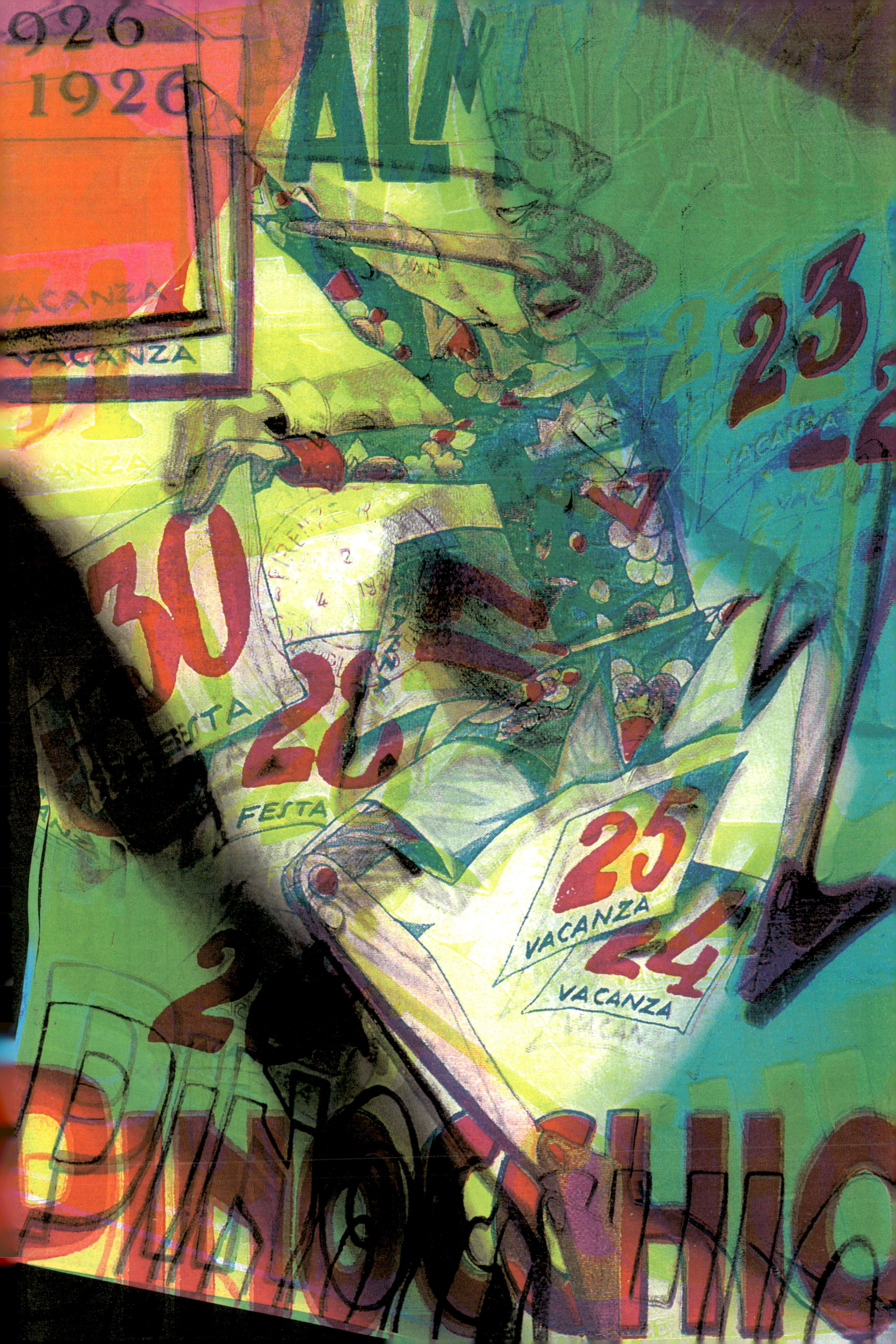

926
1926
AIN
VACANZA
VACANZA
23
VACANZA
30
FESTA
20
FESTA
25
VACANZA
24
VACANZA
PINOCCHIO

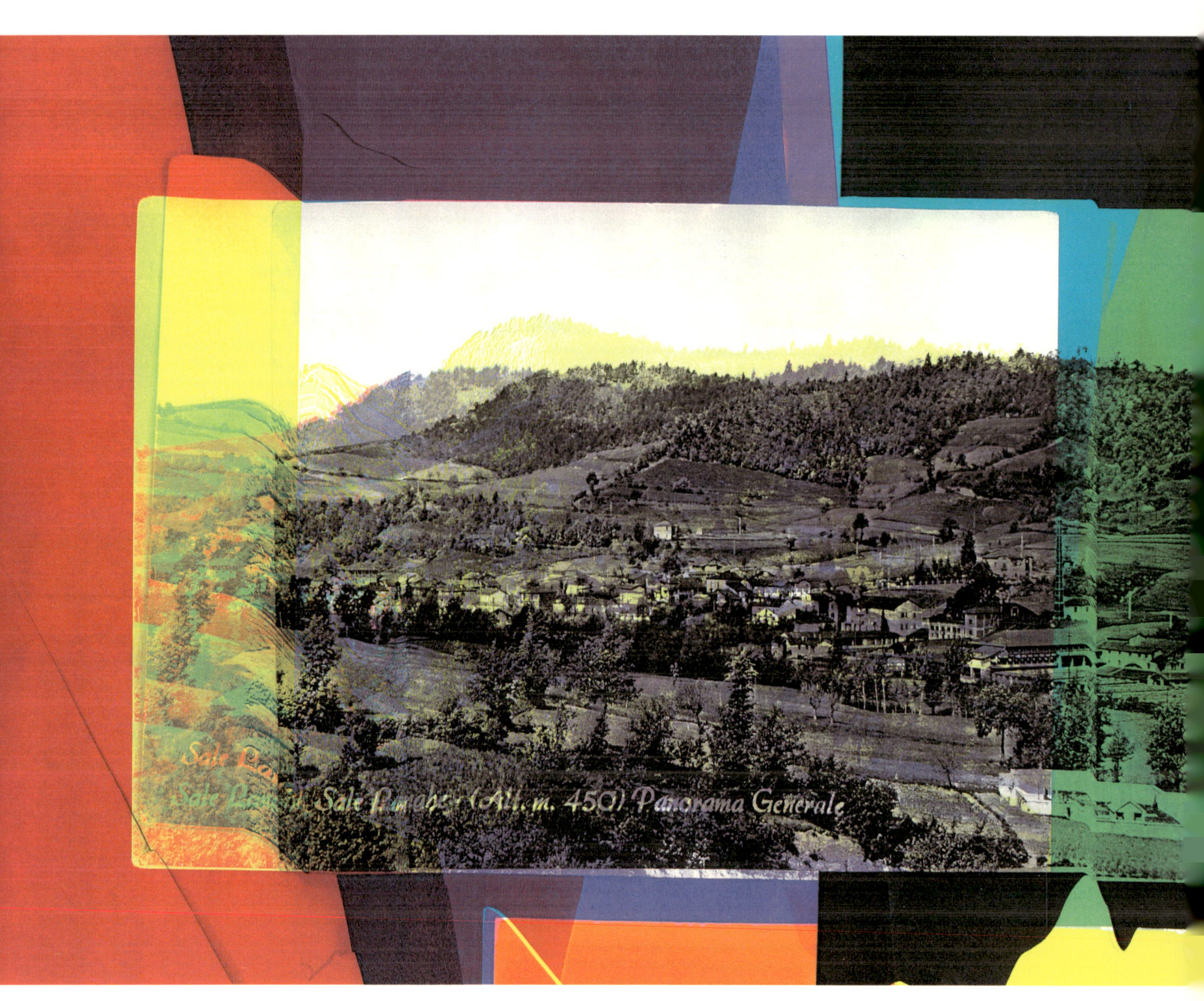
Sale Pan...
Sale Langhe Sale Langhe (Alt. m. 450) Panorama Generale

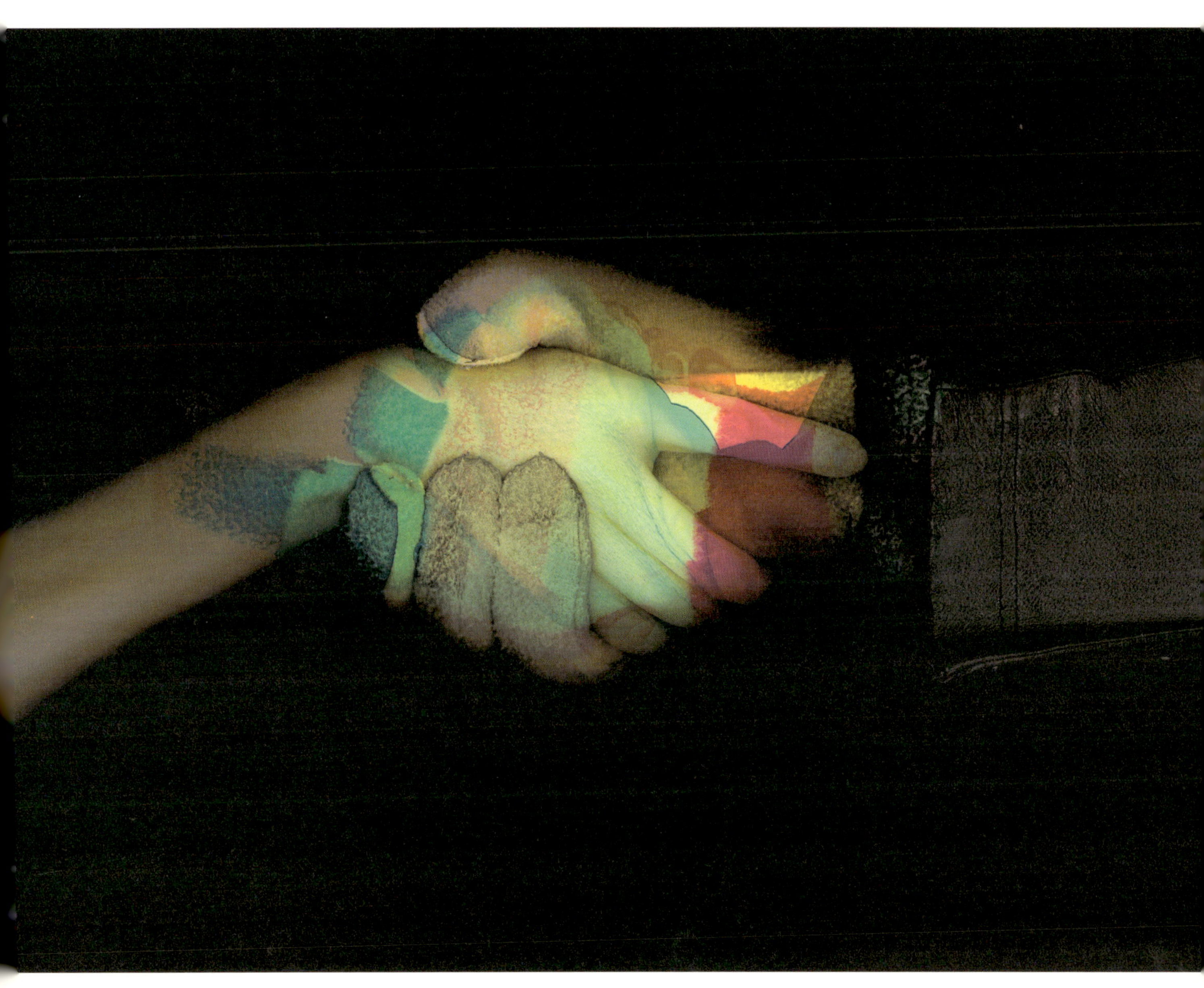

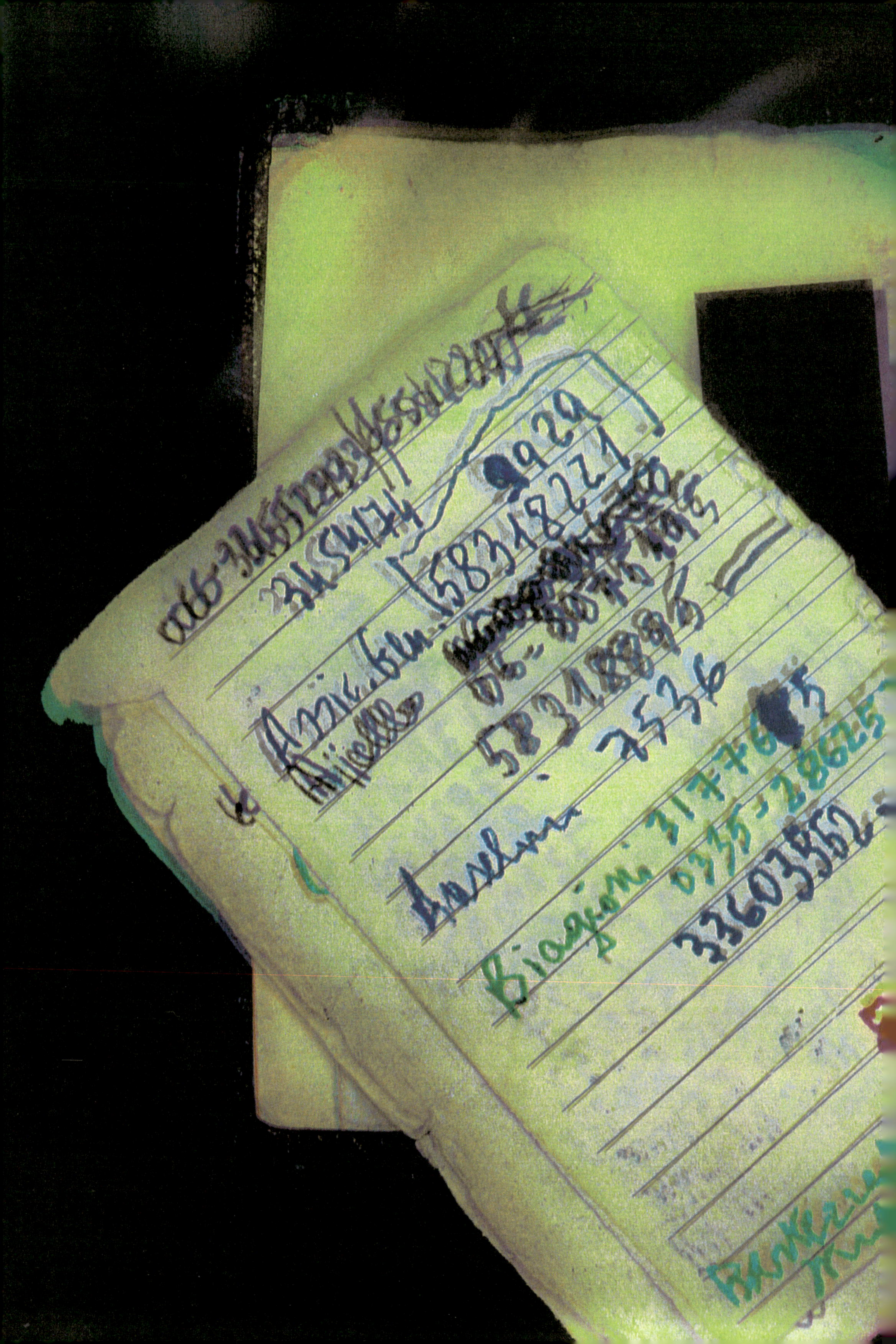

Codici Postali

Barbiellini   6598027
    (Ella)   0565-907458
Bassani   06-8445124
Bettiza   5453332
Buzzati   6589779
Borella   221704
Bertoldi
Bevilacqua   06-3293942
Benetti   0185-282035
Bonomi   21387
Borgese   866357
...era   3182552
    8693119
    011-504895
    031-931435
    468486
...   50951

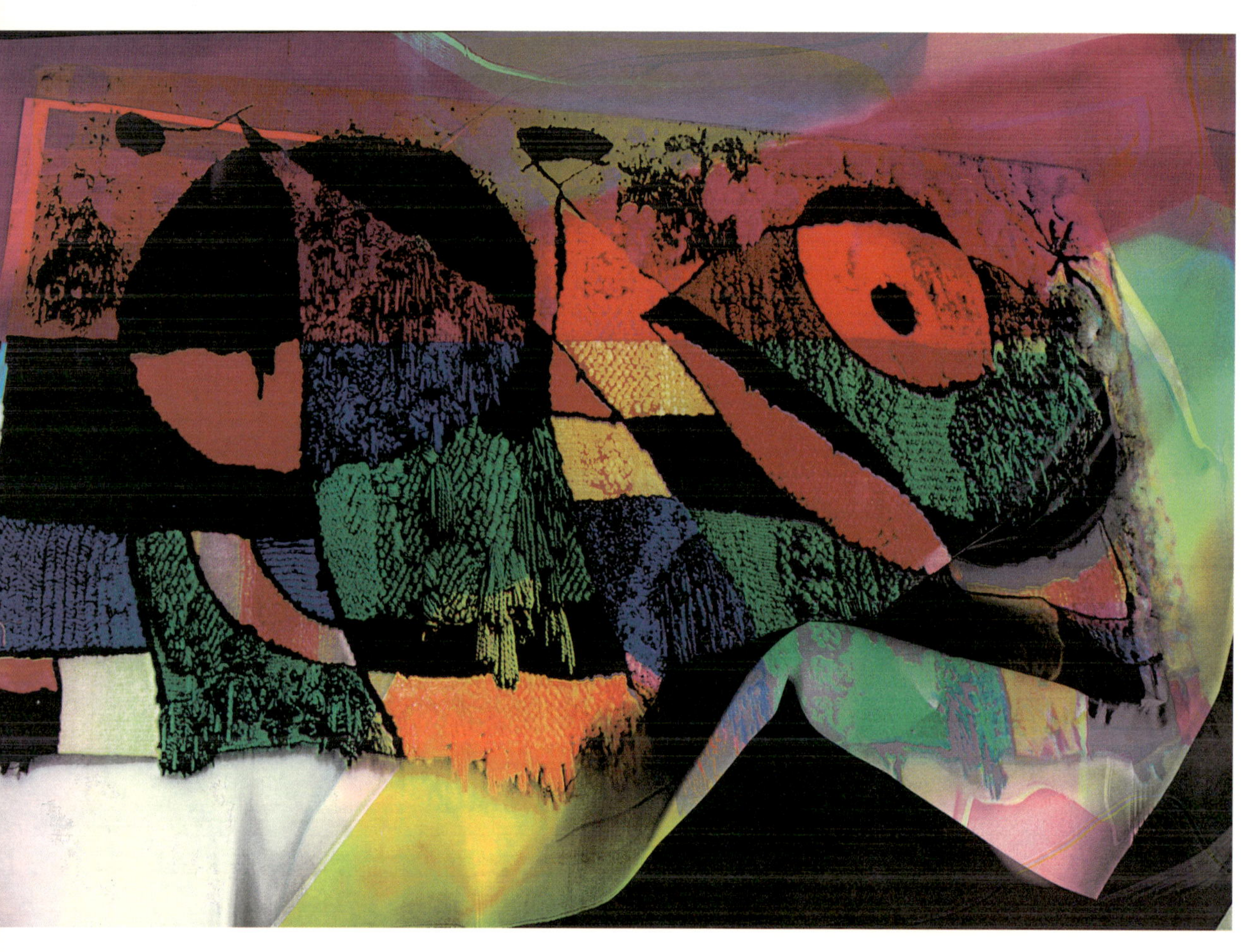

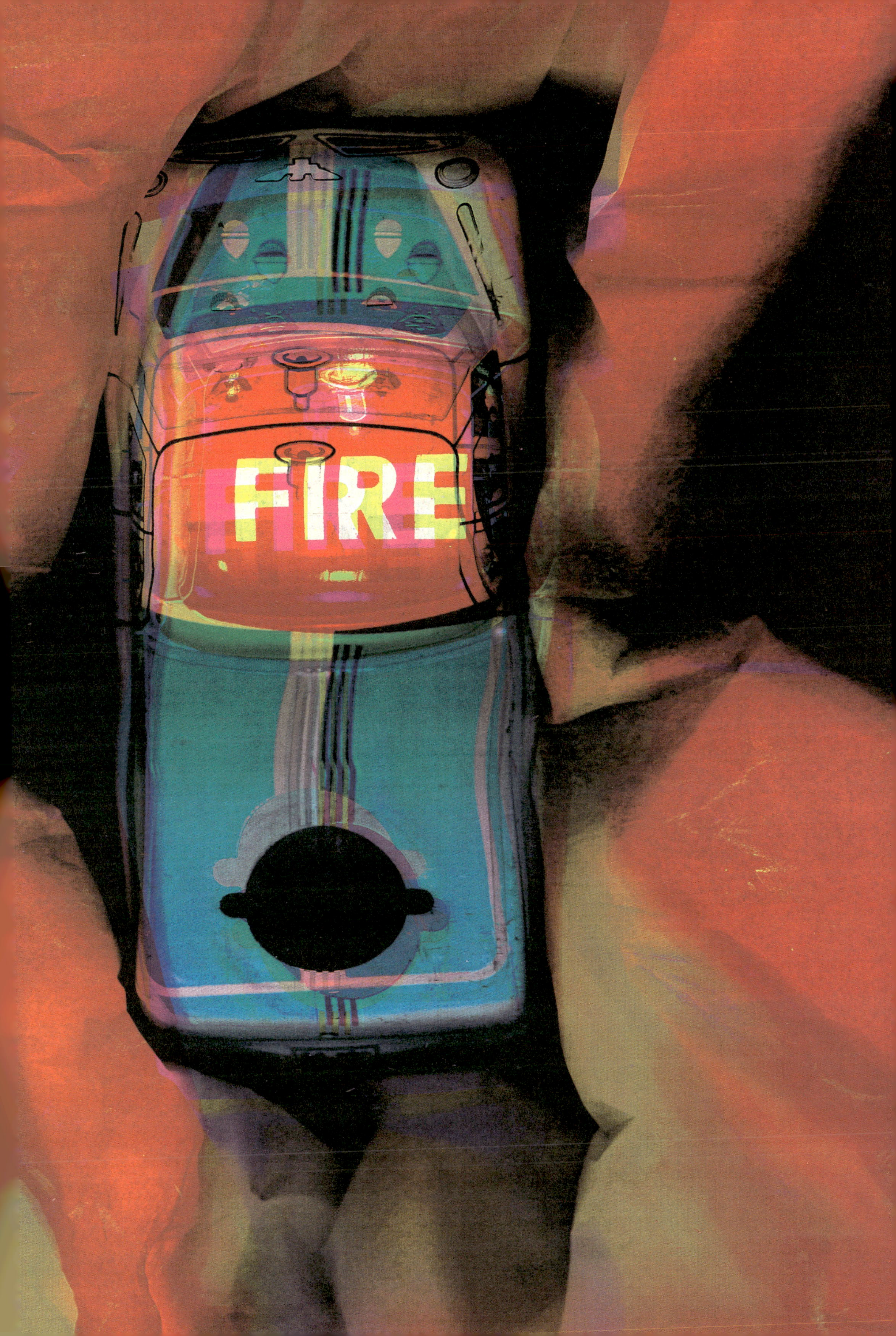
FIRE

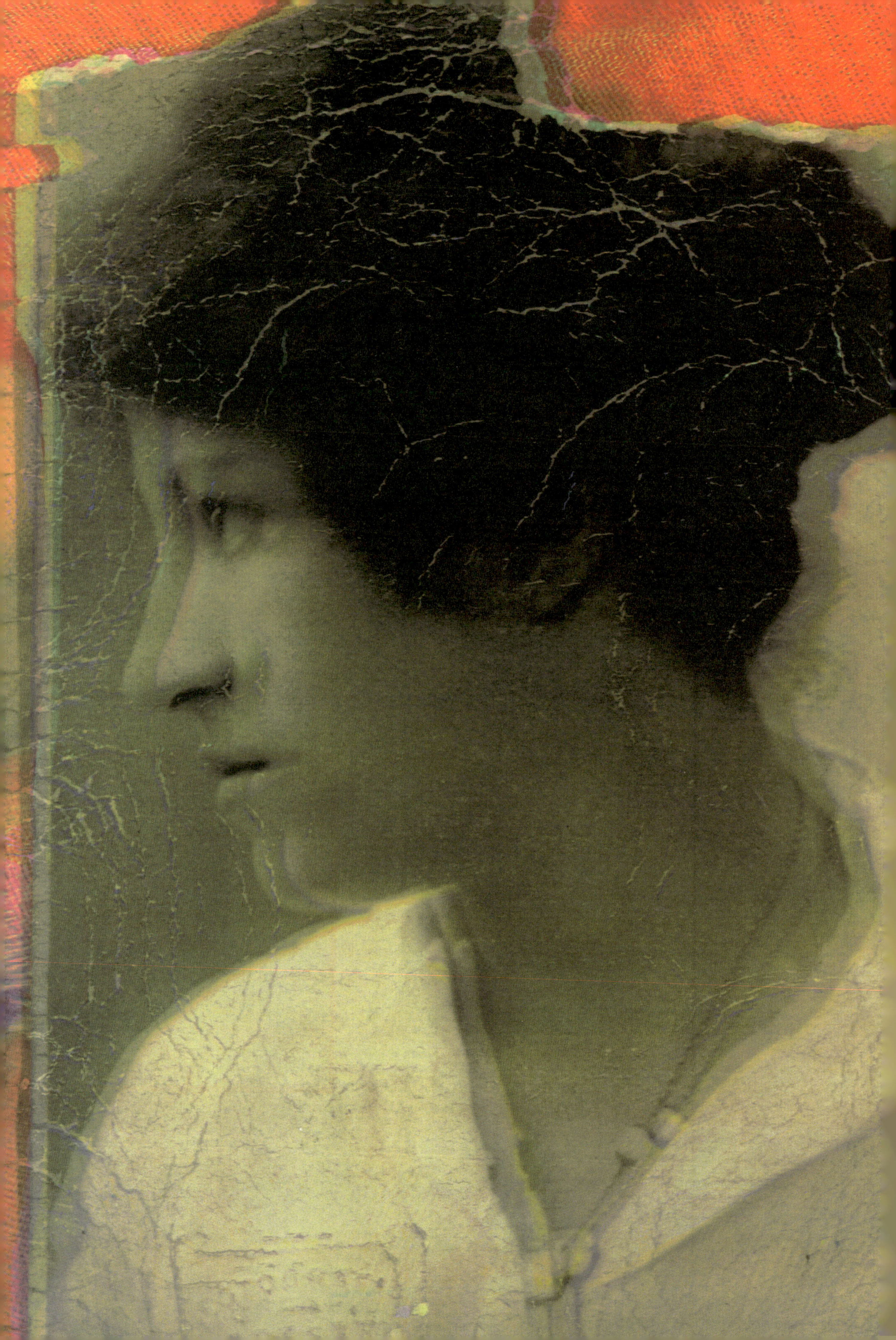

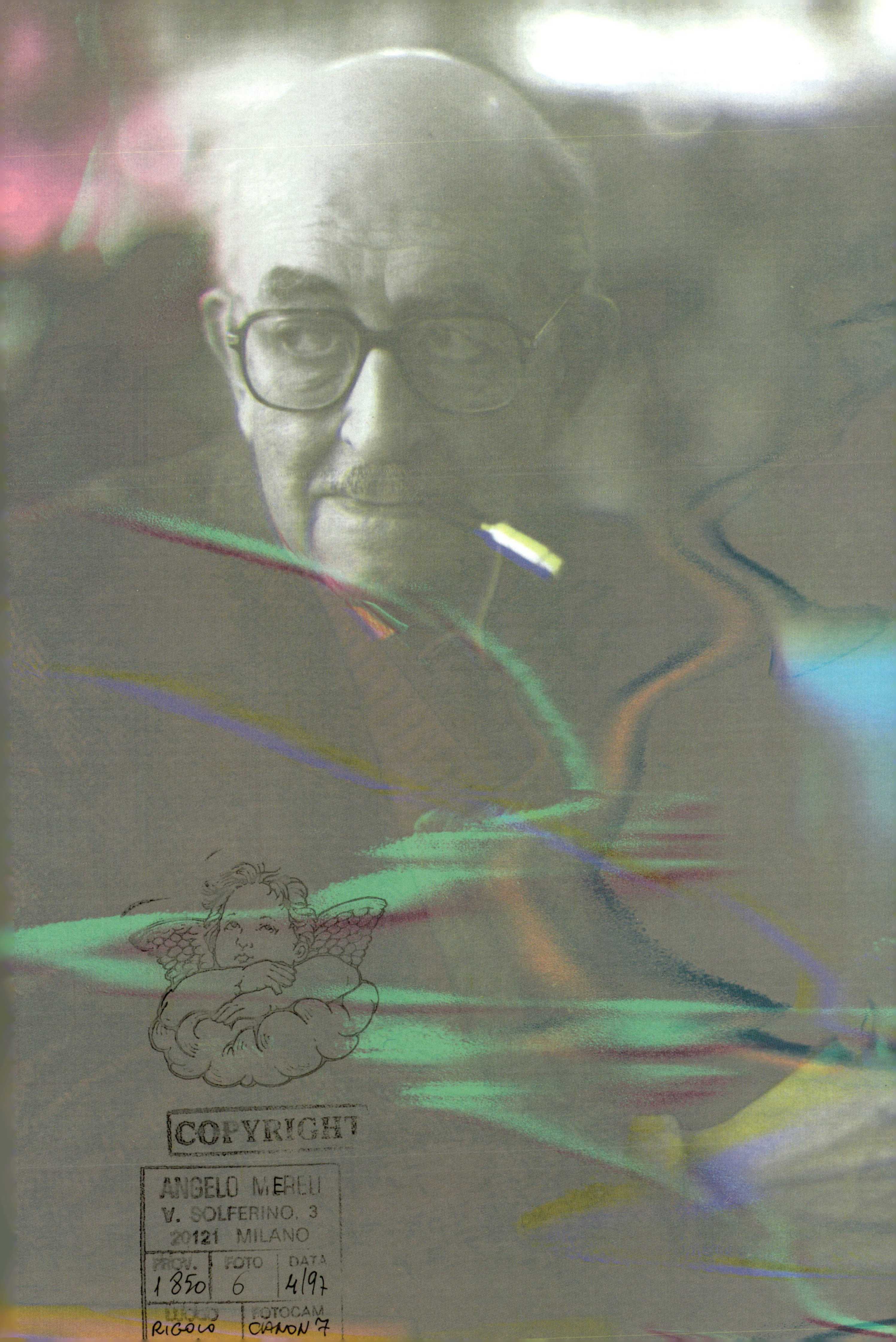

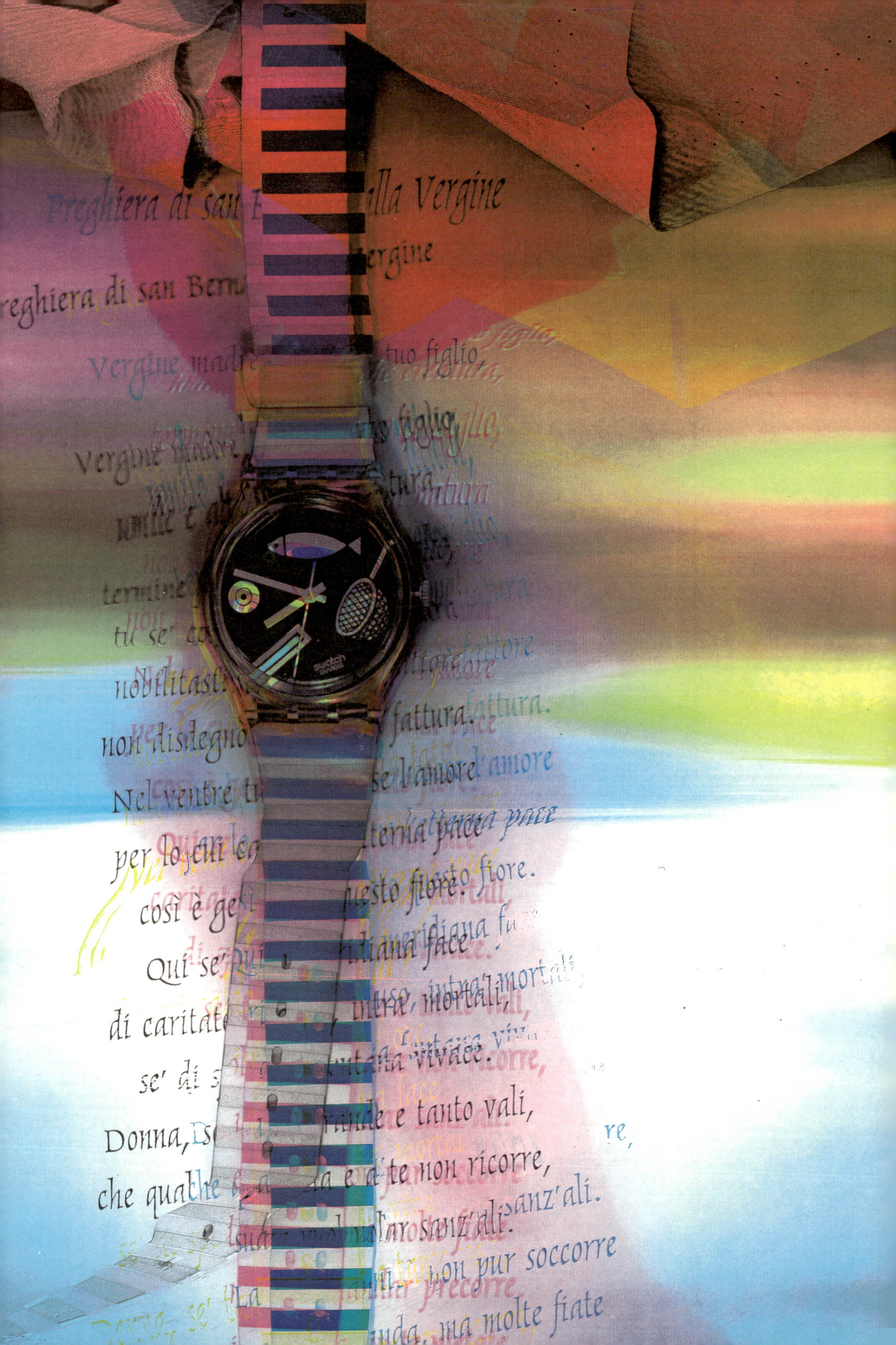

Preghiera di san Bernardo alla Vergine
Preghiera di san Bernar...
Vergine madre, figlia del tuo figlio,
Vergine madre
termine...
tu se' co...
nobilitasti...
non disdegno
Nel ventre tu...
per lo cui...
così è ge...
Qui se'...
di caritate...
se' di...
Donna, se' ...
che quale... a te non ricorre,
...non pur soccorre
...ma molte fiate

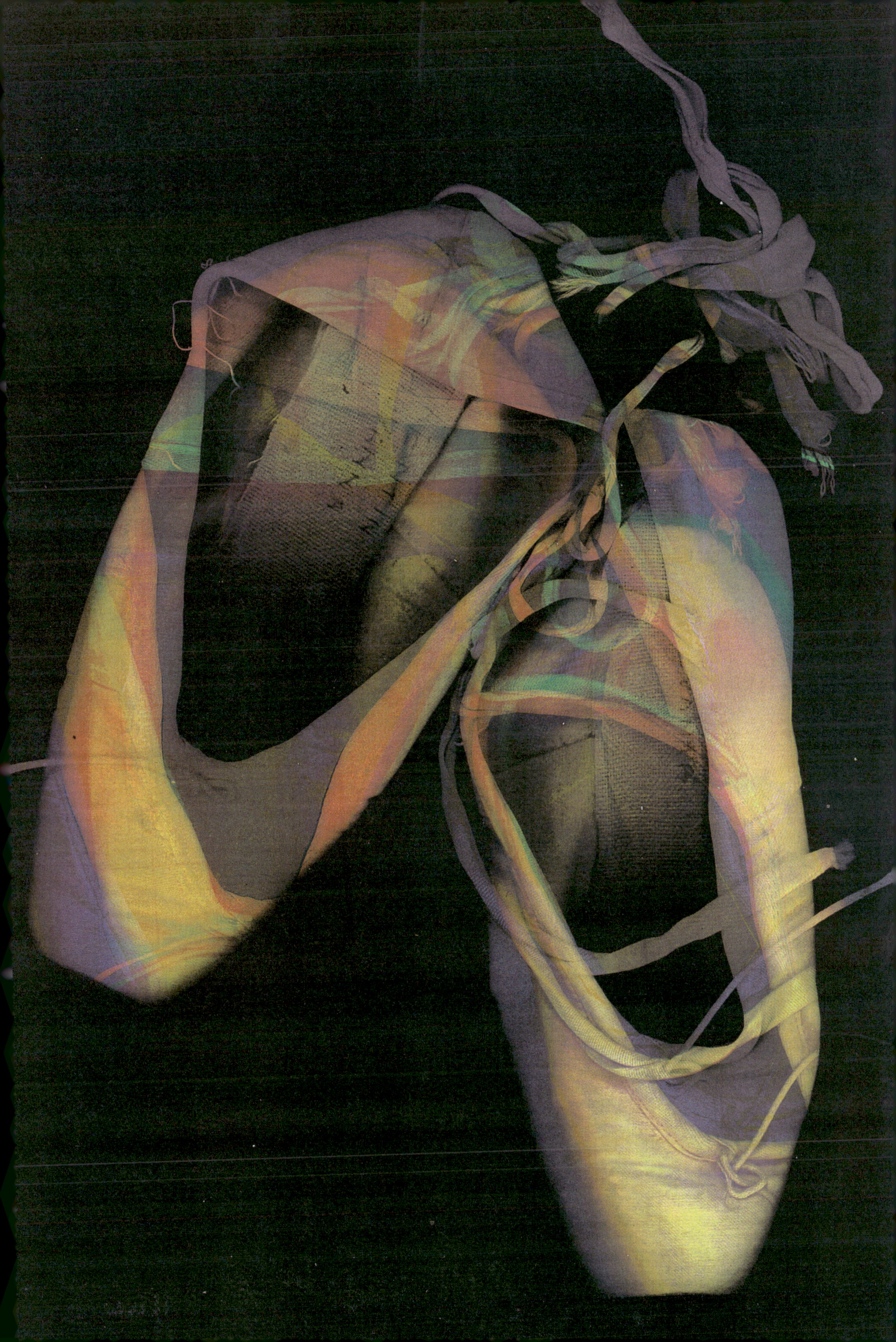

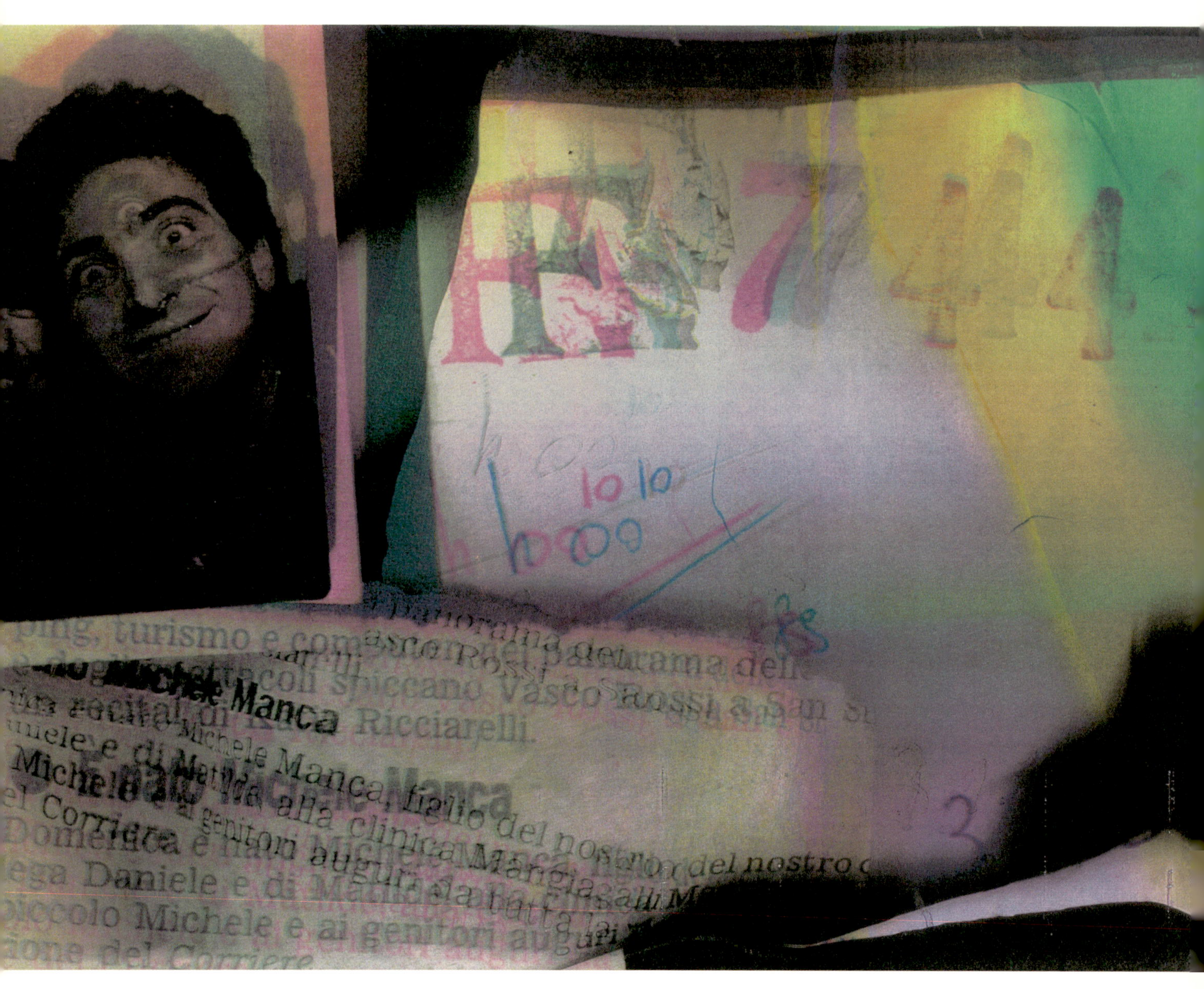
FR744
ping, turismo e com... panorama delle
Michele Manca
recital di Katia Ricciarelli.
Michele Manca, figlio del nostro
alla clinica Mangiagalli
Domenica
Daniele e di Matilde
piccolo Michele e ai genitori augur
ione del Corriere

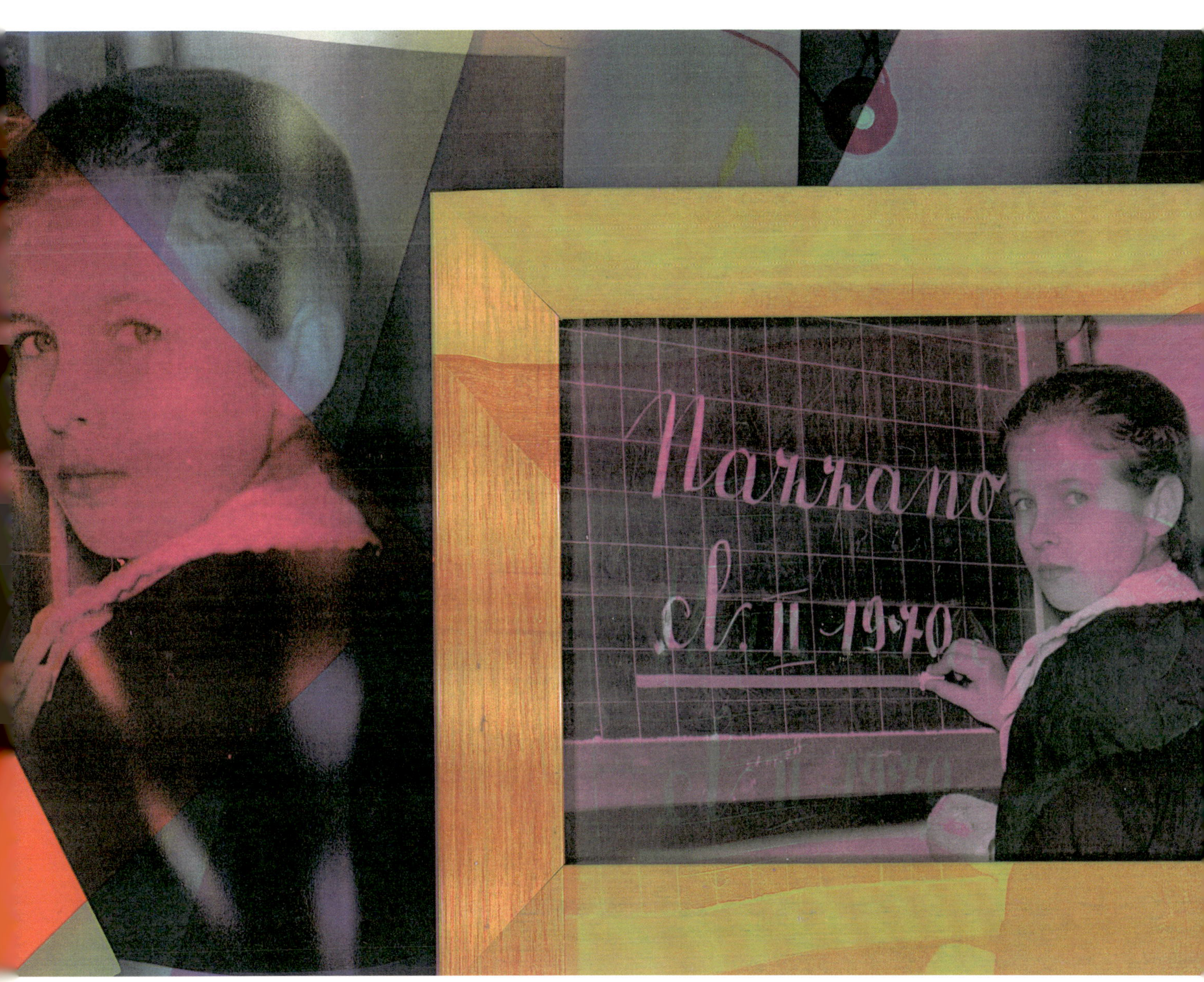
Narrano
cl. II 1970

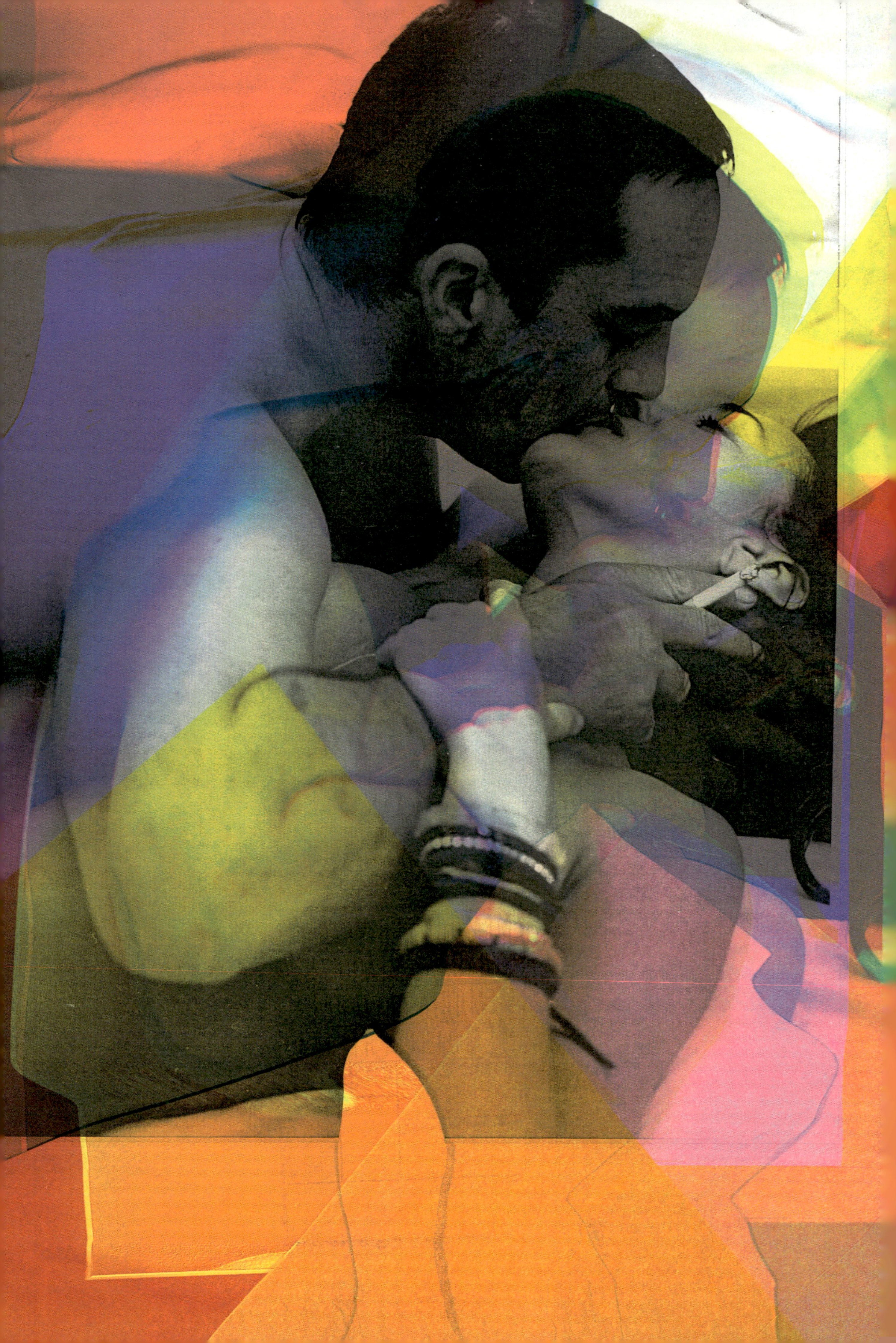

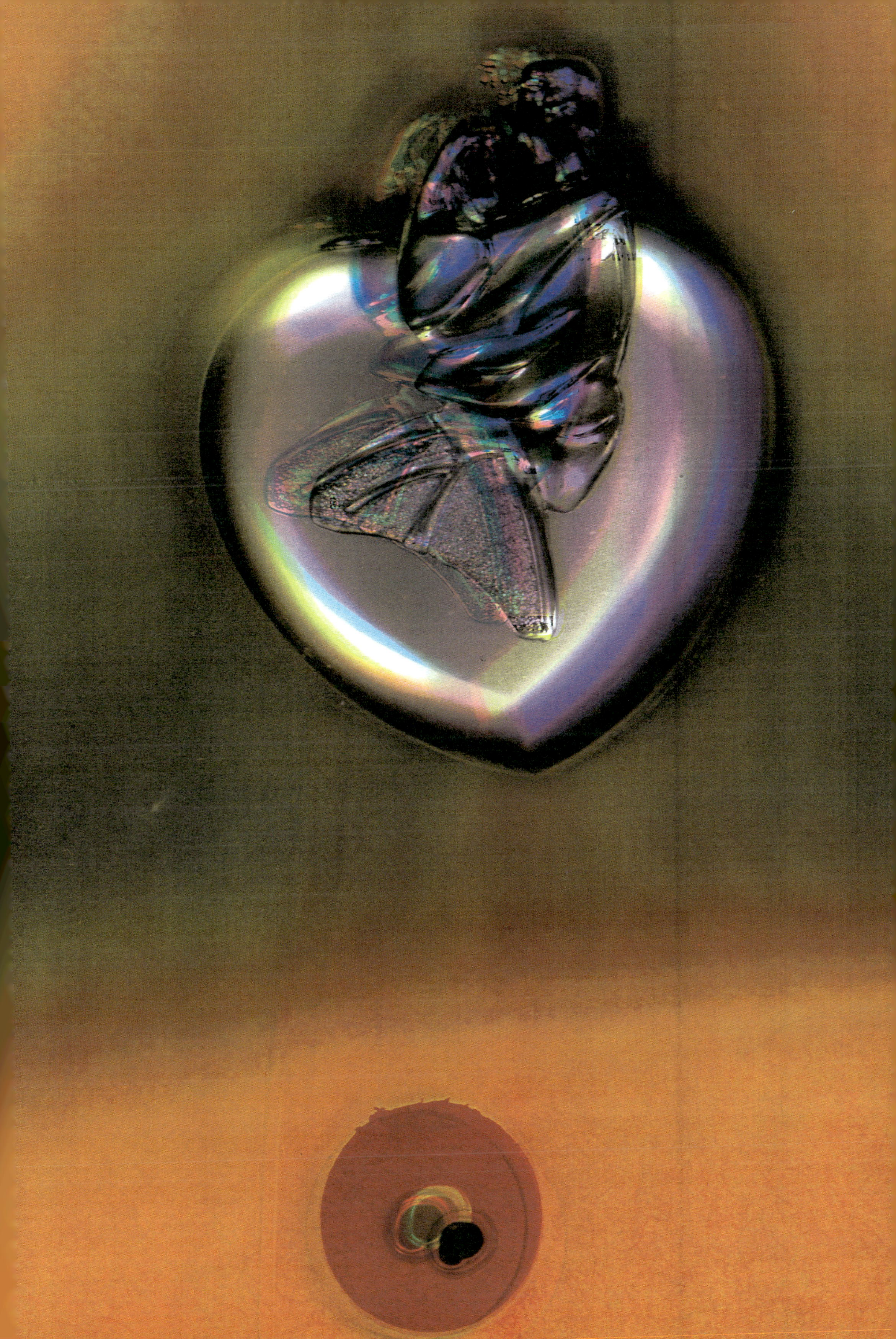

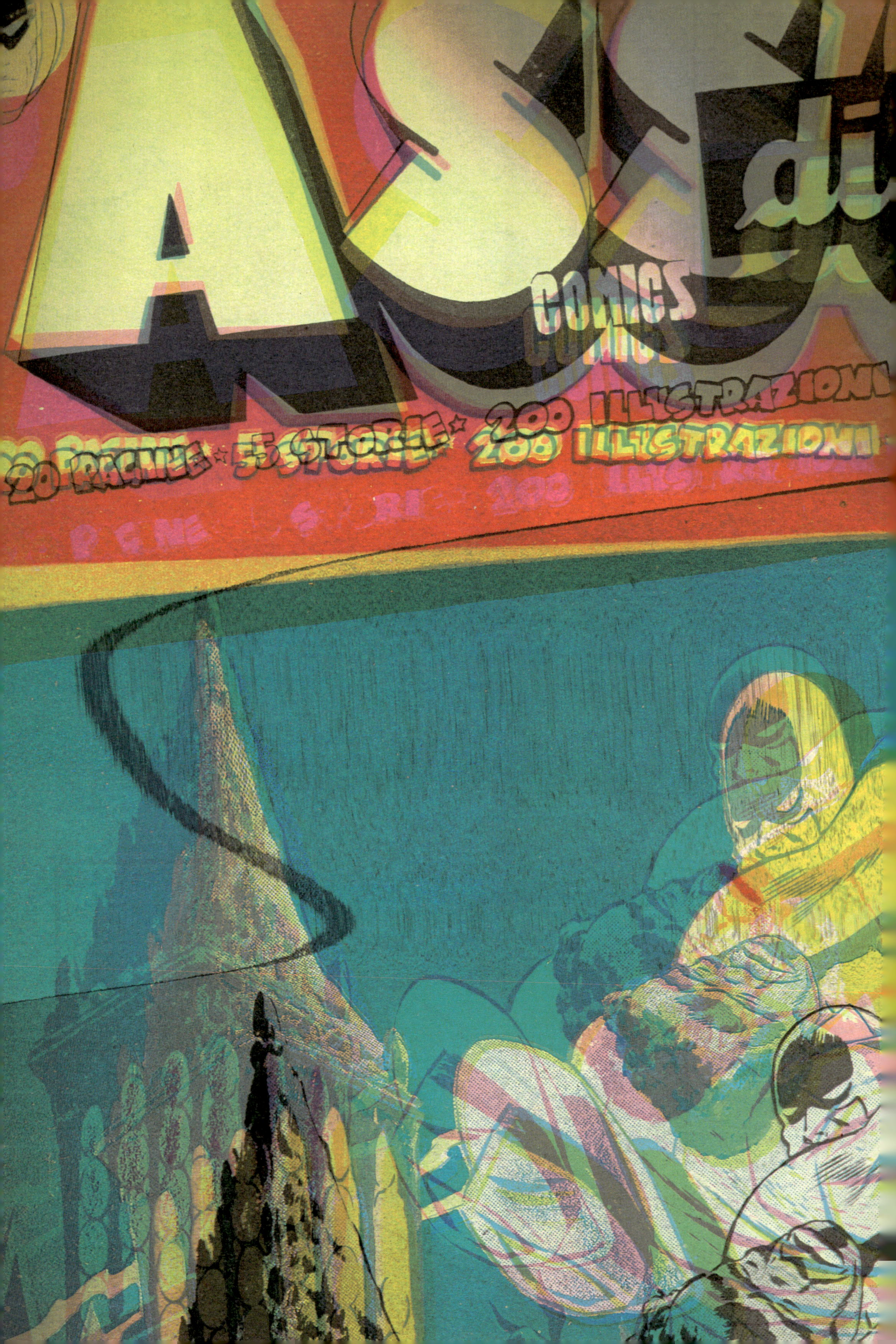

COMICS
200 ILLUSTRAZIONI
20 PAGINE ★ 5 STORIE ★ 200 ILLUSTRAZIONI

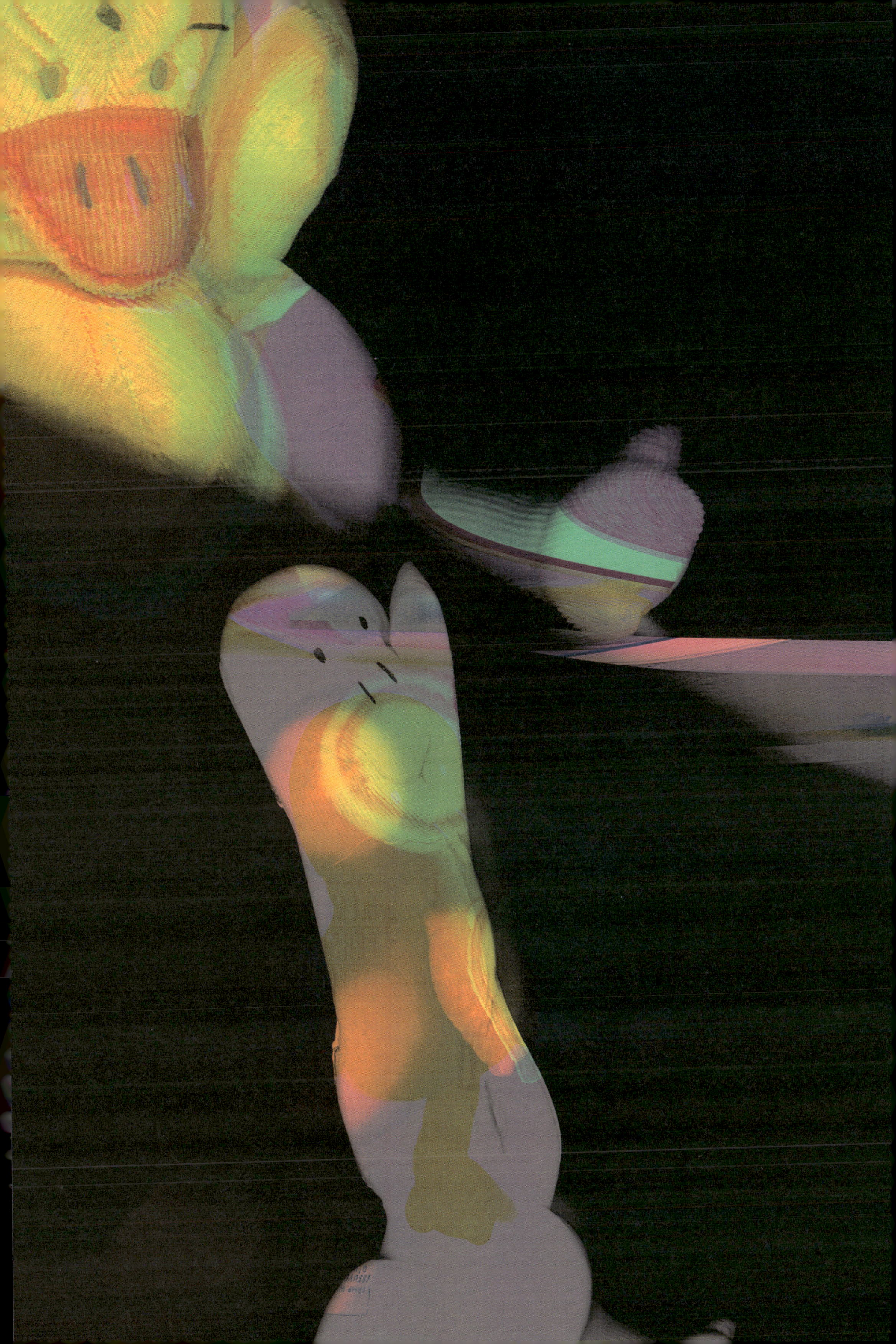

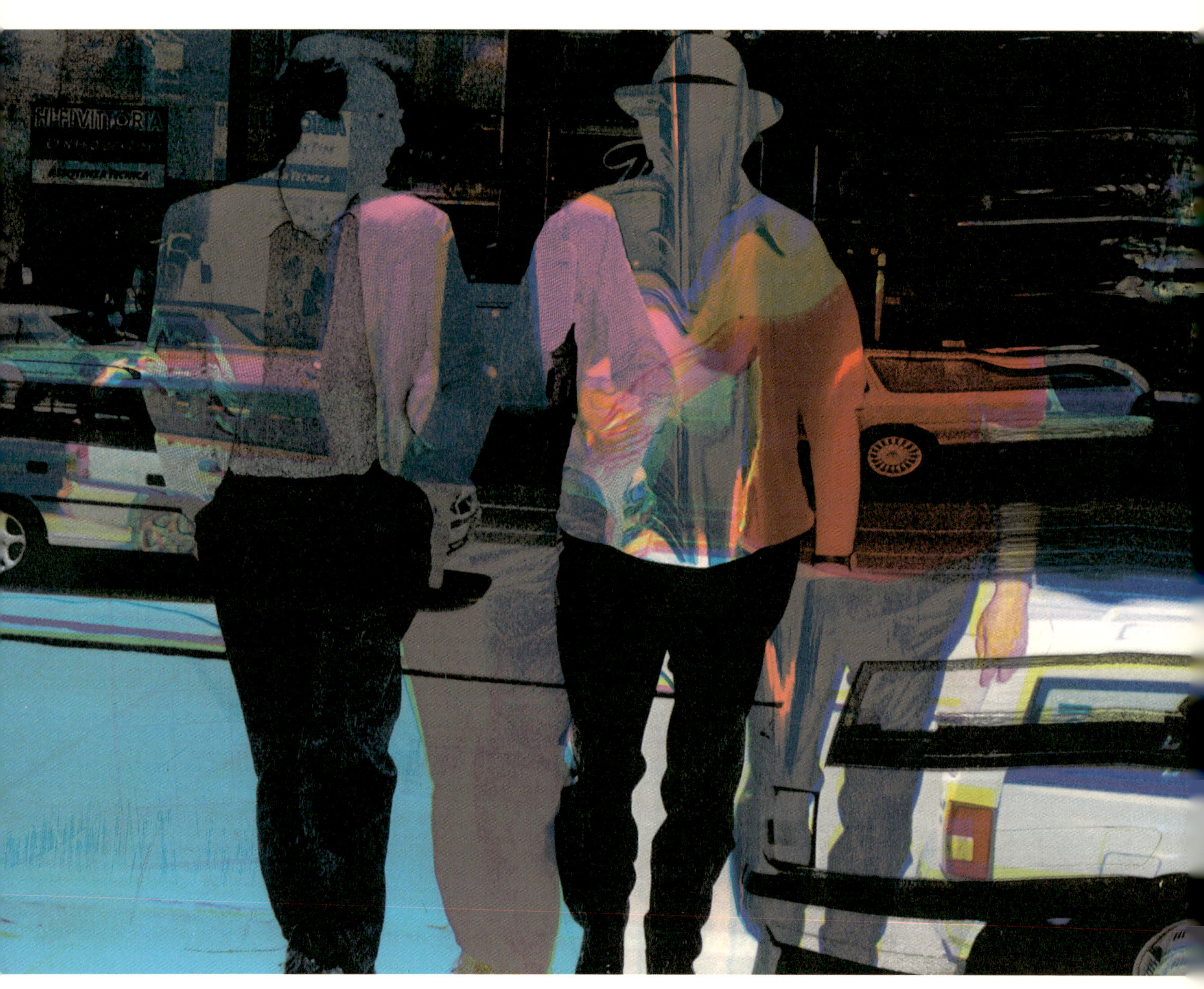

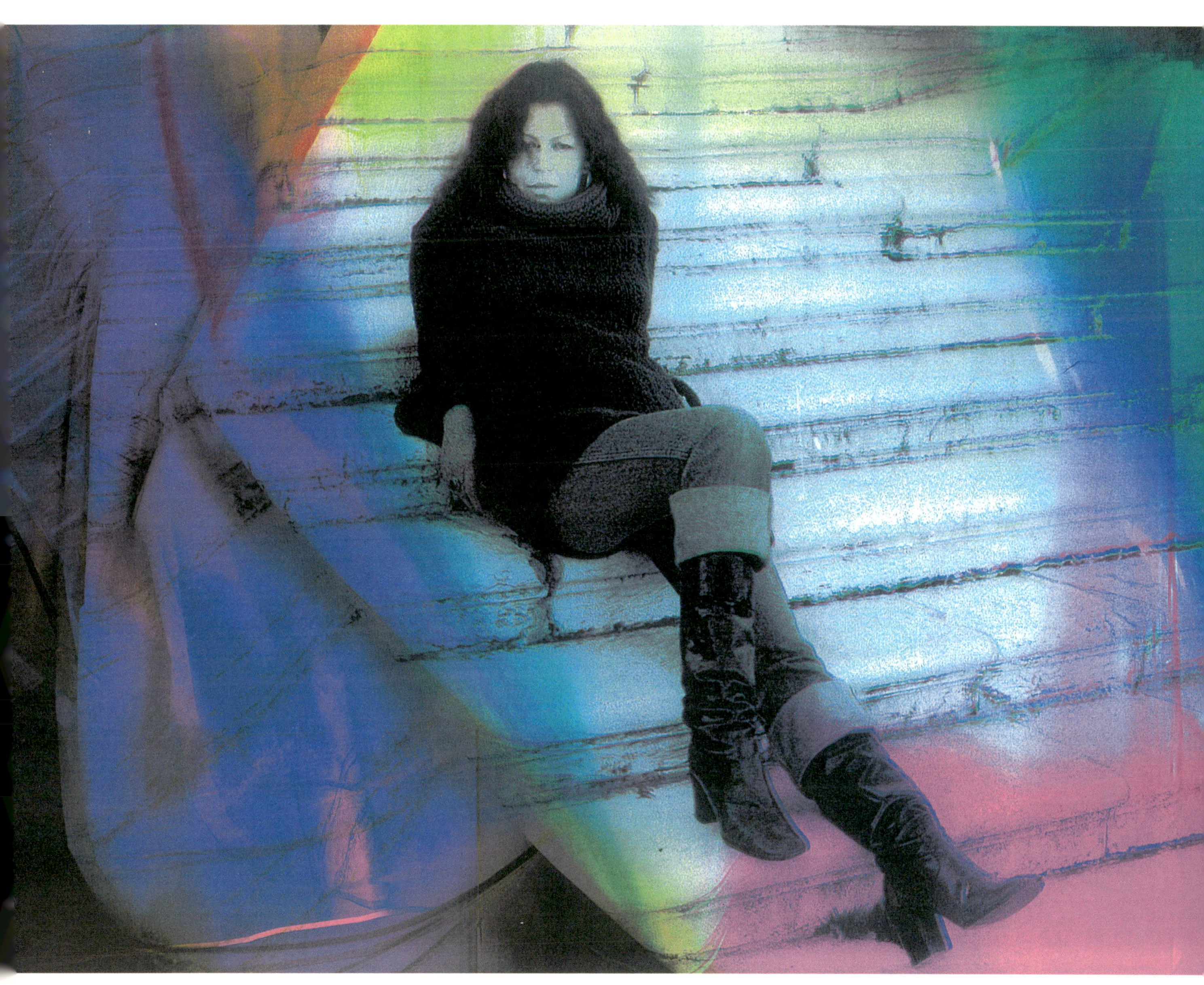

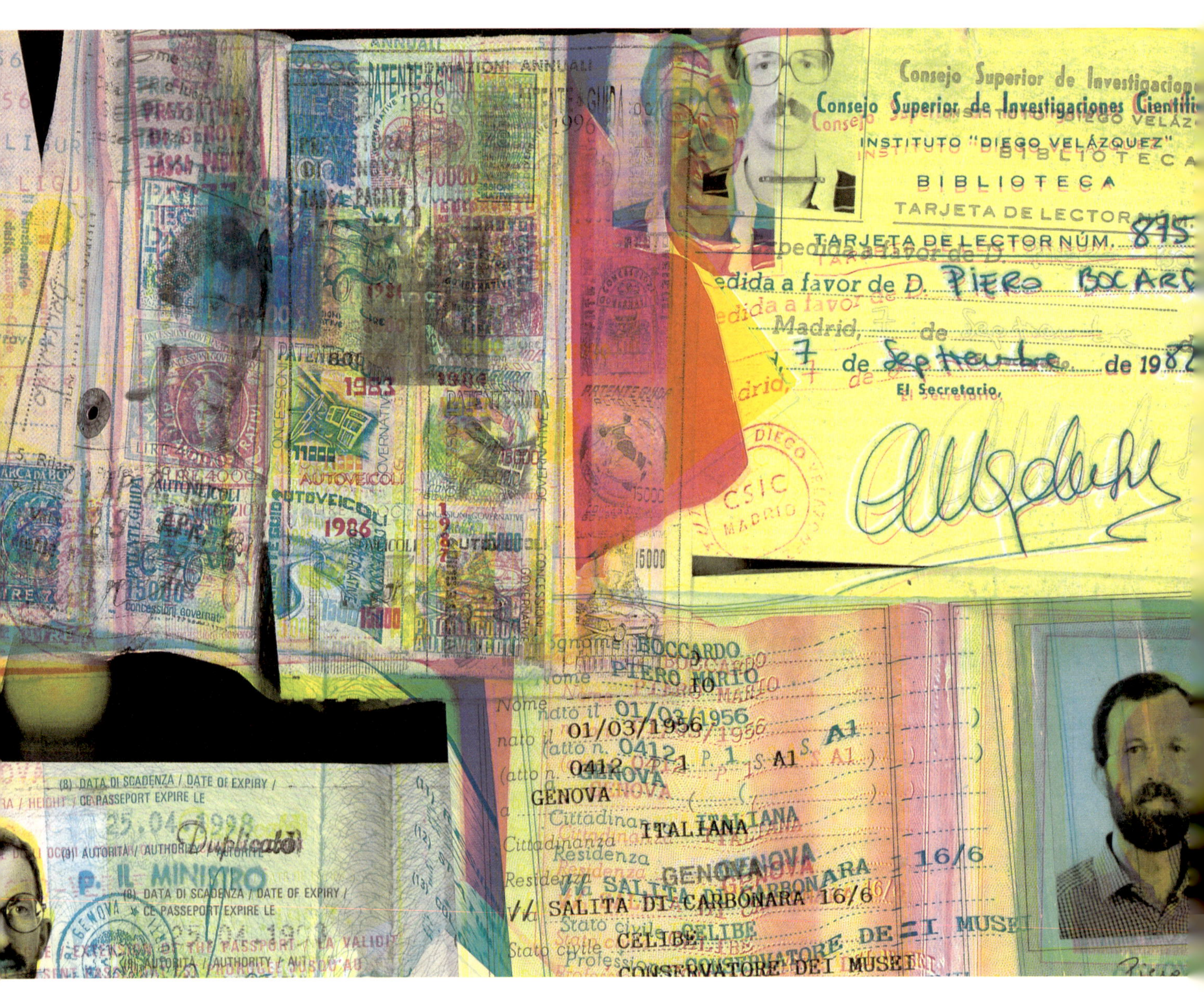

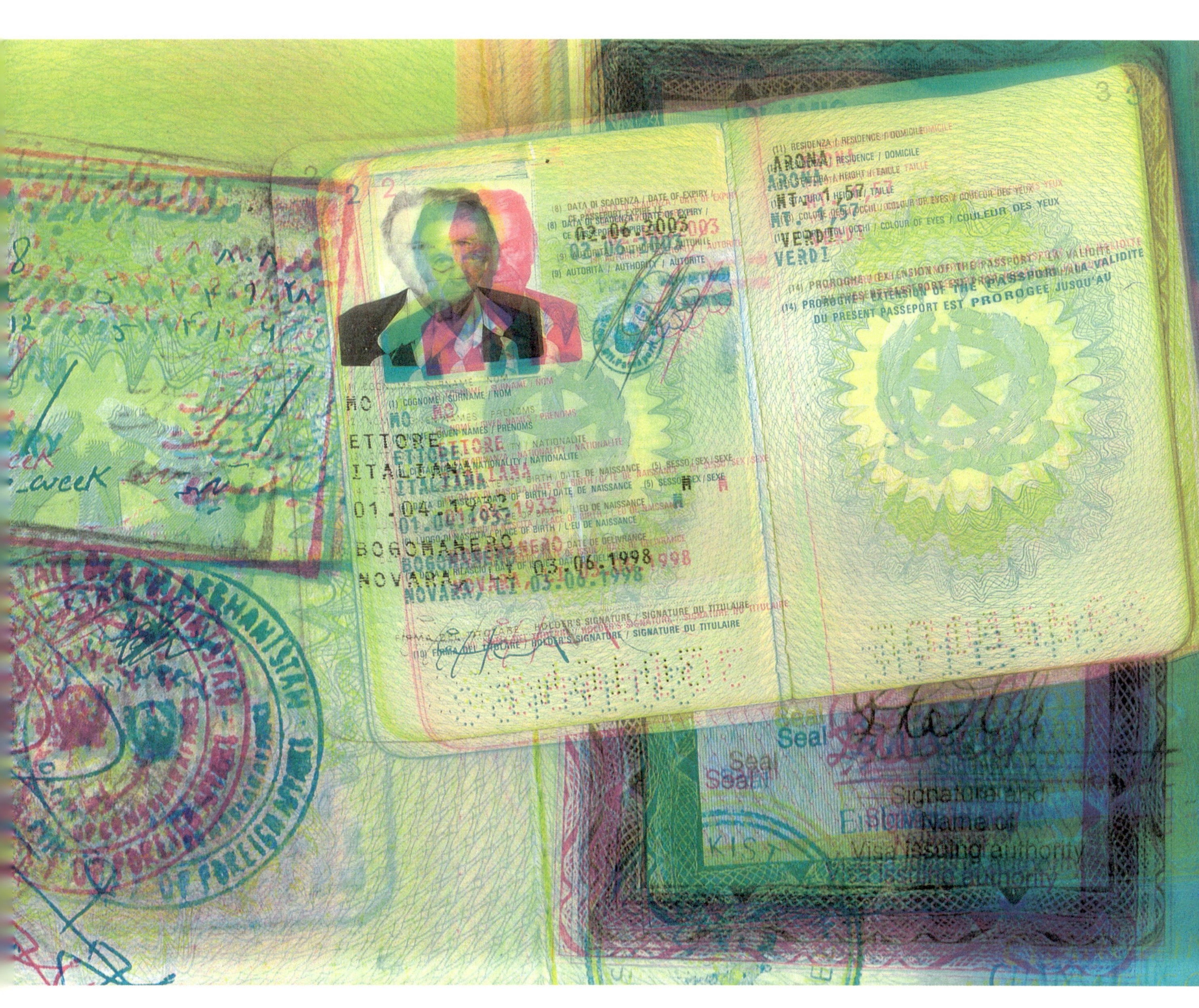

(1) COGNOME / SURNAME / NOM
MO
(2) NOMI / GIVEN NAMES / PRENOMS
ETTORE
(3) CITTADINANZA / NATIONALITY / NATIONALITE
ITALIANA
(4) DATA DI NASCITA / DATE OF BIRTH / DATE DE NAISSANCE
01.04.1932
(5) SESSO / SEX / SEXE
M
LUOGO DI NASCITA / PLACE OF BIRTH / LEU DE NAISSANCE
BORGOMANERO
LUOGO DI RILASCIO / PLACE OF ISSUE / LIEU DE DELIVRANCE
NOVARA
DATA DI RILASCIO / DATE OF ISSUE / DATE DE DELIVRANCE
03.06.1998
(8) DATA DI SCADENZA / DATE OF EXPIRY / DATE DE EXPIRY
02.06.2003
(9) AUTORITA / AUTHORITY / AUTORITE
(10) FIRMA DEL TITOLARE / HOLDER'S SIGNATURE / SIGNATURE DU TITULAIRE
(11) RESIDENZA / RESIDENCE / DOMICILE
ARONA
(12) STATURA / HEIGHT / TAILLE
MT. 1,57
(13) COLORE DEGLI OCCHI / COLOUR OF EYES / COULEUR DES YEUX
VERDI
(14) PROROGA / EXTENSION OF THE PASSPORT / LA VALIDITE
DU PRESENT PASSEPORT EST PROROGEE JUSQU'AU
3

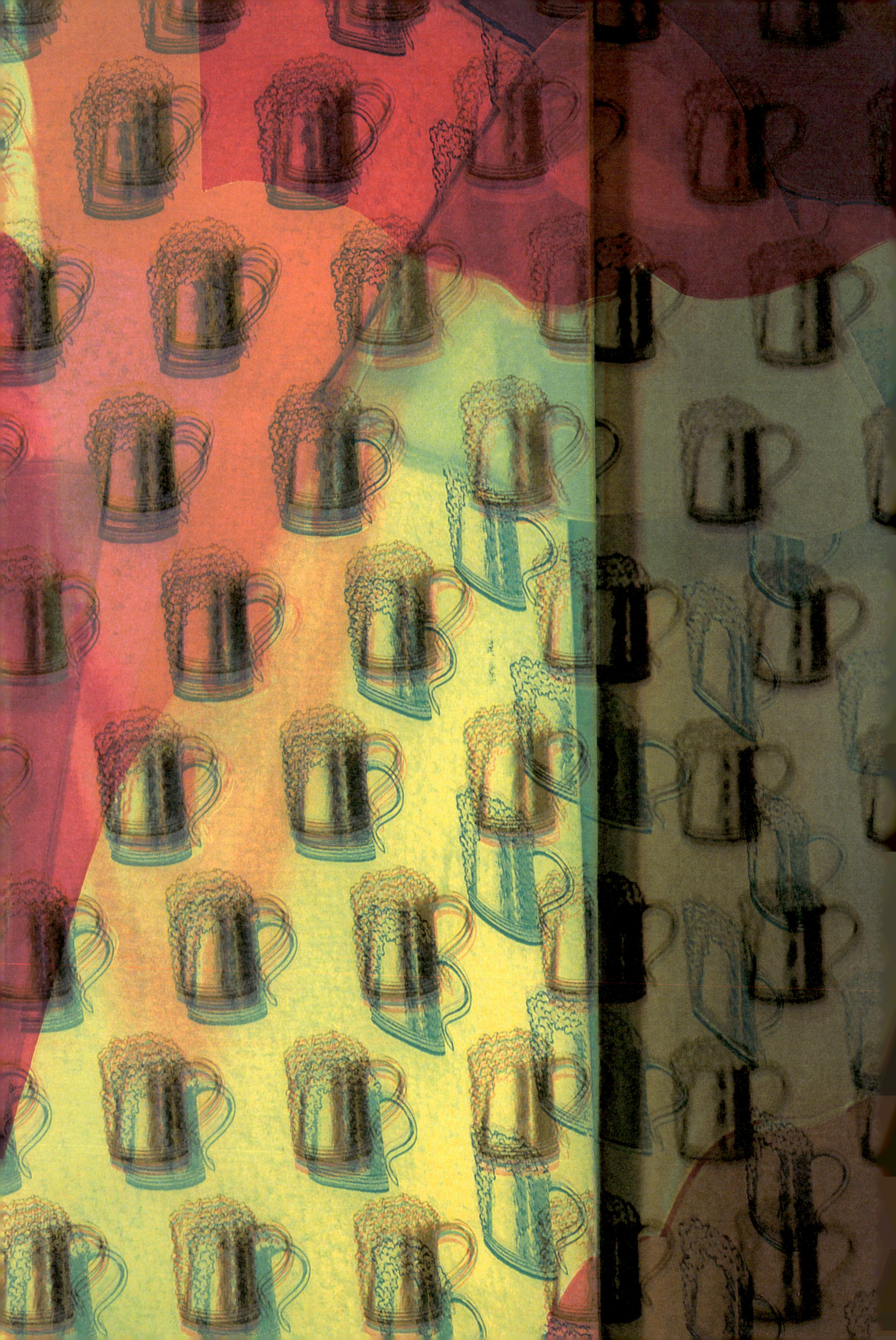

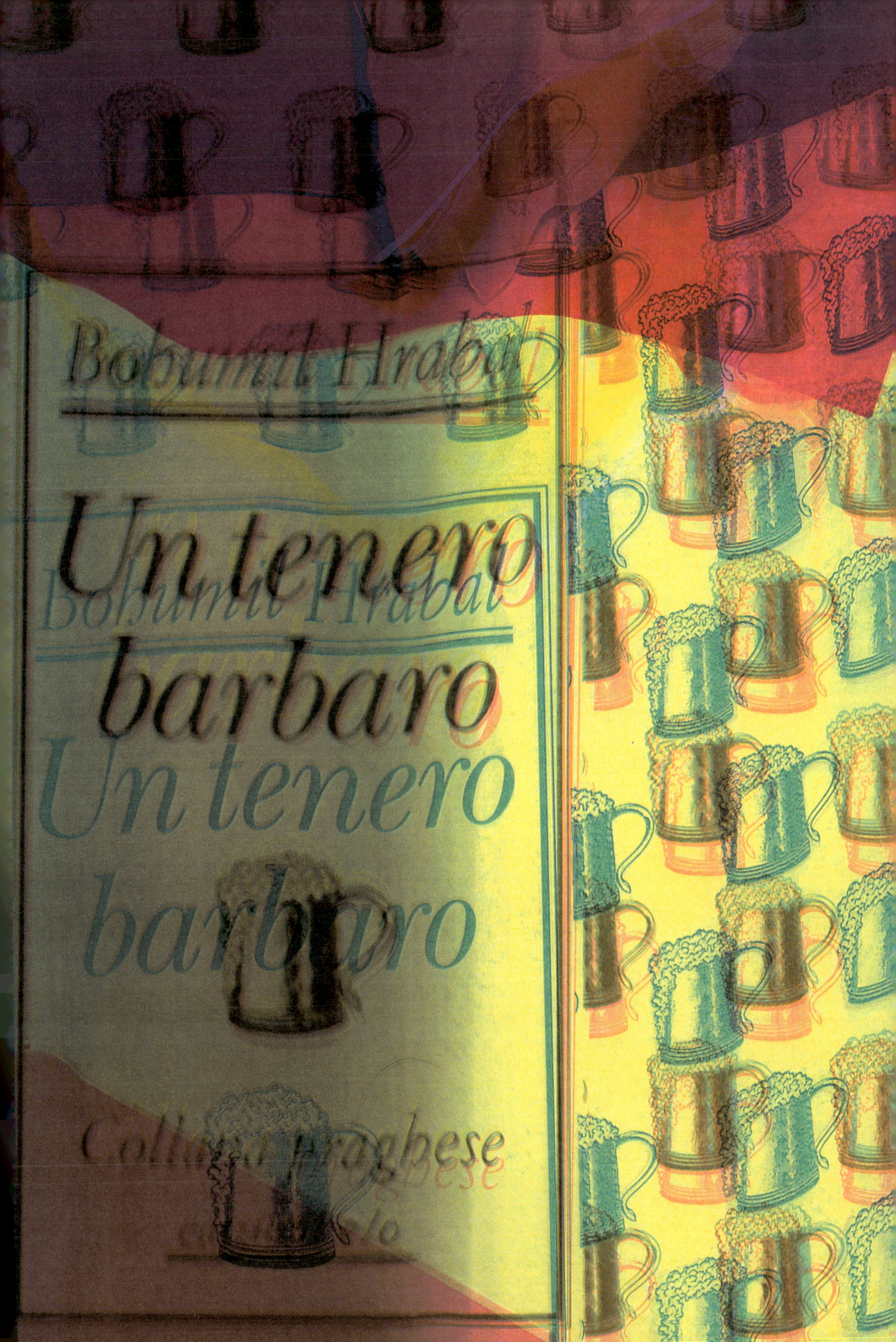
Bohumil Hrabal
Un tenero barbaro
Collana praghese

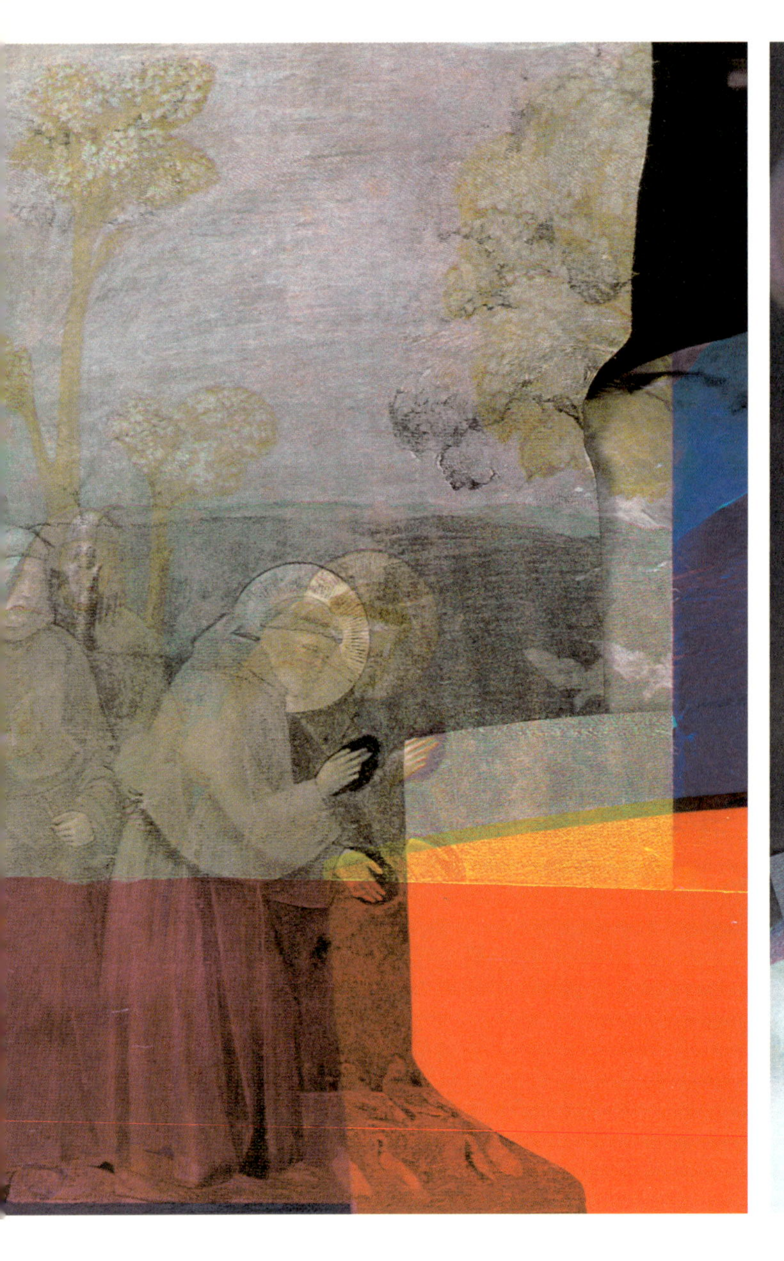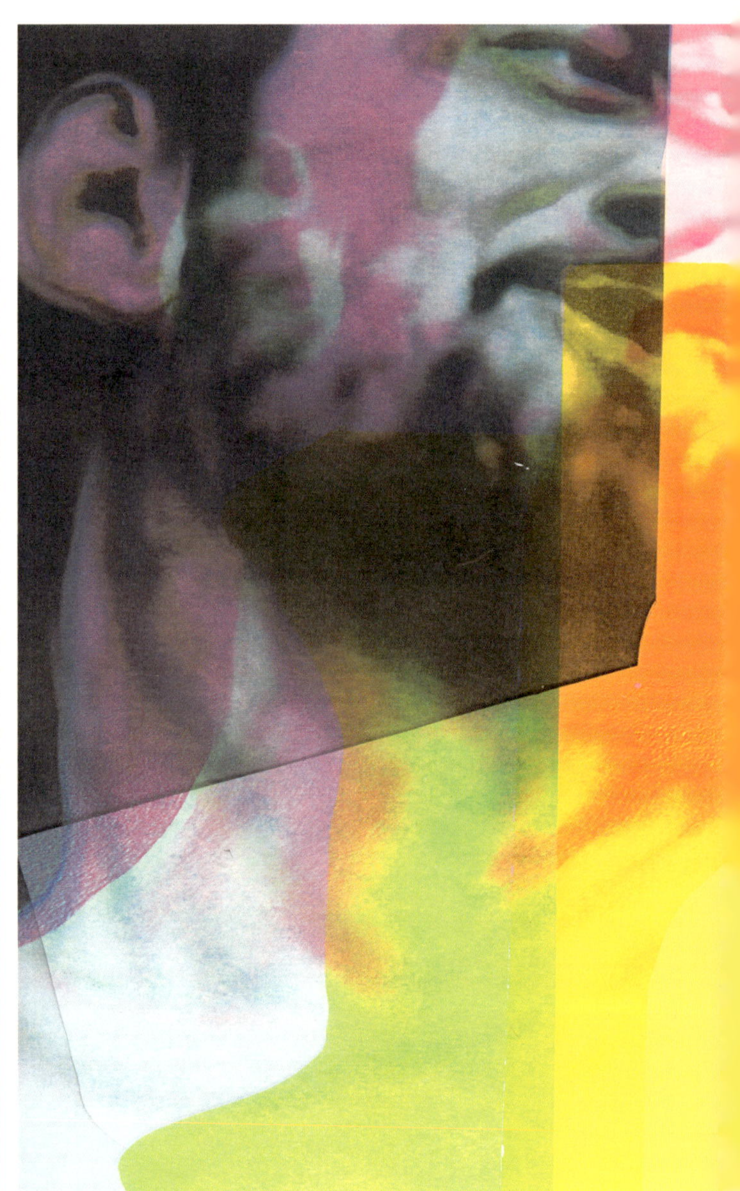

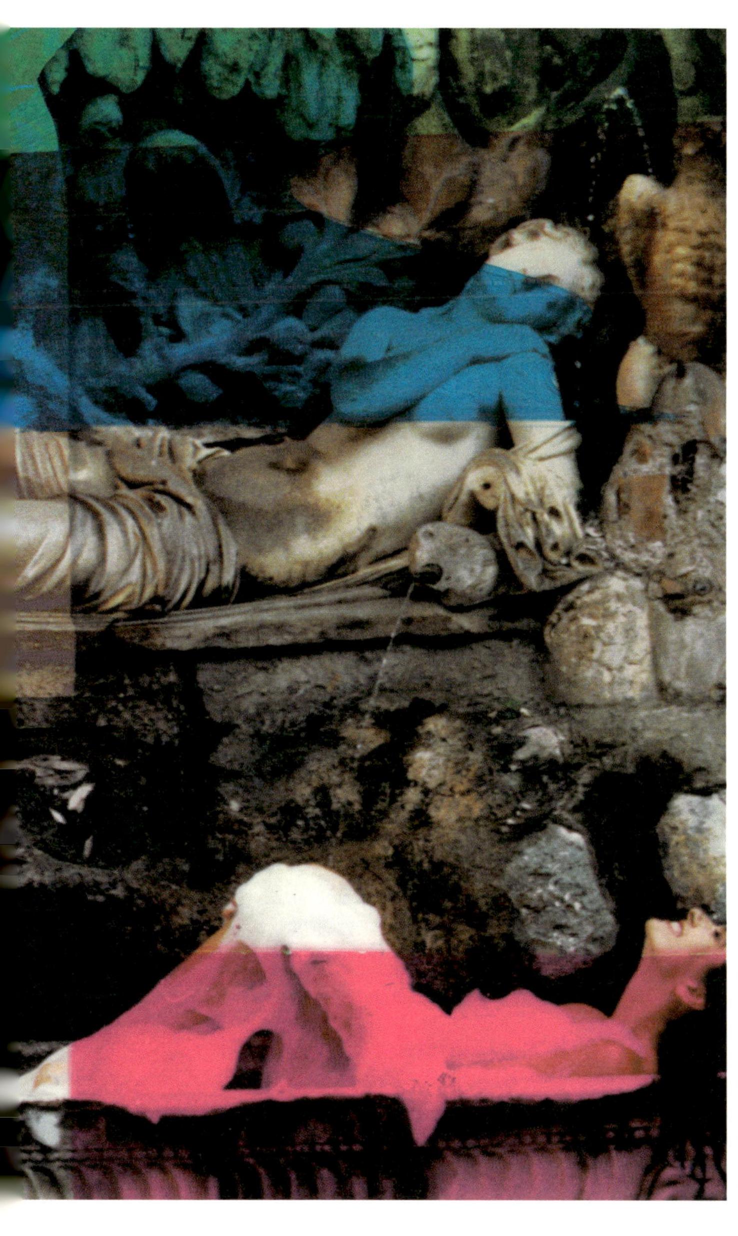

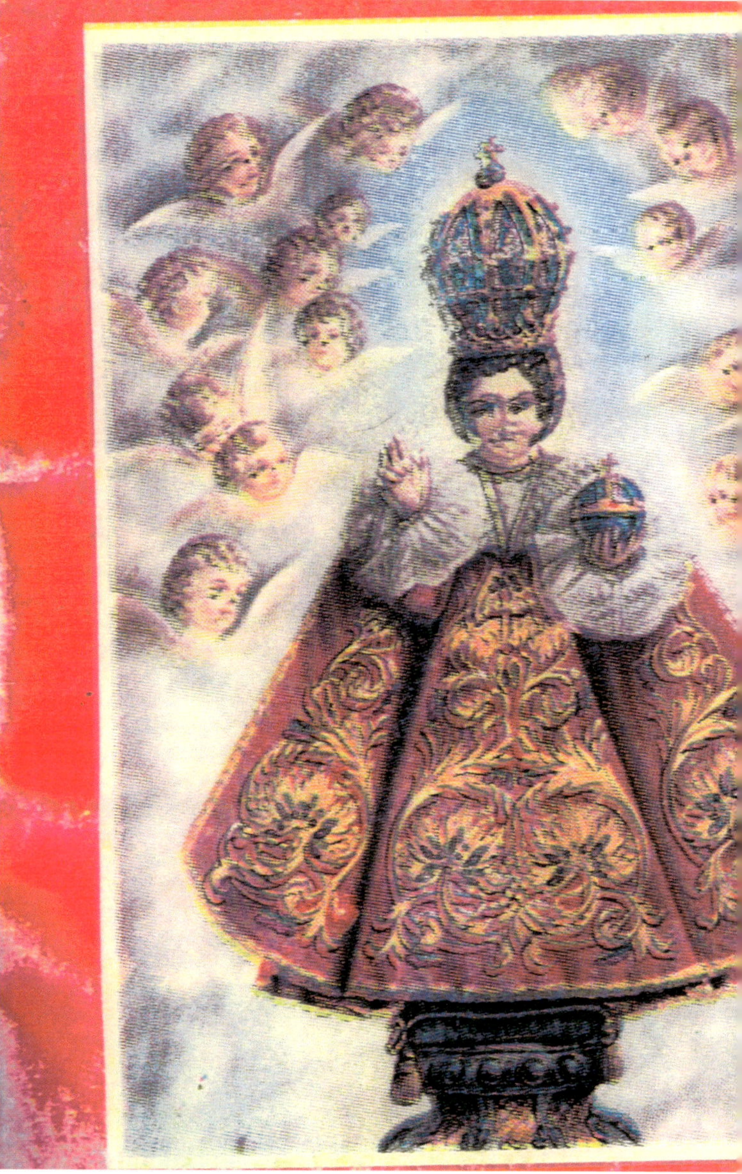

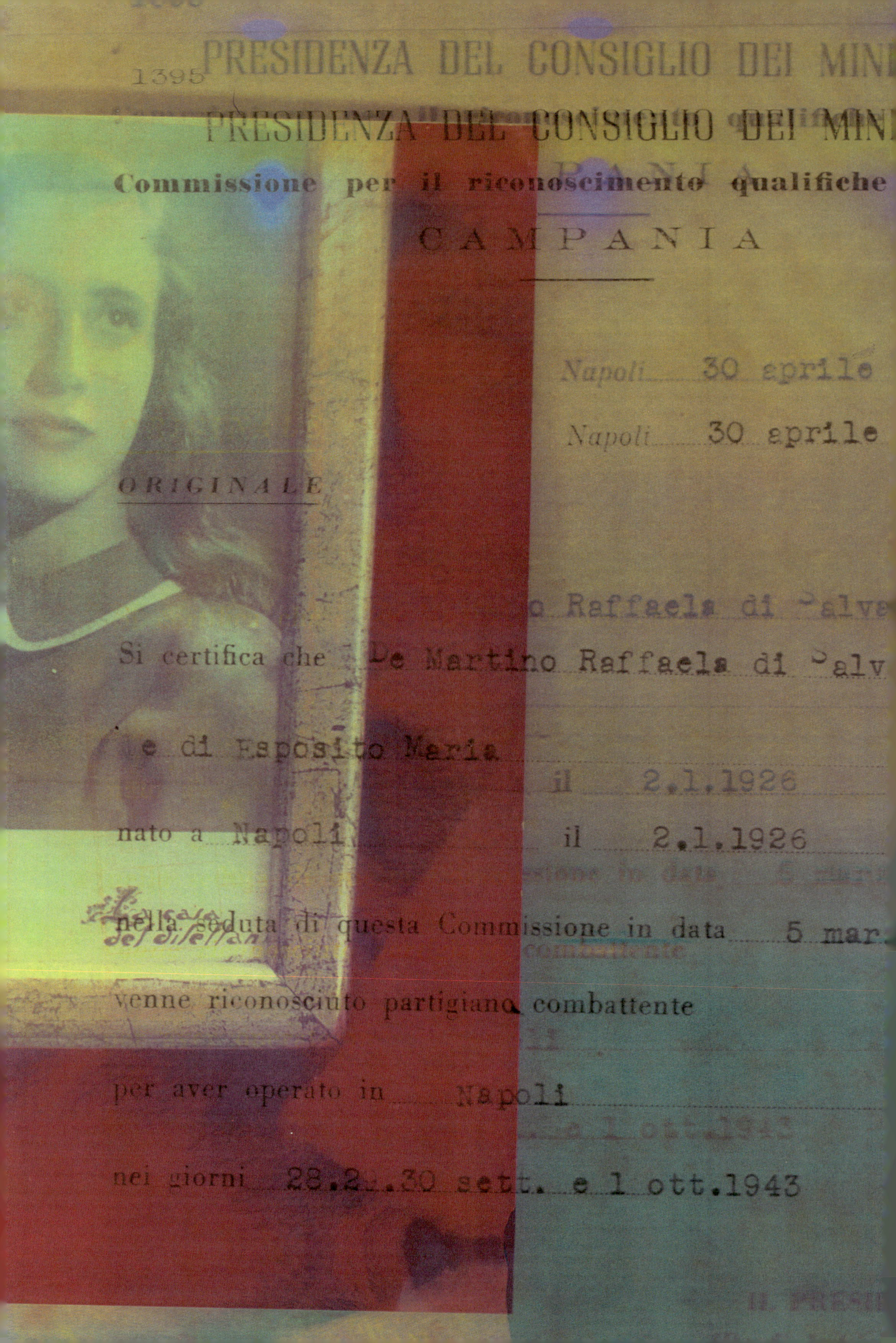

PRESIDENZA DEL CONSIGLIO DEI MINI

PRESIDENZA DEL CONSIGLIO DEI MINI

Commissione per il riconoscimento qualifiche

CAMPANIA

Napoli 30 aprile

Napoli 30 aprile

ORIGINALE

Raffaela di Salve

Si certifica che De Martino Raffaela di Salv

e di Esposito Maria

il 2.1.1926

nato a Napoli il 2.1.1926

nella seduta di questa Commissione in data 5 mar

venne riconosciuto partigiano combattente

per aver operato in Napoli

nei giorni 28.29.30 sett. e 1 ott.1943

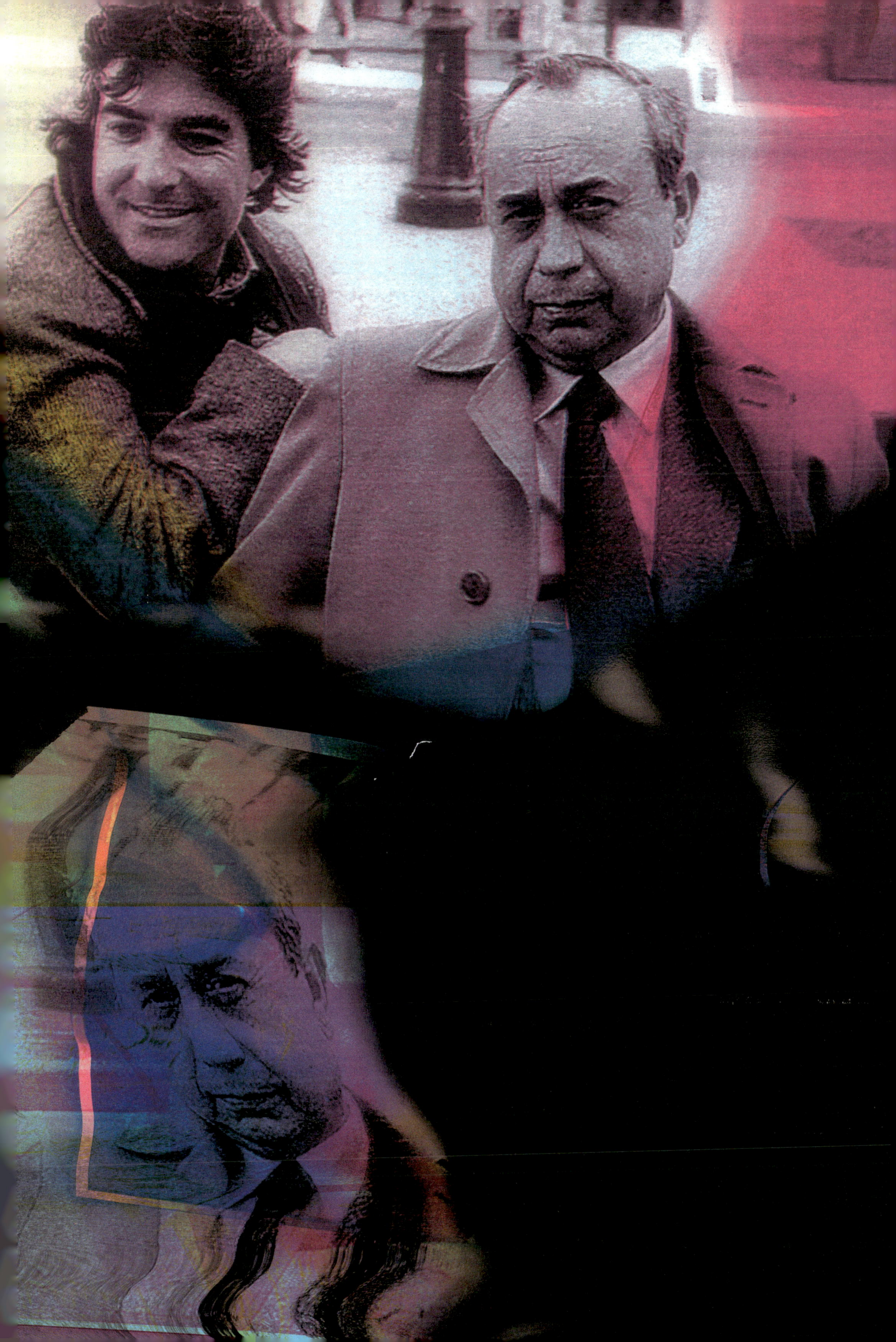

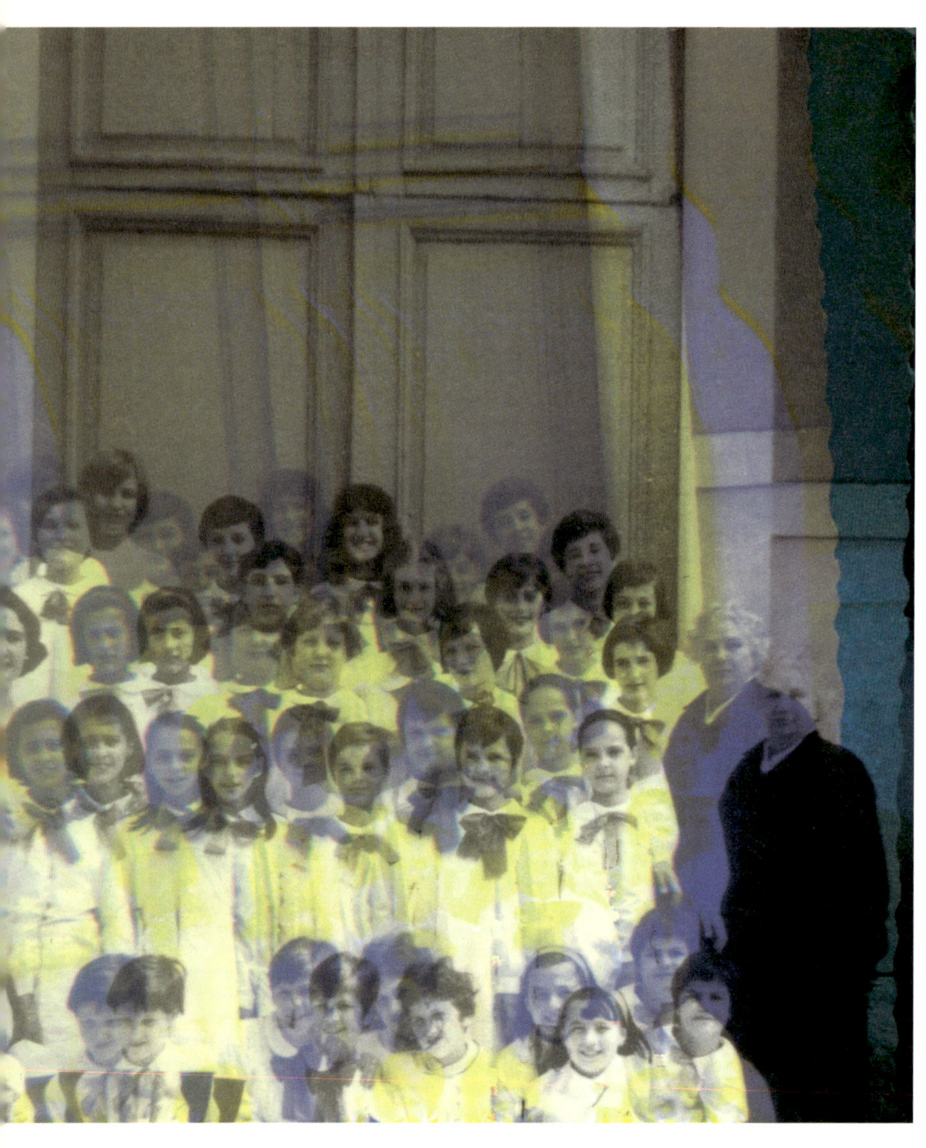

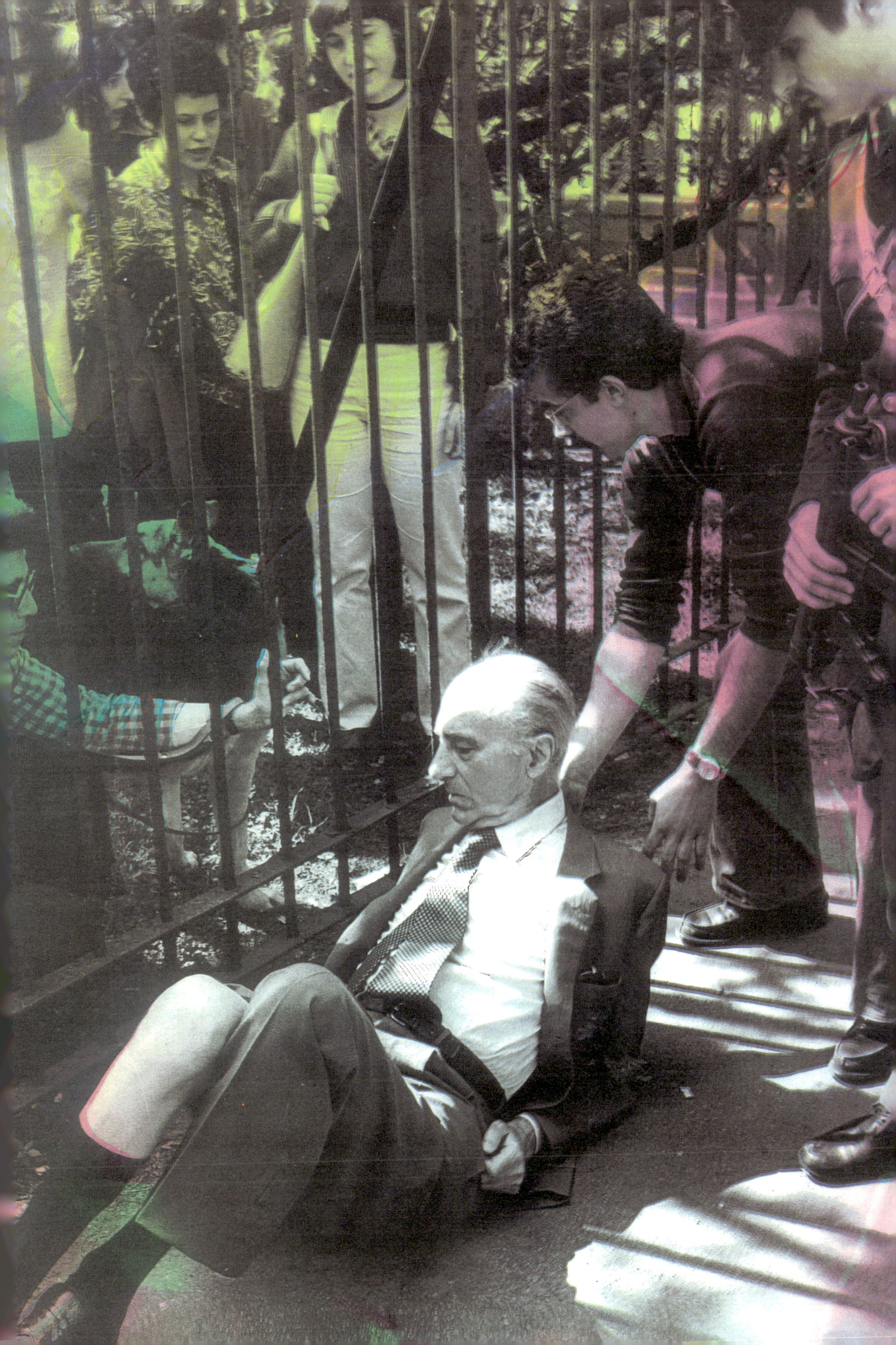

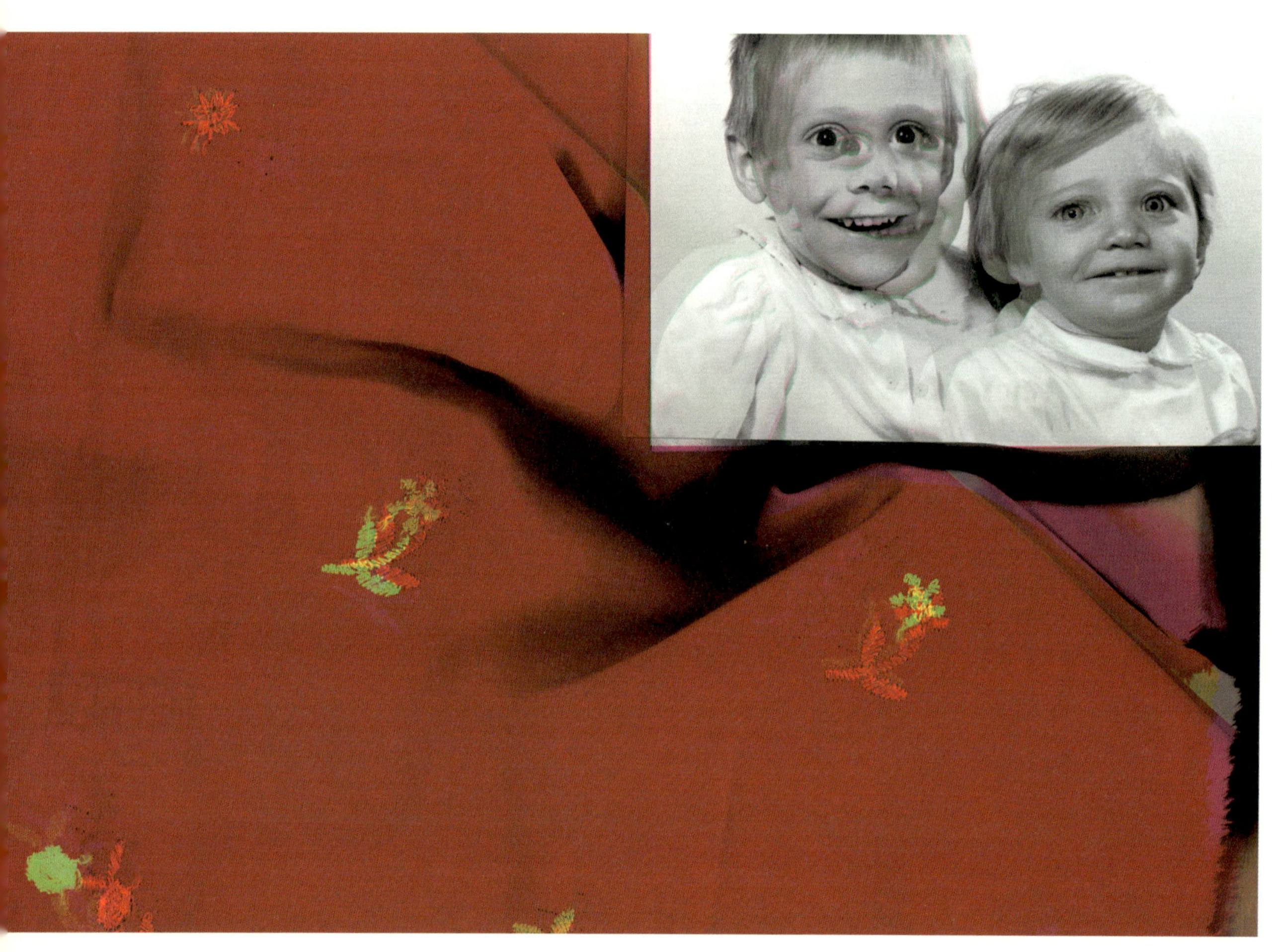

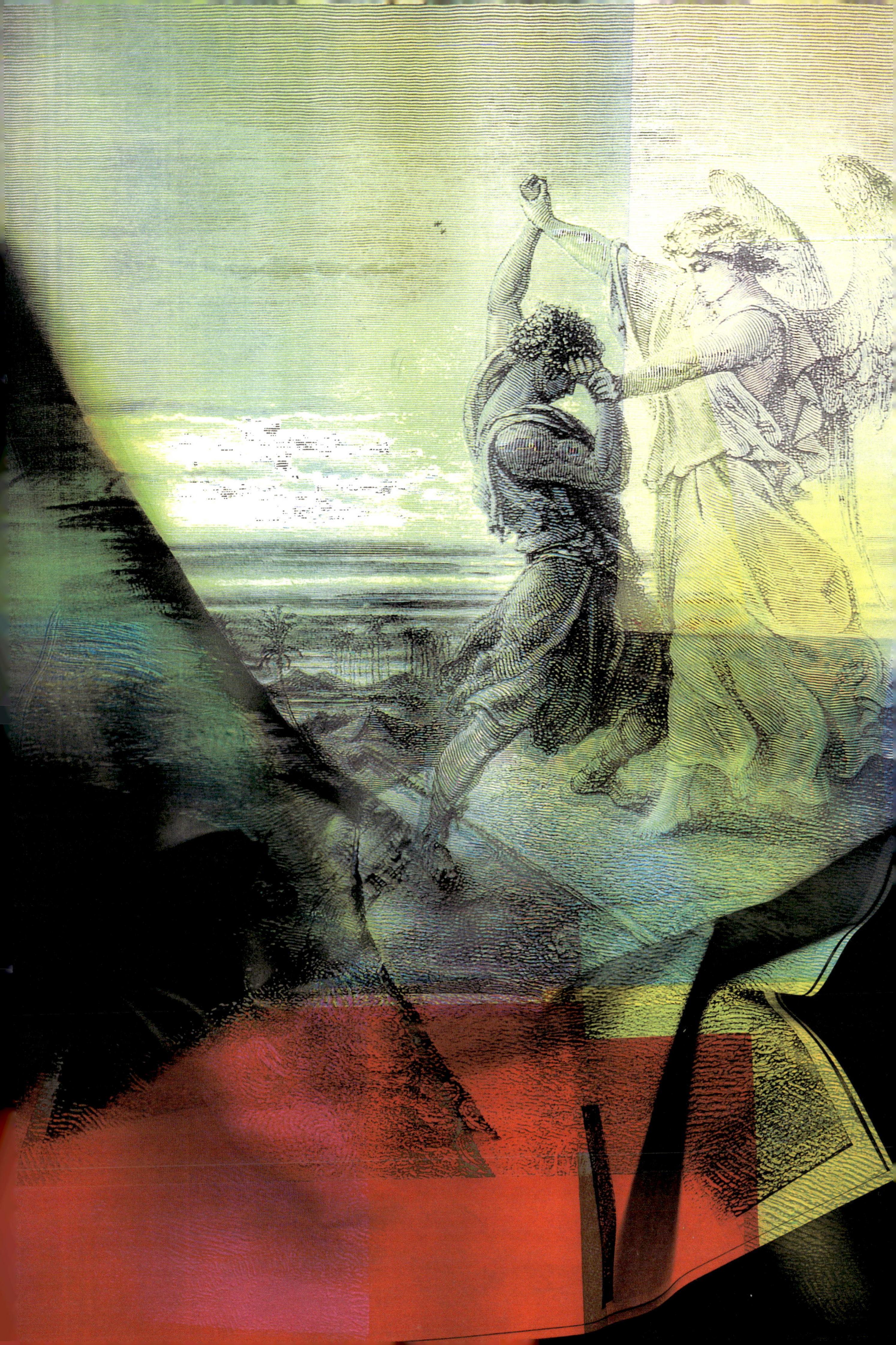

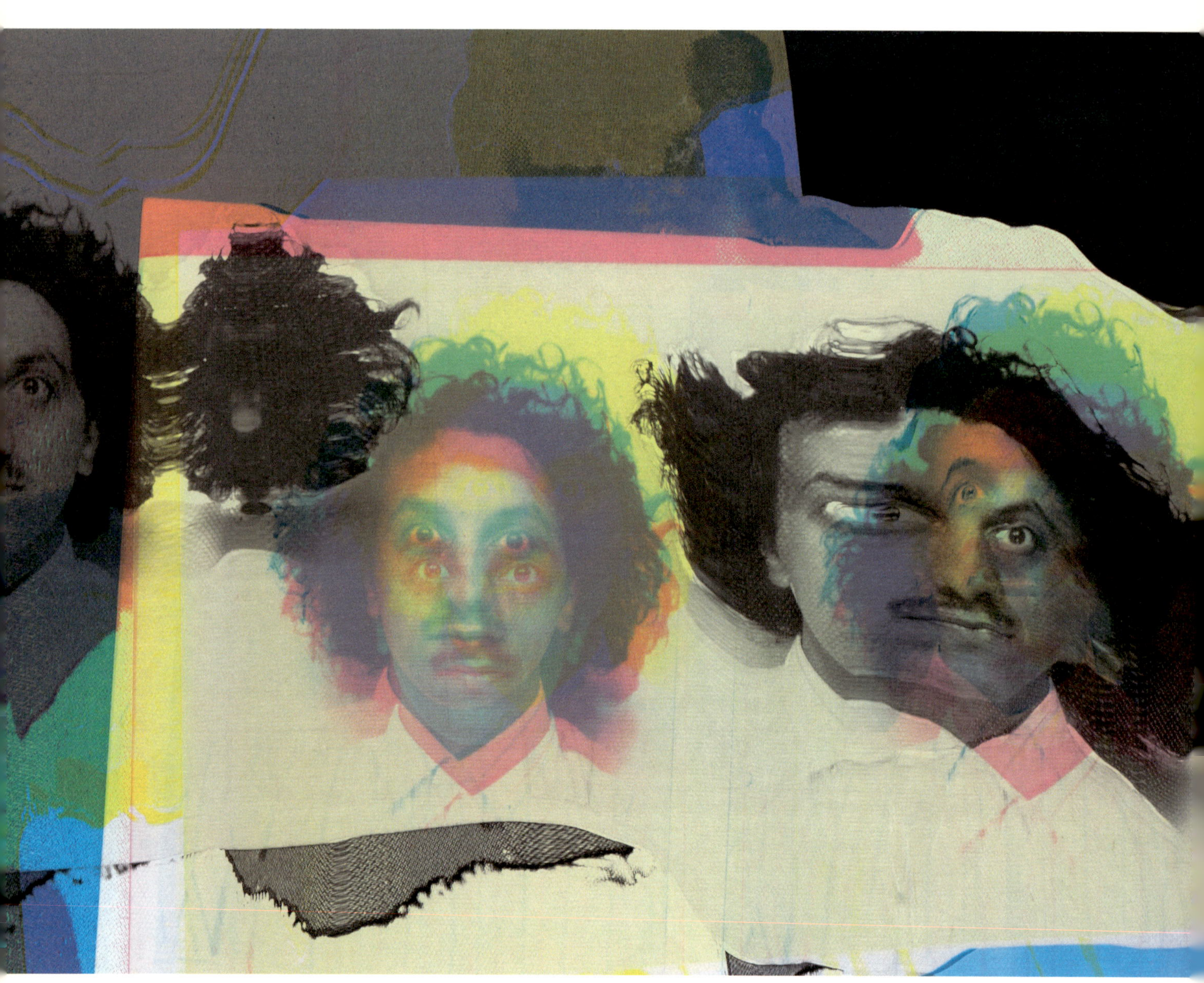

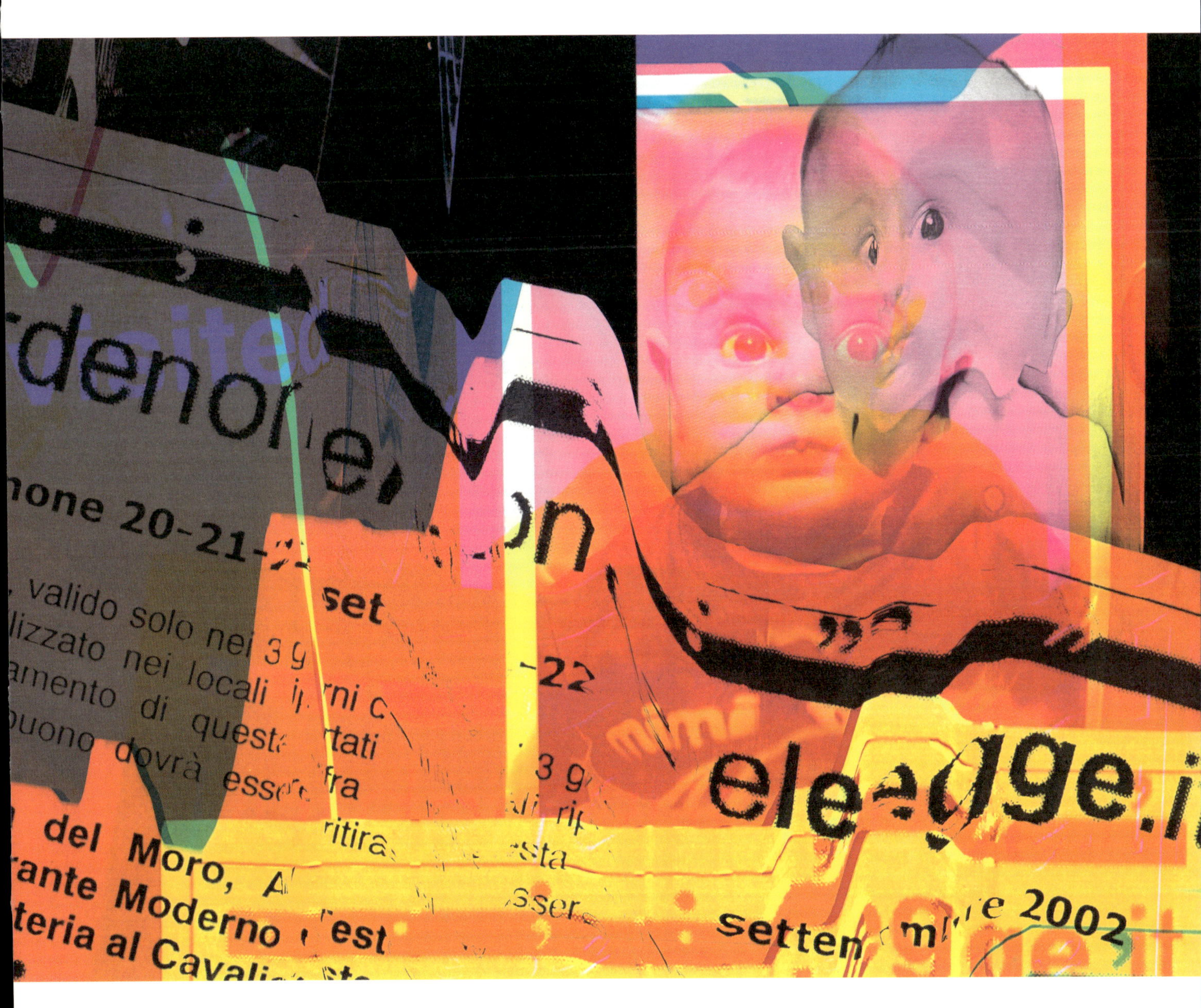
denor
none 20-21-
valido solo nei 3 g
lizzato nei locali i rni c
amento di questa rtati
uono dovrà esse fra
del Moro, A
rante Moderno est
teria al Cavali
set
-22
3 g
ritira esta
sser
eleedge.i
setten mre 2002

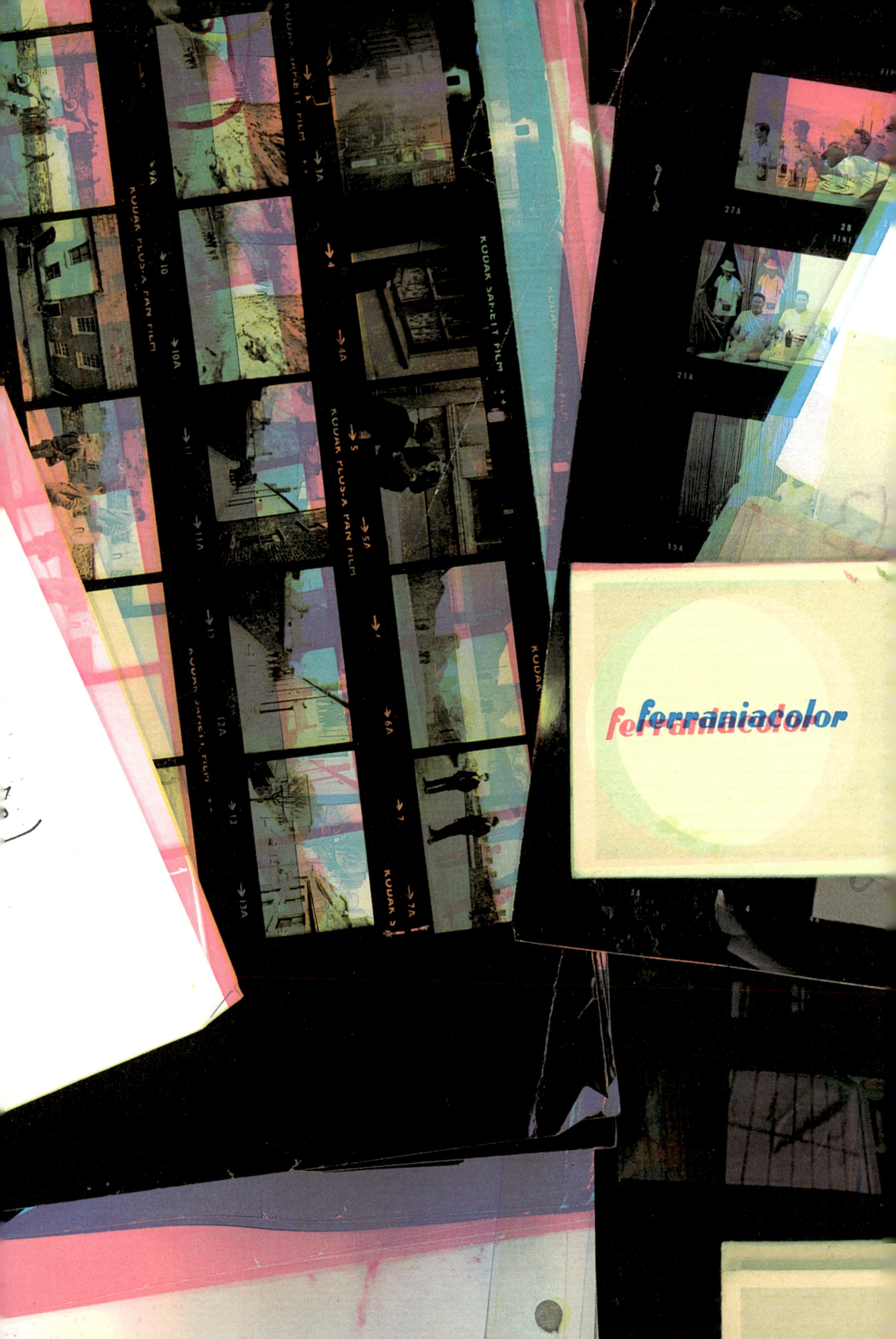

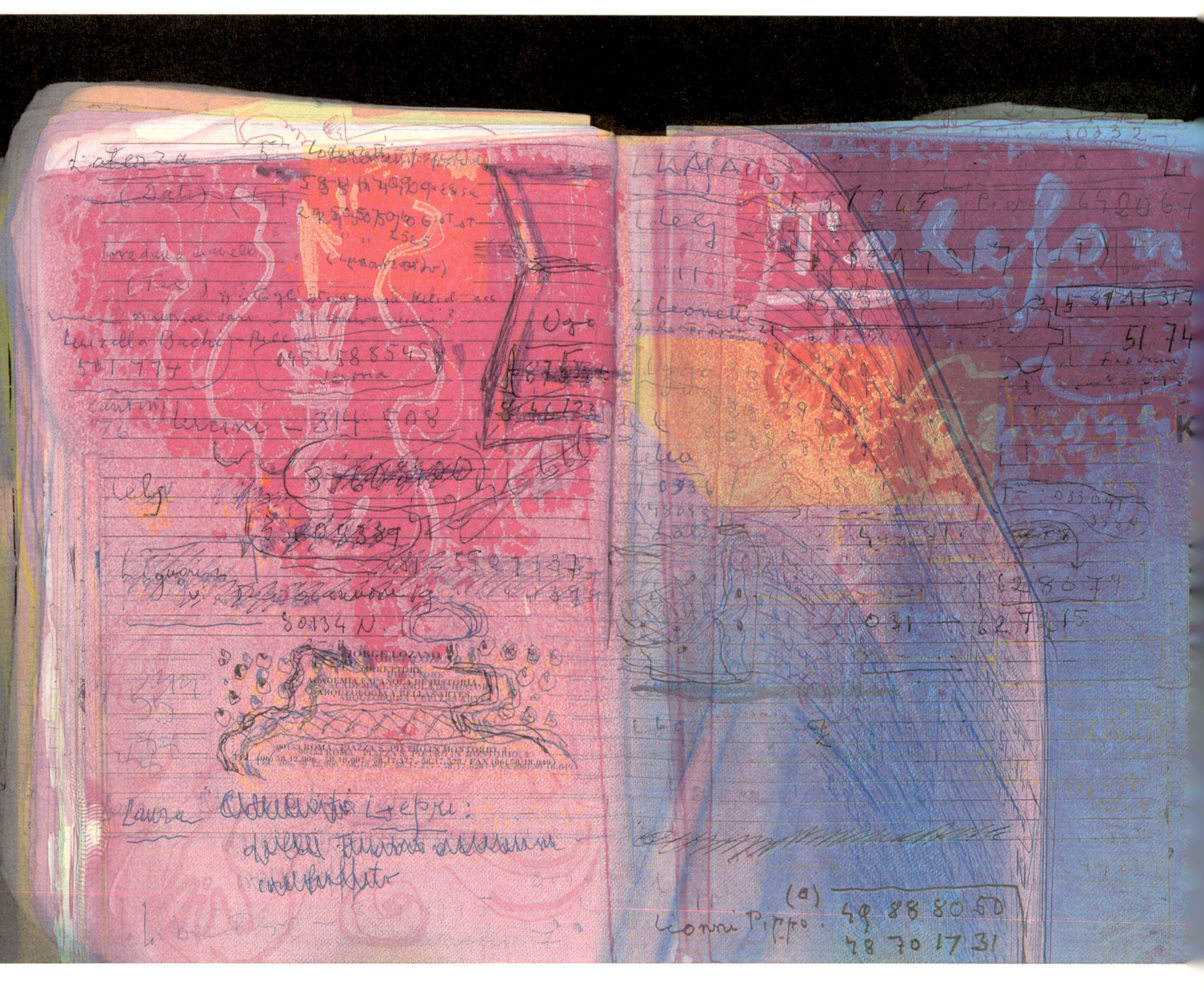

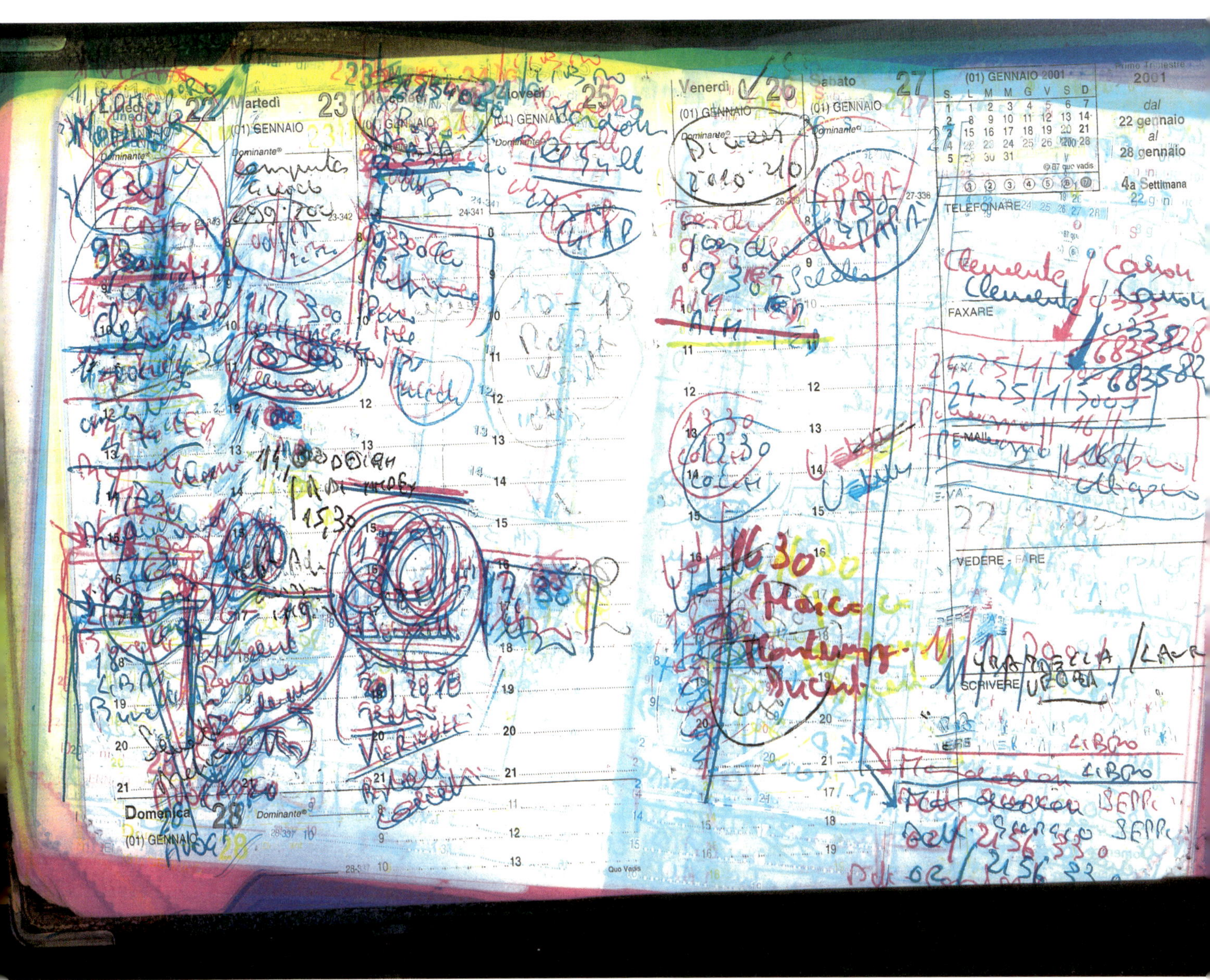

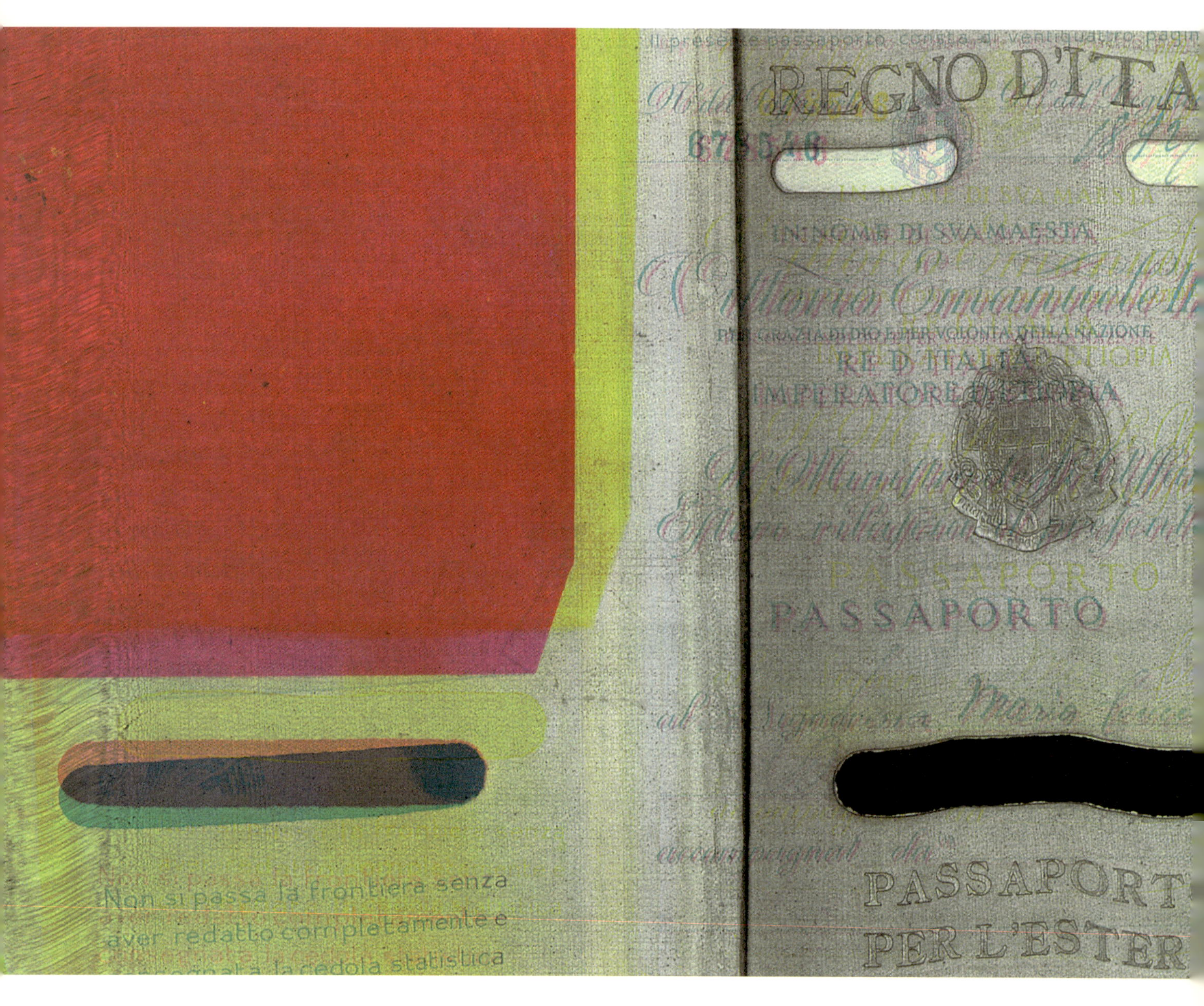

REGNO D'ITA
6785440
IN NOME DI SVA MAESTA
Vittorio Emanuele
PER GRAZIA DI DIO E PER VOLONTA DELLA NAZIONE
RE D'ITALIA
IMPERATORE D'ETIOPIA
PASSAPORTO
PASSAPORTO
PASSAPORT
PER L'ESTER
Non si passa la frontiera senza
aver redatto completamente e
segnata la cedola statistica

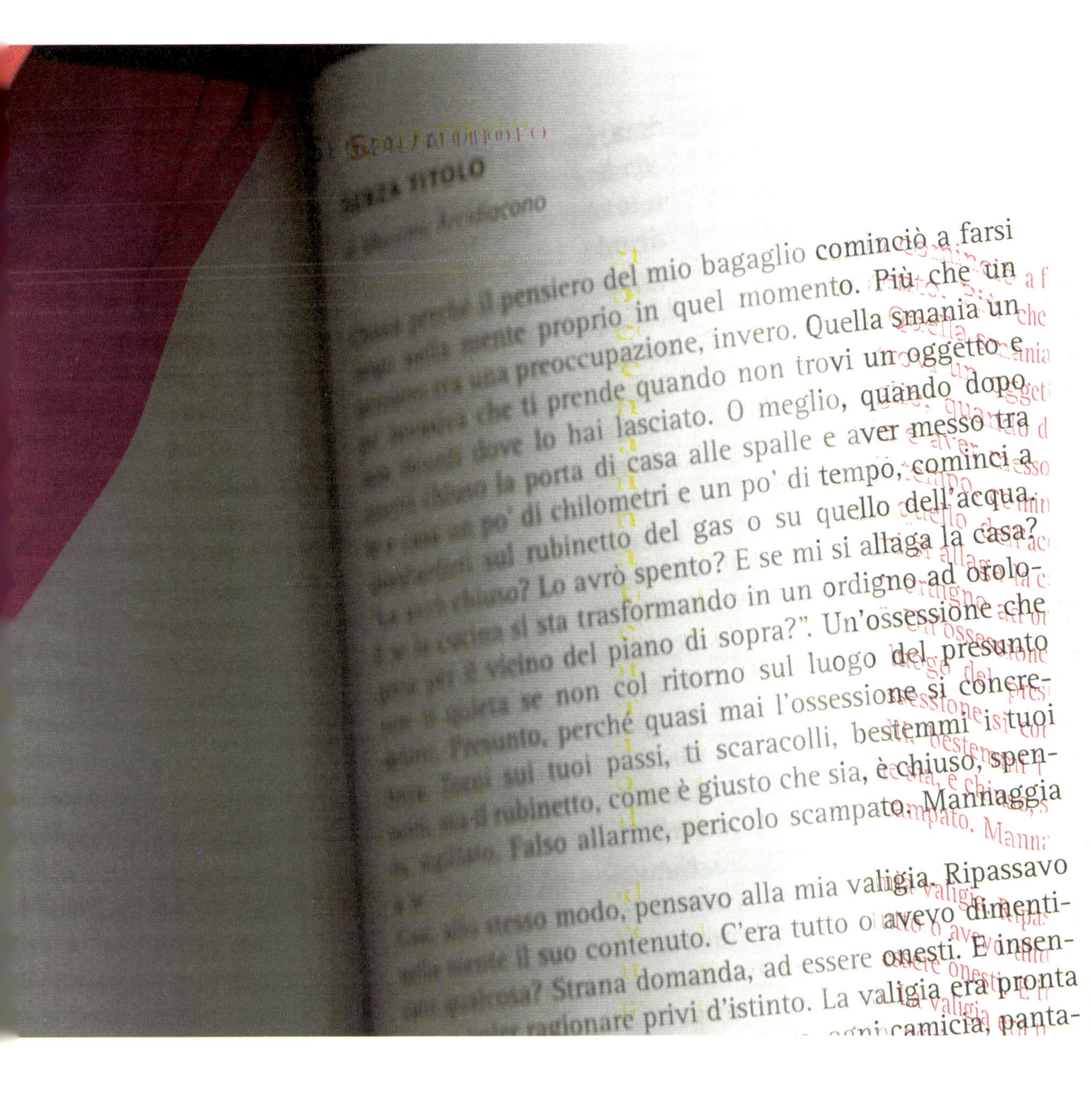

SENZA TITOLO

di Giacomo Arcidiacono

[...] perché il pensiero del mio bagaglio cominciò a farsi [...] nella mente proprio in quel momento. Più che un [...] era una preoccupazione, invero. Quella smania un [...] che ti prende quando non trovi un oggetto e [...] dove lo hai lasciato. O meglio, quando dopo [...] chiuso la porta di casa alle spalle e aver messo tra [...] po' di chilometri e un po' di tempo, cominci a [...] sul rubinetto del gas o su quello dell'acqua. [...] chiuso? Lo avrò spento? E se mi si allaga la casa? [...] la cucina si sta trasformando in un ordigno ad orolo-[...] per il vicino del piano di sopra?". Un'ossessione che [...] si quieta se non col ritorno sul luogo del presunto [...] Presunto, perché quasi mai l'ossessione si concre-[...] sui tuoi passi, ti scaracolli, bestemmi i tuoi [...] ma il rubinetto, come è giusto che sia, è chiuso, spen-[...] Falso allarme, pericolo scampato. Mannaggia

[...] modo, pensavo alla mia valigia. Ripassavo [...] il suo contenuto. C'era tutto o [...] avevo dimenti-[...] qualcosa? Strana domanda, ad essere onesti. E insen-[...] ragionare privi d'istinto. La valigia era pronta [...] ogni camicia, panta-

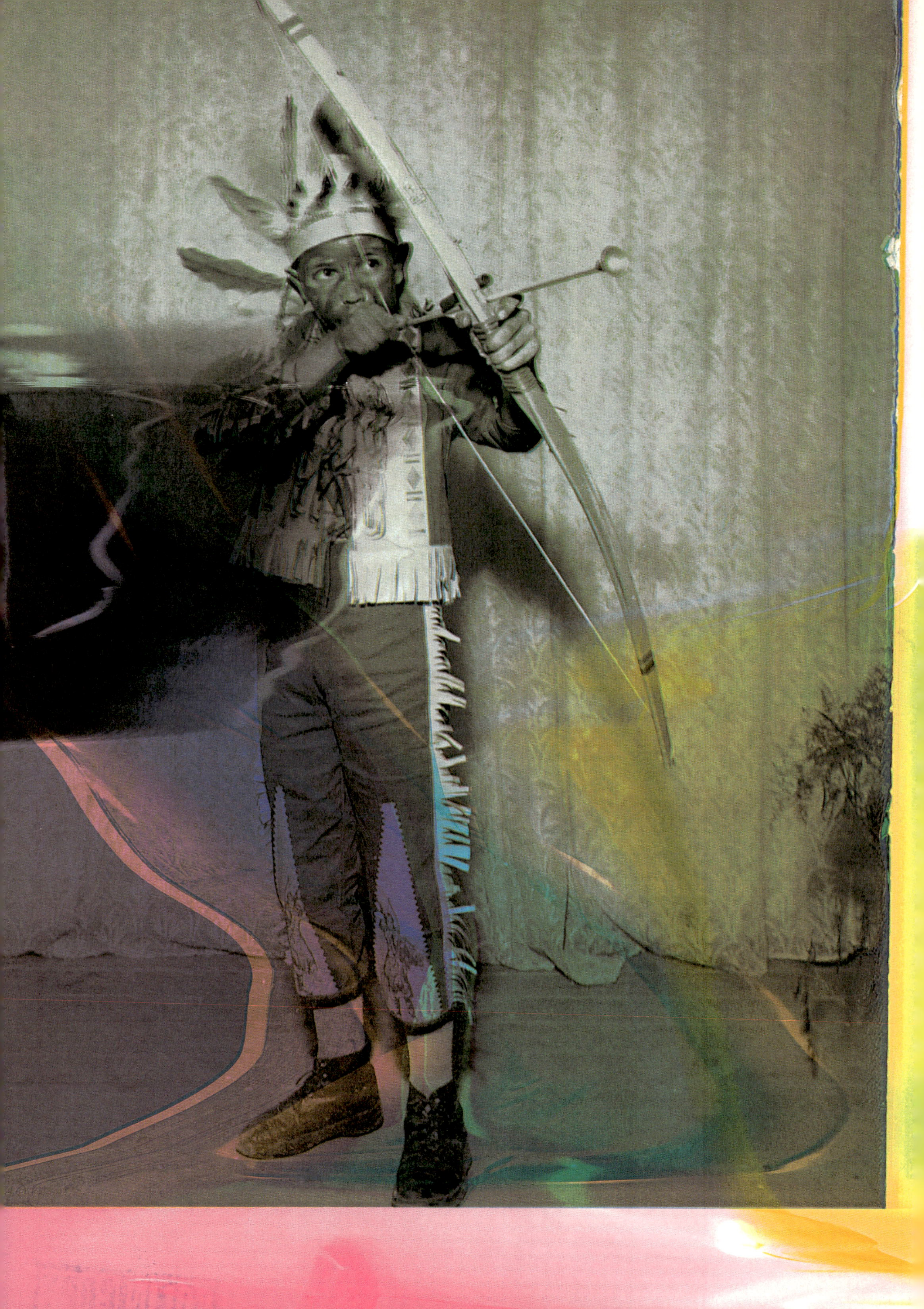

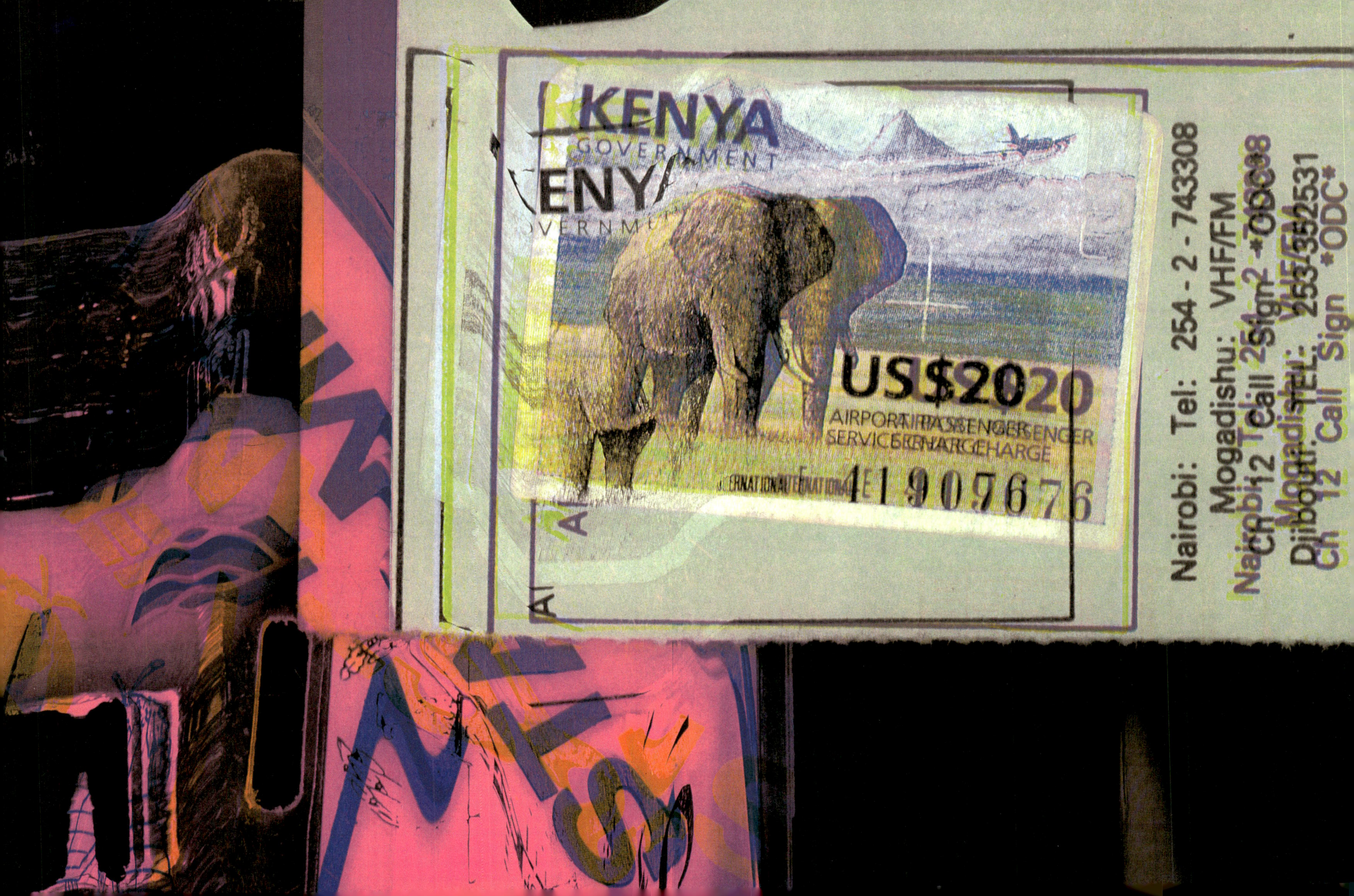
KENYA GOVERNMENT
KENYA GOVERNMENT
US$2020
AIRPORT PASSENGER SERVICE CHARGE
INTERNATIONAL
AE1905676
Nairobi: Tel: 254 - 2 - 743308
Mogadishu: VHF/FM
Ch 12 Call Sign *ODC*
Djibouti: TEL: 253/352531
Ch 12 Call Sign *ODC*

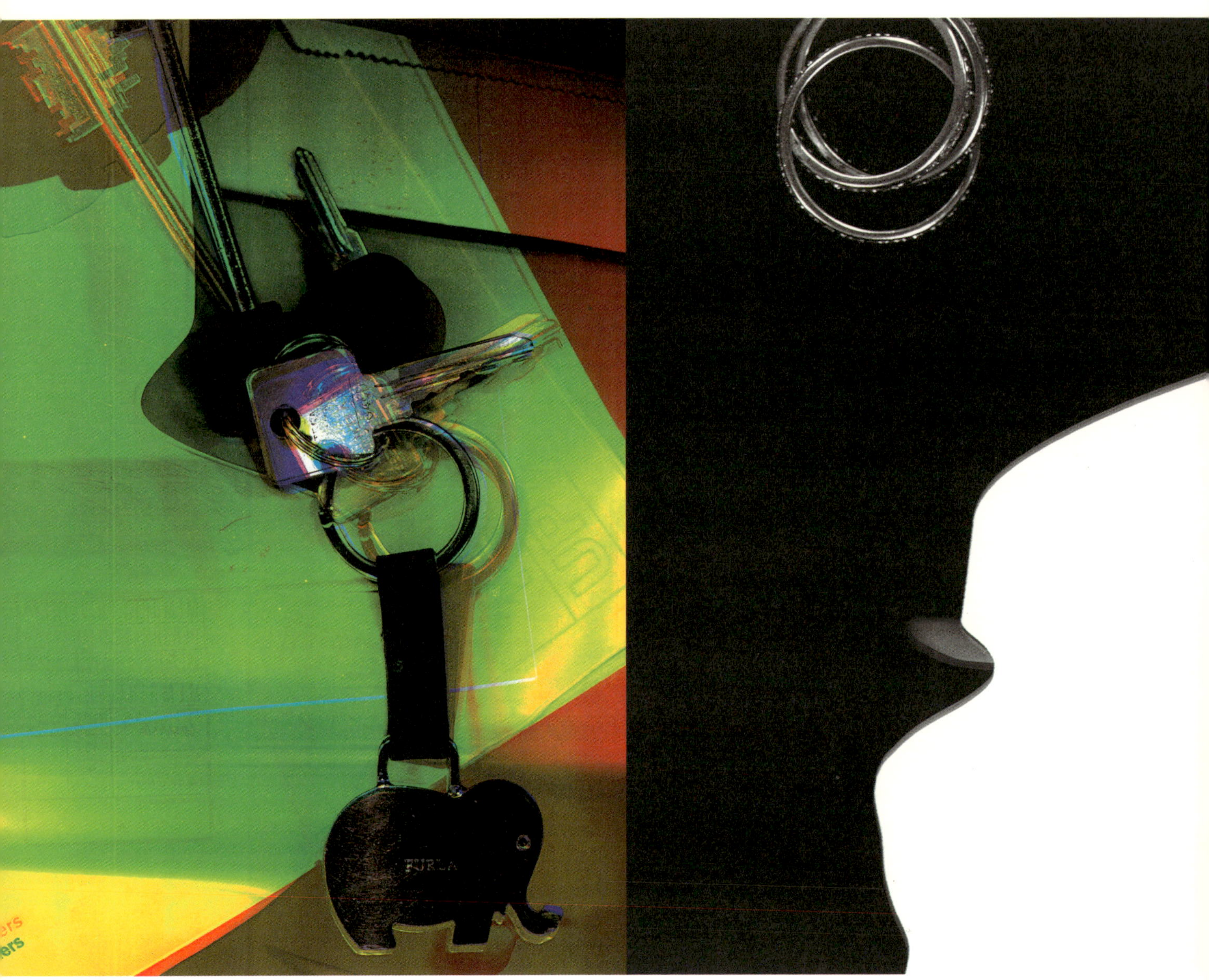

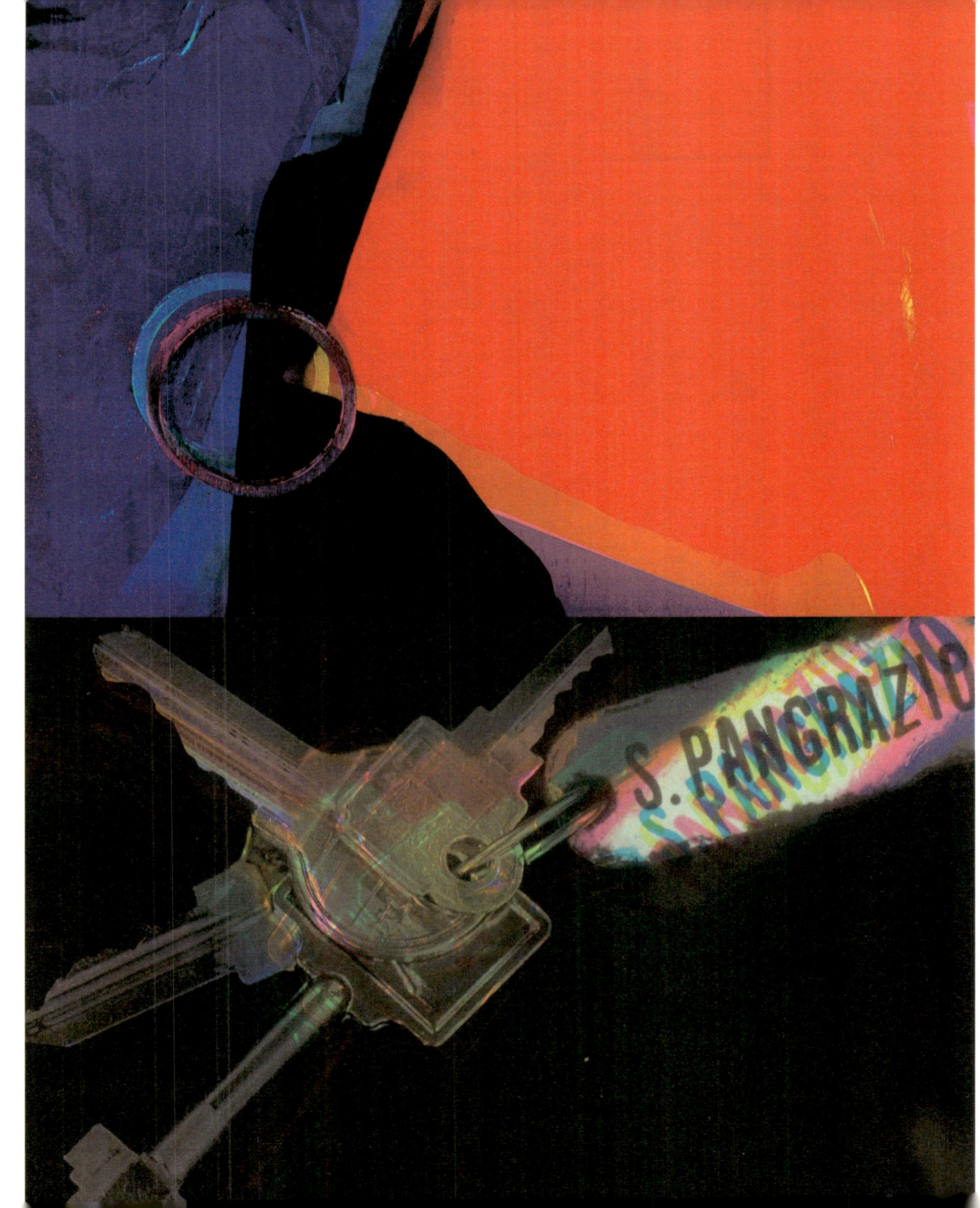

S. PANGRAZIO

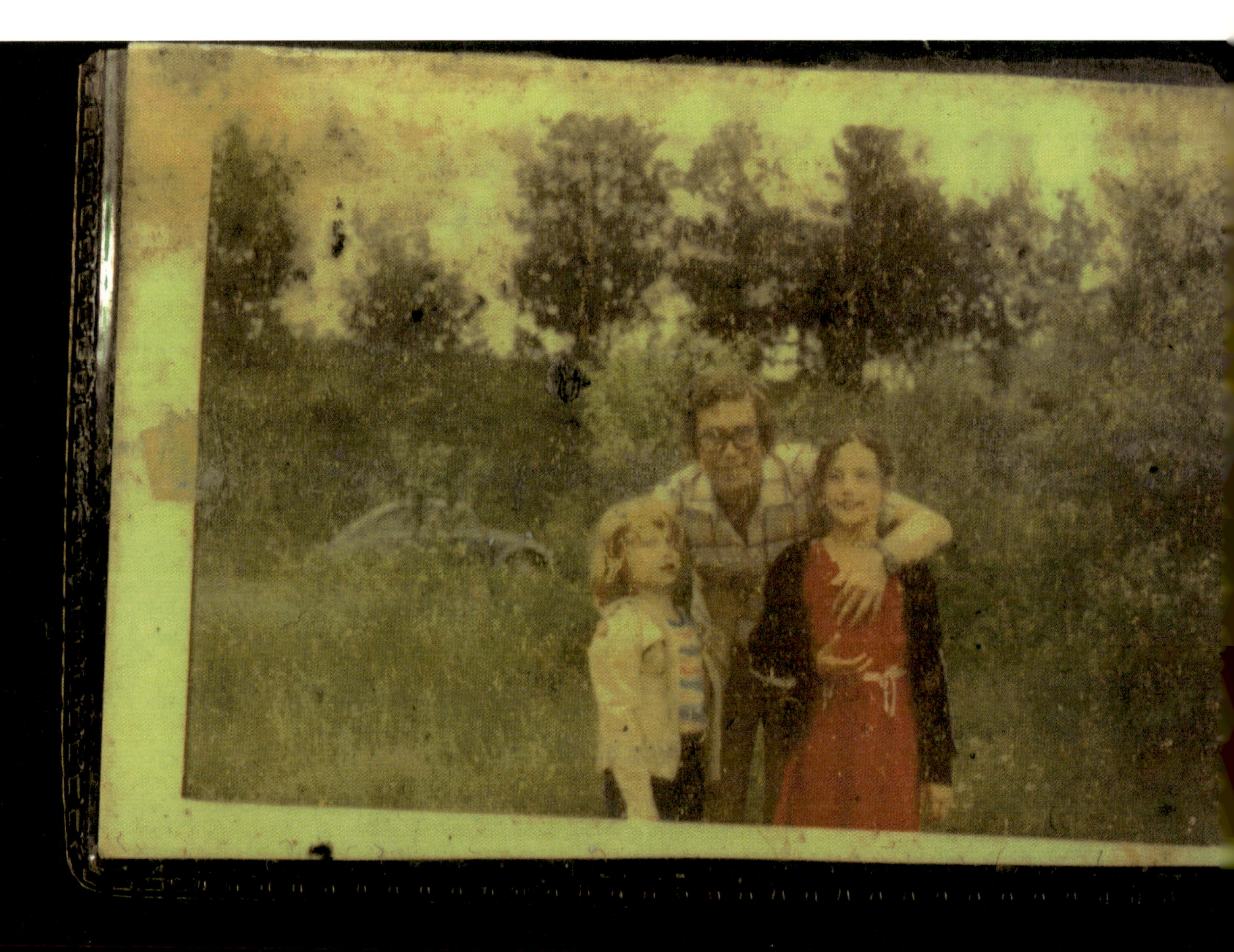

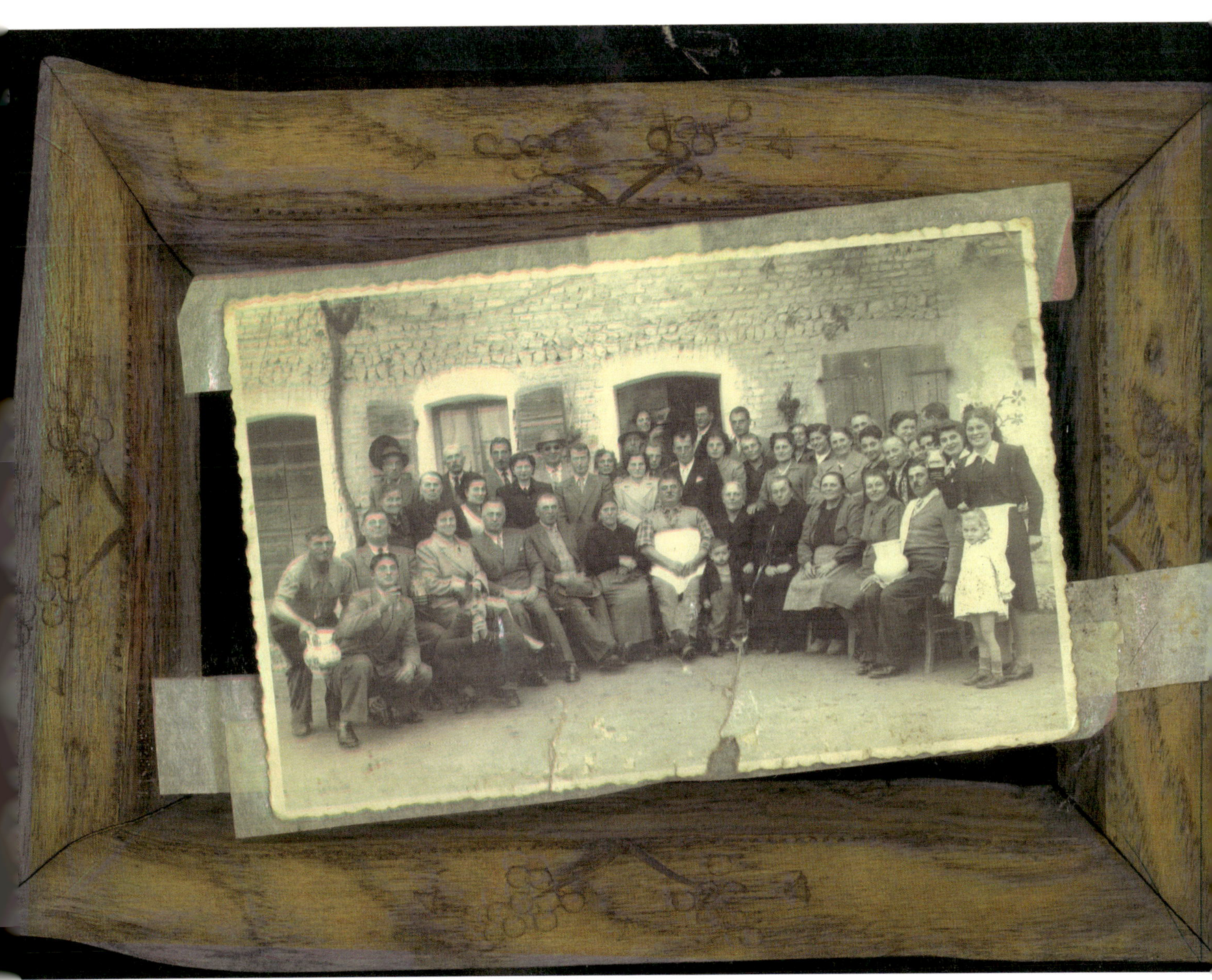

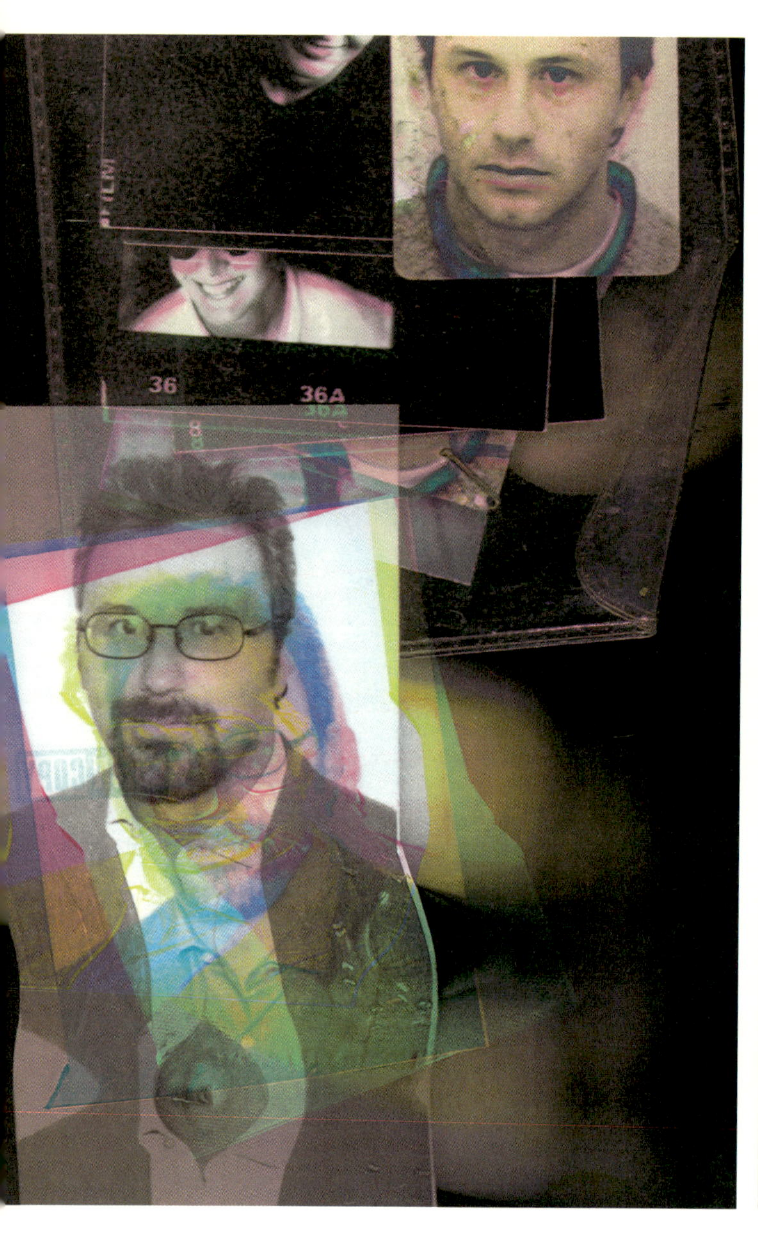
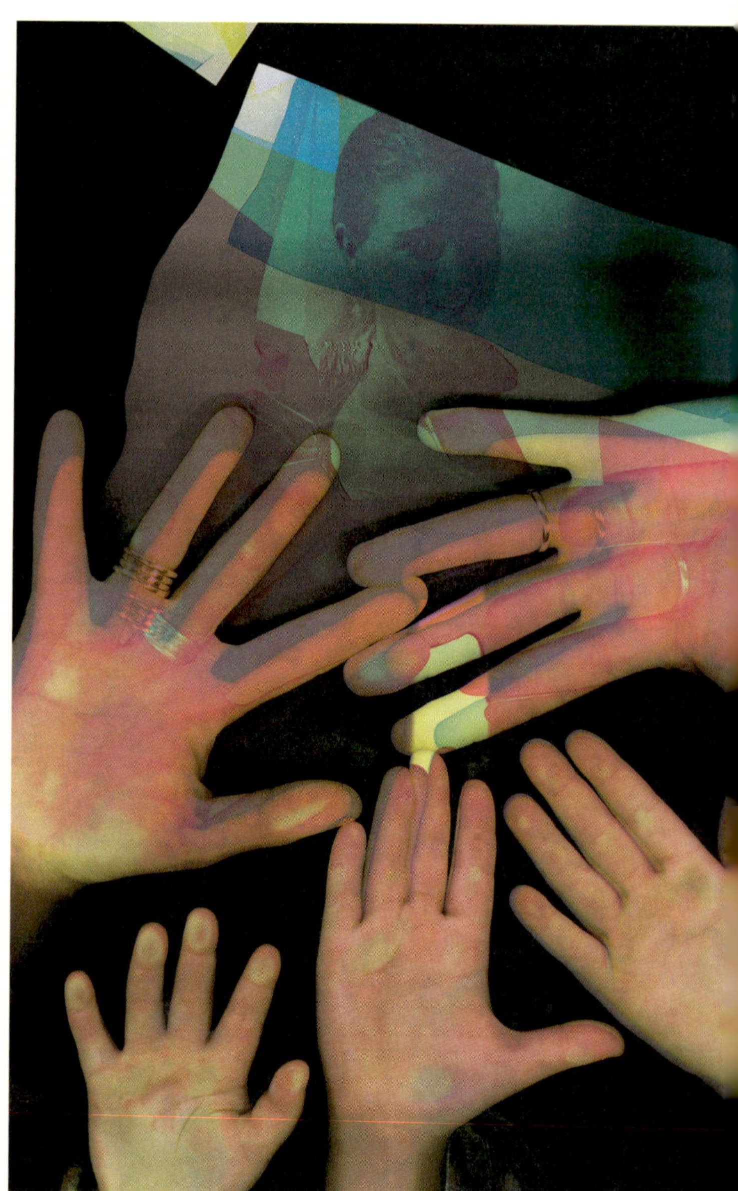

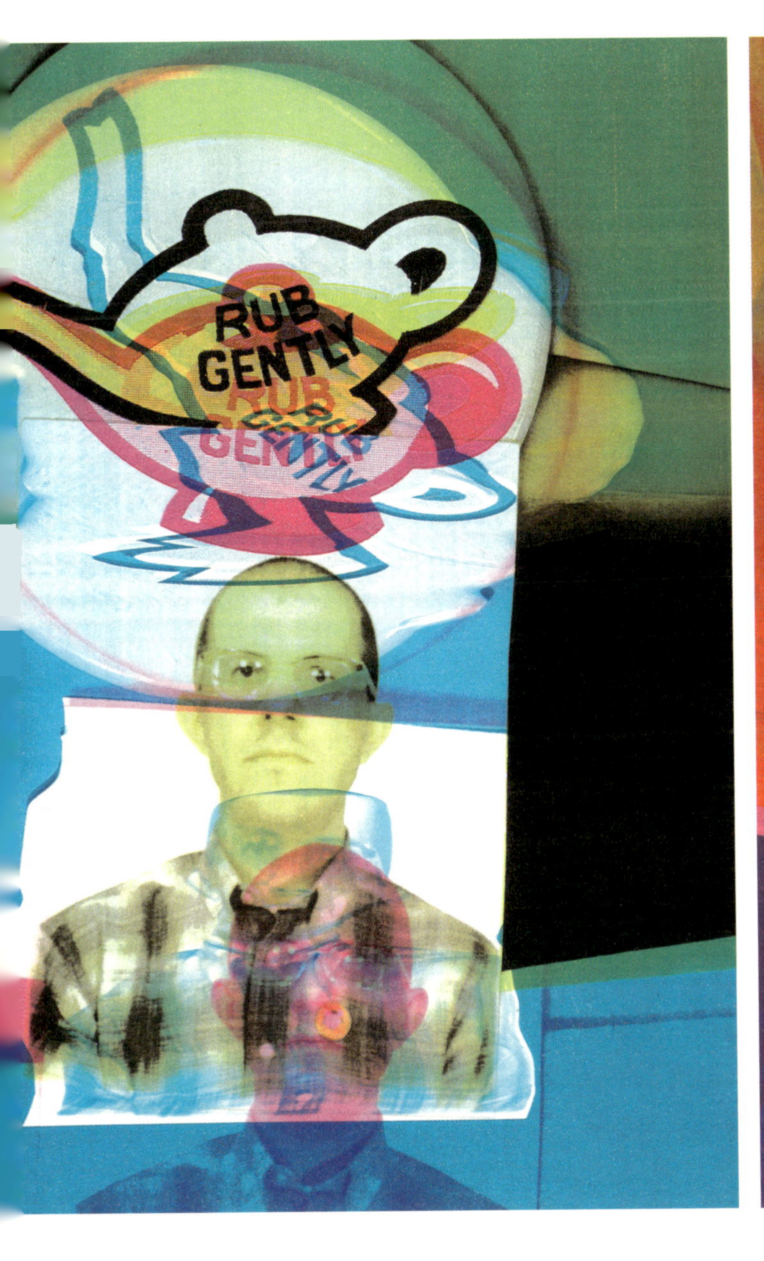
RUB
GENTLY
RUB
GENTLY

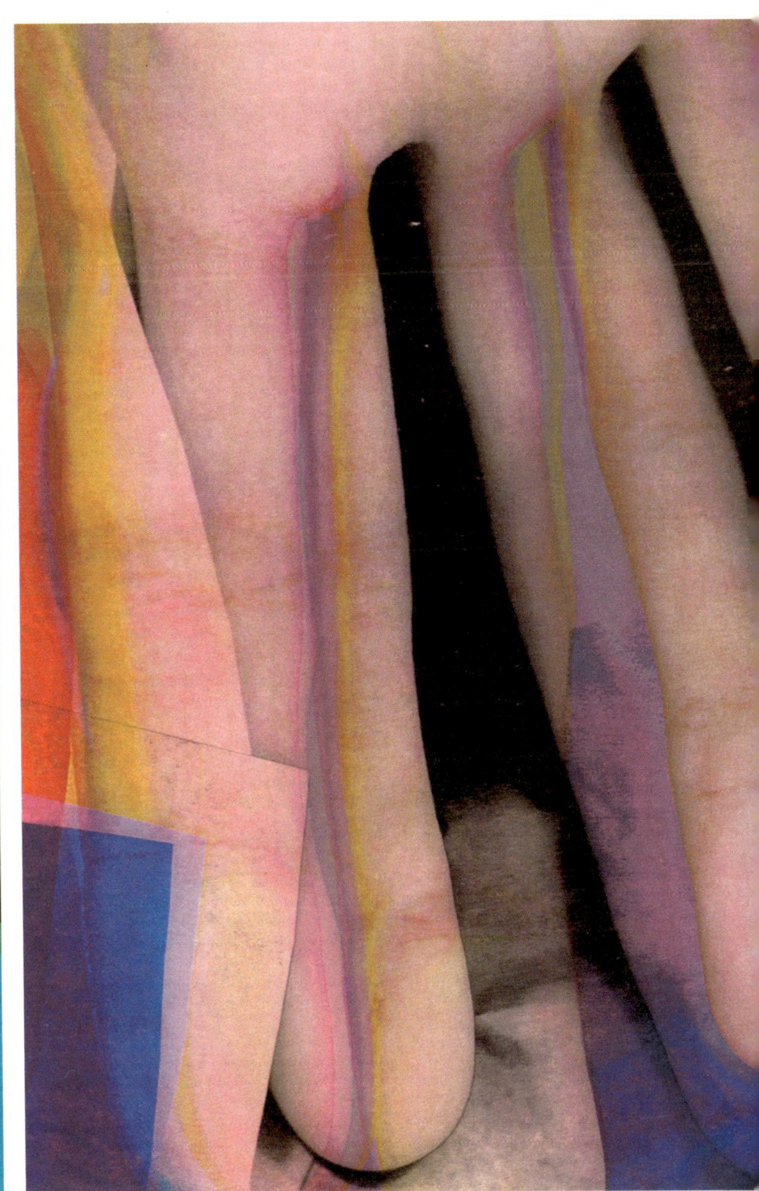

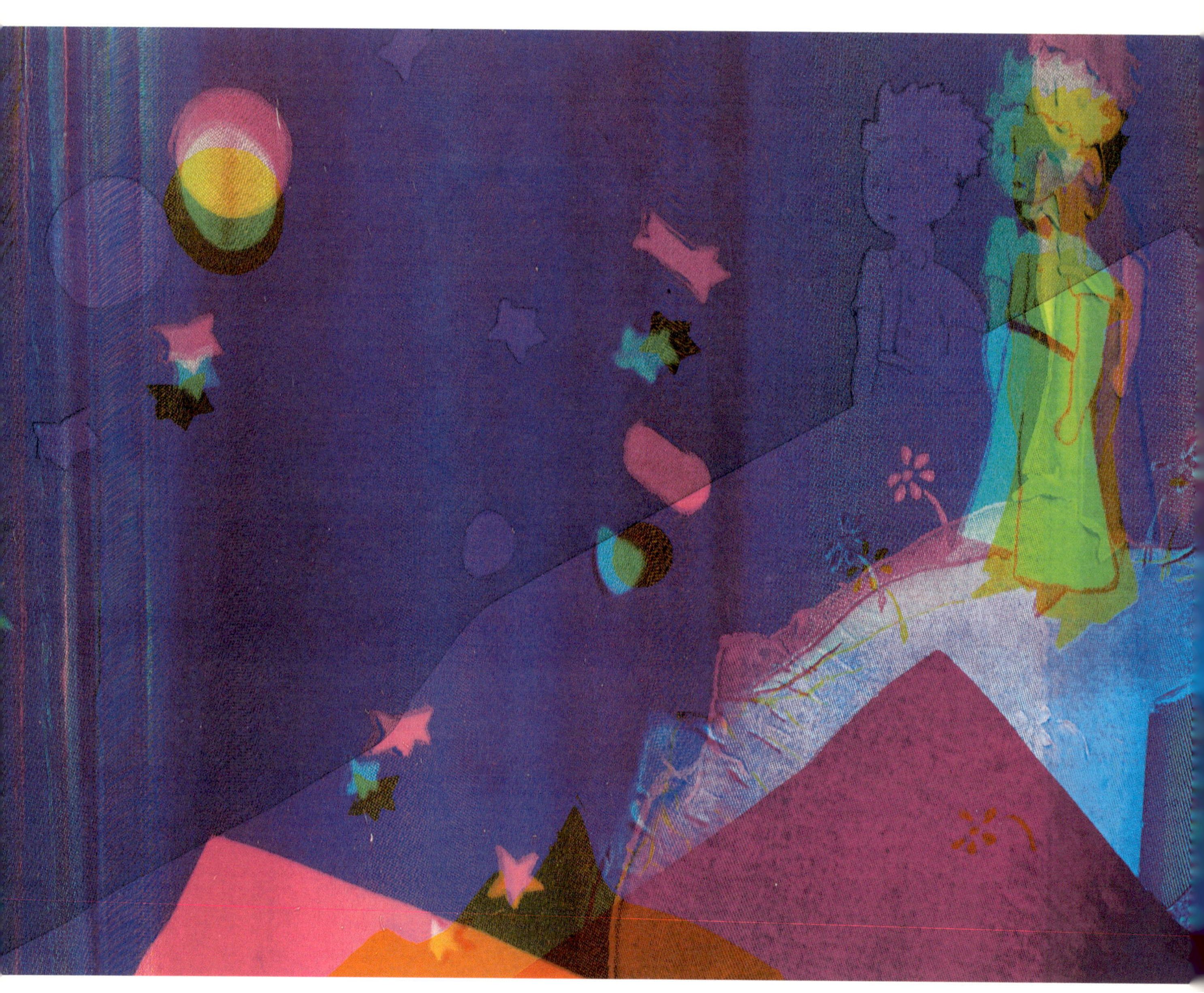

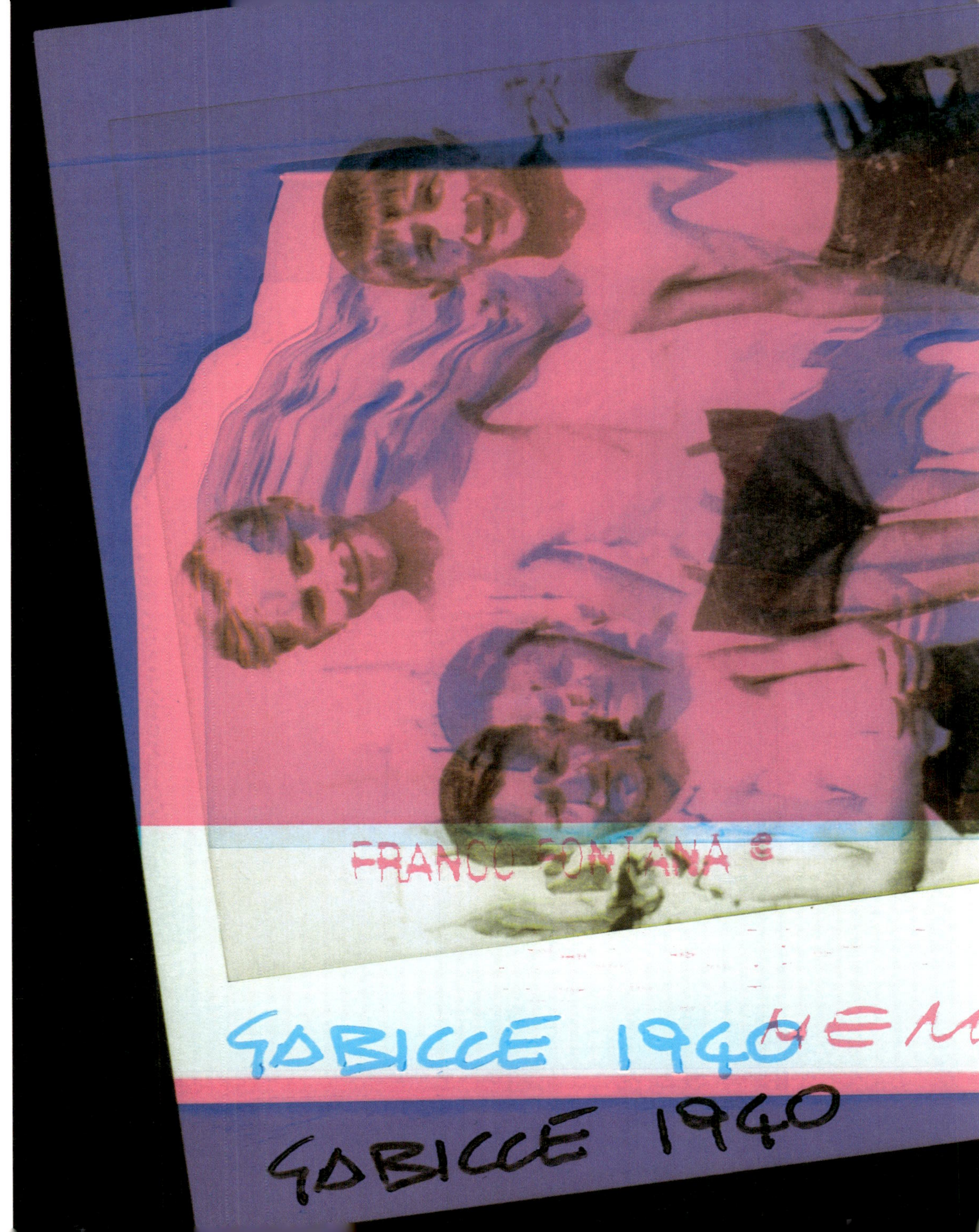
FRANCO FONTANA ©
GABICCE 1940 HEM
GABICCE 1940

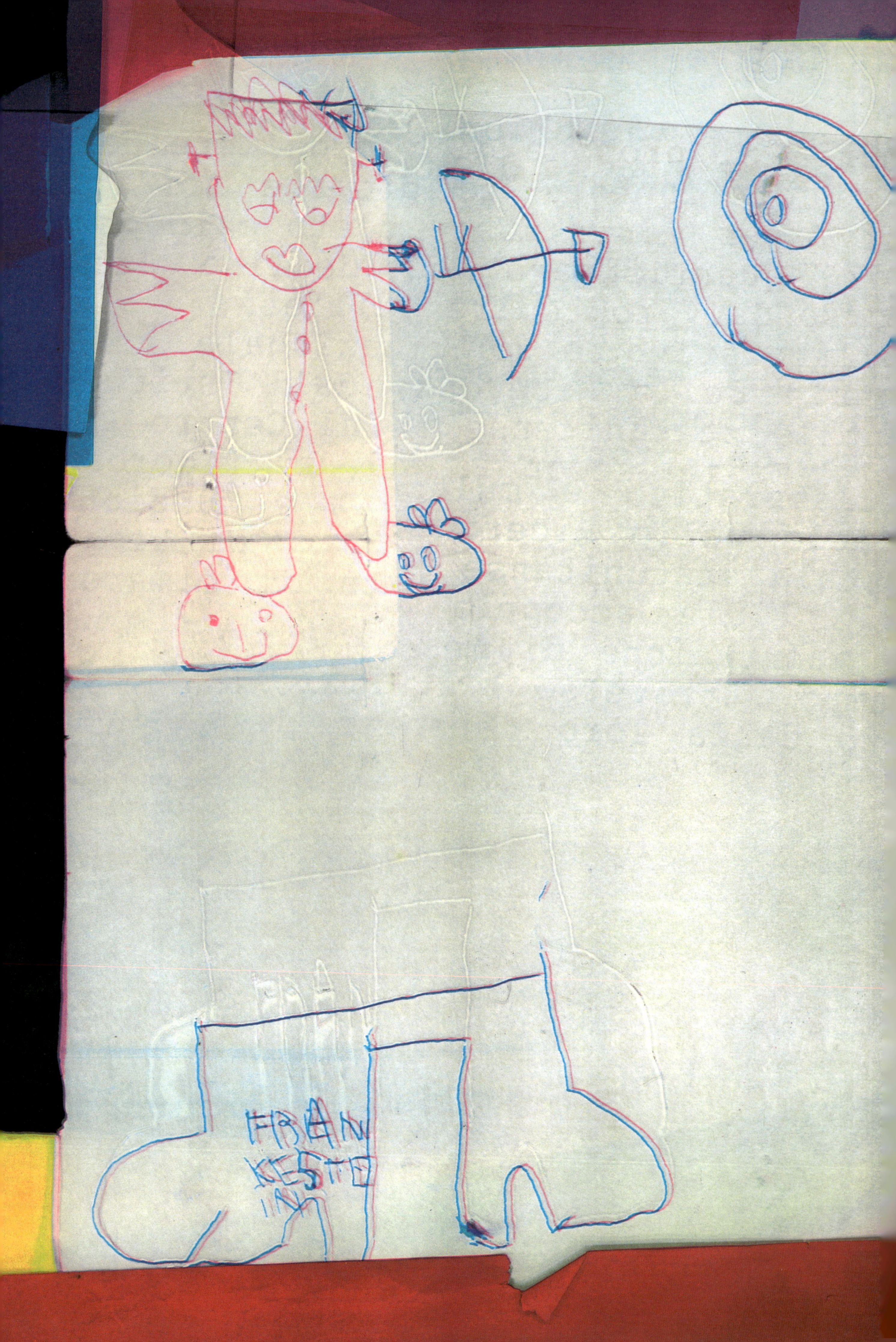

FRAN
KESTE
IN

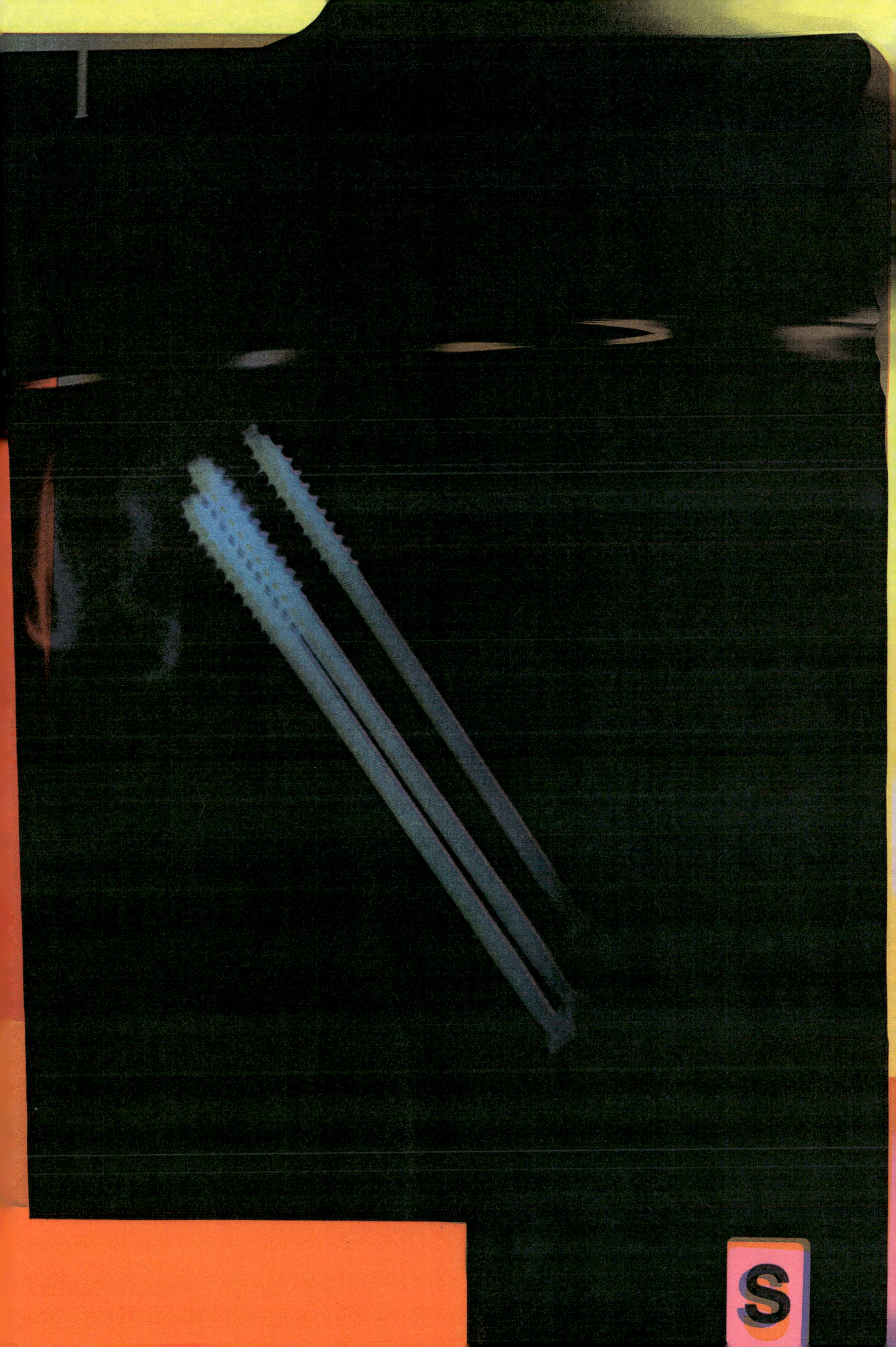

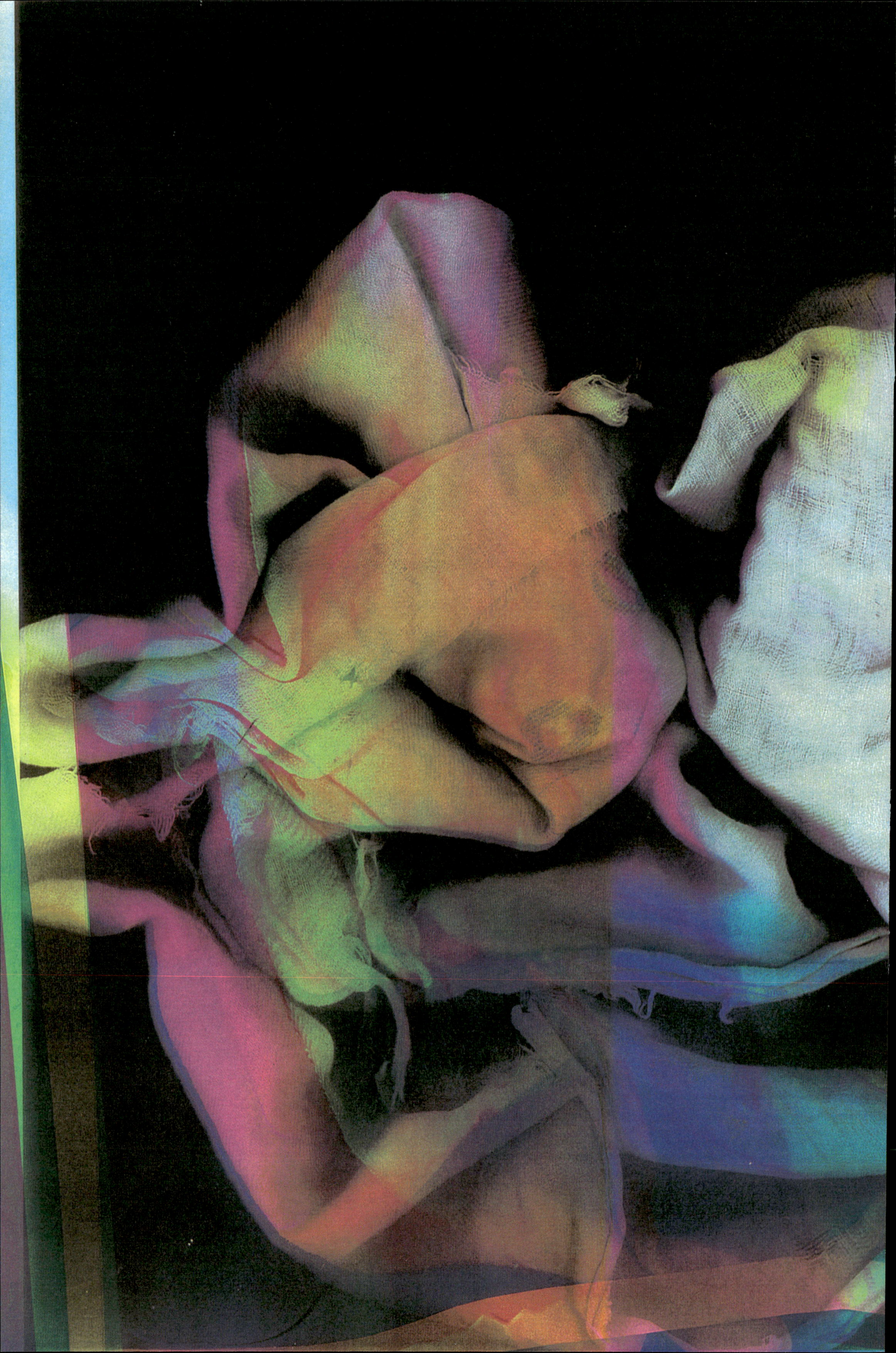

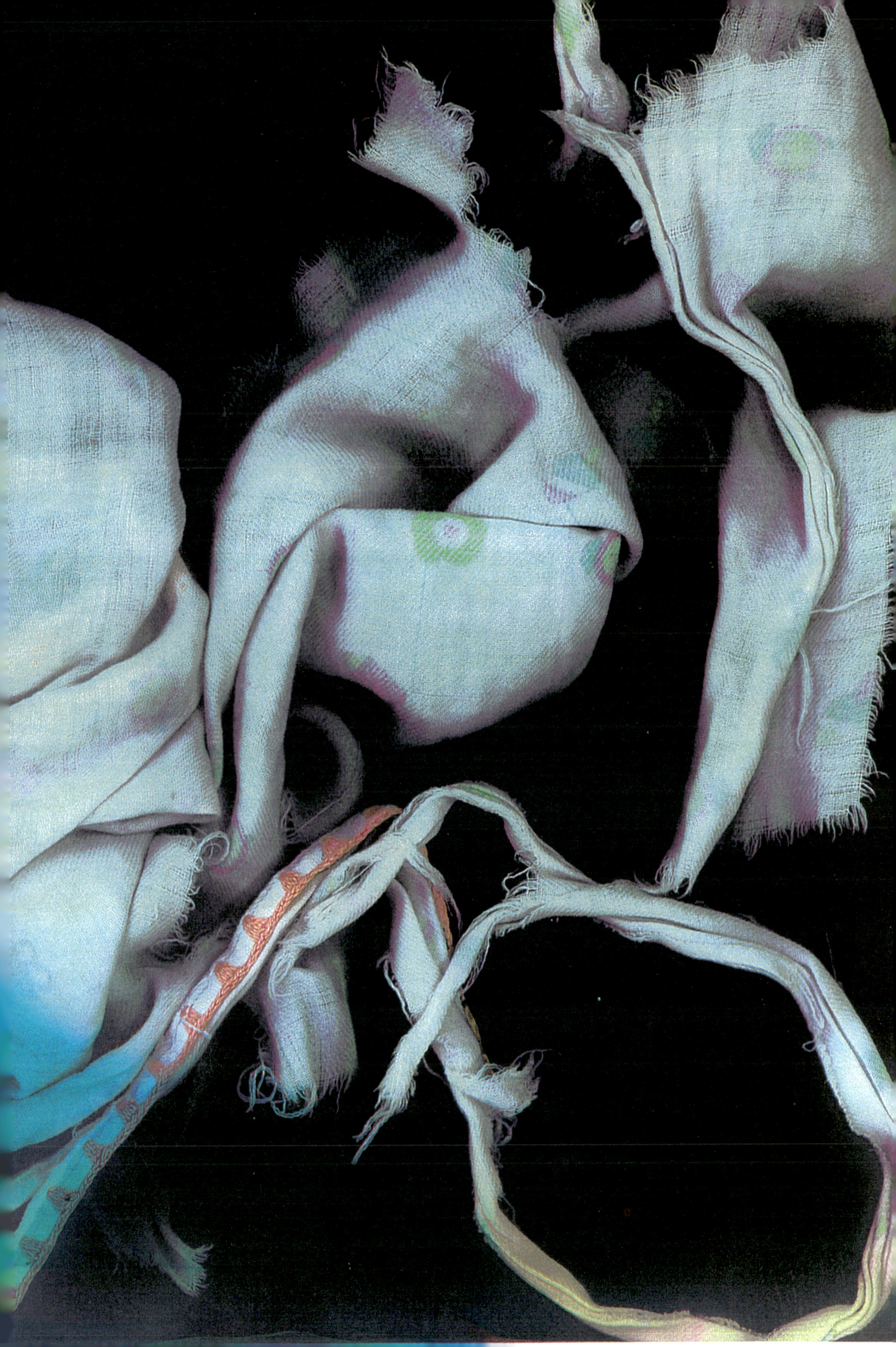

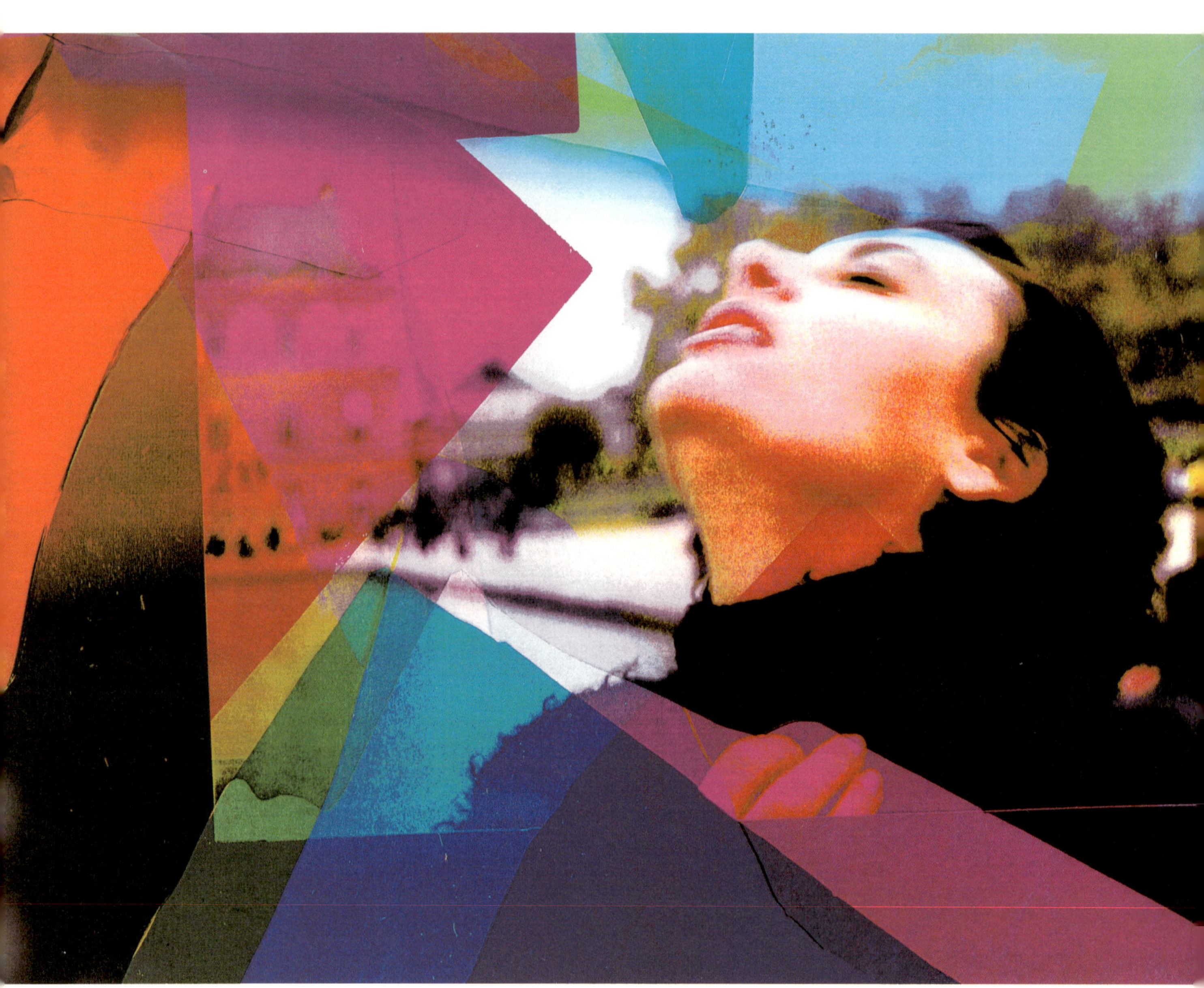

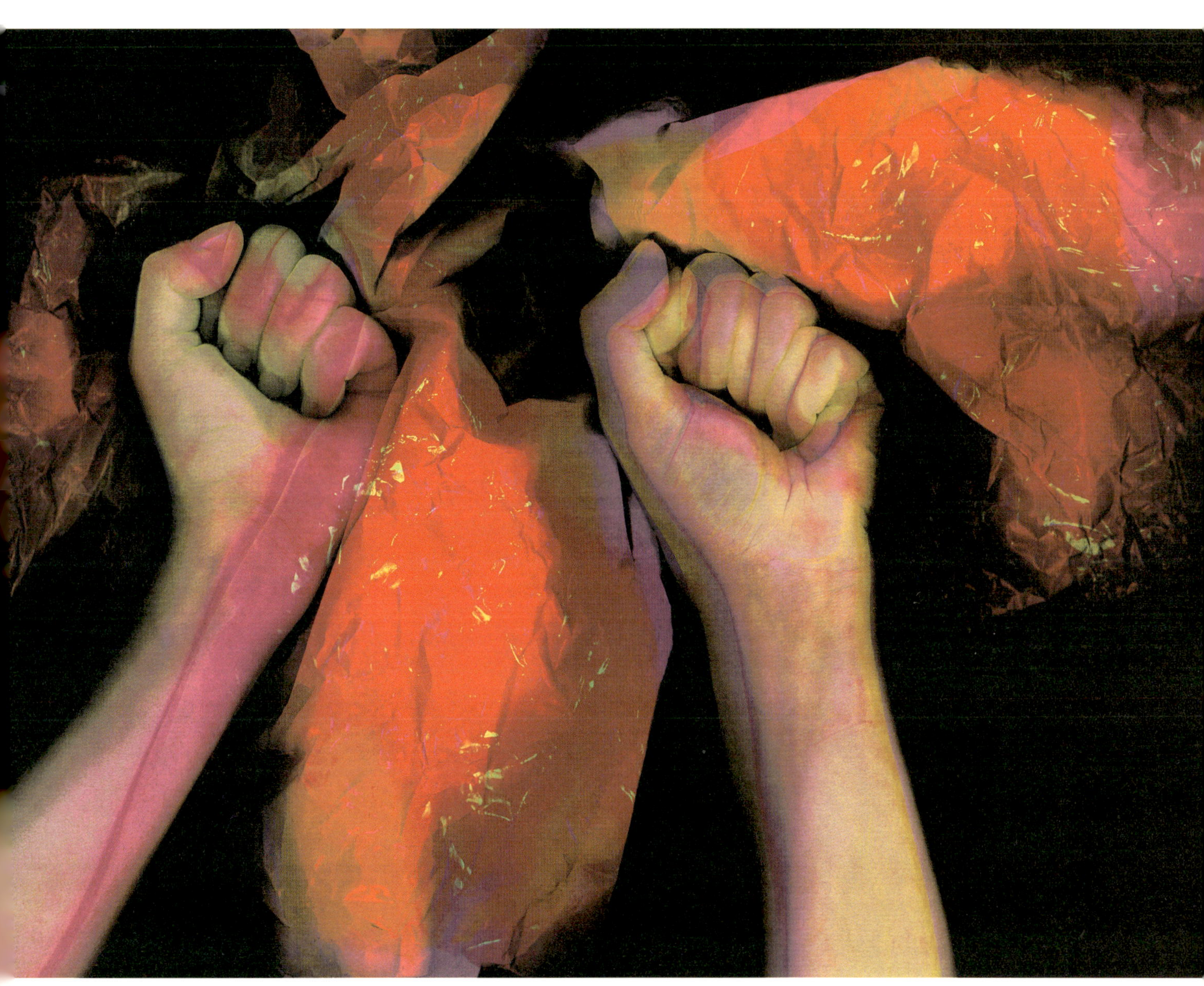

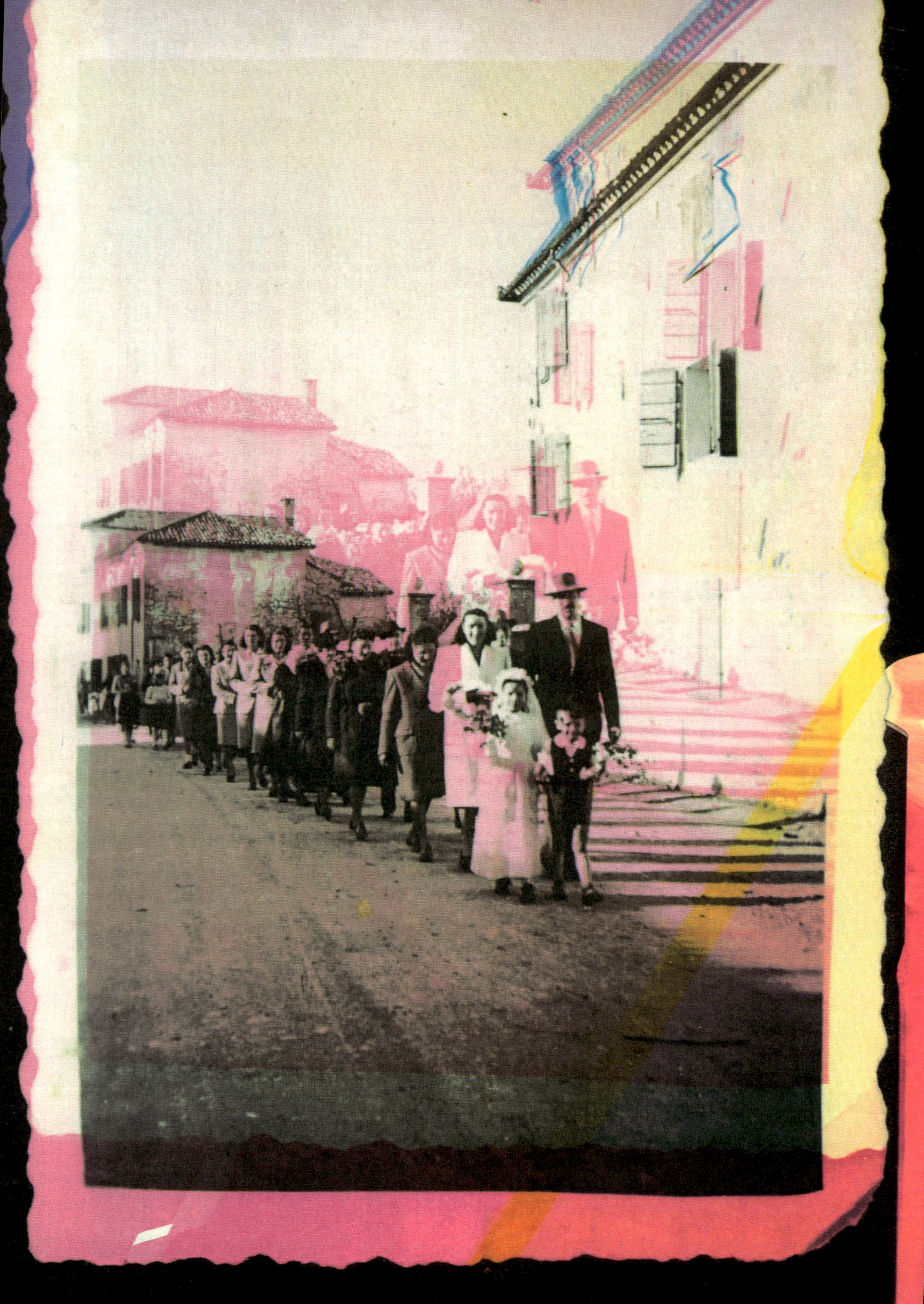

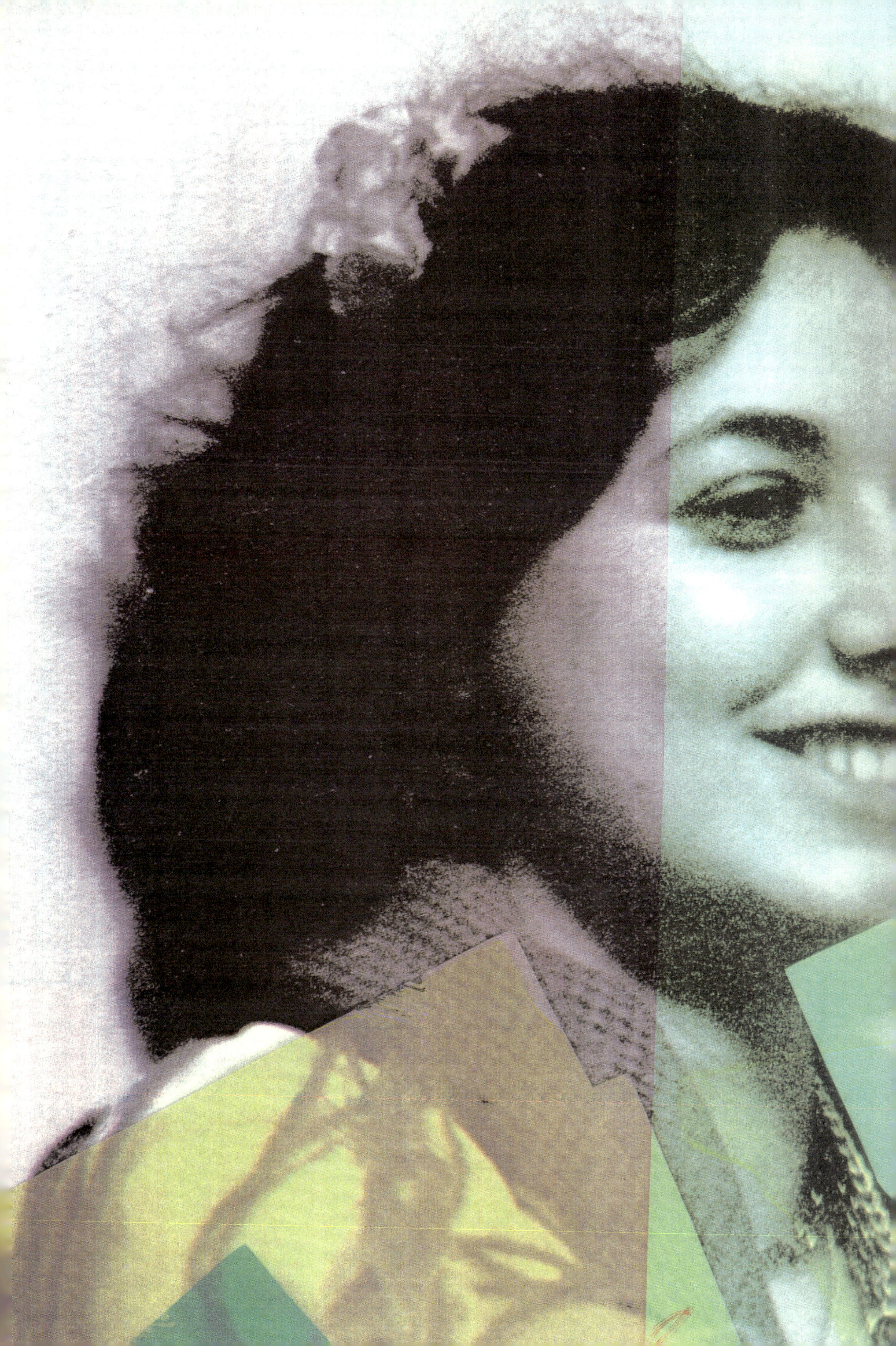

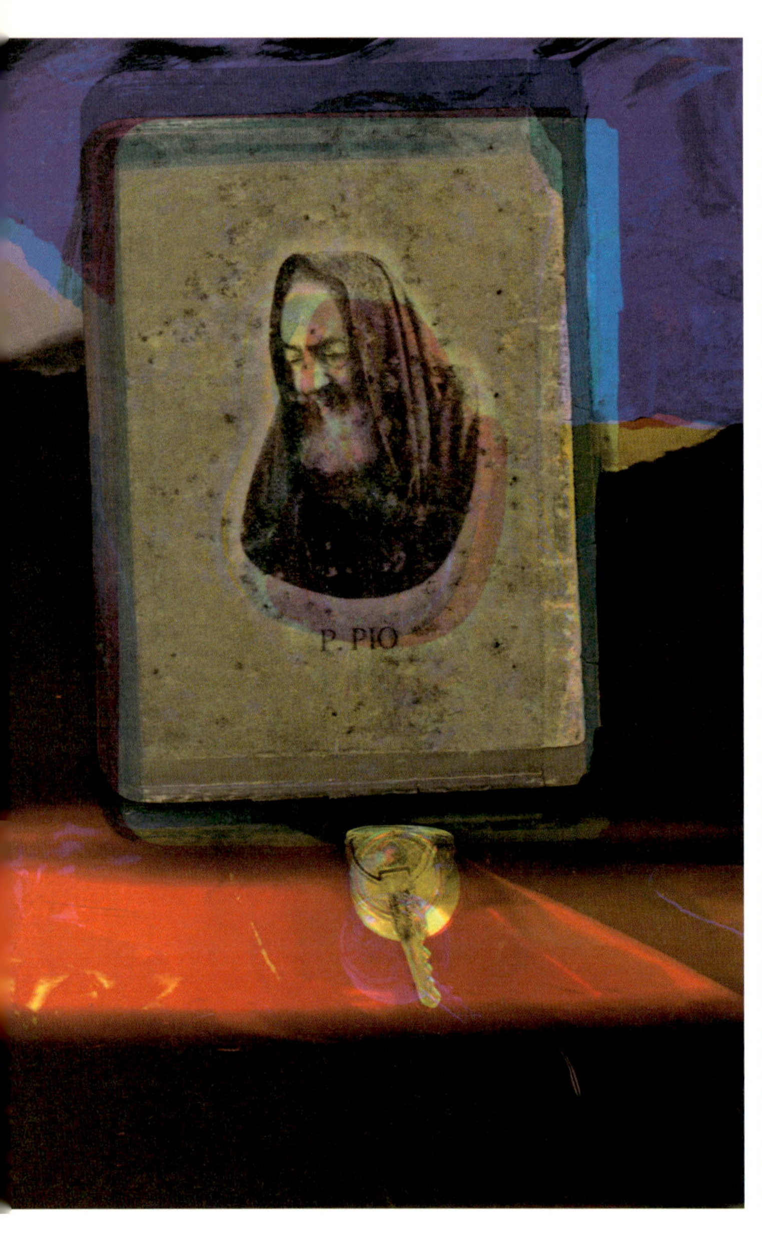

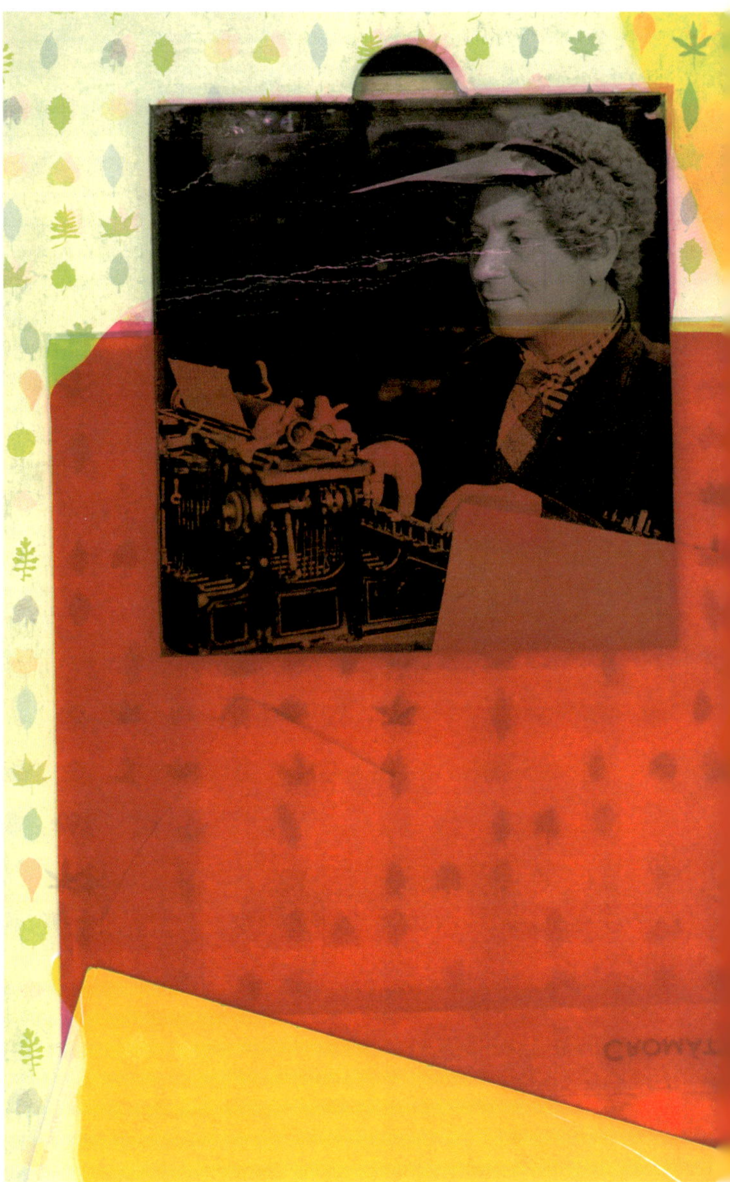

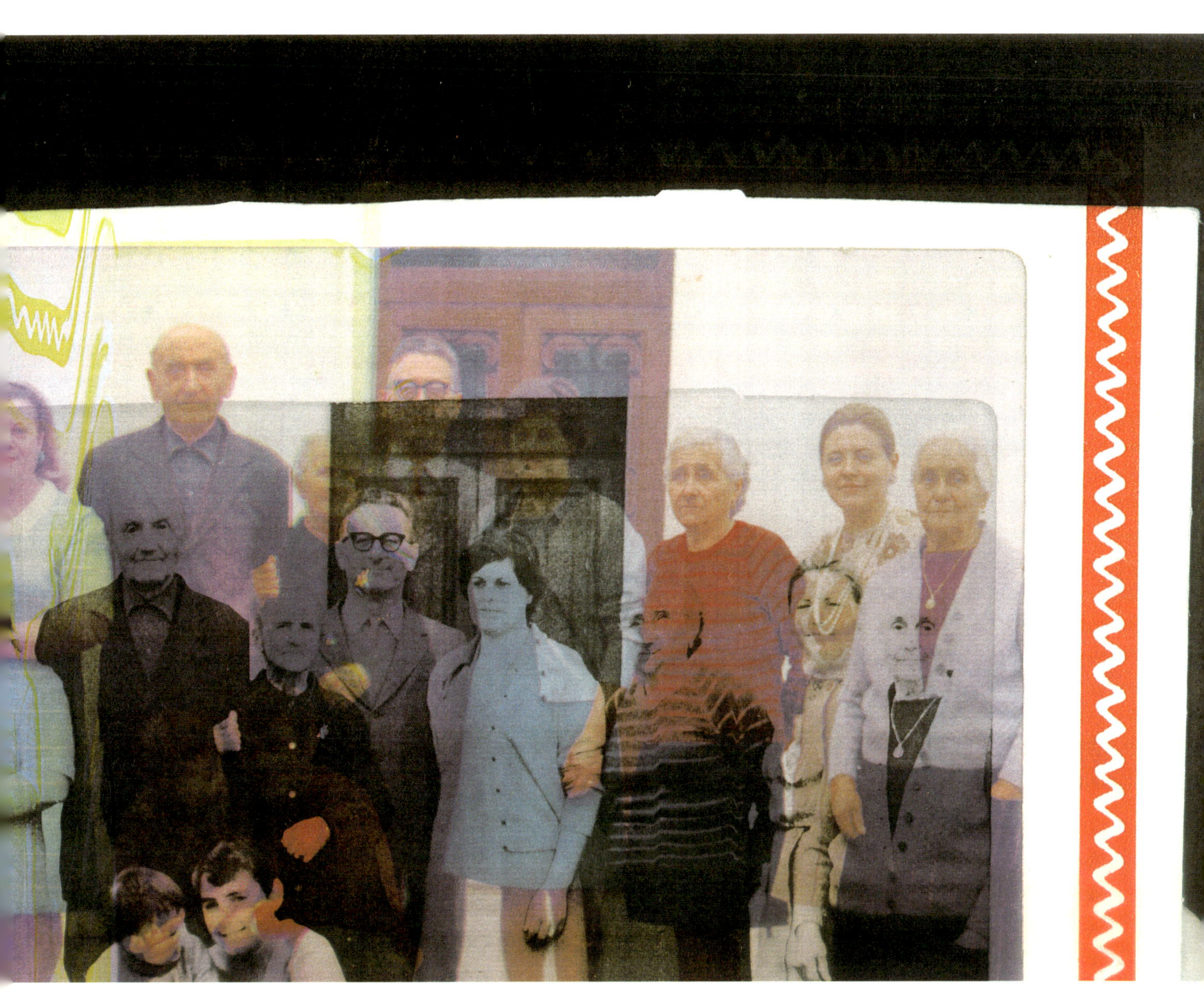

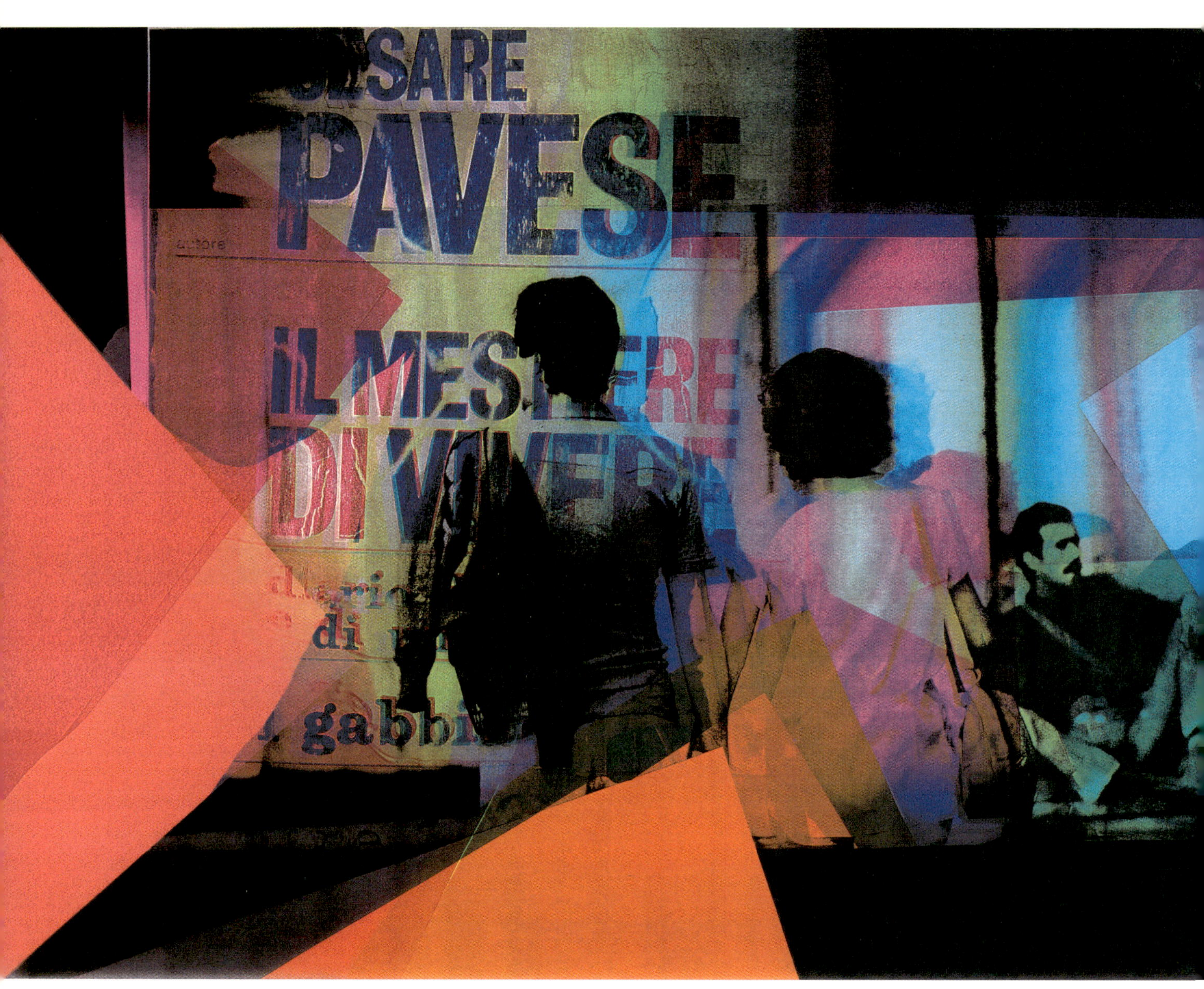
SARE
PAVESE
IL MESTIERE
DI VIVERE
autore
gabbi

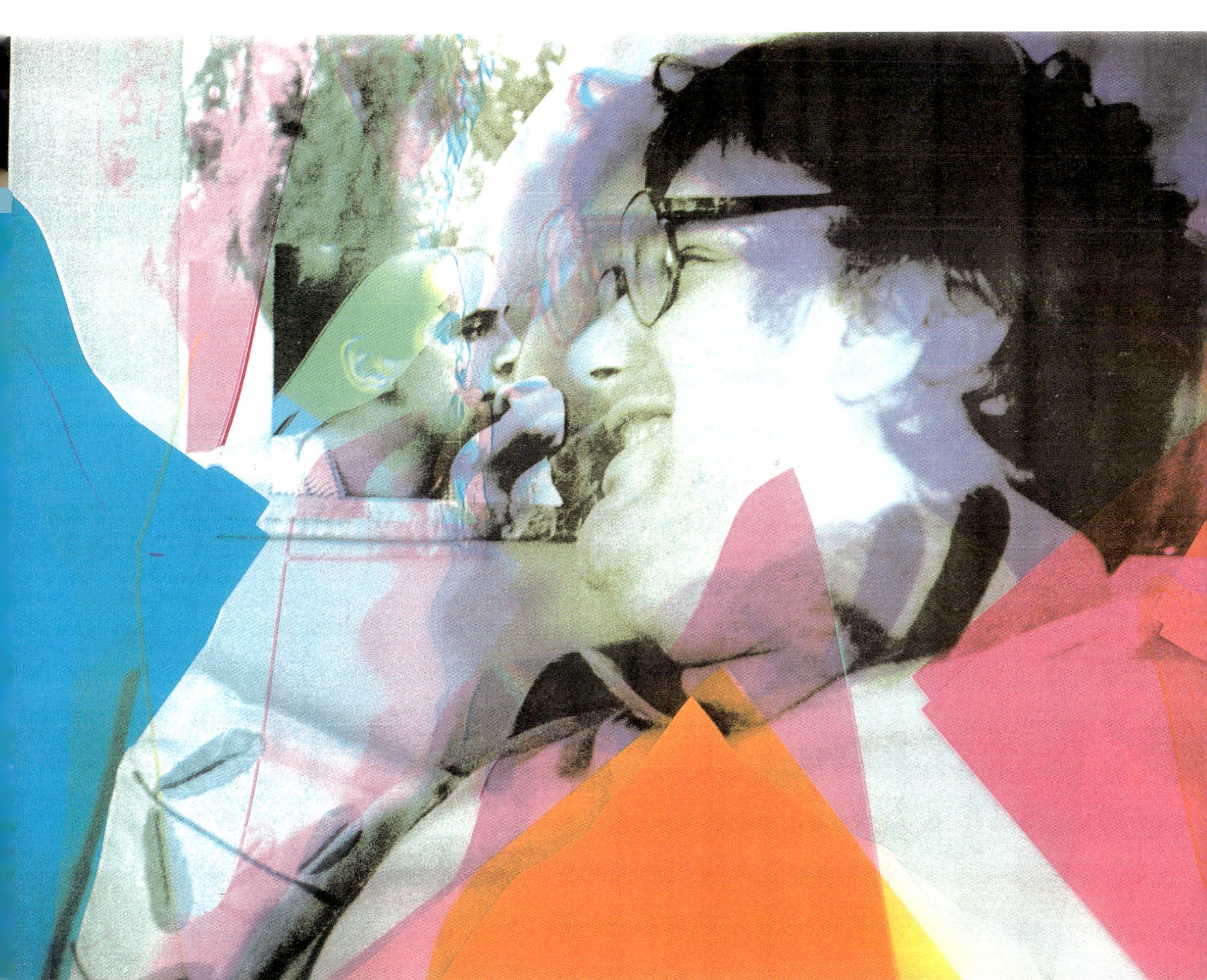

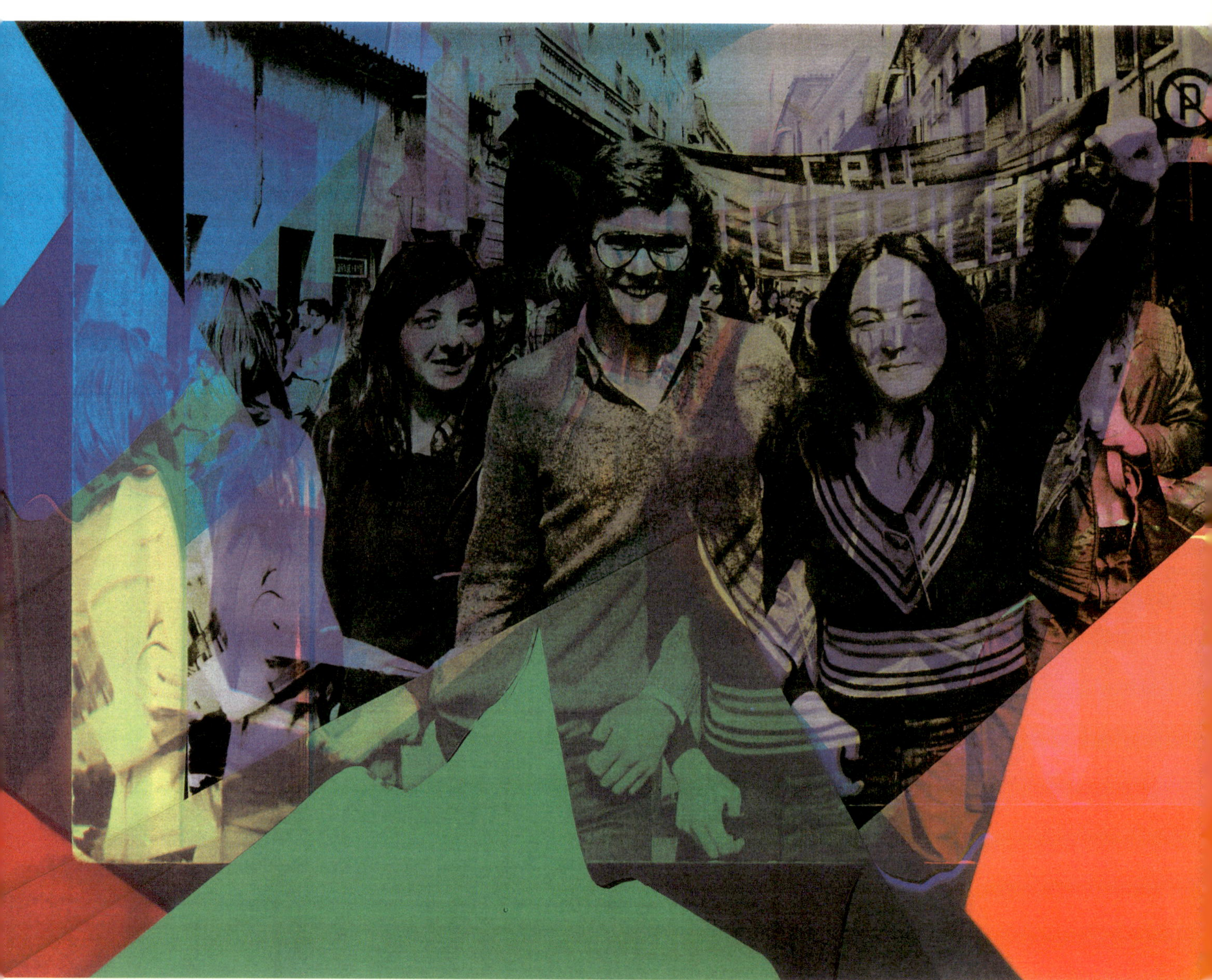

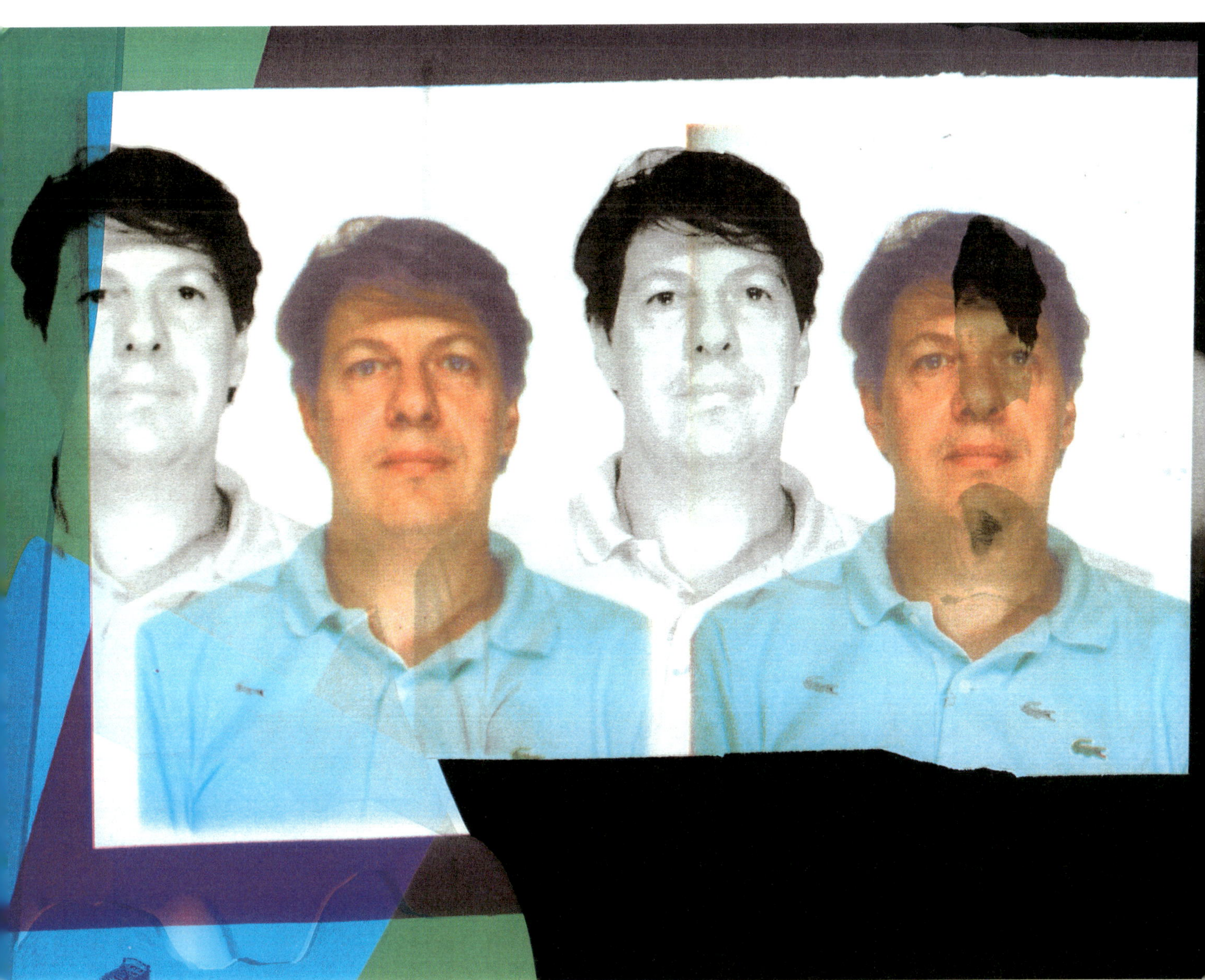

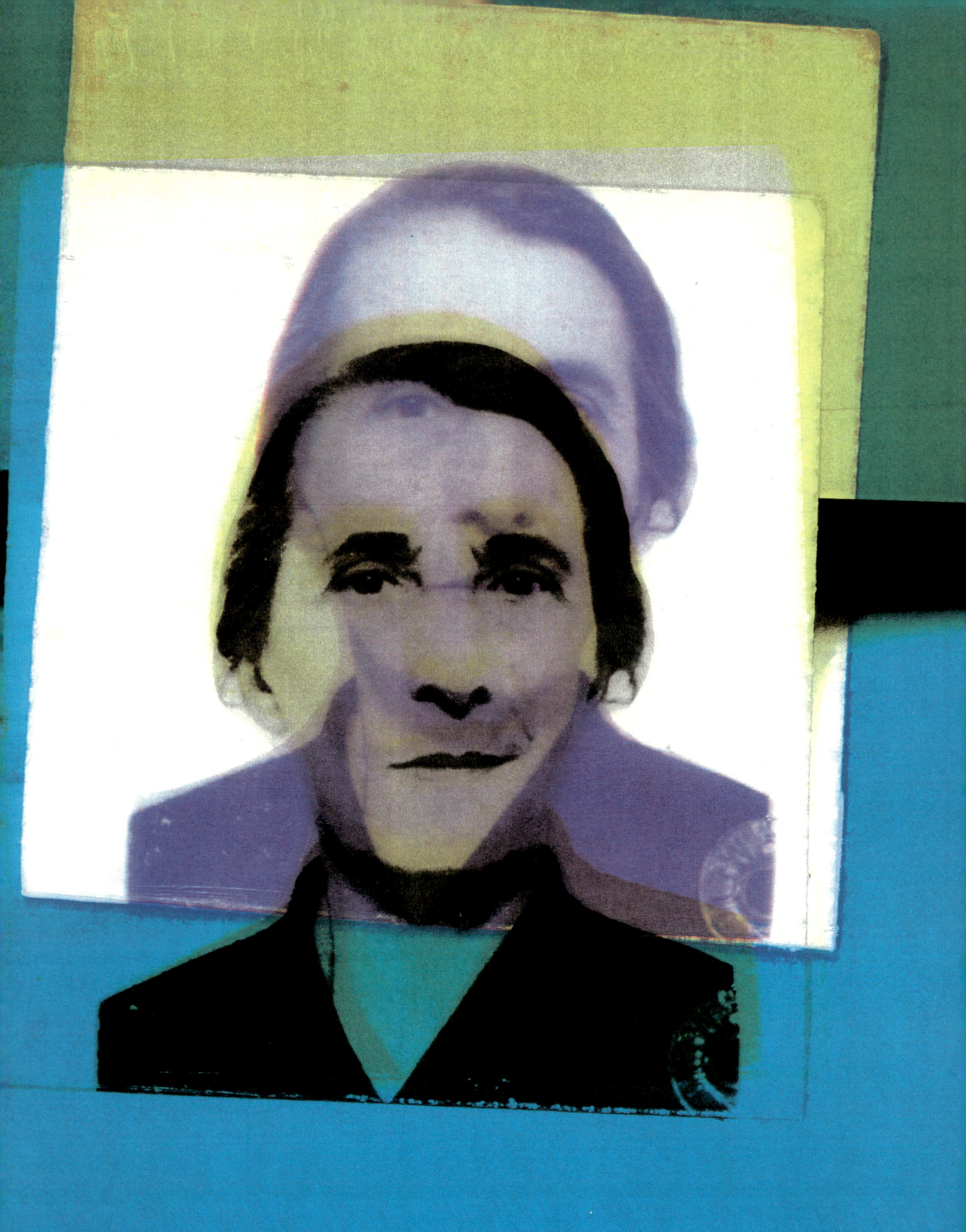

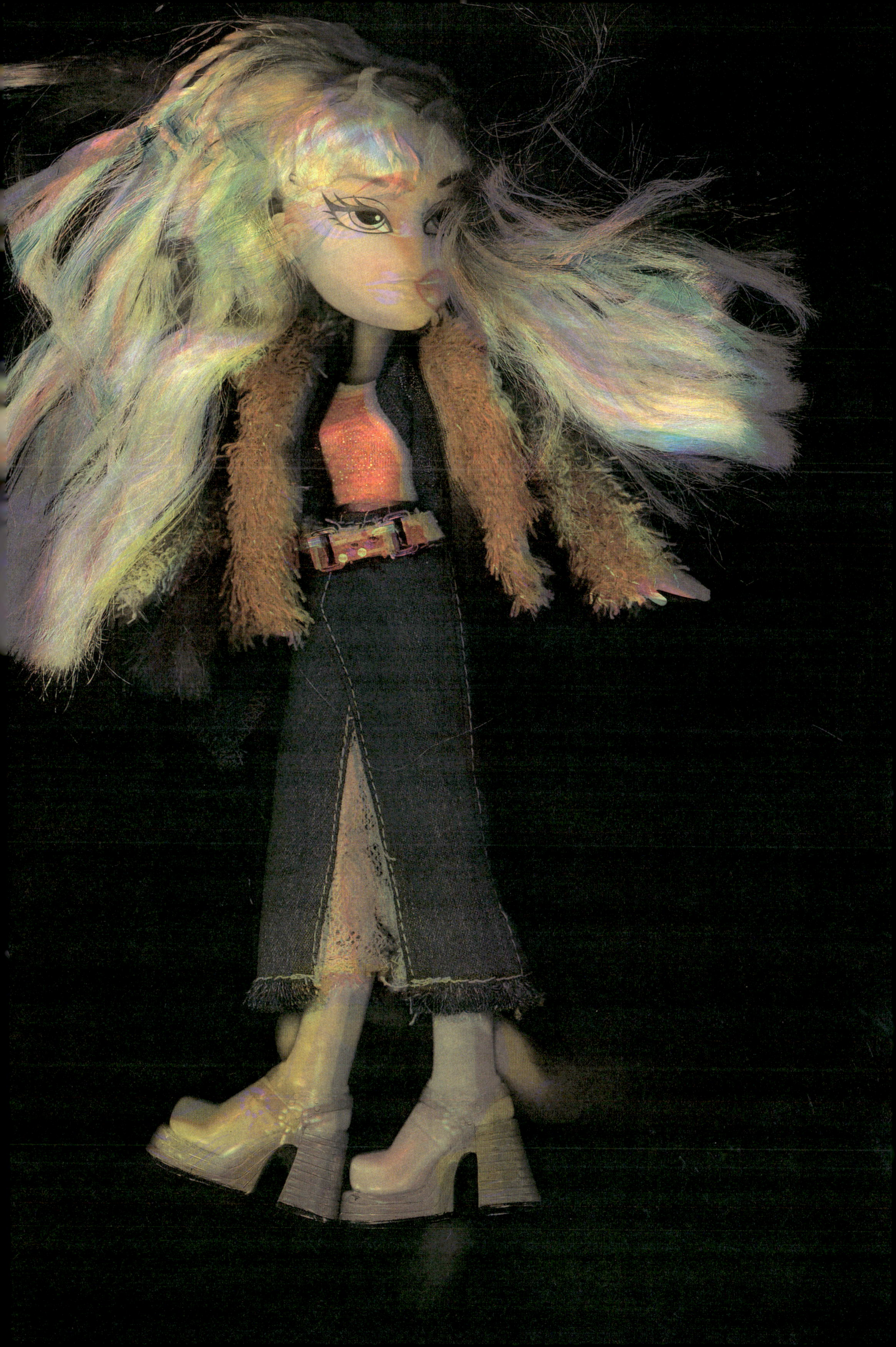

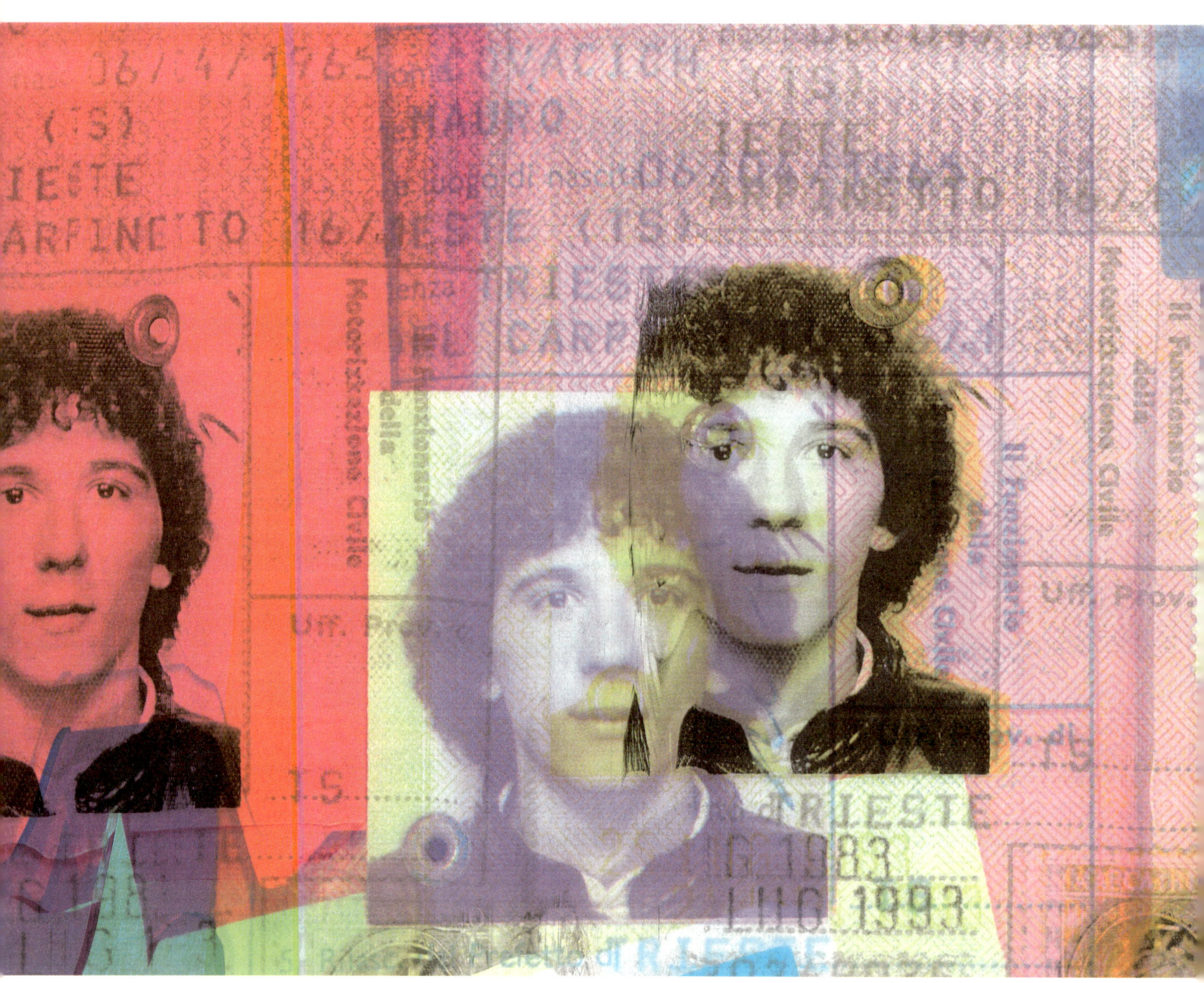

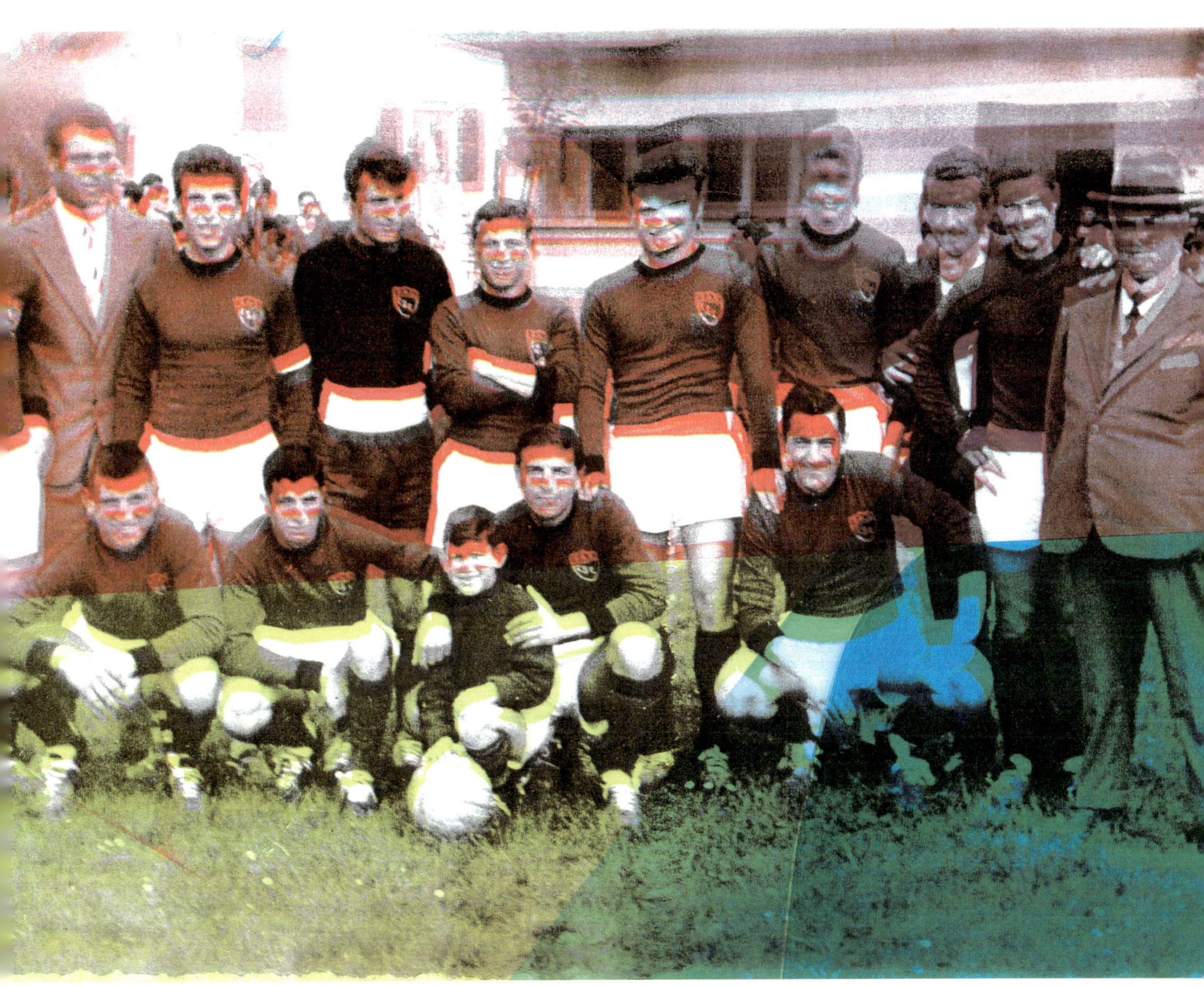

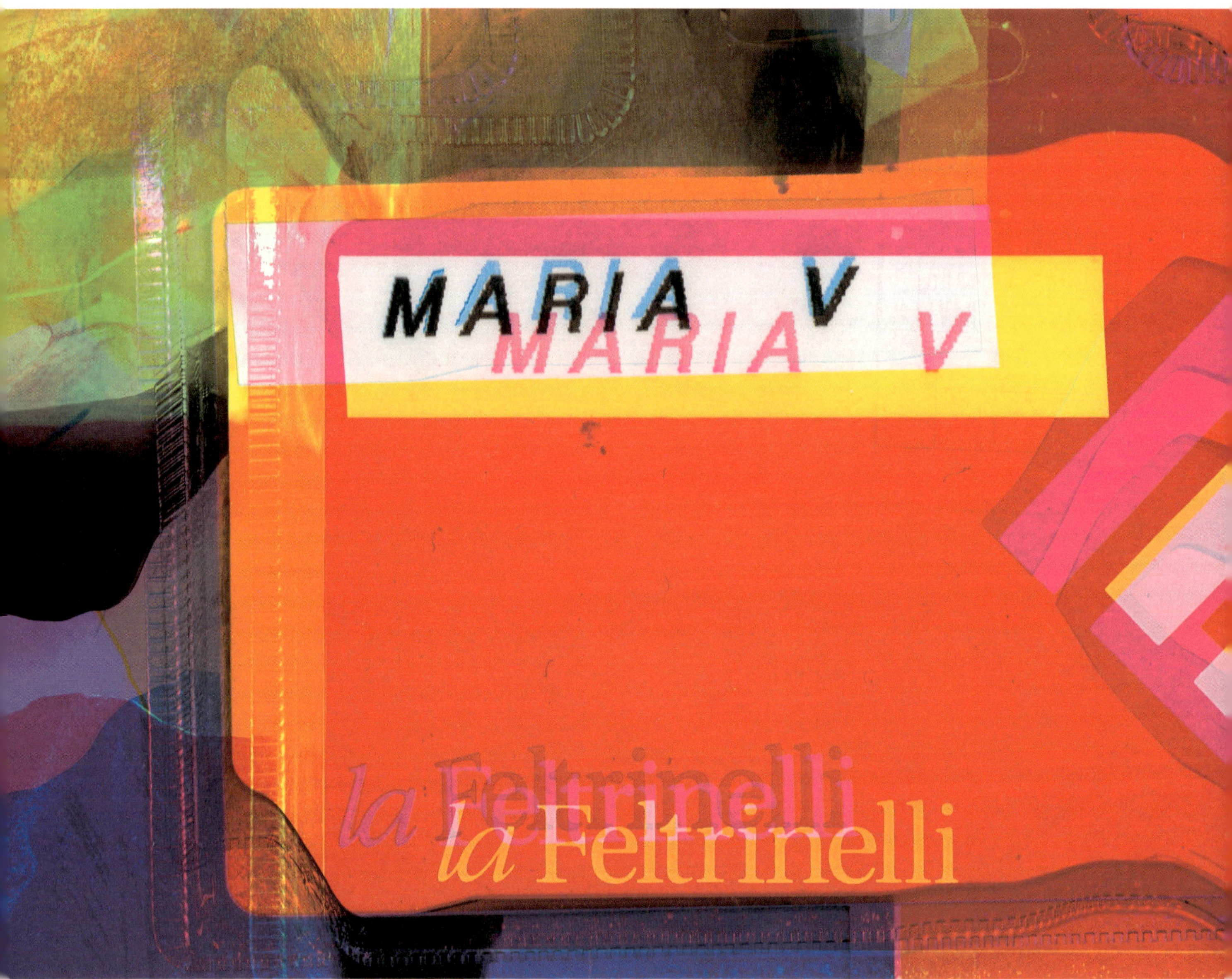
MARIA V
MARIA V
la Feltrinelli
la Feltrinelli

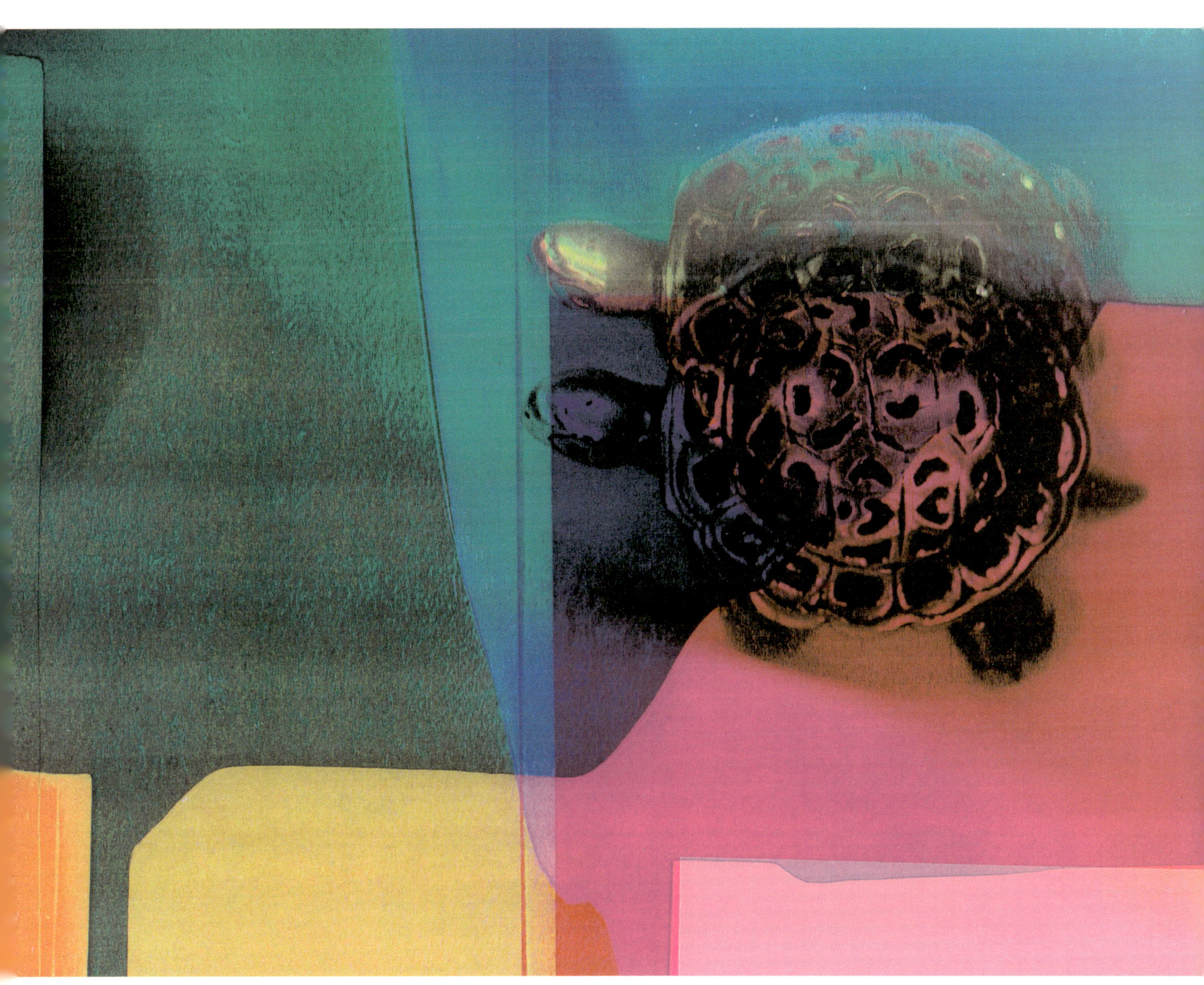

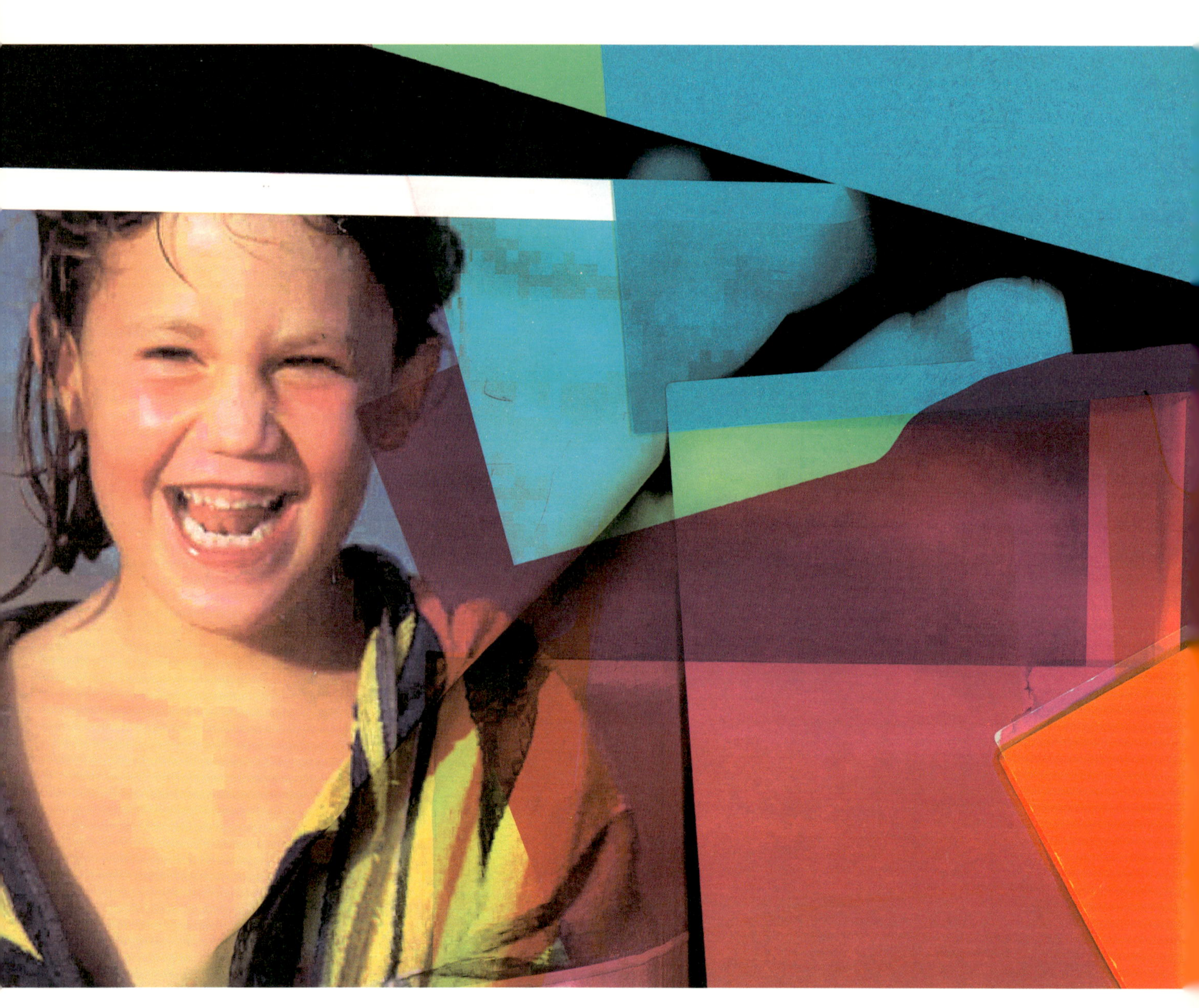

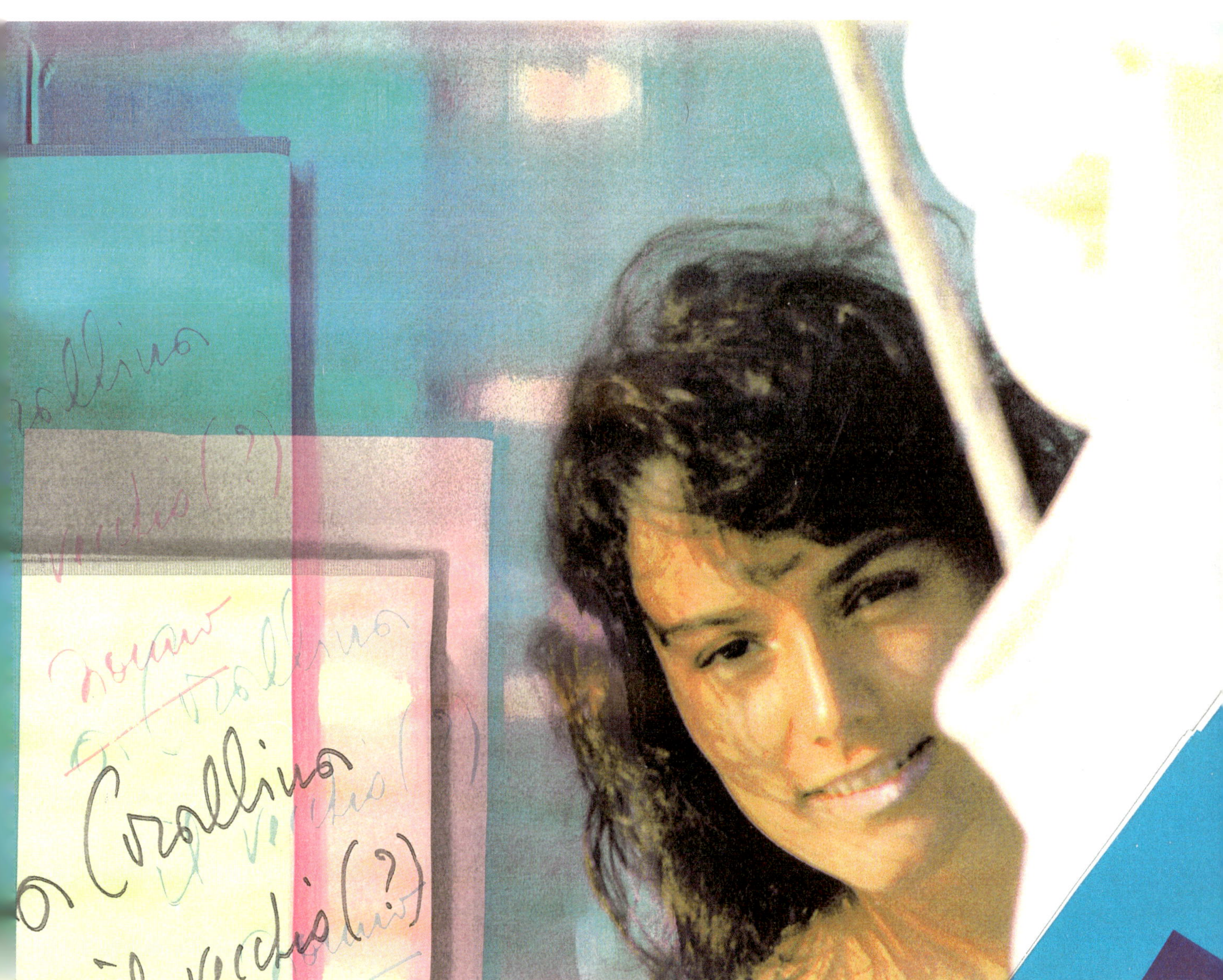

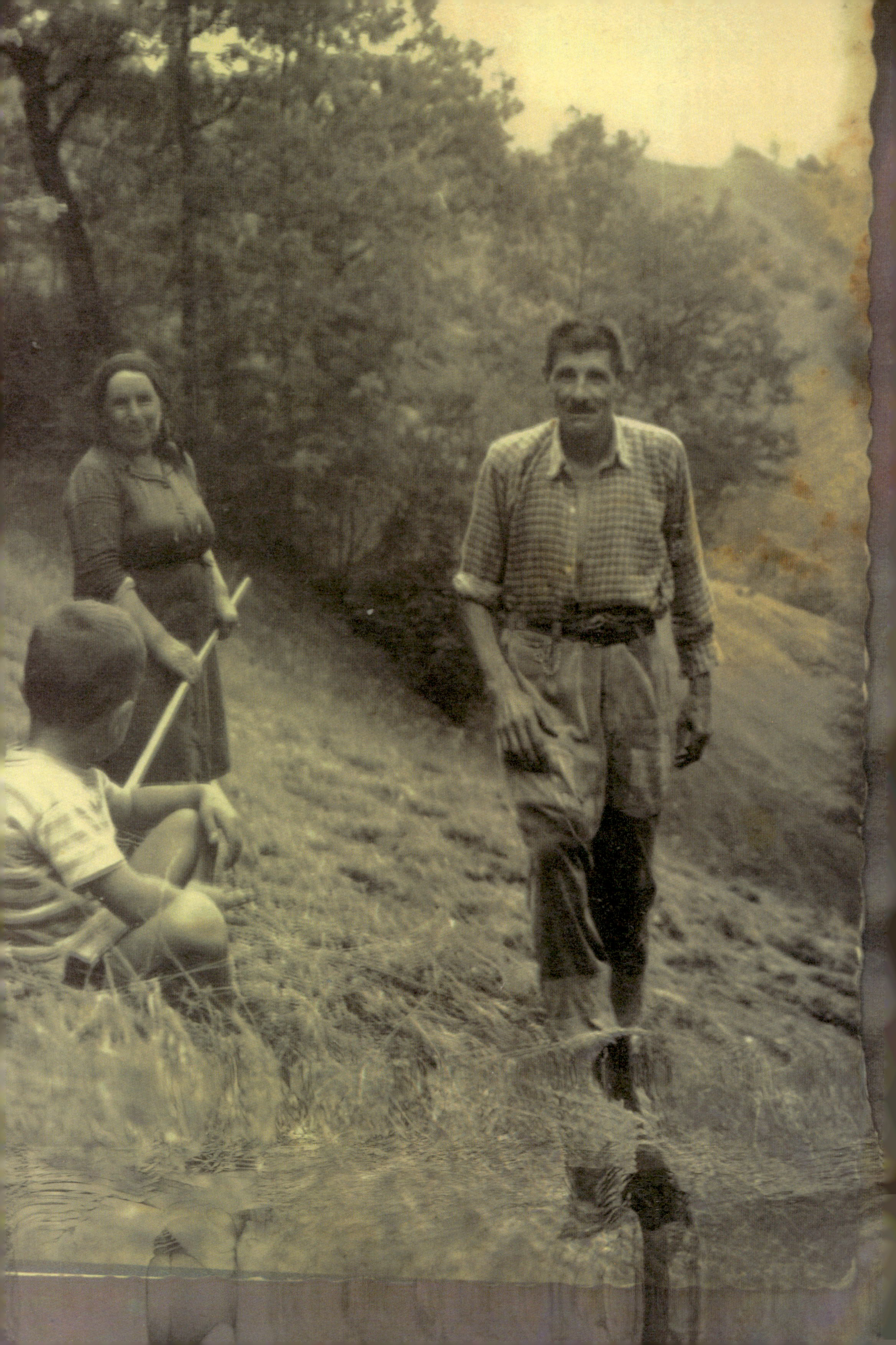

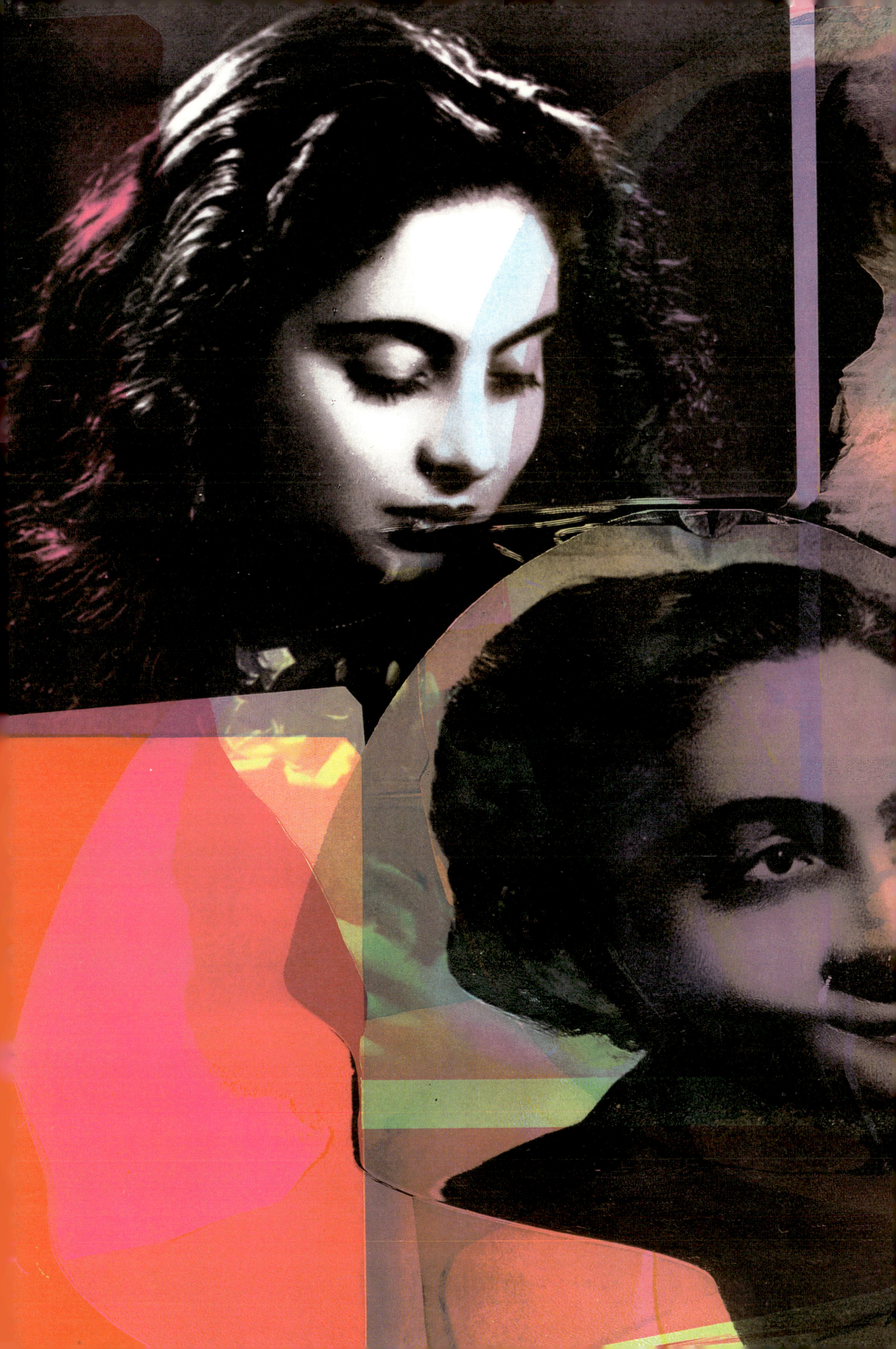

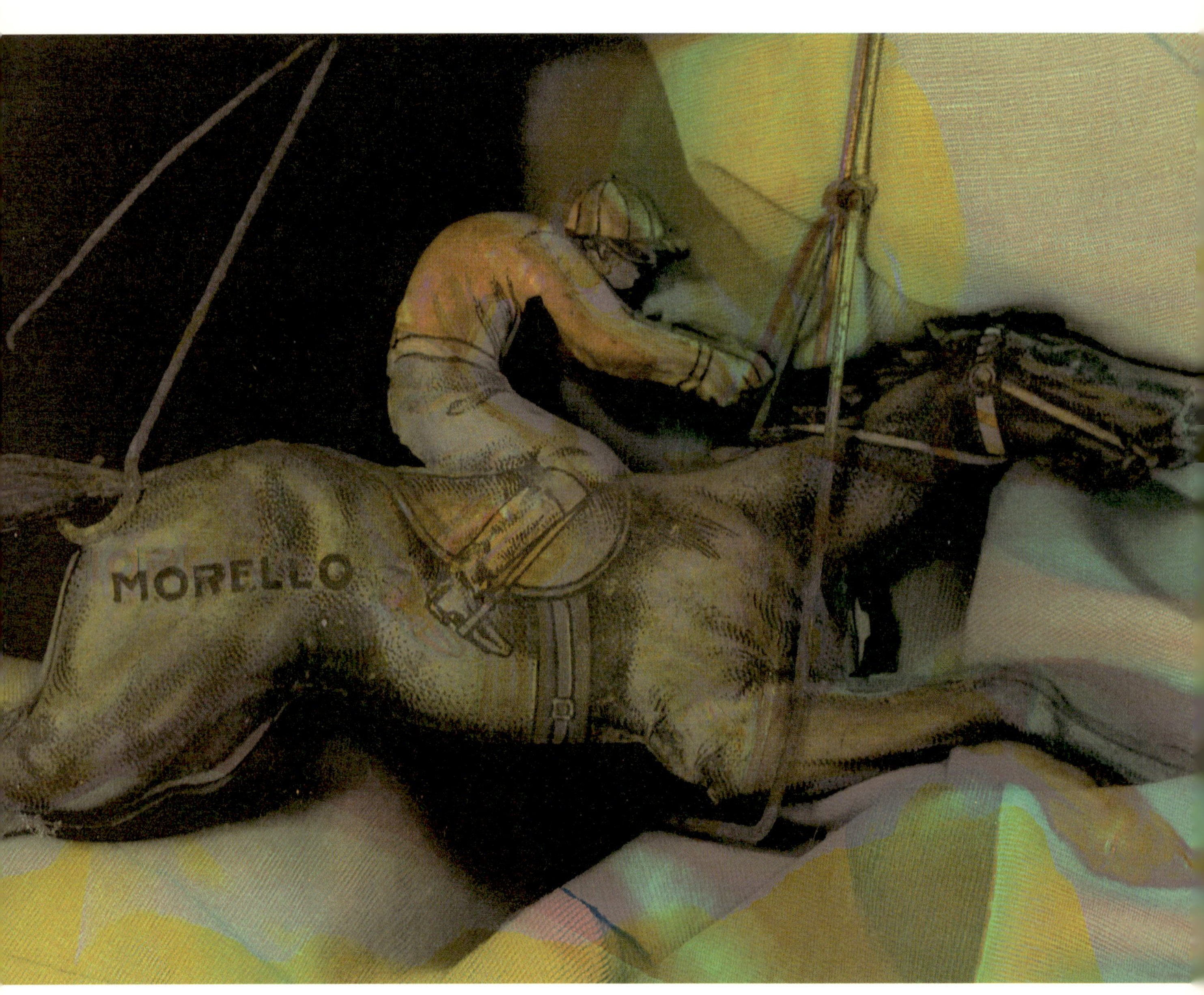
MORELLO

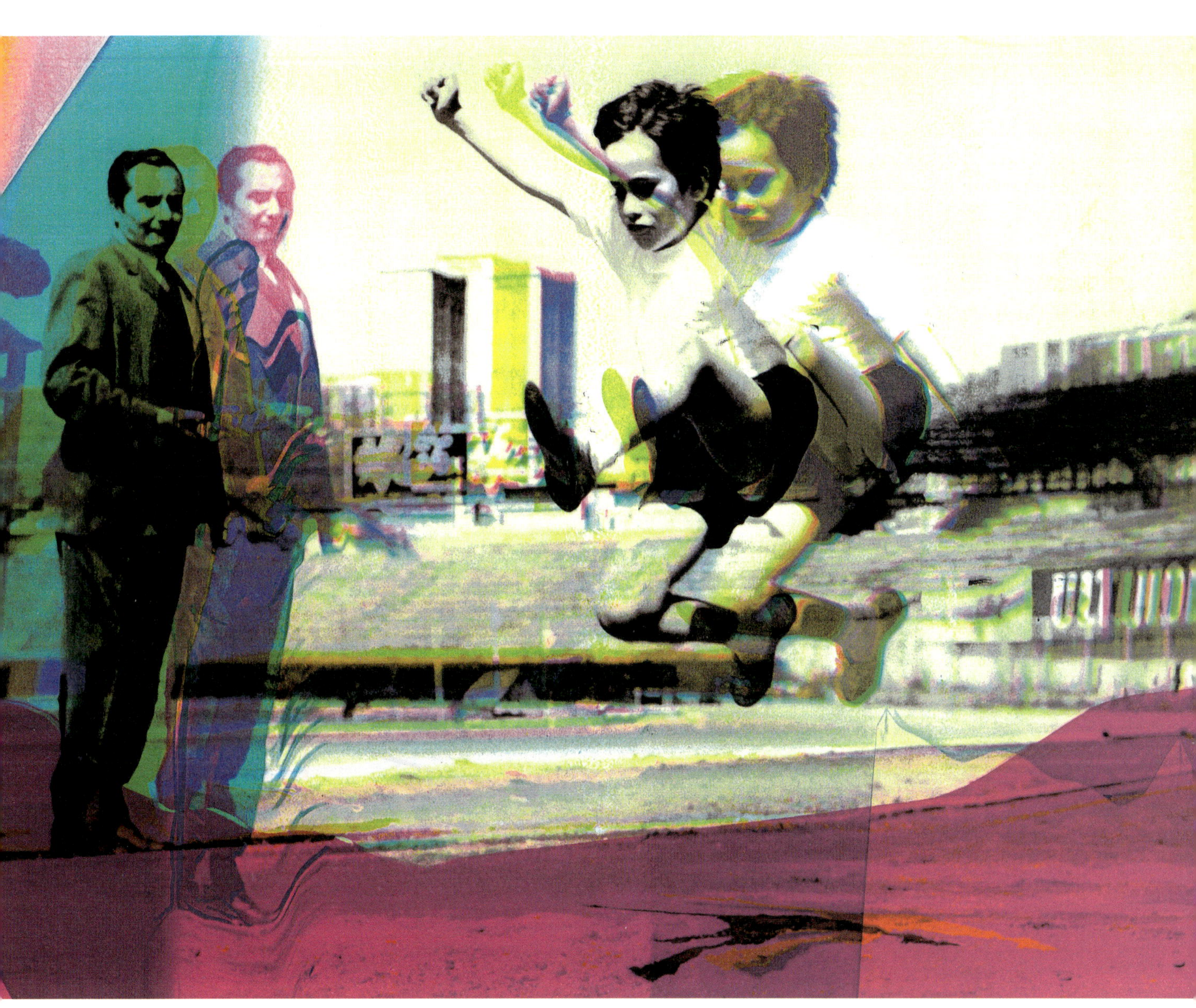

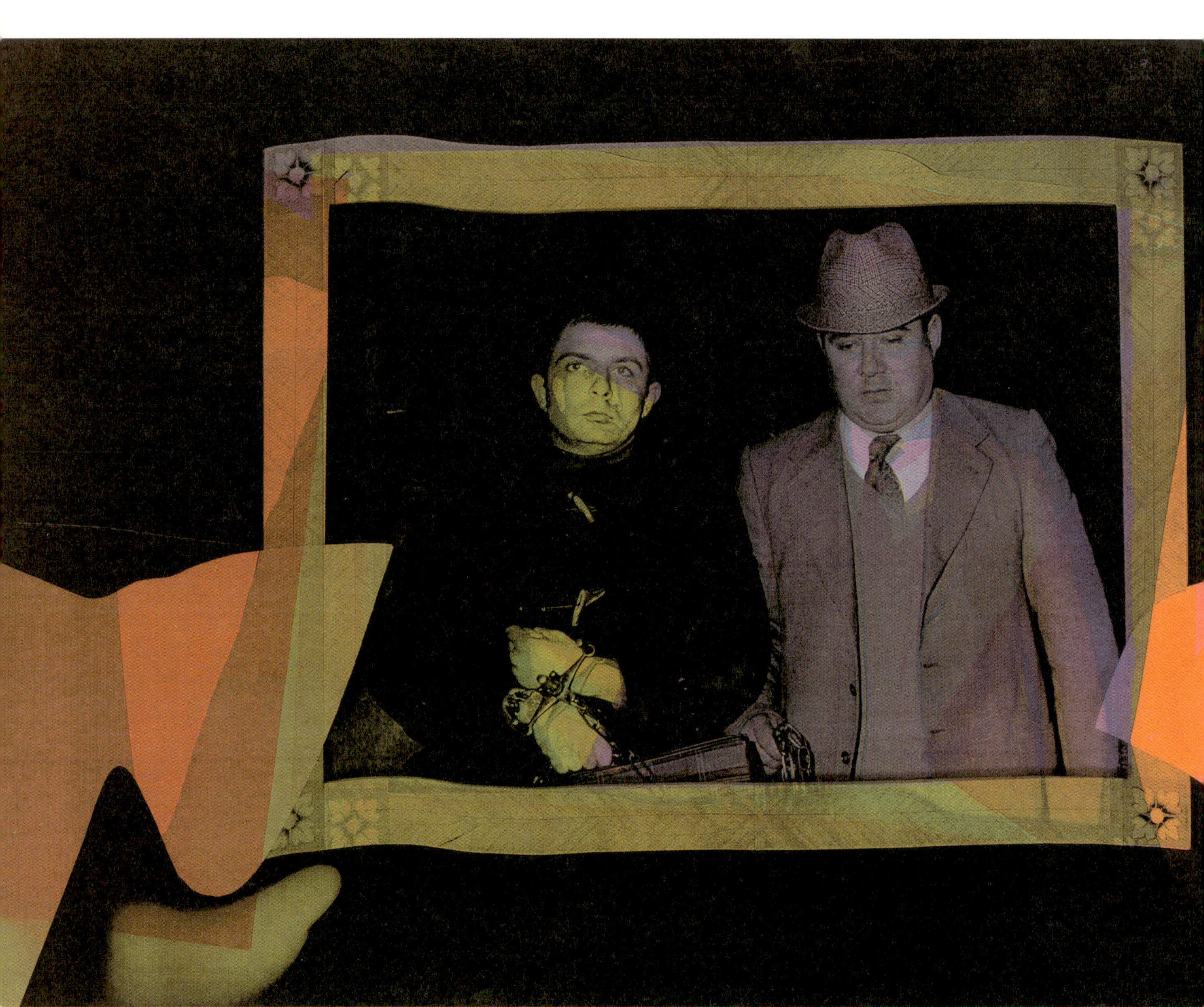

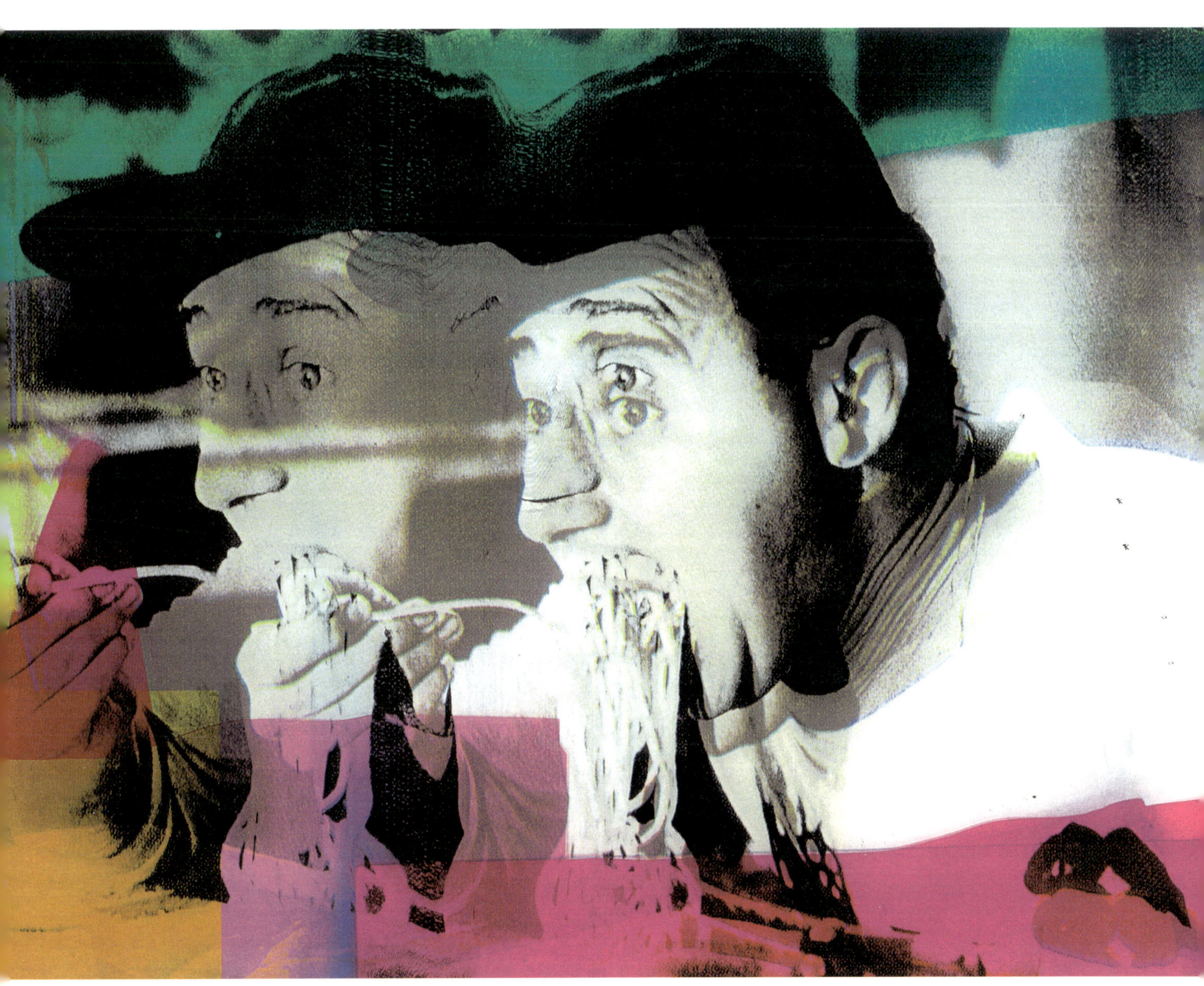

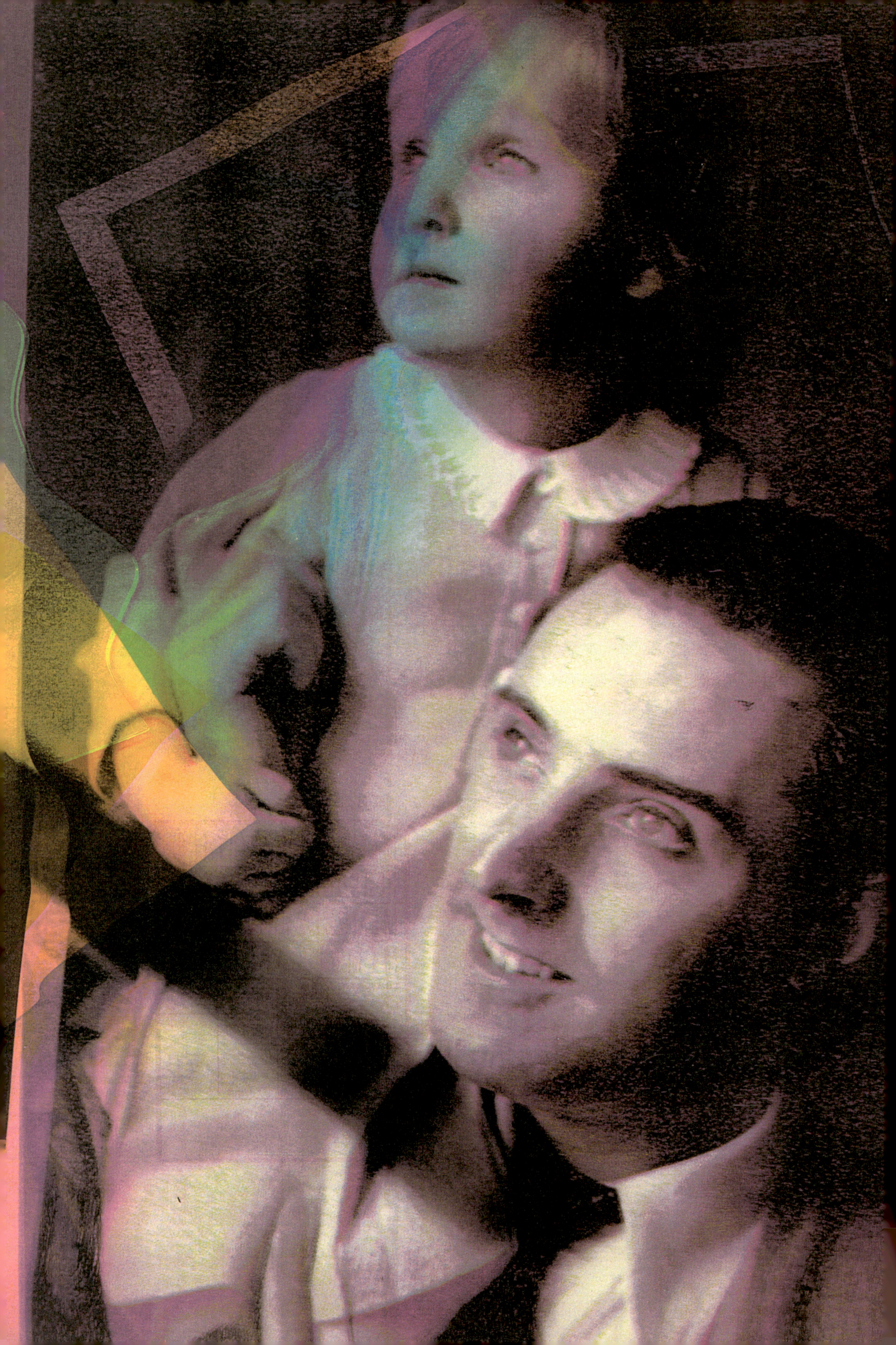

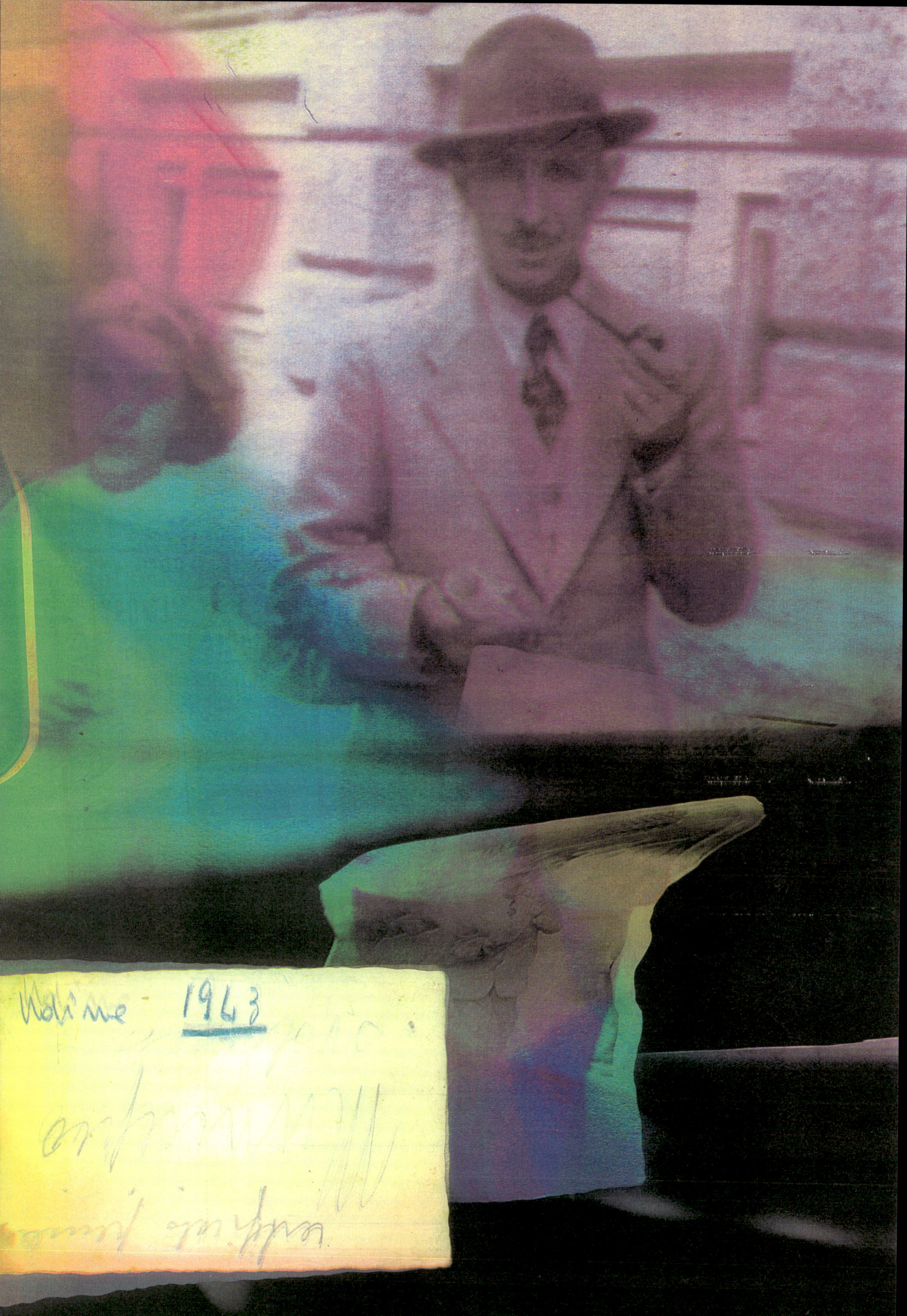
Noli me 1963

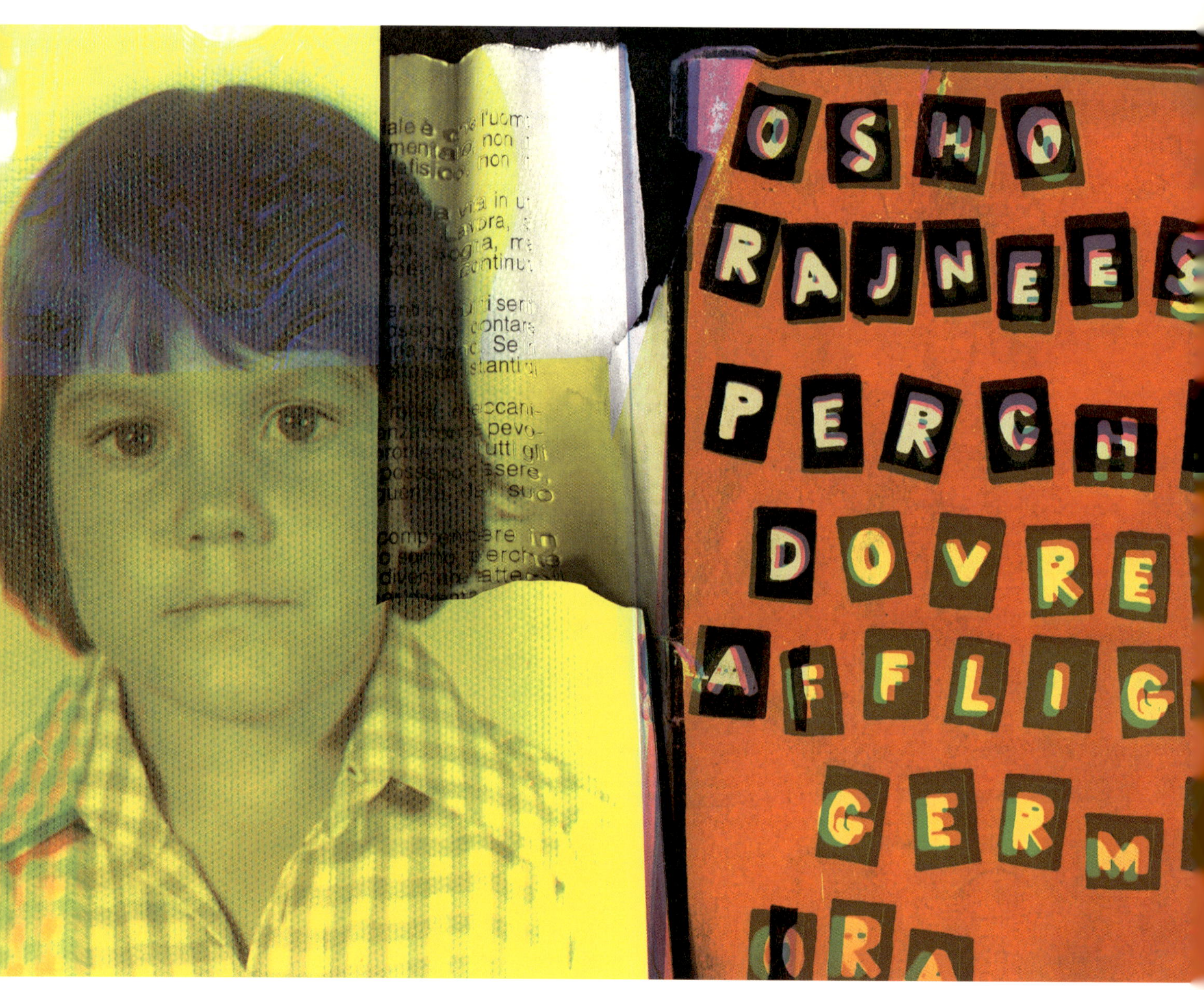
OSHO
RAJNEES
PERCH
DOVRE
AFFLIG
GERM
ORA

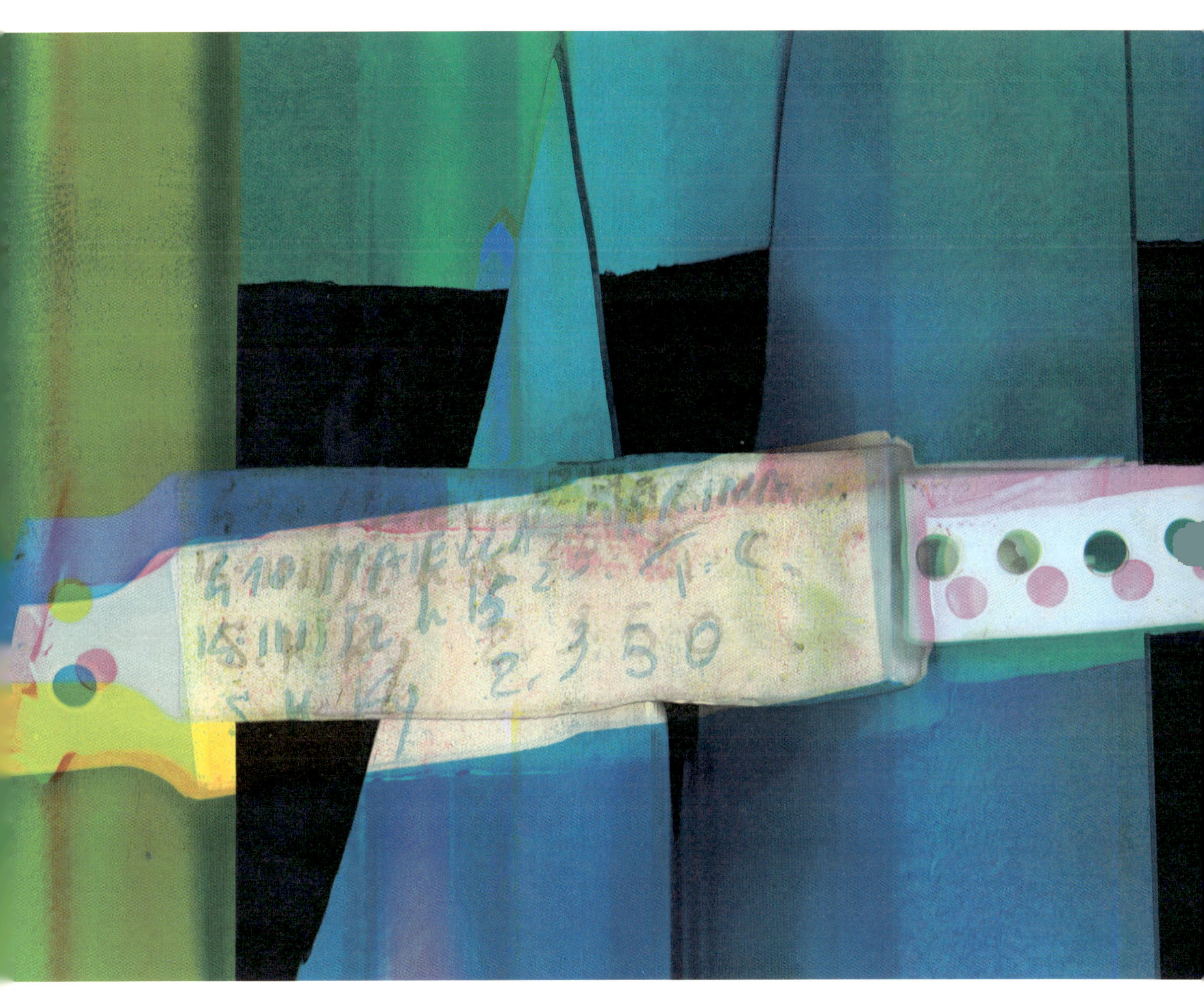

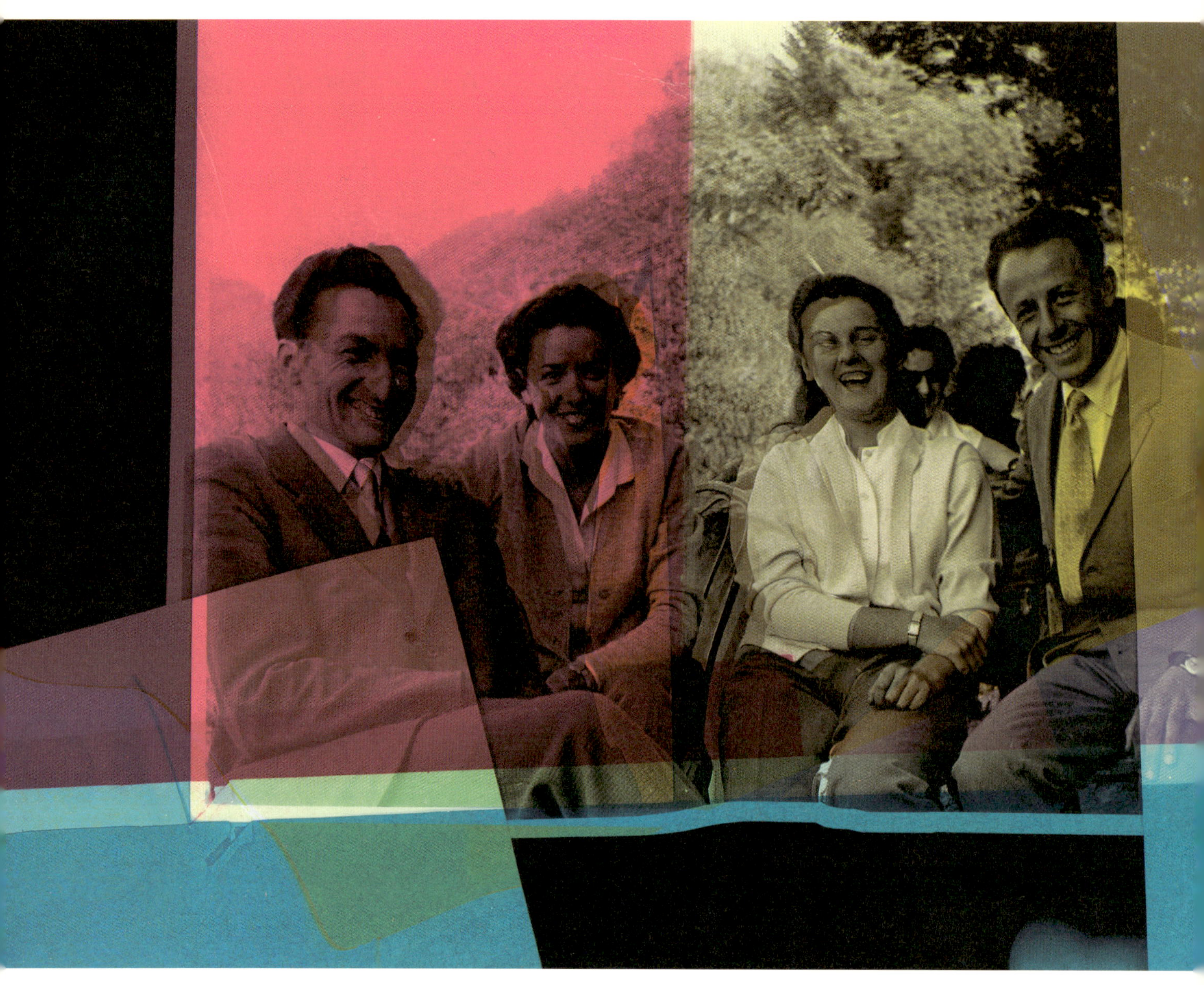

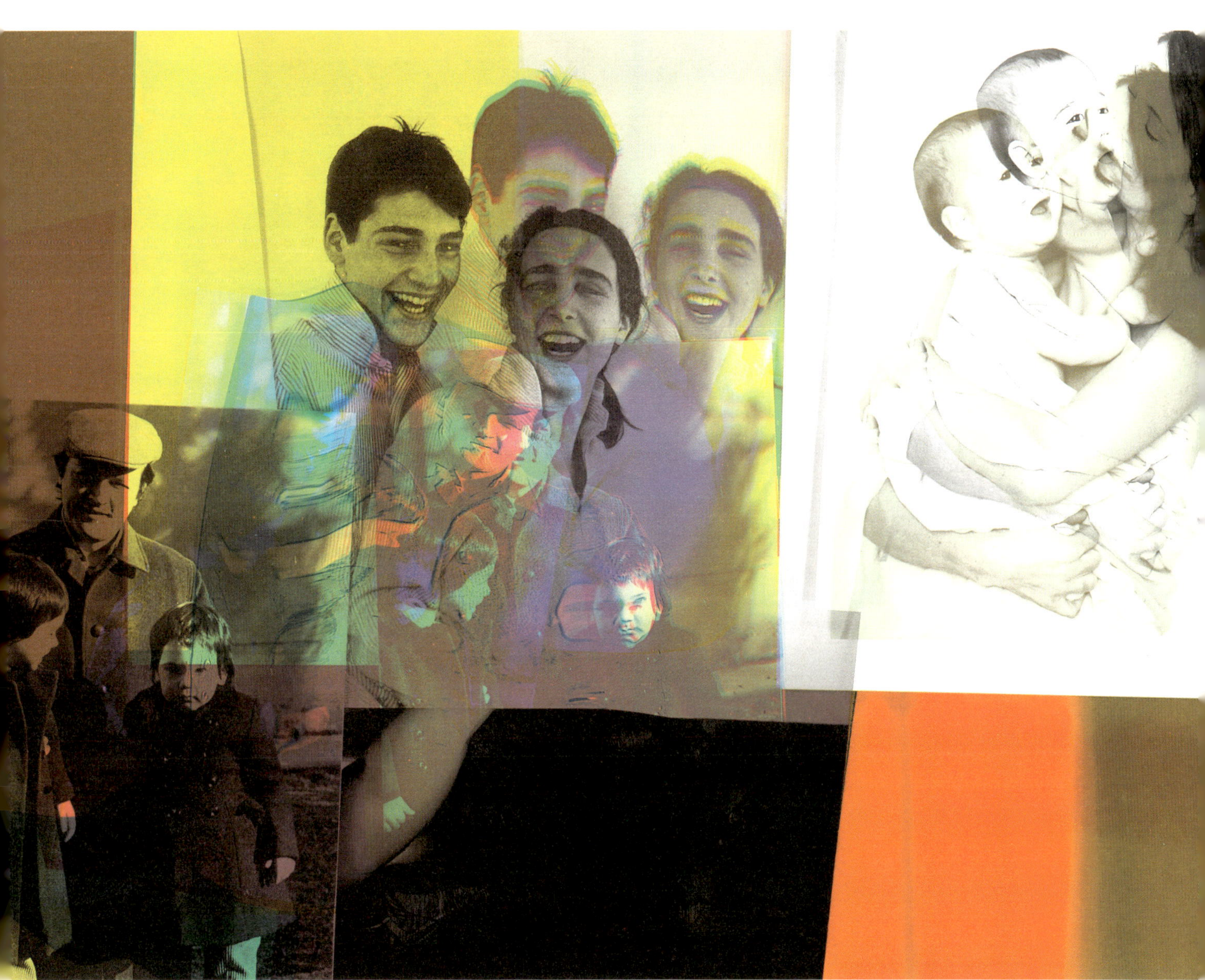

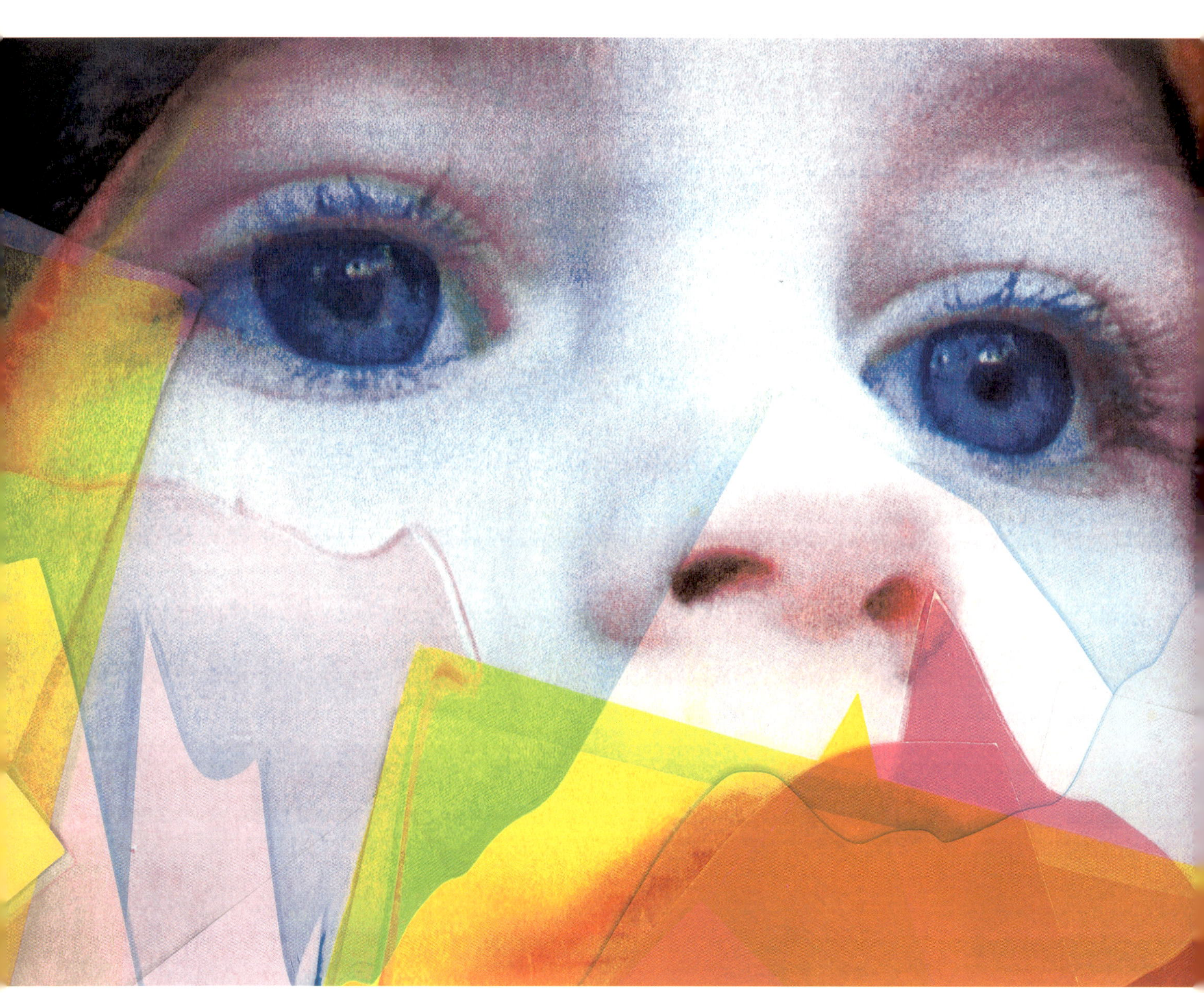

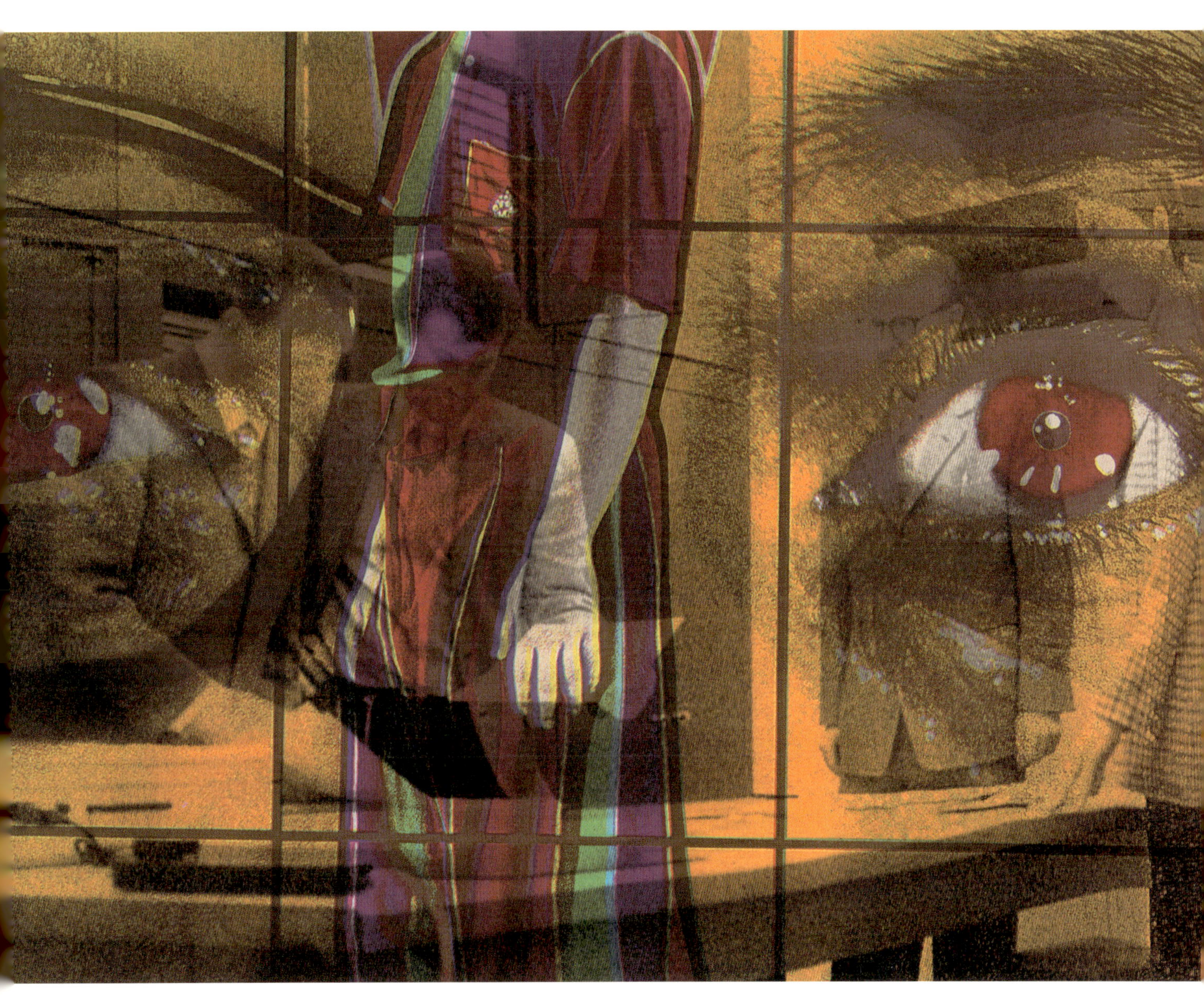

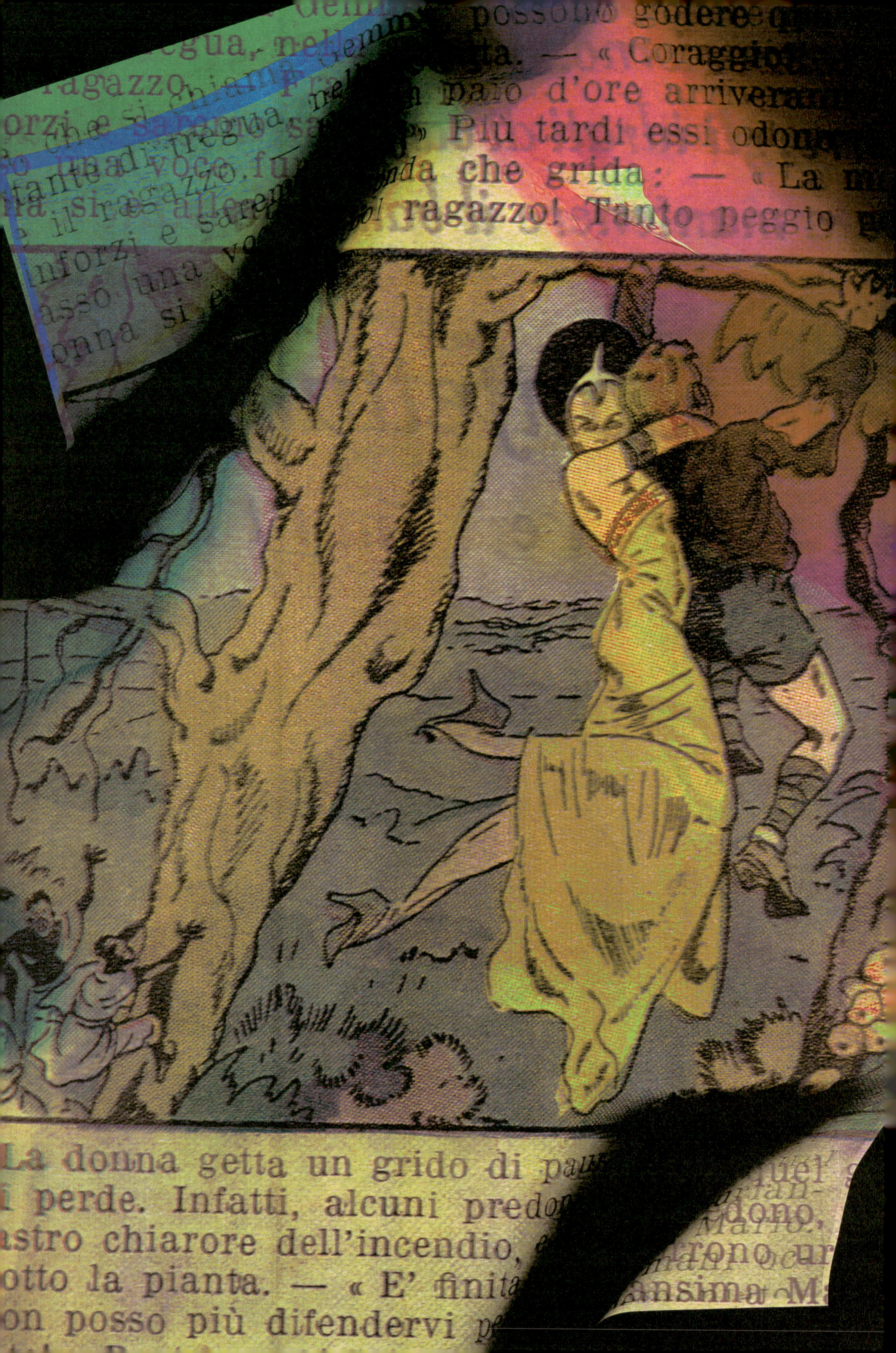

possono godere
egua, nell... gemme ...ta. — « Coraggio
ragazzo ...chiama... nel... paio d'ore arrivera
orzi ...saregua... Più tardi essi odon
voce fu... ...nda che grida: — « La
ragazzo! Tanto peggio
La donna getta un grido di pau...
i perde. Infatti, alcuni predon...
...stro chiarore dell'incendio, e
...otto la pianta. — « E' finita...
...on posso più difendervi p...

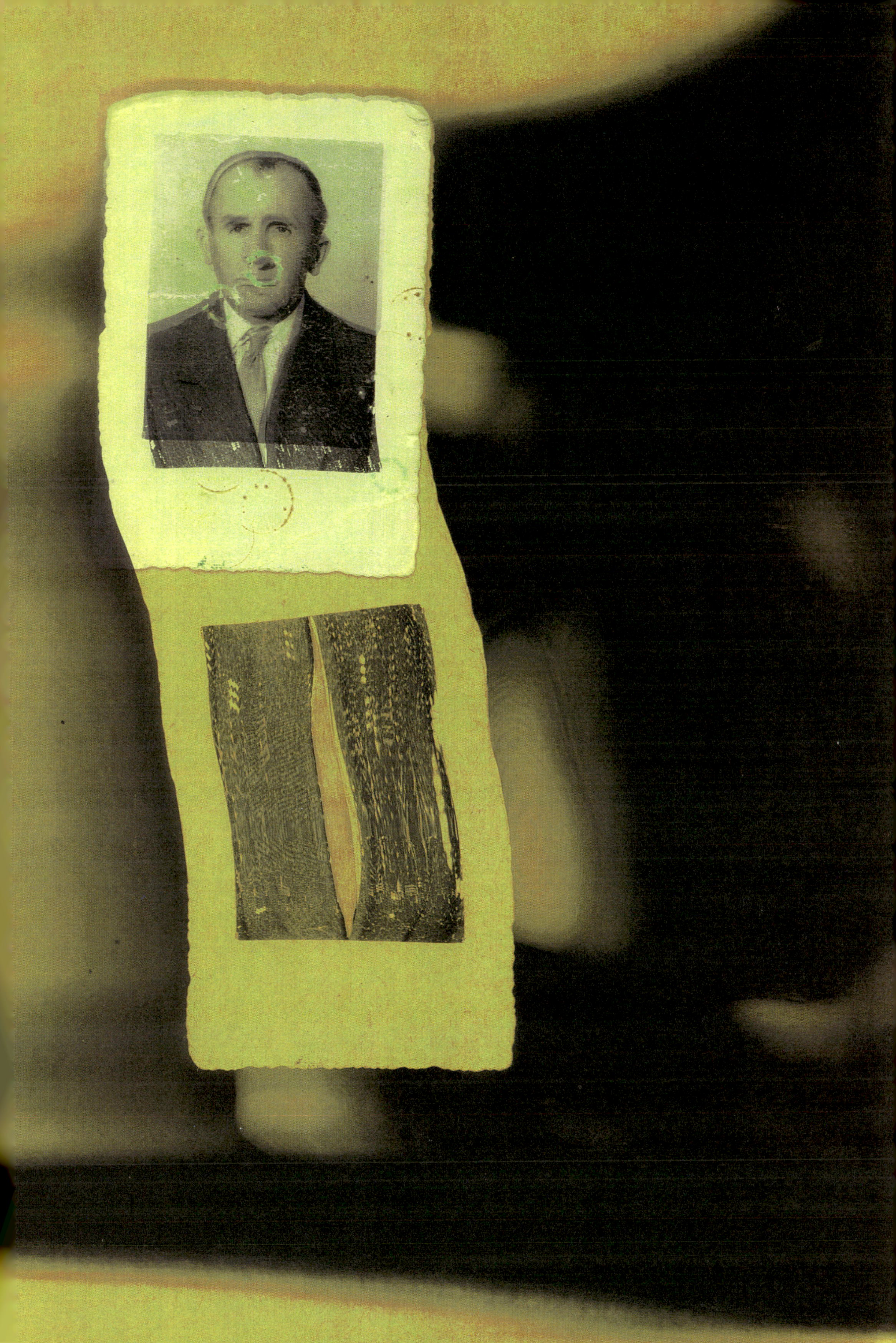

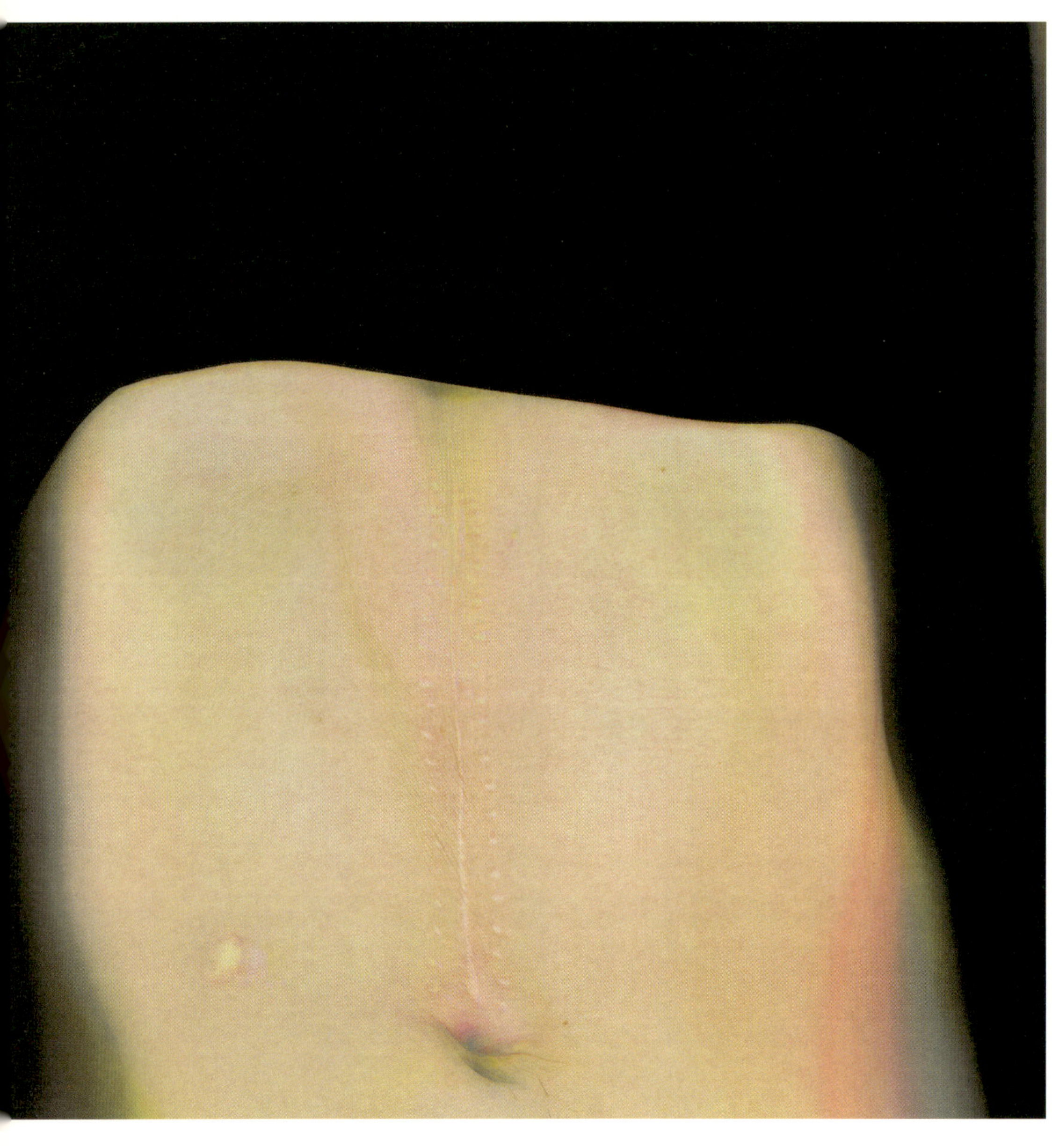

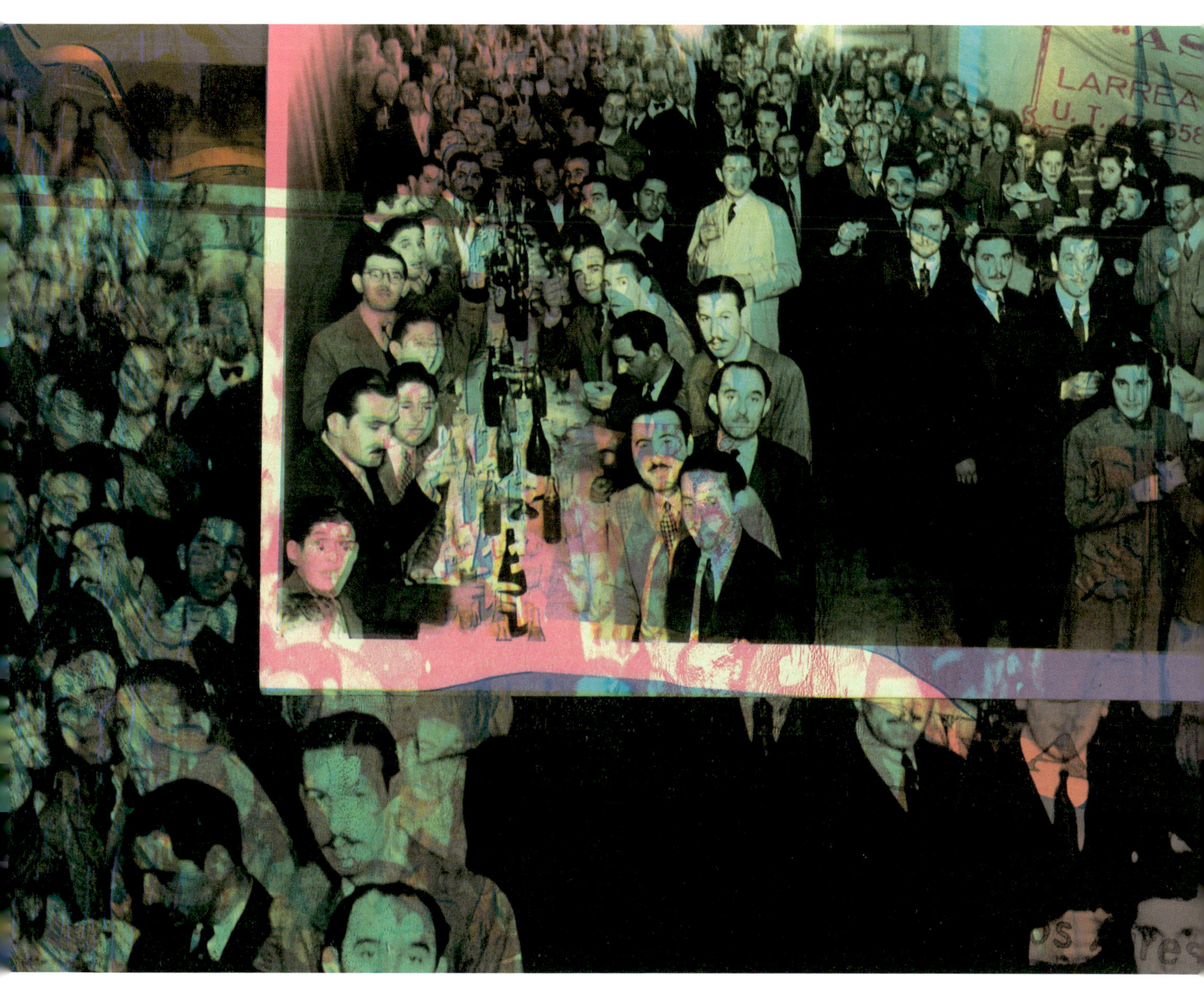
LARREA
U.T. 47-558

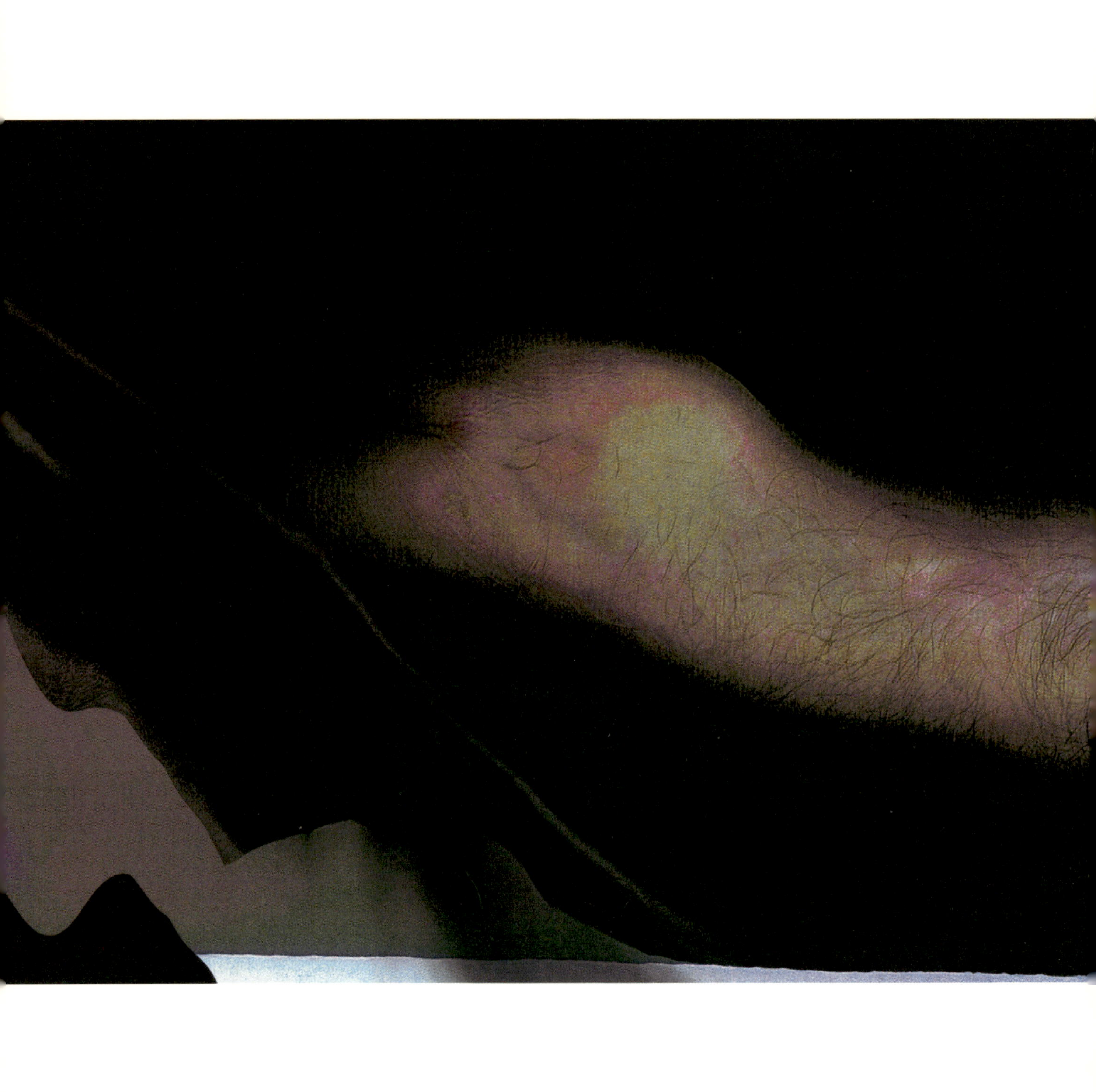

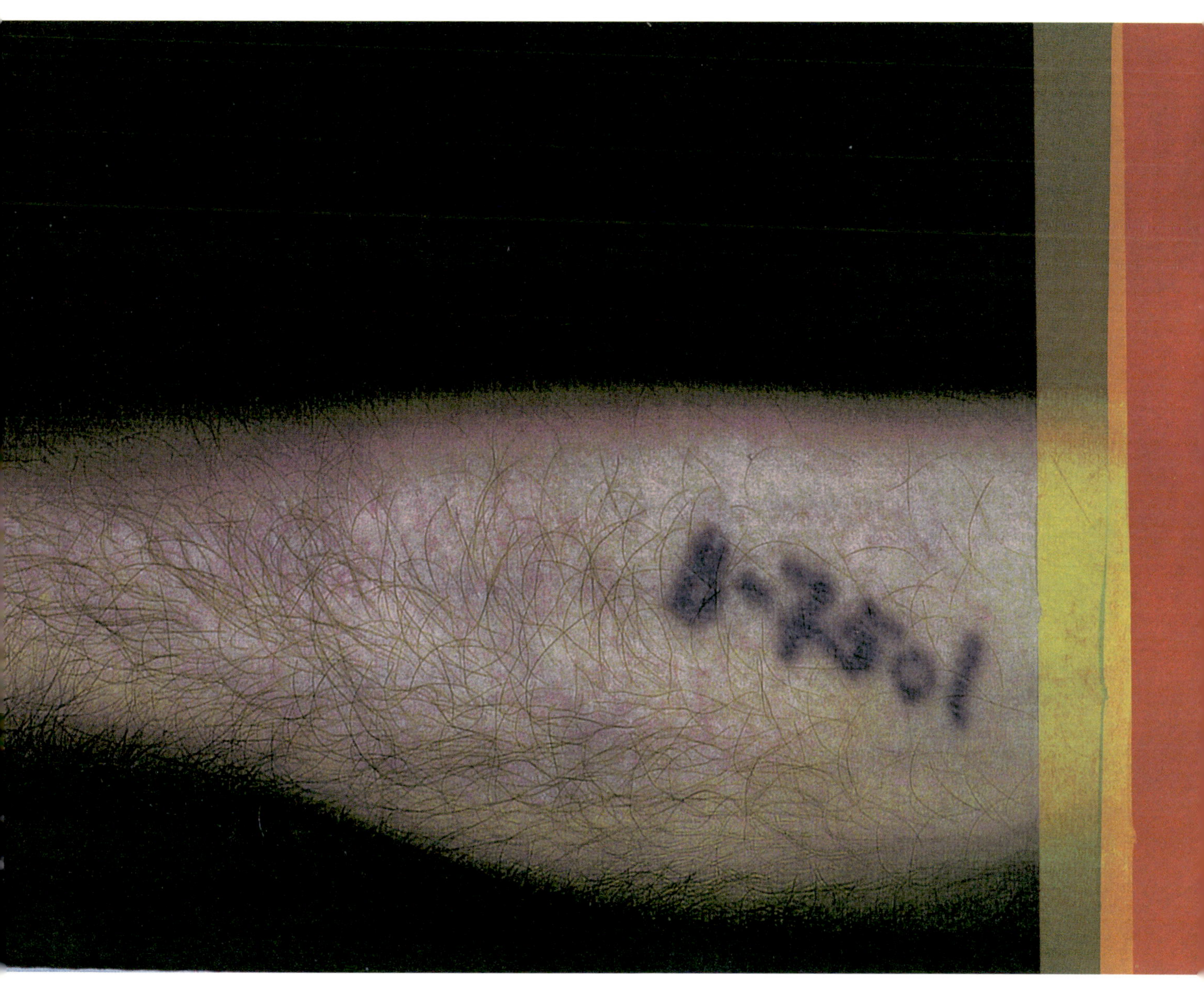

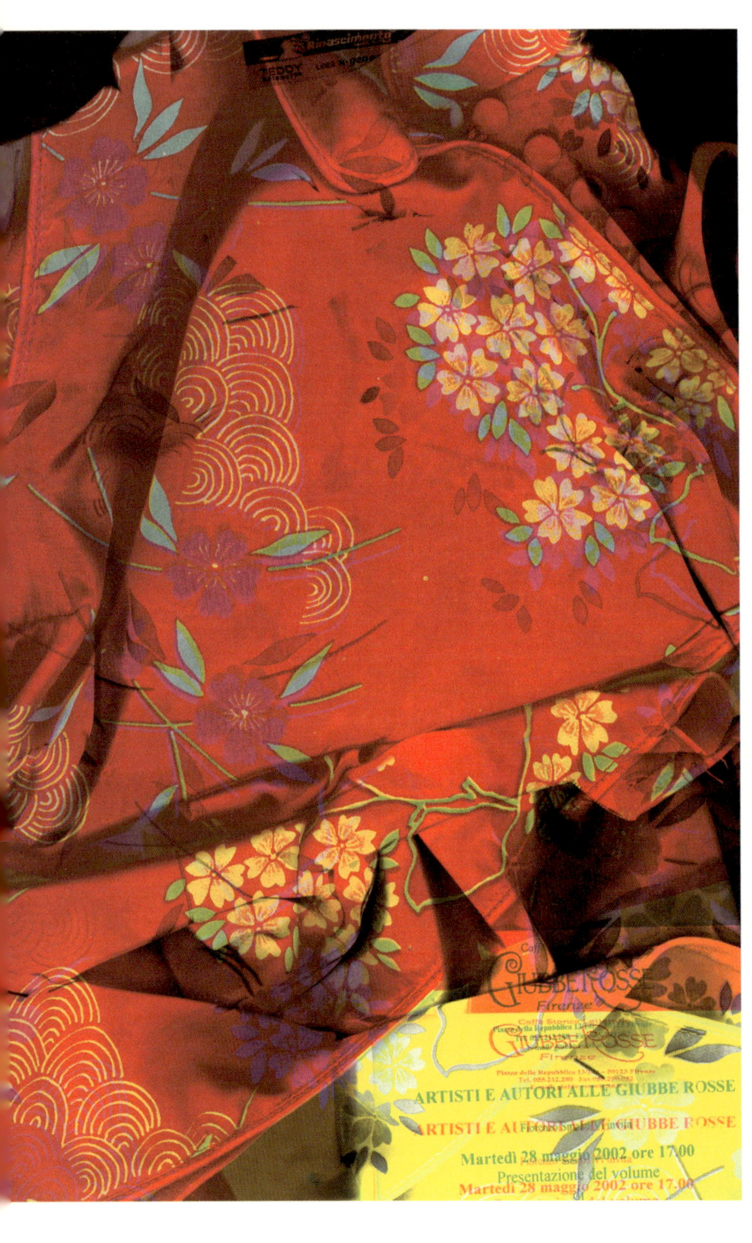
Caffè
GIUBBE ROSSE
Firenze
Caffè Storico Letterario
Piazza della Repubblica 13/14 - 50123 Firenze
Tel. 055.212.280   Fax 055.290.052
ARTISTI E AUTORI ALLE GIUBBE ROSSE
Martedì 28 maggio 2002 ore 17.00
Presentazione del volume

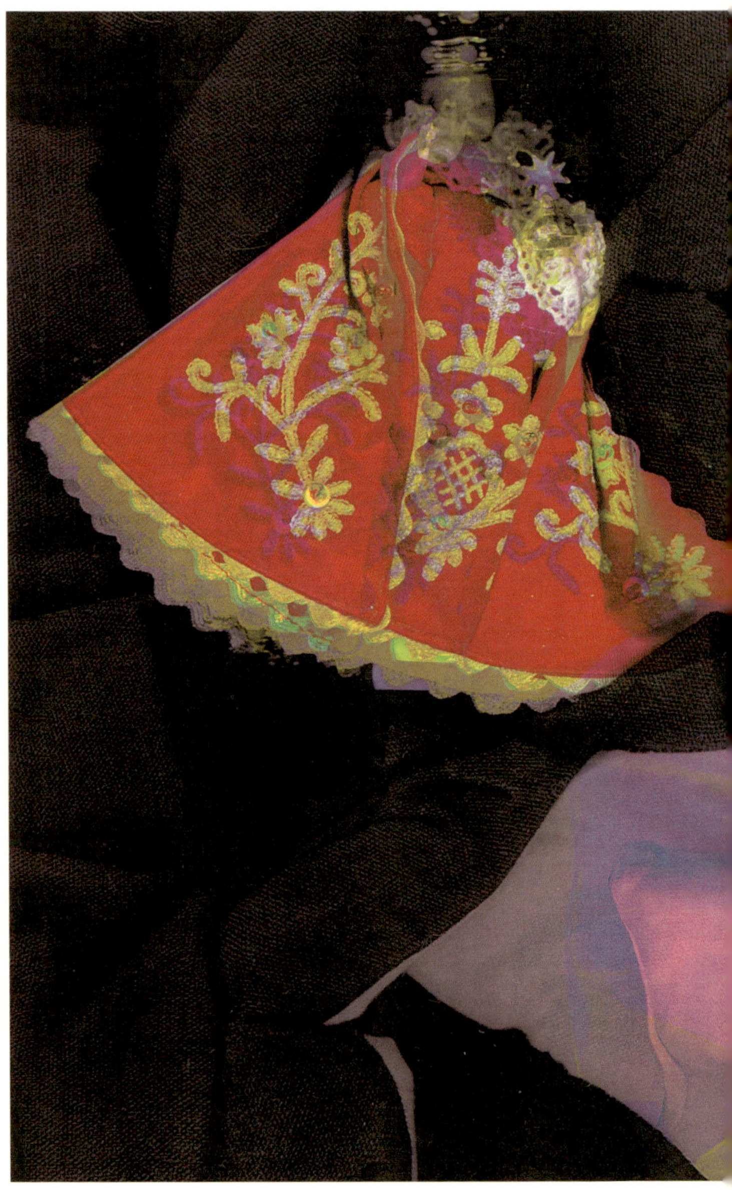

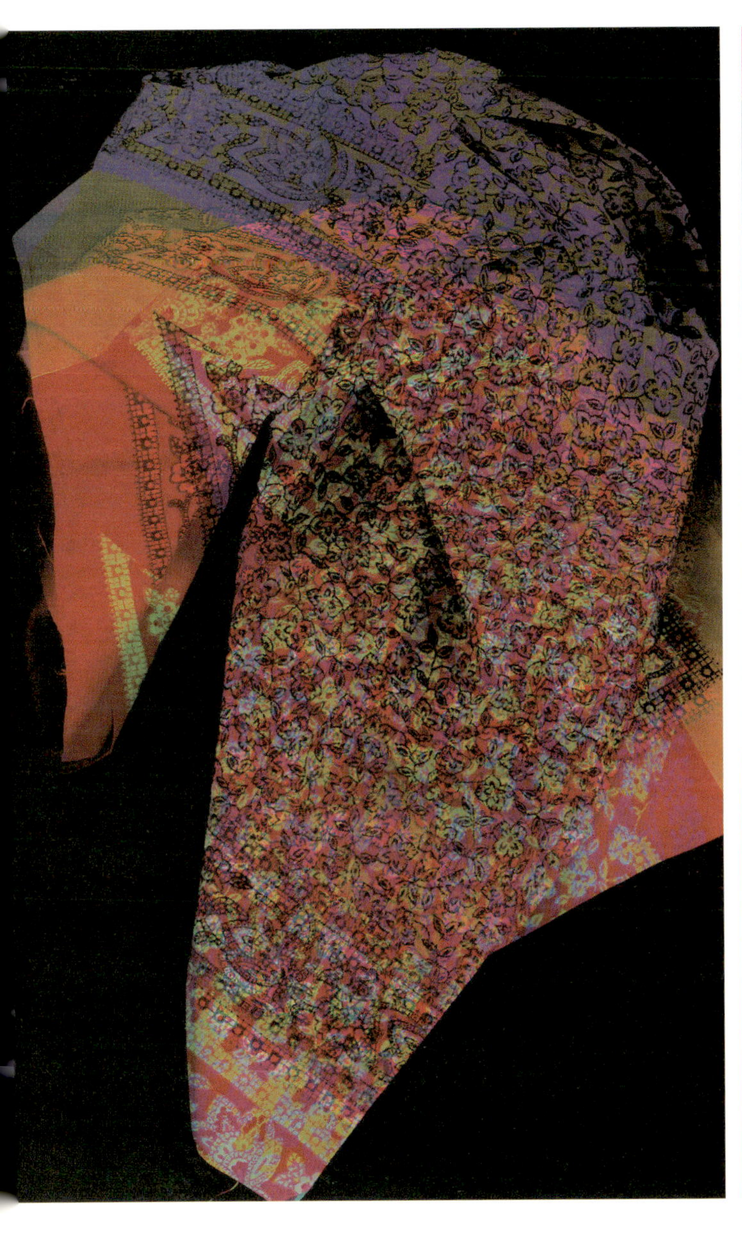

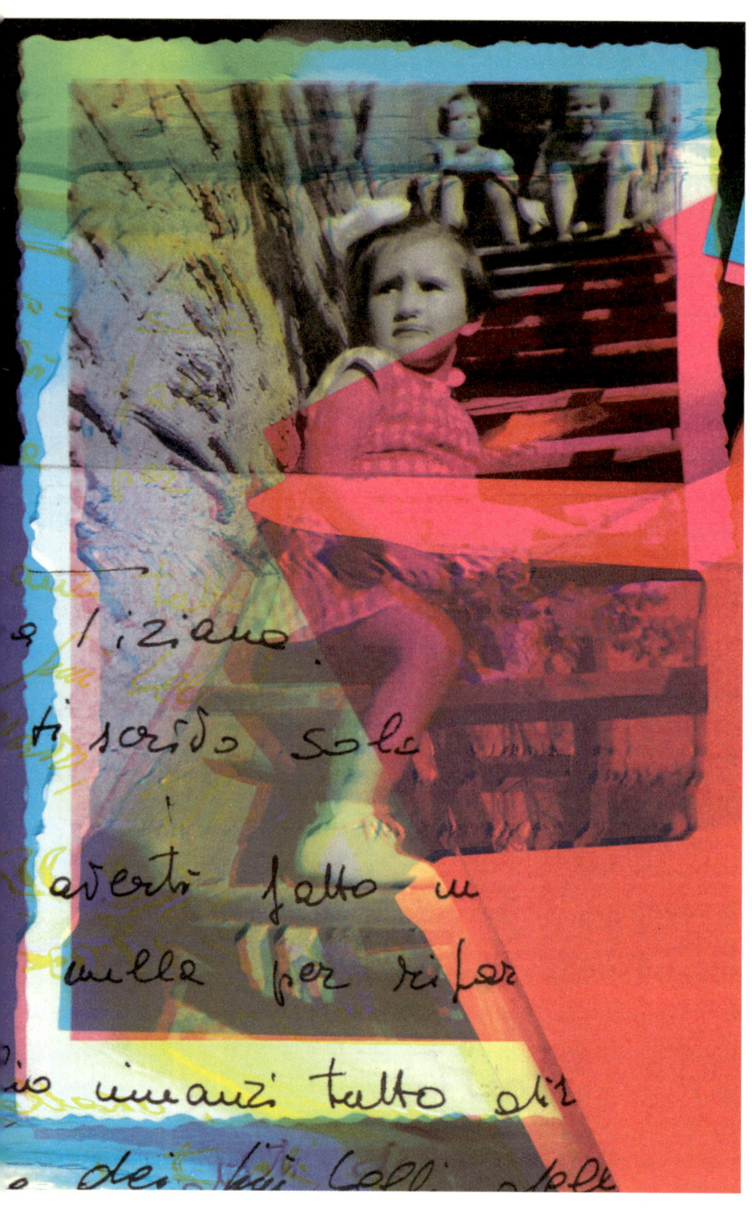
Tiziano.
ti scrivo solo
averti fatto u
nulla per rifar
io innanzi tutto di
o dei tuoi colli

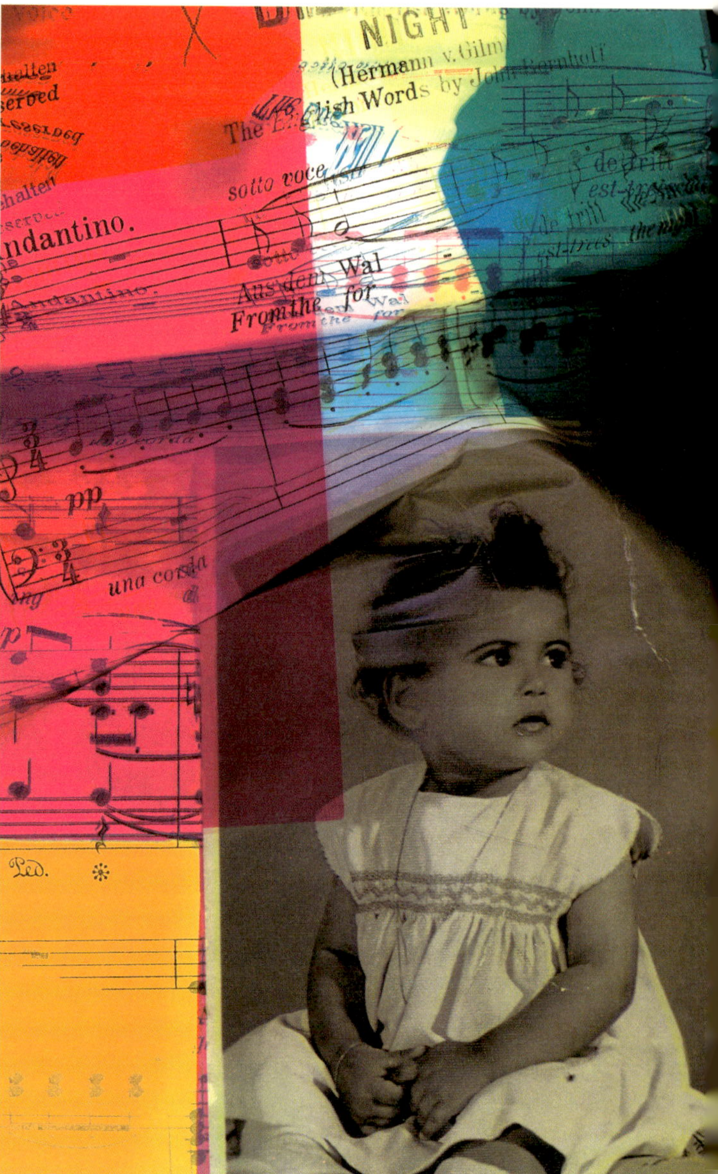
NIGHT
Hermann v. Gilm
(Hermann v. Gilm
ish Words by John Bornholt
The E
schalten
seroed
Andantino.
Andantino.
sotto voce
Aus dem Wal
From the for
pp
una corda
Ped.

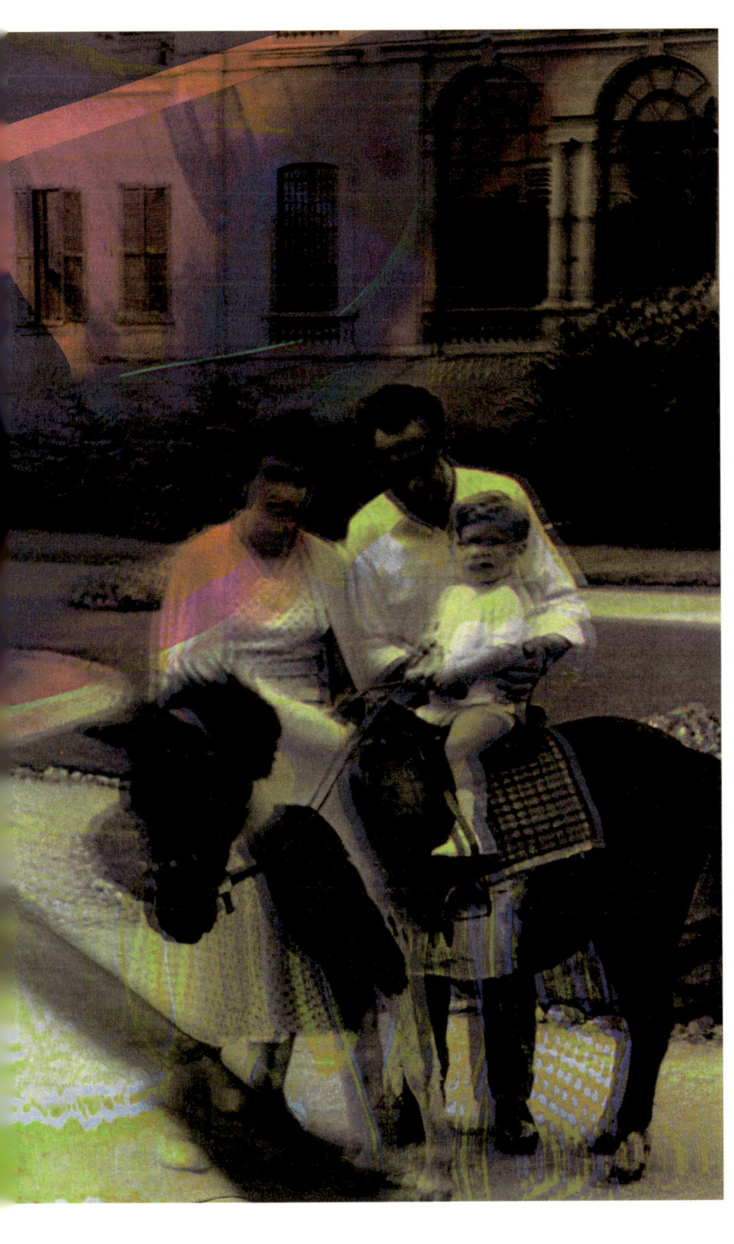

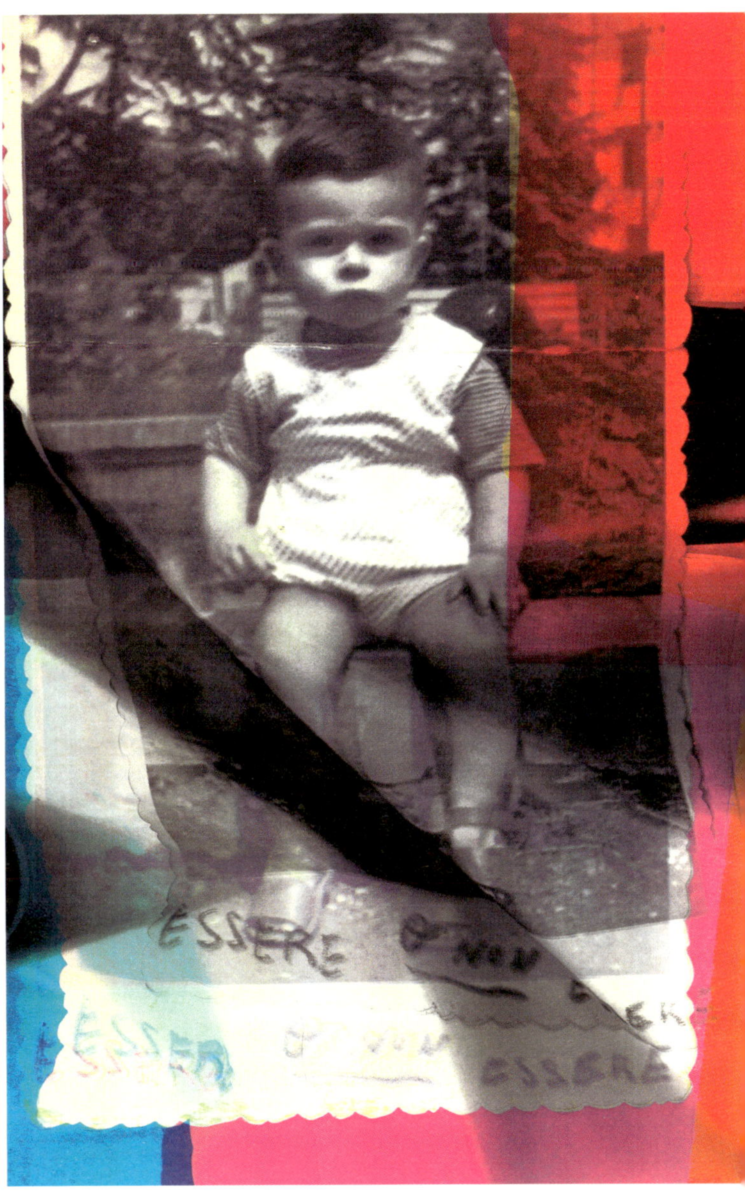
ESSERE O NON
ESSERE O NON

...sera. A bordo, poche persone stanche, in cappotti, sciarpe, cappelli. Fuori dai lucii diffuse circondate di nebbia e

fotogramma di una trasmissione televisiva dedicata al "decennio di piombo, della Repubblica". Per colonna sonora, canzone malinconica dal sapore antico ... e un altro giorno", della Vanoni. ... un oggetto. nessuno ~~riusciva~~ meglio di quell'immagine, ... su uno schermo televisivo, la memoria di ... adolescenza metropolitana e faticosa

Milano, 19/

Andrea

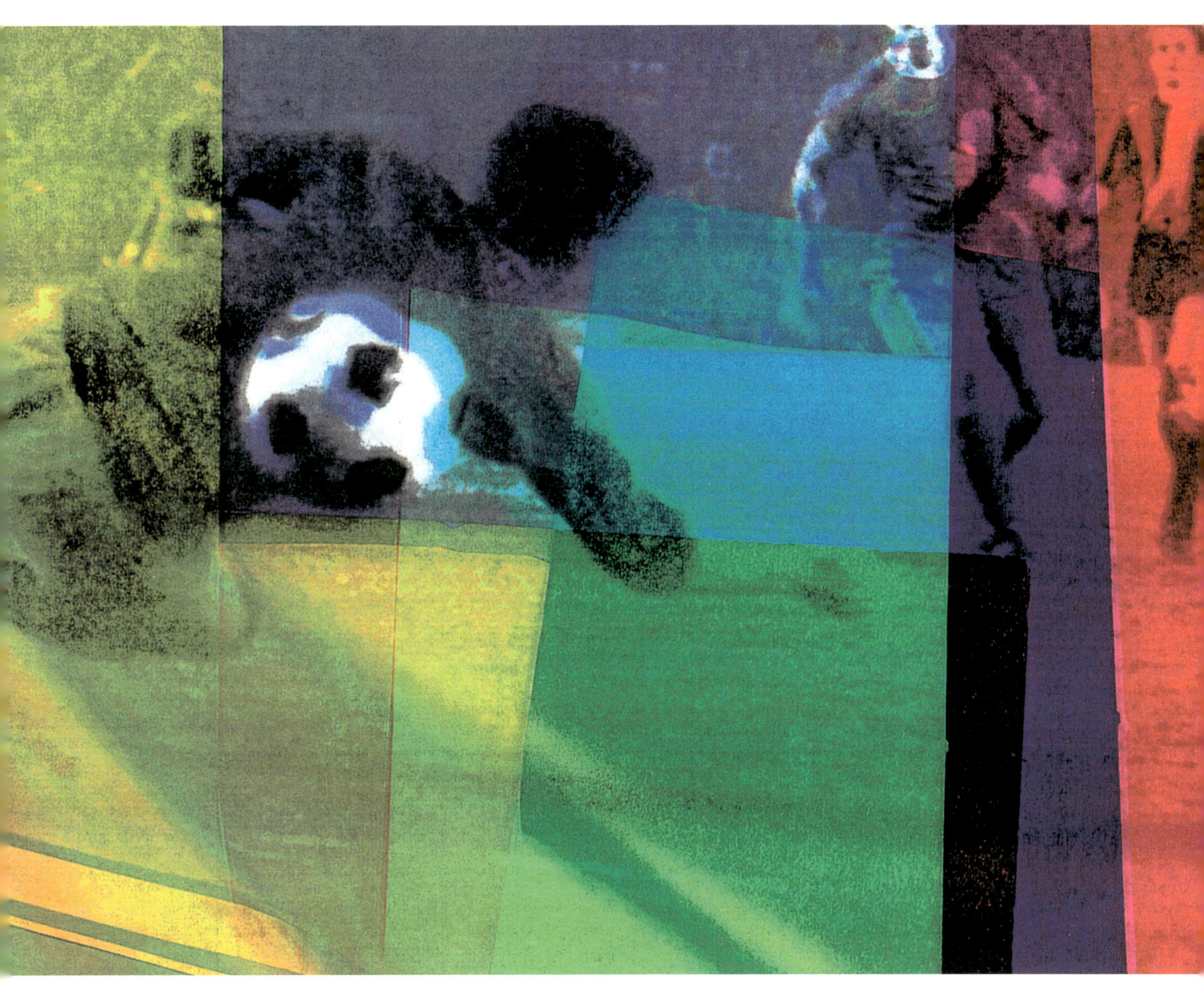

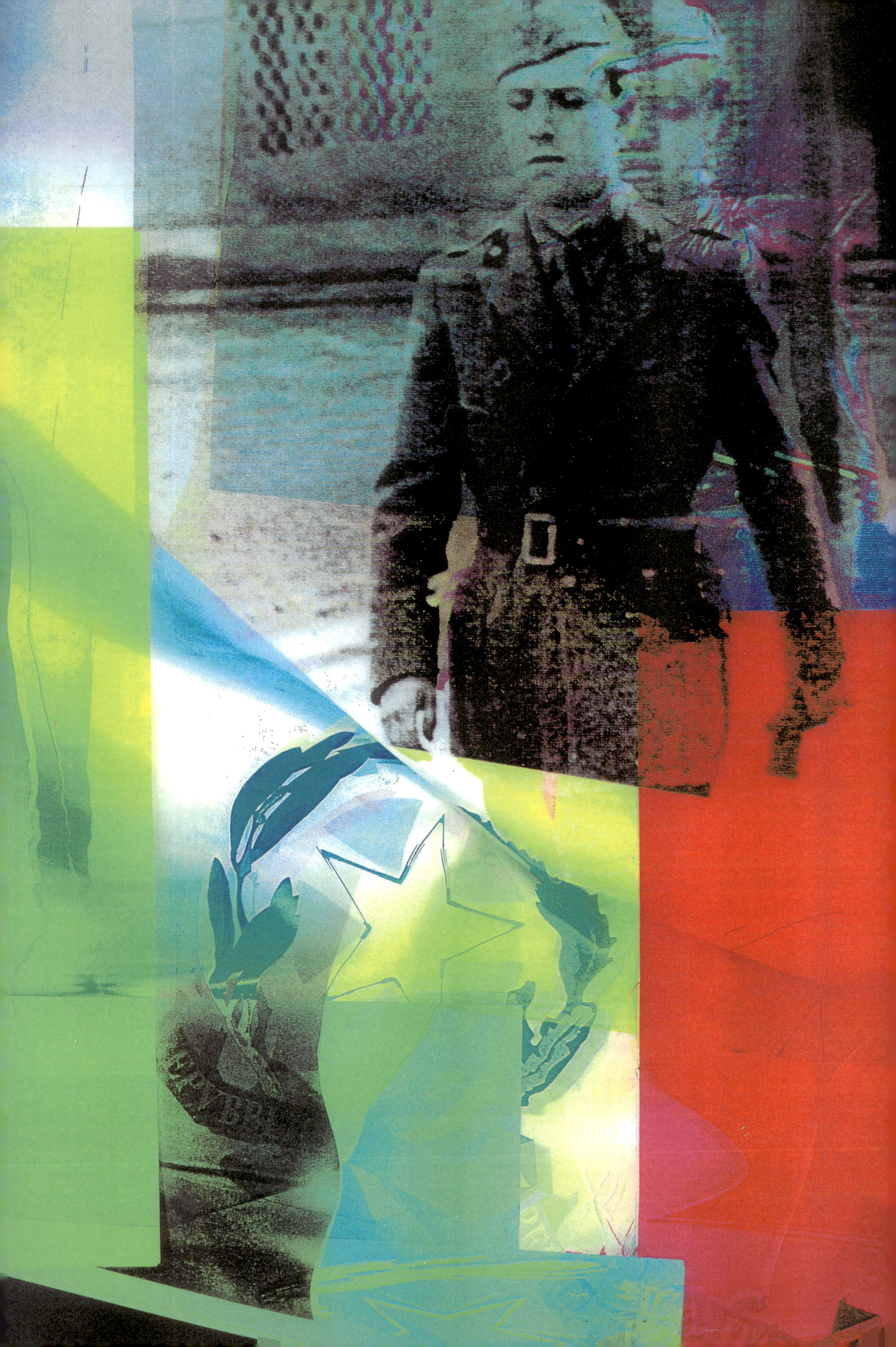

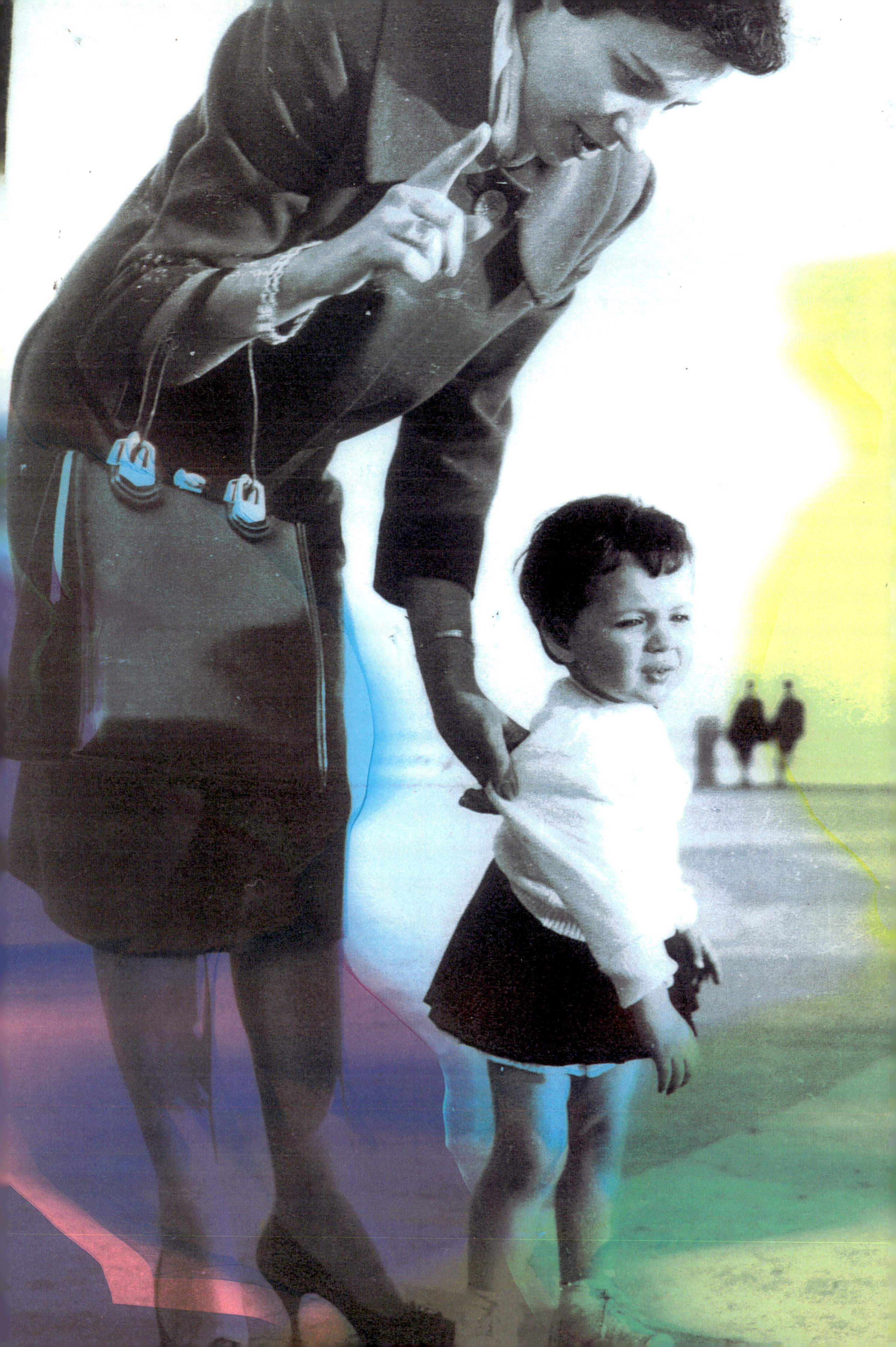

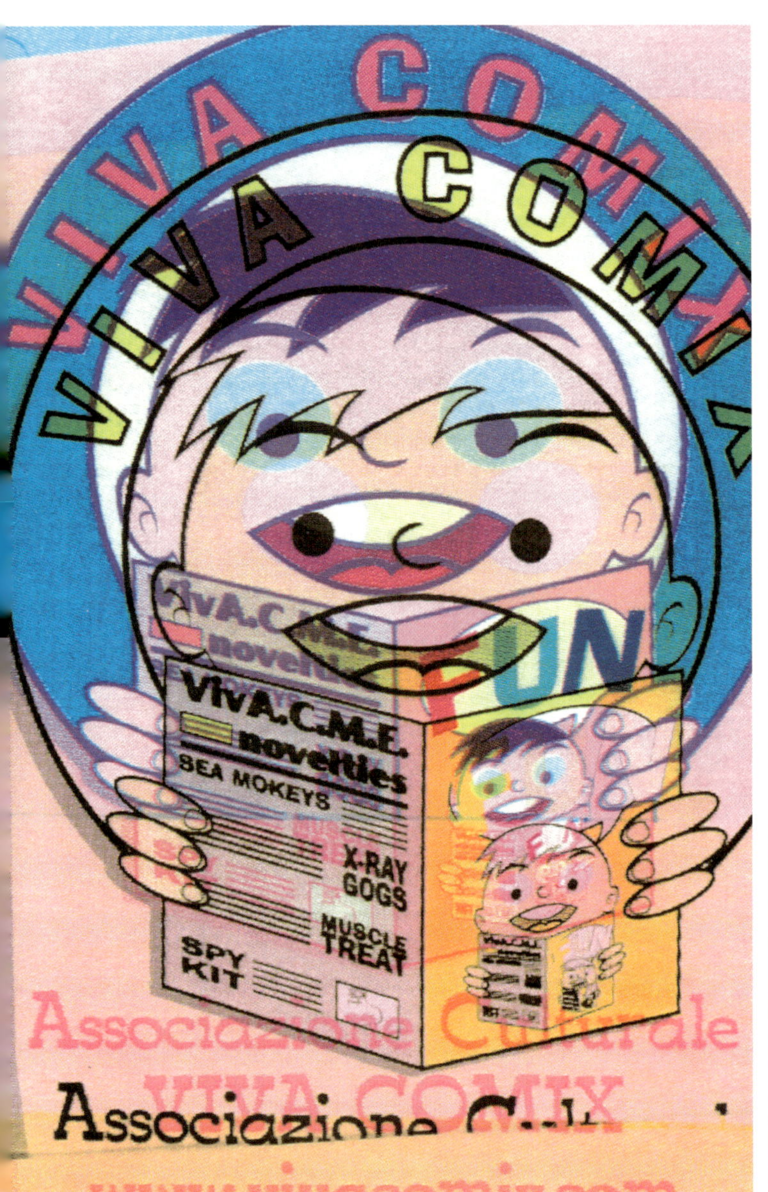

VIVA COMIX
VIVA COMIX
ViVA.C.M.E.
novelties
ViVA.C.M.E.
novelties
SEA MOKEYS
X-RAY
GOGS
MUSCLE
TREAT
SPY
KIT
FUN
Associazione Culturale
VIVA COMIX
Associazione Comix
www.vivacomix.com

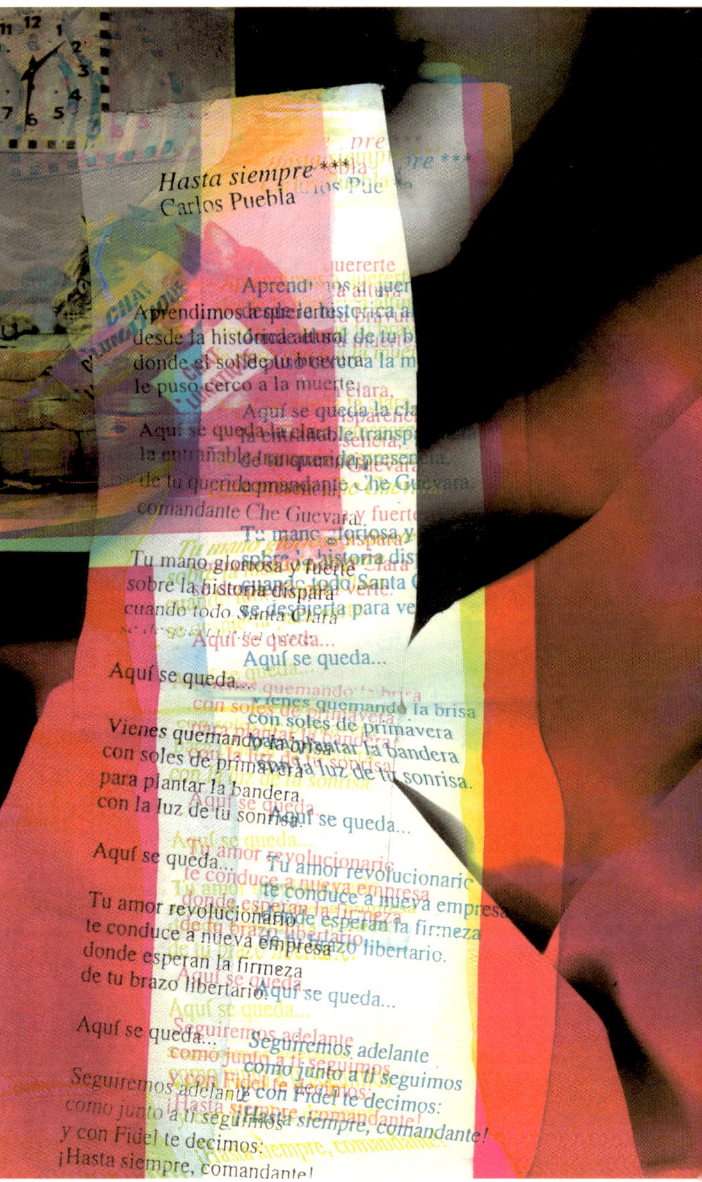

Hasta siempre
Carlos Puebla

Aprendimos a quererte
desde la histórica altura
donde el sol de tu bravura
le puso cerco a la muerte.

Aquí se queda la clara,
la entrañable transparencia,
de tu querida presencia,
comandante Che Guevara.

Tu mano gloriosa y fuerte
sobre la historia dispara
cuando todo Santa Clara
se despierta para verte.

Aquí se queda...

Vienes quemando la brisa
con soles de primavera
para plantar la bandera
con la luz de tu sonrisa.

Aquí se queda...

Tu amor revolucionario
te conduce a nueva empresa
donde esperan la firmeza
de tu brazo libertario.

Aquí se queda...

Seguiremos adelante
como junto a ti seguimos
y con Fidel te decimos:
¡Hasta siempre, comandante!

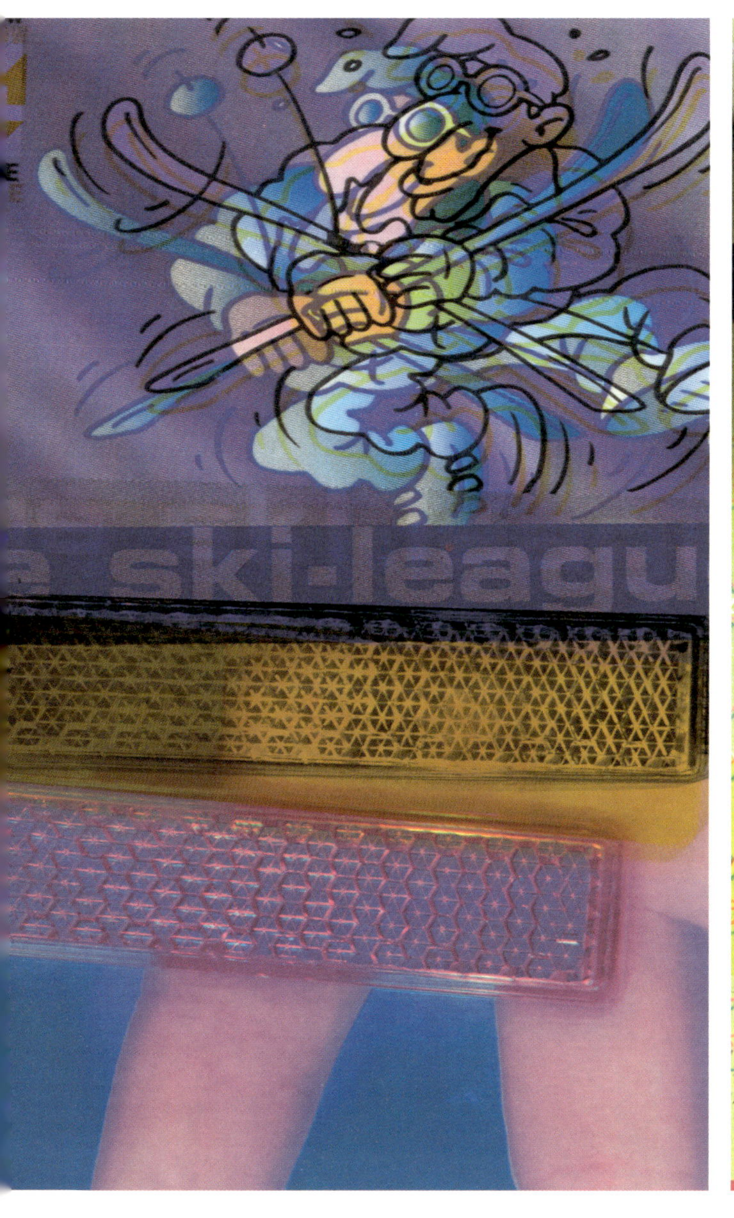
a ski-leagu
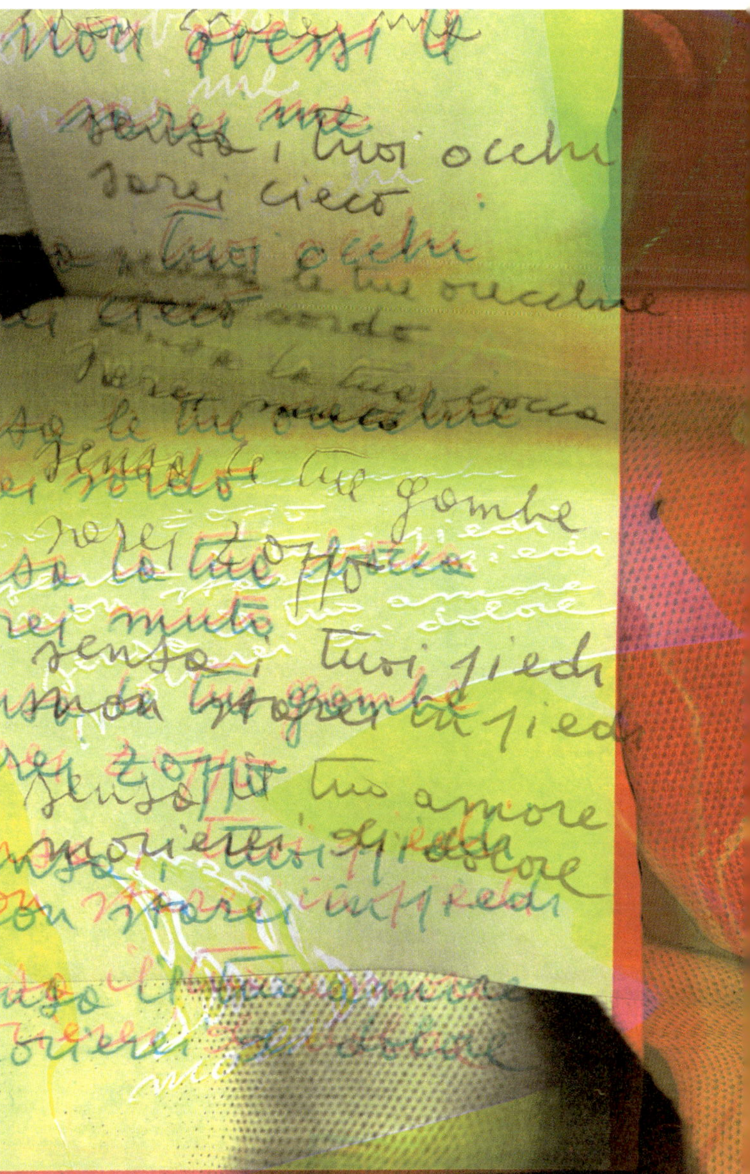

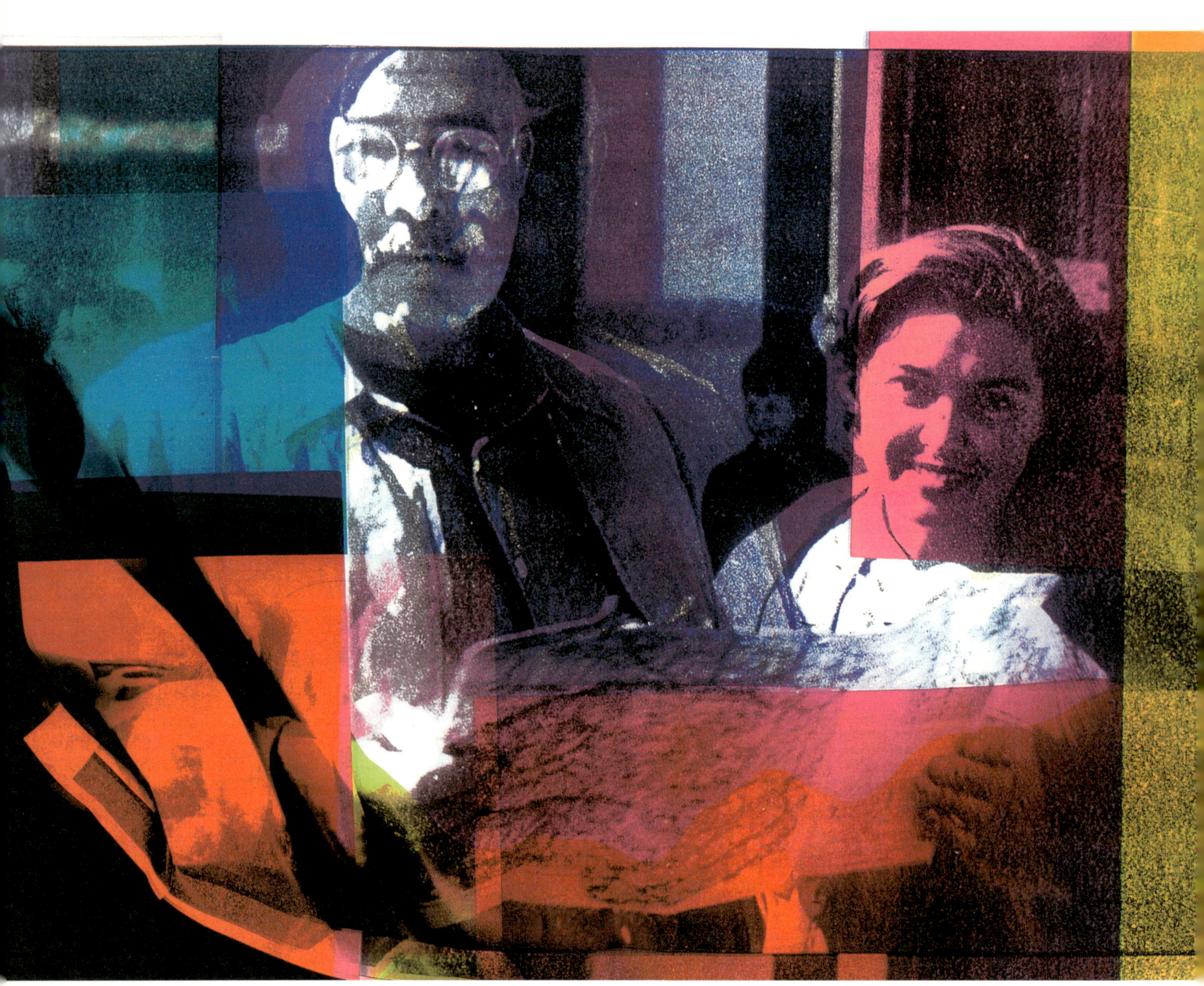

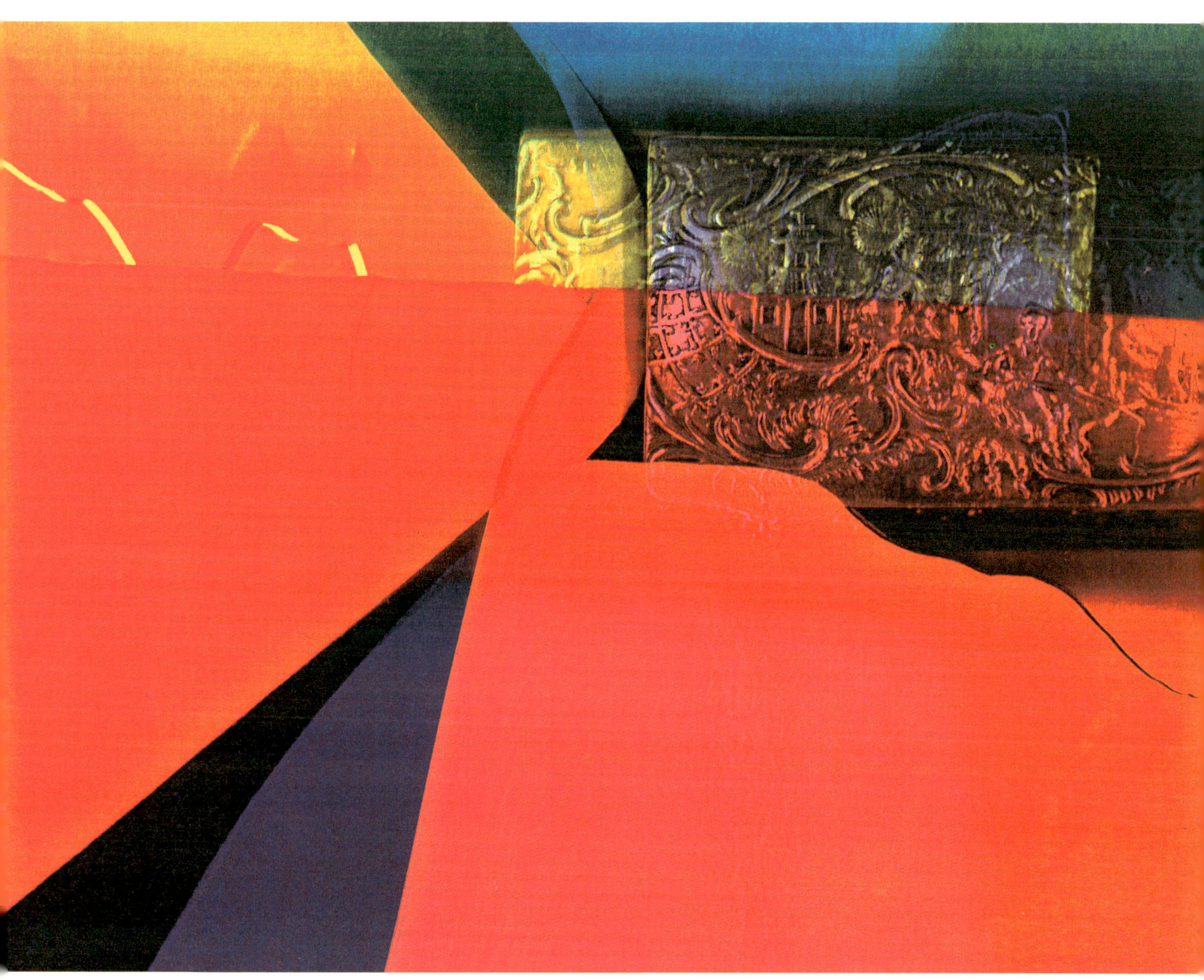

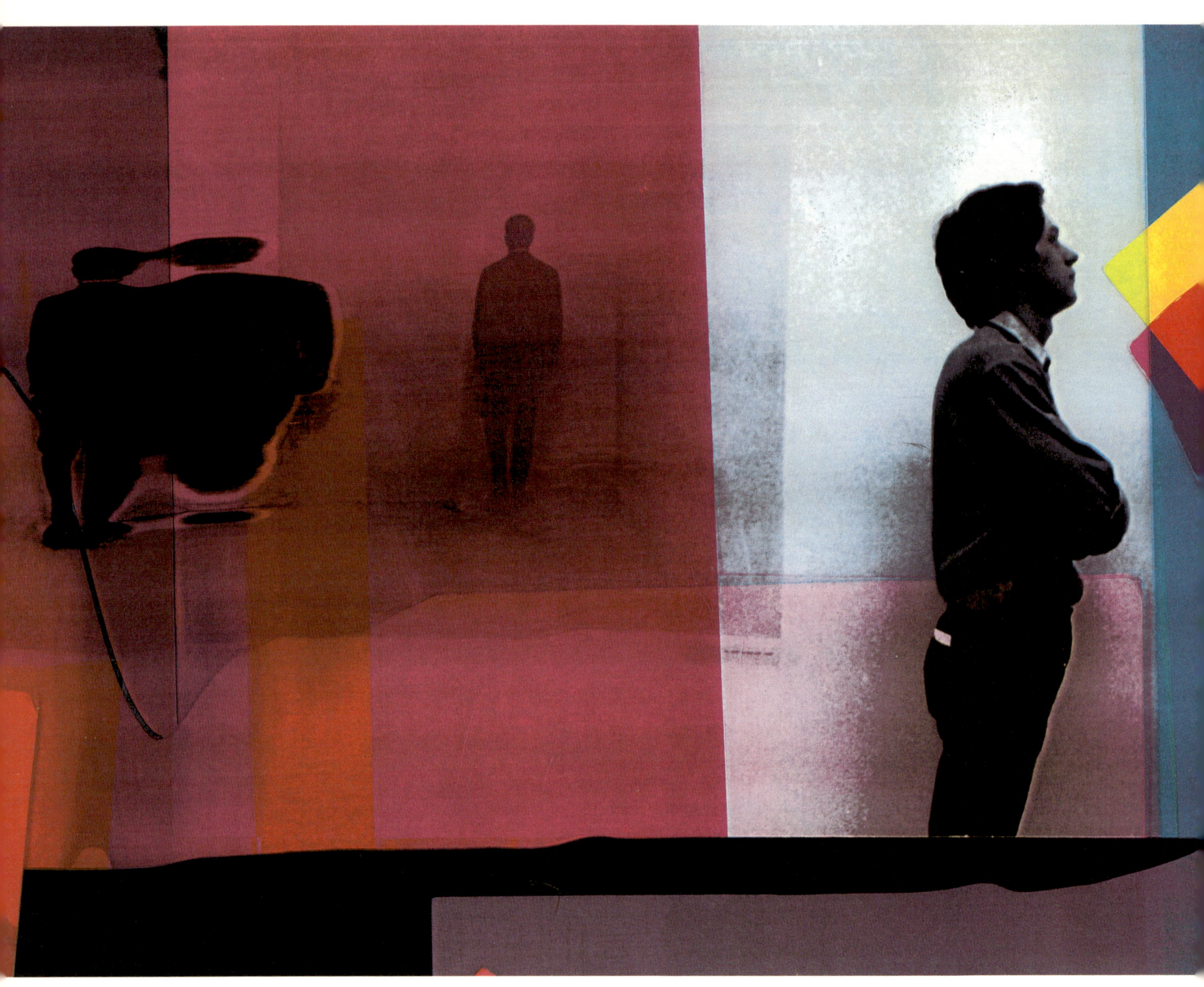

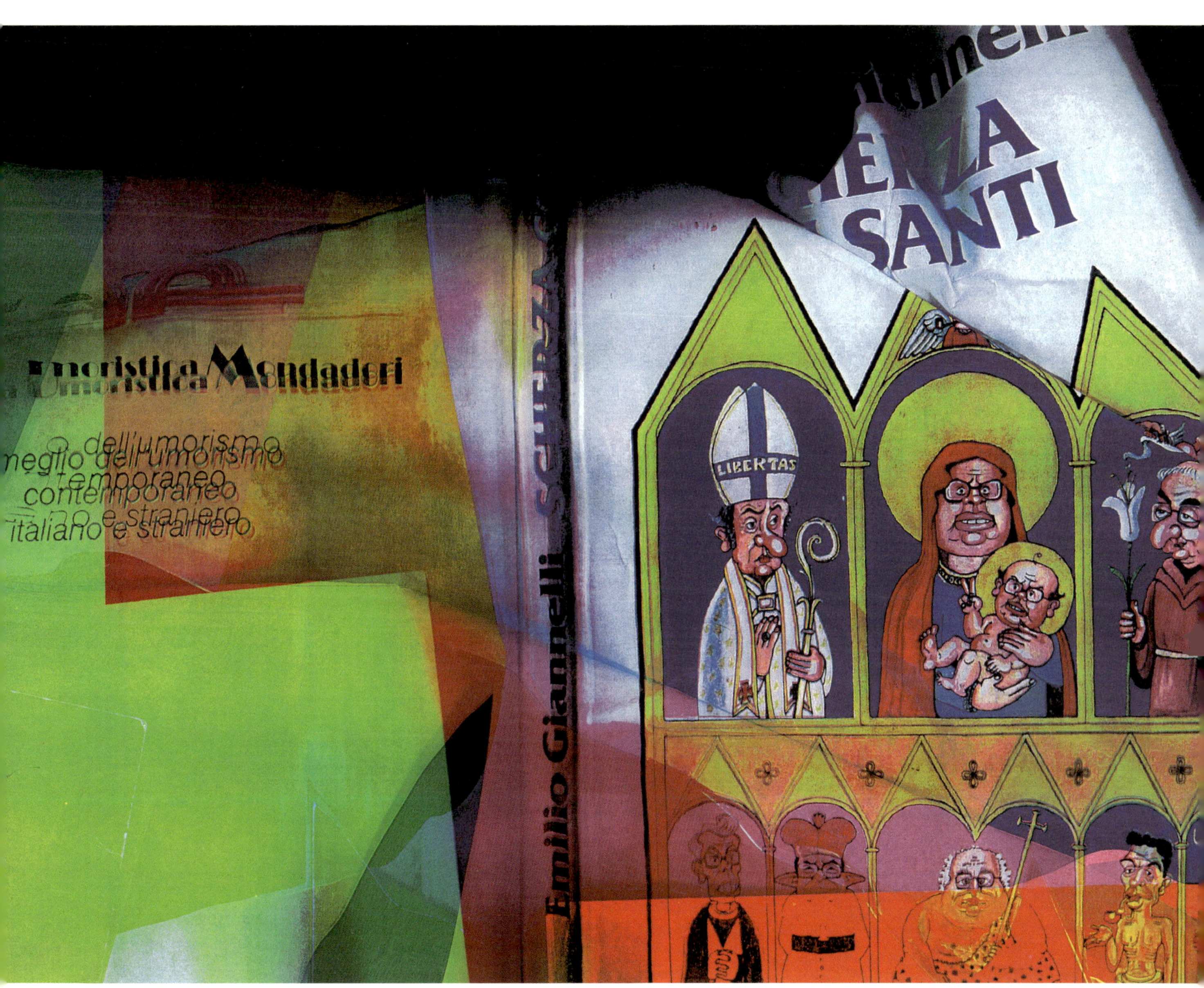
SENZA
SANTI
Emilio Giannelli
Senza
humoristica Mondadori
dell'umorismo
contemporaneo
italiano e straniero
LIBERTAS

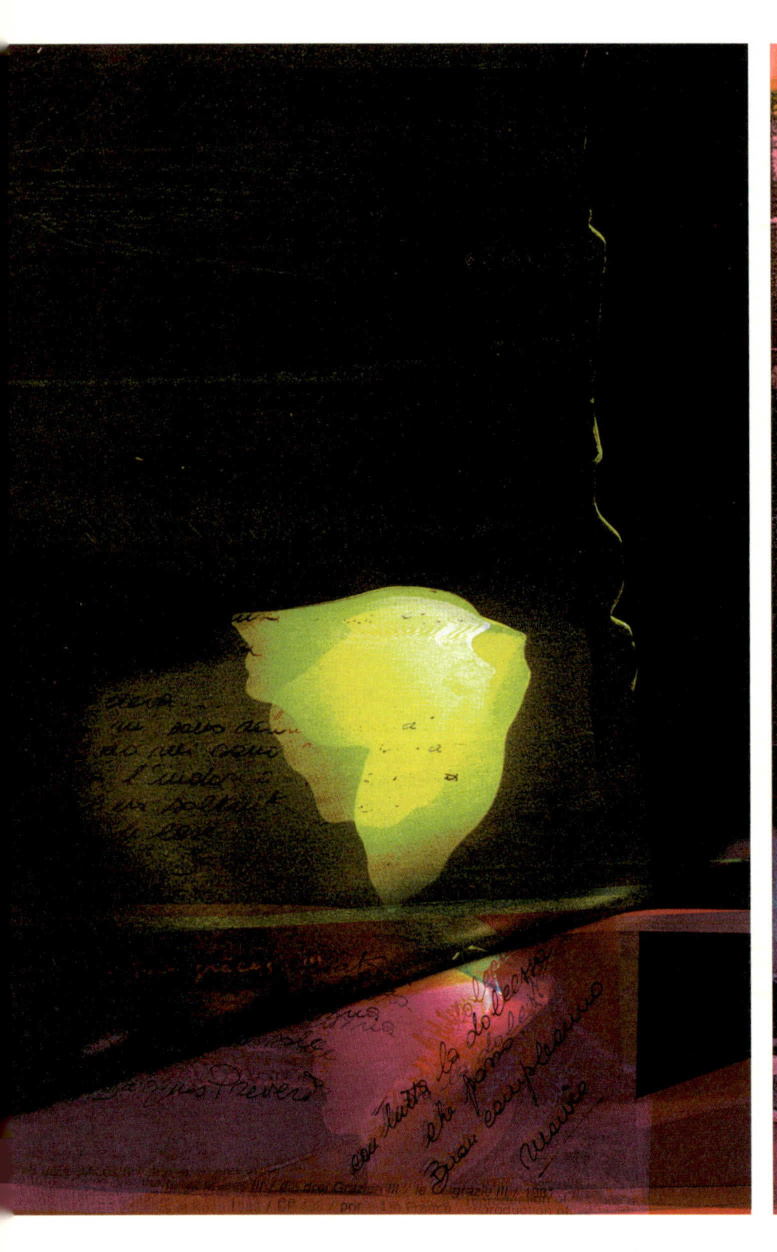
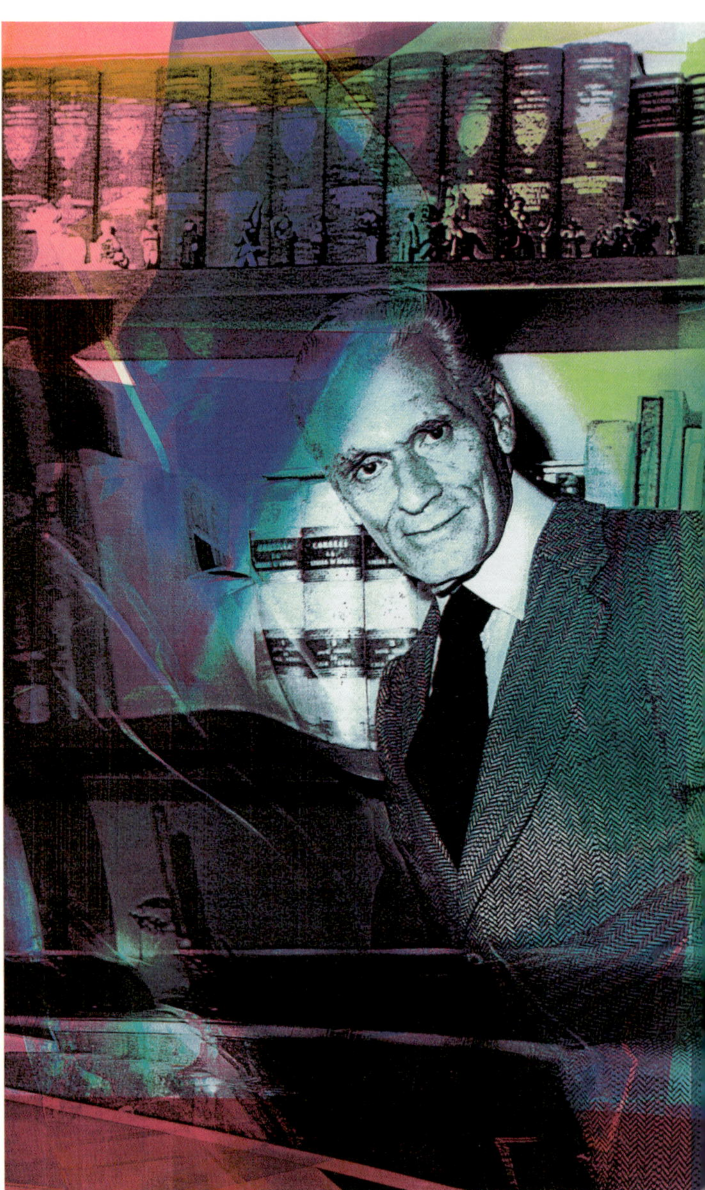

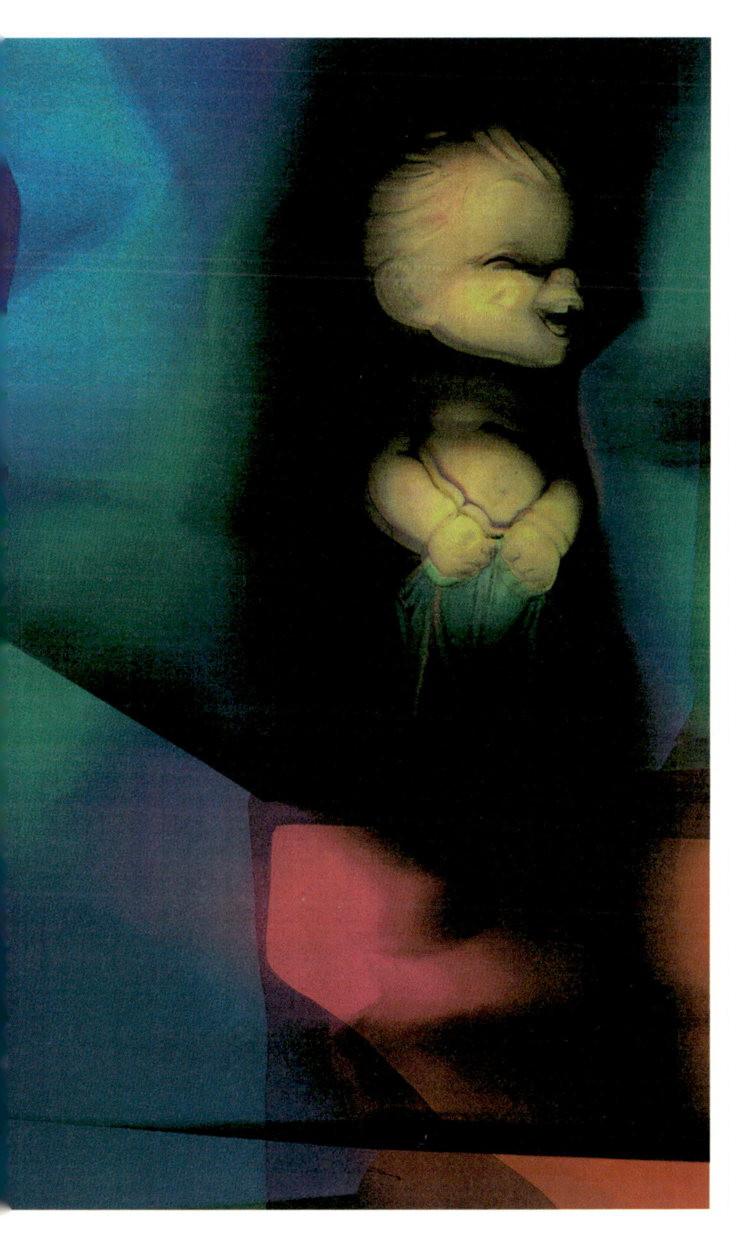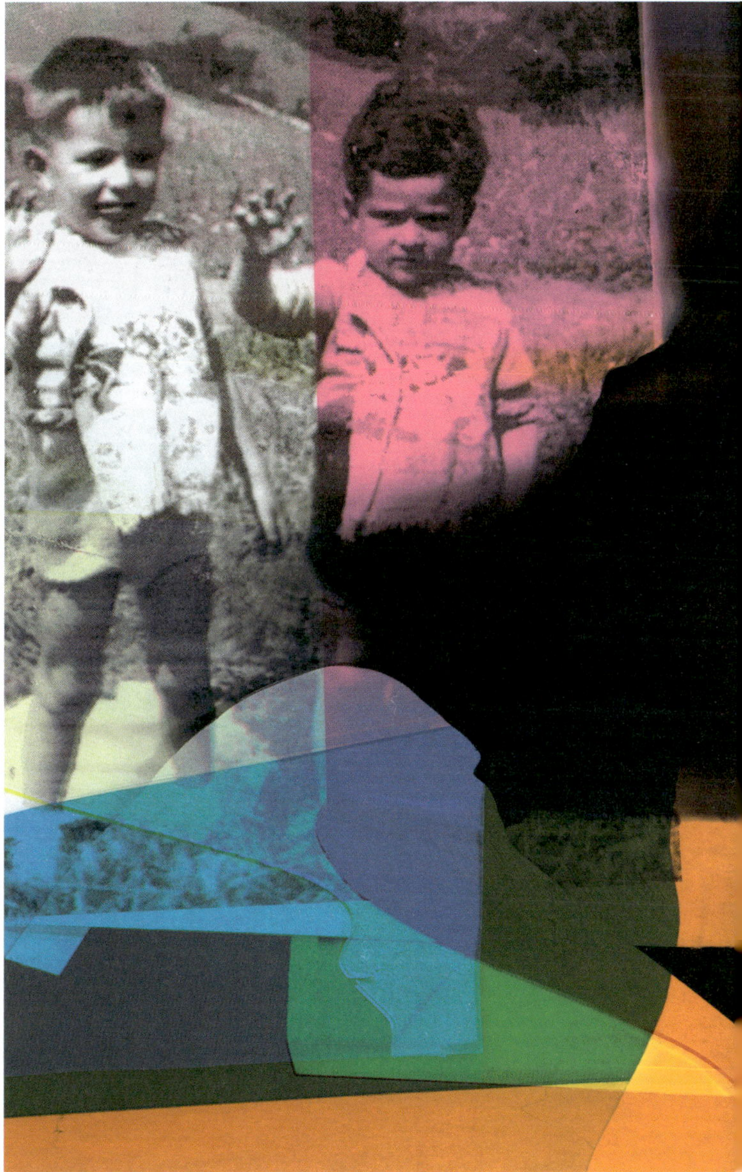

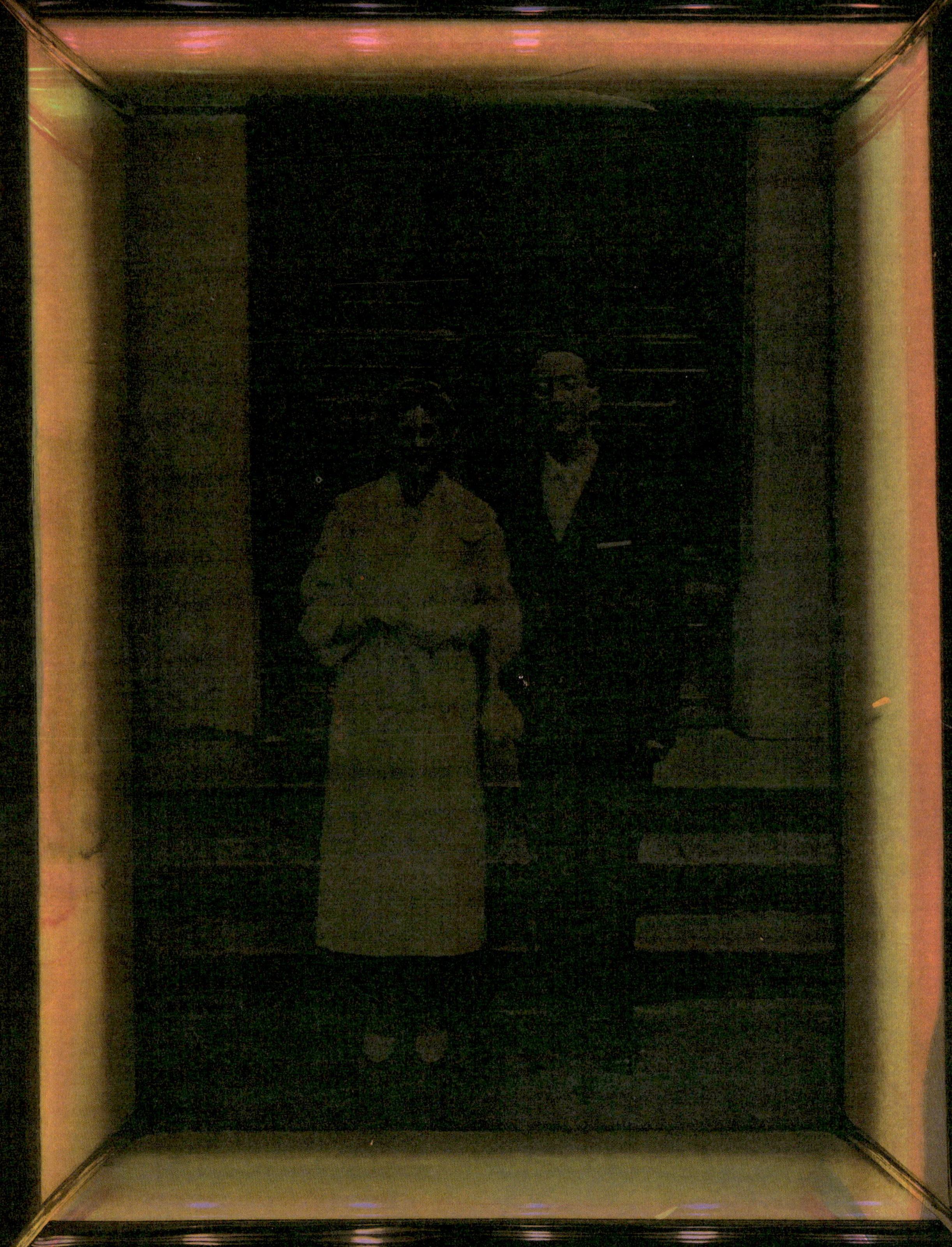

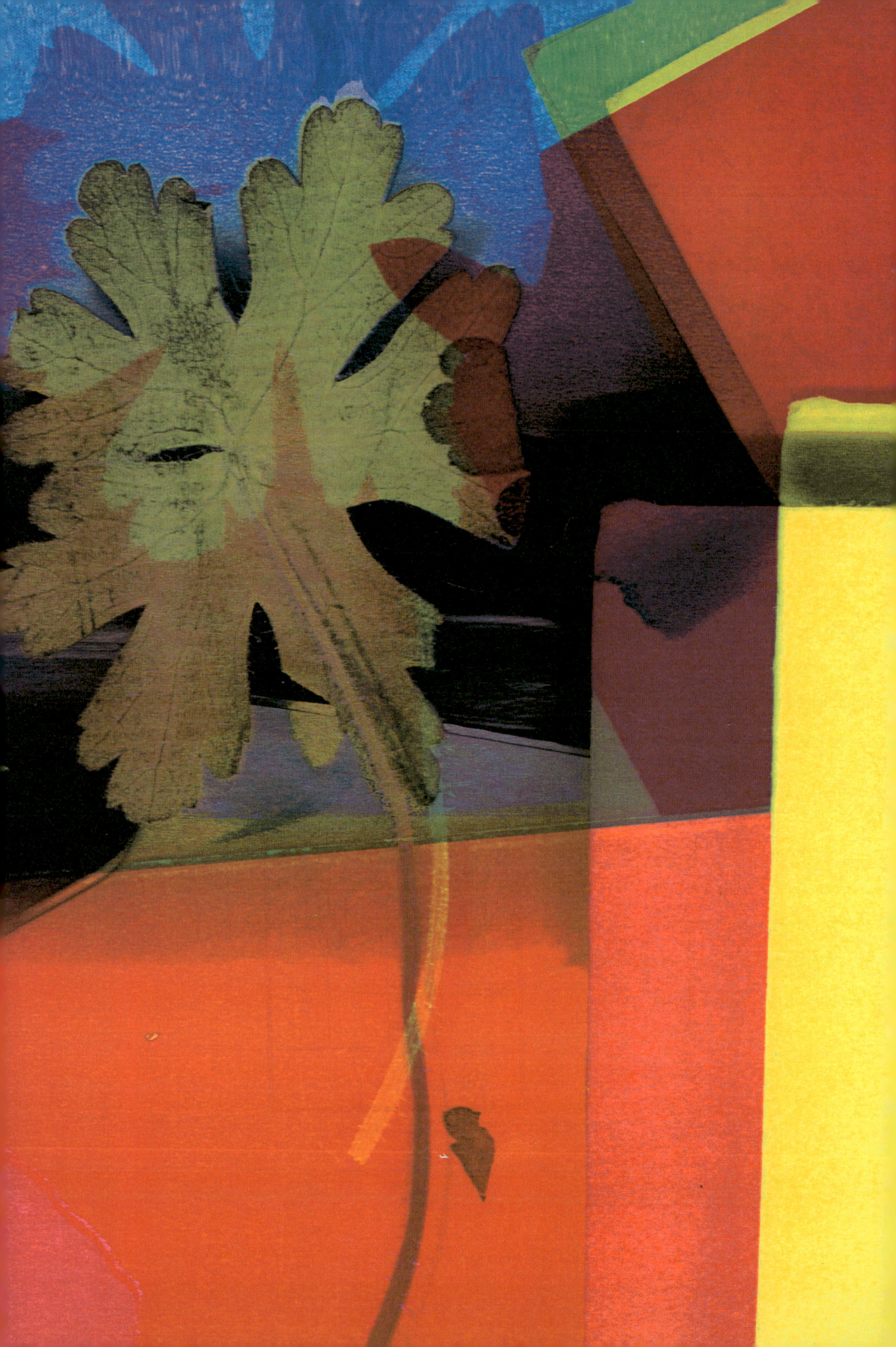

MEMORIE MIGRANTI *MIGRATING MEMORIES*

Noi siamo la nostra
memoria, siamo questo
museo chimerico di forme
incostanti, questo mucchio
di specchi rotti.

We are our memory, we are
this dreamlike museum of
shifting images, this pile of
broken mirrors.

Jorge Luis Borges

Francesco Durante

Le immagini del viaggio

Una fotocopiatrice, macchina celibe e seriale, s'incarica di registrare l'irripetibile individualità di un ricordo. Di rubarla. Di trasferirla dal dominio privato a una dimensione pubblica. In questo ossimoro, che ben rappresenta la ricerca artistica contemporanea, Colin scandisce i vari momenti di un progetto dilatato nel tempo e nello spazio. Viaggia di città in città; e valica oceani per riportarne semplici trofei, da stoccare nel suo deposito labirintico e avventuroso che raccoglie le infinite "vie" e qualità della memoria.

Quella della "memoria migrante" è forse la più lancinante e persistente: quella che accompagna ciascuno nei suoi ghirigori sulla mappa del pianeta e segna le stazioni di un cammino che, baciato dalla fortuna o marchiato dal bisogno e dall'impotenza di una nostalgia non placabile, resta pur sempre il cammino dell'altrove e dello spaesamento. Lo dimostrano i reperti che Colin ha raccolto, specialmente in Argentina.

Oggetti che a volte non sono nemmeno veri oggetti: come l'acqua dell'oceano che separa l'Italia dall'America, raccolta da un emigrante e conservata perché nella sua cristallina, limpida inapparenza addensa e nasconde un carico simbolico d'insostenibile, epica e fin quasi sacra evidenza. Eccole, le insegne dello sradicamento: tanto più preziose in un mondo che tutti considerano globale e indifferenziato, e che invece grida la *pietas* autentica dell'identità e della differenza. Da questo punto di vista, il lavoro di Colin si manifesta nelle forme di un paziente, difficile rompicapo indiziario. Un cercare. Uno scavare più in profondità. Un tentativo di riportare alla luce il grumo vero di esistenze, ciascuna "rubata" nella sua viva verità. Un ridisegnare tragitti battuti da piccoli, infinitesimi, dispersi odissei capaci, e soprattutto degni, di raccontare. Gli antichi emigranti dell'Appennino meridionale, strappati al rassicurante ritmo ciclico delle stagioni, solevano paragonare l'atto della separazione a quello del potatore che, con gesto sicuro, incide il ramo nel punto buono per l'innesto. Occorreva un gesto deciso e ultimativo, senza esitazioni, senza incertezze. Era il momento della "spartenza", quella terribile parola che contiene insieme il senso del partire e quello del dividersi; ma che – umanissima ed eroica consolazione – prelude a quello del nuovo radicarsi e rifiorire, piante rinnovate nella loro fruttifera essenza. L'enucleare i segni di queste vite "spartite", il solennizzarli attraverso il gesto consacrante dell'arte, significa garantire loro un nuovo statuto simbolico universale, renderli protagonisti di una possibilità nuova di comunicazione, farne insomma "linguaggio" che possa parlare a tutti e commuovere ancora, e confermare ciò che già sapeva il grande emigrante virgiliano, il pio Enea: che *sunt lacrimae rerum, et mentem mortalia tangunt*.

Images of the Journey

A photocopier – a celibate and serial machine – undertakes to record the uniqueness of a memory. To steal it and transfer it from the private domain to the public dimension. In this oxymoron, which perfectly represents contemporary artwork, Colin articulates the various phases of a project stretched over time and space. He journeys from city to city; crossing oceans to bring back simple trophies to stockpile in his labyrinthine, adventurous storehouse, which holds the infinite "ways" and properties of memory. "Migrating memory" is perhaps the most piercing and persistent: the memory that accompanies all of us in our doodles on the map of the planet, signaling the stations on a journey that, blessed by fortune or branded by the need and impotence of an implacable nostalgia, anyway remains a journey elsewhere, a kind of disorientation. Proof of this are the finds Colin has collected, especially in Argentina. Objects that at times are not even real objects, like the water in the ocean separating Italy from America, collected by an emigrant and kept because underneath its crystal-clear, limpid transparency, it thickens and conceals a symbolic load of unbearable, epic and almost holy evidence. Here they are, those signs of uprooting: all the more precious in a world that everybody considers to be global and regimented, but instead screams the genuine *pietas* of identity and difference.

From this point of view, Colin's work reveals itself in the shape of a persevering, complicated, circumstantial conundrum. A searching. A digging deeper. An attempt to bring to light the true clot of existences, each one "appropriated" in its keen truth.

A redefining of trails beaten by small, infinitesimal, lost odysseys able and, above all, deserving of telling their story. The ancient emigrants from the southern Apennines, wrenched from the reassuring cyclical rhythm of the seasons, used to compare the act of separation to the act of pruning, which, at one fell swoop, cuts the branch in just the right place for grafting. A decisive and peremptory gesture, without hesitations, without qualms, was what was required.

It was the moment to "split," that terrible word which contains both the idea of leaving and separating; but which – a very human and heroic consolation – is a prelude to putting down new roots and flowering again, plants renewed in all their fruitful essence. Explaining the symbols of these "split" lives, celebrating them through the hallowing gesture of art, means guaranteeing them a new universal, symbolic charter, making them the protagonists of a fresh opportunity for communication, creating, in short, a "language" that might speak to everyone and still move them, and confirm what the great Virgilian emigrant, the pious Aeneas knew: *sunt lacrimae rerum, et mentem mortalia tangunt.*

LA NACION

JUANA
LIBEDINSKY
CI 12.370.068

REDACCION

Esta credencial es personal, intransferible
y para uso exclusivo de su titular.

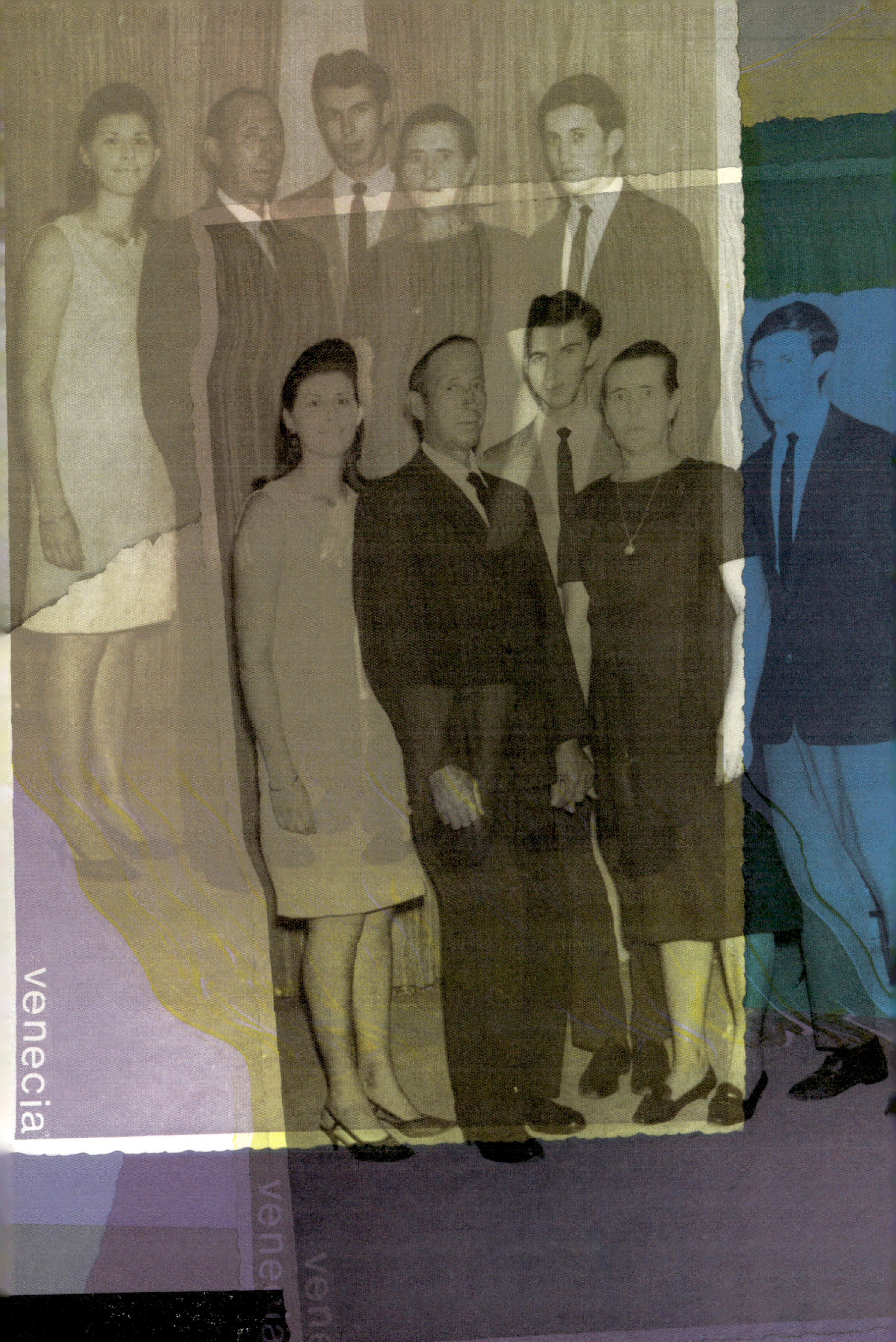
venecia

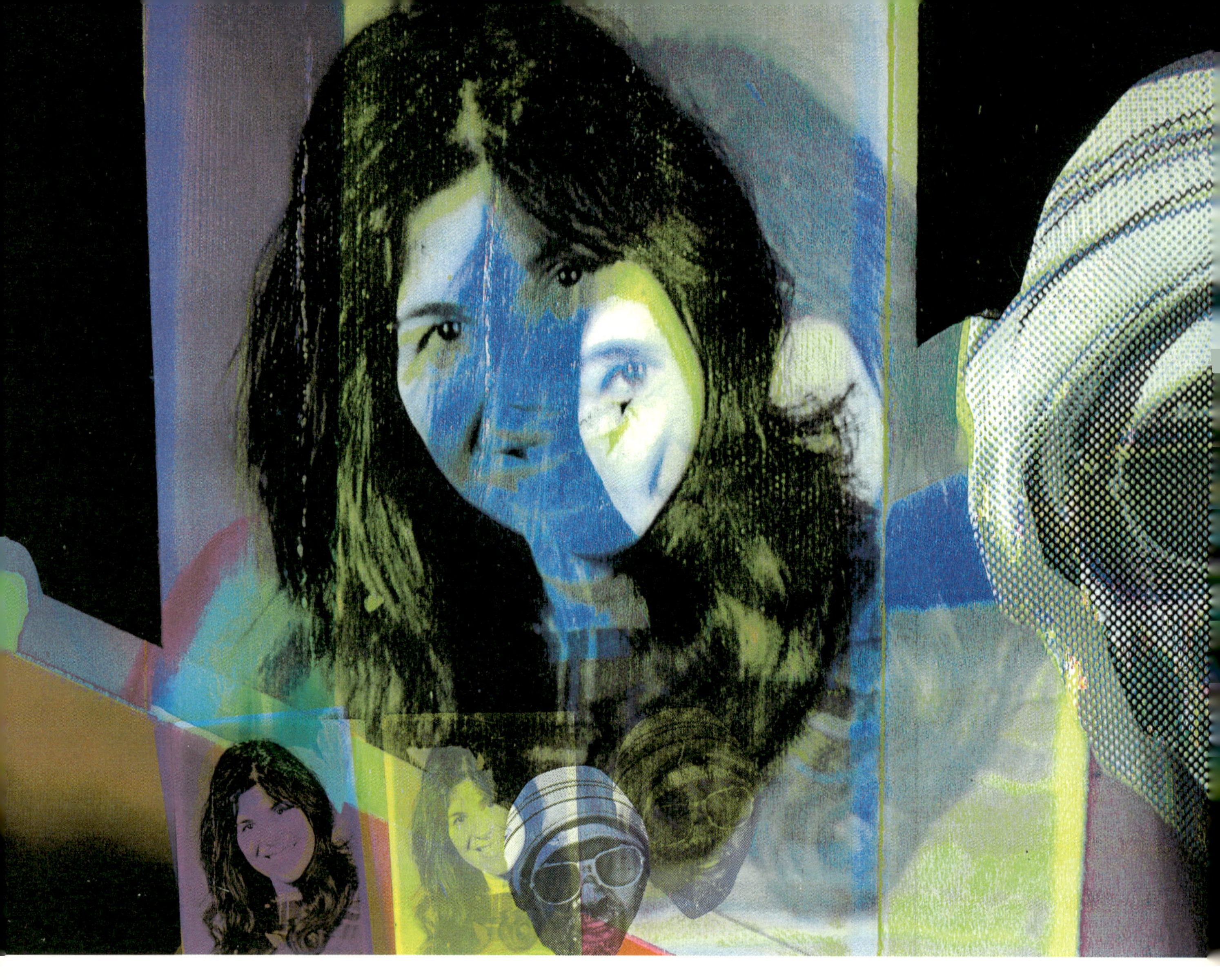

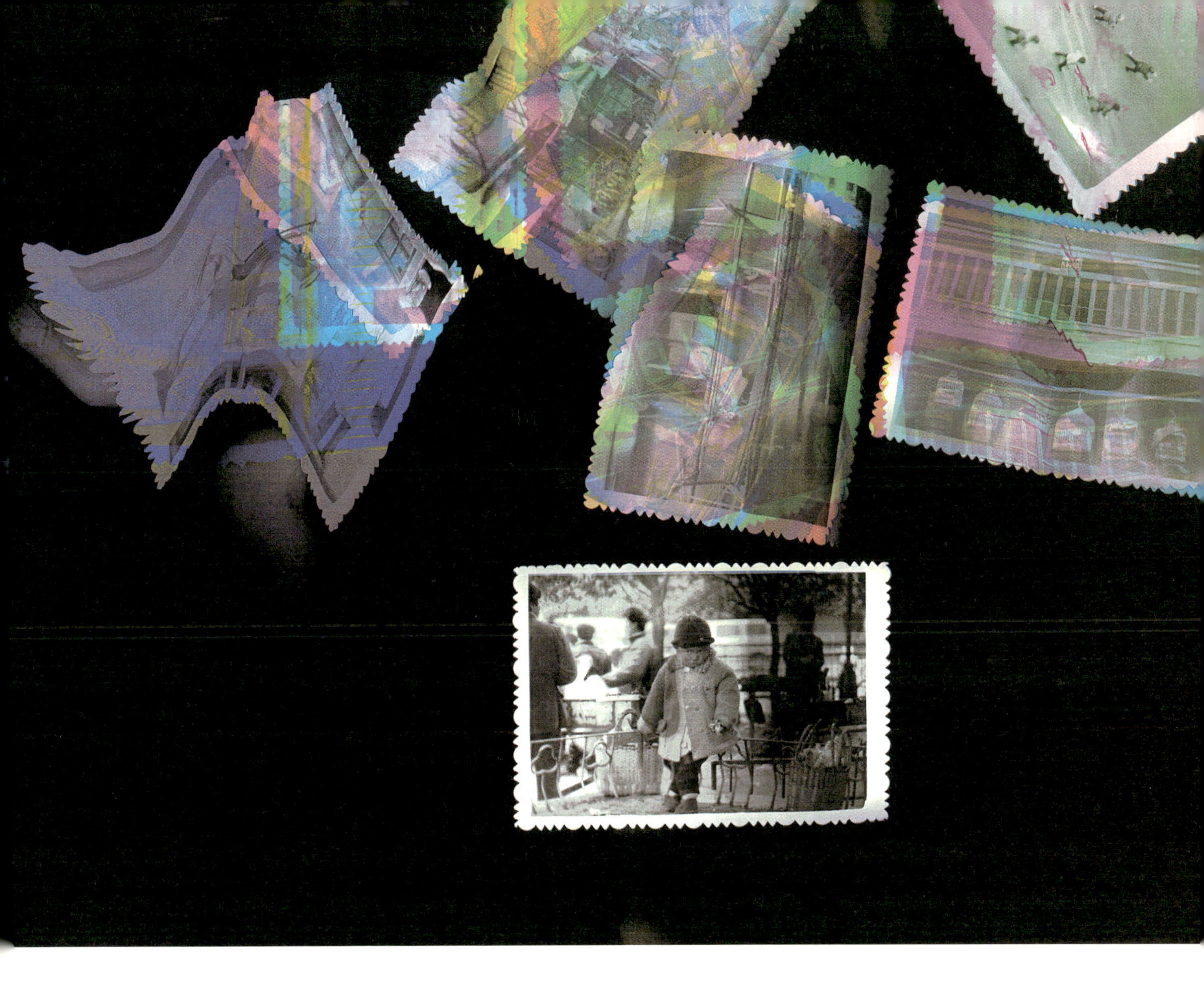

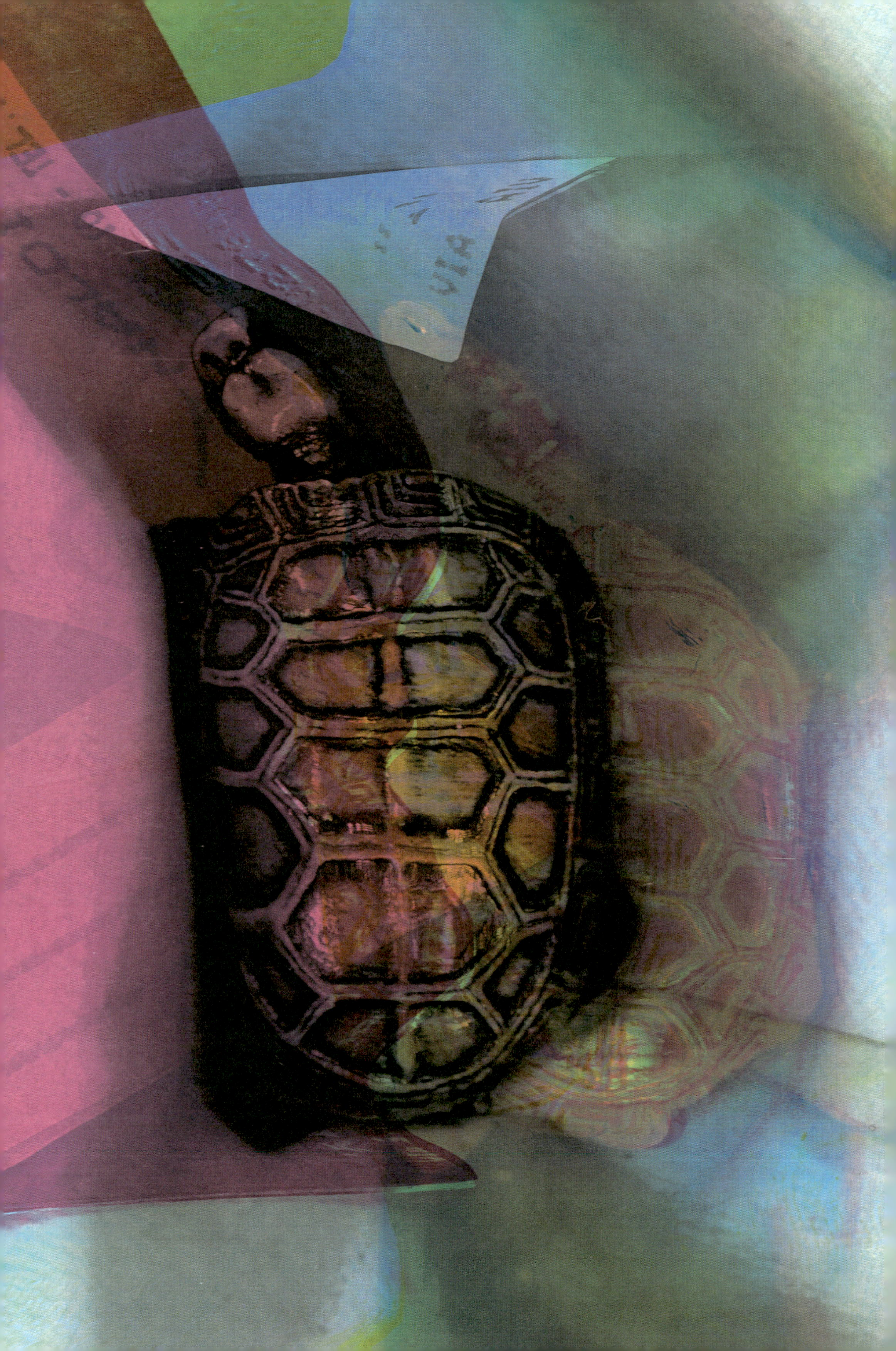

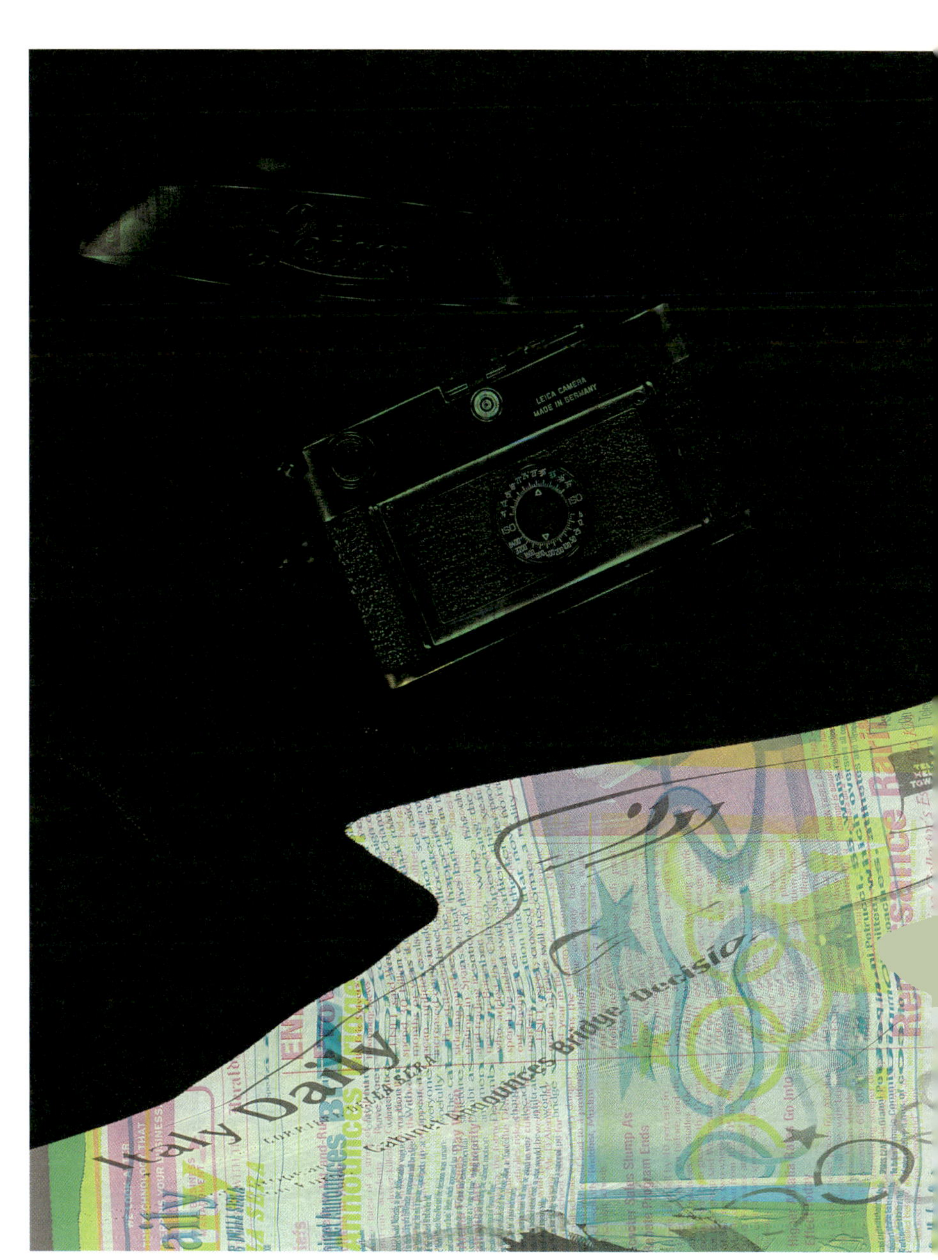

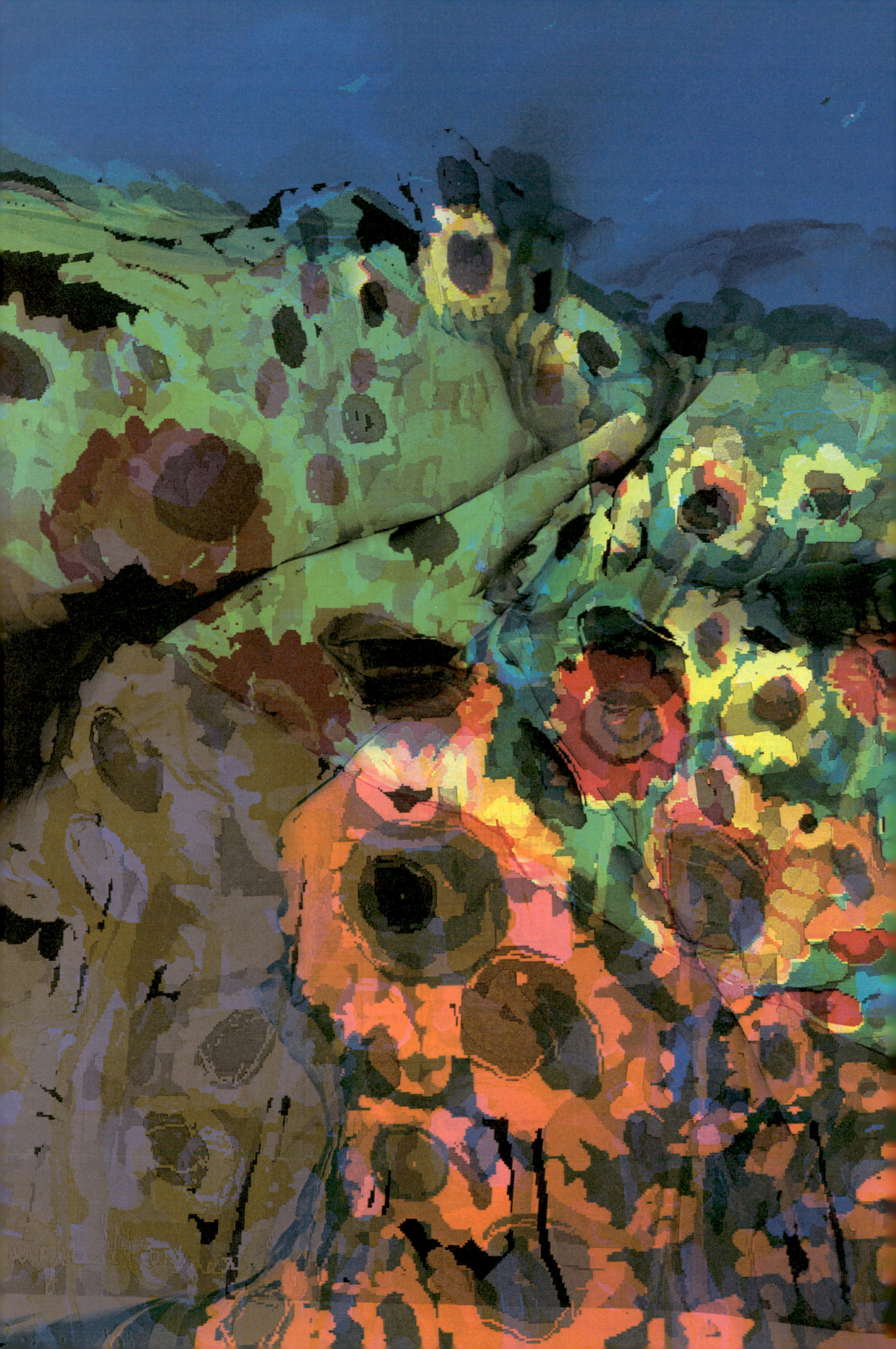

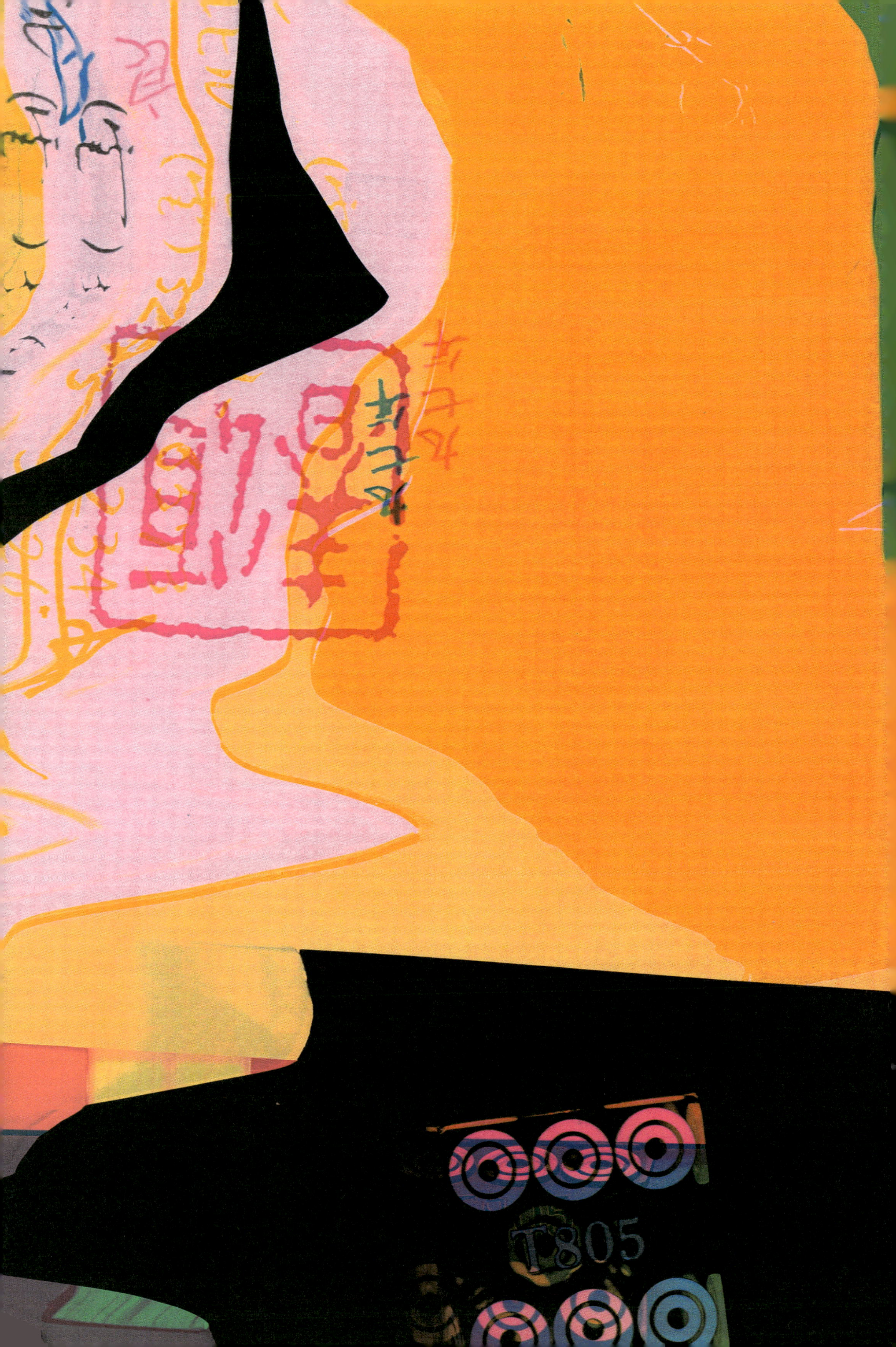

一九七七年
一九七七年
T805

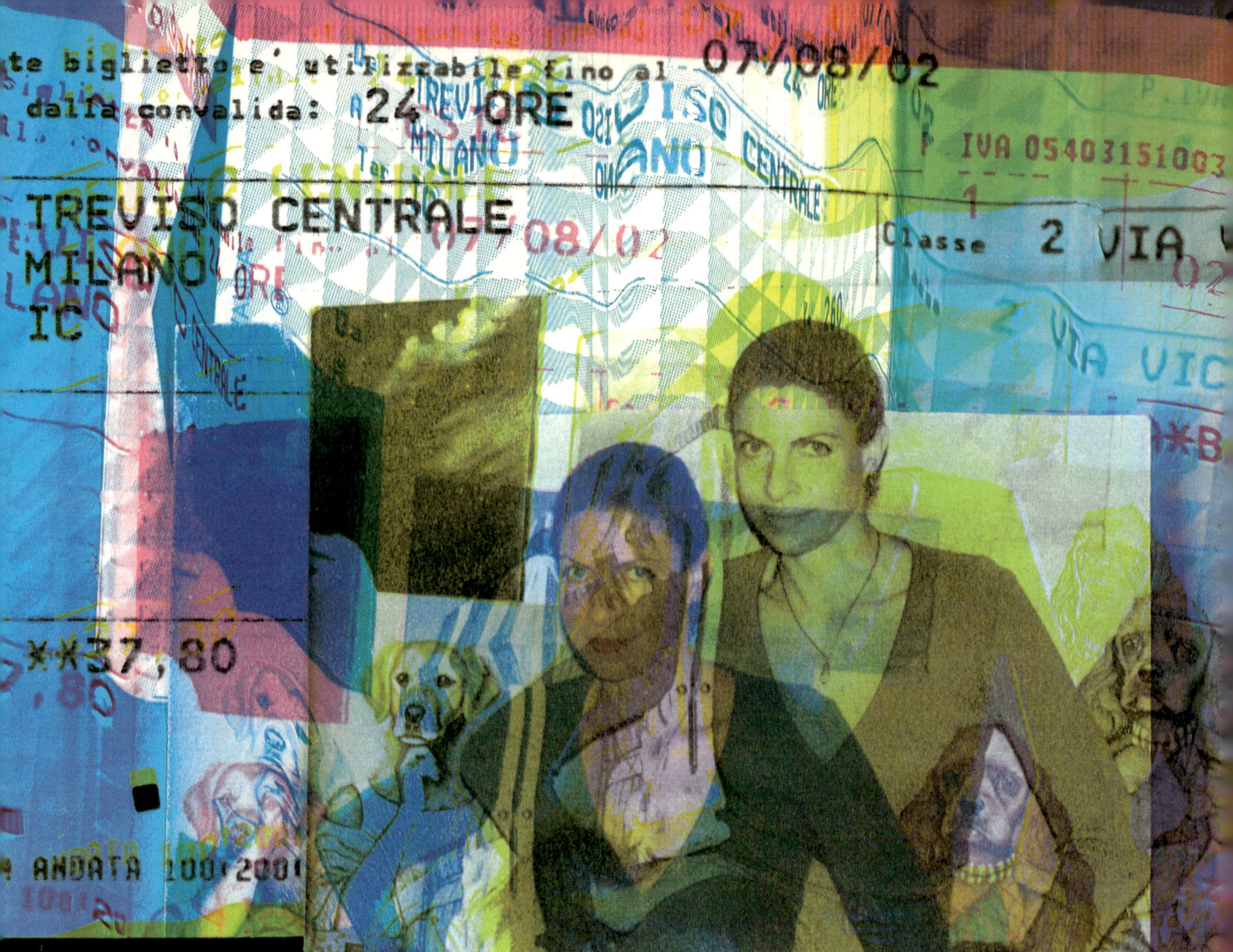
te biglietto e' utilizzabile fino al 07/08/02
dalla convalida: 24 TREV ORE
TREVISO CENTRALE 07 08/02
MILANO
IC
**37,80
ANDATA 100 2001
P. IVA 0540315100
Classe 2 VIA

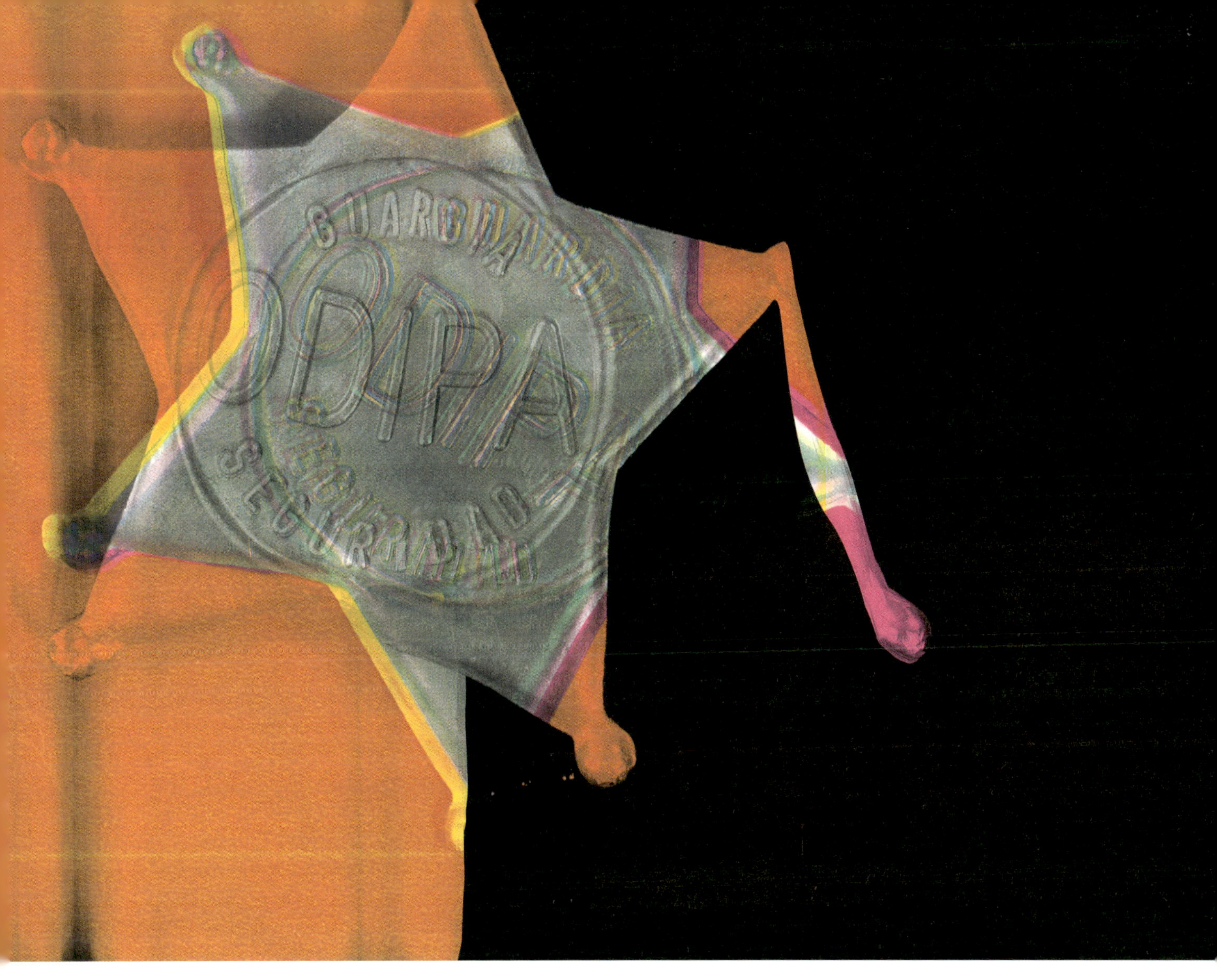

GUARDIA
ODIPA
SEGURIDAD

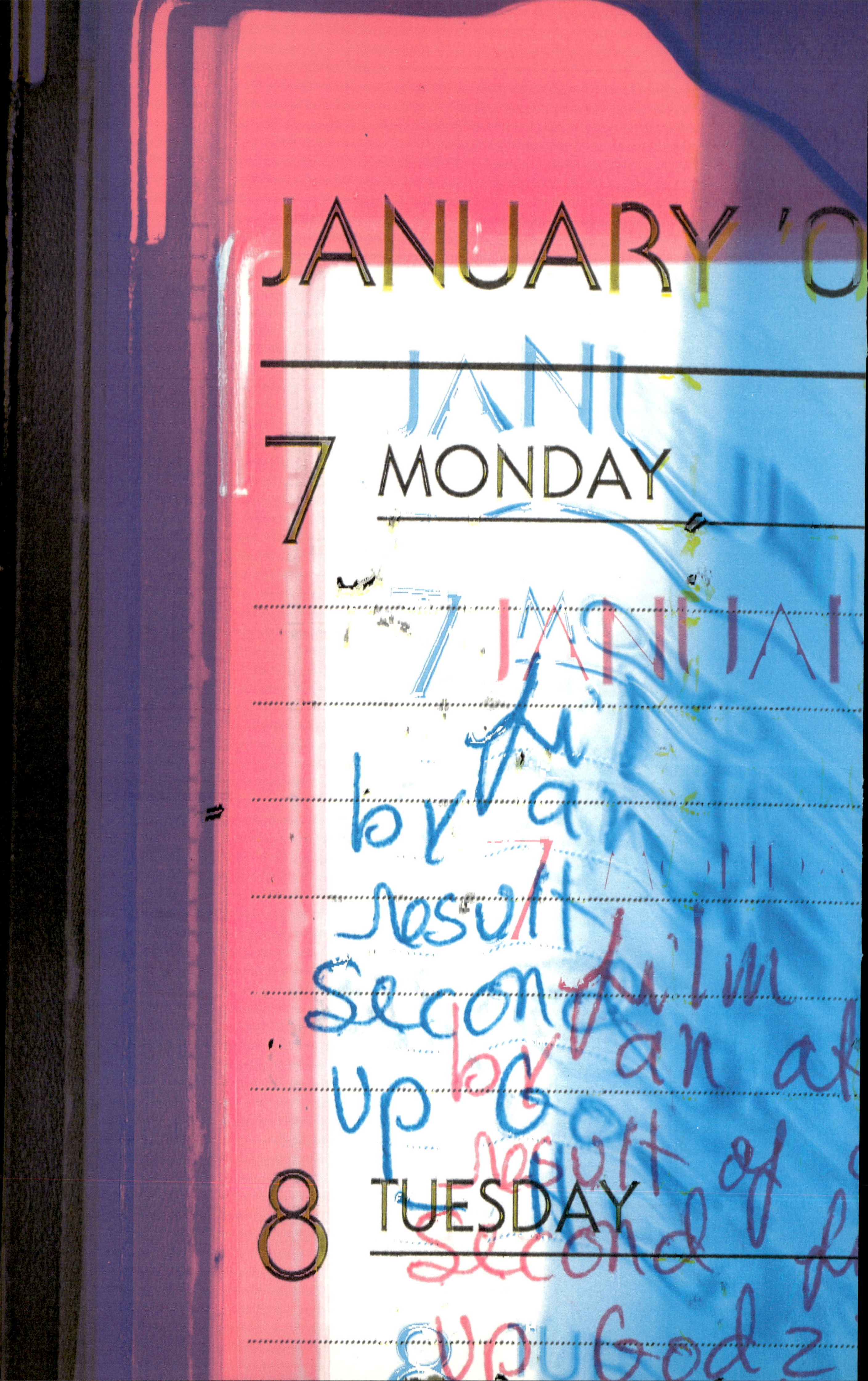

JANUARY '0
7 MONDAY
8 TUESDAY
brian
result
second film
up brian
result of
second
God

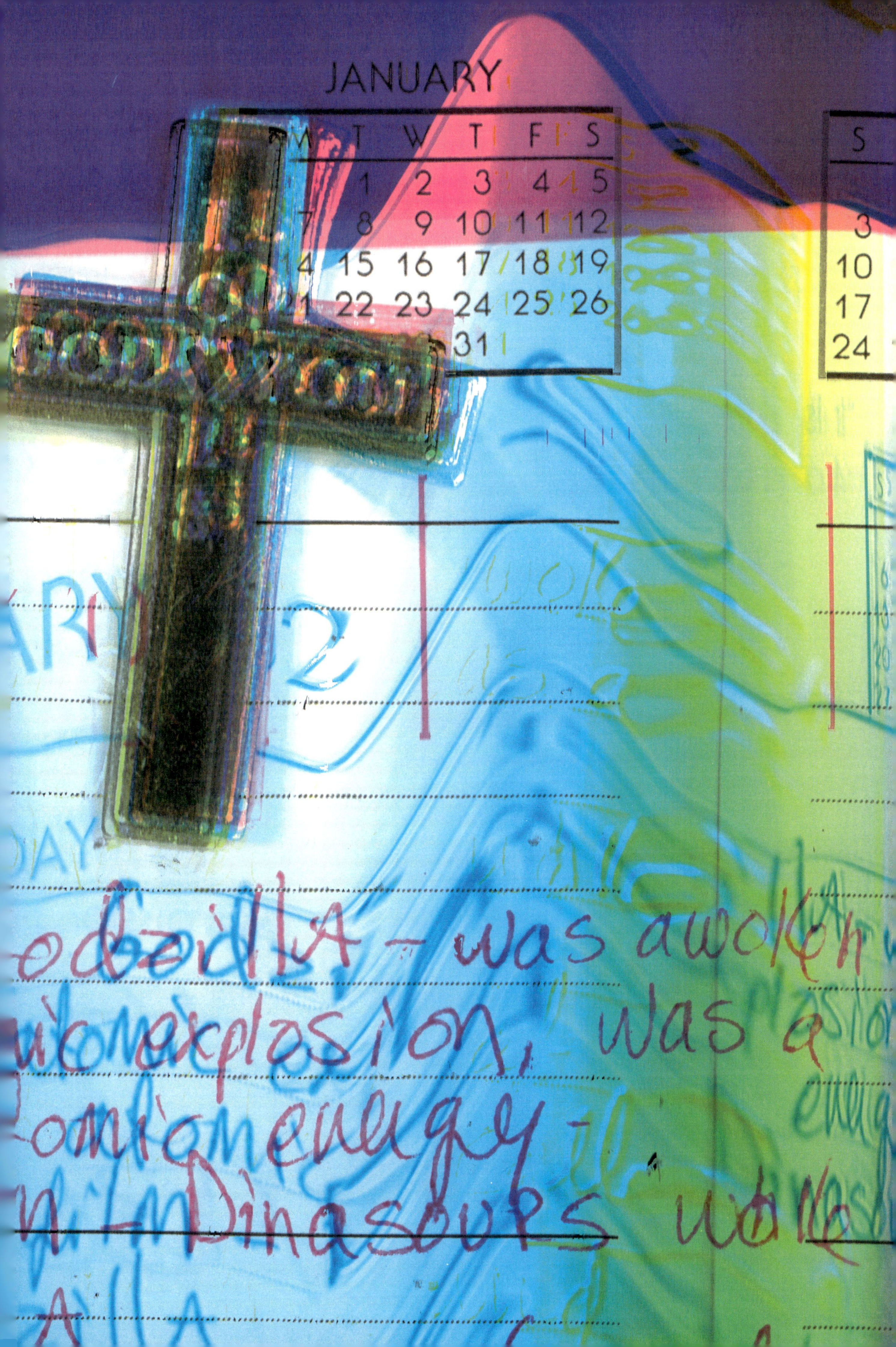

JANUARY
M T W T F S S
      1 2 3 4 5
7 8 9 10 11 12
14 15 16 17 18 19
21 22 23 24 25 26
31
S
3
10
17
24

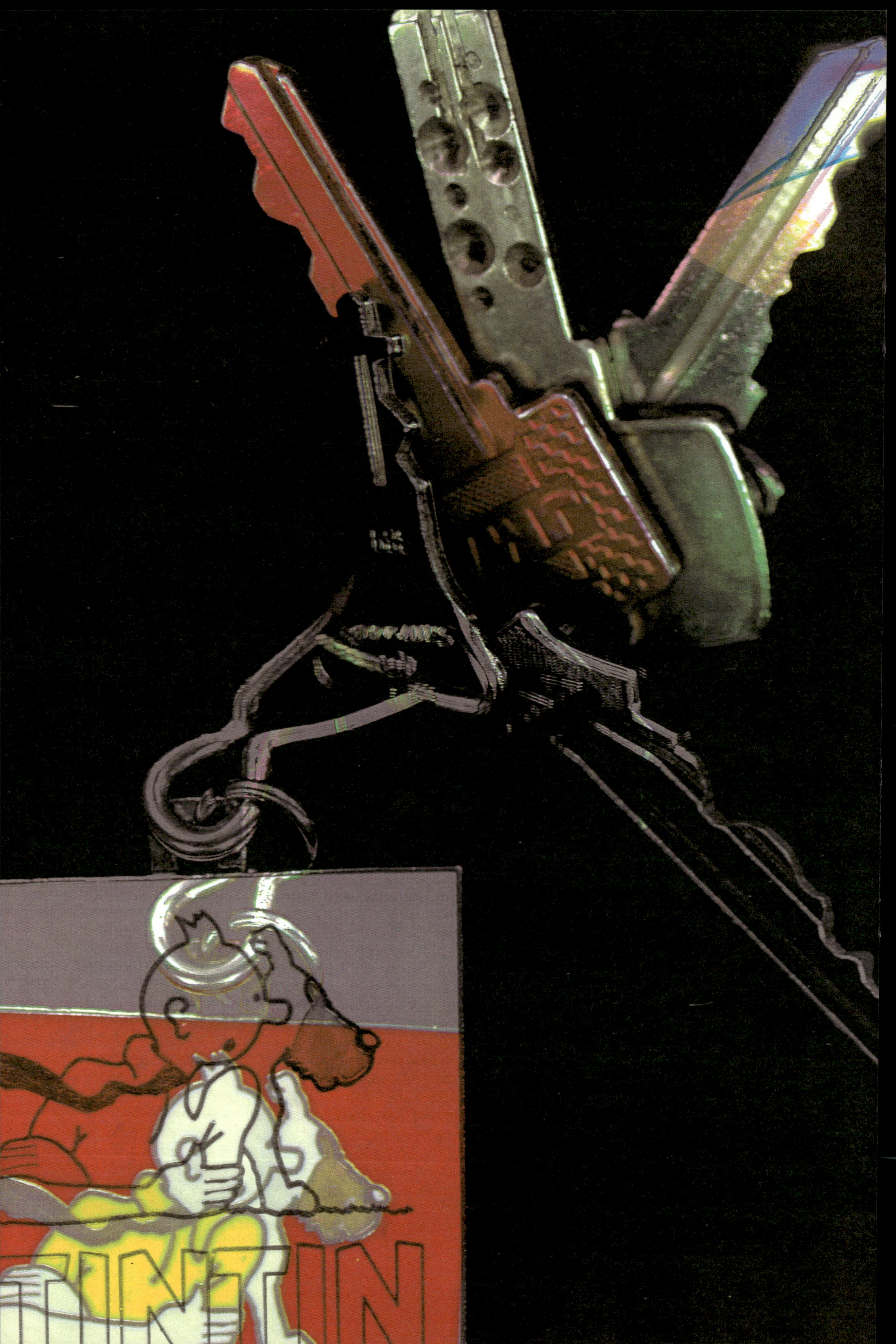
TINTIN

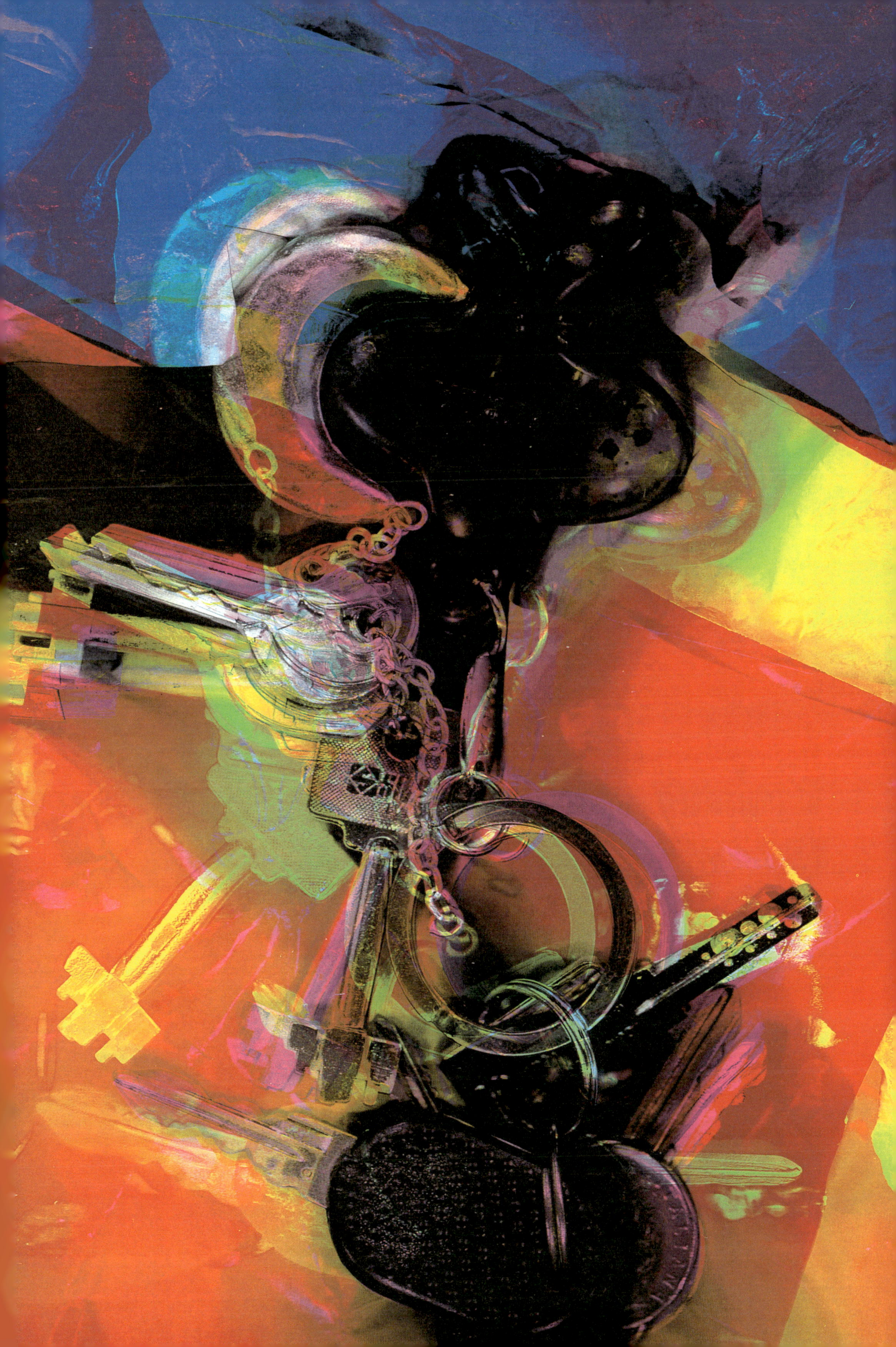

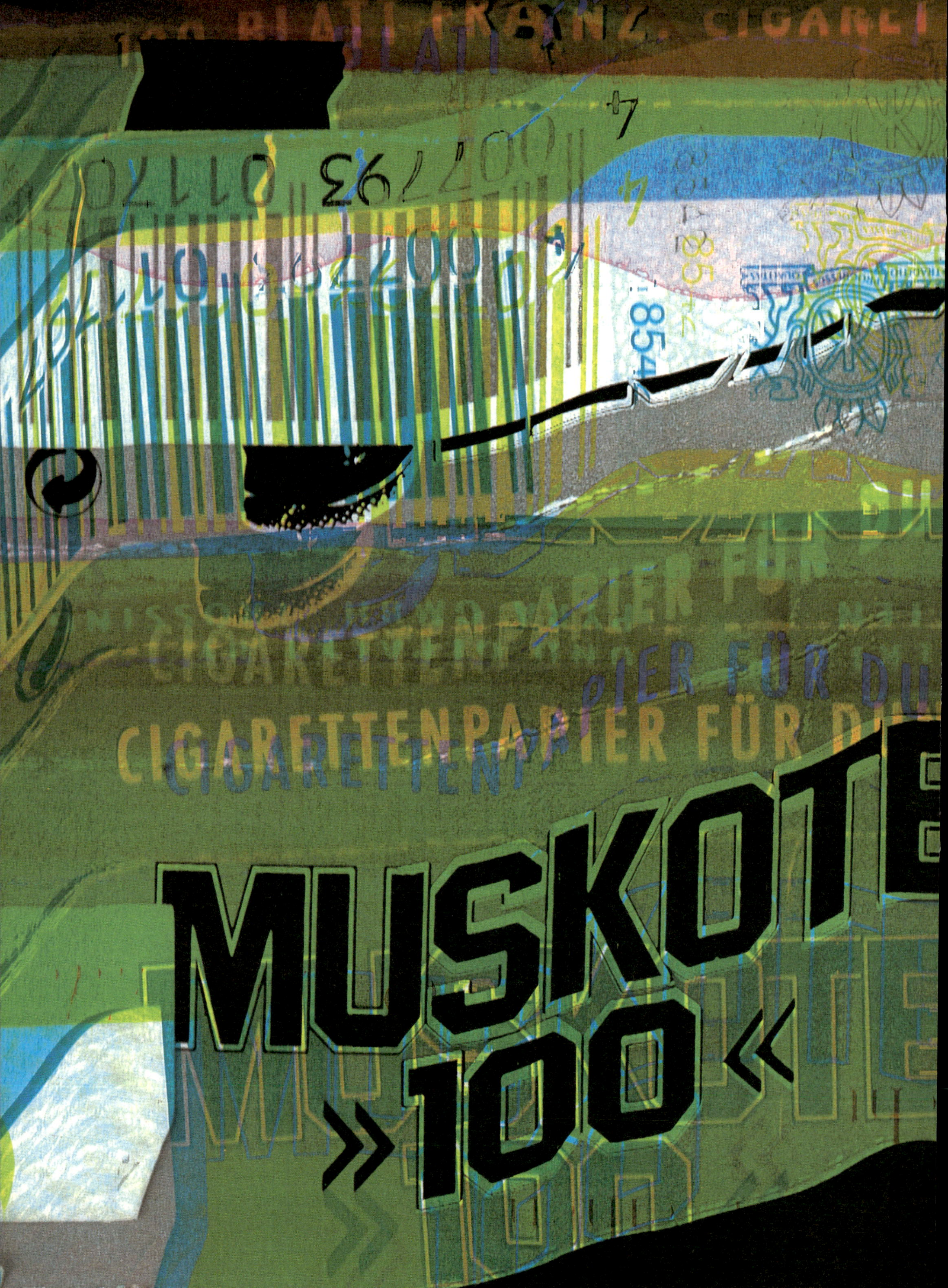
MUSKOTE
»100«
CIGARETTENPAPIER FÜR DU
PIER FÜR DU
CIGARETTENPAPIER
FEIN BLATT FRANZ. CIGARET

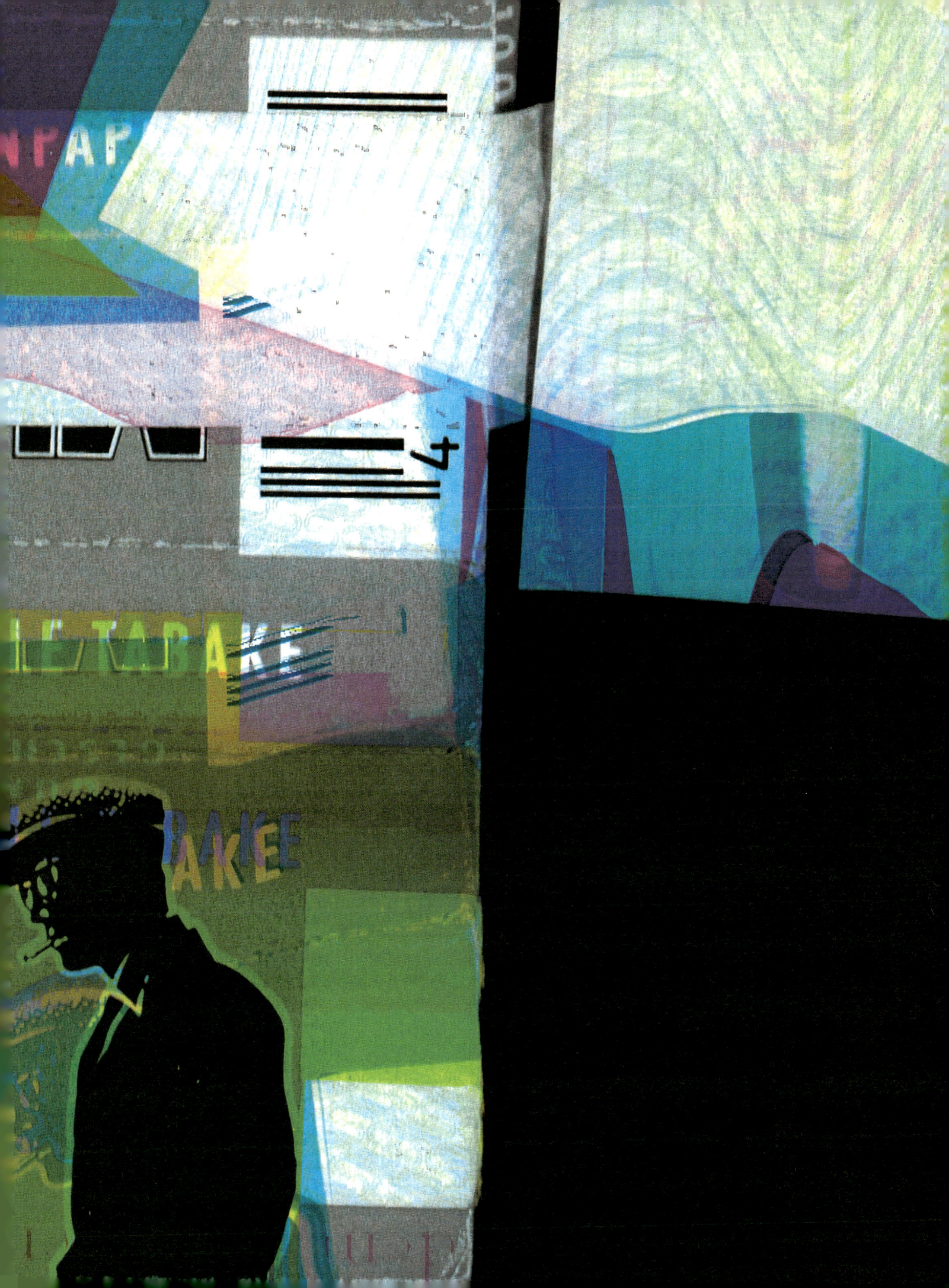

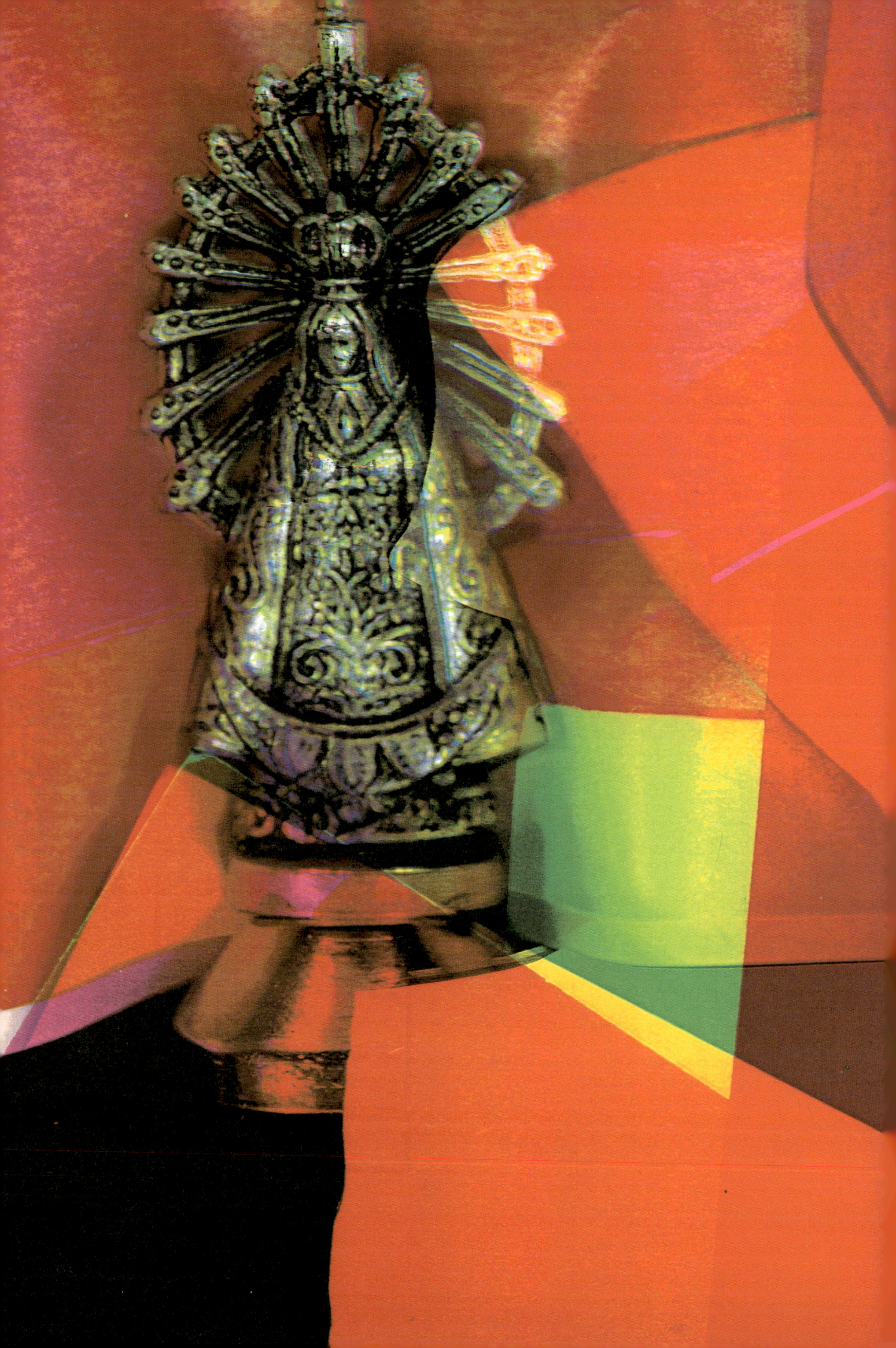

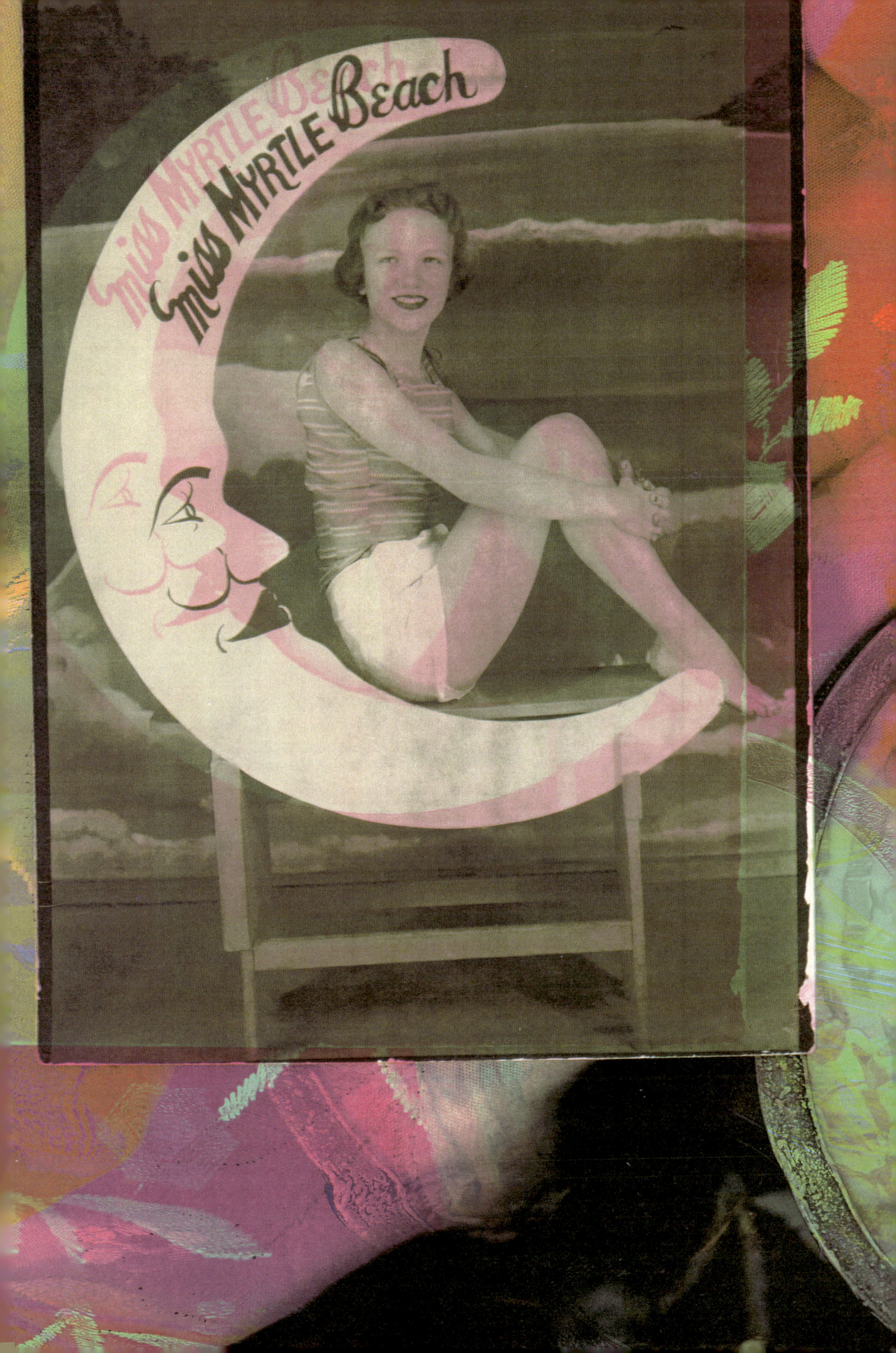

MISS MYRTLE BEACH
MISS MYRTLE BEACH

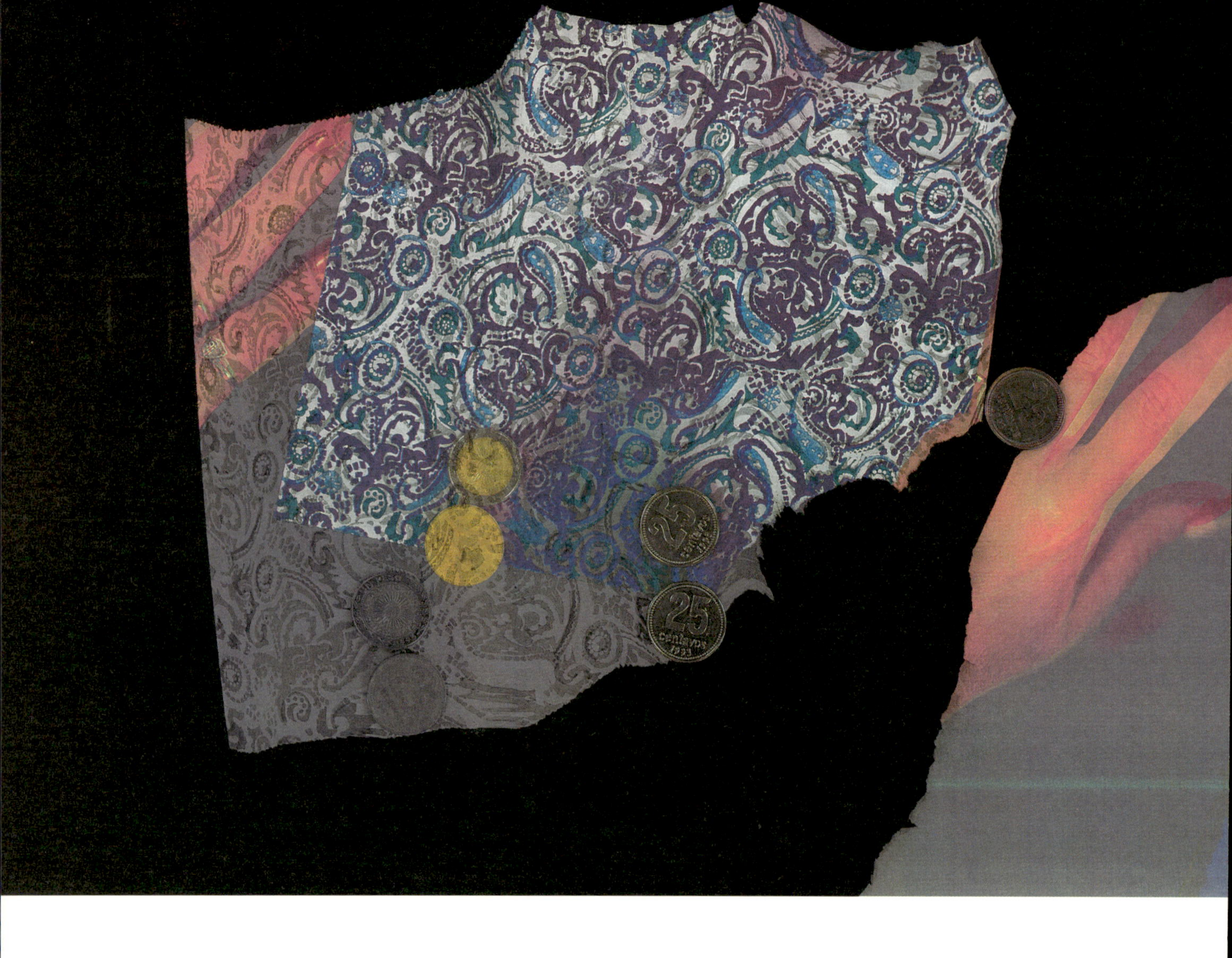

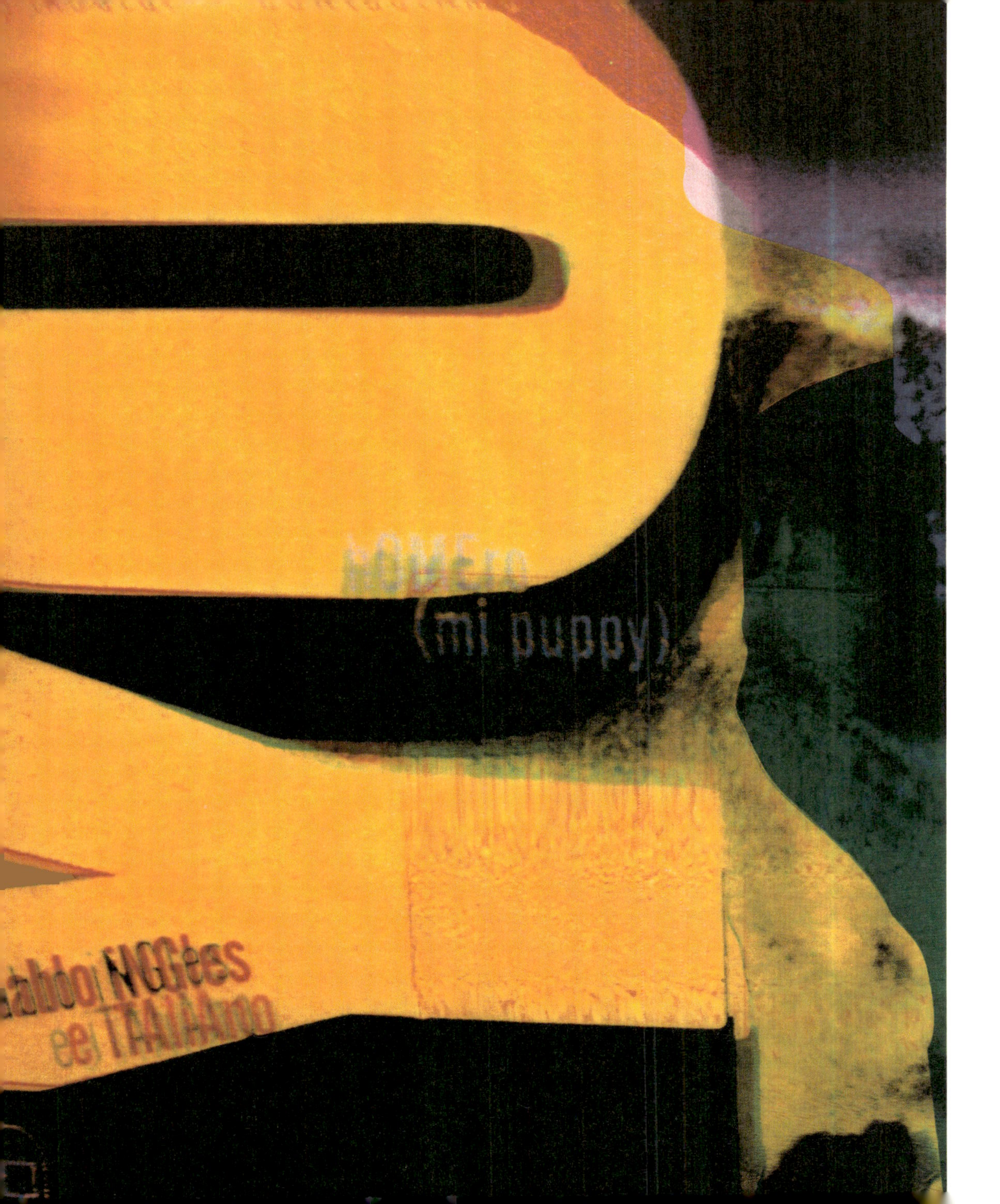

hOMEro
(mi puppy)

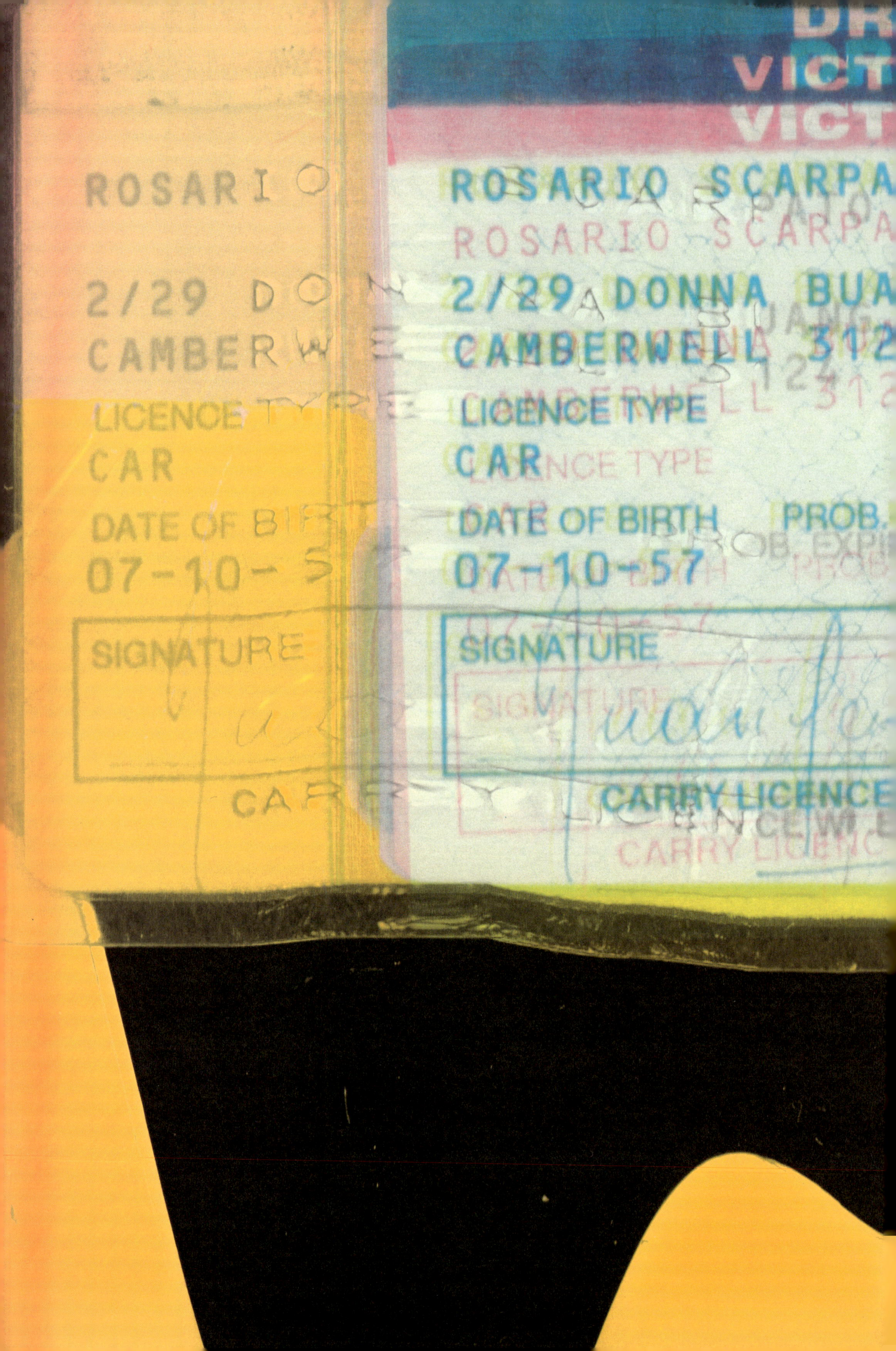

ROSARIO SCARPA

2/29 DONNA BUA
CAMBERWELL 312

LICENCE TYPE
CAR

DATE OF BIRTH   PROB.
07-10-57

SIGNATURE

CARRY LICENCE

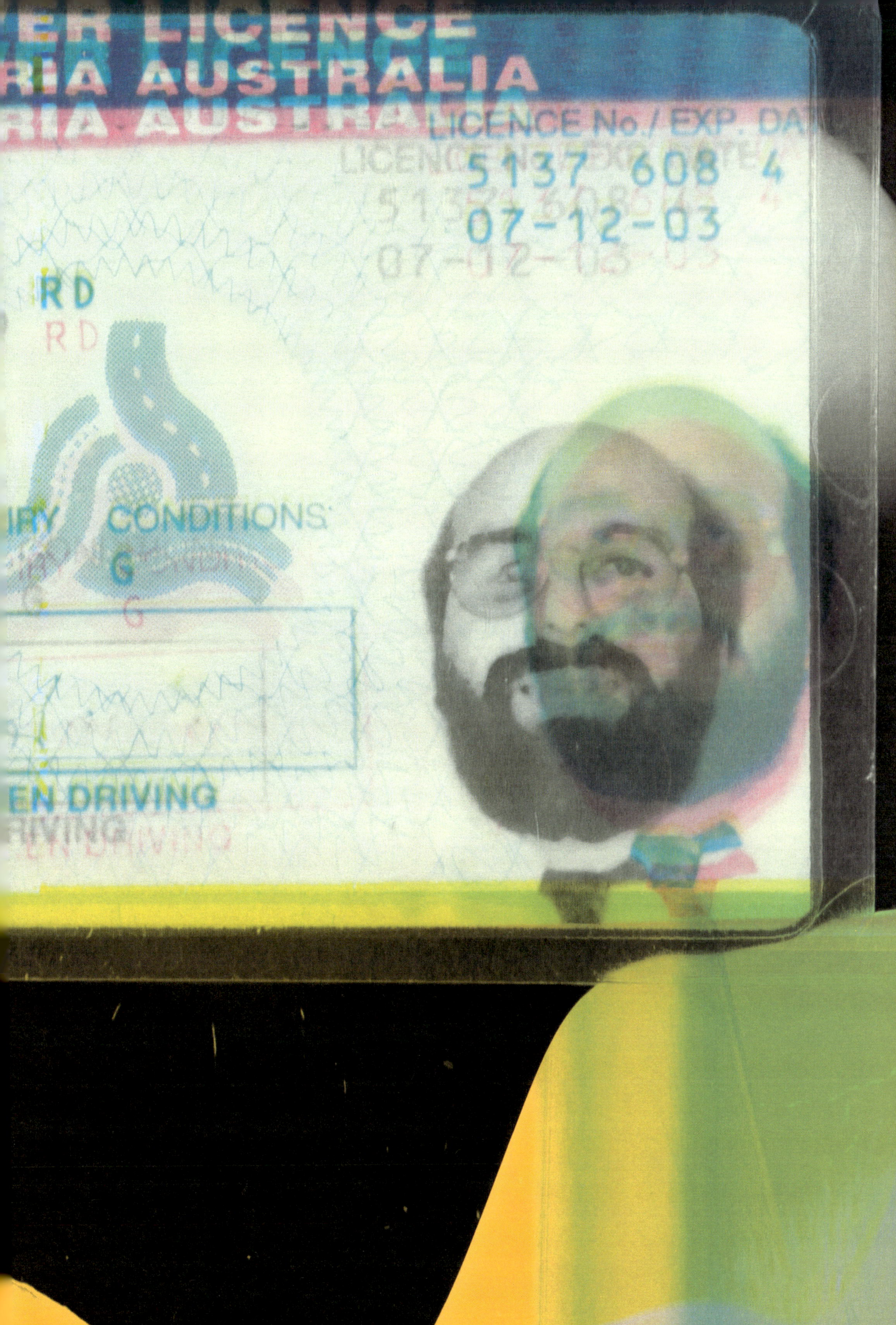
ER LICENCE
RIA AUSTRALIA
LICENCE No./EXP. DAT
5137 608 4
07-12-03
RD
CONDITIONS
G
EN DRIVING

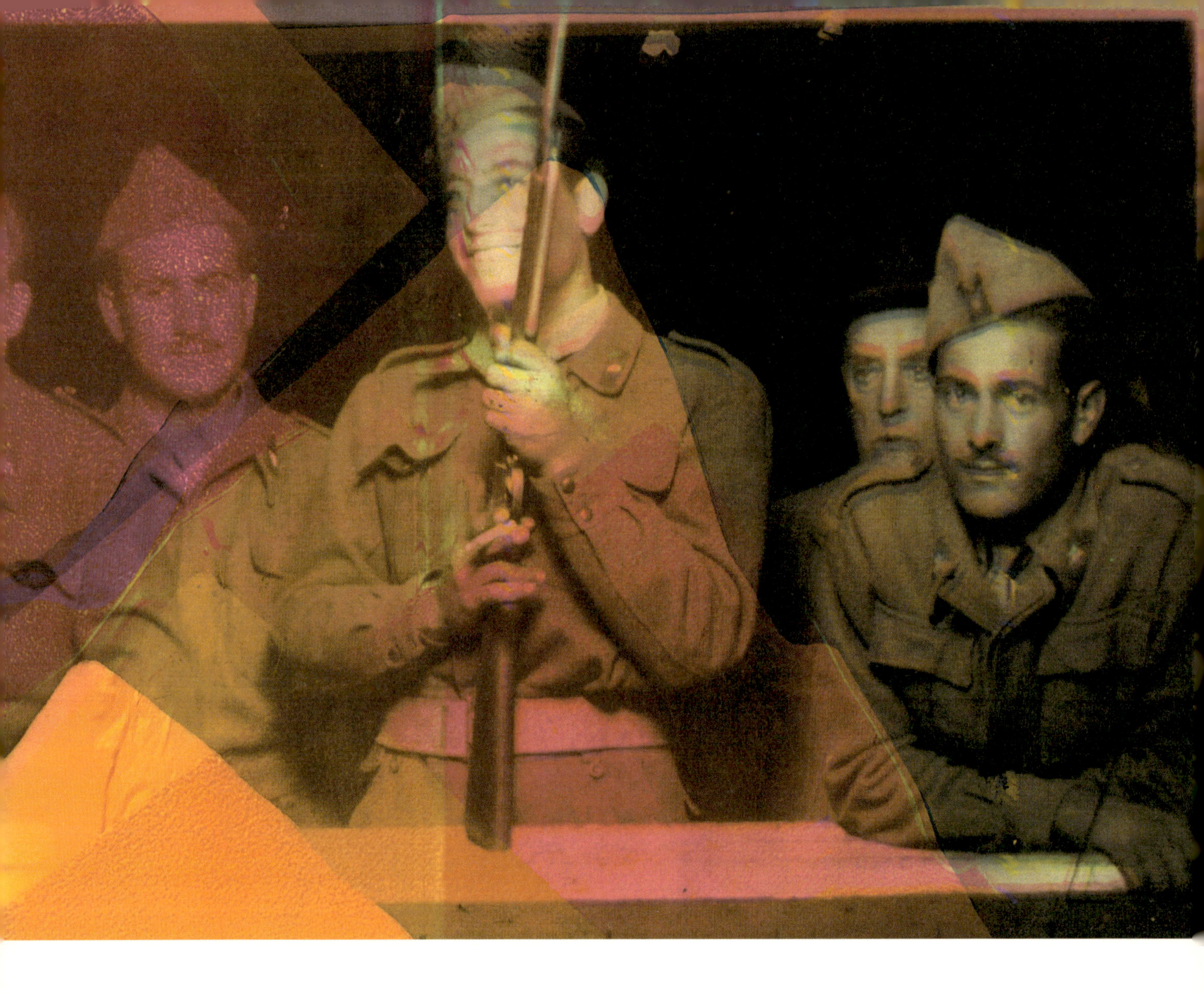

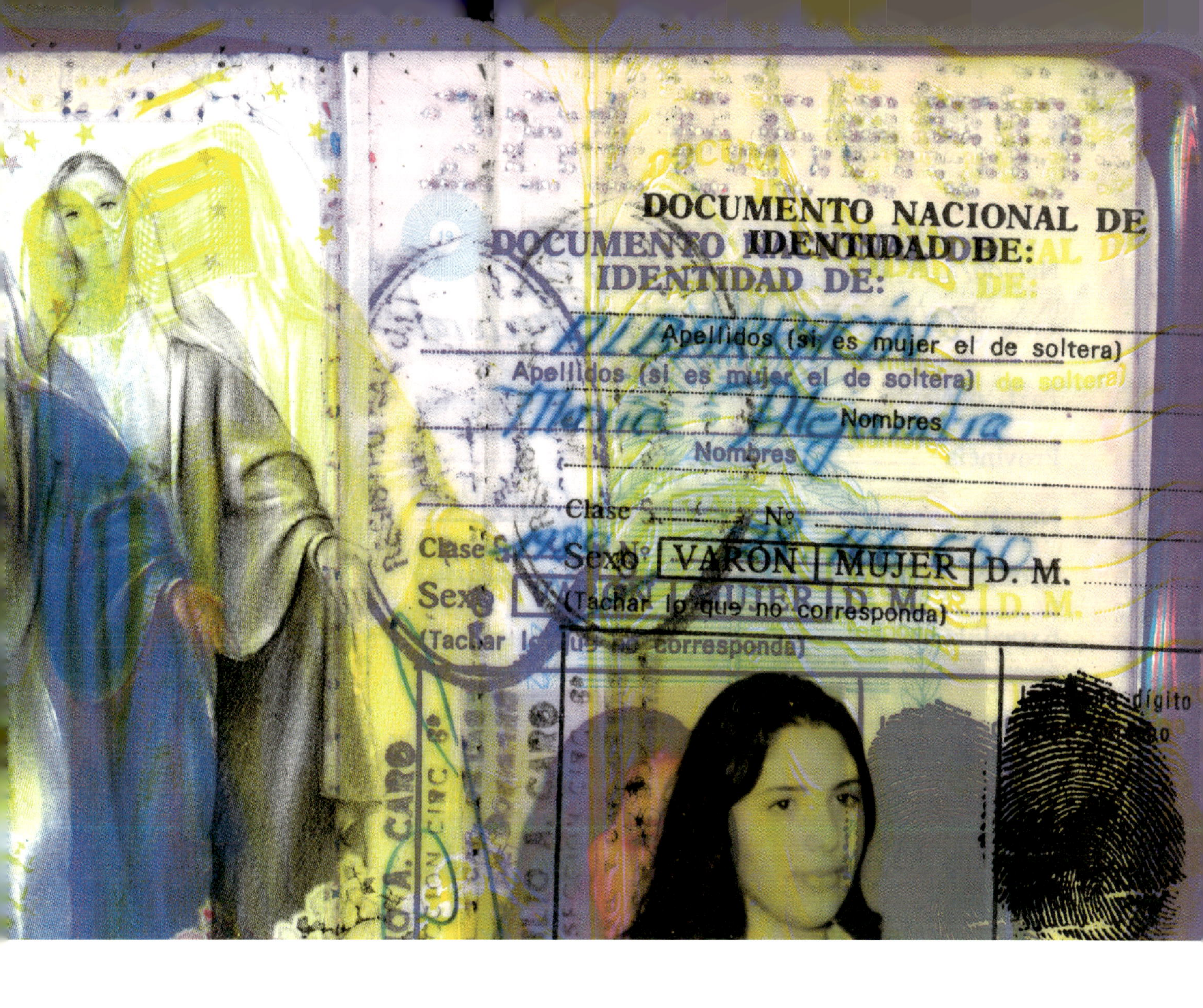

DOCUMENTO NACIONAL DE
IDENTIDAD DE:
Apellidos (si es mujer el de soltera)
Nombres
Clase
Nº
Sexo
VARON   MUJER   D. M.
(Tachar lo que no corresponda)
dígito

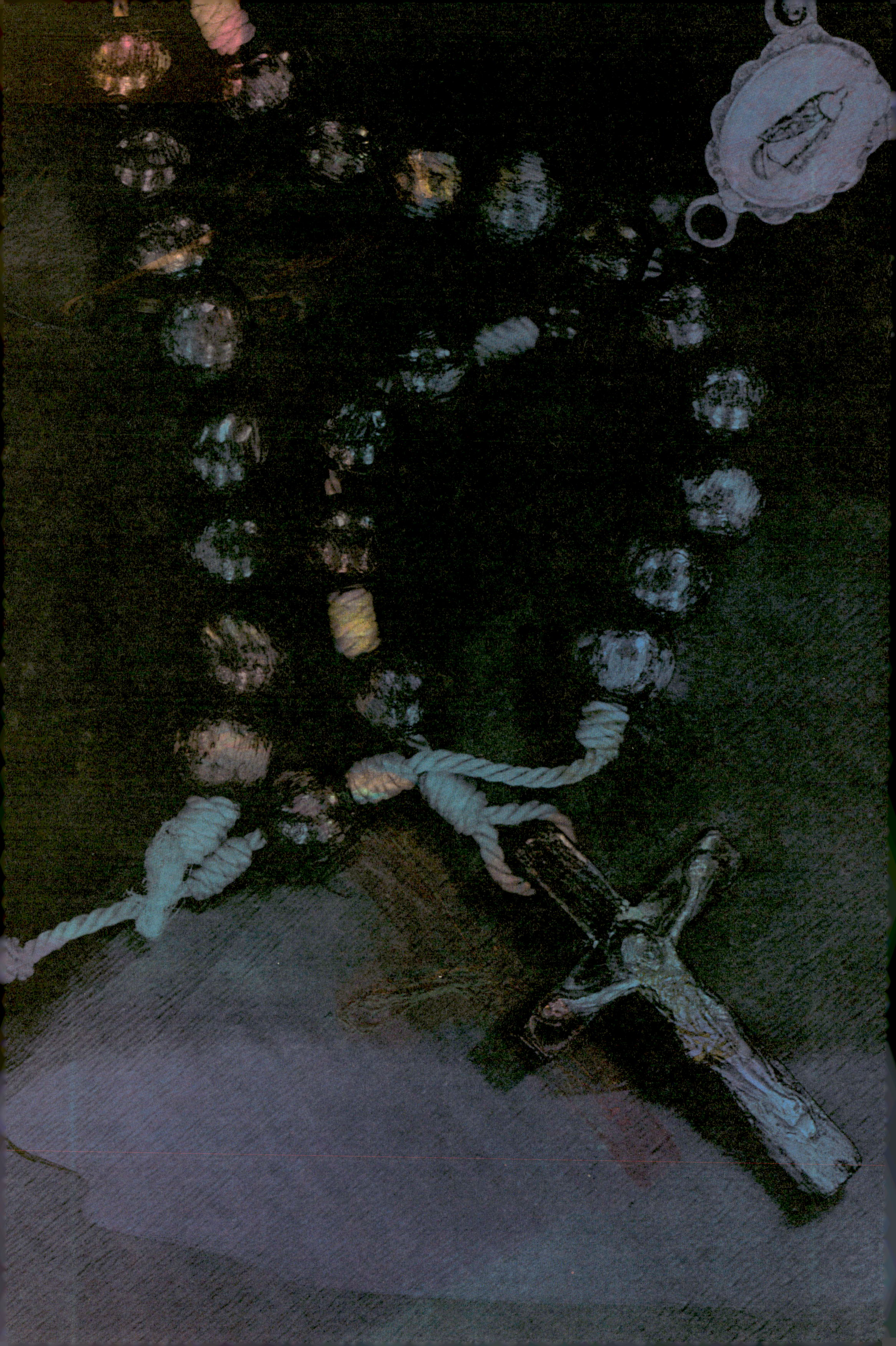

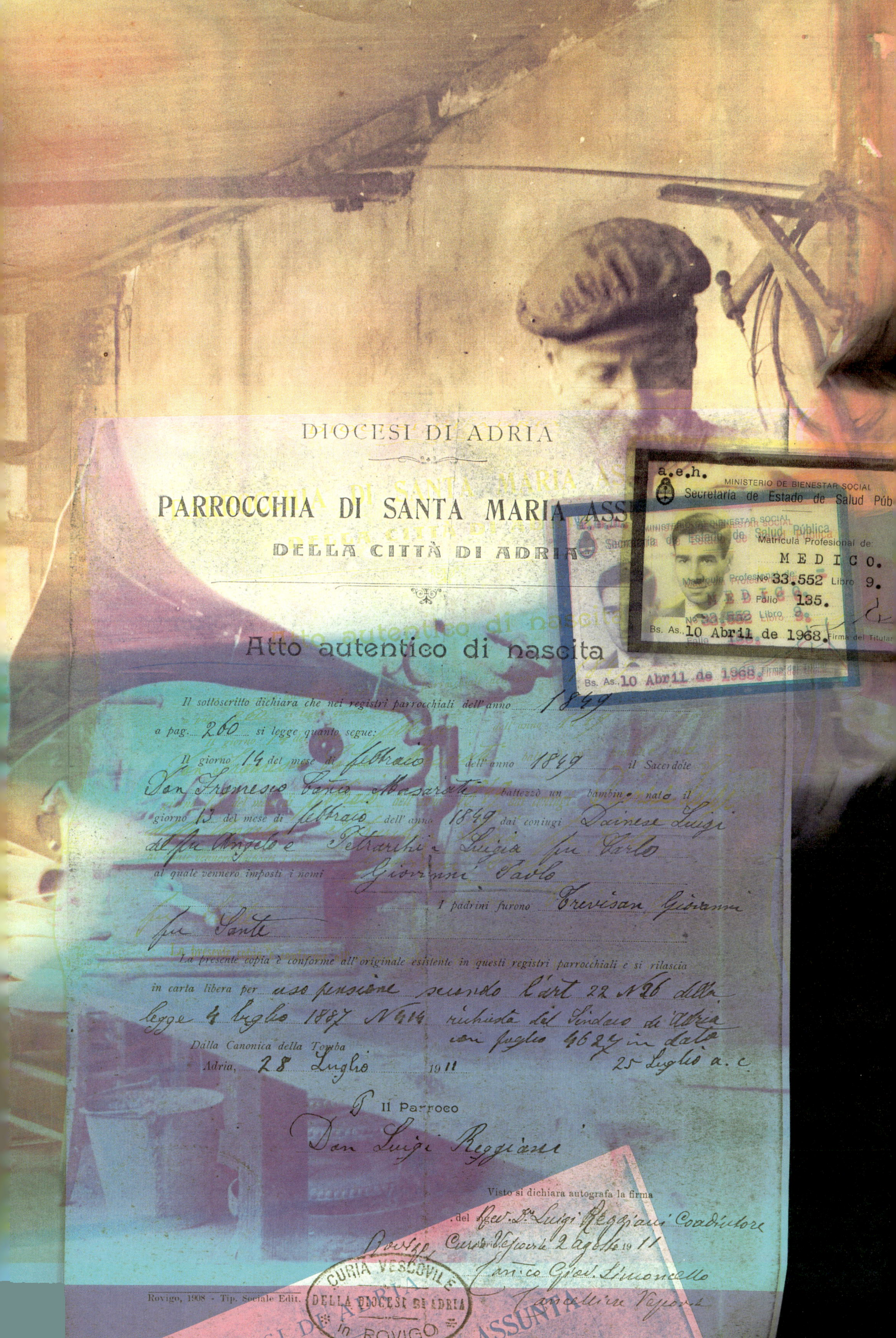

DIOCESI DI ADRIA
PARROCCHIA DI SANTA MARIA ASS
DELLA CITTÀ DI ADRIA
Atto autentico di nascita
Il sottoscritto dichiara che nei registri parrocchiali dell'anno 1849
a pag. 260 si legge quanto segue:
Il giorno 14 del mese di febbraio dell'anno 1849 il Sacerdote
Don Francesco Bonio Mazzarati battezzò un bambino nato il
giorno 13 del mese di febbraio dell'anno 1849 dai coniugi Dainese Luigi
di fu Angelo e Petrarchi Luigia fu Carlo
al quale vennero imposti i nomi Giovanni Paolo
I padrini furono Trevisan Giovanni
fu Sante
La presente copia è conforme all'originale esistente in questi registri parrocchiali e si rilascia
in carta libera per uso pensione secondo l'art 22 N 26 della
legge 4 luglio 1887 N 414 richiesta del Sindaco di Adria
con foglio 4627 in data
Dalla Canonica della Tomba 25 luglio a. c.
Adria, 28 Luglio 1911
Il Parroco
Don Luigi Reggiani
Visto si dichiara autografa la firma
del Rev. D. Luigi Reggiani Coadiutore
Curato Vescovile 2 agosto 1911
Canco Giov. Simoncello
Cancelliere Vescovile
Rovigo, 1908 - Tip. Sociale Edit.
CURIA VESCOVILE DELLA DIOCESI DI ADRIA in ROVIGO
ASSUNTA
a.e.h.
MINISTERIO DE BIENESTAR SOCIAL
Secretaría de Estado de Salud Púb
Matricula Profesional de
MEDICO.
N° 33.552 Libro 9.
Folio 135.
Bs. As. 10 Abril de 1968. Firma del Titular

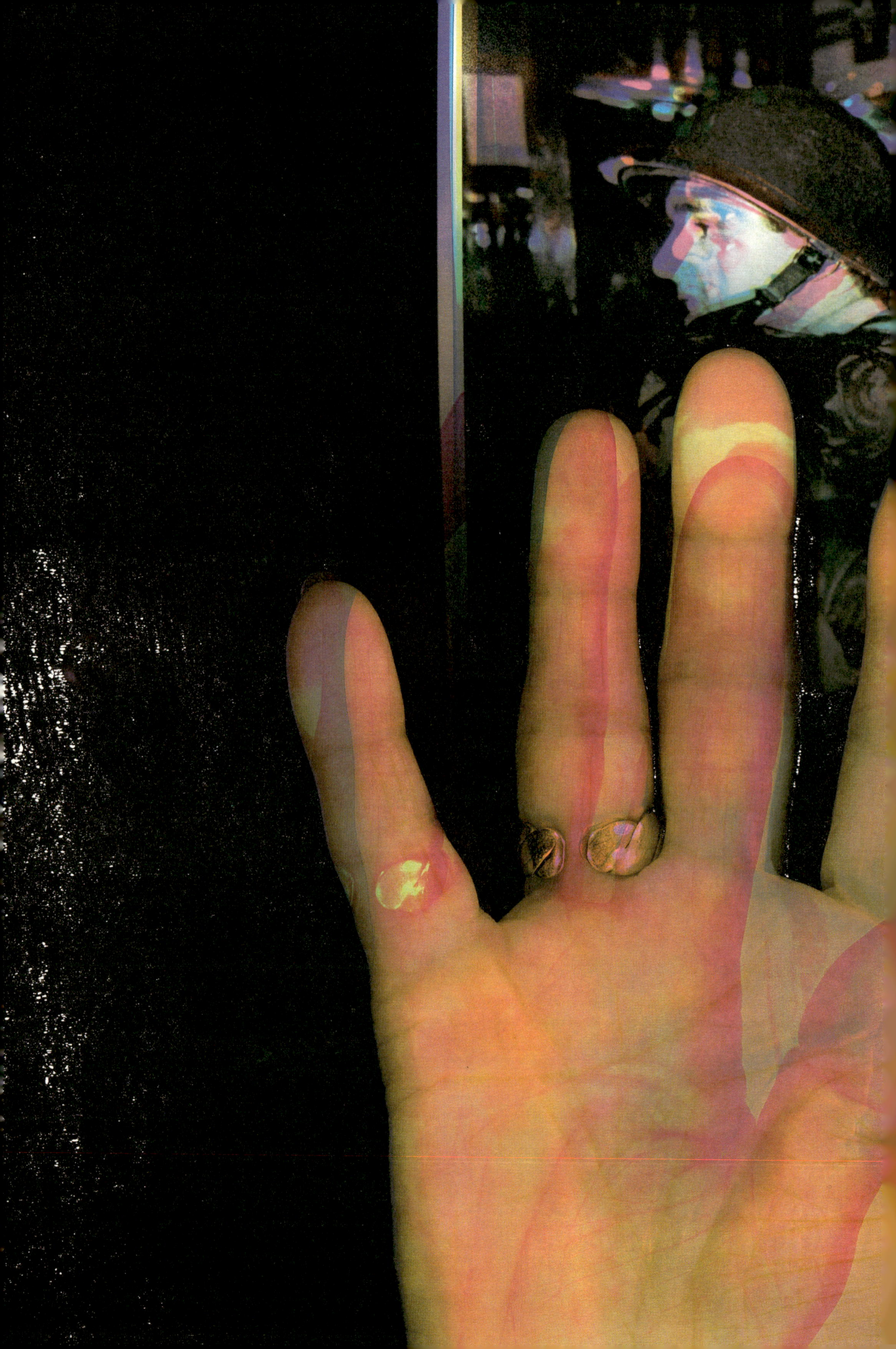

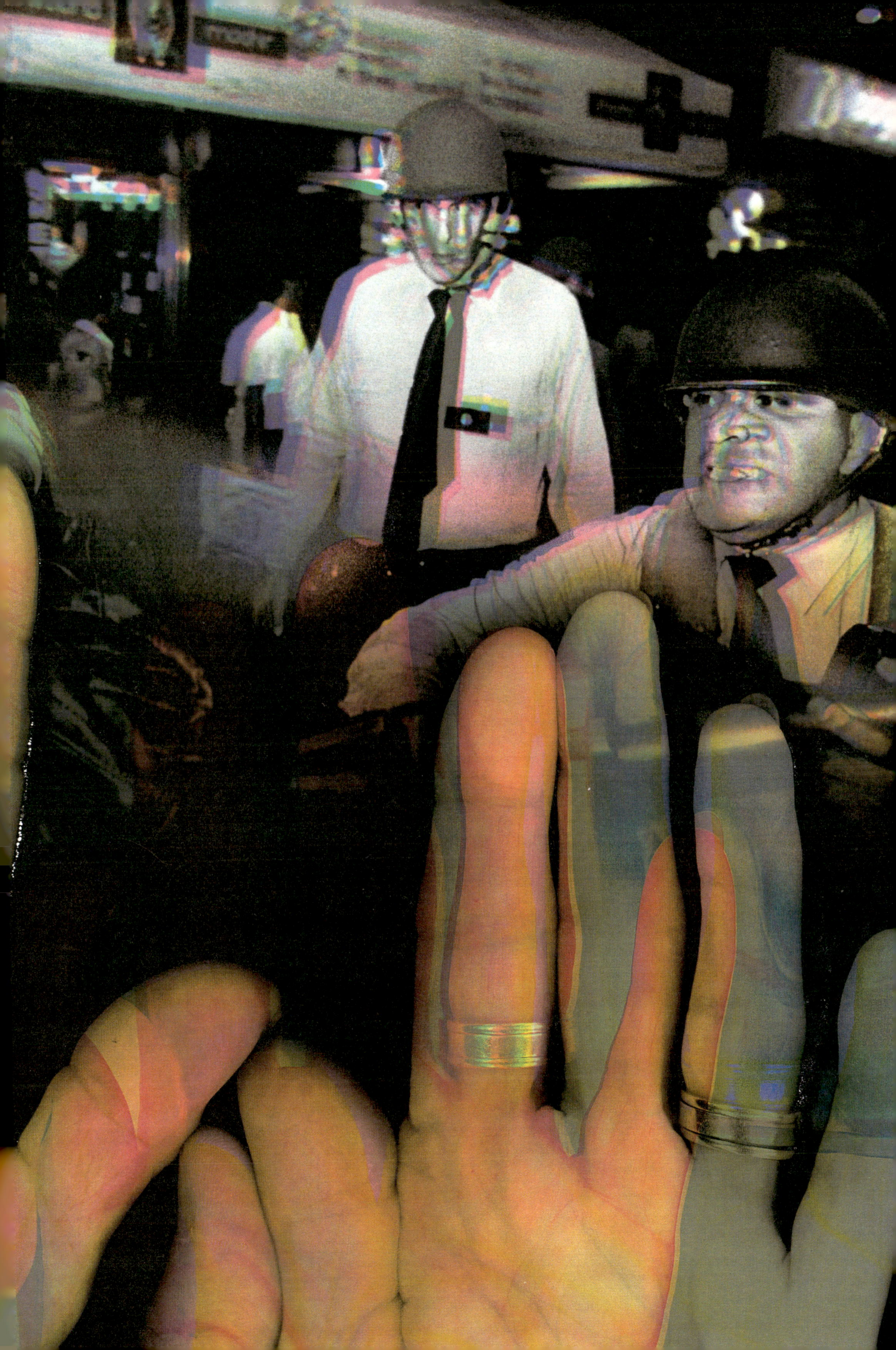

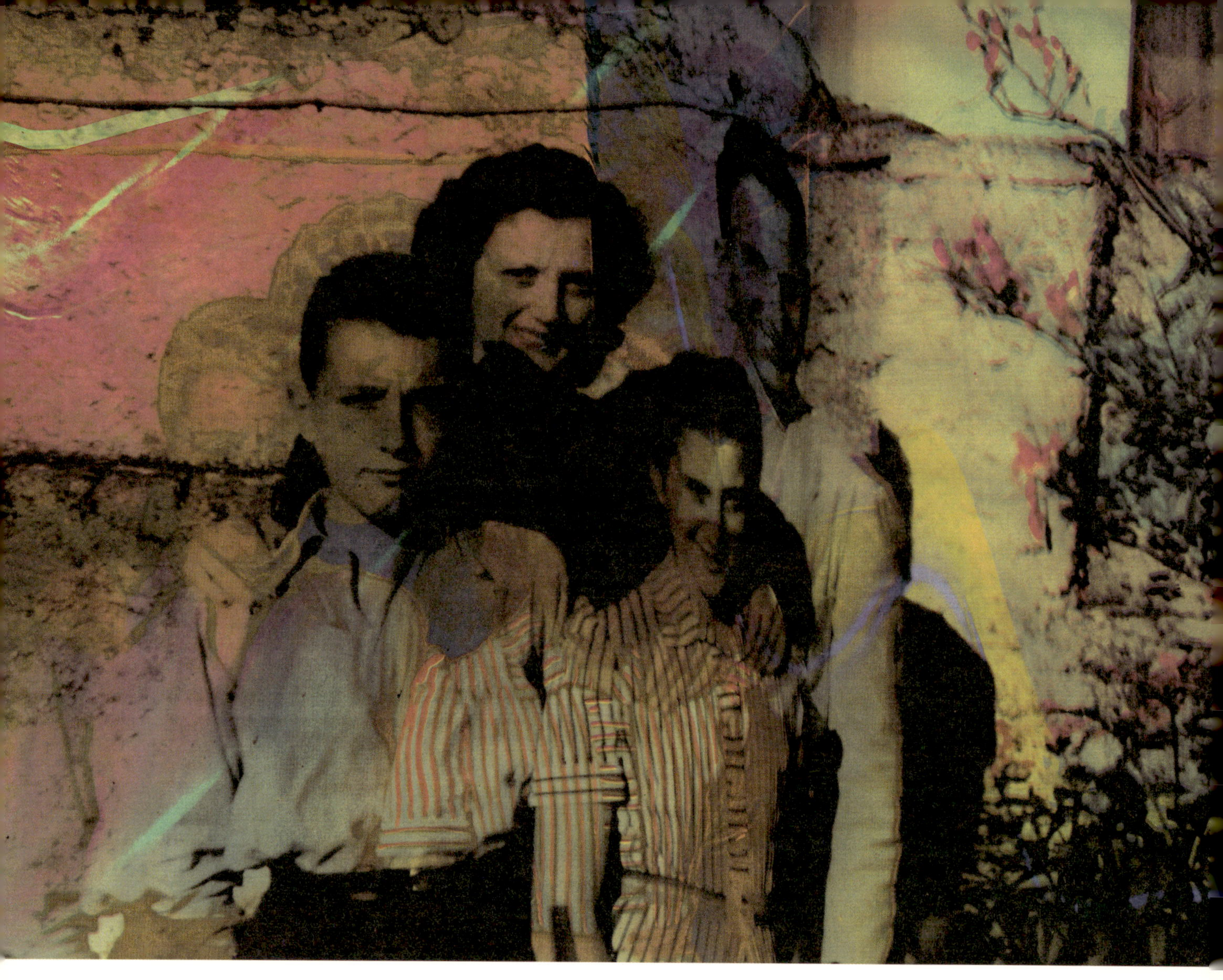

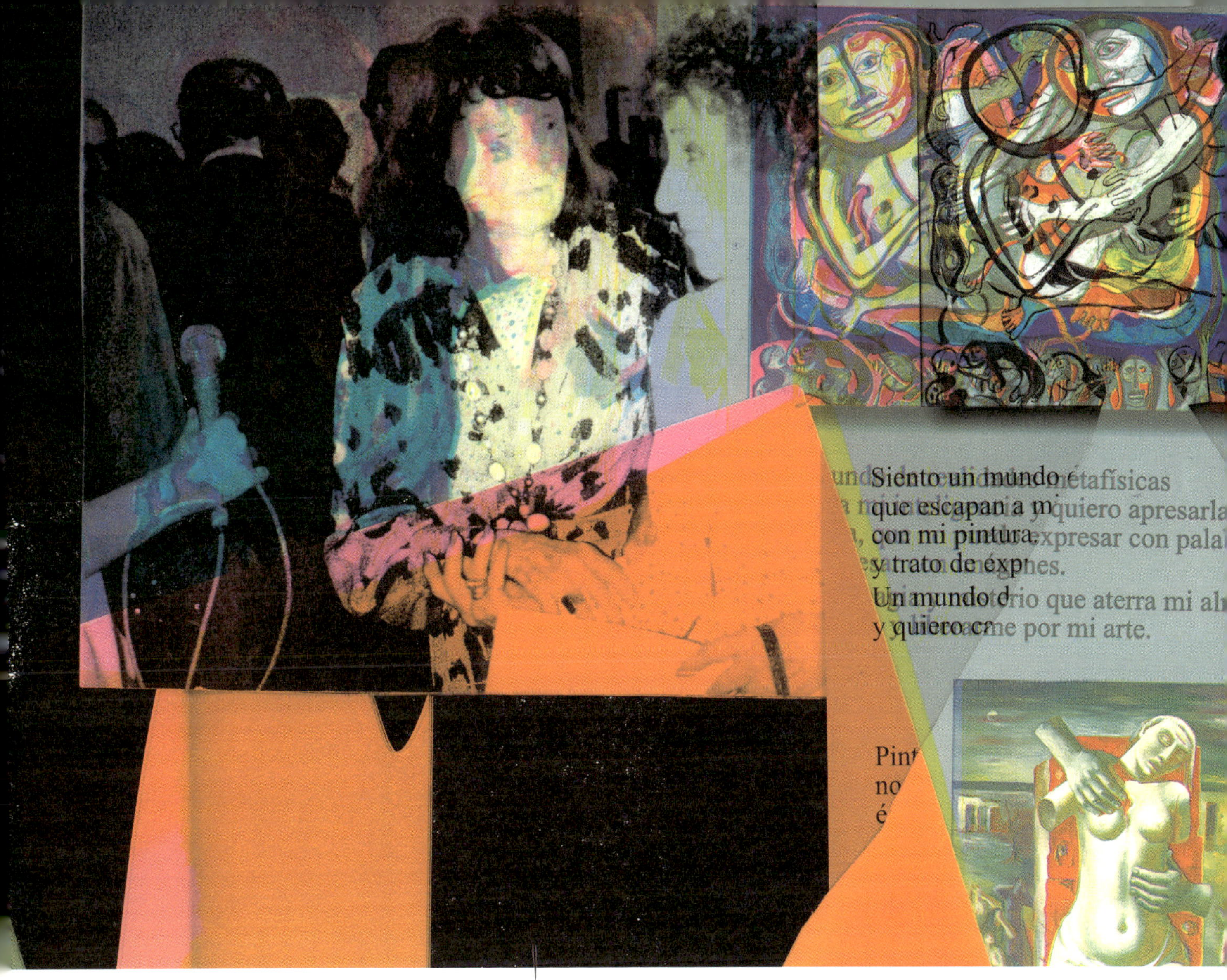

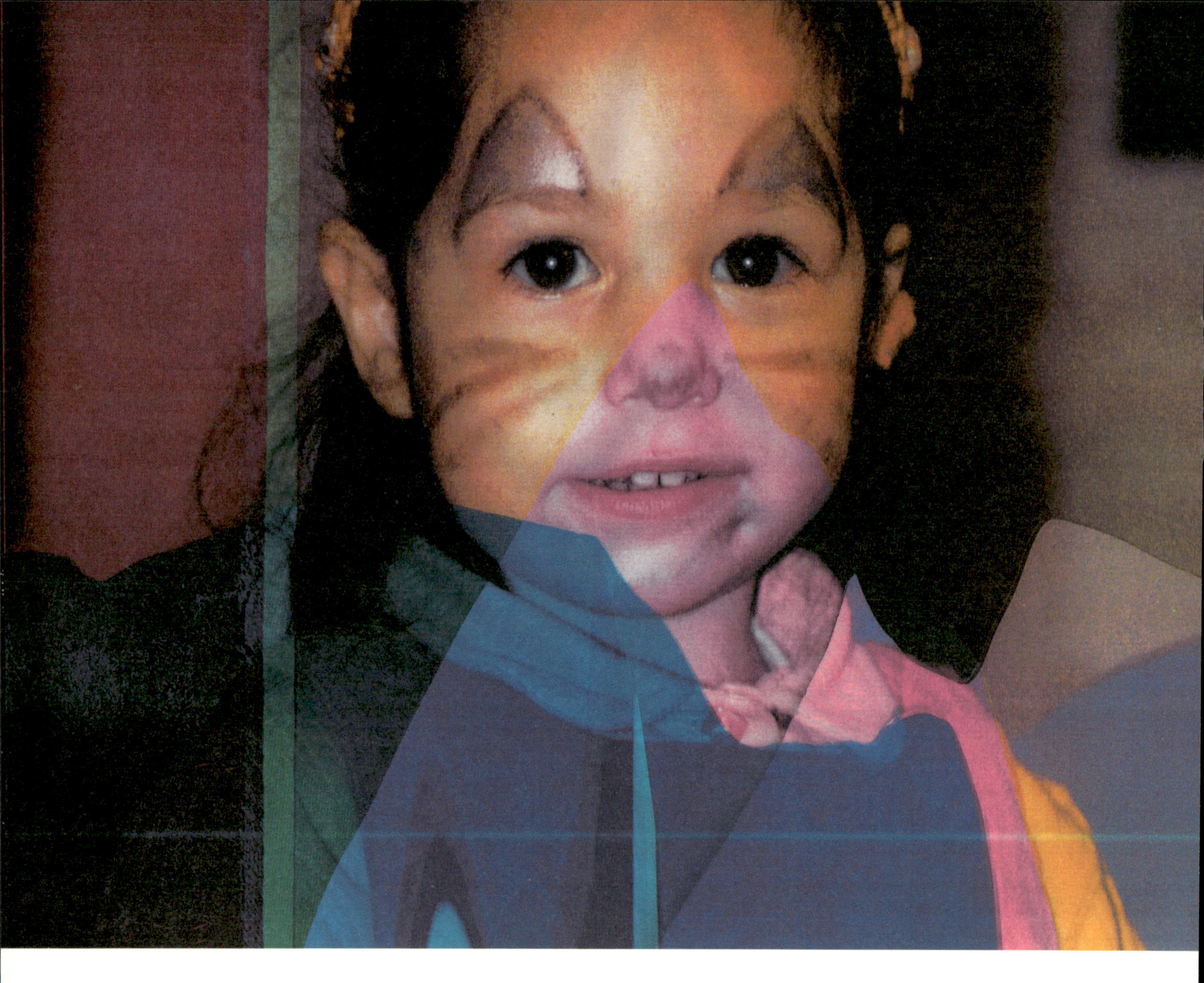

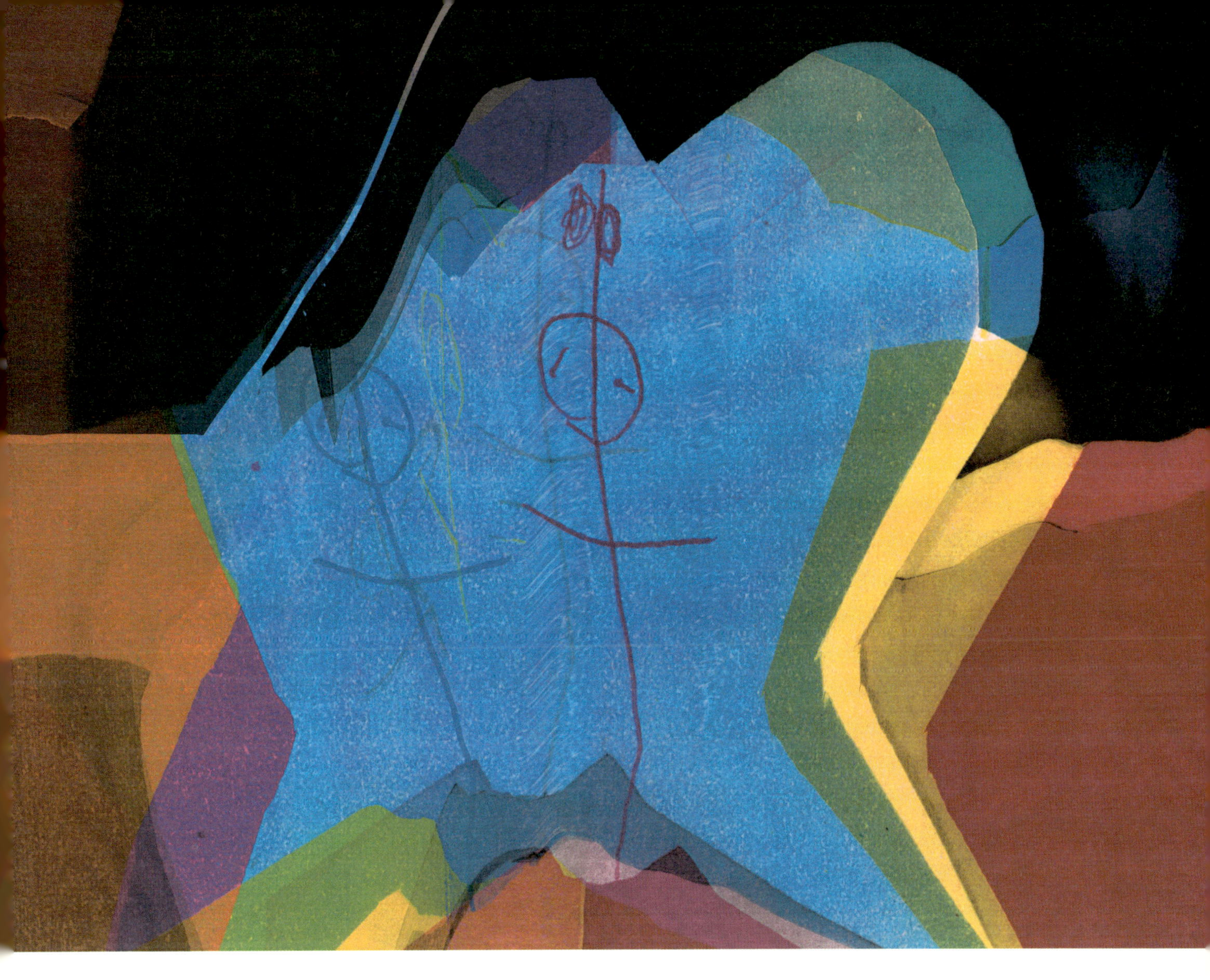

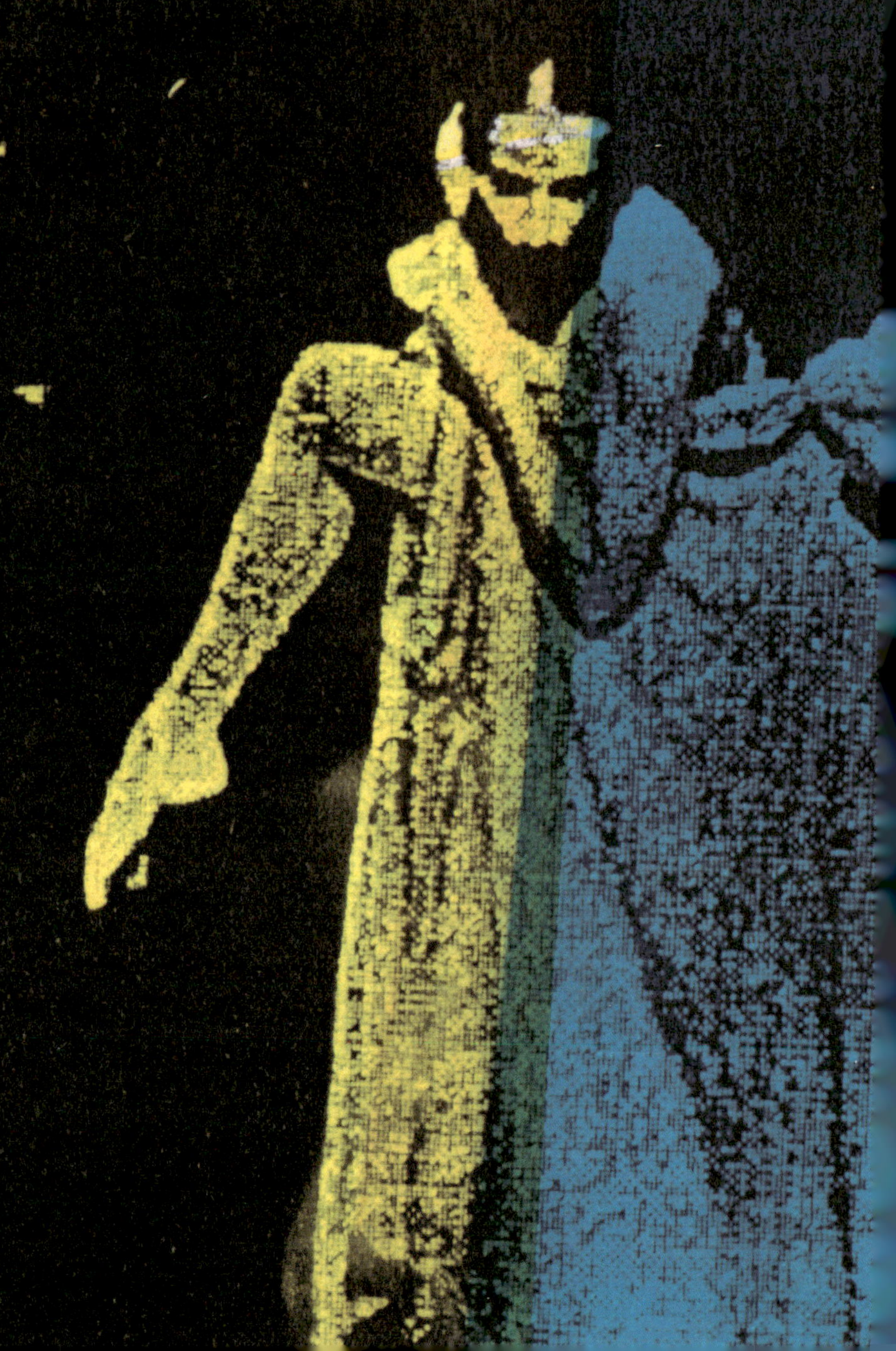
de Florencia
"LOS PAJAR
1981 - "CANTATA D
"ENCUENTR
Invitación Fe

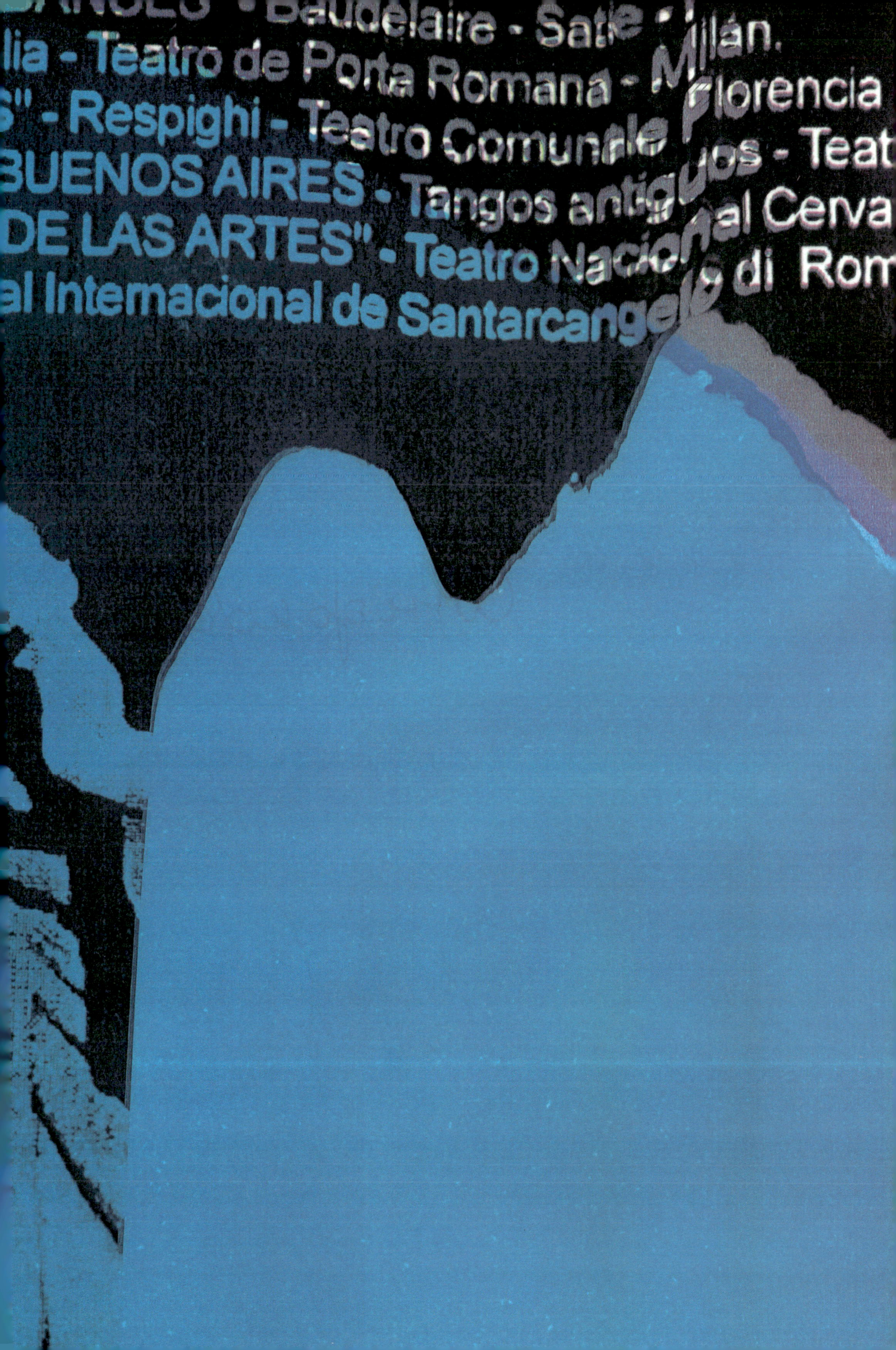
ANOL5 - Baudelaire - Satie -
lia - Teatro de Porta Romana - Milán.
S" - Respighi - Teatro Comunale Florencia
BUENOS AIRES - Tangos antiguos - Teat
DE LAS ARTES" - Teatro Nacional Cervan
al Internacional de Santarcangelo di Rom

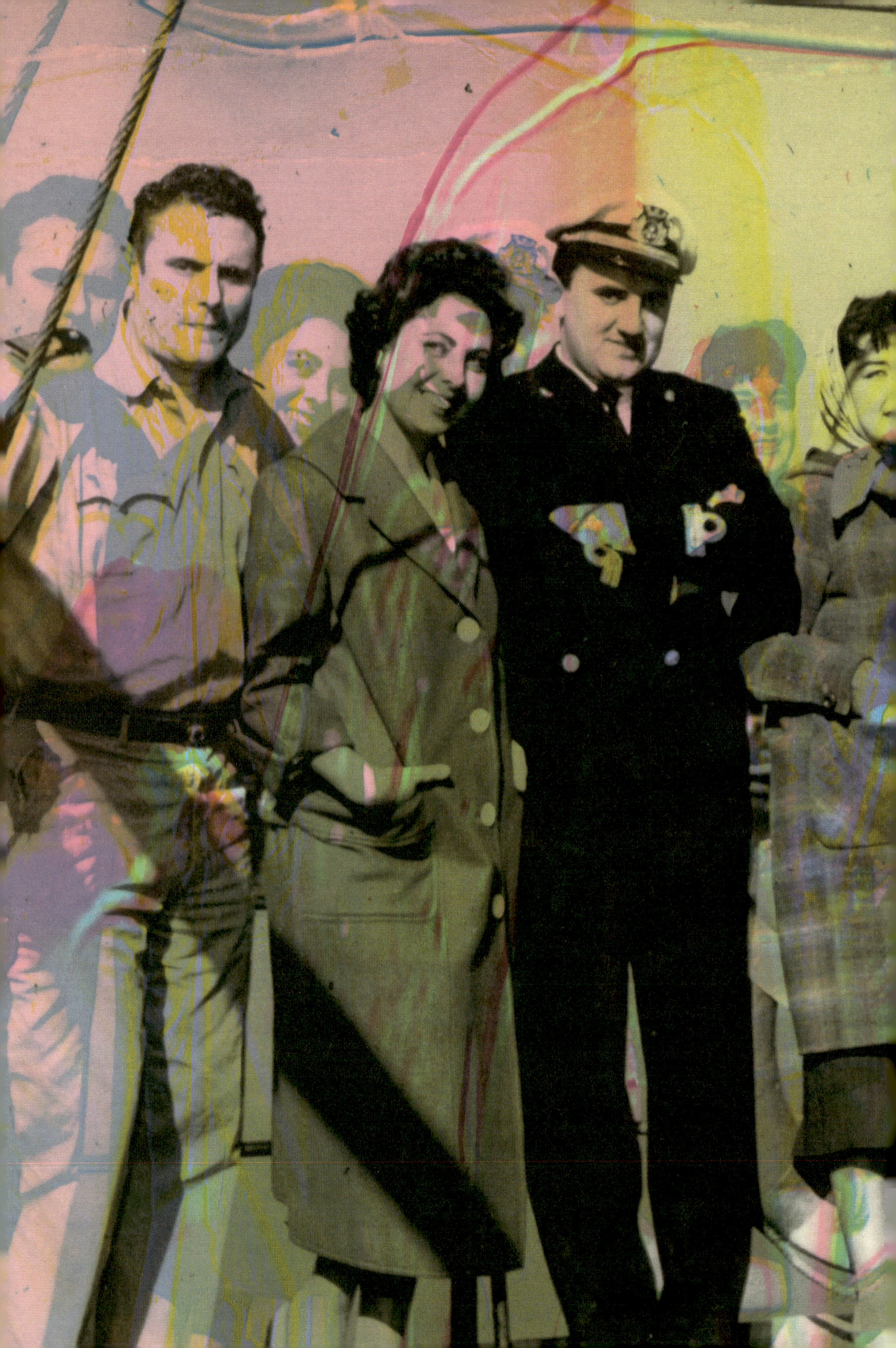

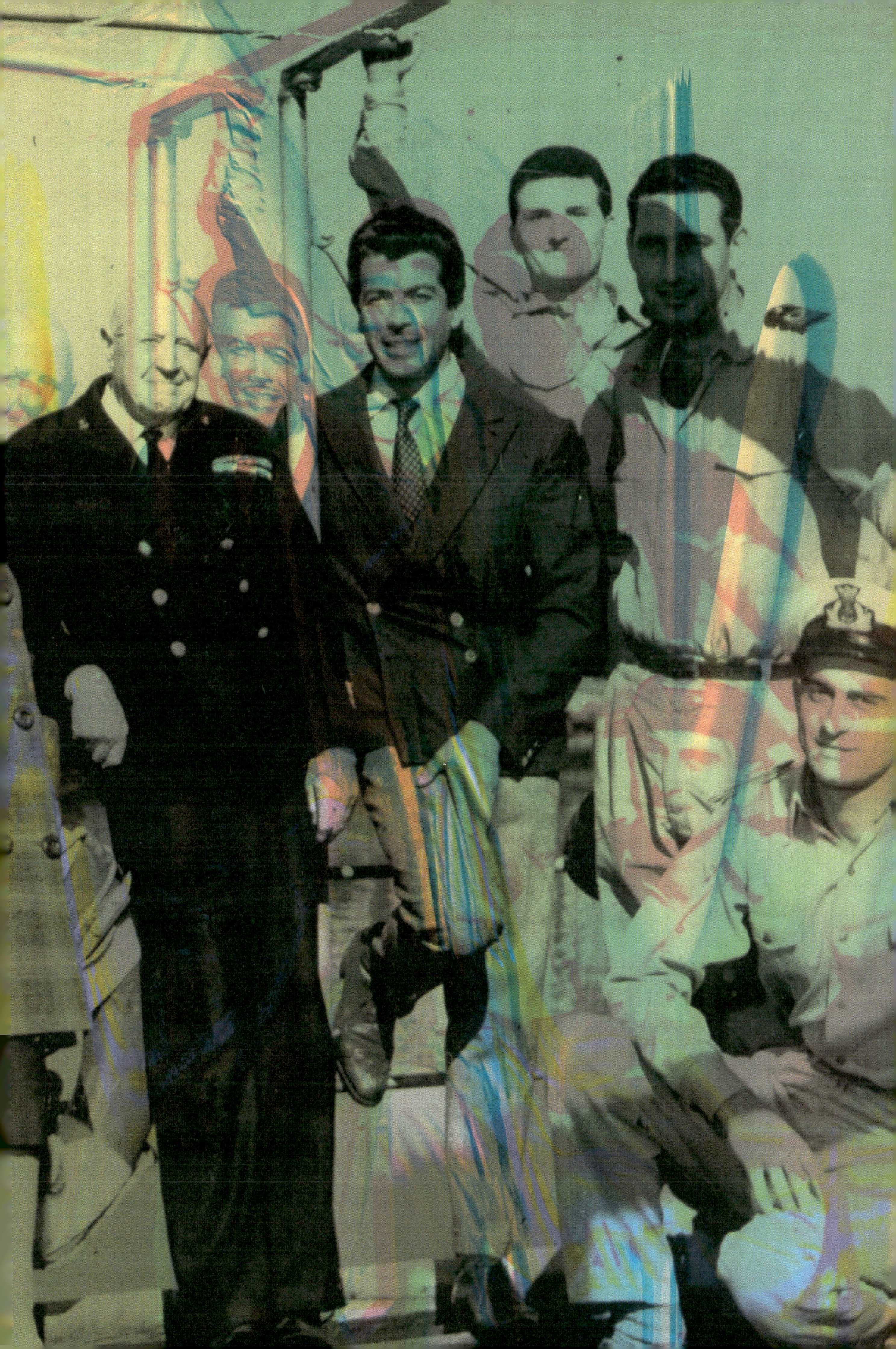

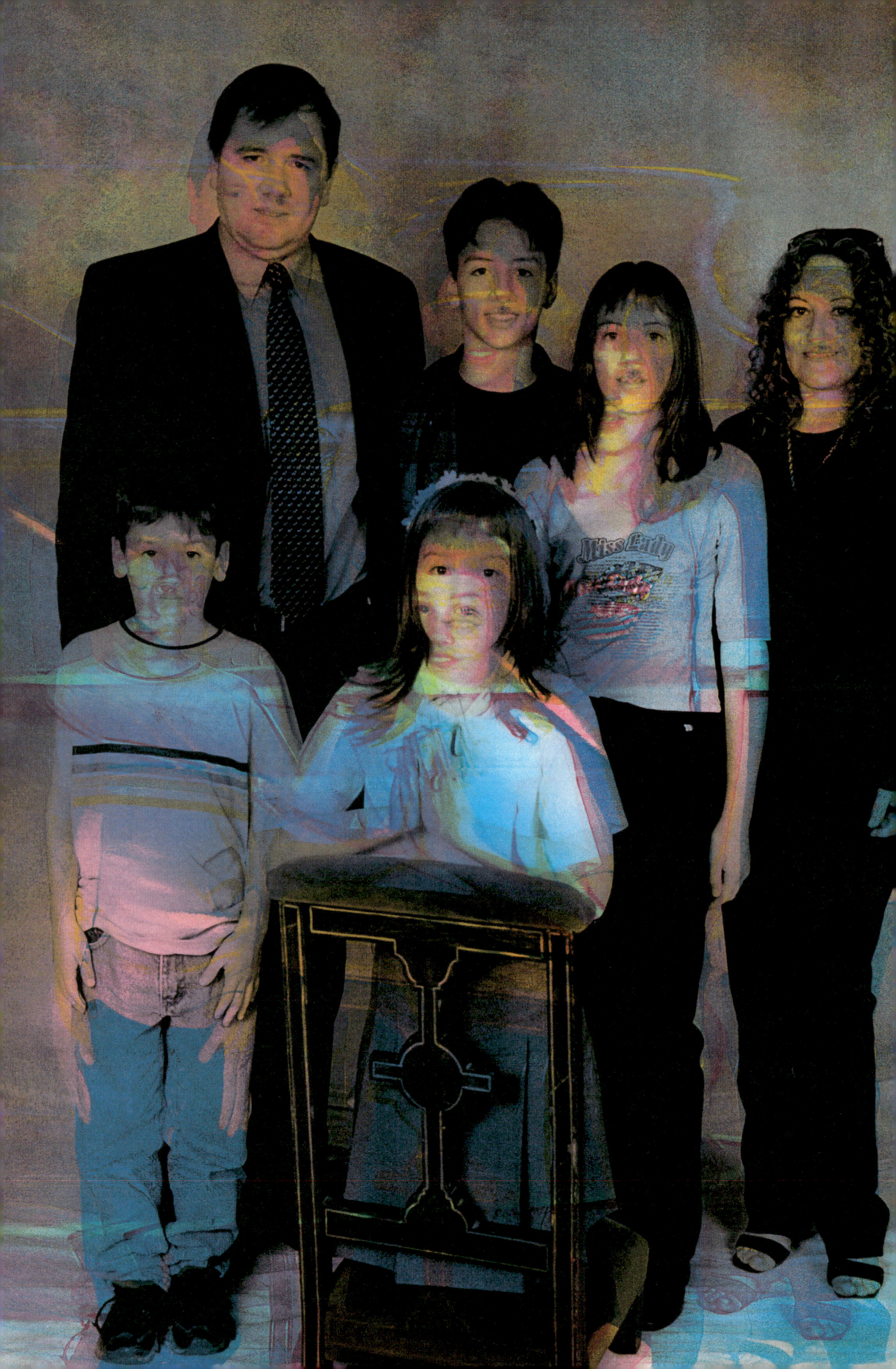

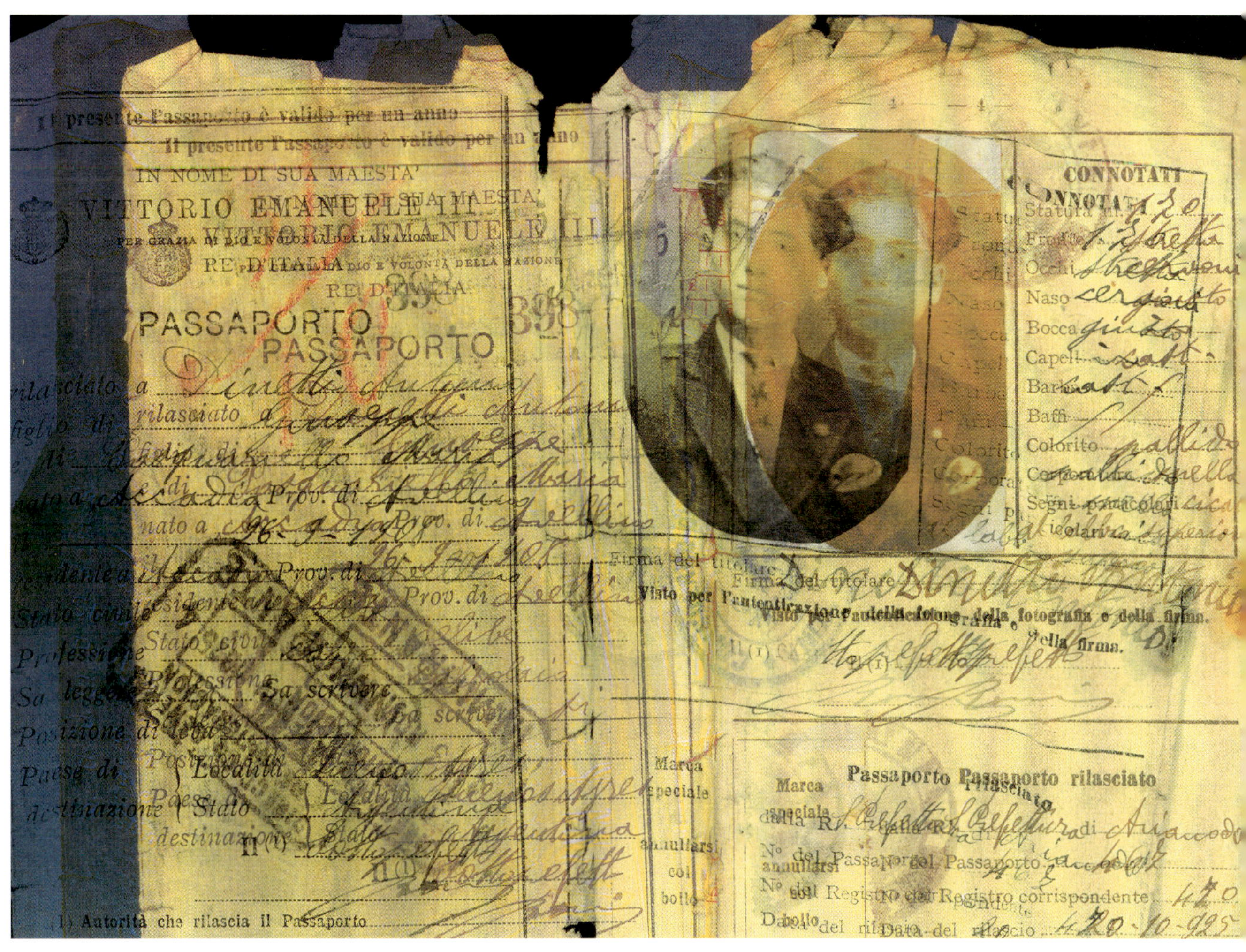

Il presente Passaporto è valido per un anno

IN NOME DI SUA MAESTA'

VITTORIO EMANUELE III

PER GRAZIA DI DIO E VOLONTÀ DELLA NAZIONE

RE D'ITALIA

PASSAPORTO

rilasciato a _________________

figlio di _________________

di _________________

nato a _________________ Prov. di _________________

il _________________

Stato civile _________________

Professione _________________

Sa leggere _________________ Sa scrivere _________________

Posizione di leva _________________

Paese di destinazione _________________

1) Autorità che rilascia il Passaporto _________________

CONNOTATI

Statura m. _________________
Fronte _________________
Occhi _________________
Naso _________________
Bocca _________________
Capelli _________________
Barba _________________
Baffi _________________
Colorito _________________
Corporatura _________________
Segni particolari _________________

Firma del titolare

Visto per l'autenticazione della fotografia e della firma.

Il (I) _________________

Marca speciale da annullarsi col bollo

Passaporto rilasciato dalla R. _________________

N° del Passaporto _________________

N° del Registro corrispondente _________________

Data del rilascio _________________

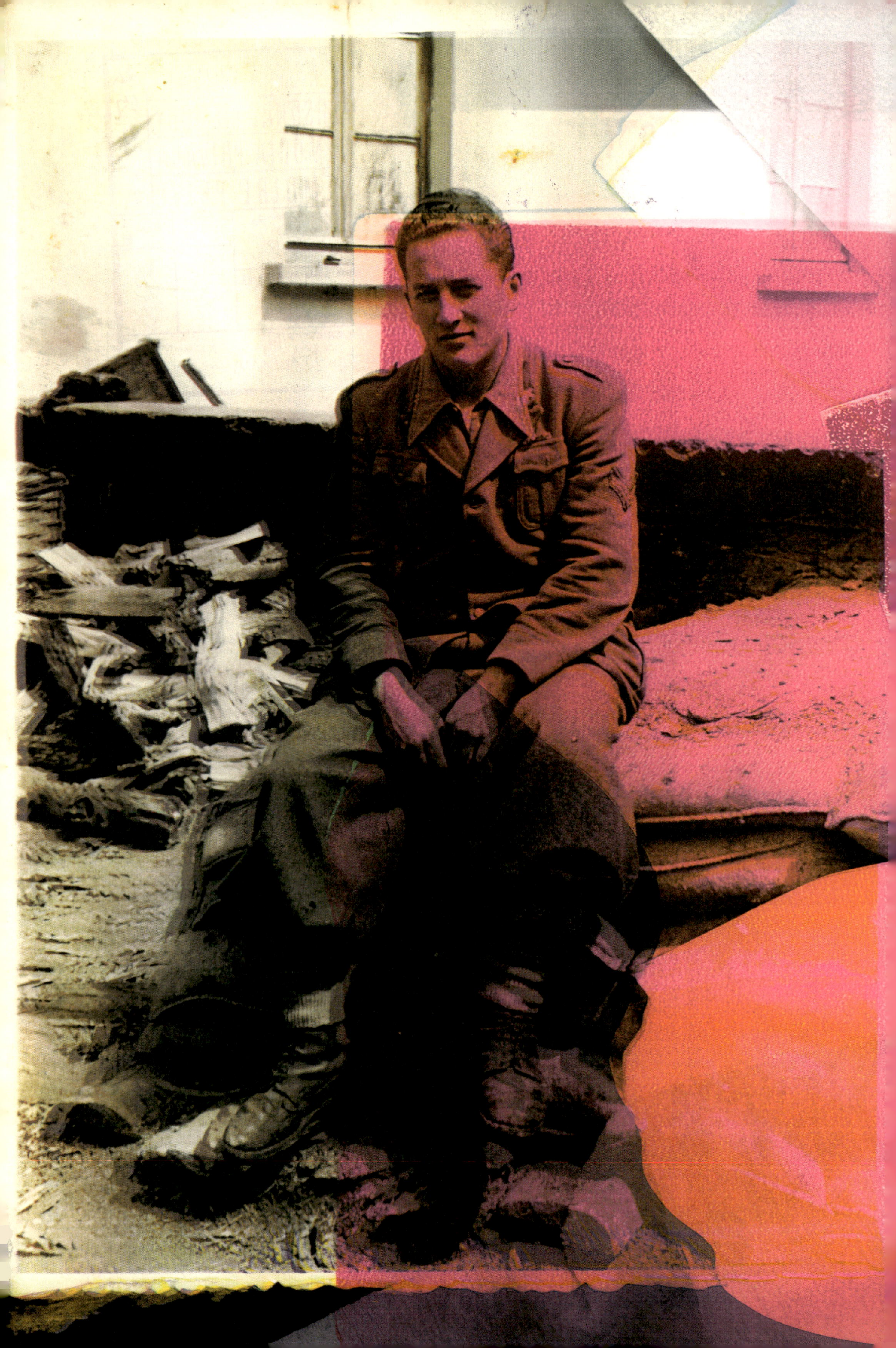

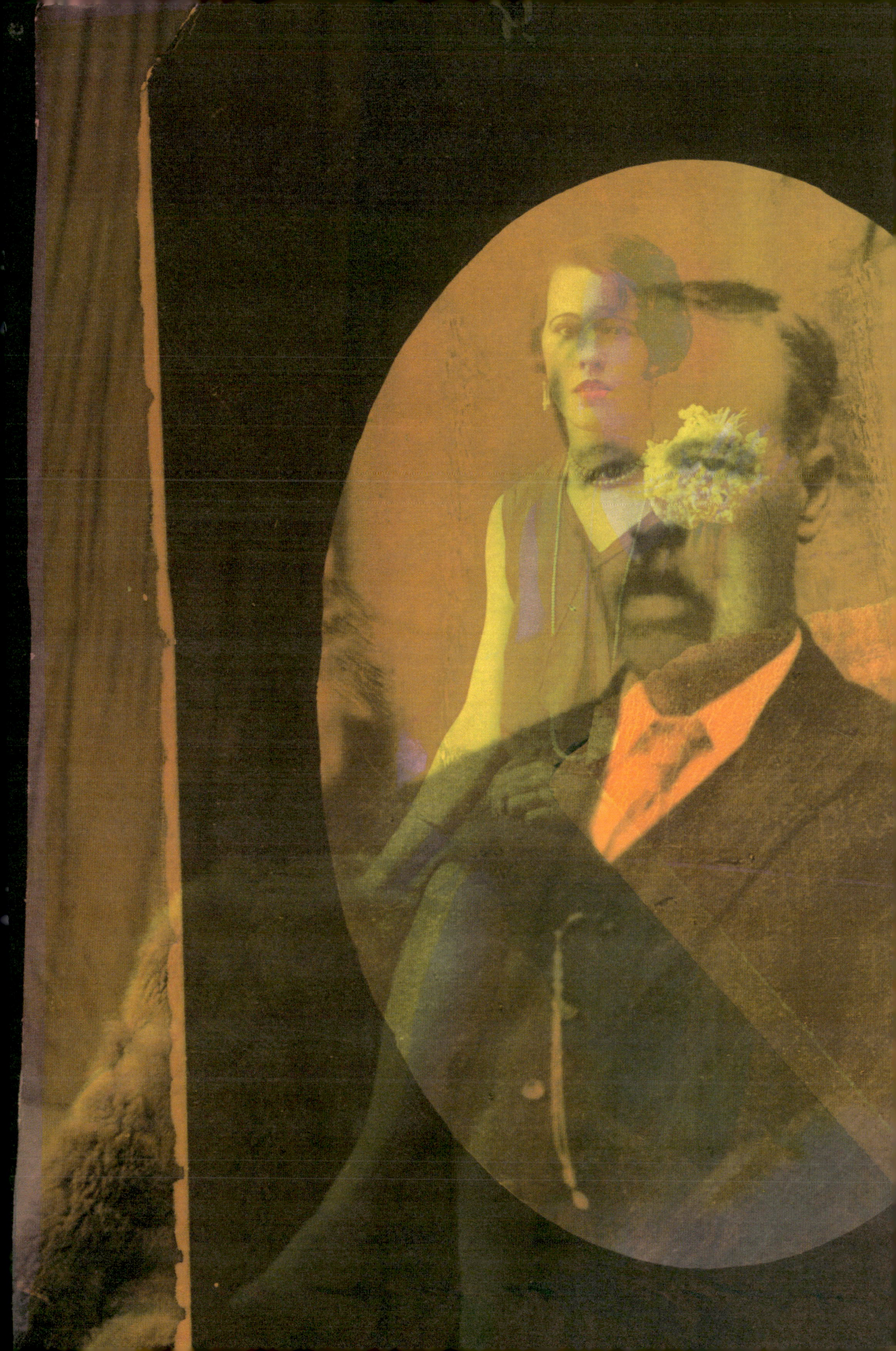

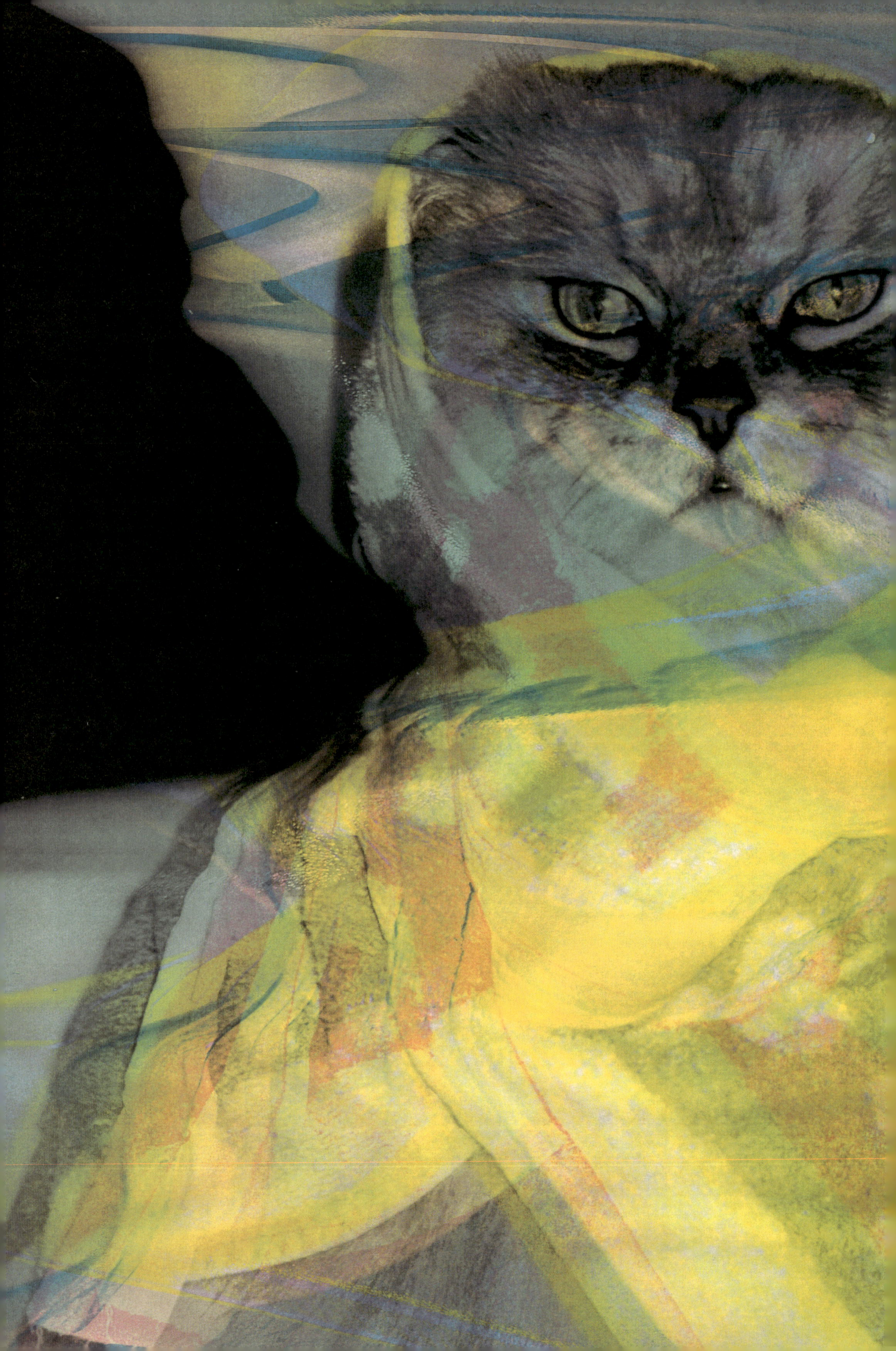

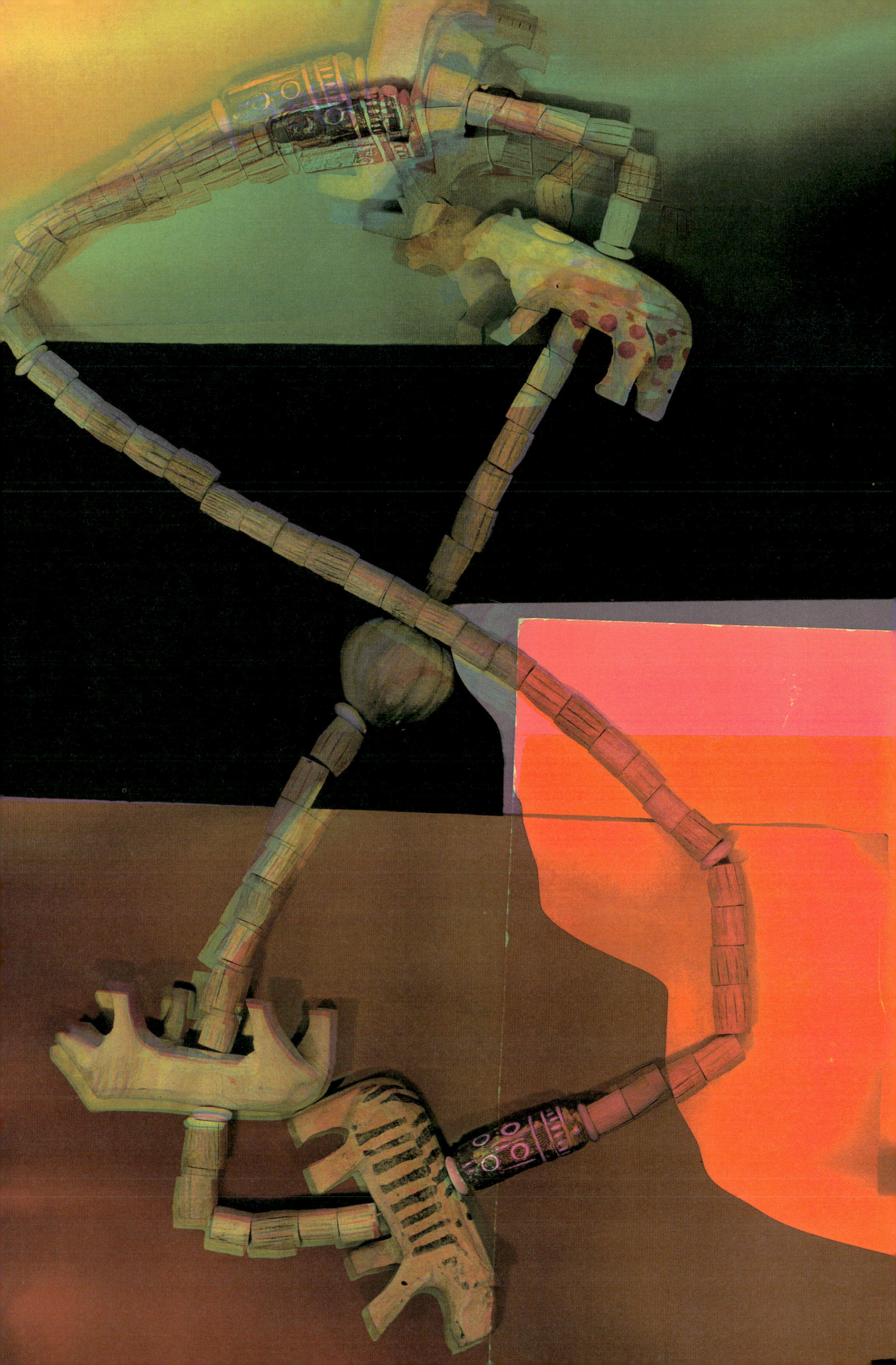

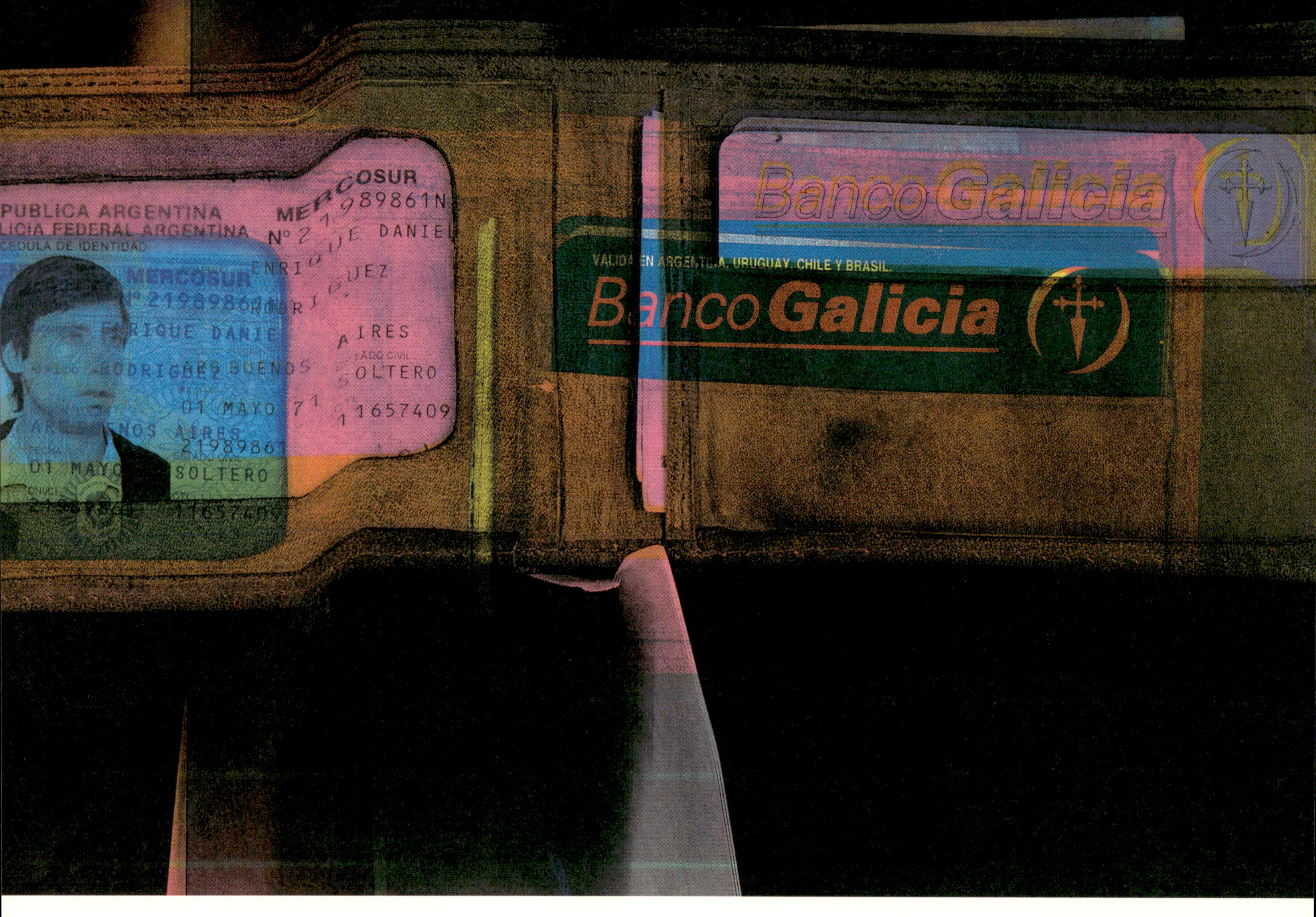
REPUBLICA ARGENTINA
POLICIA FEDERAL ARGENTINA
CEDULA DE IDENTIDAD
MERCOSUR
Nº 21989861N
ENRIQUE DANIEL
RODRIGUEZ
BUENOS AIRES
SOLTERO
01 MAYO 71
11657409
MERCOSUR
Nº 21989861
ENRIQUE DANIEL
RODRIGUEZ BUENOS AIRES
01 MAYO
SOLTERO
21989861
11657409
Banco Galicia
VALIDA EN ARGENTINA, URUGUAY, CHILE Y BRASIL.
Banco Galicia

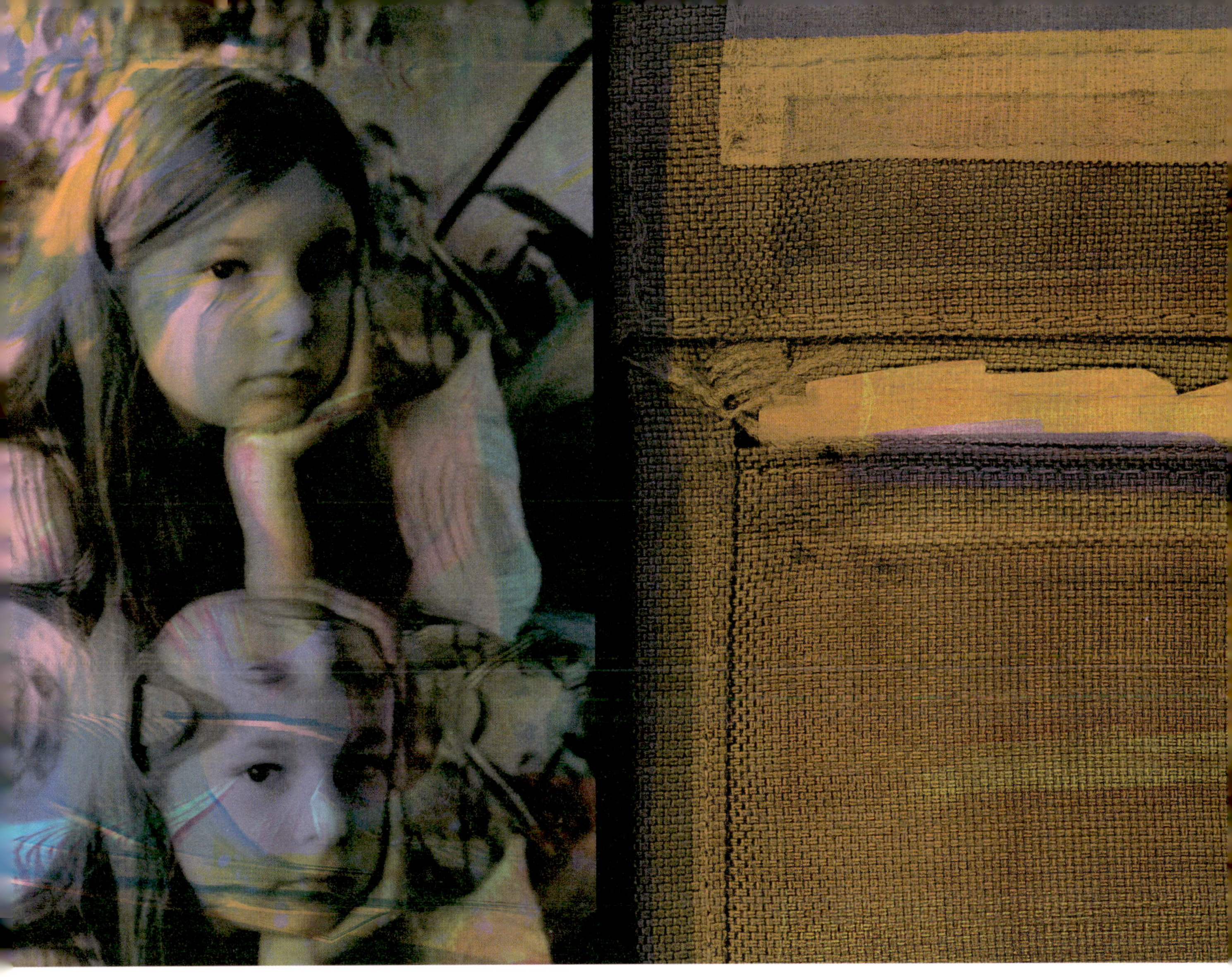

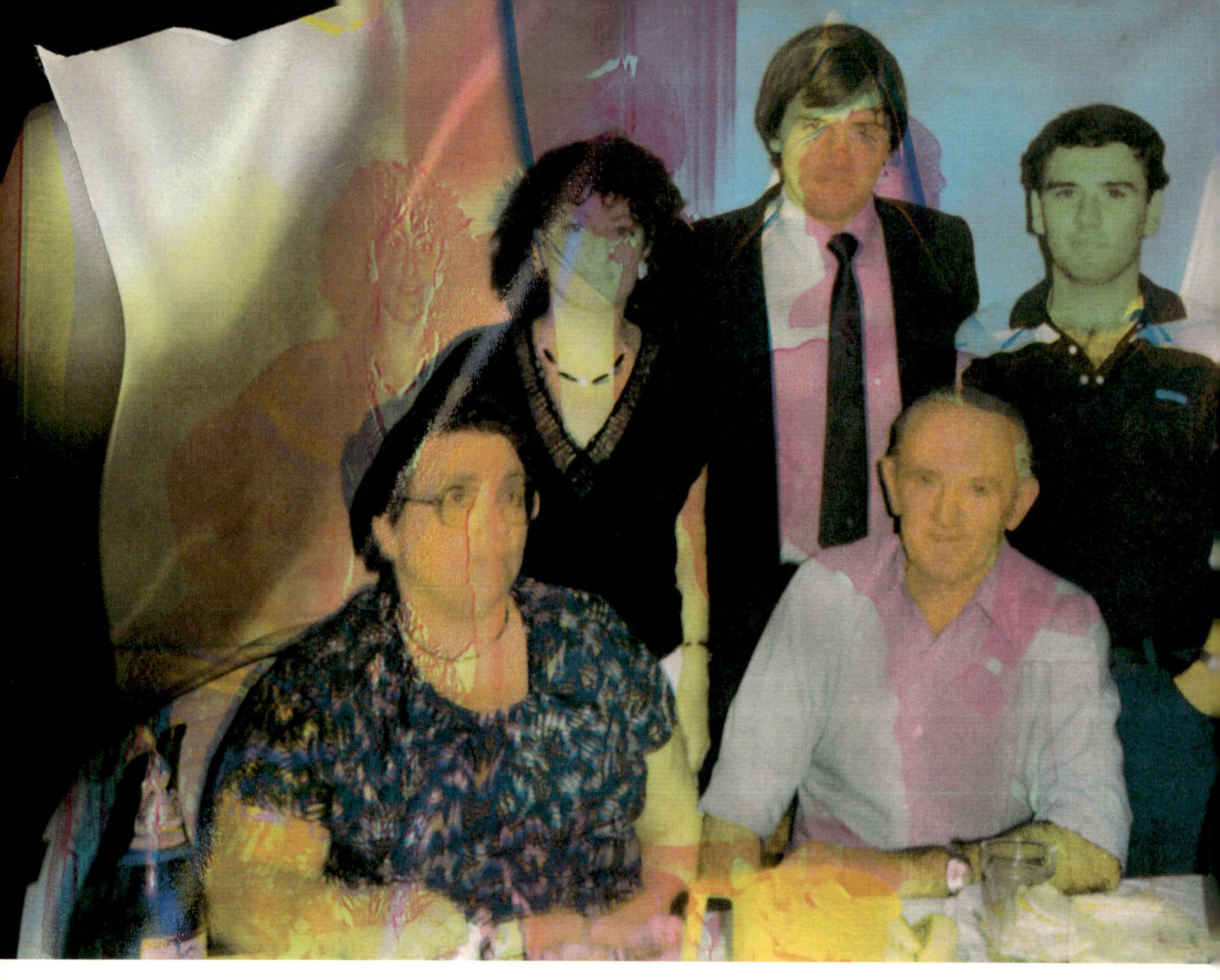

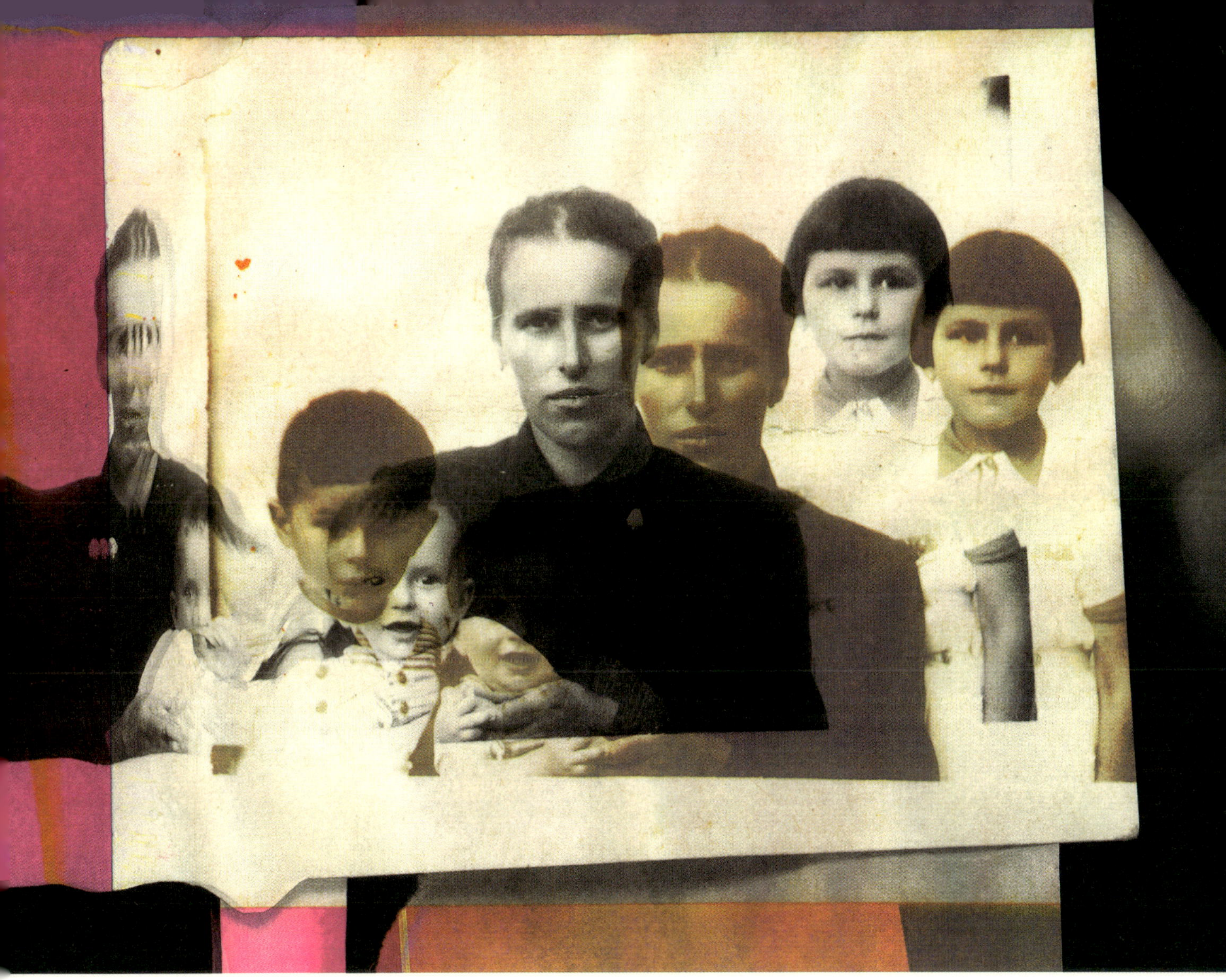

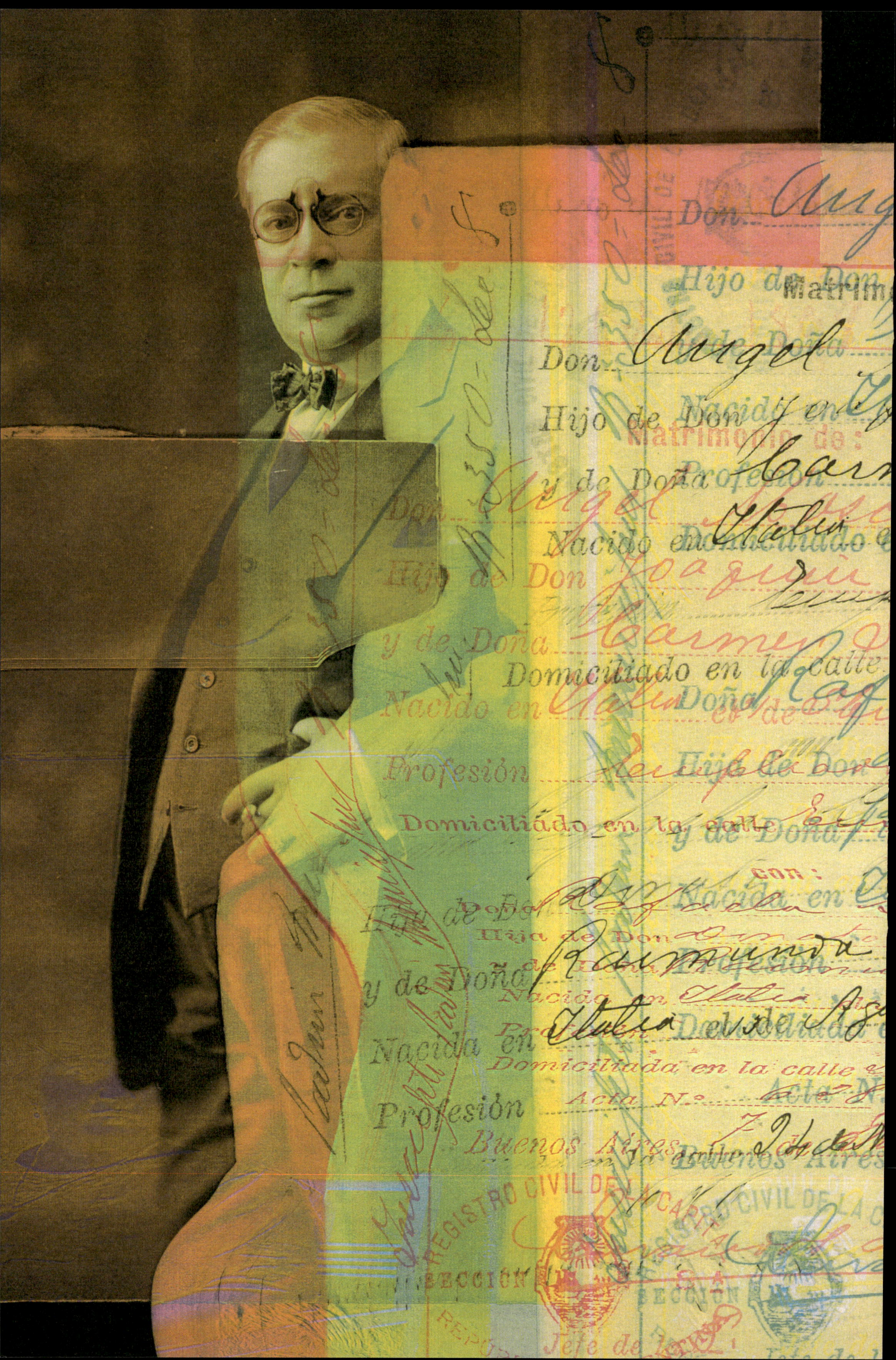

Don... Aug...

Hijo de Don... Matrim...

Don... Angel...

Hijo de Don... Nacido en... Matrimonio de: ... Carm...

y de Doña... Profesión... Italia...

Angel

Nacido en... Domiciliado en...

Hijo de Don... Joaquín...

y de Doña... Carmen...

Nacido en... Italia... Domiciliado en la calle...

Profesión... Doña... Cas...

Domiciliado en la calle... Hijo de Don...

y de Doña...

con:

Nacida en...

Hija de Don...

y de Doña... Raimunda...

Nacida en... Italia... Profesión...

Italia... Domiciliado en...

Nacida en... Domiciliada en la calle...

Profesión... Acta N.º... Acta N.º

Buenos Aires... Buenos Aires... 7 de...

REGISTRO CIVIL DE... REGISTRO CIVIL DE LA...

SECCIÓN... SECCIÓN

Jefe de...

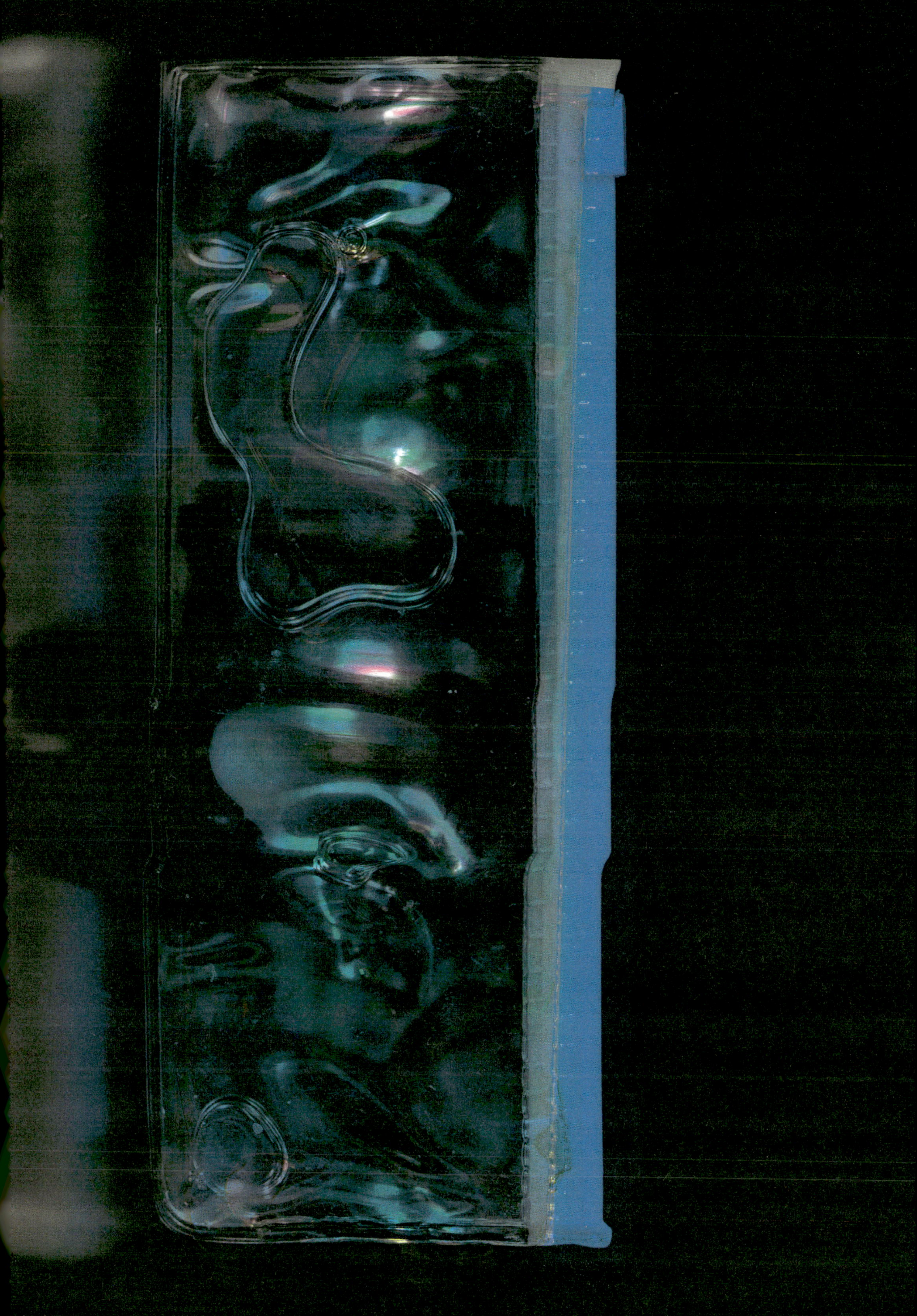

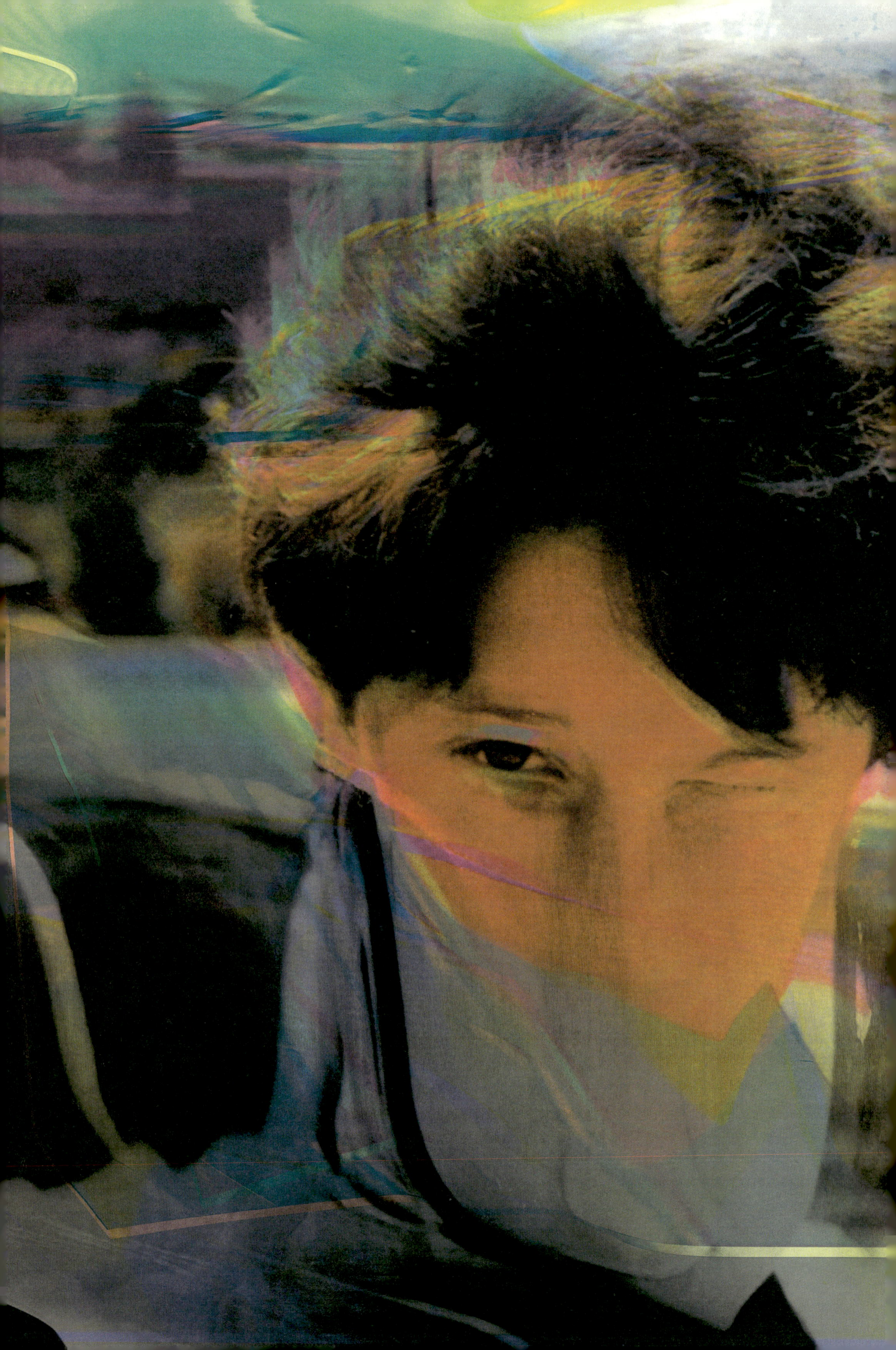

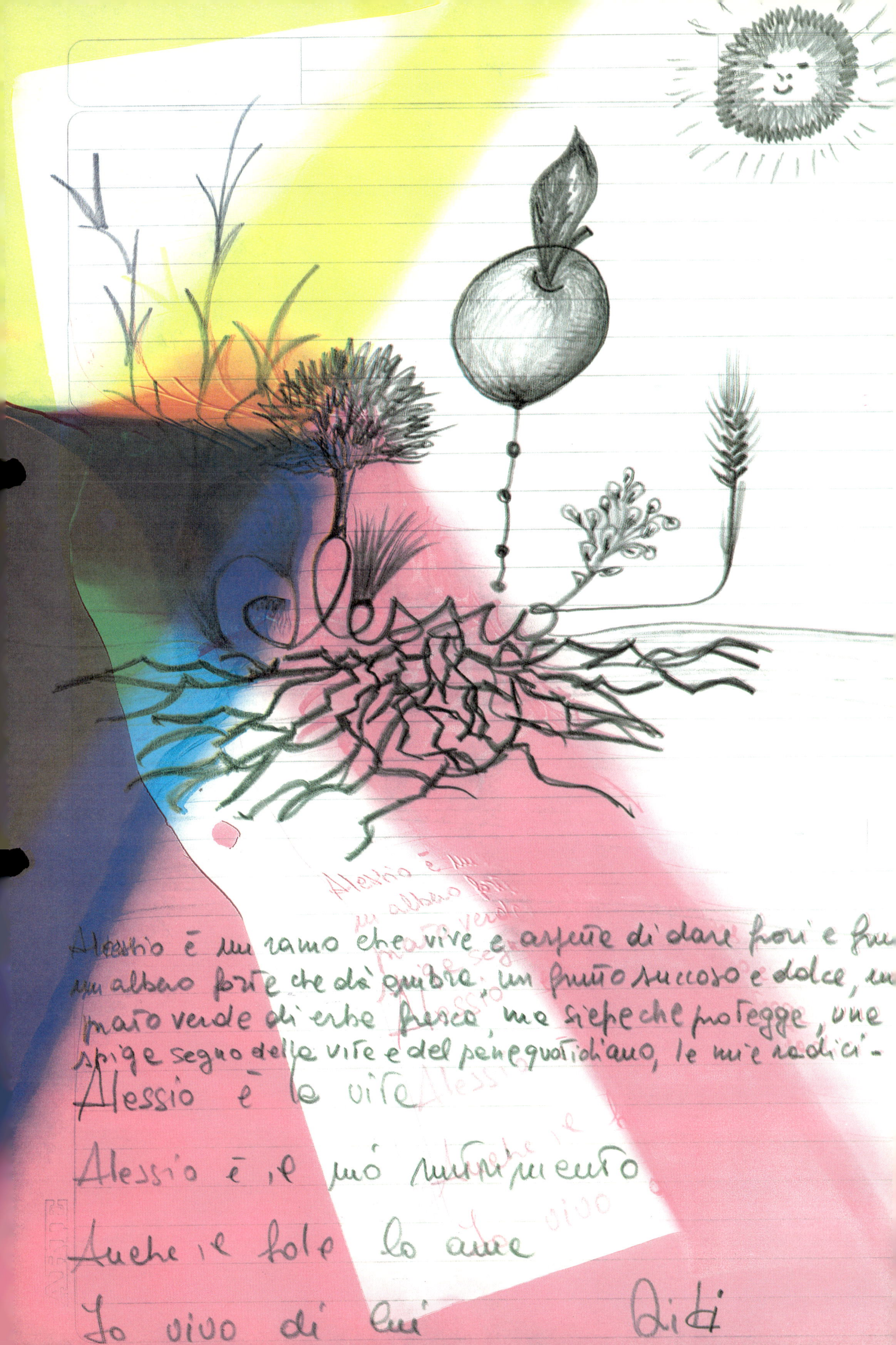

Alessio è un ramo che vive e aspetta di dare fiori e fru-
un albero forte che dà ombra, un frutto succoso e dolce, un
prato verde di erbe fresca, una siepe che protegge, una
spiga segno della vite e del pane quotidiano, le mie radici.
Alessio è la vite
Alessio è il mio nutrimento
Anche se fole lo ame
Io vivo di lui   Didi

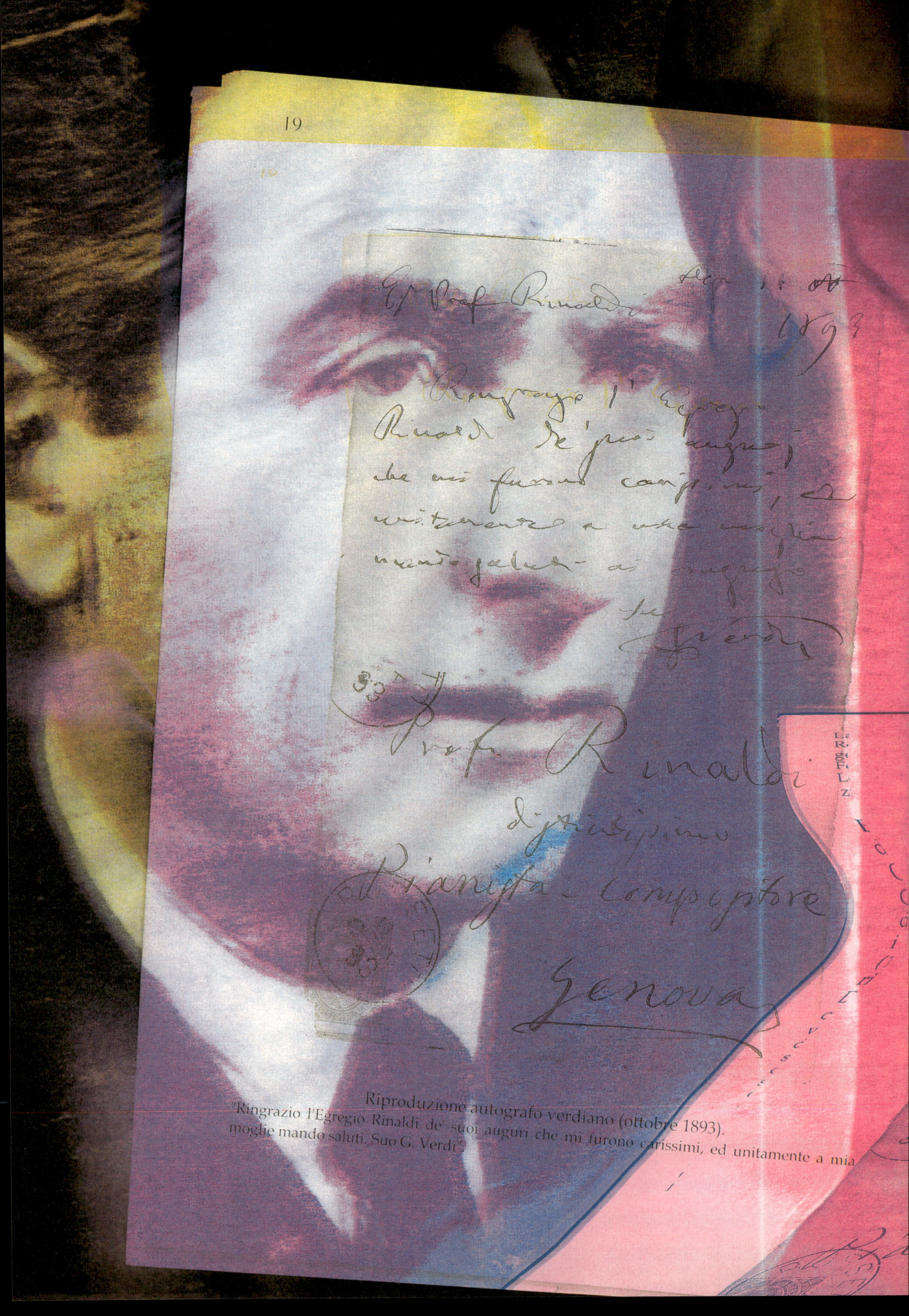

Riproduzione autografo verdiano (ottobre 1893).
"Ringrazio l'Egregio Rinaldi de' suoi auguri che mi furono carissimi, ed unitamente a mia moglie mando saluti. Suo G. Verdi"

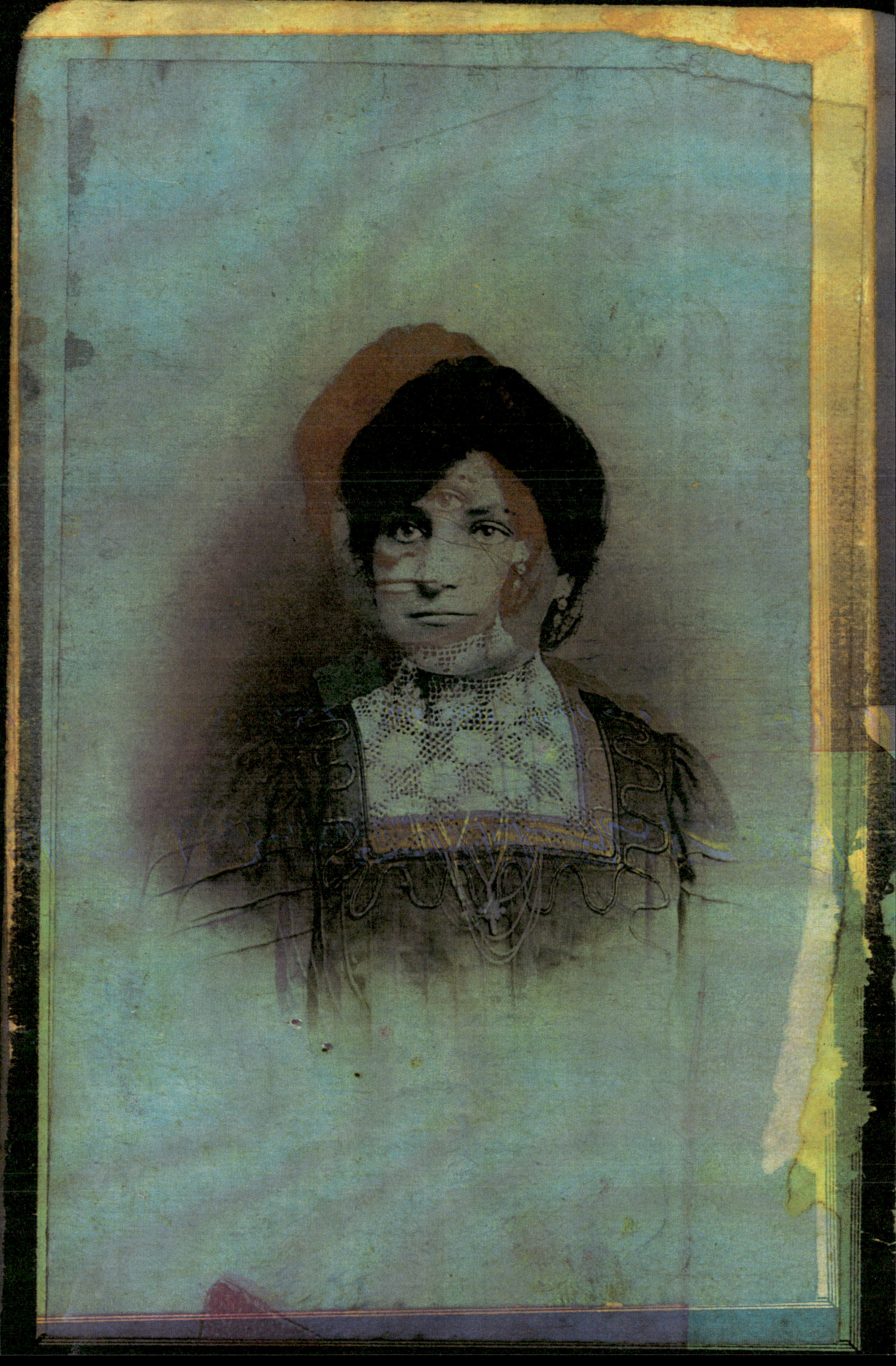

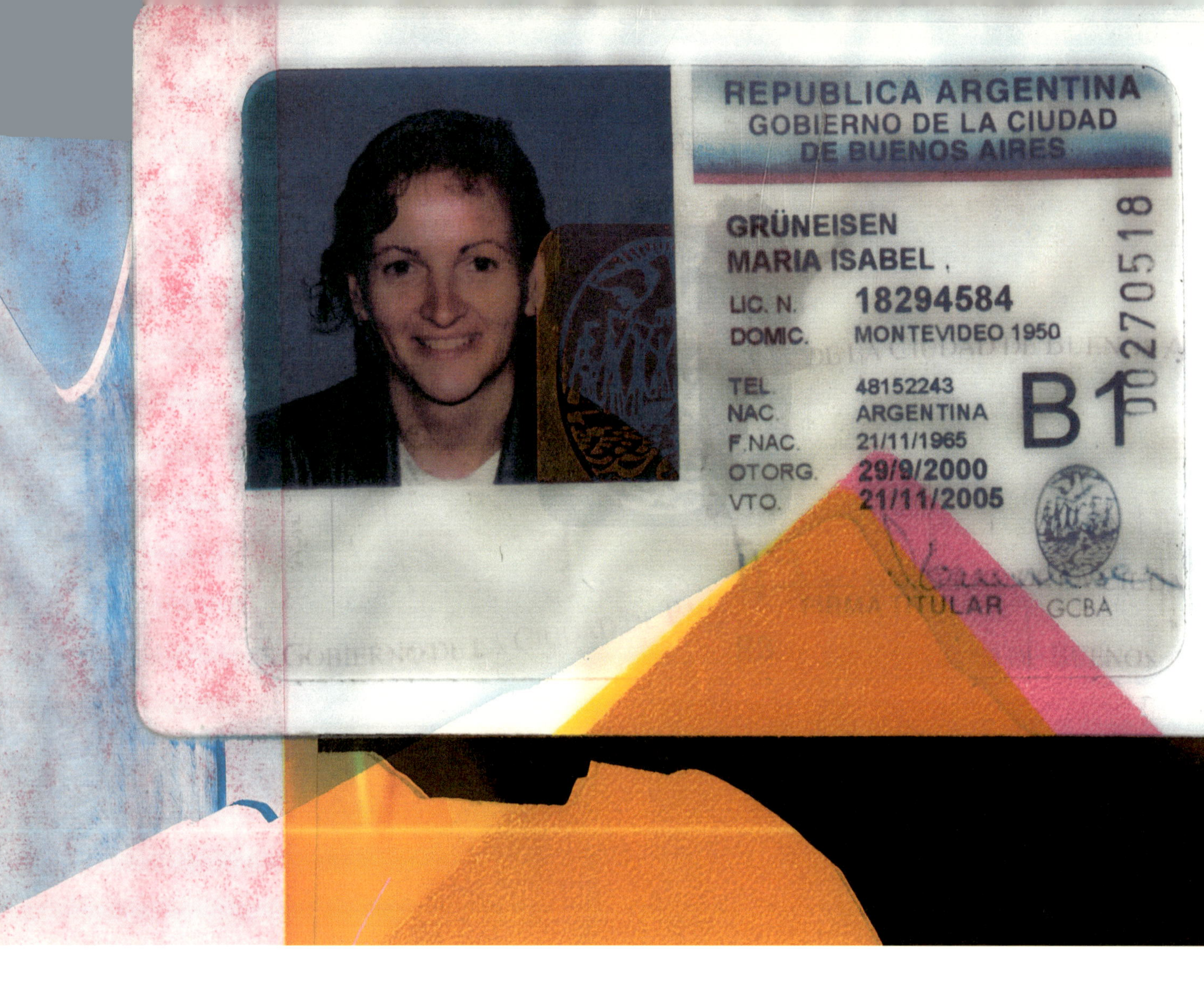

REPUBLICA ARGENTINA
GOBIERNO DE LA CIUDAD
DE BUENOS AIRES
GRÜNEISEN
MARIA ISABEL
LIC. N. 18294584
DOMIC. MONTEVIDEO 1950
TEL 48152243
NAC. ARGENTINA
F.NAC. 21/11/1965
OTORG. 29/9/2000
VTO. 21/11/2005
B1
00270518
FIRMA TITULAR GCBA

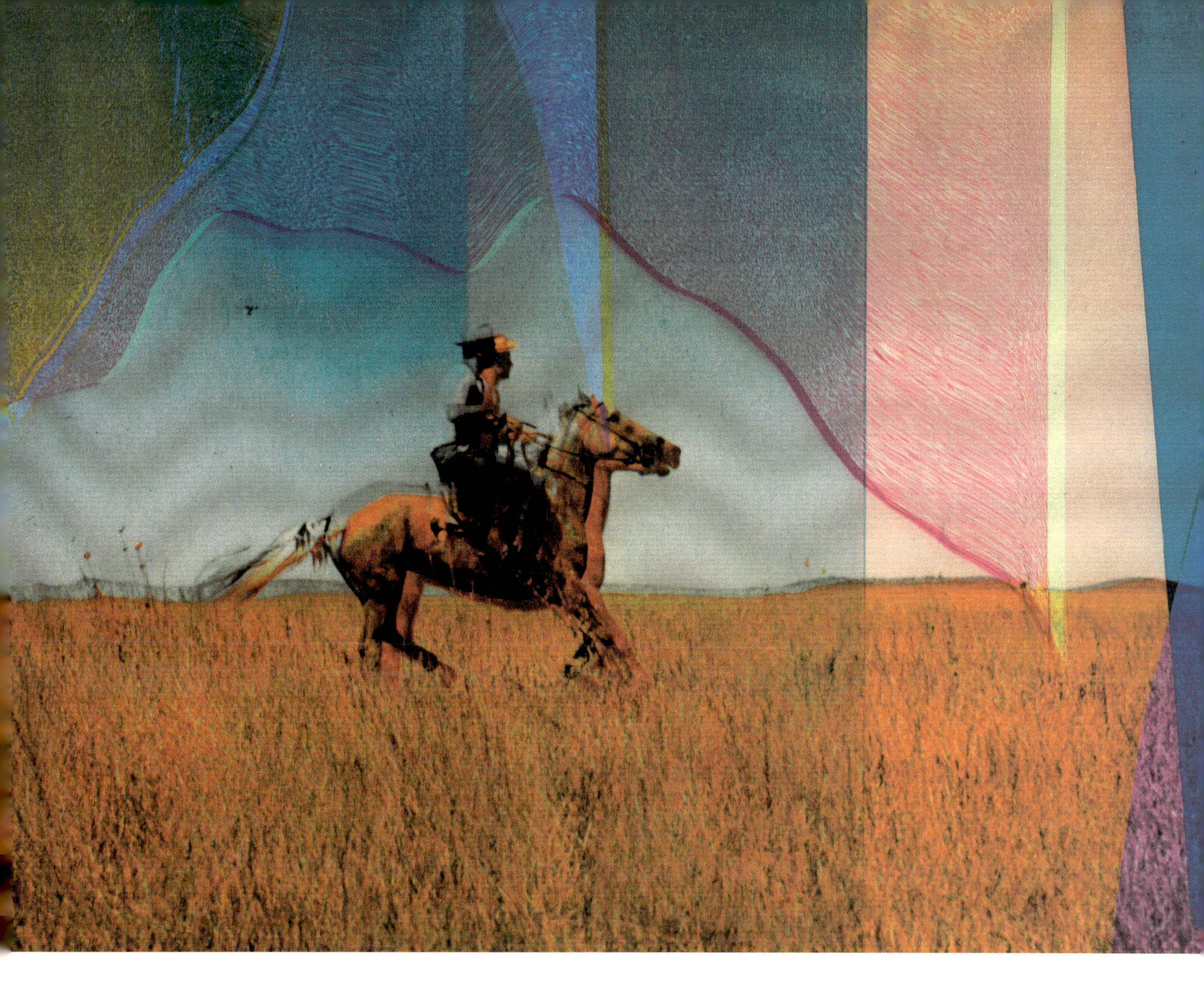

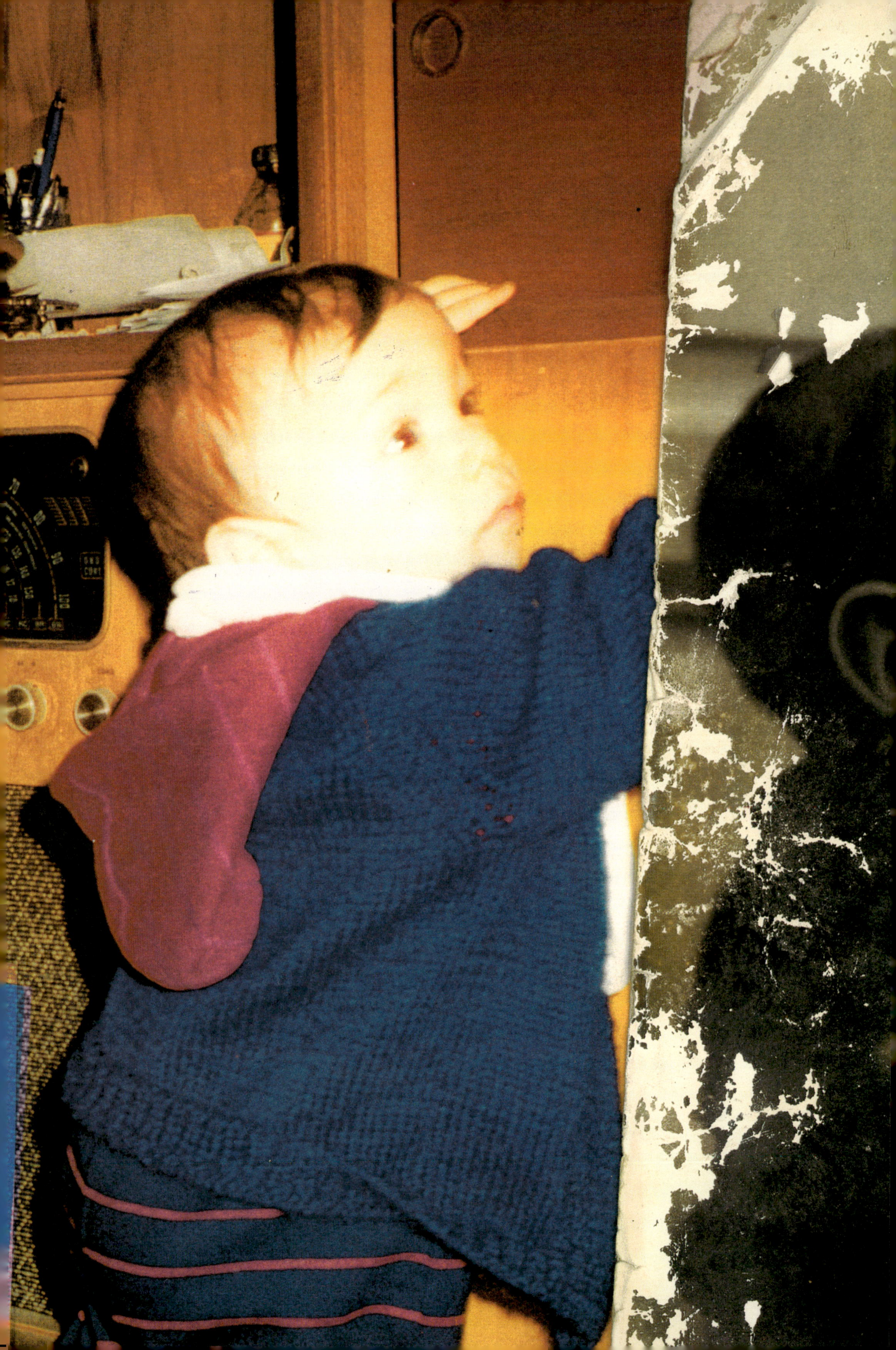

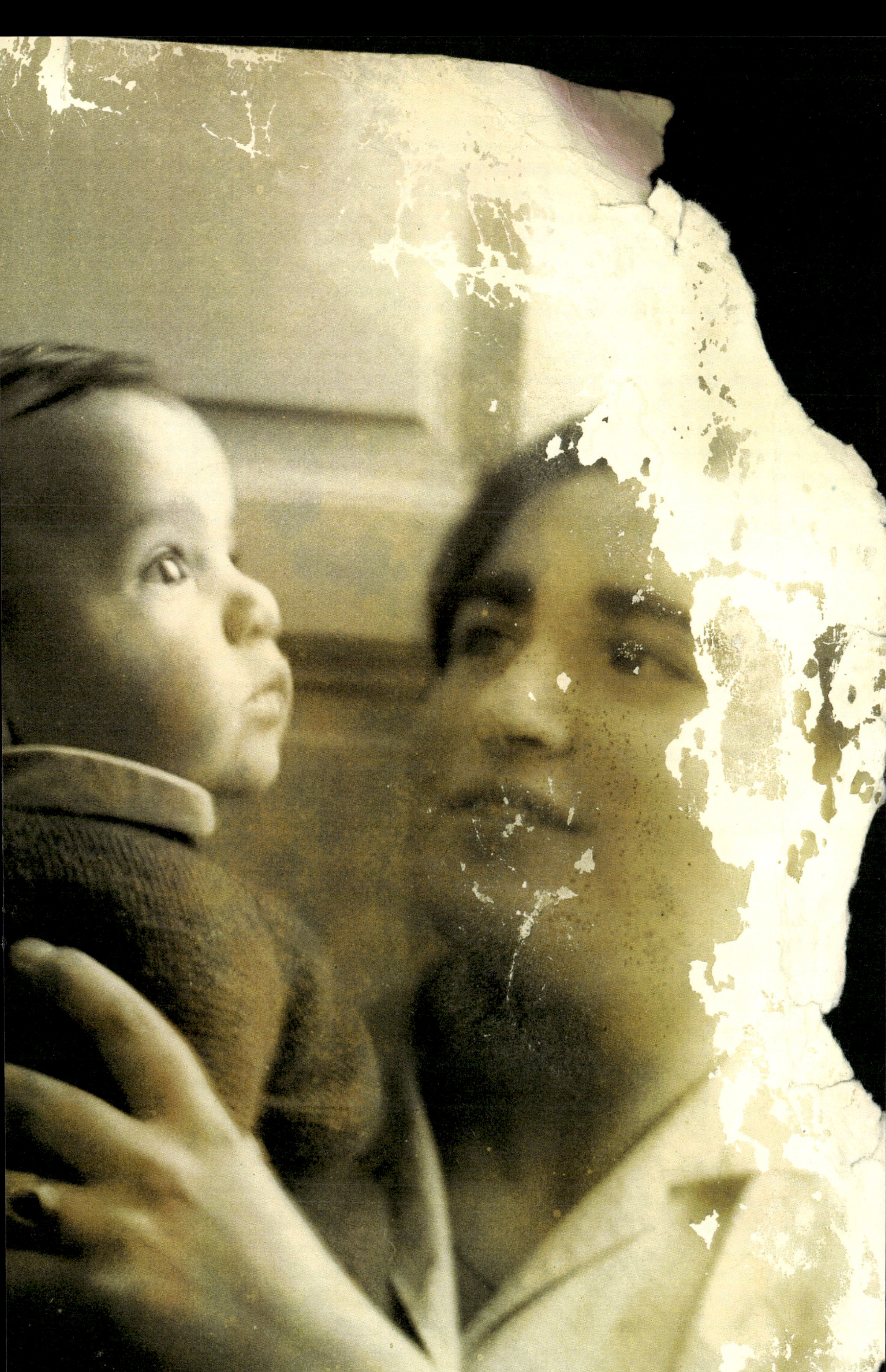

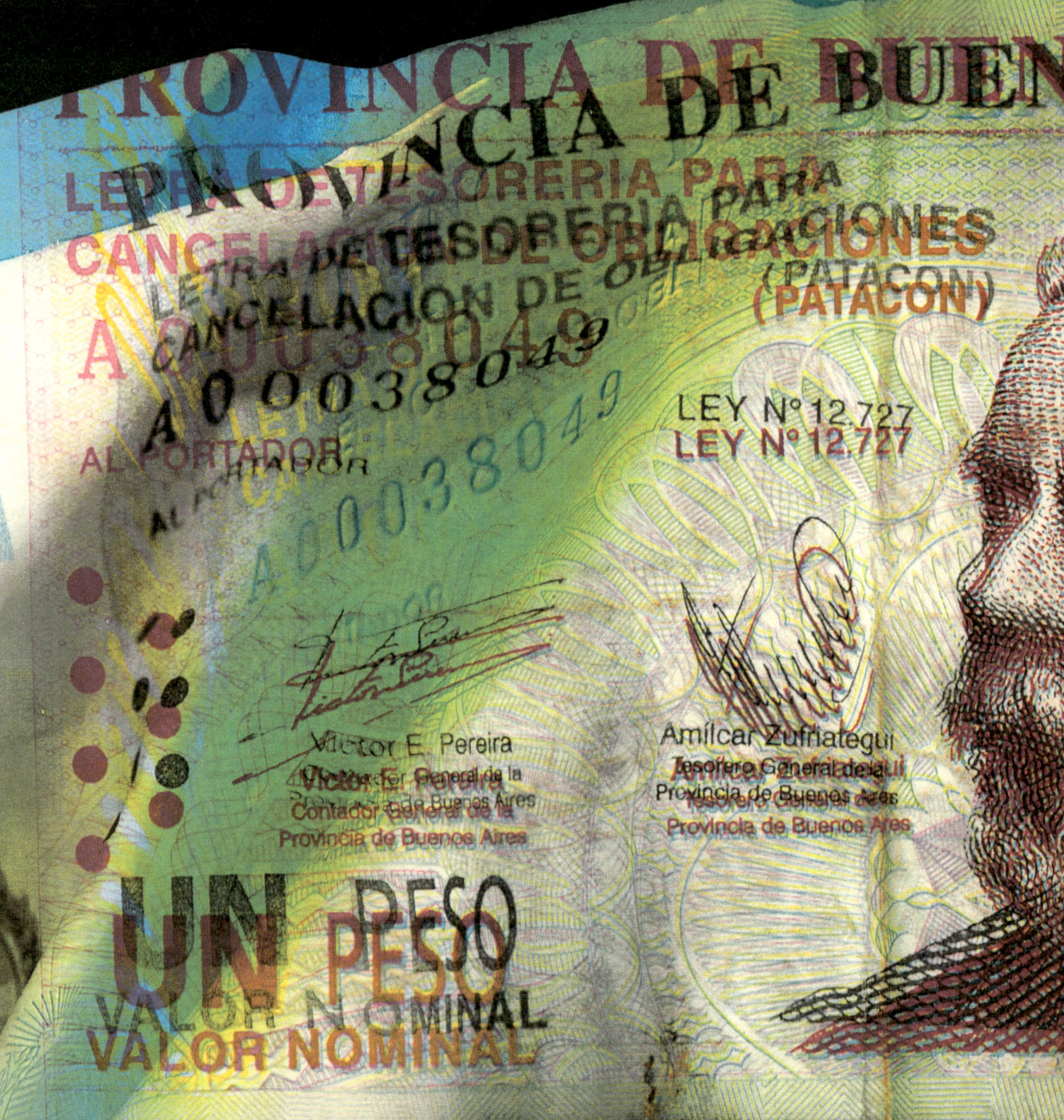

PROVINCIA DE BUEN
LETRA DE TESORERIA PARA
CANCELACION DE OBLIGACIONES
(PATACON)
A 00038049
AL PORTADOR
LEY N° 12.727
Victor E. Pereira
Contador General de la
Provincia de Buenos Aires
Amílcar Zufriategui
Tesorero General de la
Provincia de Buenos Aires
UN PESO
VALOR NOMINAL

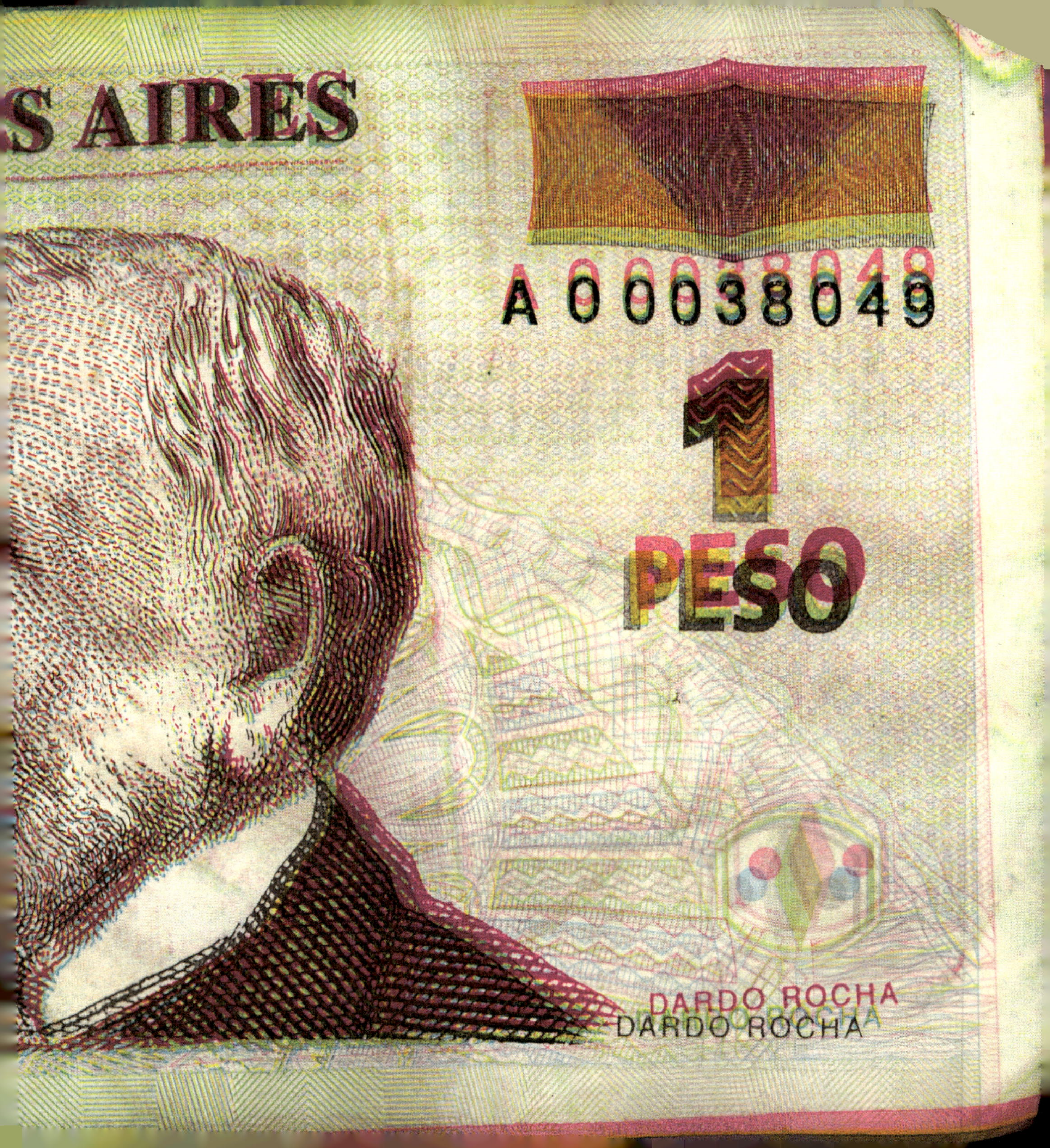

S AIRES
A 0 00038049
1 PESO
DARDO ROCHA
DARDO ROCHA

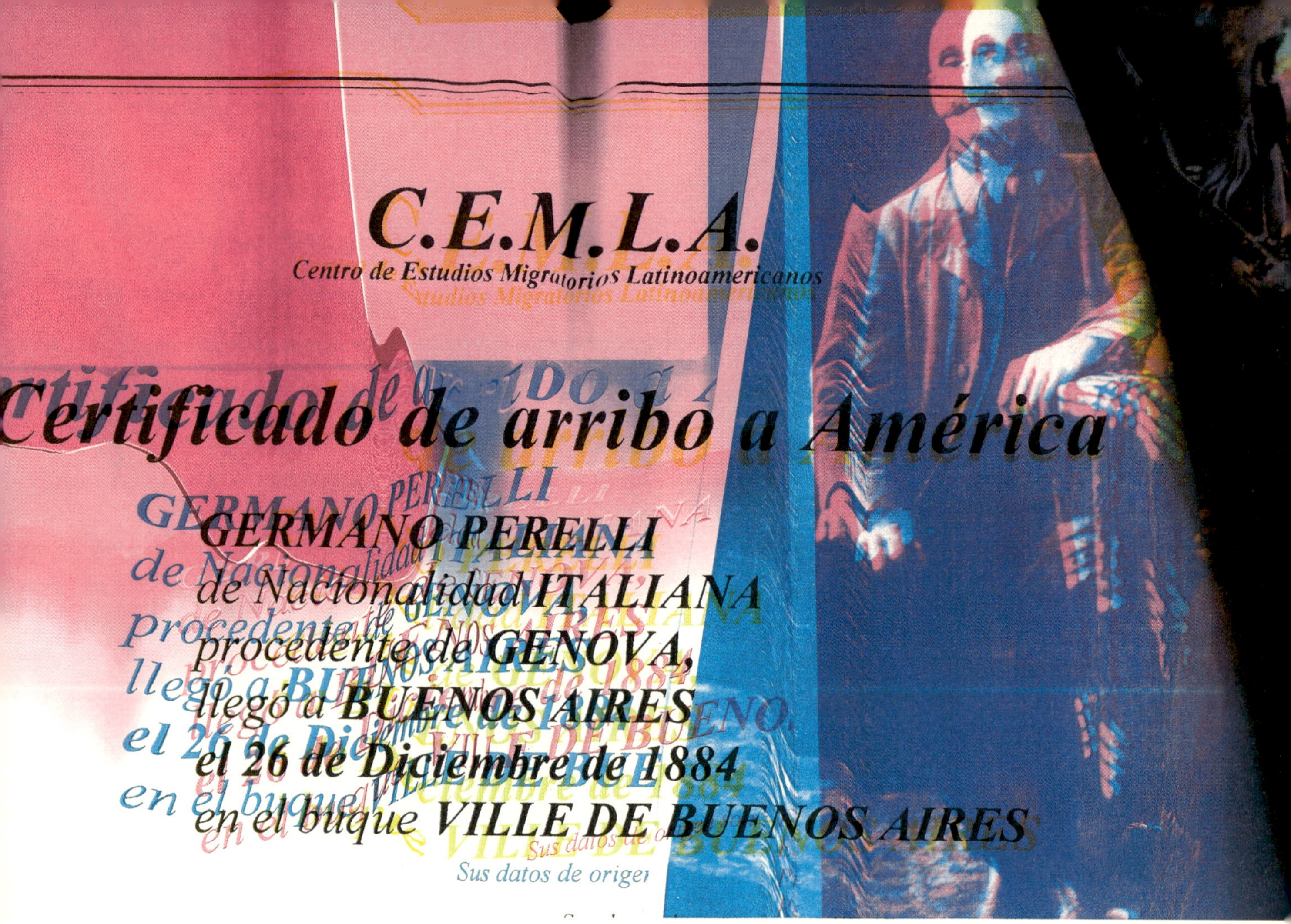

C.E.M.L.A.
Centro de Estudios Migratorios Latinoamericanos

Certificado de arribo a América

GERMANO PERELLI
de Nacionalidad ITALIANA
procedente de GENOVA,
llego a BUENOS AIRES
el 26 de Diciembre de 1884
en el buque VILLE DE BUENOS AIRES

Sus datos de origen

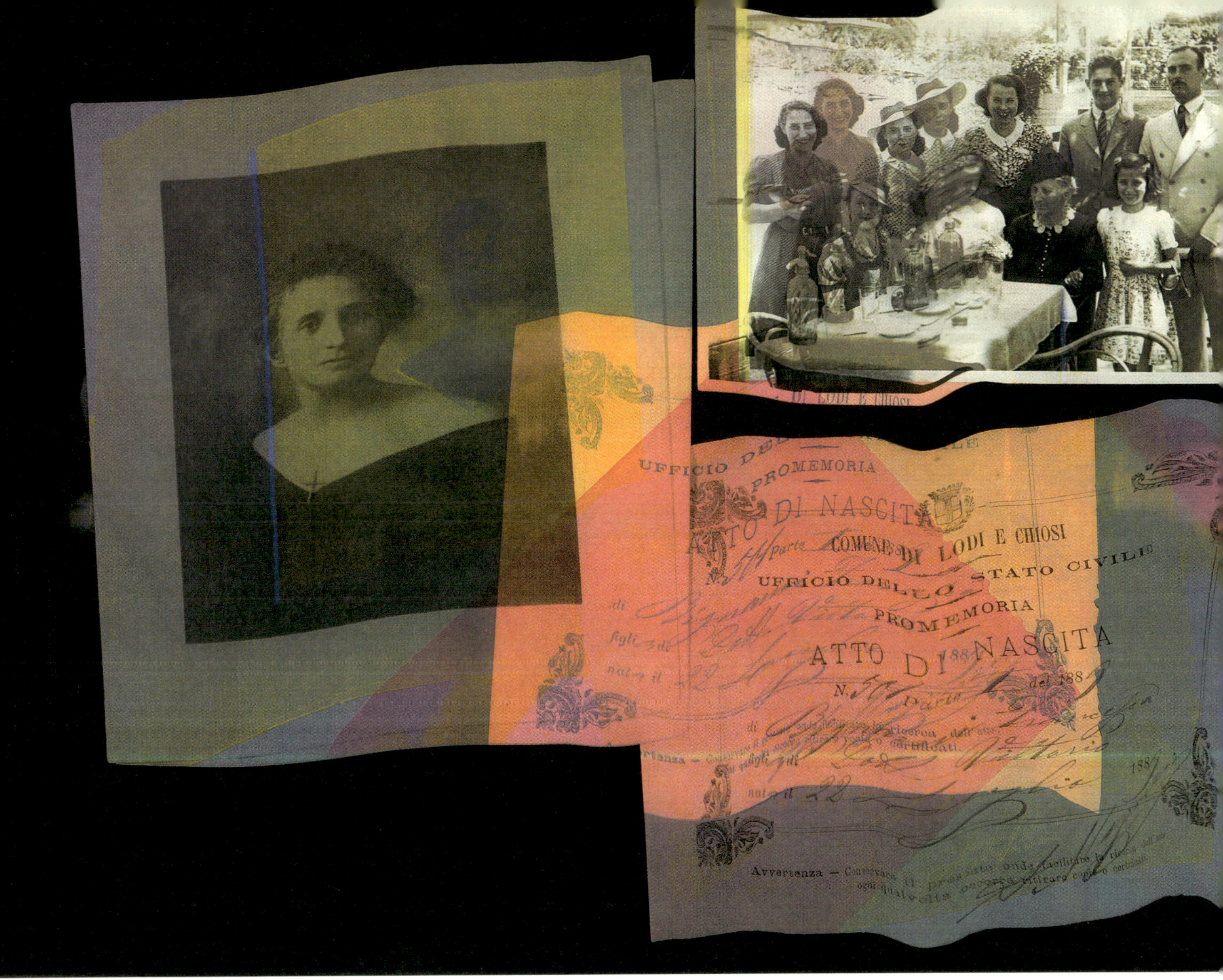

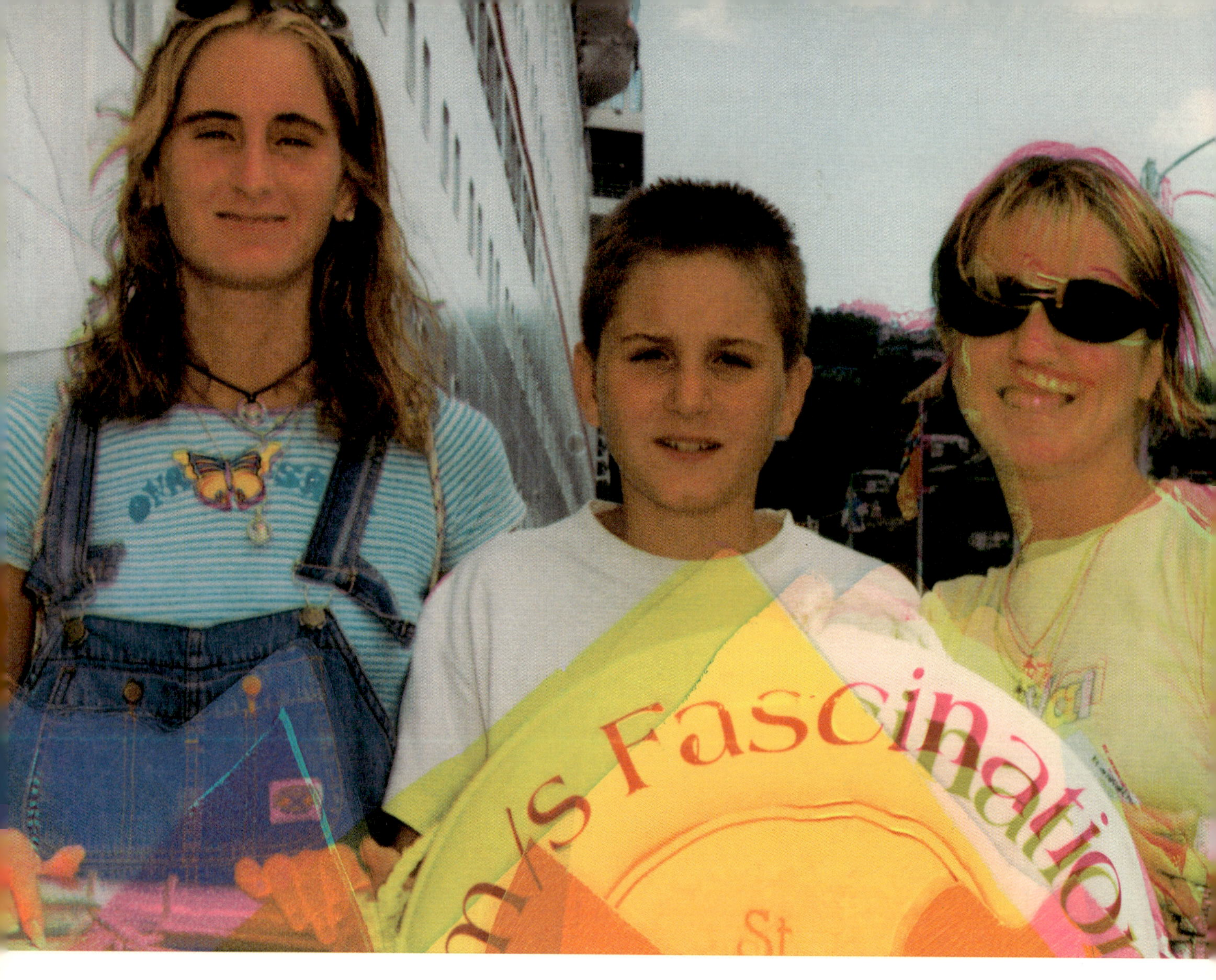
m/s Fascinatior
St

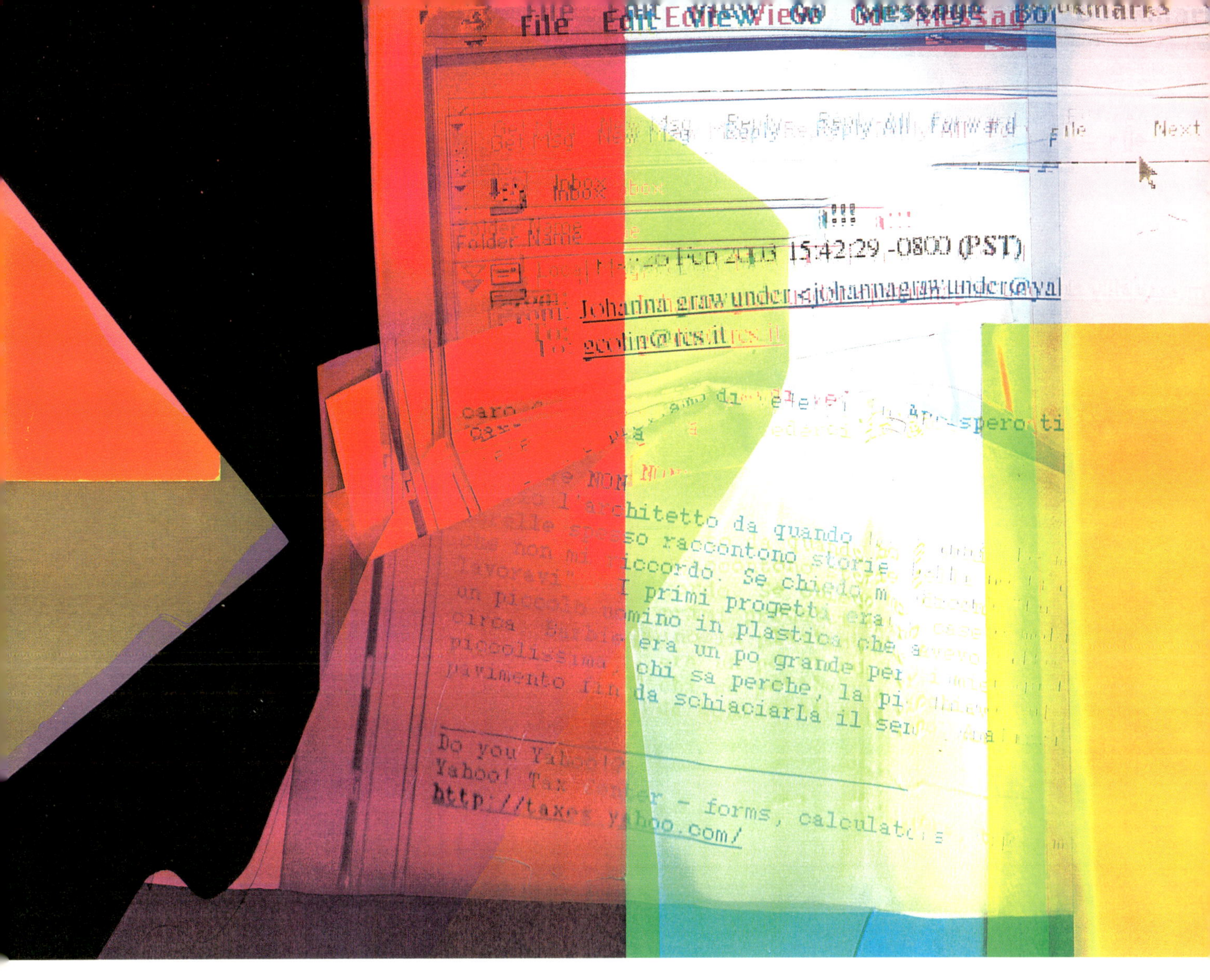

File   Edit   View   Go   Message   Bookmarks
Get Msg   New Msg   Reply   Reply All   Forward   File   Next
Inbox
Folder Name
15:42:29 -0800 (PST)
Johanna grawunder sjohannagrawunder@va
geotin@res.it res.it
caro
l'architetto da quando
spesso raccontano storie
non mi ricordo. Se chiedo
lavoravi   I primi progetti era
un piccolo uomino in plastica che
circa   era un po grande per
piccolissimo   chi sa perche, la pi
pavimento fin da schiaciarLà il sen
Do you Yahoo!
Yahoo! Tax
http://taxes.yahoo.com/   - forms, calculators

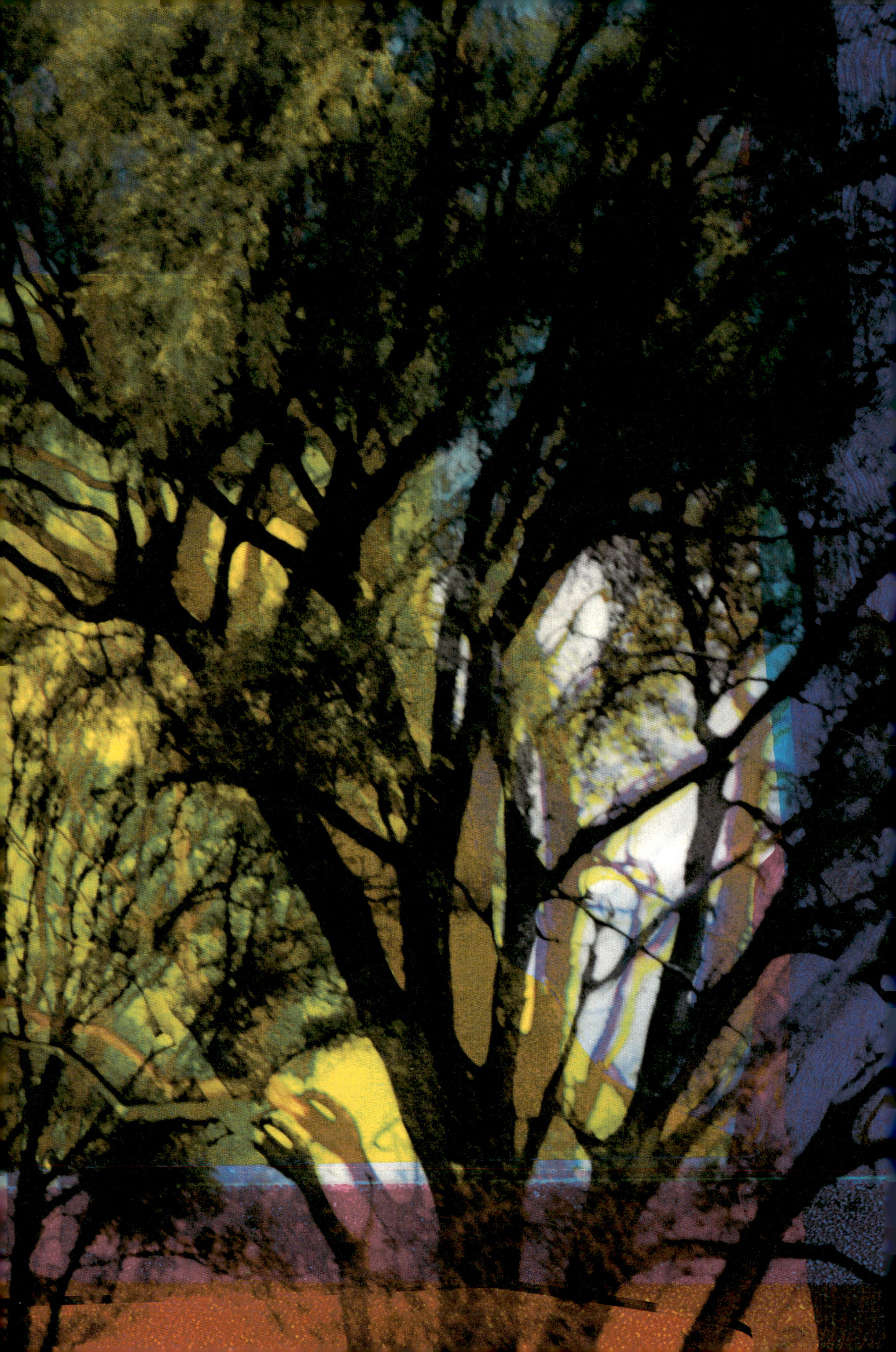

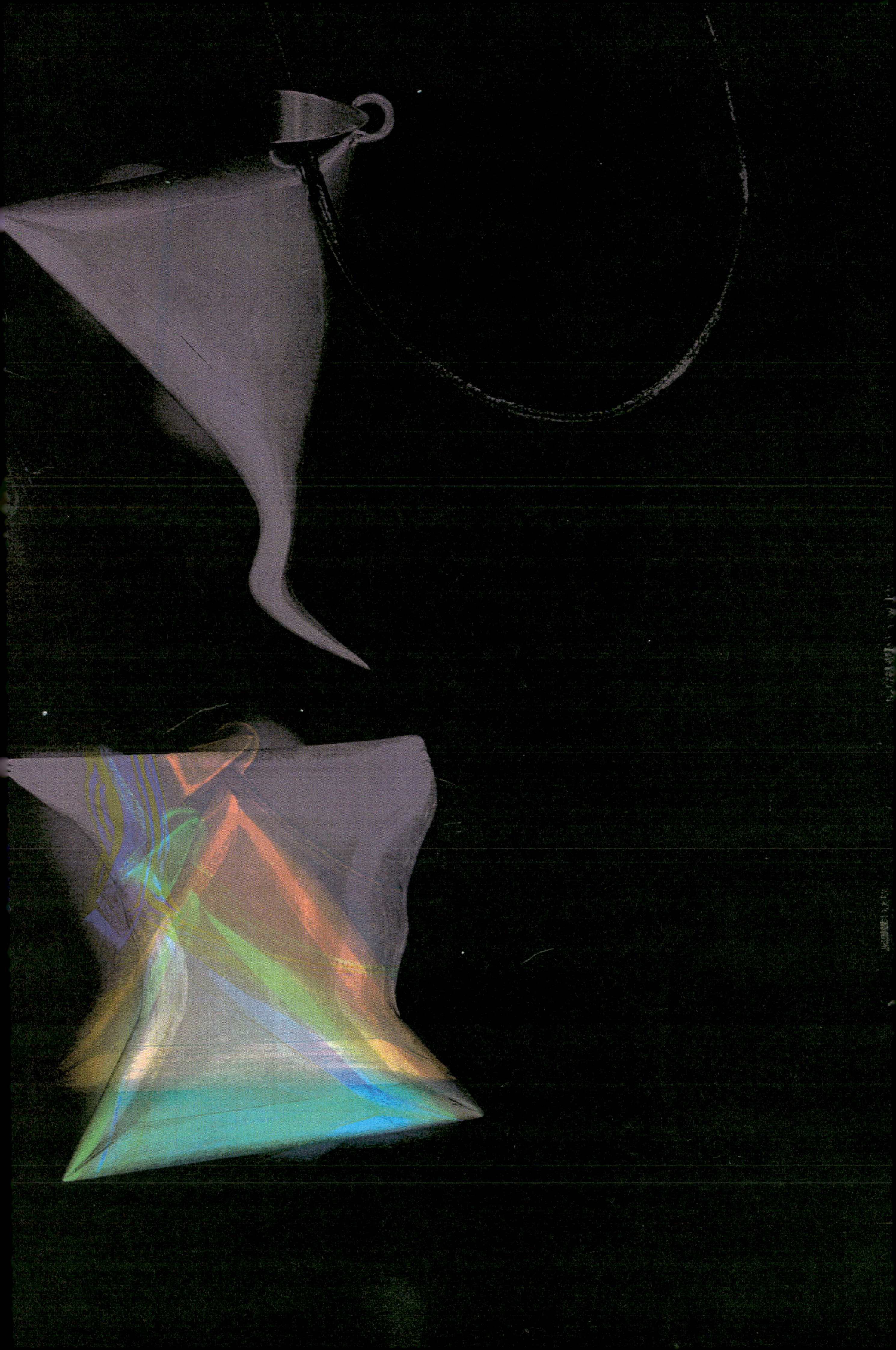

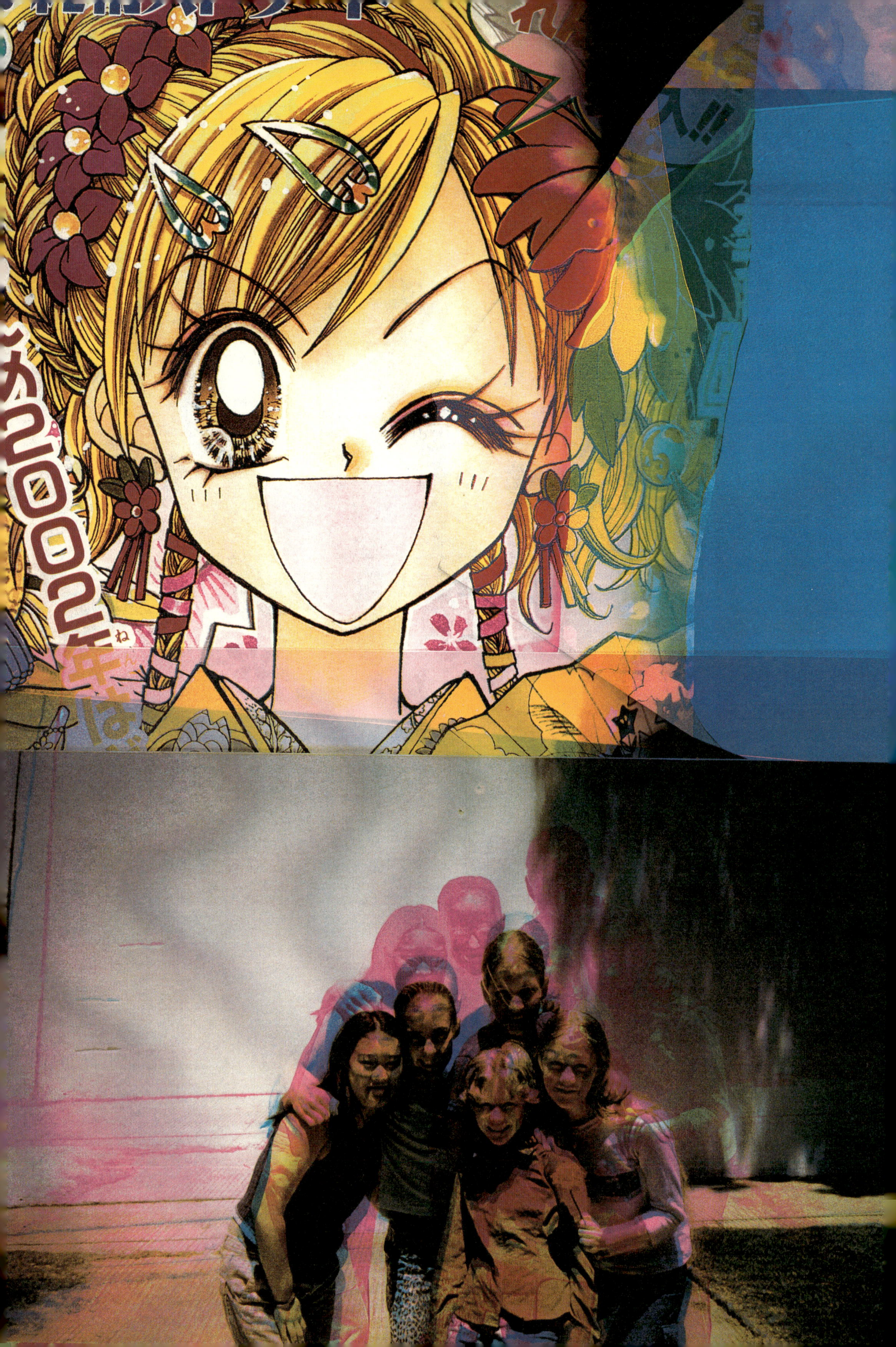

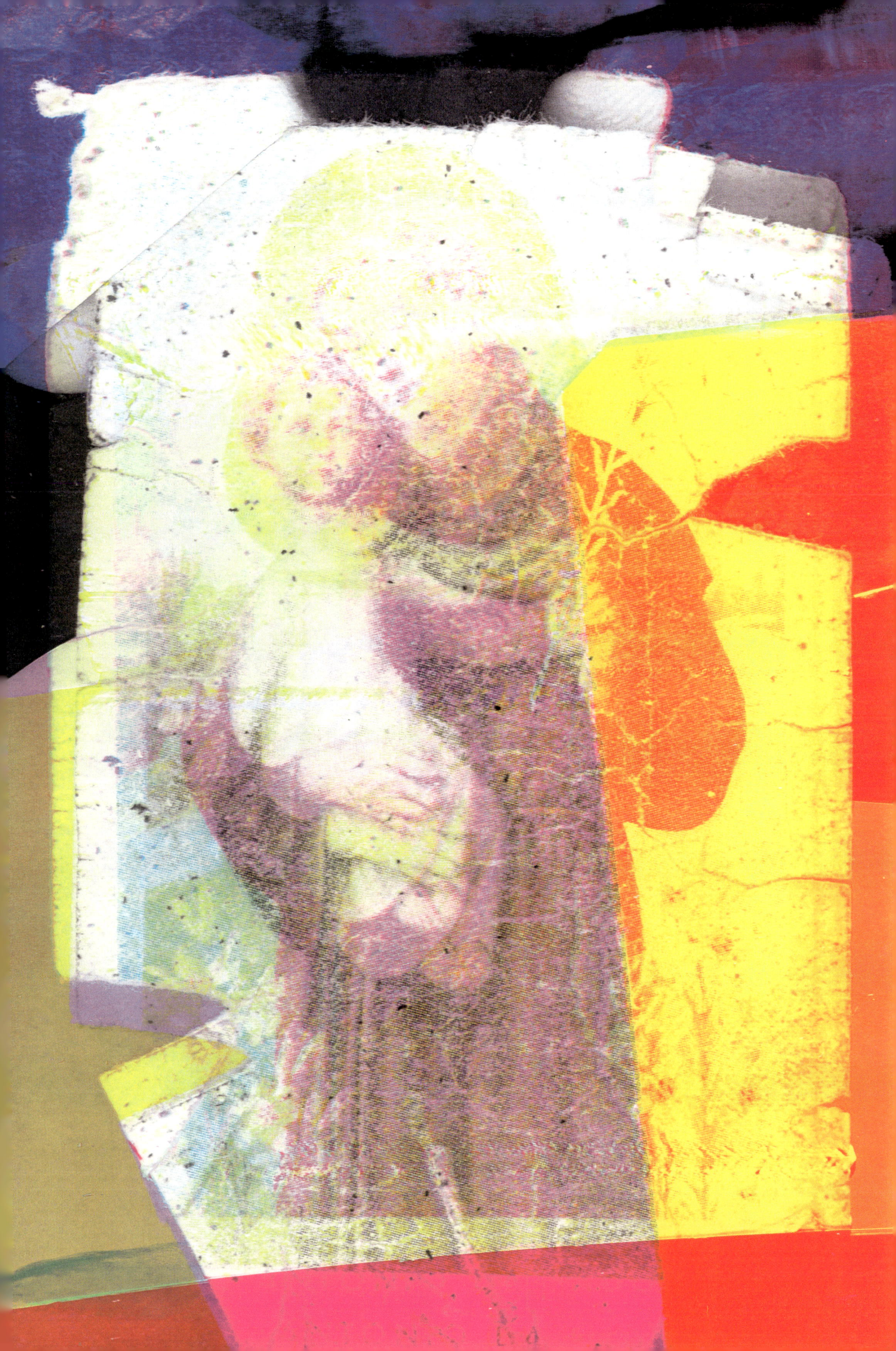

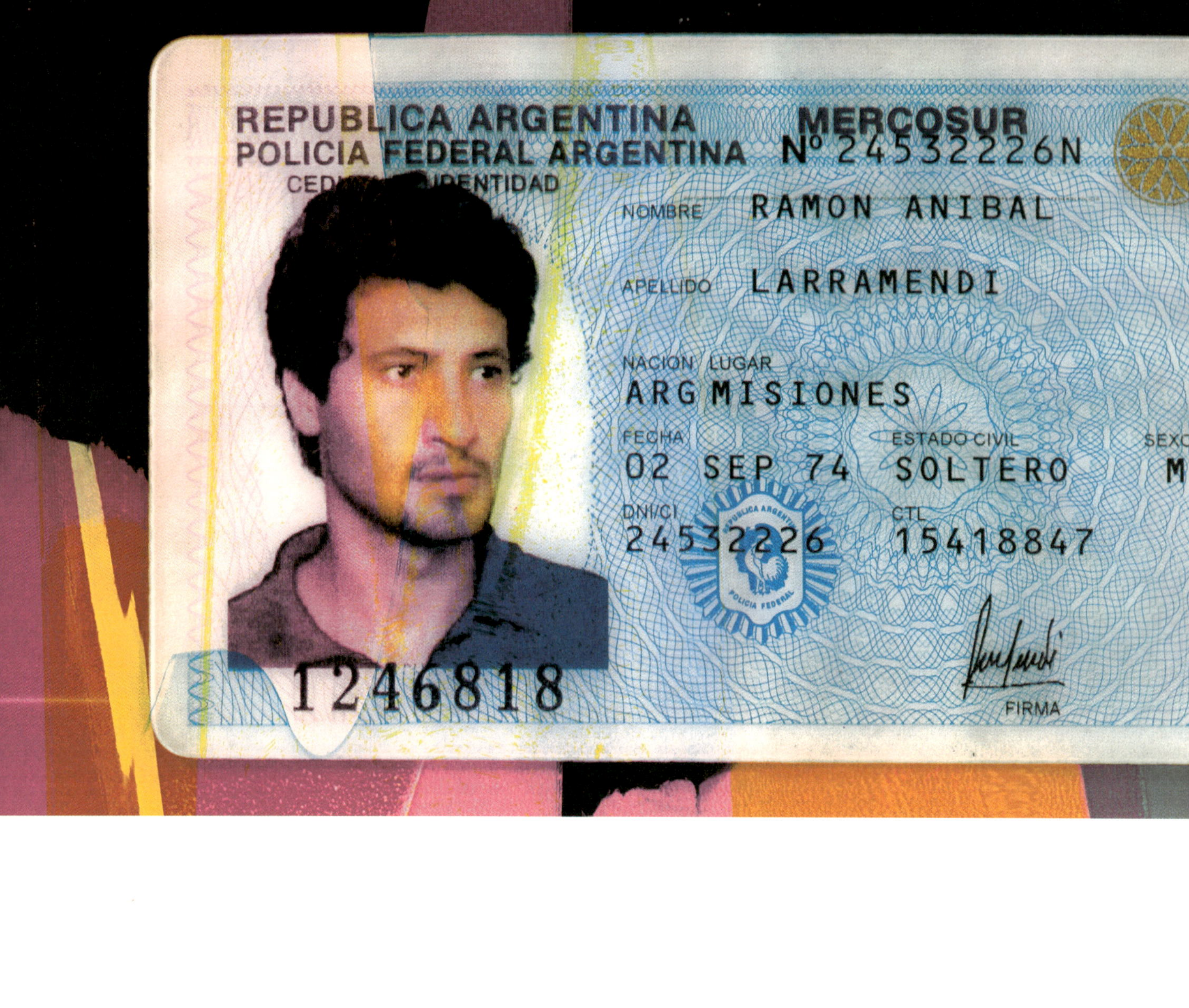

REPUBLICA ARGENTINA
POLICIA FEDERAL ARGENTINA
CEDULA DE IDENTIDAD
MERCOSUR
Nº 24532226N
NOMBRE RAMON ANIBAL
APELLIDO LARRAMENDI
NACION / LUGAR
ARG MISIONES
FECHA
02 SEP 74
ESTADO CIVIL
SOLTERO
SEXO
M
DNI/CI
24532226
CTL
15418847
FIRMA
1246818

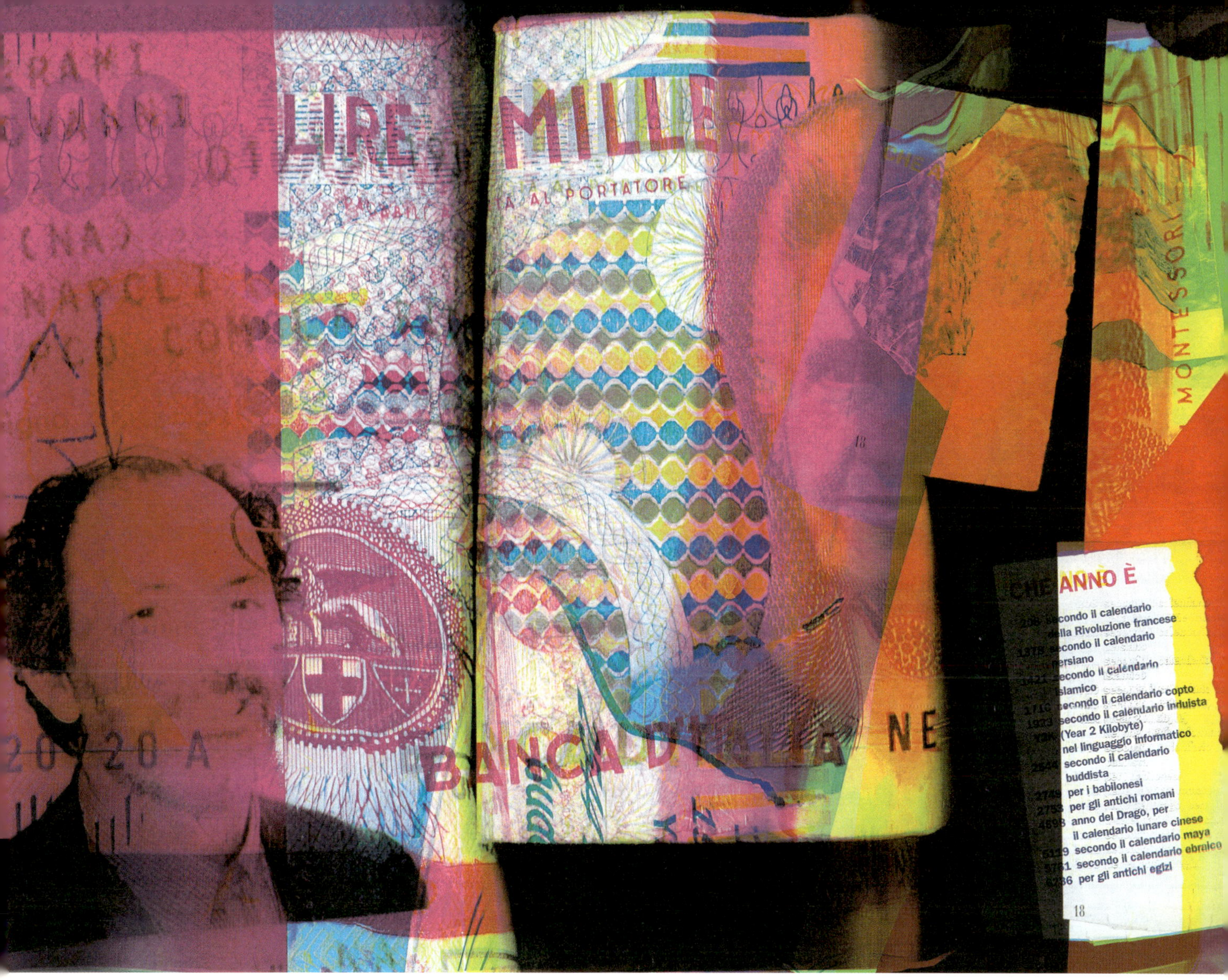

LIRE
MILLE
PAGABILI AL PORTATORE
BANCA D'ITALIA
NE
MONTESSORI
CHE ANNO È
208 secondo il calendario
della Rivoluzione francese
1378 secondo il calendario
persiano
1421 secondo il calendario
islamico
1716 secondo il calendario copto
1923 secondo il calendario induista
Y2K (Year 2 Kilobyte)
nel linguaggio informatico
2544 secondo il calendario
buddista
2749 per i babilonesi
2753 per gli antichi romani
4698 anno del Drago, per
il calendario lunare cinese
5119 secondo il calendario maya
5761 secondo il calendario ebraico
6236 per gli antichi egizi
18

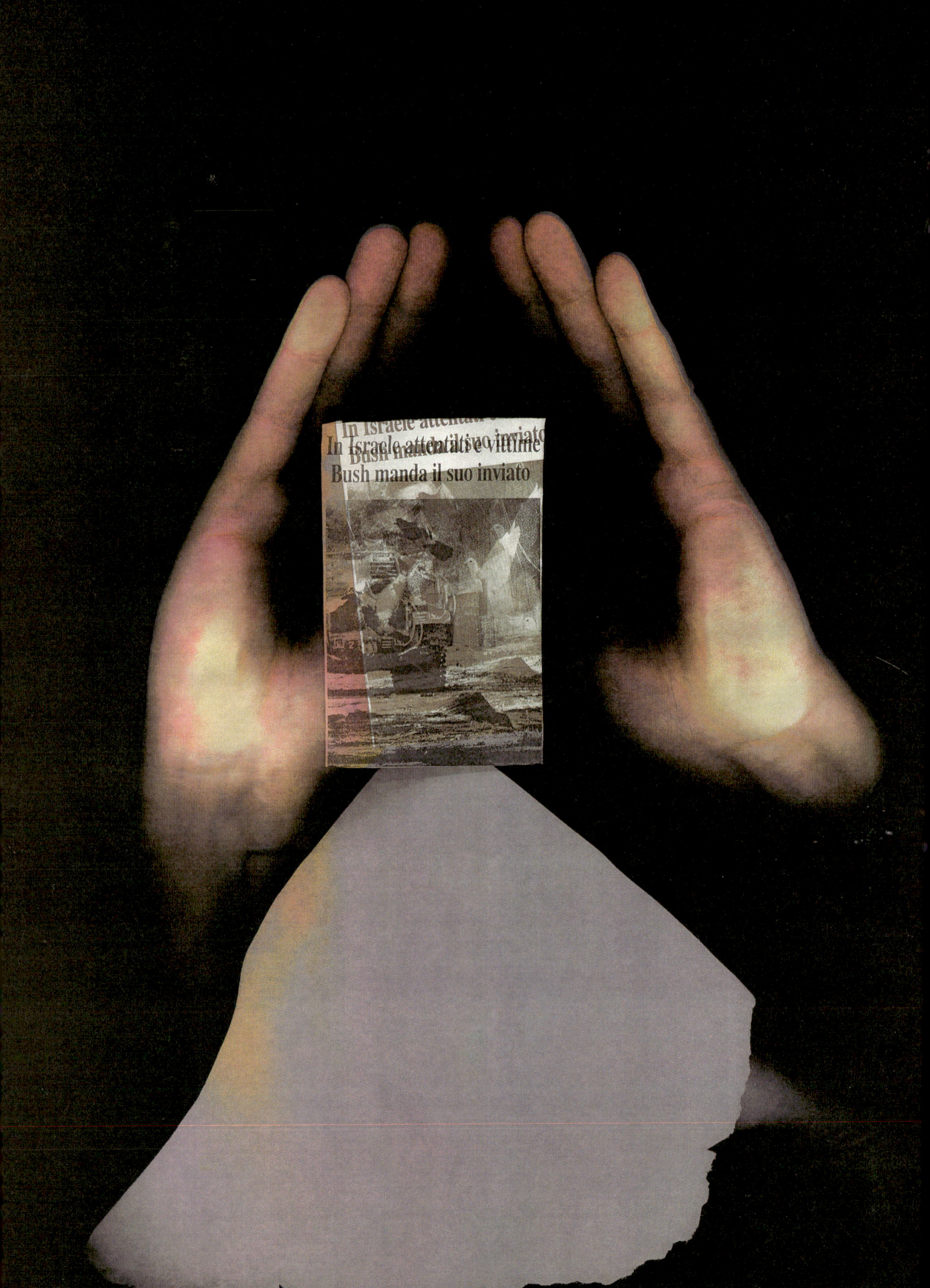
In Israele attentato
In Israele attentato e vittime
Bush manda il suo inviato

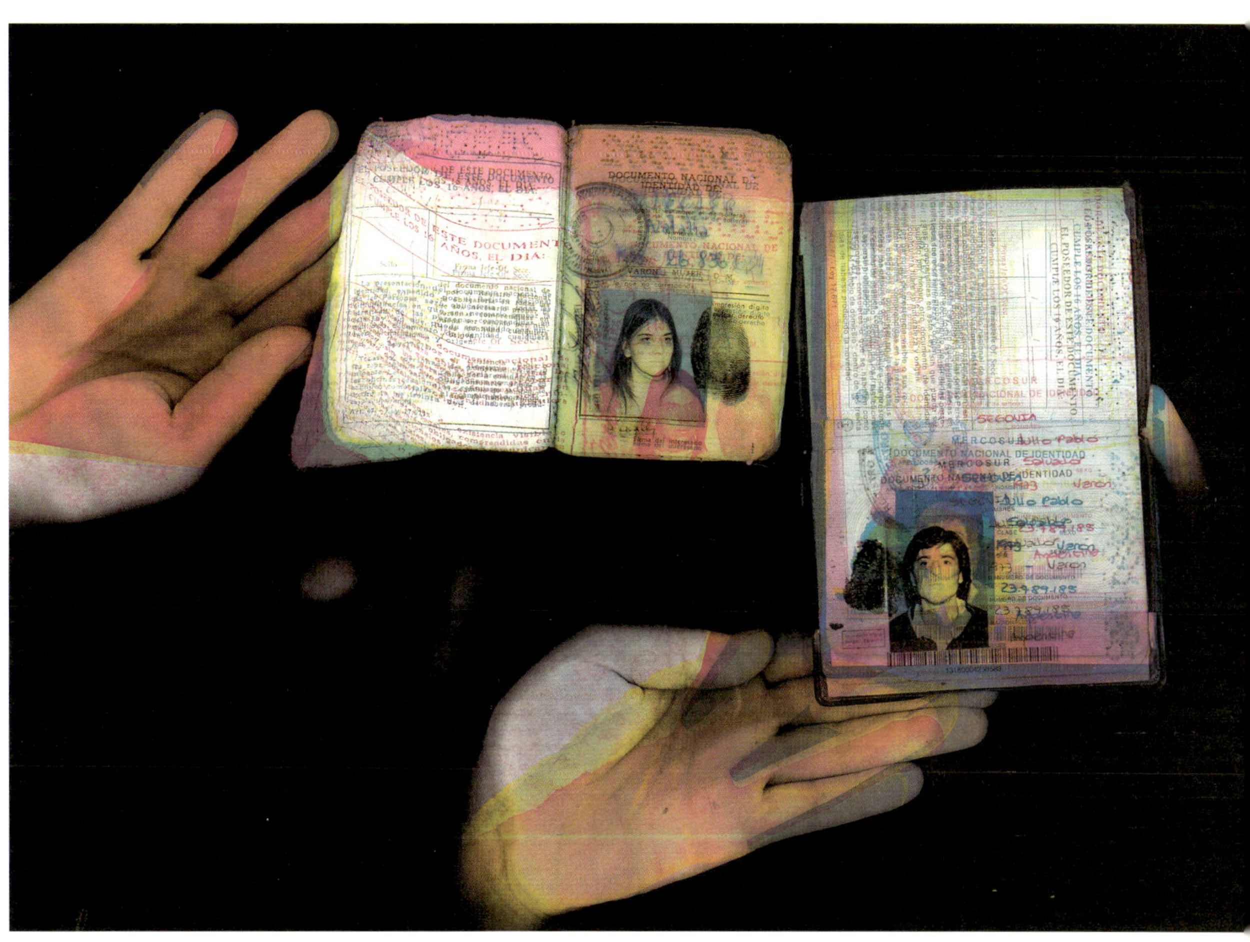

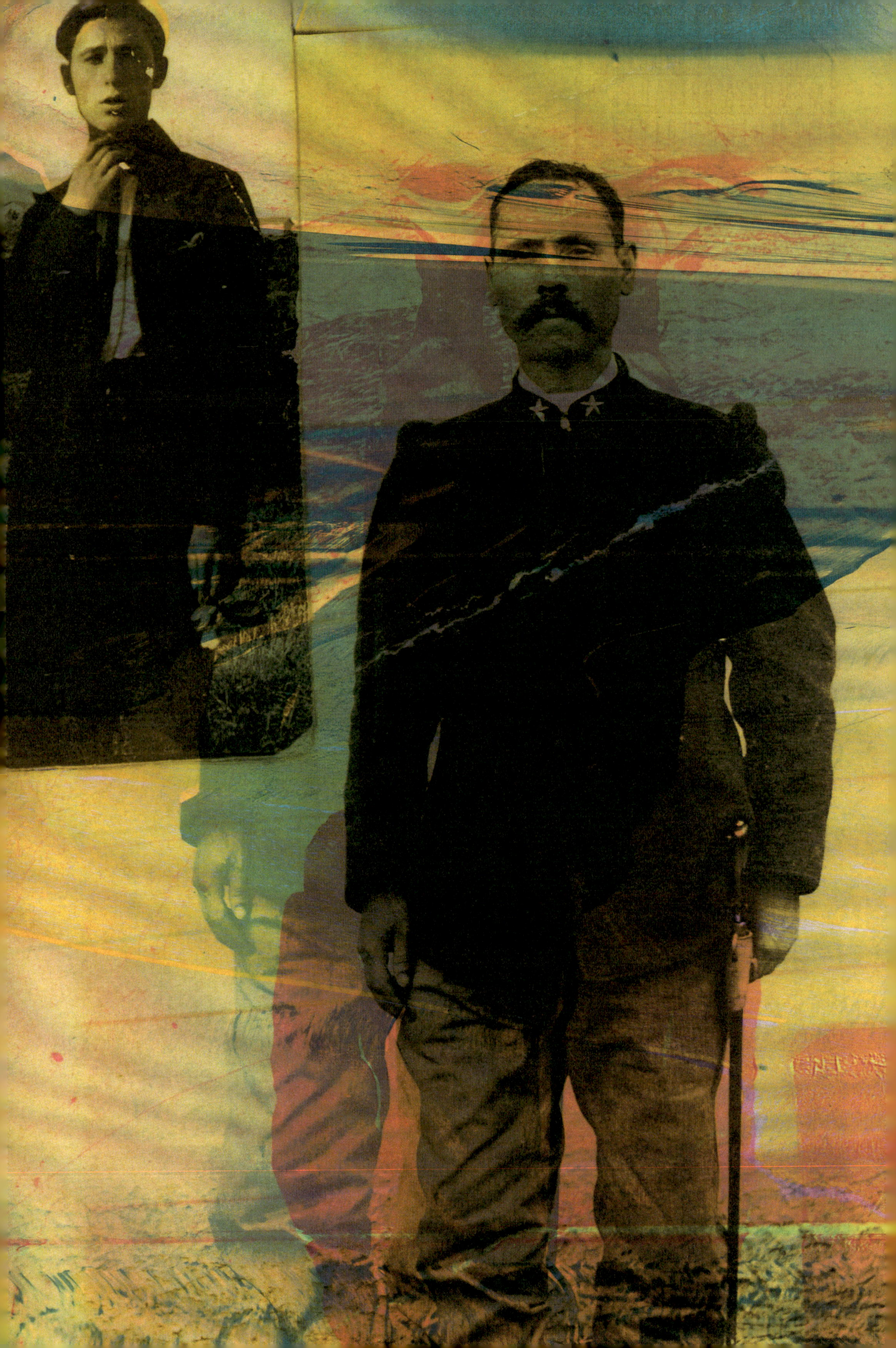

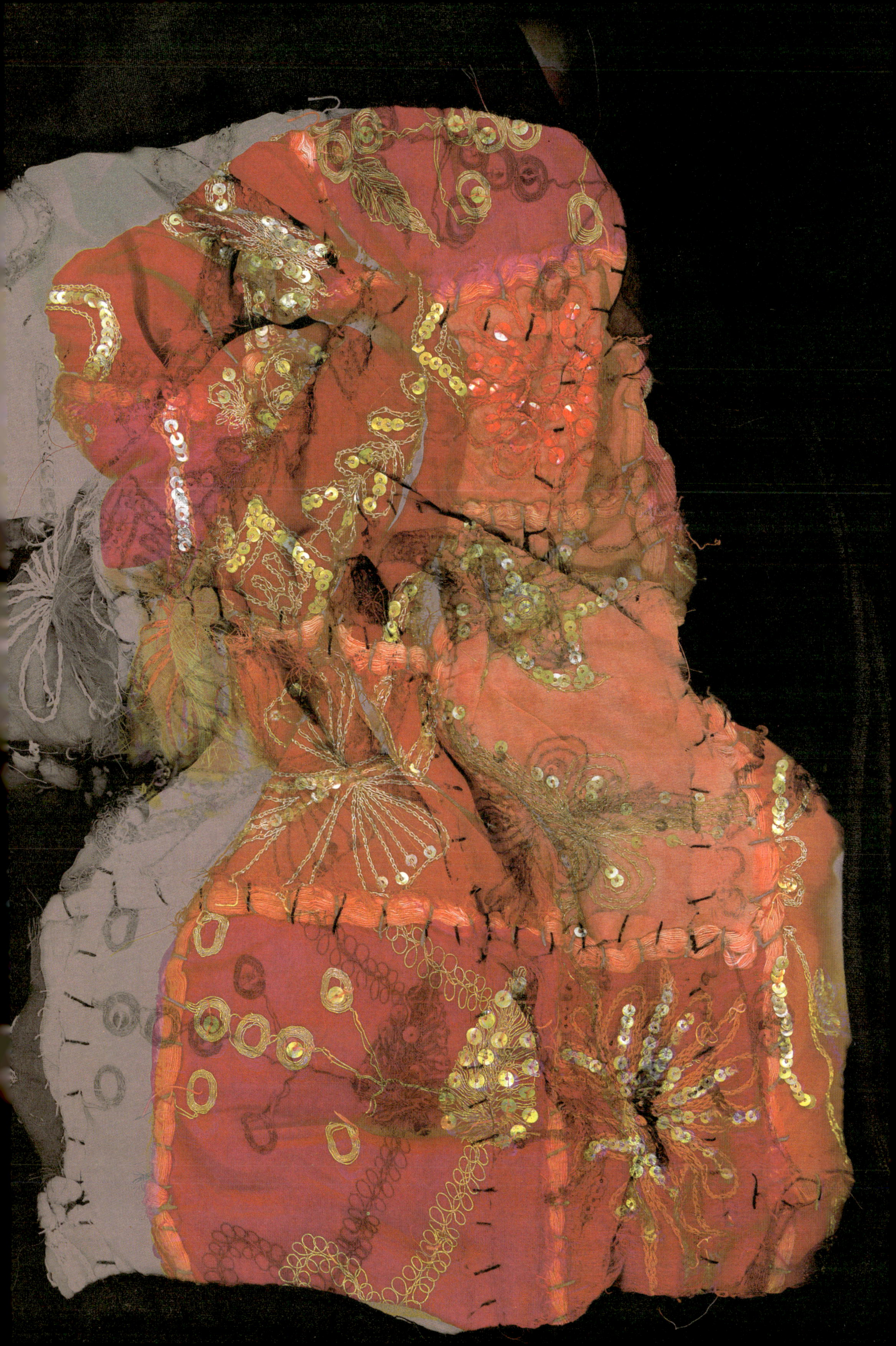

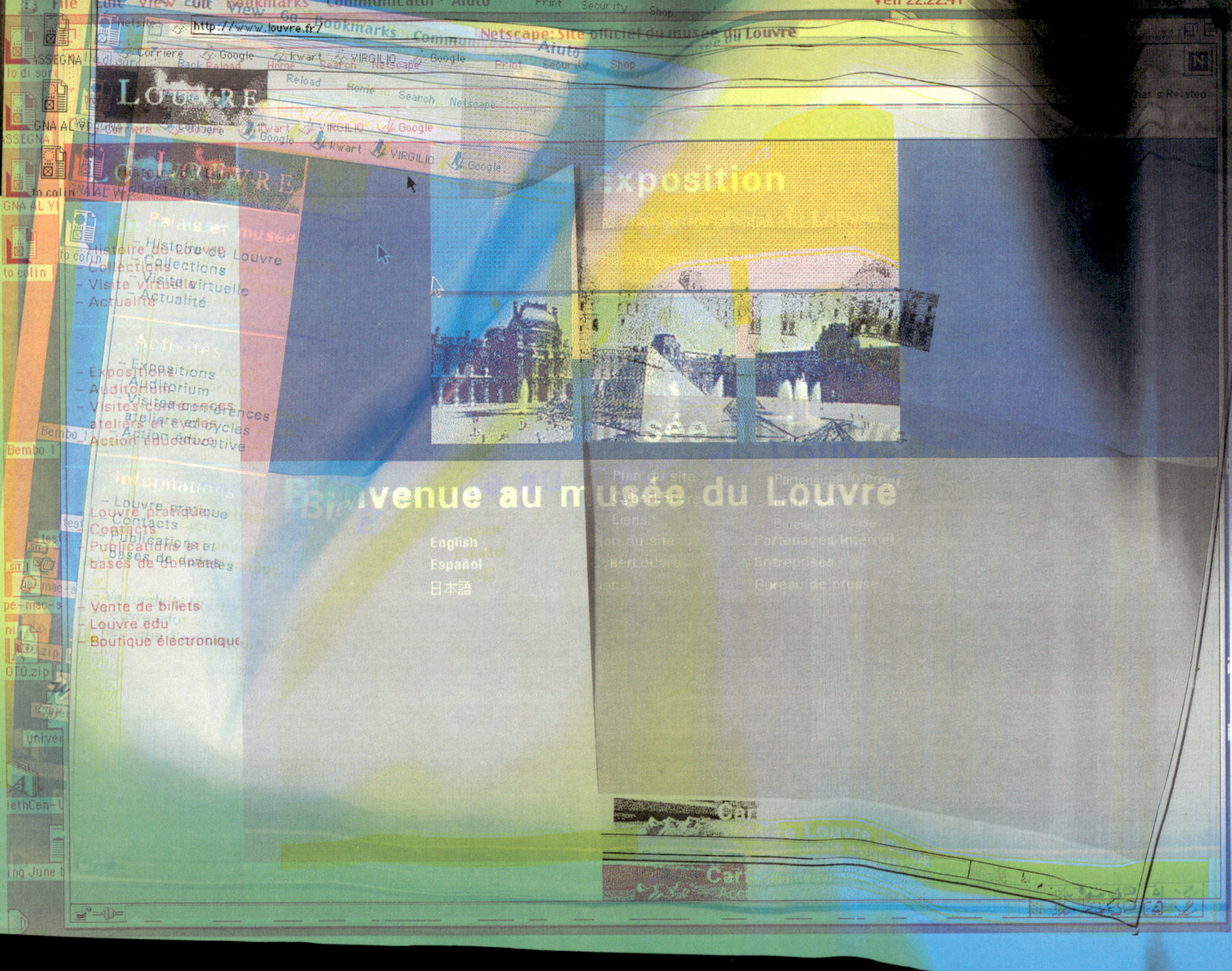
Ven 22:22:41
http://www.louvre.fr/
Netscape: Site officiel du musée du Louvre
LOUVRE
exposition
Bienvenue au musée du Louvre
English
Español
日本語
Palais et musée
Histoire du Louvre
Collections
Visite virtuelle
Actualité
Activités
Expositions
Auditorium
Visites-conférences
ateliers et cycles
Action éducative
Informations
Louvre pratique
Contacts
Publications et
bases de données
Vente de billets
Louvre.edu
Boutique électronique
Plan du site
Liens
Partenaires Internet
Entreprises
Bureau de presse

Se ci fosse un premio
per il miglior ossimoro lo
vincerebbe certamente il
termine "realtà virtuale".

If there were a prize for
the best oxymoron the term
"virtual reality" would
definitely get it.

Nicholas Negroponte

Gianni Riotta

La memoria della rete

La memoria della Rete sembrava onnipotente. Pensate: nel futuro gli storici troveranno congelate le e-mail, i siti, le ricette della nonna, le lettere d'amore, le chat, i documenti di ogni sorta della nostra vita quotidiana, pubblica e privata.

Ma è così? Non ne sono più sicuro. Nel suo ultimo libro Alexander Stille dimostra che forse il problema è l'opposto. Nel 1984 avevo comprato un computer PC della Ibm con floppy disk, i dischetti morbidi. Dove ne esistono più? Se non ho più un driver adatto come leggerli? Scrissi una volta una lunga lettera a mio fratello Luciano e la salvai su un nastro a cassetta. L'M10, il bellissimo piccolo computer portatile made in Olivetti 1985, permetteva di farlo. Non sono mai più stato capace di estrarla. Scusa Lucio.

E se la memoria della Rete fosse invece effimera? Batto il mio nome ed escono le vicende più bizzarre, una lunga conferenza con il mio vecchio amico Lucio Caracciolo, presentazioni di libri remote, dialoghi con lettori morti, come il mio maestro Massimo Giordano, dottor G.

Quando il dottor G. andò in clinica, chiesi ai lettori che gli mandassero messaggi di solidarietà. Ne arrivarono a centinaia e i dottori dell'ospedale gli misero un monitor davanti perché li leggesse. Prima di morire mi regalò i libri con cui arrivò in America, *Memorie di Napoleone*, 1821. Li leggerò. Pagina per pagina, dottor G.

La memoria della Rete non è dunque tecnologica. Siamo noi. Polibio scrisse quaranta libri e ce ne restano solo cinque. Ci sono tragedie di Eschilo di cui possediamo solo mezzo verso. Cosa vuol dire ricordare? La memoria può farci prigionieri. Pensate alle guerre etniche, dove l'interesse porterebbe alla pace ma la memoria ossessiva di chi erano i nonni e i bisnonni accende il sangue. C'è chi la chiama, con orgoglio, tradizione. A me fa ribrezzo.

La memoria può essere una galera. C'è chi non sa perdonare, che non vuol dire dimenticare il dolore, ma dimenticare la rabbia che ha prodotto in noi. Gianluigi Colin persegue, con acribia da invidiare, la sua colletta di immagini da affidare ai posteri. È come il Fra' Galdino del Manzoni, va di giorno in giorno, di sito in sito, di persona in persona, di evento in evento e da ognuno prende una noce, un frammento, scambiandola, per la carità, con una chiacchiera.

Non so se la forza di Colin sarà raccolta dai posteri. Ma credo, più di quando avevo diciotto anni, all'impegno e alla generosità del suo lavoro di artista e di professionista. Sono pronto a giurare l'esistenza sulla fatica da artigiano. Colin crede che siamo noi la memoria. Che la Rete siamo noi. Che il futuro siamo noi. Non pensa al domani. Lo anticipa, come un rabdomante, oggi. Sento in giro guru predicare pace dopo essere campati di guerra. Sfortunato chi li ascolta. Pace io vedo piuttosto nella generosità di chi, giorno dopo giorno, si mette all'opera per strappare, come un minatore, verità dalla fatica, senza avvelenare la gente con le proprie certezze. Tra i tanti sordi, sta saldo Colin, domani spunteranno orecchie e sorrisi. E noi ci saremo.

The Internet Memory

The Internet memory seems omnipotent. Just think: in the future historians will find e-mails, web-sites, grandmother's recipes, love letters, chat rooms, all kinds of records of our everyday public and private lives, frozen.

But is that the case? I am no longer sure. In his latest book, Alexander Stille demonstrates that perhaps we have the opposite problem. In 1984 I bought an IBM personal computer with floppy disks, those flexible diskettes. Where on earth are they now? If I don't have a suitable driver, how can I read them? I once wrote a long letter to my brother Luciano and saved it on a cassette. The M10, that wonderful little Olivetti portable computer made in 1985 enabled me to do this. I have not been able to retrieve it since. Sorry Lucio.

And what if the Internet memory were instead ephemeral? I type my name and the strangest things come up, a lengthy conference with my old friend Lucio Caracciolo, long ago book presentations, conversations with dead readers, like my teacher Massimo Giordano, Doctor G.

When Doctor G. went into a clinic I asked readers to send him a letter expressing solidarity. He received hundreds of them and the hospital doctors put a monitor in front of him so he could read them. Before he died he gave me the books he came to America with, *Napoleon's Memoirs*, 1821. I will read them. Every single page, Doctor G.

The Internet memory is not technology then. It is us. Polibio wrote forty books and only five are left. There are Aeschylus tragedies of which we have only half a verse. What does it mean to remember? Memory can hold us prisoners. Think of the ethnic wars where interest might lead to peace but where the obsessive memory of who one's grandparents and great grandparents were creates bloodlust. There are those who proudly call it tradition. It makes me shudder.

Memory can be a jail. There are those who cannot forgive, who refuse to forget the pain, but manage to forget the rage it produced in us. Gianluigi Colin continues, with enviable accuracy, to collect images to leave to posterity. And like Fra' Galdino by Manzoni, he goes from one day to another, from one web-site to another, from one person to another, from one event to another, taking from each one a nut, a fragment, in exchange for a chat.

I don't know whether Colin's vigor will be perceived by his descendants. But I believe, more than I did when I was eighteen years old, in his commitment and the generosity of his work as an artist and professional. I am ready to wager my life on the sweat of an artisan. Colin believes we are memory. That the Internet is us. That we are the future. He doesn't think of tomorrow. He senses it, like a diviner, today. I overhear gurus preaching peace after war profiteering. Unlucky are they who take heed of them. I see instead peace in the generosity of those who day after day set to work to extract, like a miner, truth from toil, without poisoning people with their own convictions. Among all those deaf people Colin stands his ground. One day people will listen and smile and we will be there.

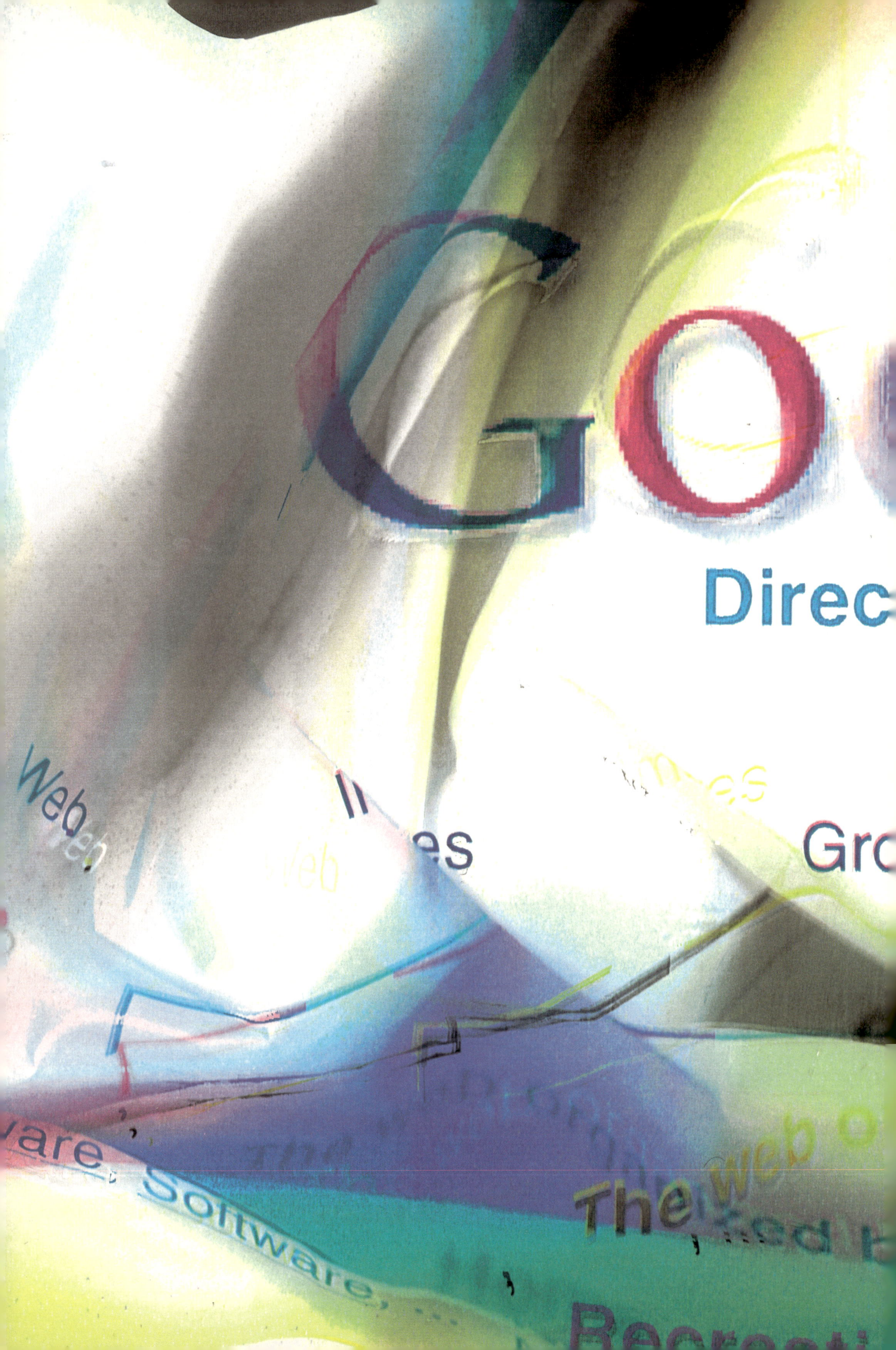

Go
Direc
Web
es
Gro
Software
The web o
Recreati

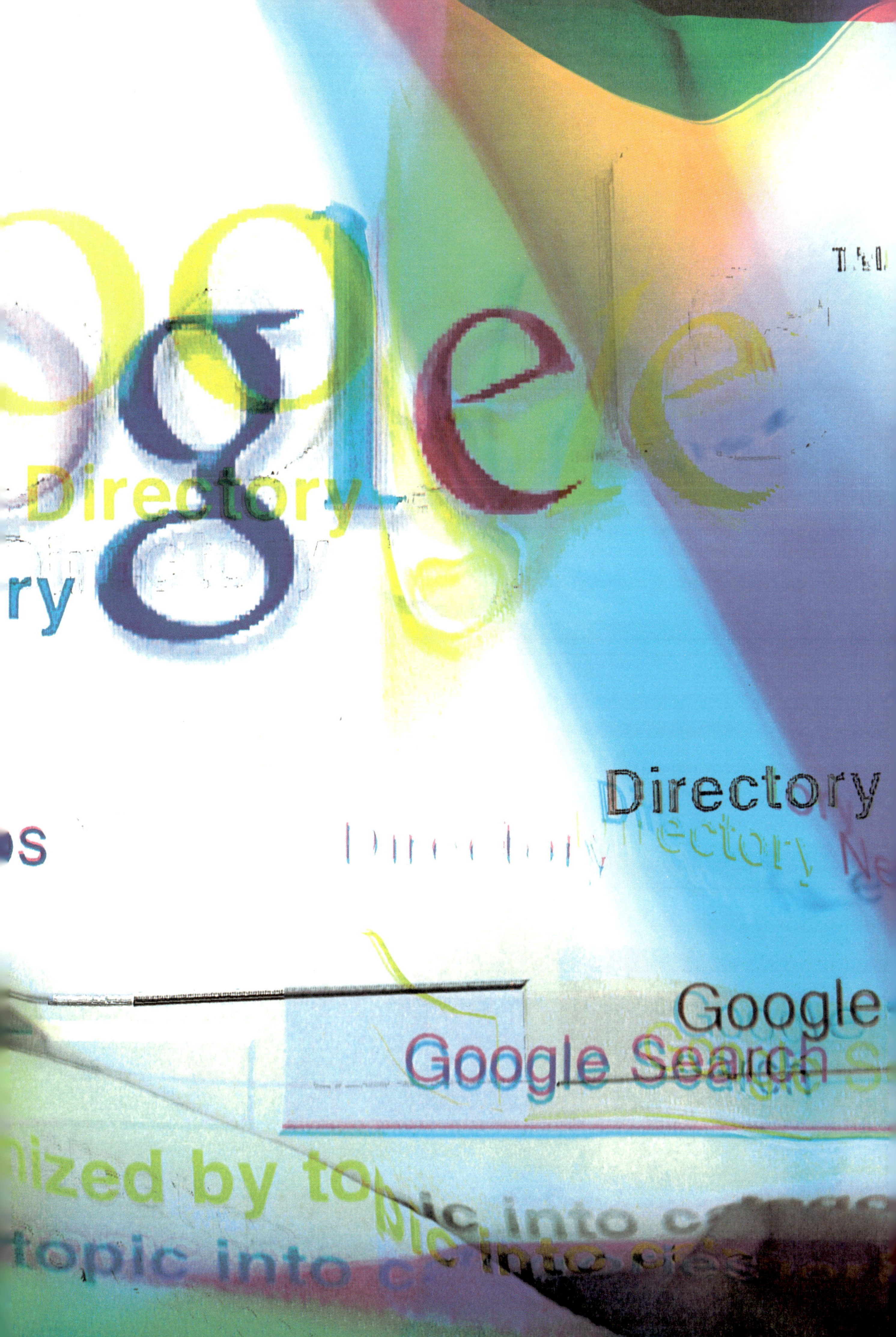

Google
Directory
Google Search
Google
Directory
organized by topic into categories

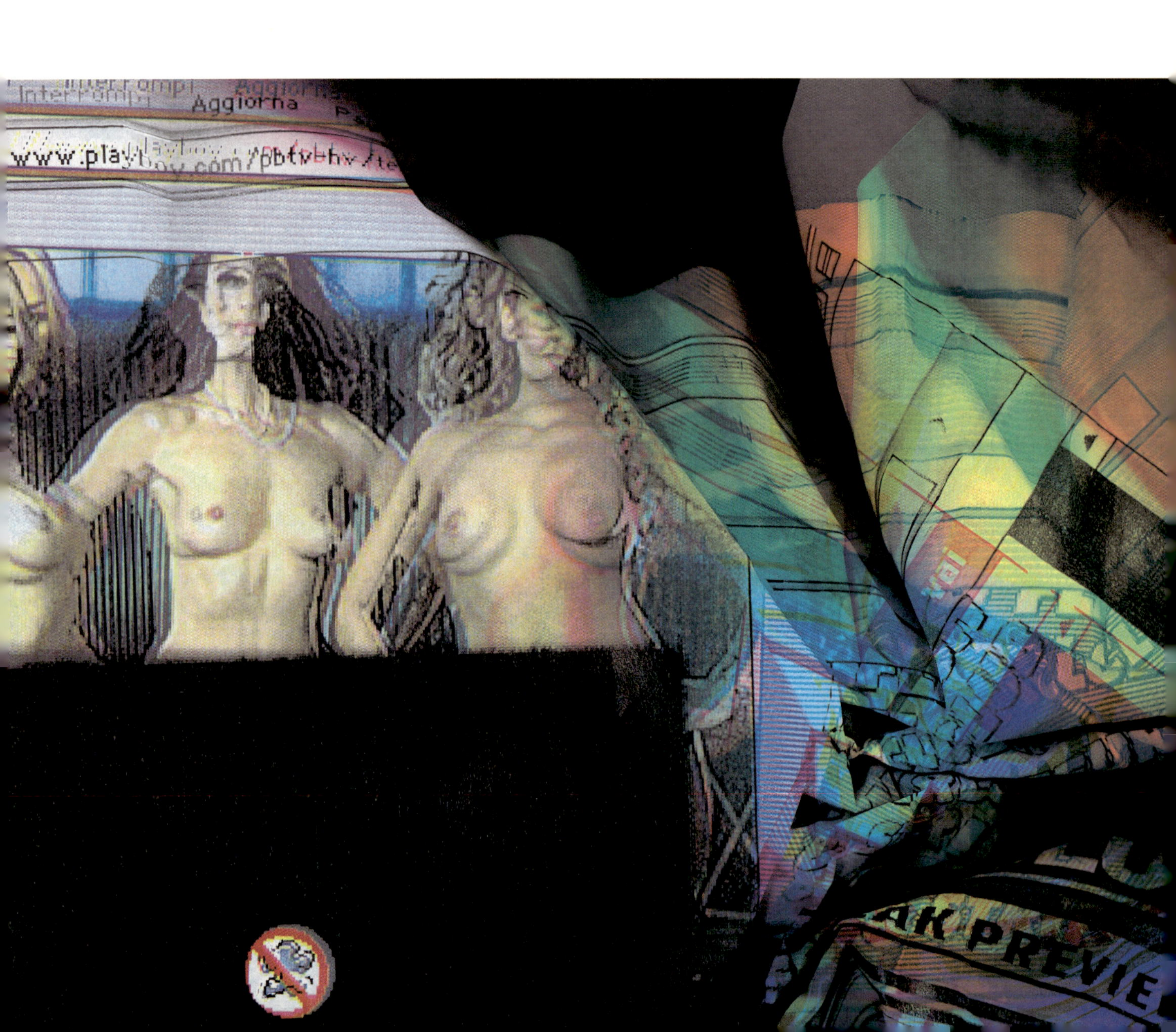
Interrompi Aggiorna
Interrompi Aggiorna
www.playboy.com/pbtv+hv/te
AK PREVIE

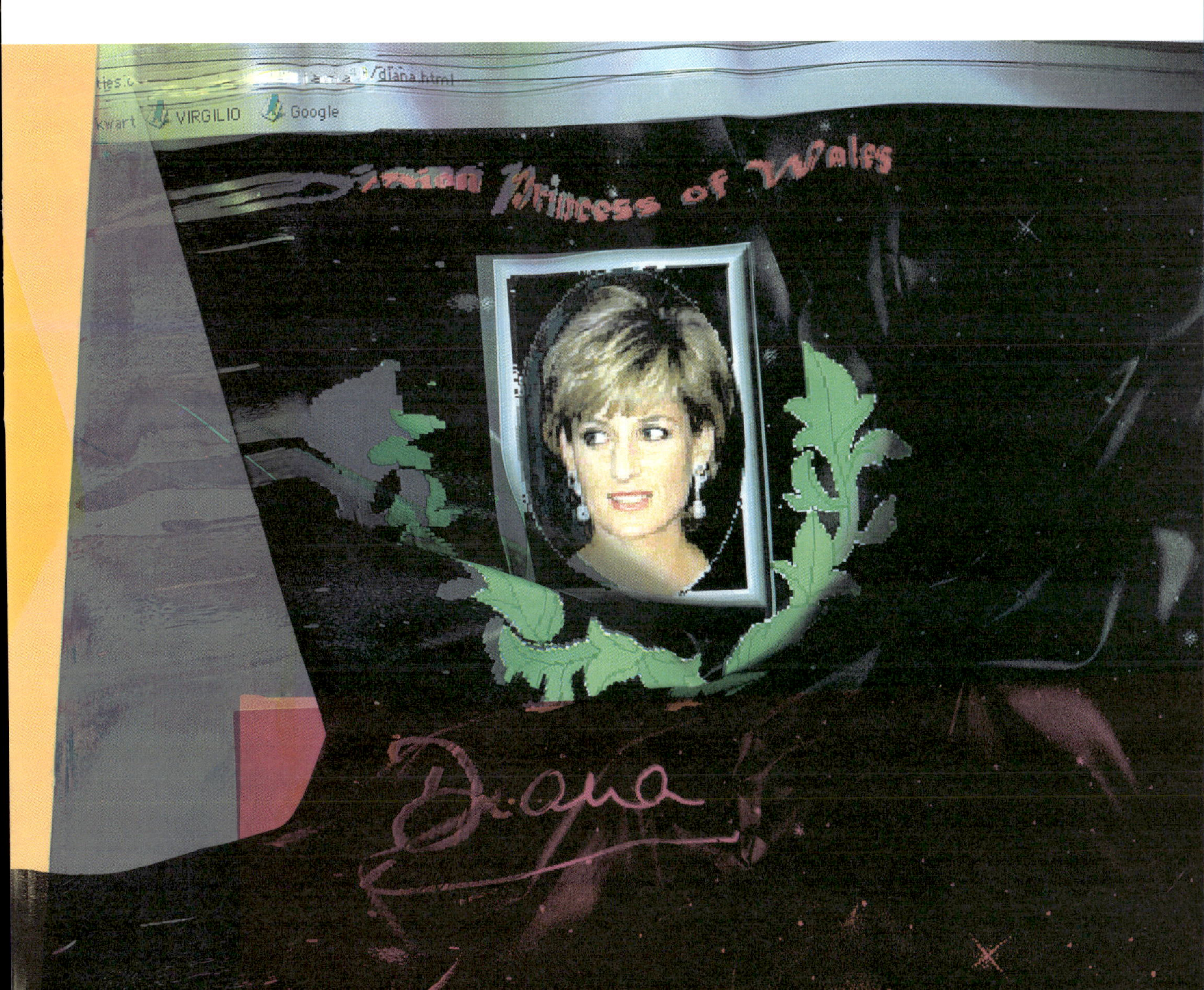

diana.html
kwart   VIRGILIO   Google
Diana Princess of Wales
Diana

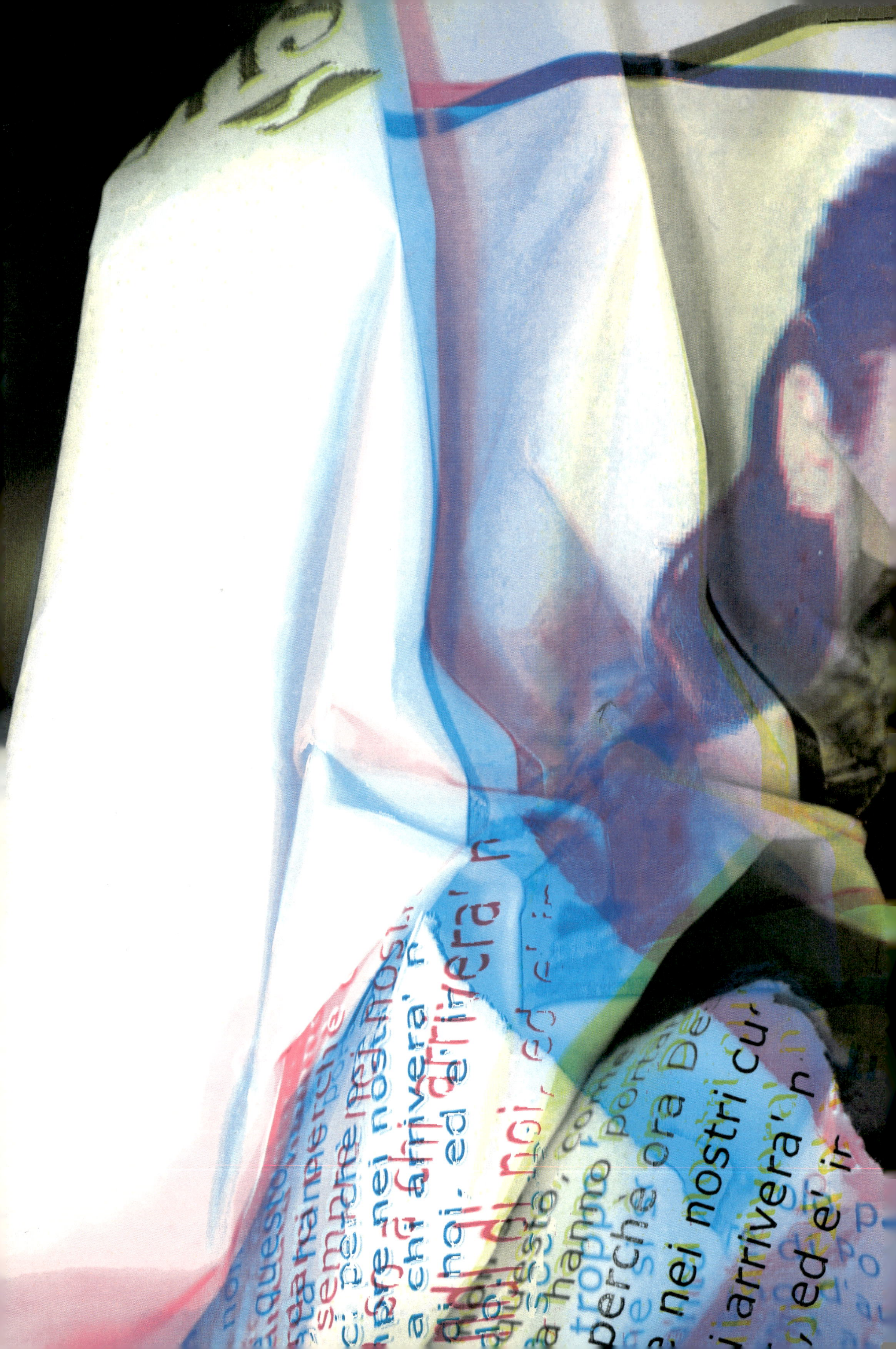

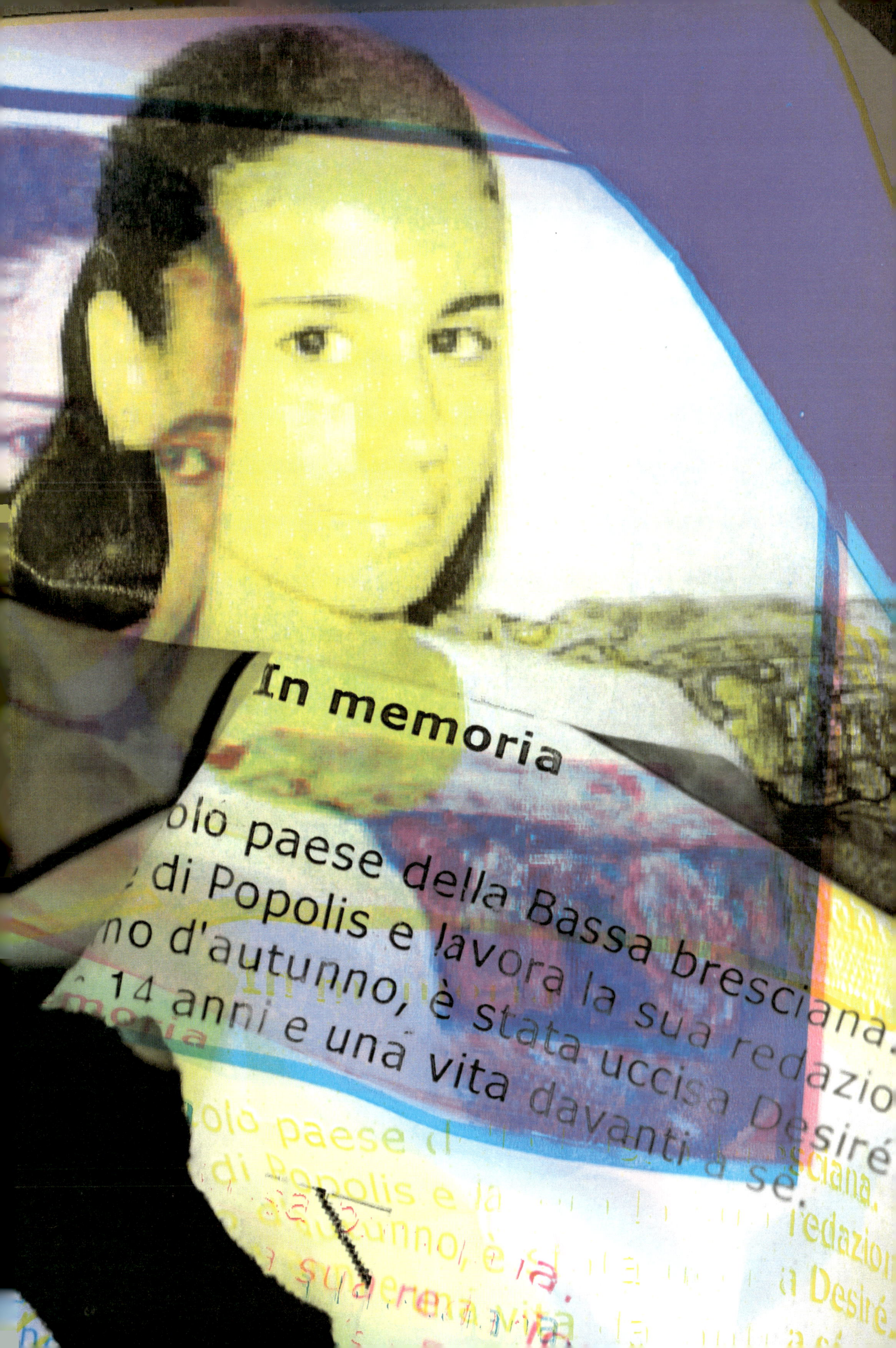

In memoria
...olo paese della Bassa bresciana,
...di Popolis e lavora la sua redazio...
...no d'autunno, è stata uccisa Desiré
...14 anni e una vita davanti a sé.

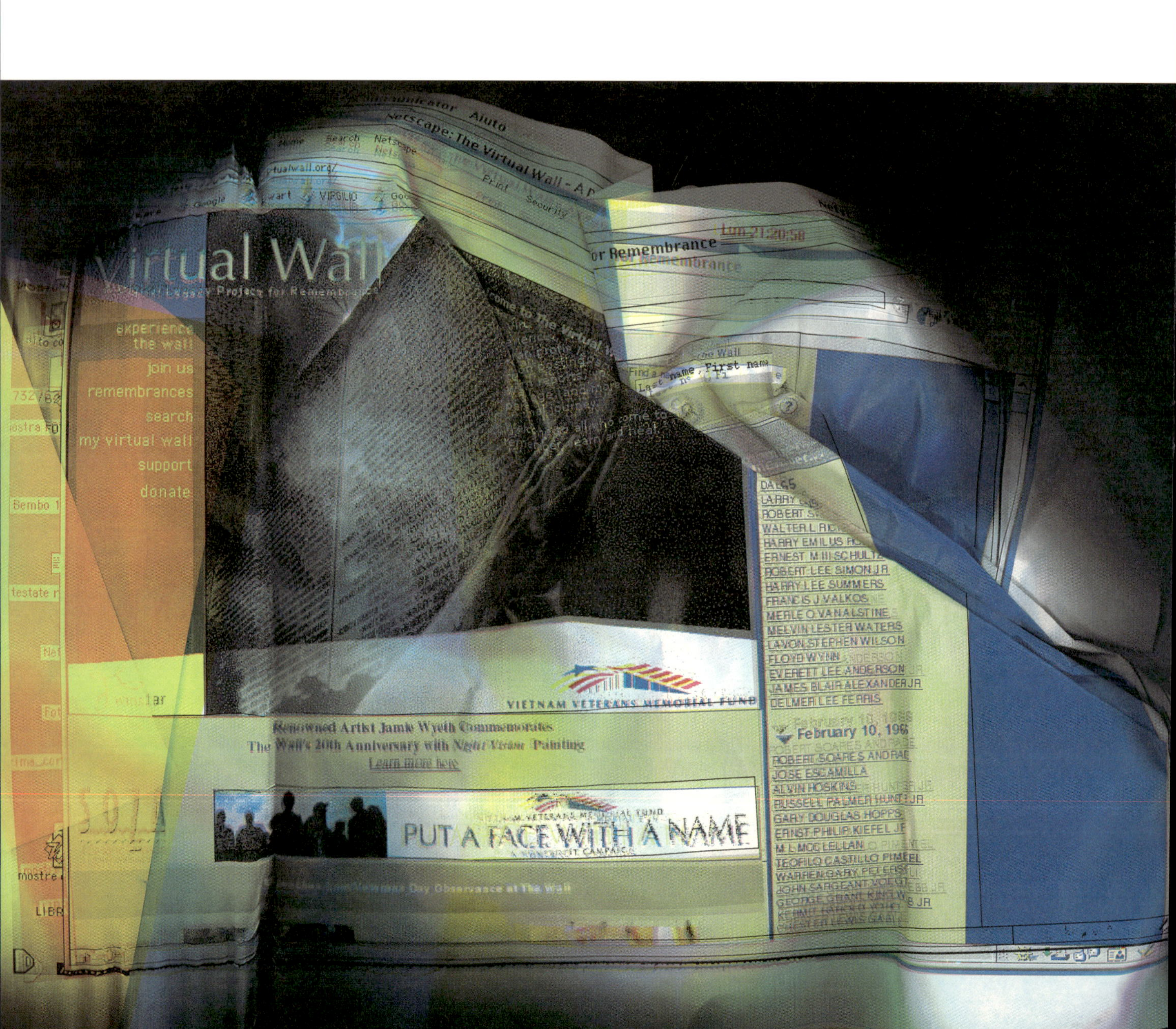
Virtual Wall
A Digital Legacy Project for Remembrance
experience the wall
join us
remembrances
search
my virtual wall
support
donate
VIETNAM VETERANS MEMORIAL FUND
Renowned Artist Jamie Wyeth Commemorates
The Wall's 20th Anniversary with Night Vision Painting
Learn more here
PUT A FACE WITH A NAME
VIETNAM VETERANS MEMORIAL FUND
A WINNEBAGO CAMPAIGN
for Remembrance
Find a name. First name
Last name
February 10, 1968
LARRY
ROBERT
WALTER L RICE
HARRY EMILUS
ERNEST M III SCHULTZ
ROBERT LEE SIMON JR
HARRY LEE SUMMERS
FRANCIS J VALKOS
MERLE O VAN ALSTINE
MELVIN LESTER WATERS
LAVON STEPHEN WILSON
FLOYD WYNN
EVERETT LEE ANDERSON
JAMES BLAIR ALEXANDER JR
DELMER LEE FERRIS
ROBERT SOARES ANDRAE
JOSE ESCAMILLA
ALVIN HOSKINS
RUSSELL PALMER HUNT JR
GARY DOUGLAS HOPPS
ERNST PHILIP KIEFEL JR
M L MCCLELLAN
TEOFILO CASTILLO PIMEEL
WARREN GARY PETERSEN
JOHN SARGEANT XCEO
GEORGE GRANT KINELW
CHESTER LEWIS GAALE

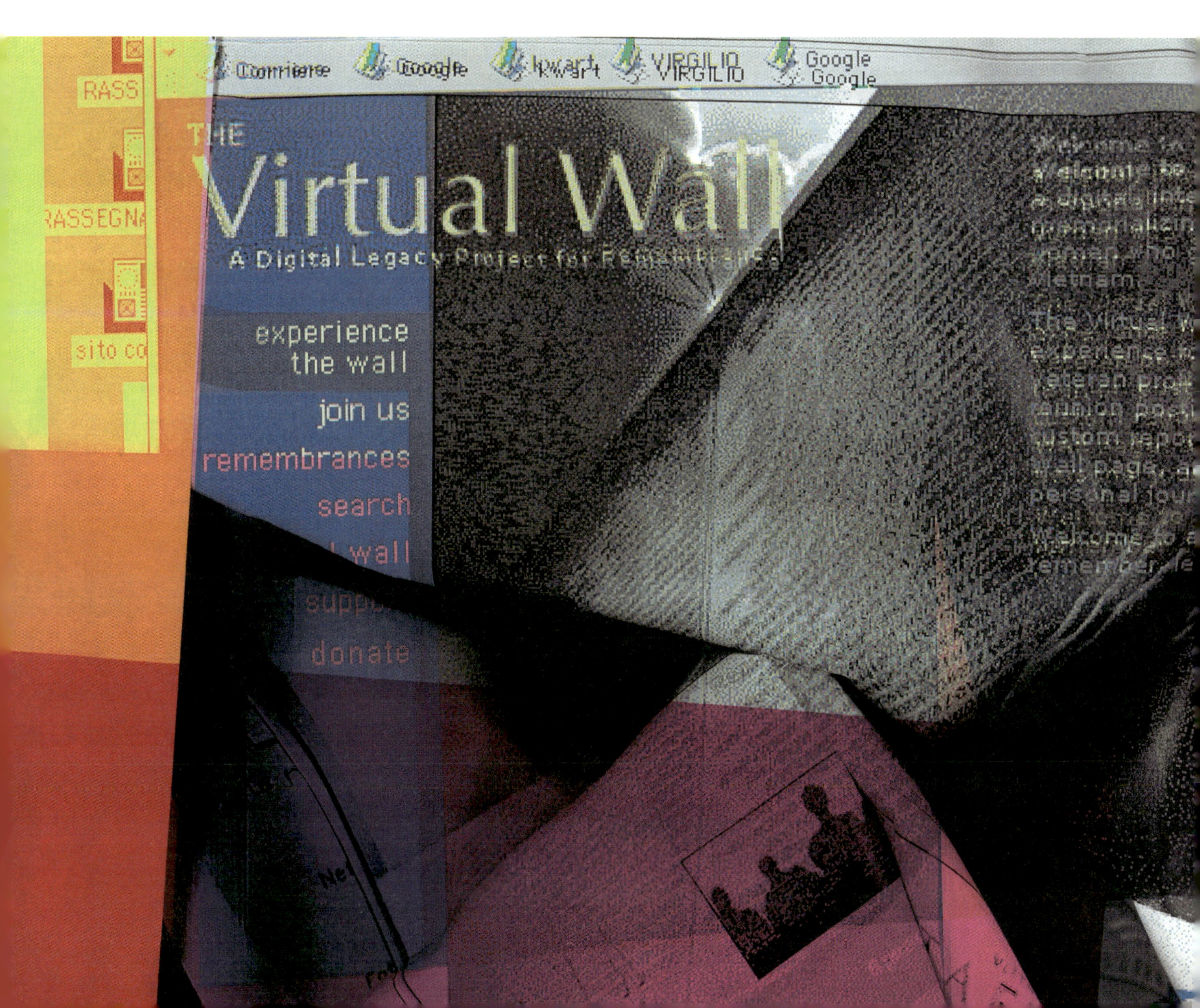
RASS
RASSEGNA
sito co
Corriere   Google   kwart   VIRGILIO VIRGILIO   Google Google
THE
Virtual Wall
A Digital Legacy Project for Remembrance
experience
the wall
join us
remembrances
search
wall
support
donate

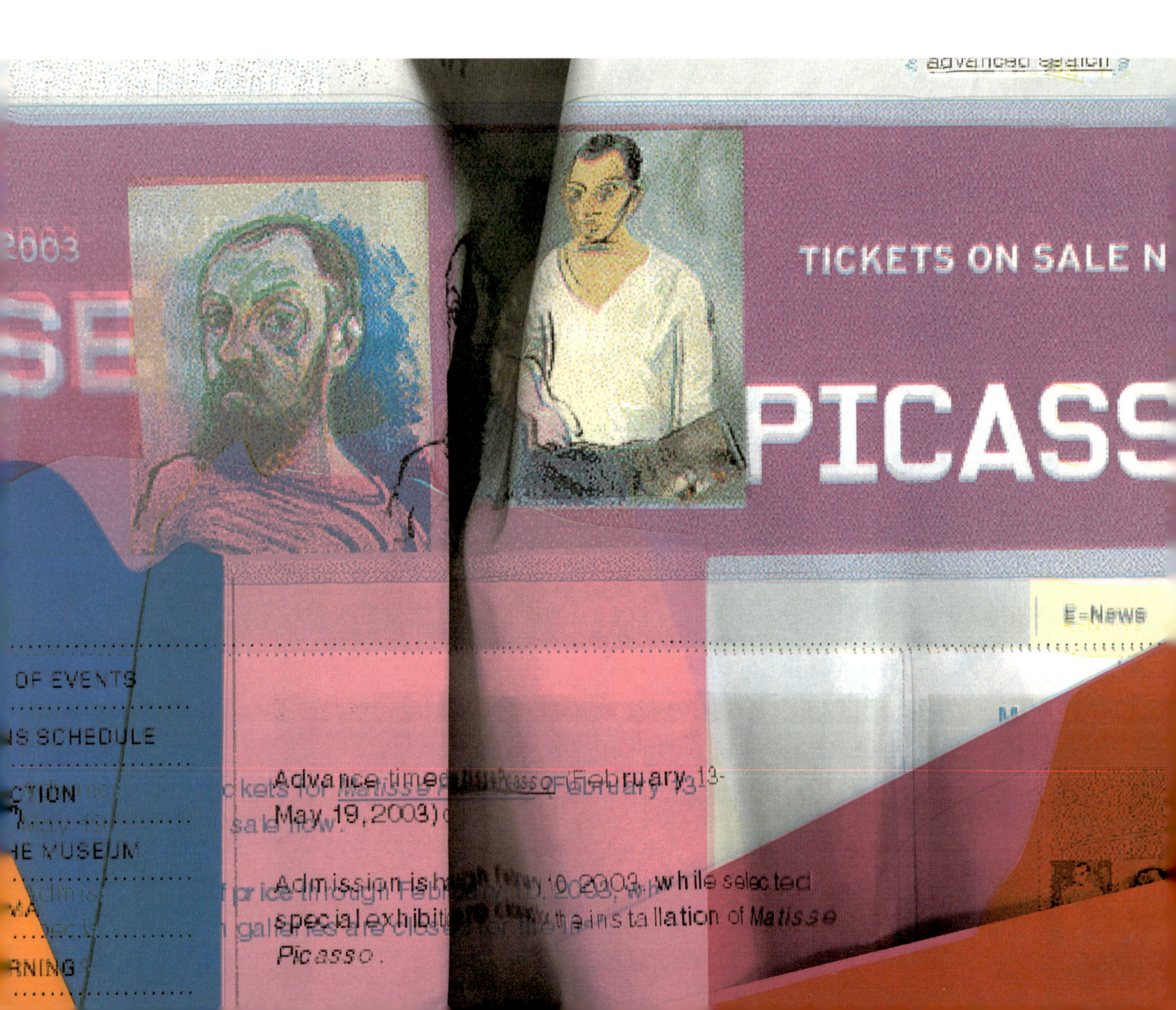
advanced search
2003
TICKETS ON SALE N
PICASS
E-News
OF EVENTS
SCHEDULE
CTION
HE MUSEUM
RNING
Advance timed tickets to Matisse Picasso (February 13–
May 19, 2003) o...
sale now.
Admission is ... February 10, 2003, while selected
special exhibiti... galleries are closed for the installation of Matisse
Picasso.

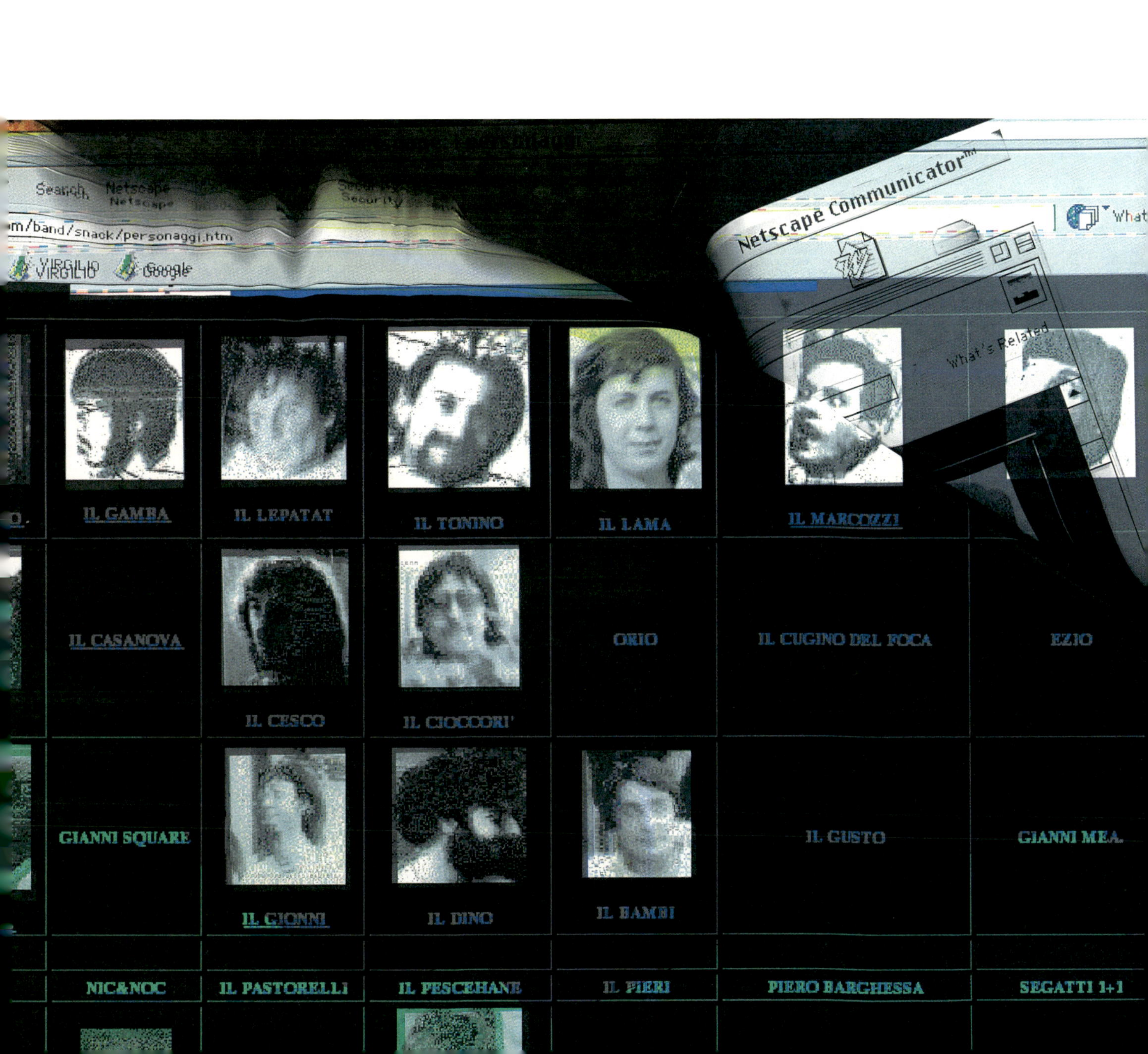
Search Netscape
Netscape
m/band/snack/personaggi.htm
VIRGILIO Google
Netscape Communicator
What
What's Related
IL GAMBA
IL LEPATAT
IL TONINO
IL LAMA
IL MARCOZZI
IL CASANOVA
ORIO
IL CUGINO DEL FOCA
EZIO
IL CESCO
IL CIOCCORI'
GIANNI SQUARE
IL GUSTO
GIANNI MEA.
IL GIONNI
IL DINO
IL BAMBI
NIC&NOC
IL PASTORELLI
IL PESCEHANE
IL PIERI
PIERO BARGHESSA
SEGATTI 1+1

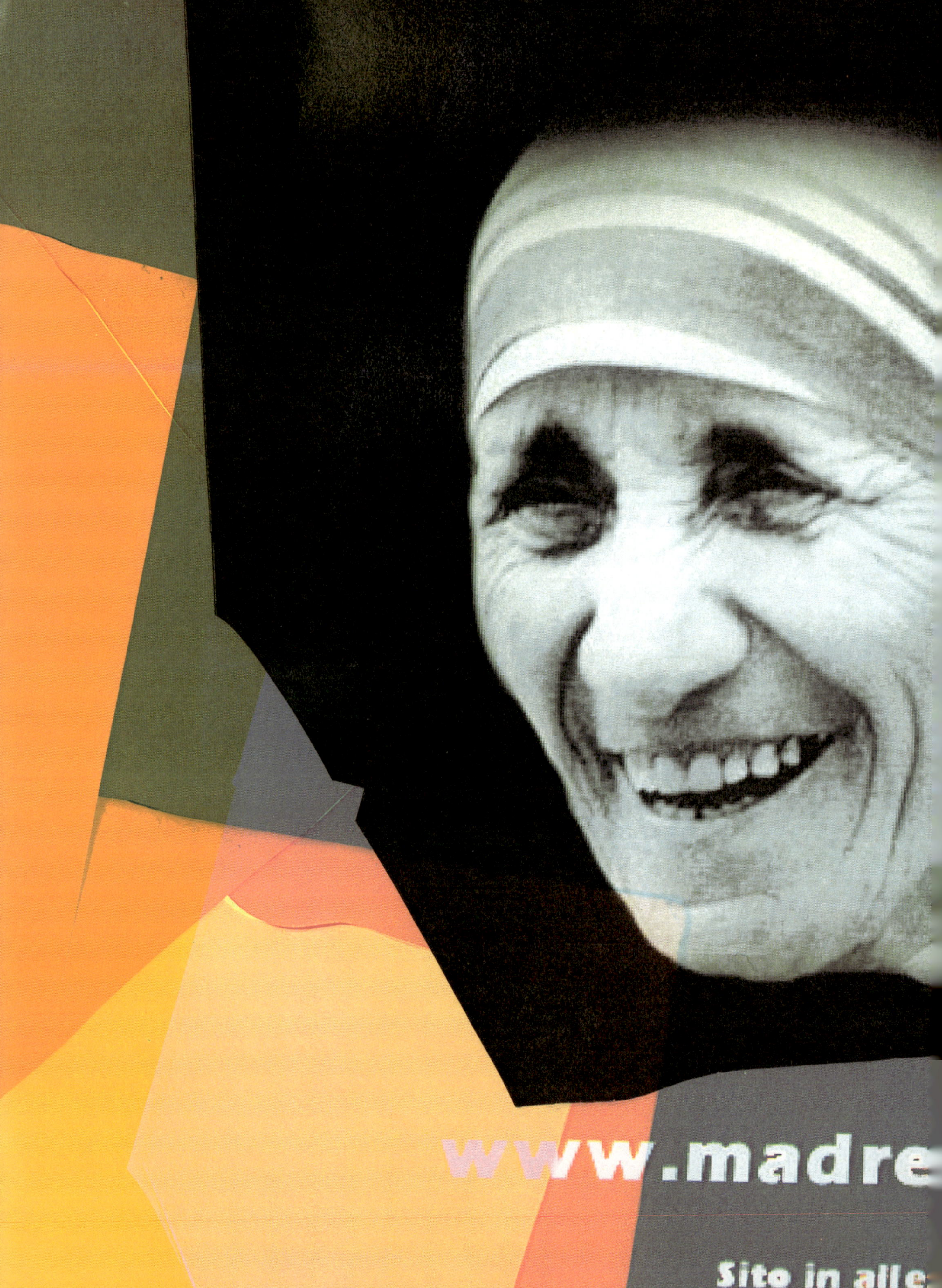

www.madre
Sito in alle
Copyright 1999 Int

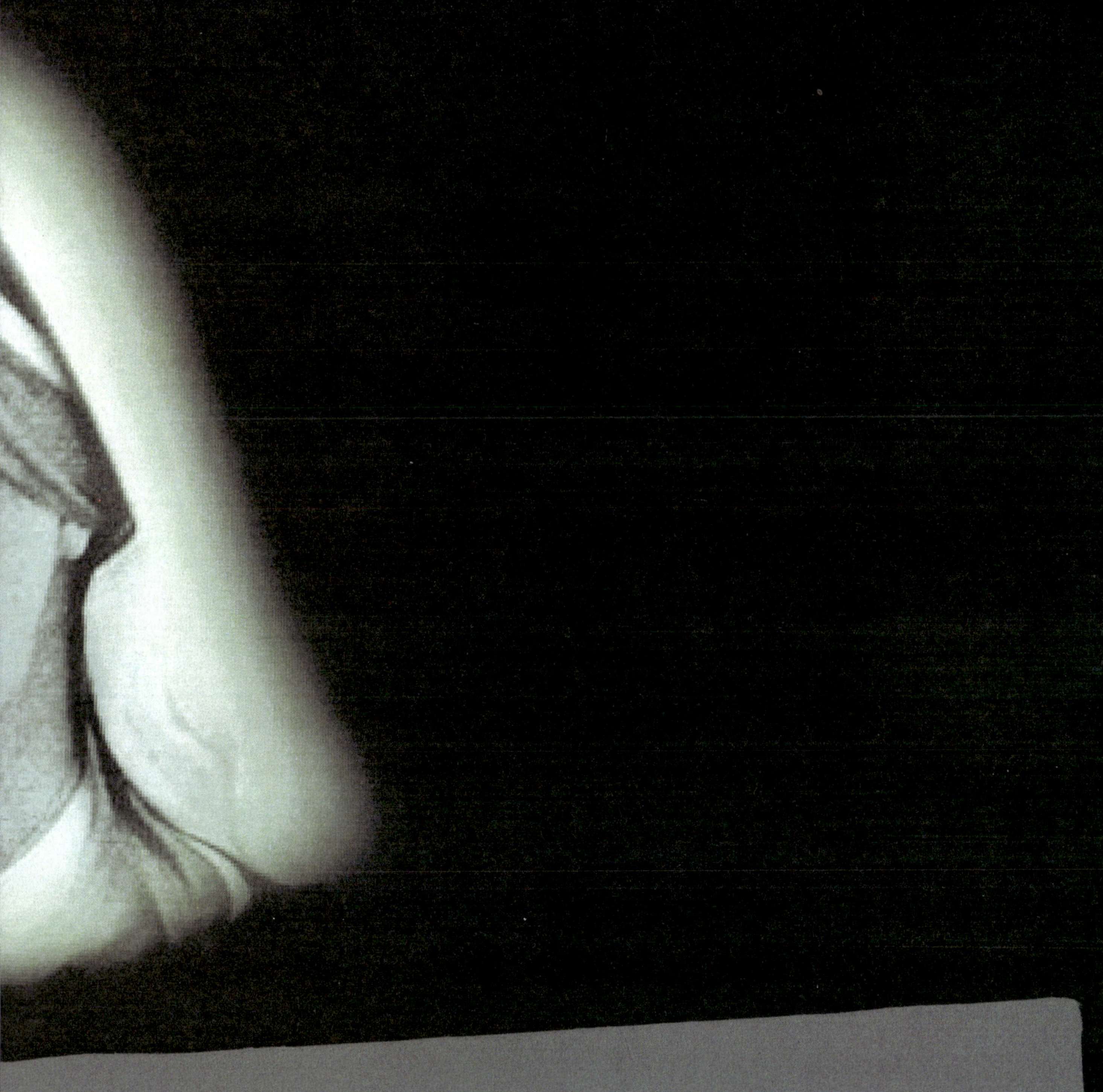
eresa.com
ento
t & Idee S.r.L.

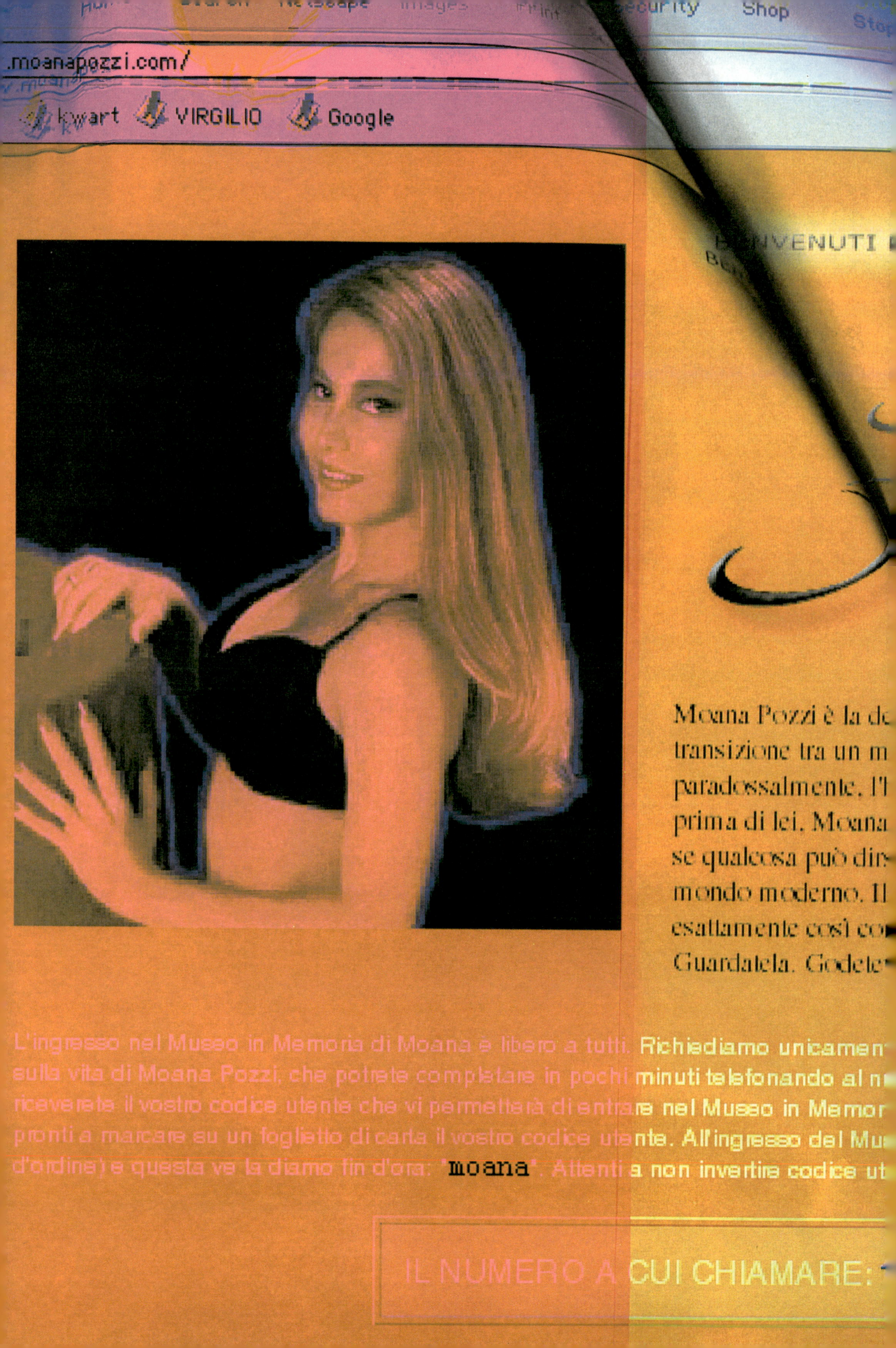

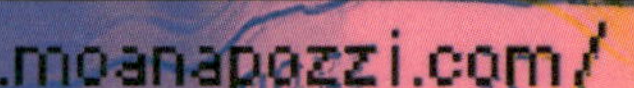

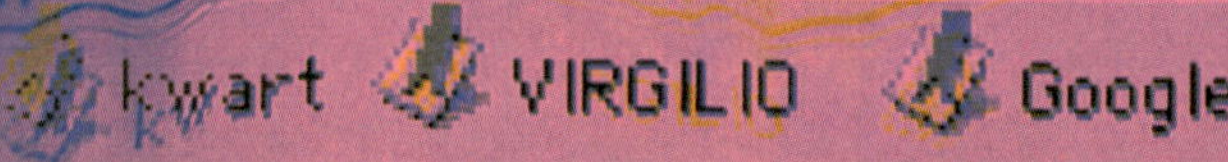

BENVENUTI
BE

Moana Pozzi è la de
transizione tra un m
paradossalmente, l'I
prima di lei. Moana
se qualcosa può dir
mondo moderno. Il
esattamente così co
Guardatela. Godete

L'ingresso nel Museo in Memoria di Moana è libero a tutti. Richiediamo unicamen
sulla vita di Moana Pozzi, che potrete completare in pochi minuti telefonando al n
riceverete il vostro codice utente che vi permetterà di entrare nel Museo in Memor
pronti a marcare su un foglietto di carta il vostro codice utente. All'ingresso del Mu
d'ordine) e questa ve la diamo fin d'ora: moana*. Attenti a non invertire codice ut

IL NUMERO A CUI CHIAMARE:

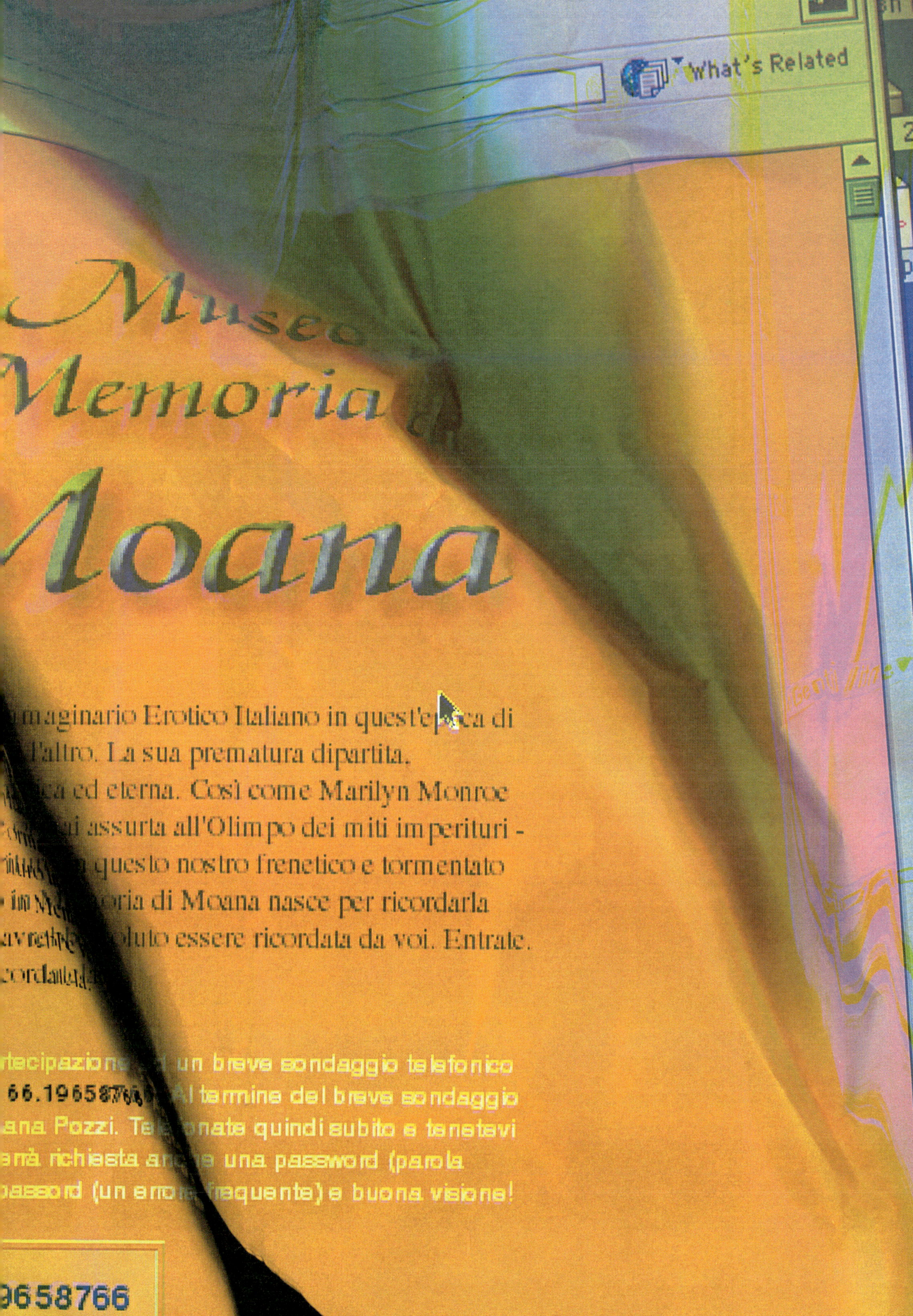

What's Related
Museo della
Memoria di
Moana
maginario Erotico Italiano in quest'epoca di
l'altro. La sua prematura dipartita,
ca ed eterna. Così come Marilyn Monroe
ei assurta all'Olimpo dei miti imperituri -
questo nostro frenetico e tormentato
oria di Moana nasce per ricordarla
oluto essere ricordata da voi. Entrate.
rtecipazione un breve sondaggio telefonico
66.19658766 Al termine del breve sondaggio
ana Pozzi. Telefonate quindi subito e tenetevi
rrà richiesta anche una password (parola
password (un errore frequente) e buona visione!
9658766

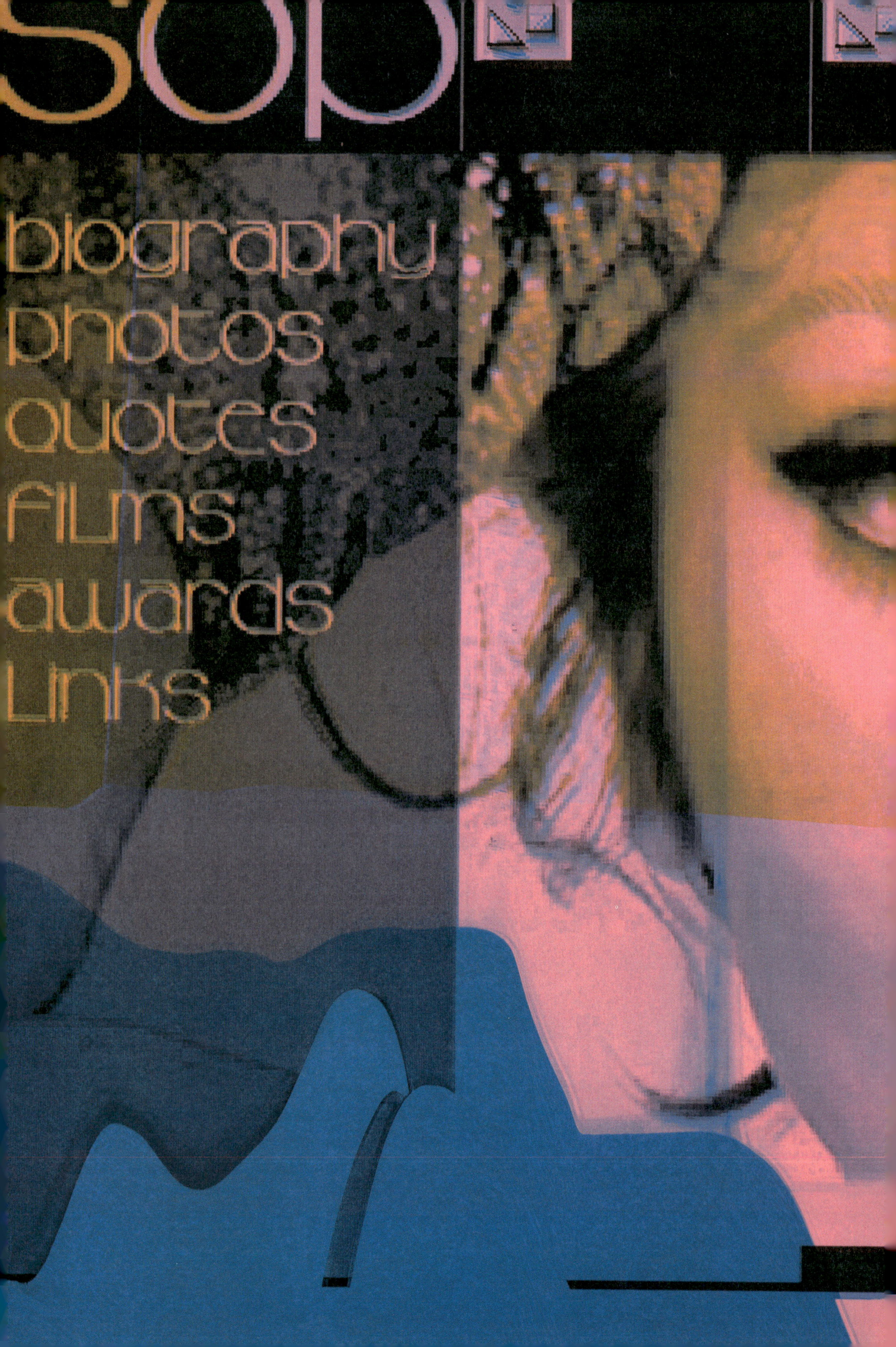
soph
biography
photos
quotes
films
awards
Links

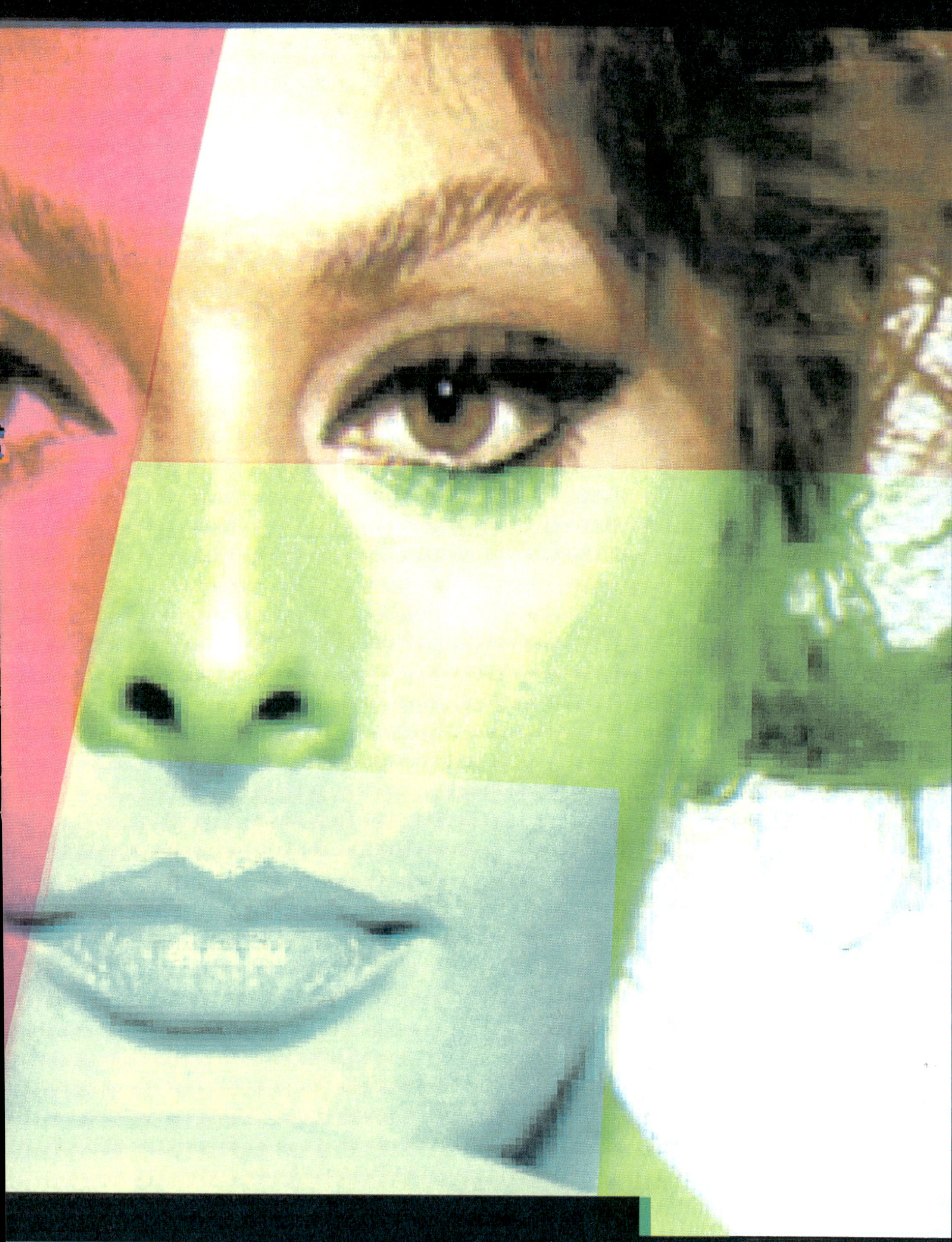
.com

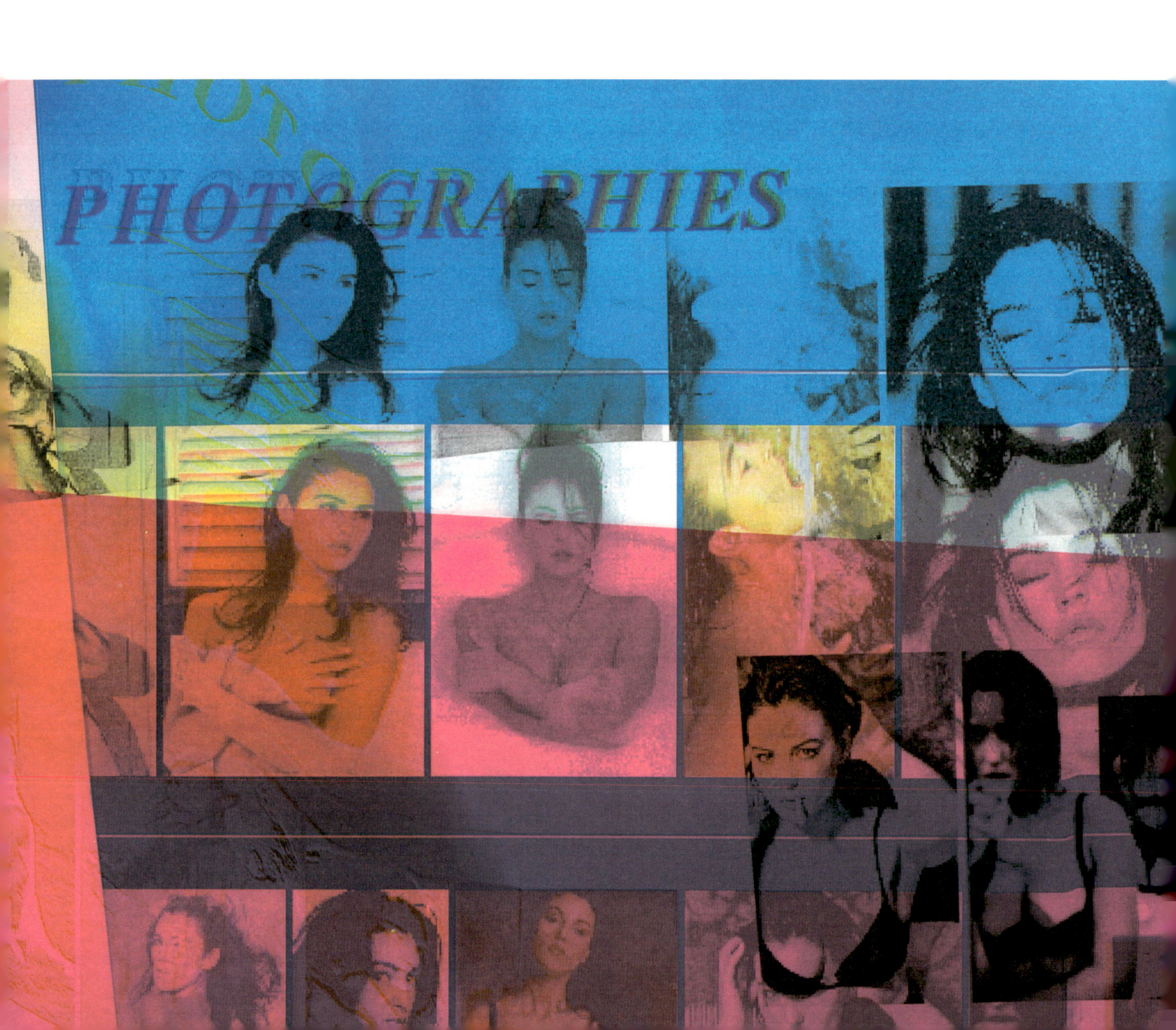
PHOTOGRAPHIES

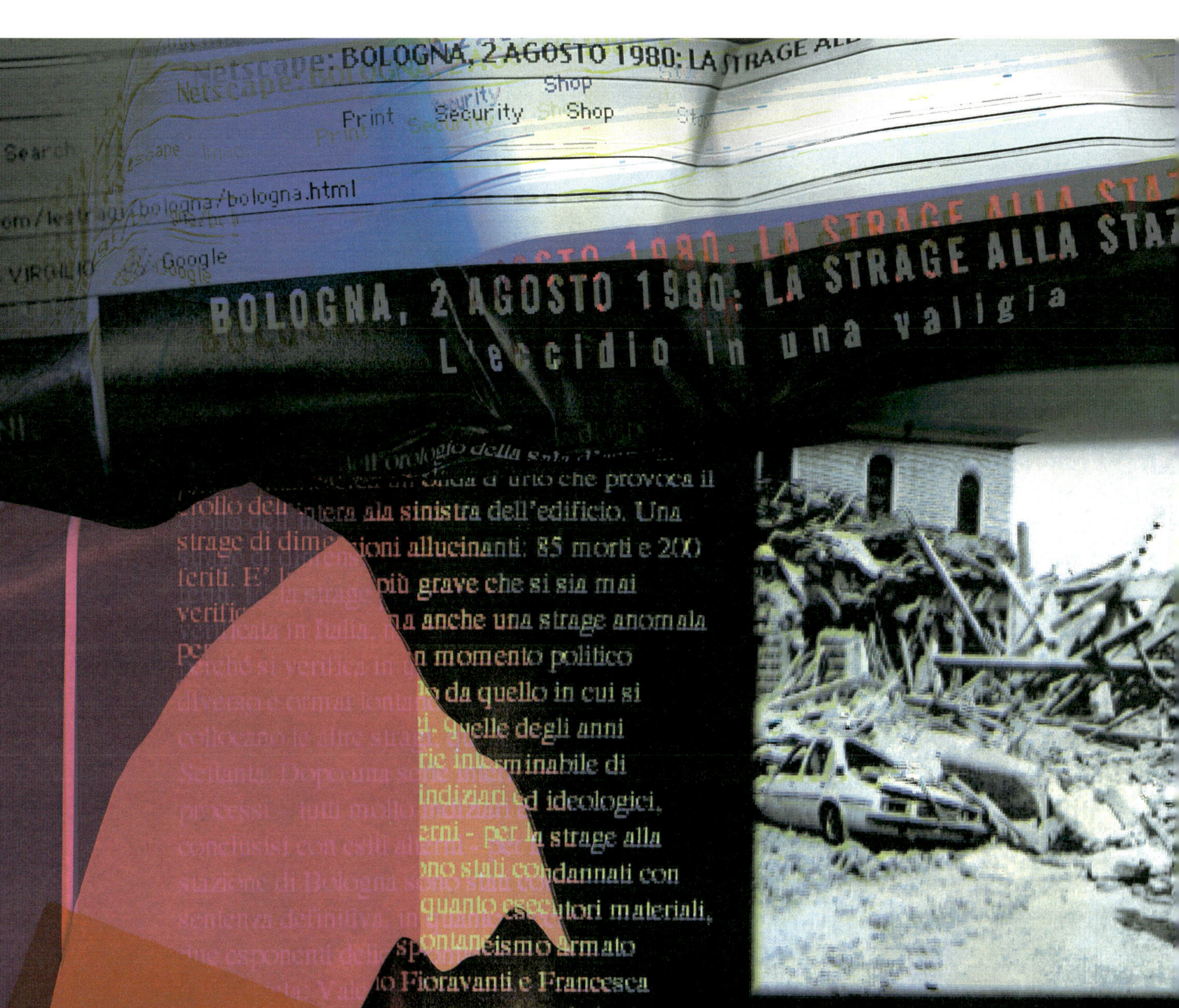

Netscape: BOLOGNA, 2 AGOSTO 1980: LA STRAGE AL
Print   Security   Shop   Stop
Search
com/lestragi/bologna/bologna.html
VIRGILIO   Google
BOLOGNA, 2 AGOSTO 1980: LA STRAGE ALLA STA
L'eccidio in una valigia
crollo dell'intera ala sinistra dell'edificio. Una
strage di dimensioni allucinanti: 85 morti e 200
feriti. E' la strage più grave che si sia mai
verificata in Italia. Ma anche una strage anomala
perché si verifica in un momento politico
diverso e ormai lontano da quello in cui si
collocano le altre stragi, quelle degli anni
Settanta. Dopo una serie interminabile di
processi indiziari ed ideologici,
conclusisi con esiti alterni per la strage alla
stazione di Bologna sono stati condannati con
sentenza definitiva, in quanto esecutori materiali,
due esponenti dello spontaneismo armato
Valerio Fioravanti e Francesca

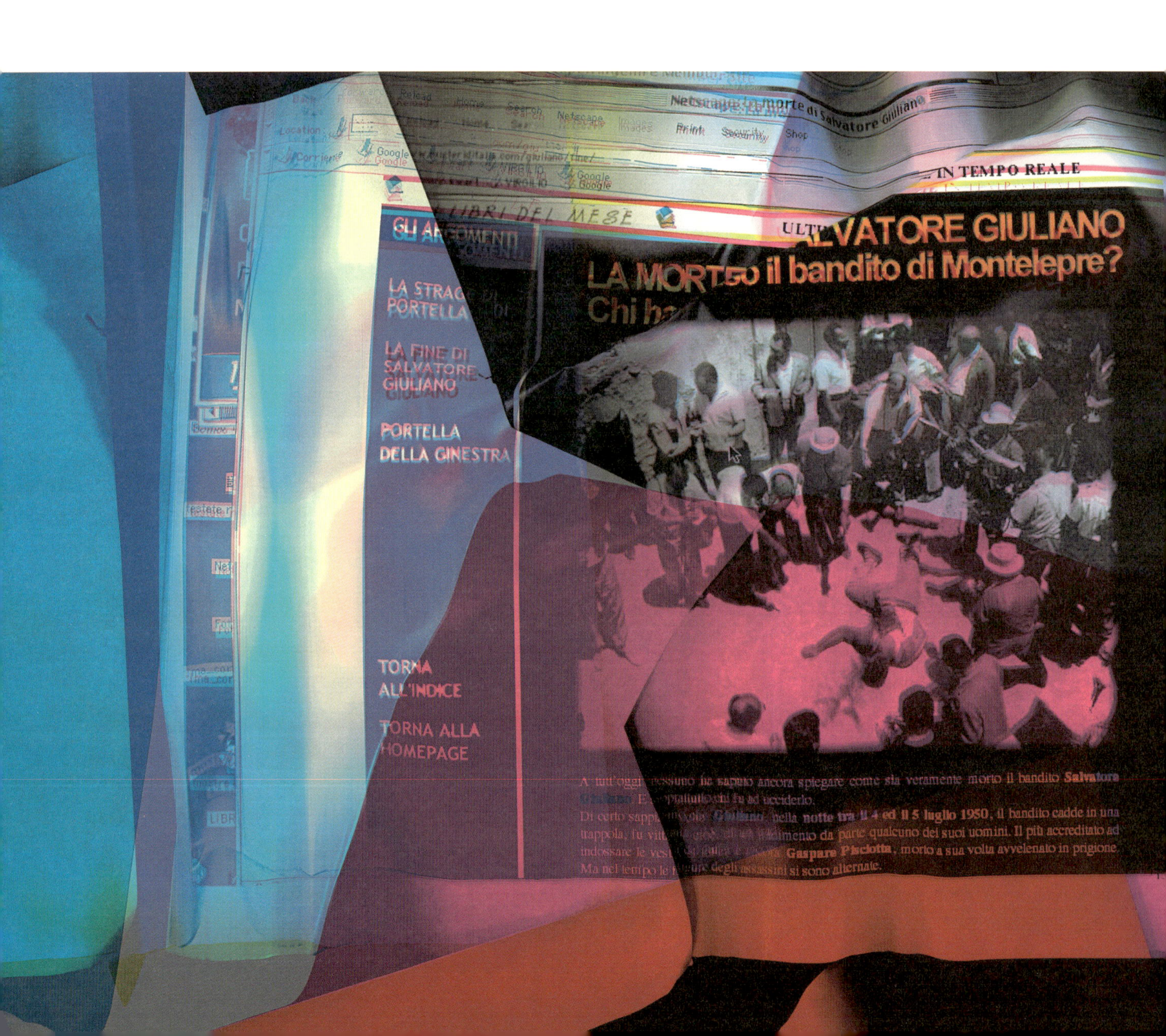
IN TEMPO REALE
SALVATORE GIULIANO
LA MORTE il bandito di Montelepre?
Chi ha
GLI ARGOMENTI
LA STRAGE DI
PORTELLA
LA FINE DI
SALVATORE
GIULIANO
PORTELLA
DELLA GINESTRA
TORNA
ALL'INDICE
TORNA ALLA
HOMEPAGE
A tutt'oggi nessuno ha saputo ancora spiegare come sia veramente morto il bandito Salvatore Giuliano. E soprattutto chi fu ad ucciderlo.
Di certo sappiamo solo che Giuliano, nella notte tra il 4 ed il 5 luglio 1950, il bandito cadde in una trappola, fu vittima di un tradimento da parte qualcuno dei suoi uomini. Il più accreditato ad indossare le vesti del giuda è il cugino Gaspare Pisciotta, morto a sua volta avvelenato in prigione. Ma nel tempo le versioni degli assassini si sono alternate.

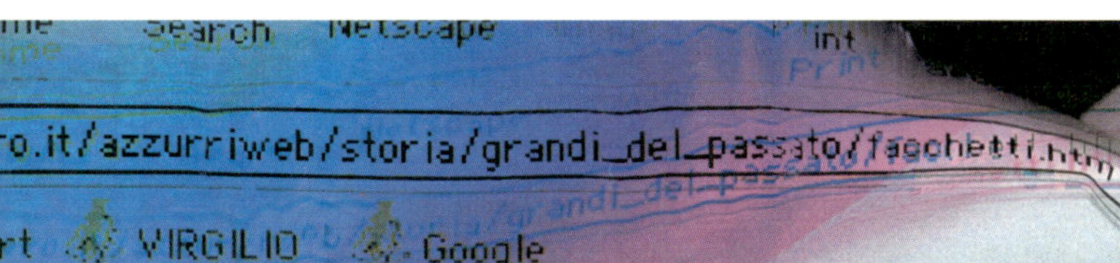

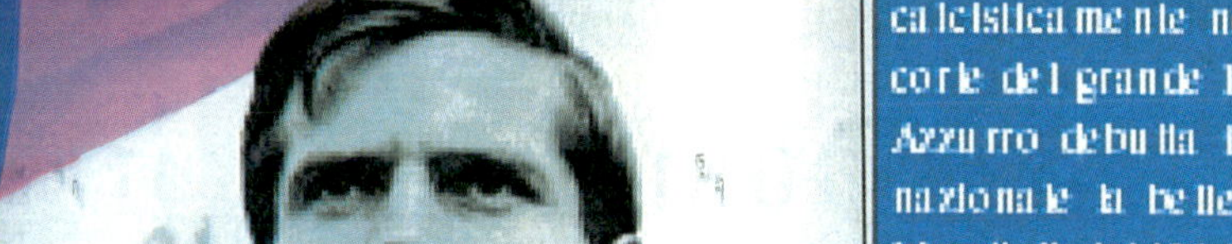

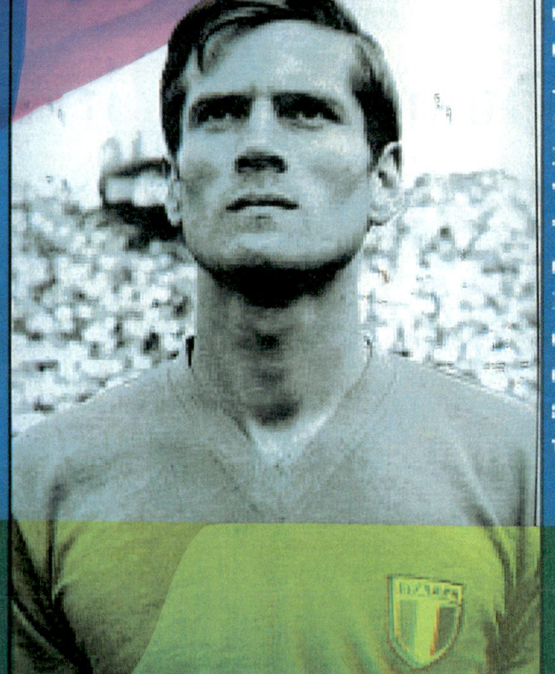

Minuti	Partite	Vittorie	Pareggi	Sconfitte	Gol	Autogol	Espulsioni
8381	94	52	25	17	3	0	0

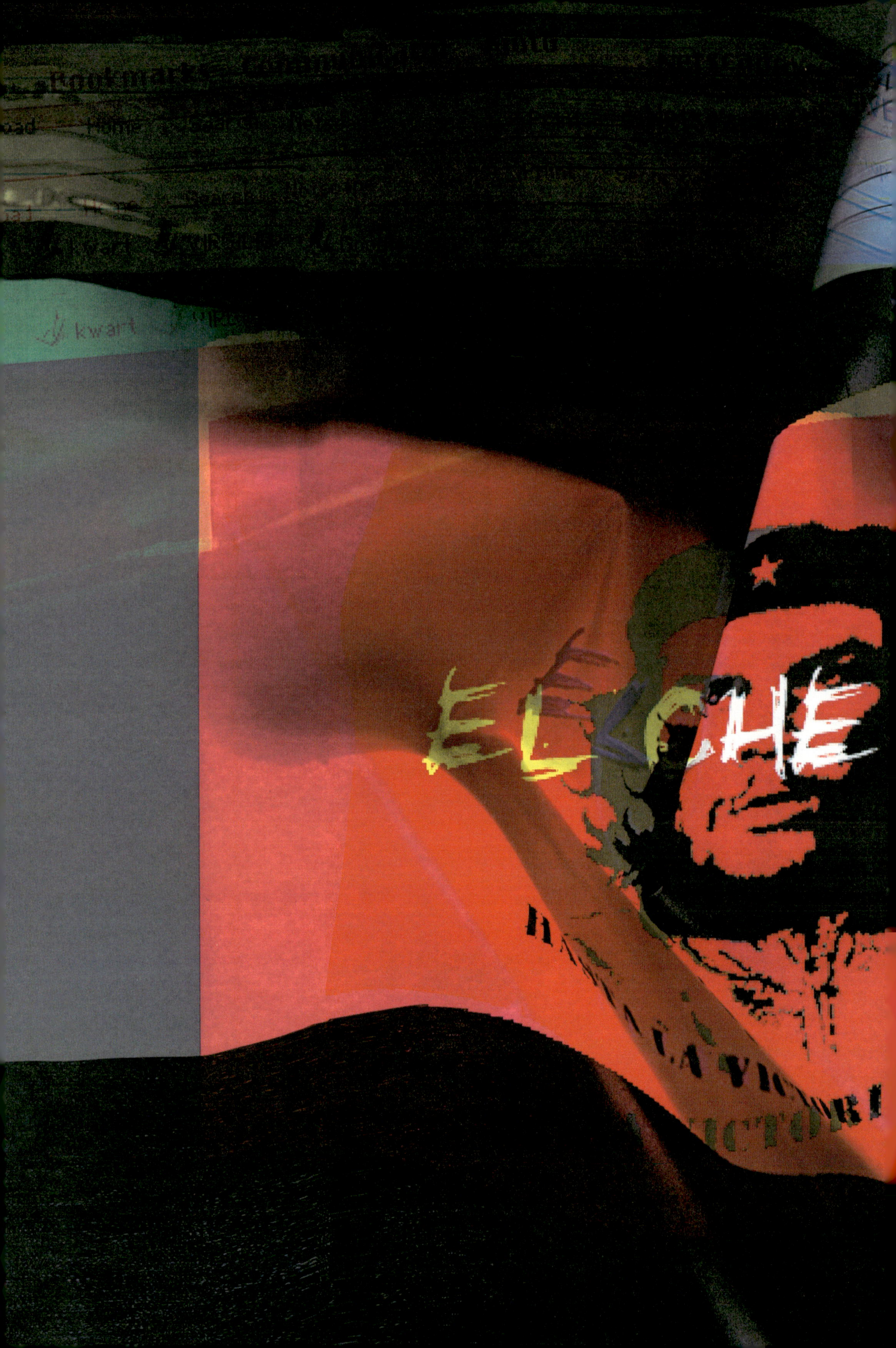

kwart
EL CHE
HASTA LA VICTORIA

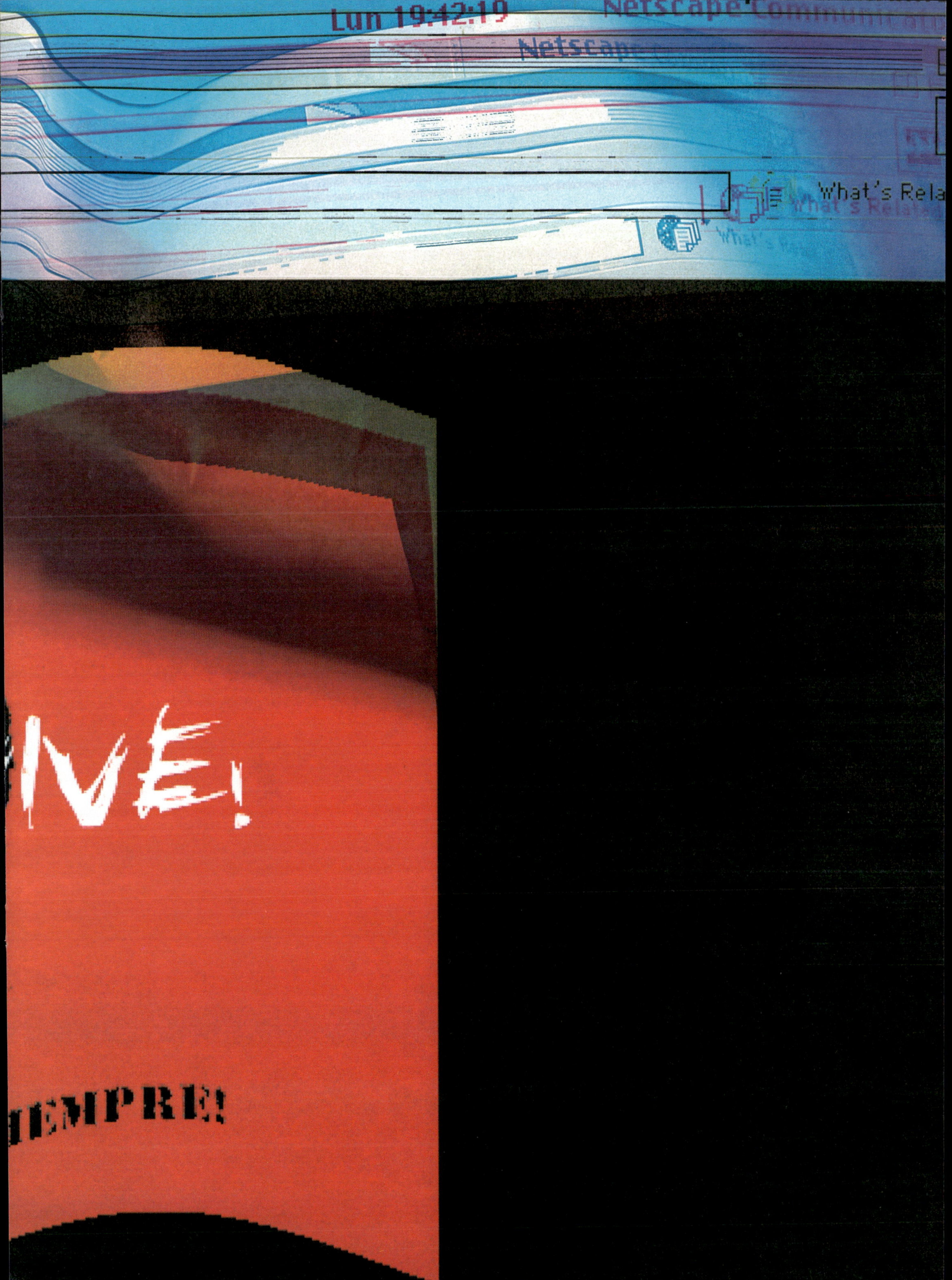
Lun 19:42:19
Netscape Communicator
Netscape
What's Related
IVE!
TEMPRE!

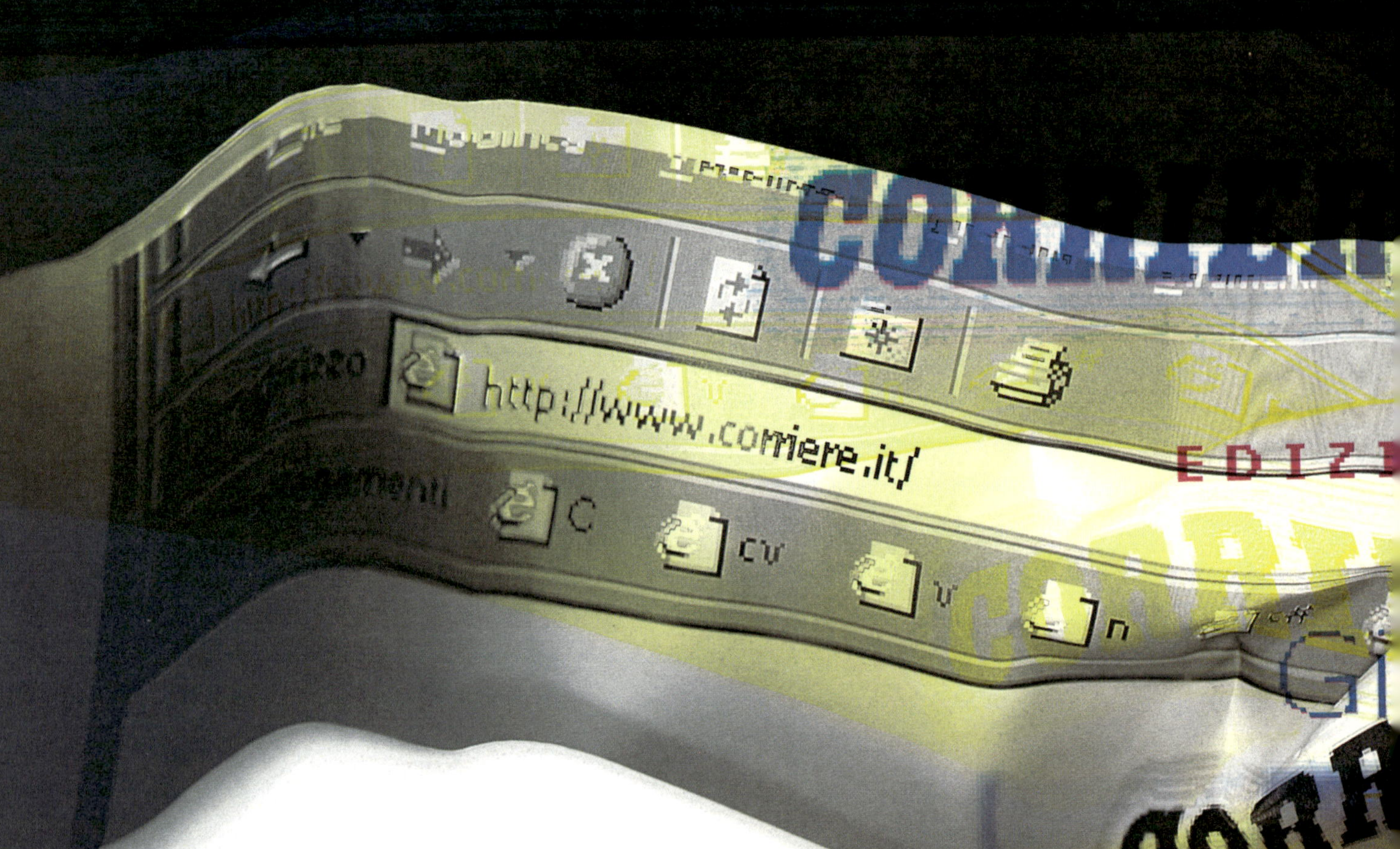
http://www.corriere.it/
EDIZI
CORR
1921
TORINO - L'avvocato Gio

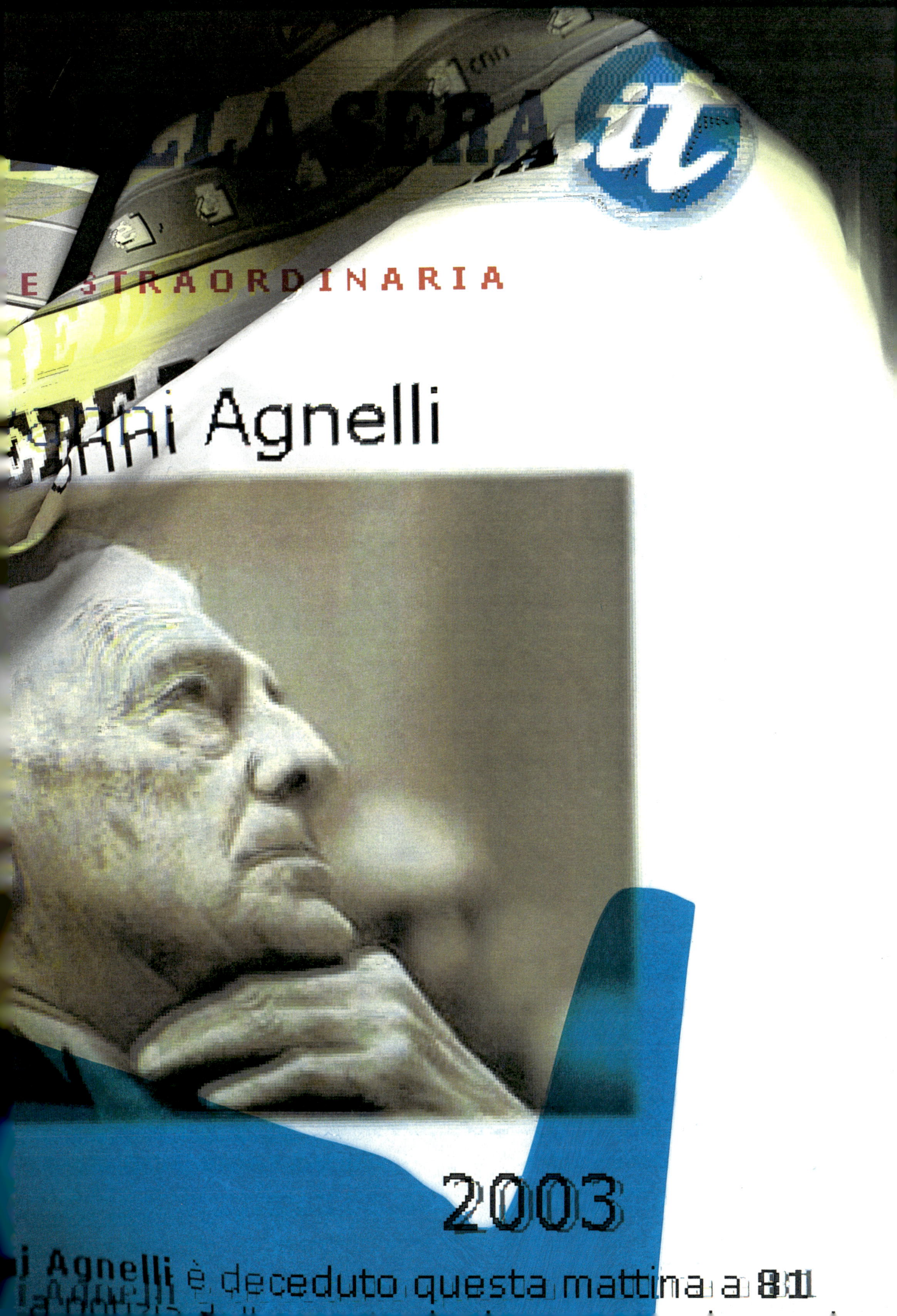

LASERA.it
E STRAORDINARIA
Agnelli
2003
Agnelli è deceduto questa mattina a 81

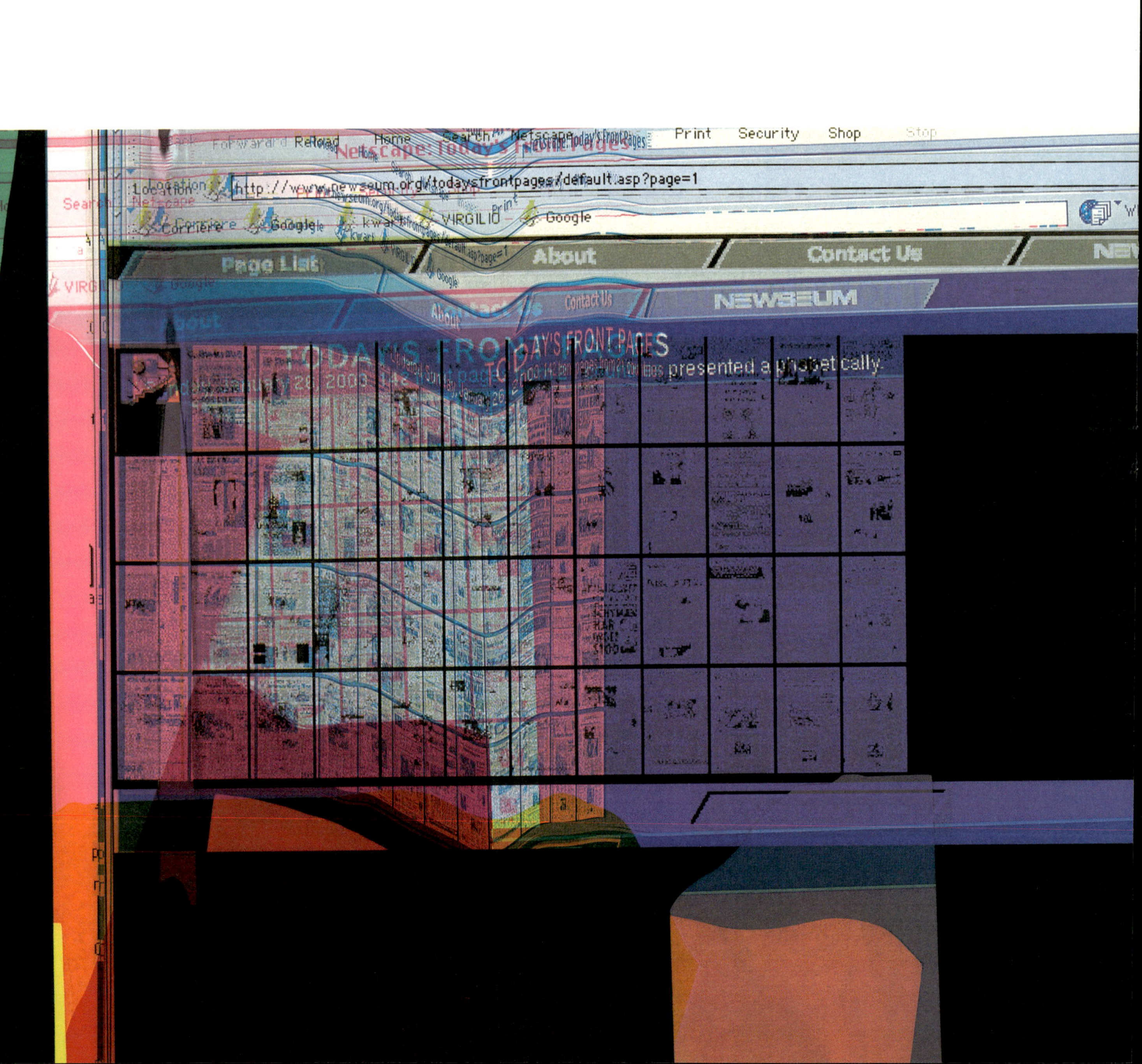
Print   Security   Shop   Stop
Forward   Reload   Home   Search   Netscape   Today's Front Pages
Netscape: Today's Front Pages
Location: http://www.newseum.org/todaysfrontpages/default.asp?page=1
Commerce   Google   kwa   VIRGILIO   Google
Page List   About   Contact Us
About   Contact Us   NEWSEUM
TODAY'S FRONT PAGES   presented alphabetically

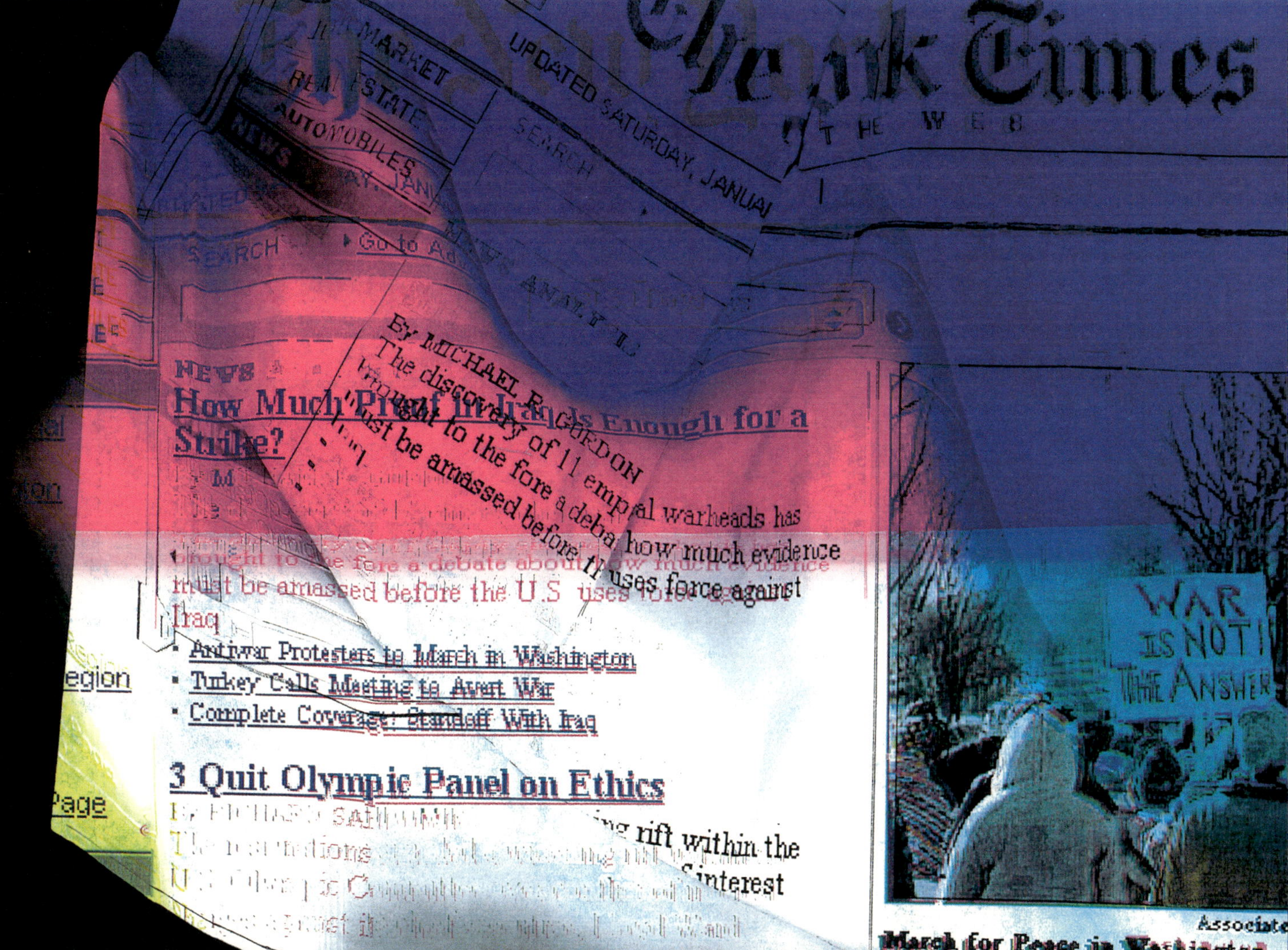
The New York Times
ON THE WEB
UPDATED SATURDAY, JANUARY
JOB MARKET
REAL ESTATE
AUTOMOBILES
NEWS
SEARCH
Go to Advanced Search
NEWS ANALYSIS
NEWS
How Much Proof Is Iraq Enough for a Strike?
By MICHAEL R. GORDON
The discovery of 11 empty warheads has brought to the fore a debate about how much evidence must be amassed before the U.S. uses force against Iraq
Antiwar Protesters to March in Washington
Turkey Calls Meeting to Avert War
Complete Coverage: Standoff With Iraq
3 Quit Olympic Panel on Ethics
WAR IS NOT THE ANSWER
Associated
March for Peace in Washington
Tens of thousands of antiwar protesters,
a diverse coalition, began to

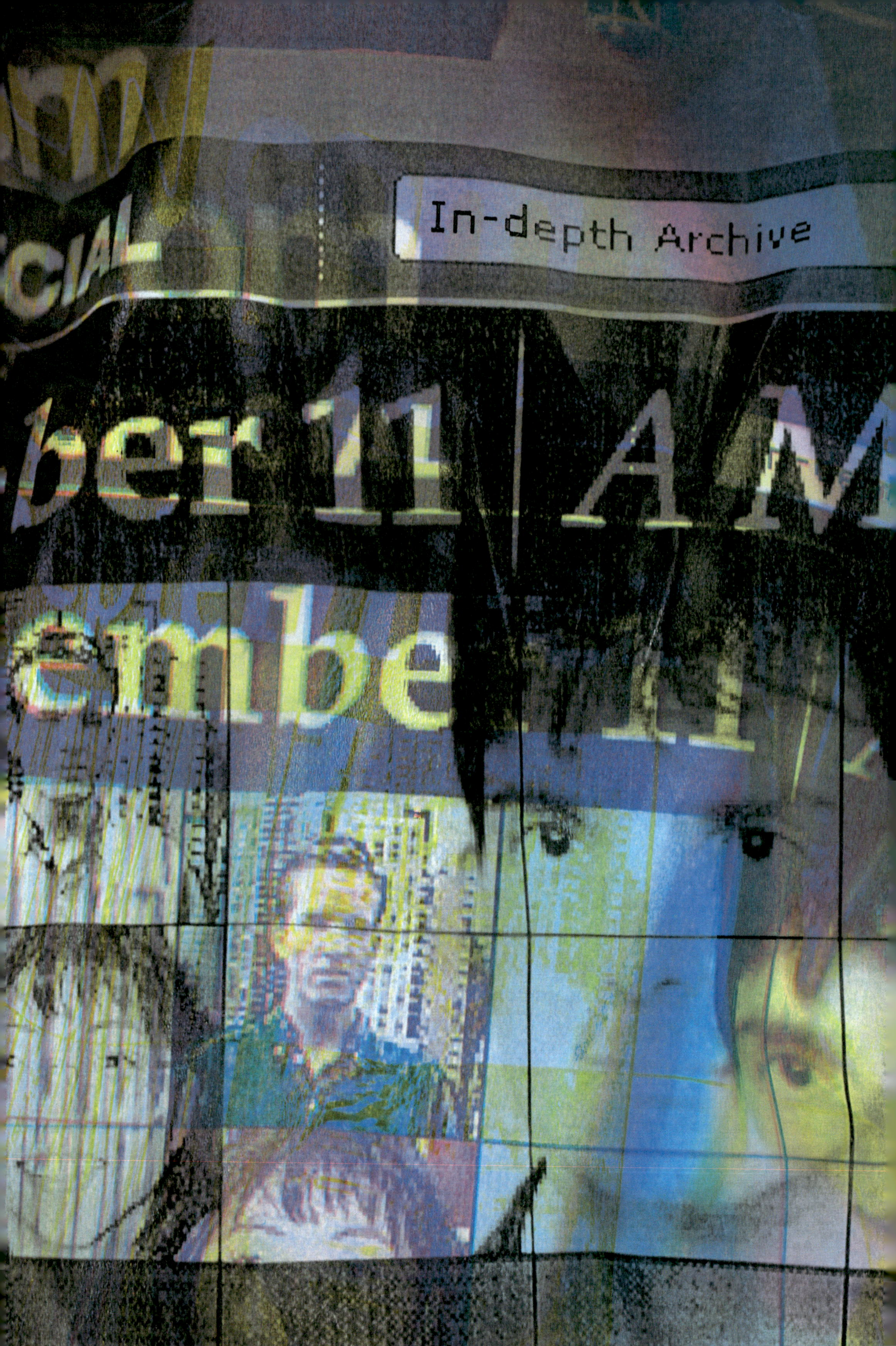
In-depth Archive
ber 11 A M
embe
CIAL

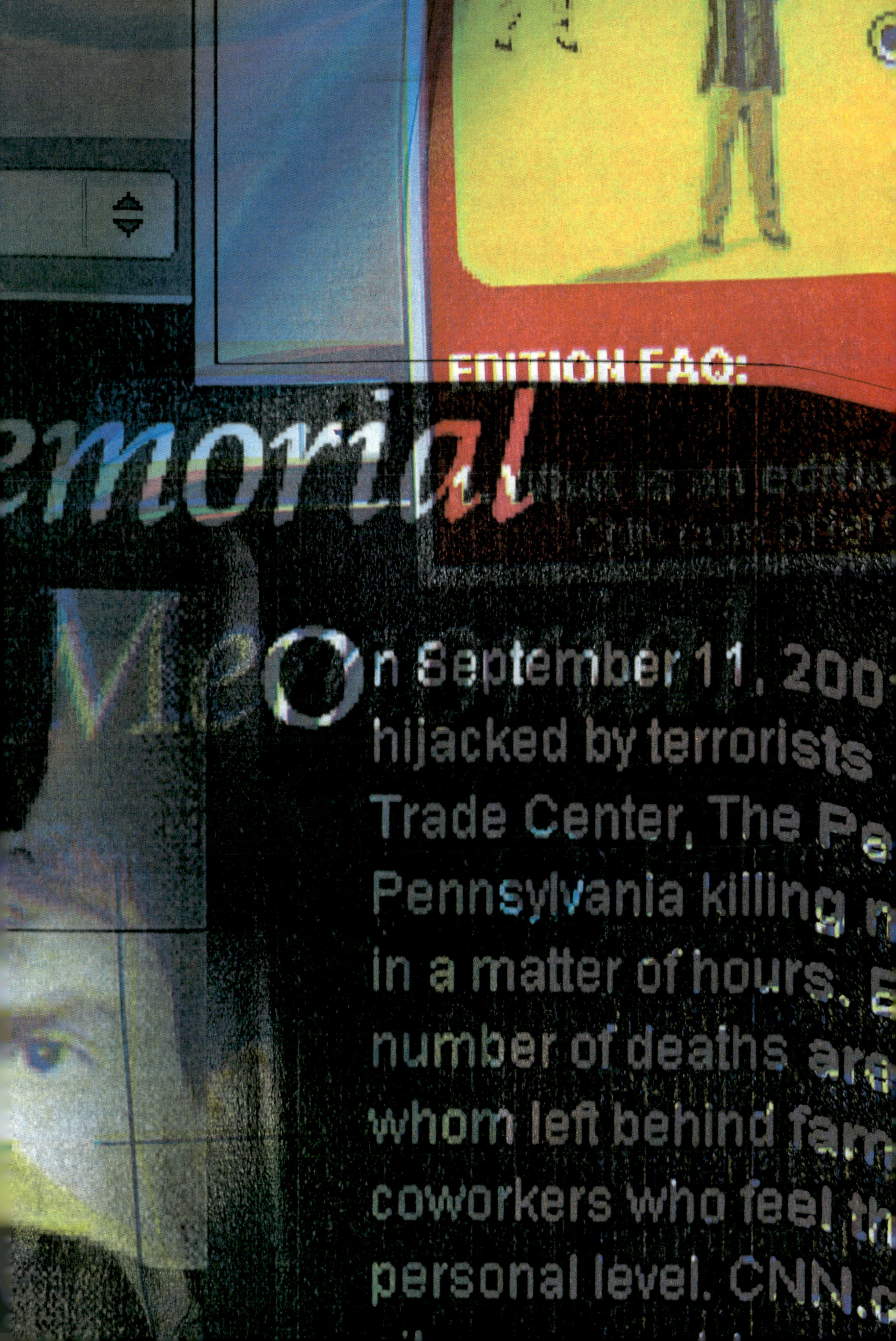
EDITION FAQ:
emorial
On September 11, 200
hijacked by terrorists
Trade Center, The Pe
Pennsylvania killing
in a matter of hours.
number of deaths are
whom left behind fam
coworkers who feel th
personal level. CNN.

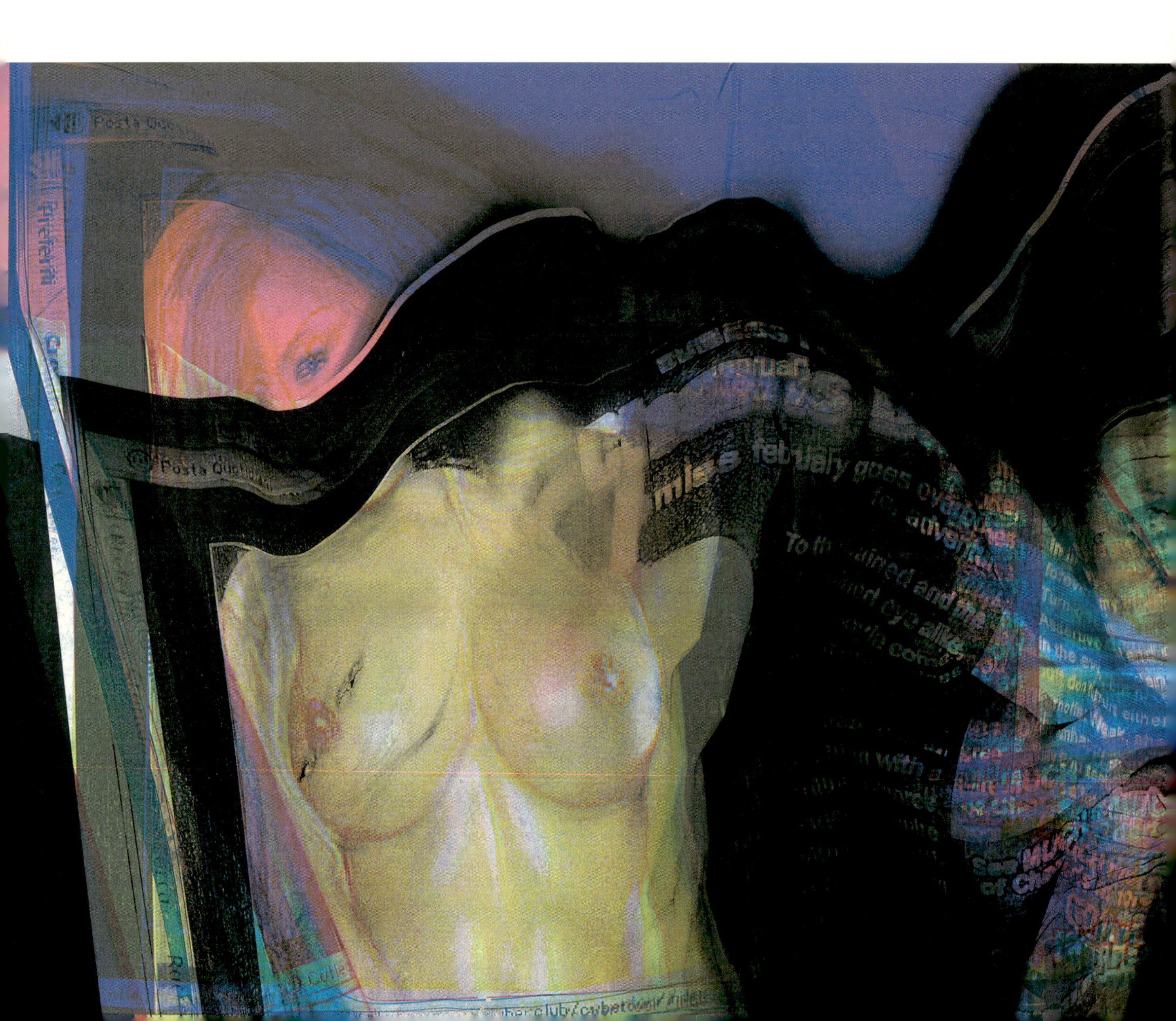

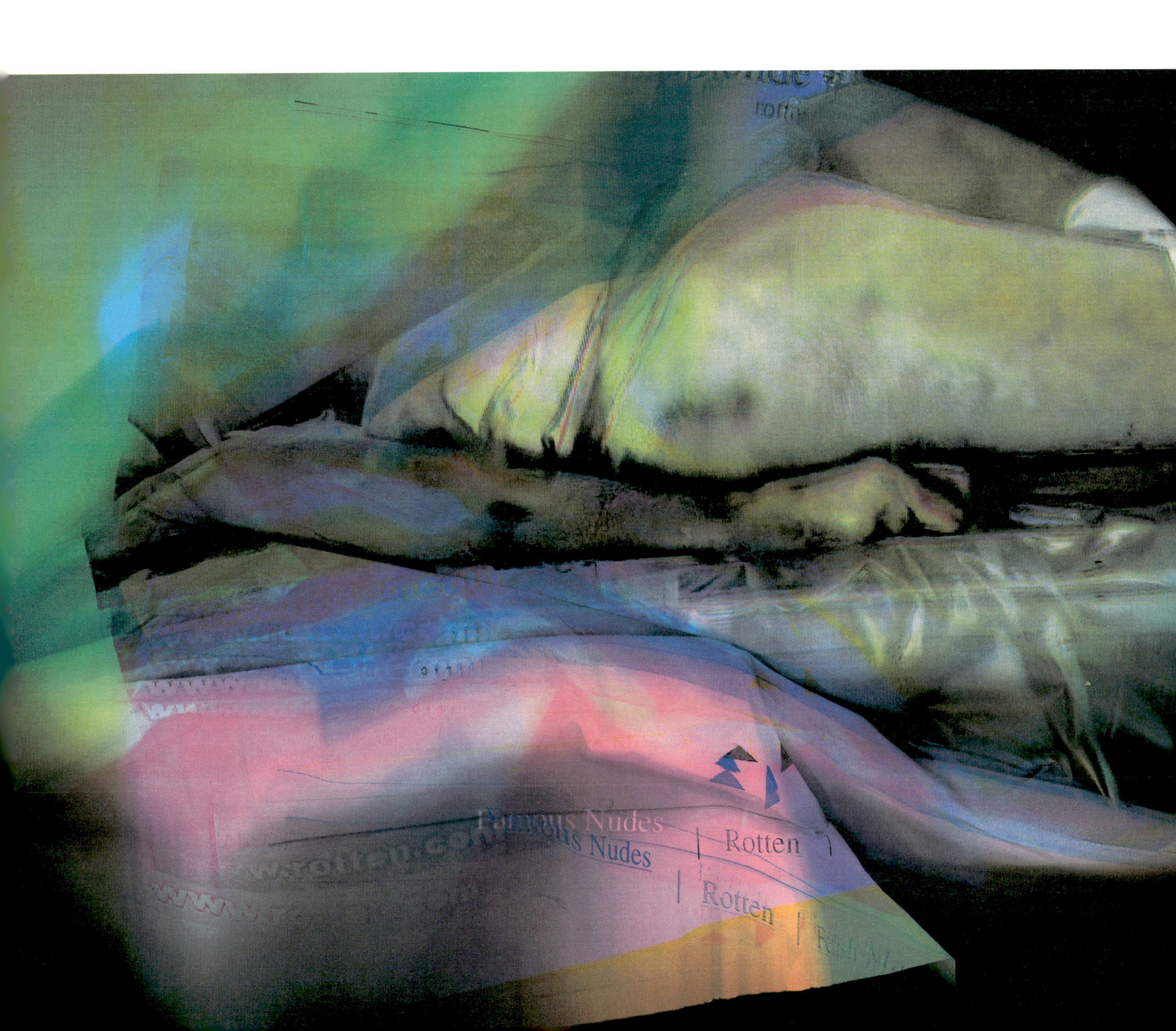
rott
Famous Nudes
ous Nudes
Rotten
wwwrotten.co
Rotten
www

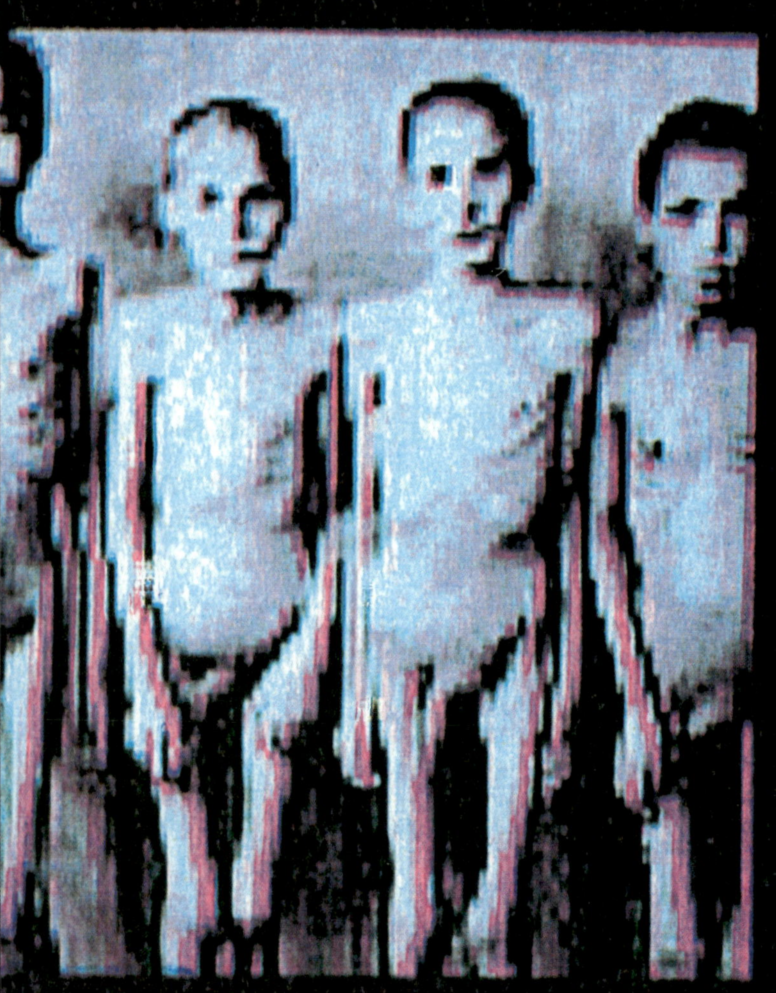
Olocausto:
l 1933 al 1945
ercorso guidato)
eve guida storica
rotagonisti
ll'Olocausto

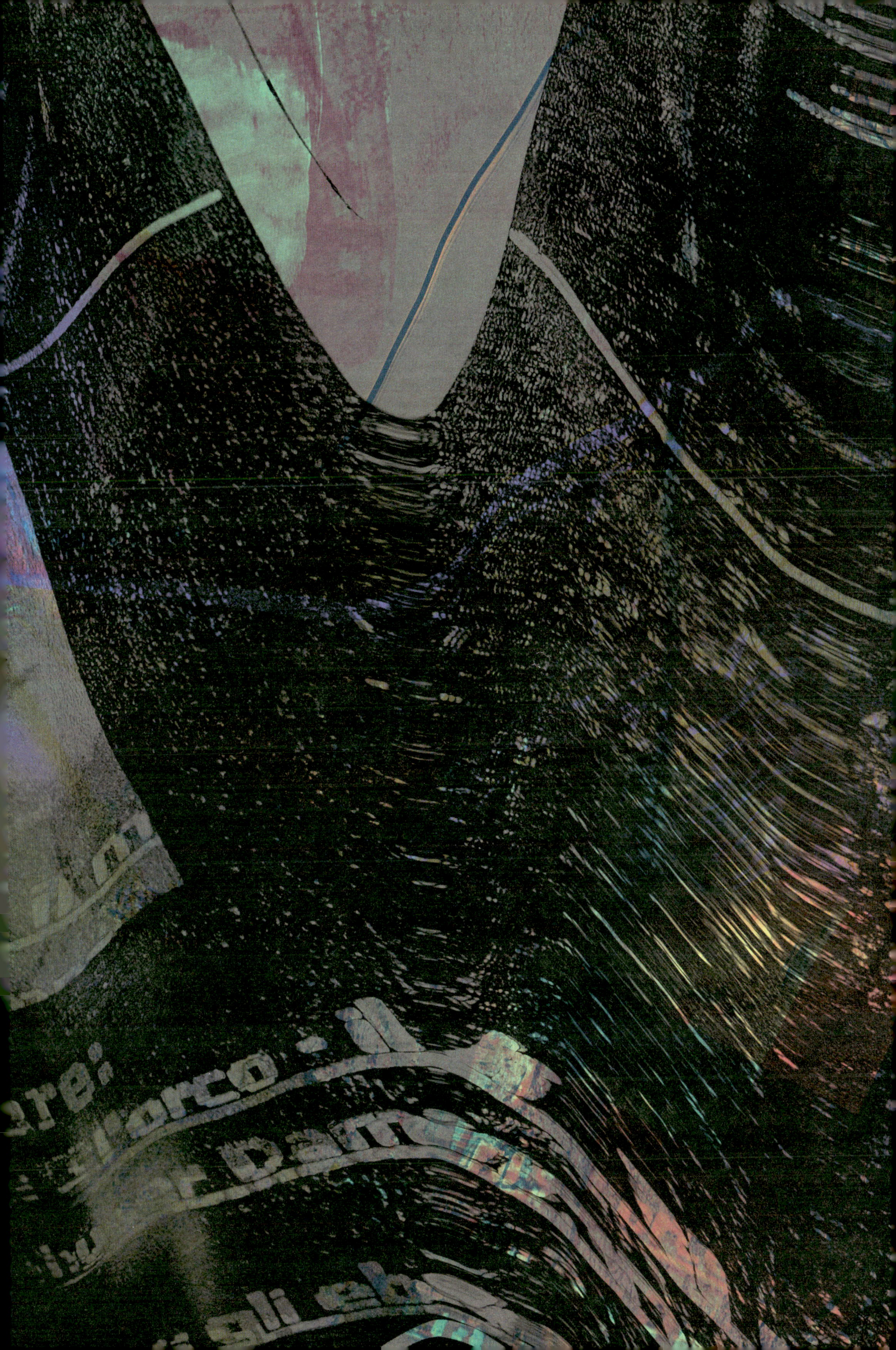

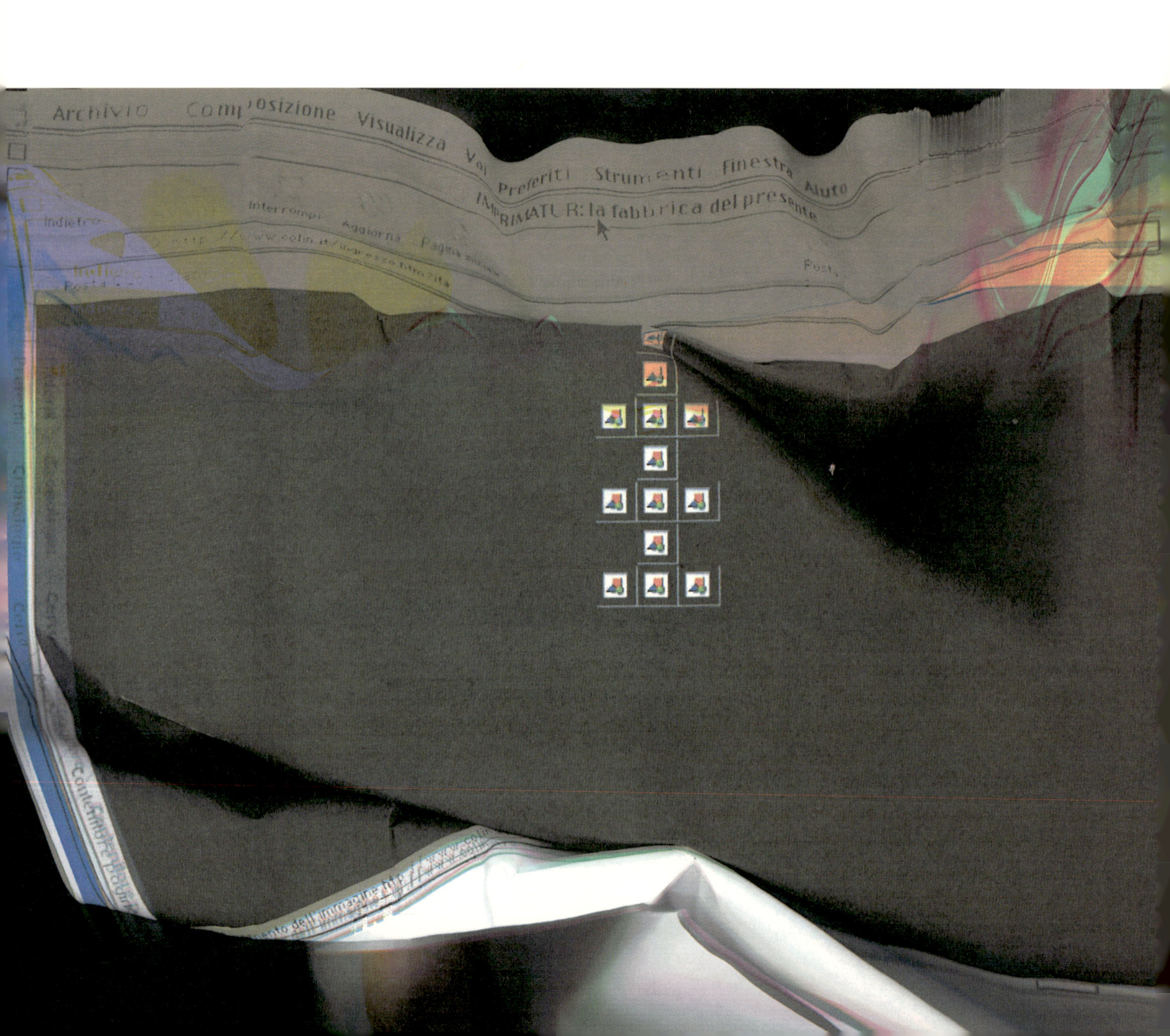

Archivio Composizione Visualizza Voi Preferiti Strumenti Finestra Aiuto
IMPRIMATUR: la fabbrica del presente
Indietro Interrompi Aggiorna Pagina iniziale
http://www.cetin.it/ingresso.htm?ita
Posta

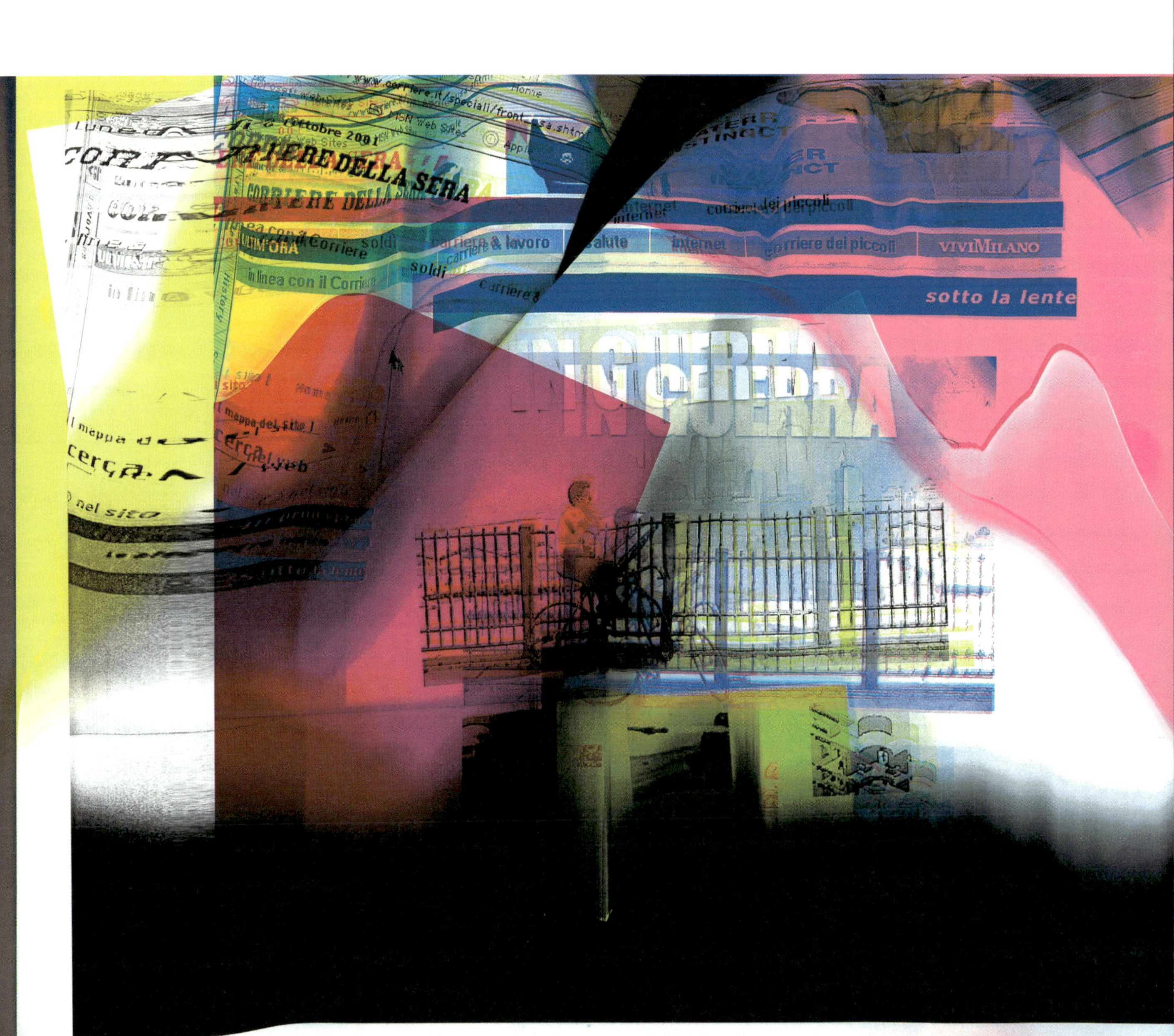

ELLIS ISLAND
ER SEARCH   ▶ GIFT SHOP   ▶ FAMILY SCRAPBOOKS
AT IS THE PASSENGER'S NAME?
the first and last names and click the
assenger you wish to find. Then click
Name: GOTTARDO
Name: VALLAR
ender: ○ Male   ○ Female
          ○ Don't Use Gender

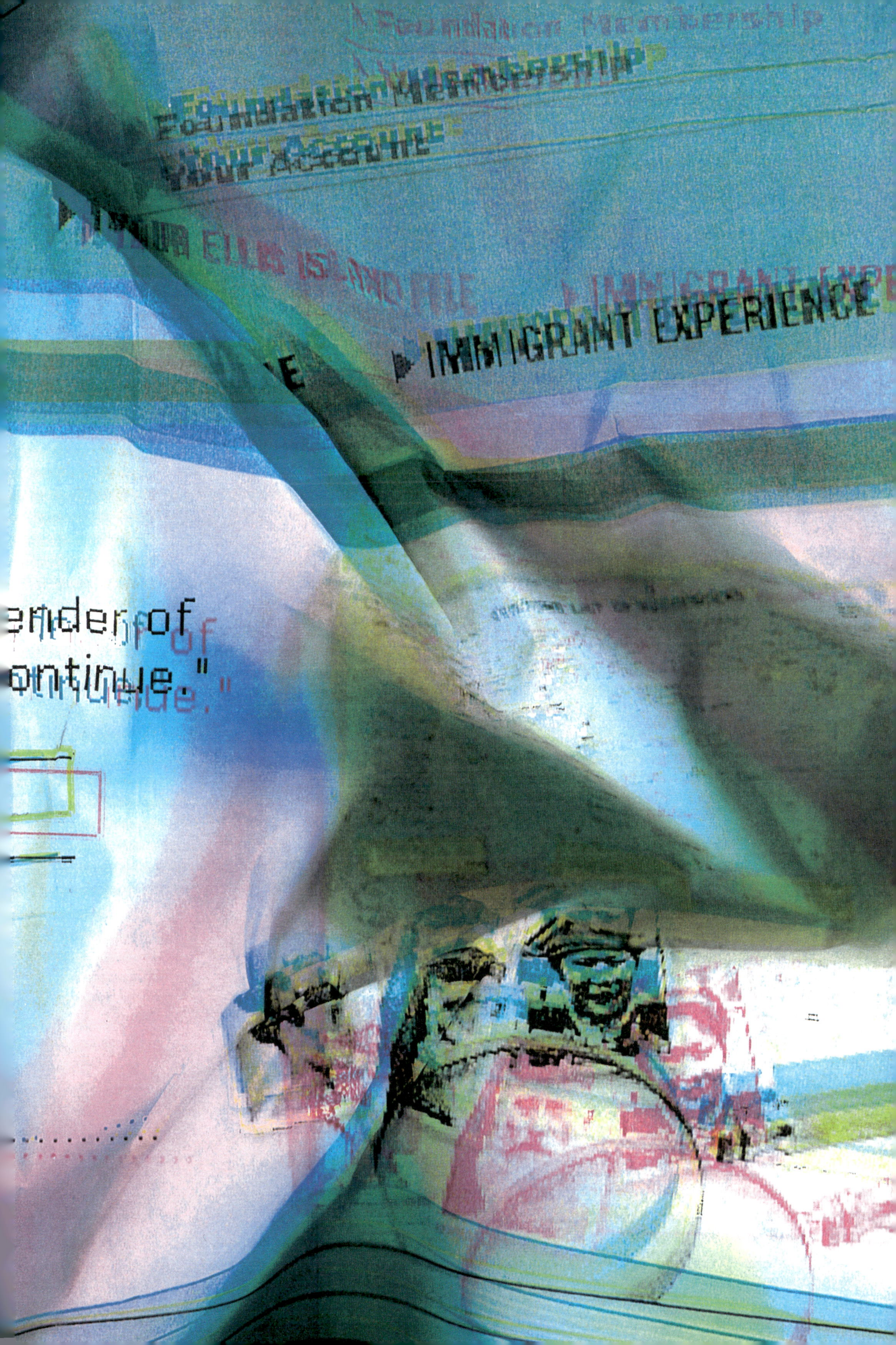
Foundation Membership
Your Account
ELLIS ISLAND
IMMIGRANT EXPERIENCE
ender of
ontinue."

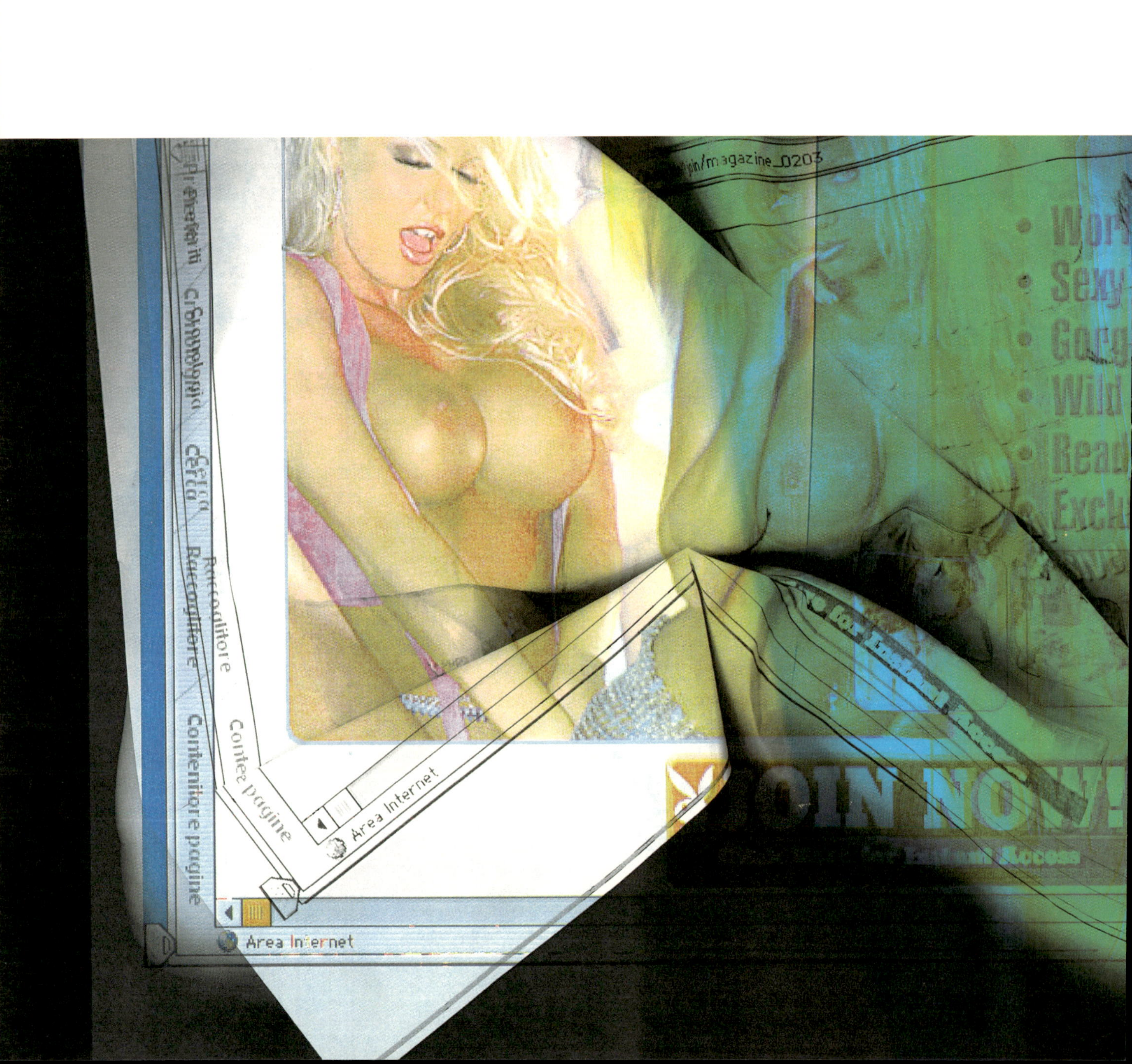
pin/magazine_0203
Wor
Sexy
Gorg
Wild
Read
Excl
JOIN NOW
Area Internet
Area Internet

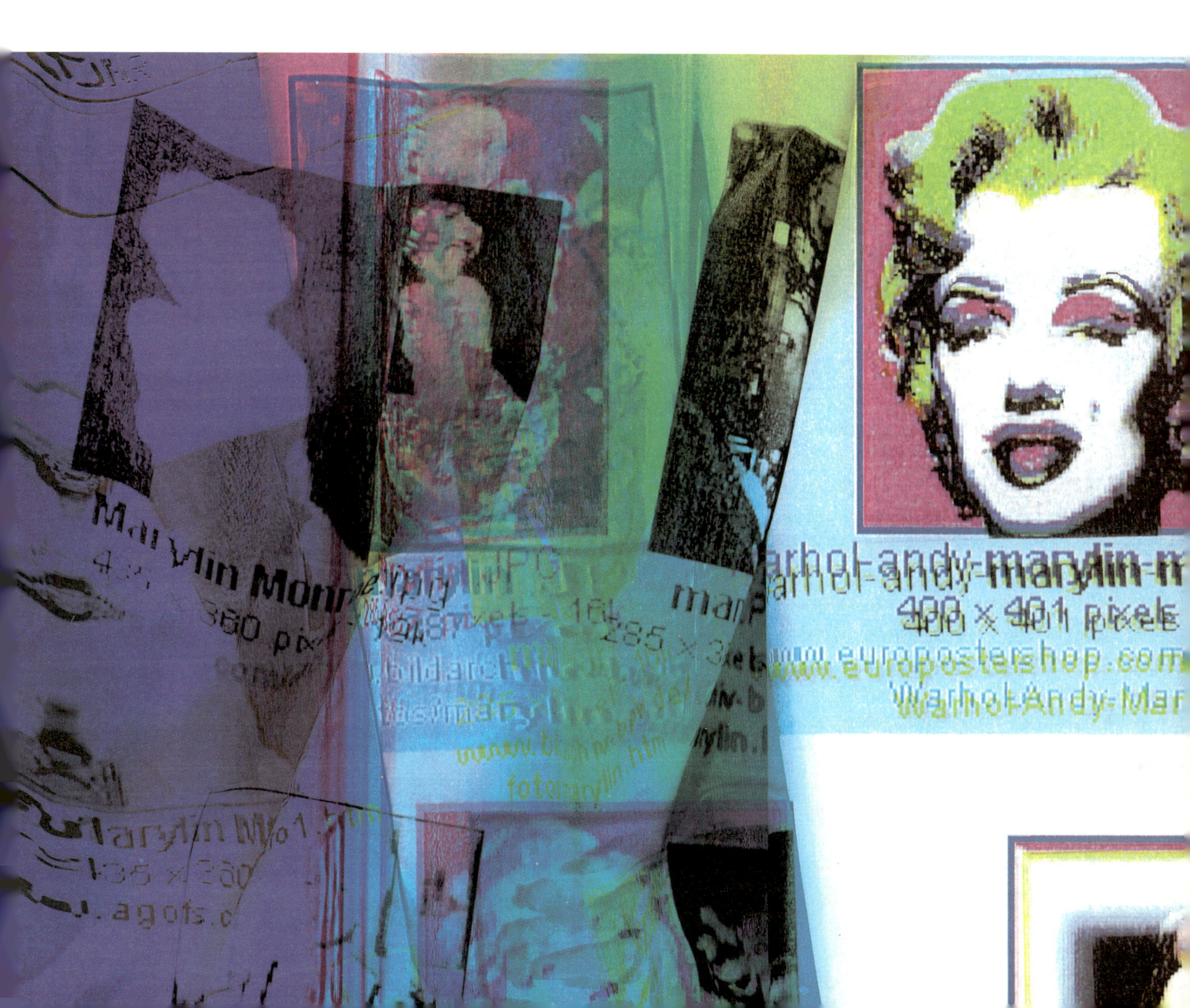
Marylin Monroe
360 pix
JPG
1024 pixel
285 x 3
bildart
Marylin
warhol-andy-marylin-m
400 x 401 pixels
www.europostershop.com
Warhol-Andy-Mar
Marylin N. 1
135 x 380
.agota.c

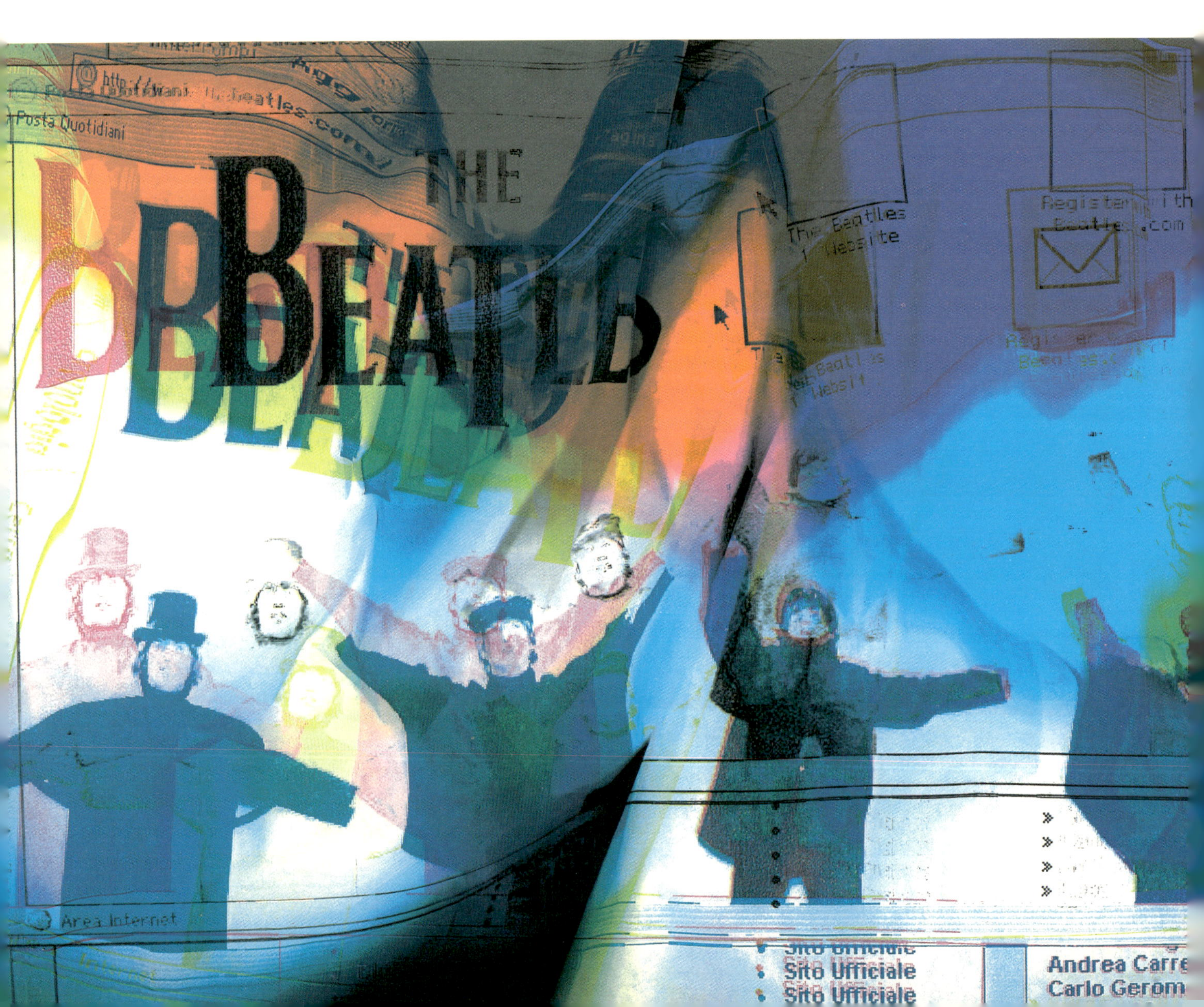

Posta Quotidiani
THE BEATLES
http://www.thebeatles.com/
The Beatles Website
Register with Beatles.com
Area Internet
Sito Ufficiale
Sito Ufficiale
Sito Ufficiale
Andrea Carre
Carlo Gerom

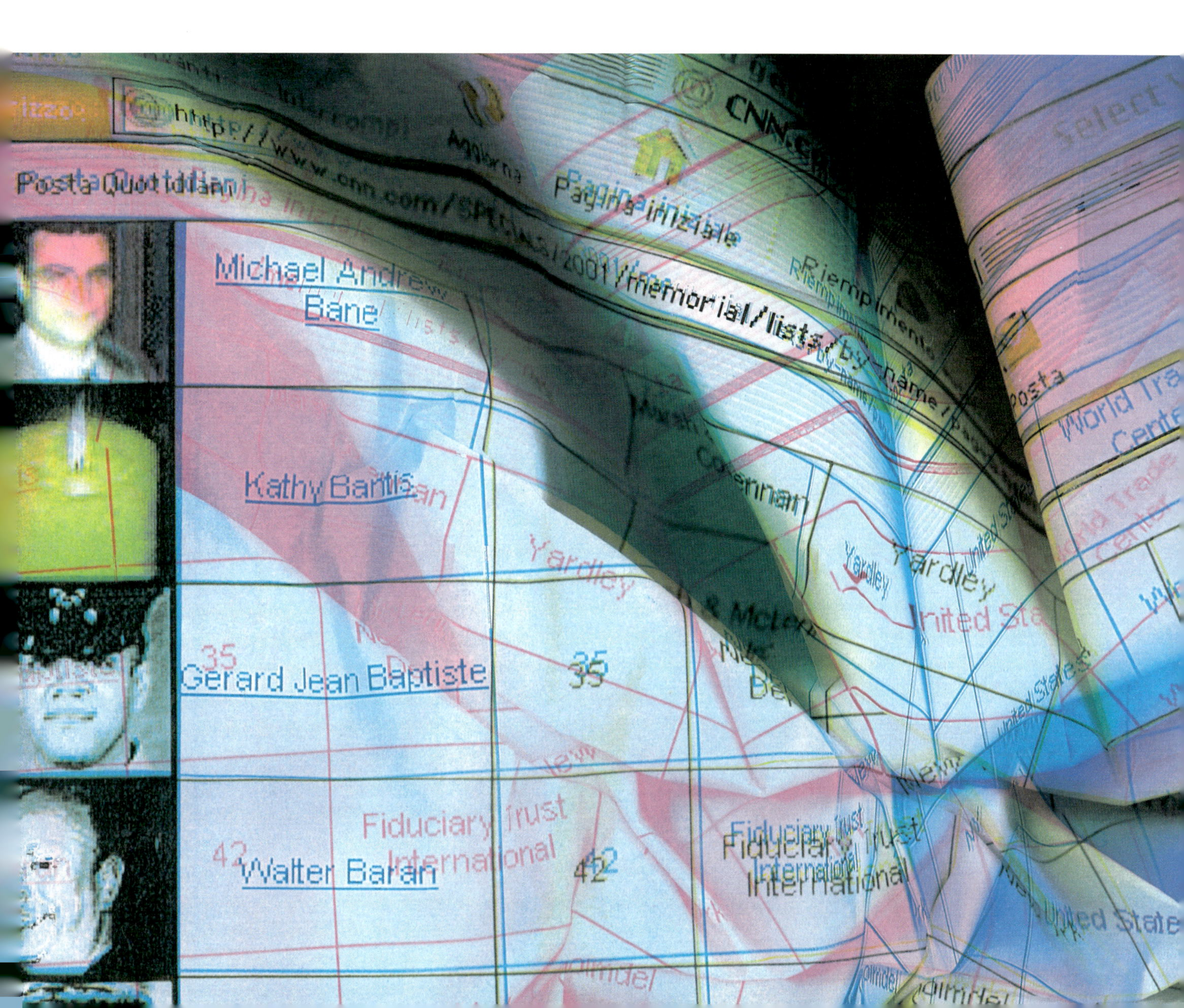
http://www.cnn.com/SPECIALS/2001/memorial/lists
CNN.com
Pagina iniziale
Posta Quotidiana
Select
World Trade Center
Michael Andrew Bane
Kathy Bantis
Gerard Jean Baptiste
Walter Baran
Fiduciary Trust International
Yardley
United States
35
42

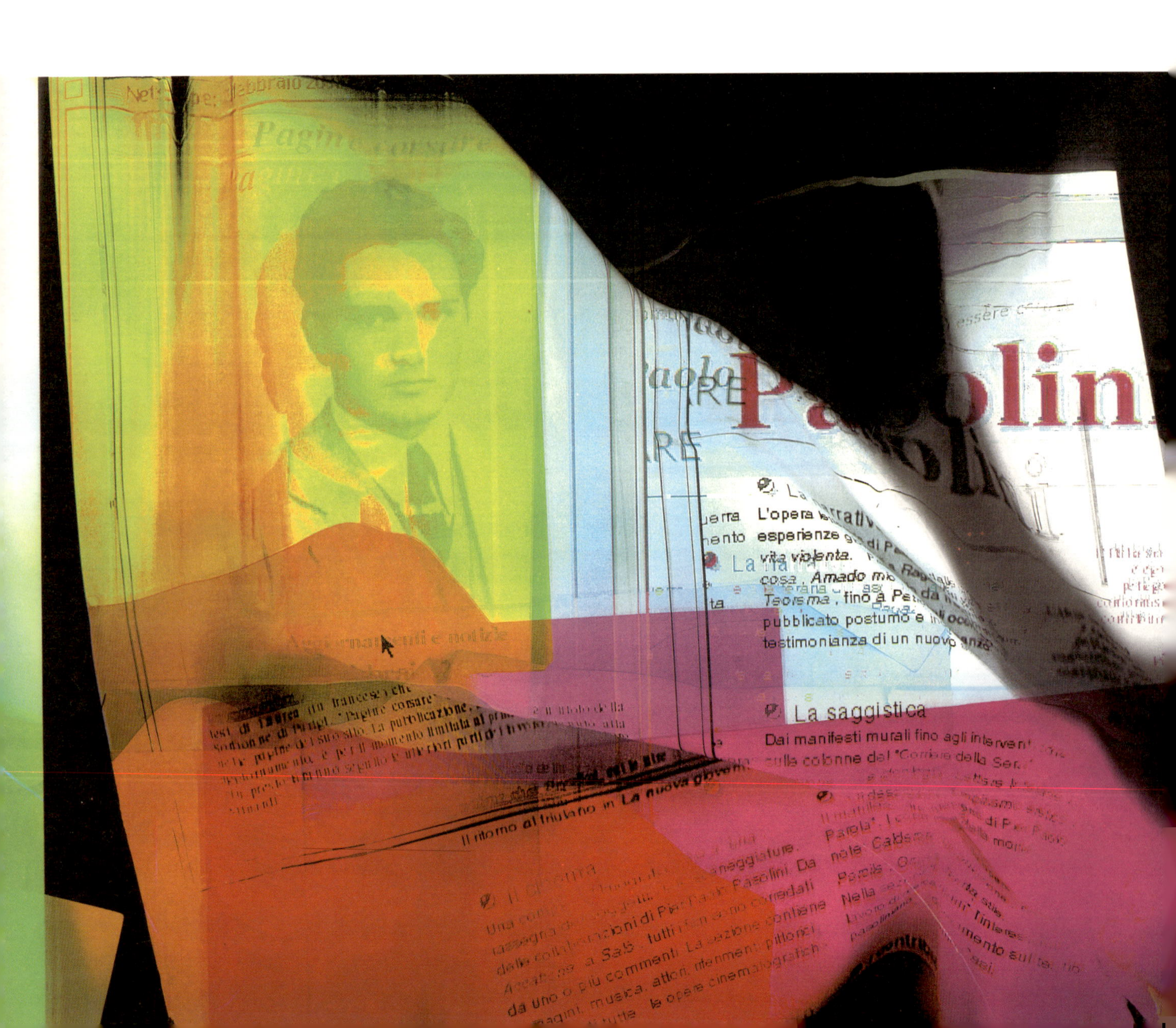
Pasolini
Pagine corsare
Paolo
L'opera narrativa
esperienze di Pa...
vita violenta.
cosa. Amado mio
Teorema, fino a Pe...
pubblicato postumo e i...
testimonianza di un nuovo anzi...
La saggistica
Dai manifesti murali fino agli interven...
sulle colonne del "Corriere della Ser...
Il ritorno al tributo in La nuova gioventù

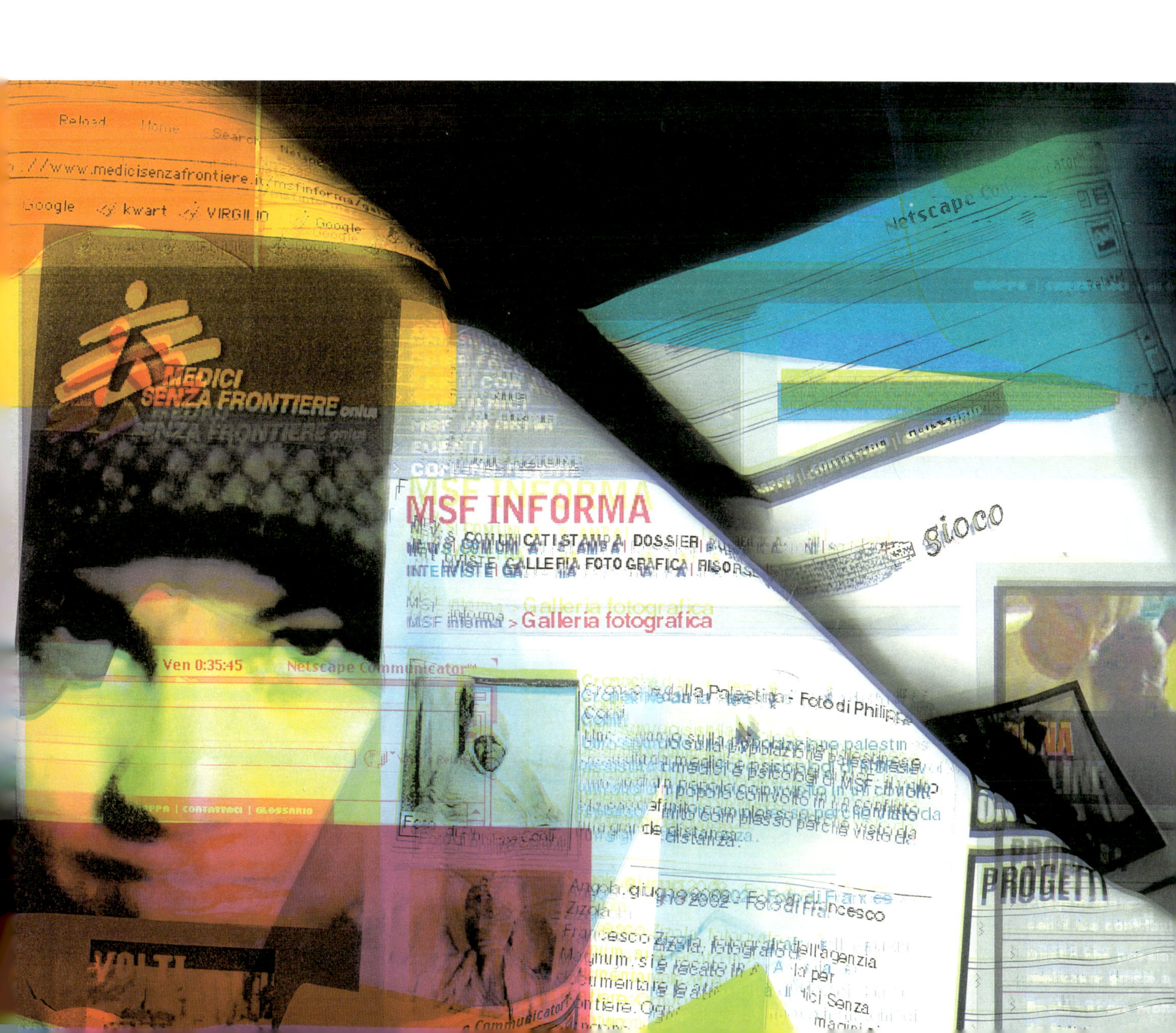

Back   Reload   Home

Location: http://uwweb.superlink.net/nemes

Not Found

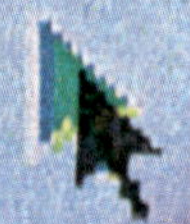

The requested URL /nemesis/computers.html was not found on

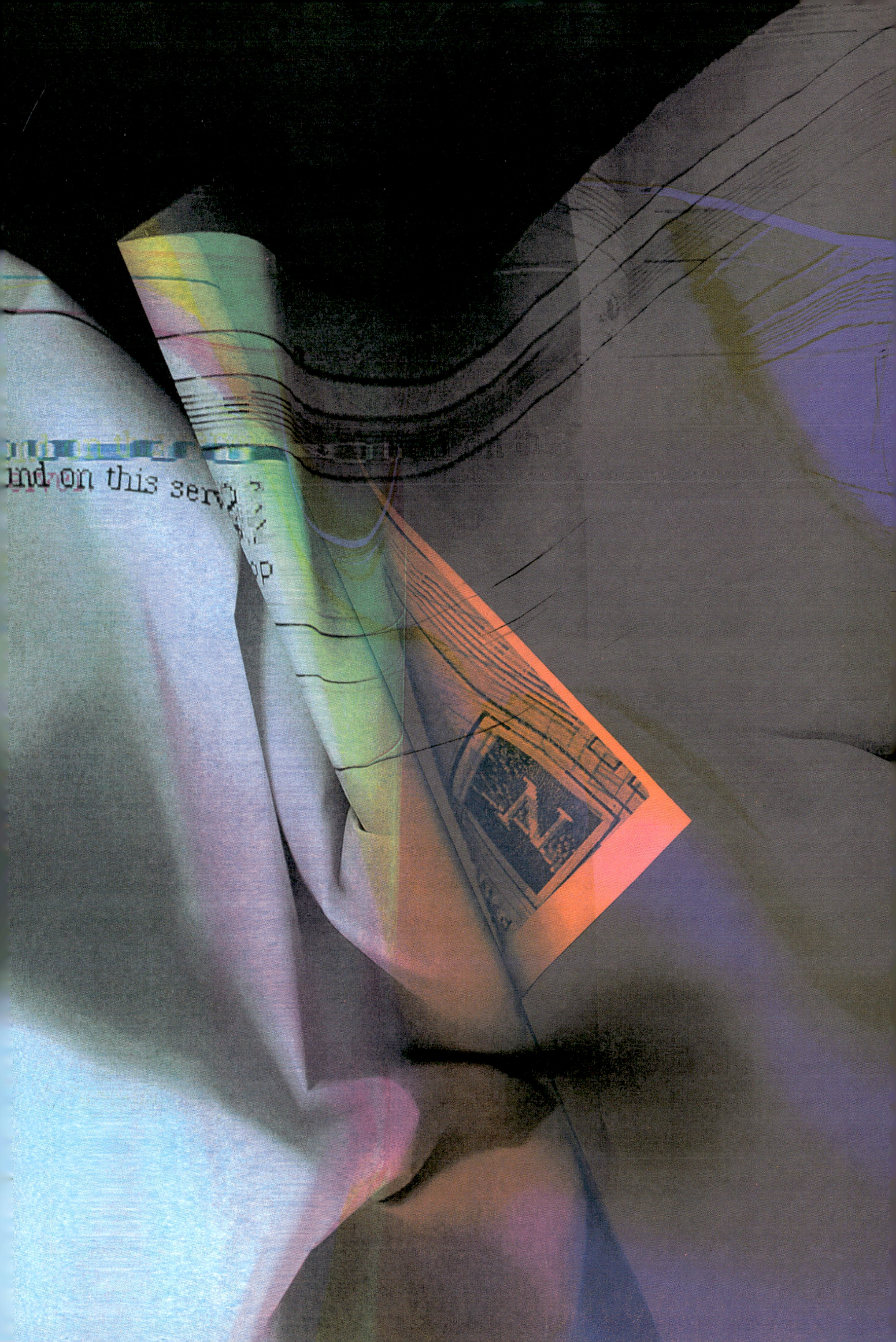
nd on this ser
N

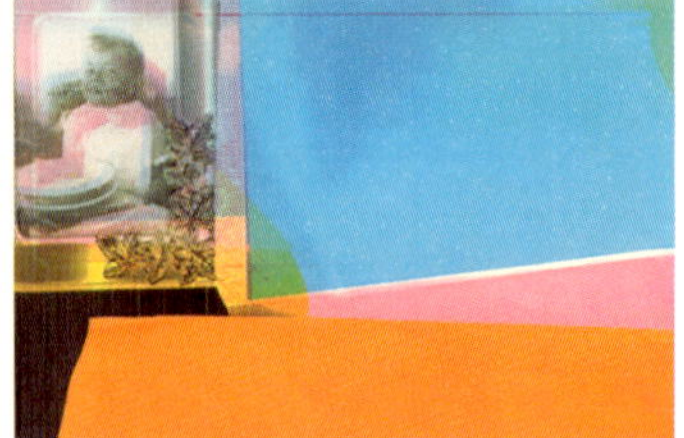

Gianluigi Colin è nato nel 1956. Da anni affronta i temi dei linguaggi della comunicazione contemporanea. La sua è una ricerca artistica dal forte impegno etico e civile che utilizza materiali esistenti, citazioni continue del vivere quotidiano tra il presente e la memoria.

Ha esposto in numerose città in Italia e all'estero: sue personali a Milano, al Palazzo dell'Arengario (1998), alla Uma Gallery di New York (1999), al museo Crac di Valencia (2000), al Museo Recoleta di Buenos Aires (2002), a Villa Manin di Passariano, Udine (2003), alla Fondazione Mudima di Milano (2003). Nel marzo del 2001, con un happening a Milano presso la casa editrice Charta (durante il quale ha realizzato in tempo reale alcune opere con la partecipazione del pubblico) ha dato vita a un progetto dal titolo *Vie di memoria* che si sono concluse con una performance al MACRO, Museo di Arte Contemporanea di Roma. Le sue opere sono raccolte in musei e collezioni in Italia e all'estero.

Gianluigi Colin è art director del *Corriere della Sera*. Inoltre, per il quotidiano di via Solferino, si occupa di critica della fotografia e scrive di design.

Ha insegnato per alcuni anni all'Istituto di Conservazione dei Beni culturali dell'Università di Parma con il corso "Teoria e tecniche dei nuovi media" e all'Università Cattolica di Milano al master di specializzazione di Comunicazioni Sociali.

È autore di alcuni libri: ha curato *Formato Corriere*, Art&, Udine 1990, un volume dedicato al *Corriere della Sera*. Ha poi realizzato *Il disegno delle parole*, Rizzoli, Milano 1994, *Imprimatur*, Federico Motta editore, Milano 1998. Ha infine pubblicato *Presint Storic*, Colonos, 1999 e *La fabrique du present*, Crac, Valencia, 2000, *La Fabbrica del Presente*, Charta, 2002.

Vive e lavora tra Milano e Roma.

www.colin.it

Gianluigi Colin was born in 1956. For years he has dealt with themes regarding the language of contemporary communication. His work is an artistic investigation, marked by strong ethical and civic commitments, which draw on existing materials and visual references from everyday life to form a bridge between the present and memory.

Colin has exhibited in Italy and abroad. His solo exhibitions include Palazzo dell'Arengario, Milan (1998); Uma Gallery, New York (1999); Musée Crac, Valence (2000); Museo Recoleta, Buenos Aires (2002); Villa Manin, Passariano, Udine (2003); and Fondazione Mudima, Milan (2003). In March 2001, with an event at the Charta publishing house in Milan (during which he realized works in real time with the participation of the public), he began a project entitled *Vie di memoria* (Streets of Memory), which concluded with a performance at the MACRO, Museo di Arte Contemporanea in Rome. His work is collected in museums and private collections in Italy and abroad.

Gianluigi Colin is art director of *Corriere della Sera*. He also writes on photography and design for the newspaper.

For years Colin taught a course entitled "Theory and New Media" at the Istituto di Conservazione dei Beni Culturali dell'Università of Parma. He has also taught at the Social Communications Master's Program at the Università Cattolica of Milan.

He has also edited various books, including a volume dedicated to Corriere della Sera, entitled *Formato Corriere* (Udine: Art&, 1990); *Il disegno delle parole* (Milan: Rizzoli, 1994); *Imprimatur* (Milan: Motta editore, 1998); *Presint Storic* (Colonos, 1999); and *La fabrique du present* (Valence: Musée Crac, 2000).

Colin lives and works in Milan and Rome.

www.colin.it

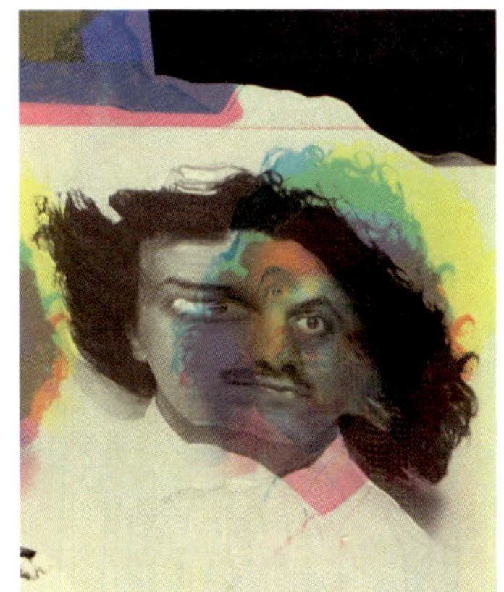

Moreno Gentili è nato a Como nel 1960. Studia Fotografia all'Umanitaria di Milano dove si diploma nel 1986. È docente di laboratorio presso la Facoltà di Design e Architettura a Milano. Ha pubblicato diversi volumi tra cui *Rivedute Veneziane*. Idea Books. Milano 1993. *Habitat*. Art&. Udine 1995. *Nuovo Mondo Mondo Nuovo*. Charta. Milano 1998. *Crossings* (cd-rom). Charta. Milano 1999. *In linea d'aria*. Feltrinelli. Milano 1999. NYC. *New York Revisited*. Charta. Milano 2001.
Nel 1987 vince il premio nazionale "Vincenzo Carrese" per la Fotografia Contemporanea. Nel 1987 espone nella Biennale Giovani d'Arte Mediterranea. Nel 1992 vince il premio nazionale "Franco Pinna" per la Fotografia Contemporanea. Nel 1998 viene invitato a esporre il progetto *Nuovo Mondo Mondo Nuovo* ai Rencontres International de la Photographie di Arles in Francia e alla Triennale di Milano. Nel 1999 inaugura a Torino Artissima con la video-installazione *Horror Vacui* e nello stesso anno viene premiato per il cd-rom *Crossings* a Monumedia per l'Arte in Europa. Nel 2002 espone *NYC New York Revisited* al museo di Villa Manin a Passariano. Udine. Nello stesso anno vince il premio internazionale per la Fotografia Contemporanea Mosaïque.
Ha realizzato per Tele+ alcuni documentari nell'ambito della moda e del design italiano. È curatore di diversi progetti editoriali ed espositivi tra cui *Forma: Visione e Visioni*. testi di Vaccari. Bertolucci. Del Giudice. Ghezzi. Magrelli e altri con fotografie di Ballo. Guidi. Salbitani. Guerrieri e altri. 1993. *Dixie*. testi di Grasso. Charmet e fotografie di Bussolati. Zanta. Orio c altri. Comune di Milano. 1995. *Humana*. testi di Fofi. Calvenzi. Vaccari. Valtorta. Marra. 1995. *Dna*. opere di autori vari per la Fondazione Bevilacqua La Masa. 1998. *Artificial*. opere di Orio. Castiglioni e altri. 1999. *Imprimatur*. opere di Colin. 1999. *Eos*. fotografie di Bibo. Caccia. Begotti. Comune di Milano. 2001. *Vie di memoria*. opere di Colin. Charta. Milano 2003.

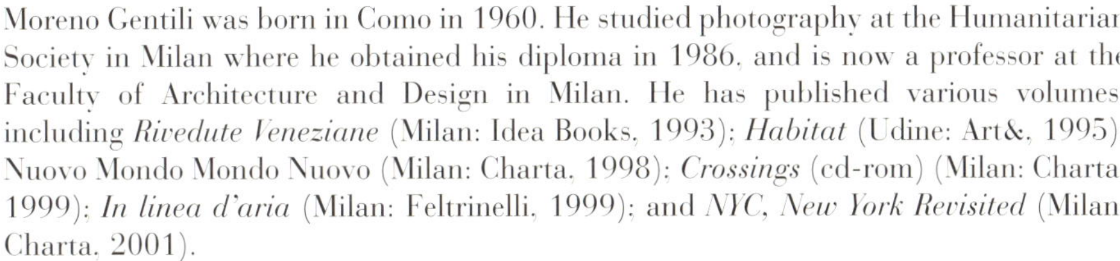

Moreno Gentili was born in Como in 1960. He studied photography at the Humanitarian Society in Milan where he obtained his diploma in 1986. and is now a professor at the Faculty of Architecture and Design in Milan. He has published various volumes. including *Rivedute Veneziane* (Milan: Idea Books. 1993): *Habitat* (Udine: Art&. 1995): Nuovo Mondo Mondo Nuovo (Milan: Charta. 1998): *Crossings* (cd-rom) (Milan: Charta. 1999): *In linea d'aria* (Milan: Feltrinelli. 1999): and *NYC, New York Revisited* (Milan: Charta. 2001).
In 1987 Gentili won the Italian "Vincenzo Carrese" Prize for Contemporary Photography. and also exhibited at the Youth Biennial of Mediterranean Art. In 1992 he was awarded the Italian "Franco Pinna" Prize for Contemporary Photography. In 1998 he was invited to exhibit the project *Nuovo Mondo Mondo Nuovo* at the Rencontres International de la Photographie in Arles. France and at the Triennial in Milan. In 1999 he inaugurated Artissima with the video installation *Horror Vacui* in Turin. and the same year won an award for the cd-rom *Crossings* at Monumedia per l'Arte in Europa. In 2002 he exhibited *NYC New York Revisited* at the Villa Manin Museum in Passariano. Udine. The same year he won the "Mosaique" International Prize for Contemporary Photography.
Gentili has produced several documentaries for Tele+ on Italian fashion and design. and has edited and curated various publishing and exhibition projects. including Forma: *Visione e Visioni*. texts by Vaccari. Bertolucci. Del Giudice. Ghezzi. Magrelli and others with photographs by Ballo. Guidi. Salbitani. Guerrieri and others (1993): *Dixie*. texts by Grasso. Charmet and photographs by Bussolati. Zanta. Orio and others (Milan City Council. 1995): *Humana*. texts by Fofi. Calvenzi. Vaccari. Valtorta. Marra (1995): *Dna*. works by various artists for the Fondazione Bevilacqua. La Masa (1998): *Artificial*. works by Orio. Castiglioni and others (1999): *Imprimatur*. works by Colin (1999): *Eos*. photographs by Bibo. Caccia. Begotti (Milan City Council. 2001): and *Vie di memoria*. works by Colin (Milan: Charta. 2003).

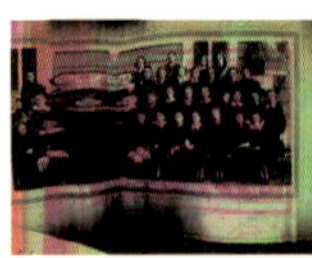

ELENA FANO
"La classe I C del 1937/38 con sei compagne ebree. Nel 1938/39: le ragazze non ci sono più. Erano Marcella Mortara, Emma Mortara, Gigetta Norsa, Matilde Morpurgo, Didi Aliotti, Luisina Levi. È un ricordo nello stesso tempo tenero e doloroso: la mia giovinezza, le mie compagne, quei banchi vuoti all'inizio del nuovo anno, il silenzio dei professori. Ma io le ricordo"
"Class 1C, 1937/38 with six Jewish classmates. 1938/39: the girls are no longer there. They were Marcella Mortara, Emma Mortara, Gigetta Norsa, Matilde Morpurgo, Didi Aliotti, Luisina Levi. The memory is both tender and painful: my youth, my classmates, those empty desks at the beginning of the new school year, the teachers' silence. But I remember them"
Milano, 2003

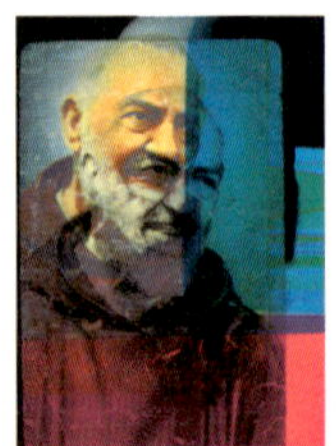

SANTA CROVATO
"Padre Pio"
Milano, 2001

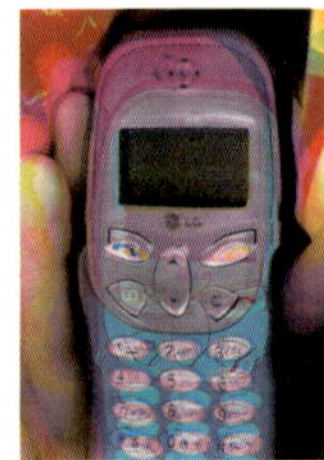

DANIELE DI CAPUA
"L'icona dei tempi moderni"
"The icon of modern times"
Napoli, 2002

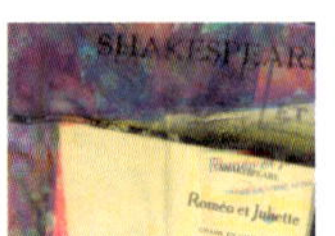

MELISSA DE TEFFÈ, BRAZIL
"Shakespeare, ineguagliabile nelle sue lezioni di vita. La prima impartitami è stata proprio questa. 'Romeo where art thou, my Romeo?"
"Shakespeare, matchless in his teachings. The first I learned was 'Romeo, Romeo where art thou, my Romeo?"
Milano, 2001

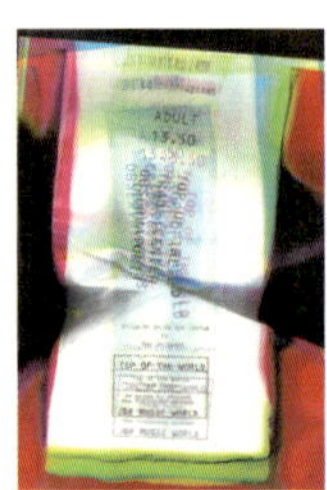

ARIEL PENSA
"Sulle Twin Towers, pochi giorni prima della tragedia, con i miei figli che vivranno un altro futuro"
"On the Twin Towers, a few days before the tragedy, with my children who will have a different future"
Milano, 2003

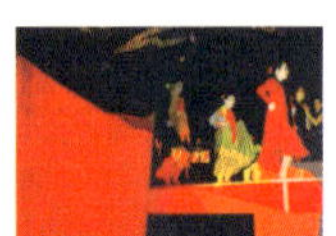

CELESTE MOLA
"Baile"
Milano, 2002

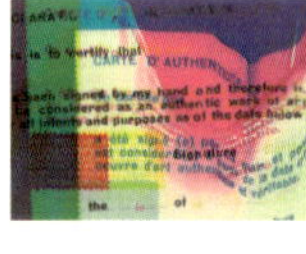

ULIANO LUCAS
"Con questa affermo la mia continuità di scultura vivente di Piero Manzoni dimostrazione della continuità dell'arte e degli artisti"
"With this I state my continuation of the living sculpture of Piero Manzoni, demonstration of the continuity of art and artists"
Milano, 2001

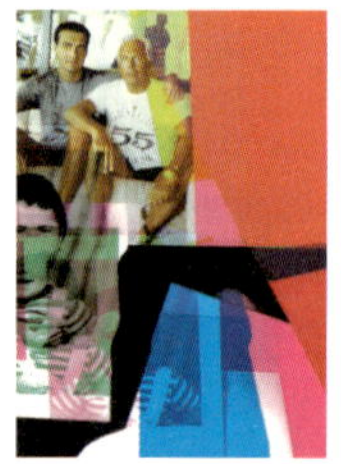

ALVISE RAMPINI
"Pantelleria"
Pordenone, 2002

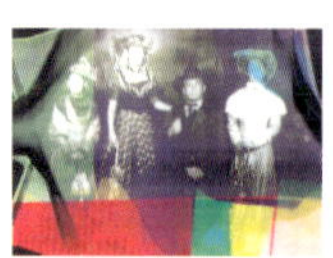

MARCELLO BIANCHI
"Il 'sogno' americano"
"The American 'dream'"
Milano, 2003

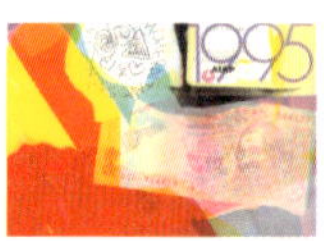

FRANCESCO DONDINA
"Giolli"
Napoli, 2002

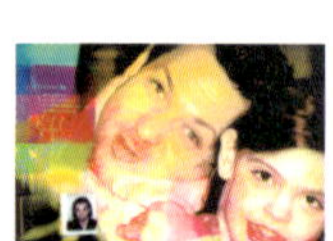

MARCO MARIA DURANTE
"La felicità e l'amore nel passato nel presente e nel futuro"
"Happiness and love in the past and future"
Milano, 2003

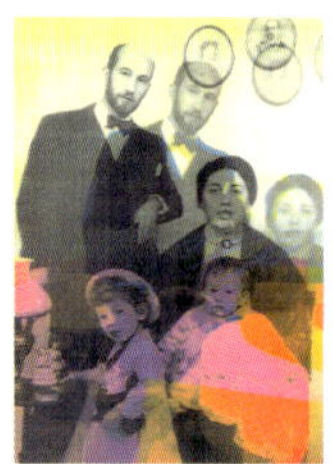

GIANNI BERENGO GARDIN
"1954: autoritratto per gli amici"
"1954: self-portrait for friends"
Milano, 2003

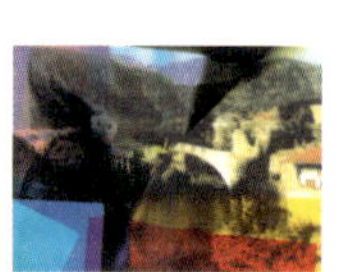

PEDRAG MATVEJEVIC
Bosna i Ercegovina
"Ponte vecchio era l'orgoglio della città finché Mostar era una vera città. Da tempo non abbiamo più né l'uno, né l'altra, siamo stati privati di noi stessi"
"The old bridge was the pride of the city when Mostar was a real city. We haven't had either for some time, we have been robbed of ourselves"
Roma, 2003

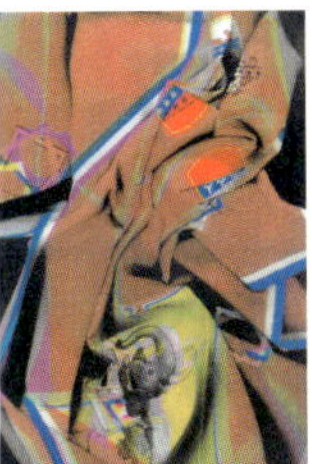

PAOLO ERMINI
"Per forza o per amore"
"For strength or love"
Milano. 2003

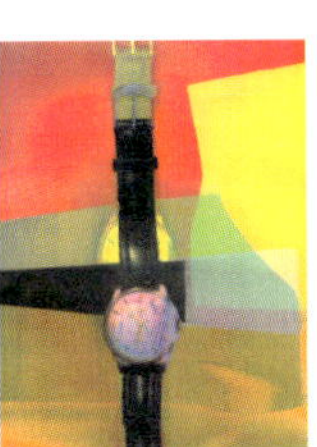

PASQUALE ELIA
"Il tempo passa ma il passato resta"
"Time passes. but the past remains"
Milano. 2002

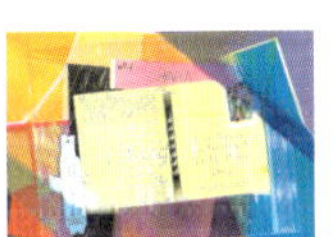

ANTONIO TROIANO
"Chiara. sul cartellino rosa. è il nome della mia prima bambina. Silvia. sul braccialettino in plastica dell'ospedale Macedonio Melloni. il nome della donna che amo. mia moglie. La cartolina è del mio caro amico Ross Kronenbitter da Pittsburgh. Pennsylvania"
"Chiara. on the pink card. is the name of my first daughter. Silvia. on the small plastic bracelet from Macedonio Melloni hospital. the name of the women I love. my wife. The postcard is from my dear friend Ross Kronenbitter from Pittsburgh. Pennsylvania"
Milano. 2003

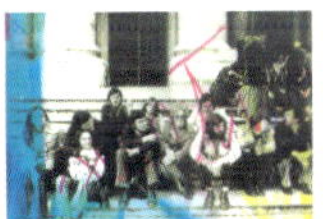

ELETTRA BRUSSA TOI
"Sentire"
"Feel"
Pordenone. 2002

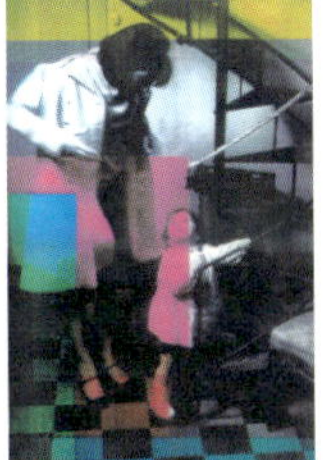

ENZO SELLERIO
"Mia figlia Olivia. sorpresa dalla madre. mentre tenta di salire nel mio studio. Quando ero sopra mi chiedeva: 'Salo papà?'. E io gli rispondevo gastronomicamente: 'pepi!'"
"My daughter Olivia. surprised by her mother. as she was trying to climb up to my office. When I was up there. she would ask 'Salo papà?' (meaning 'Can I come up. daddy' – a play on 'salt'). And I would gastronomically respond: 'Pepper!'"

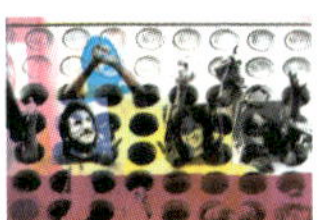

ANGELA BAITANO
Italia/Argentina
"1973. i miei figli"
"1973. my children"
Buenos Aires. 2002

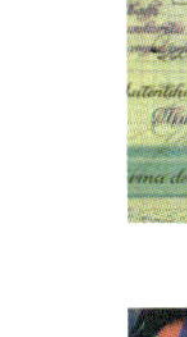

FRANCA GAZZOLA
"Papà"
"Father"
Milano. 2002

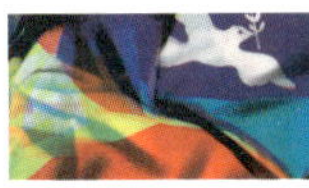

IRENE TISCHLER
"Un desiderio di pace"
"A desire for peace"
Roma. 2003

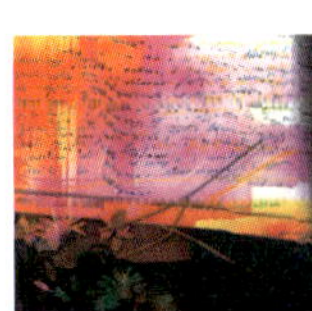

MARZIO BREDA
"Rendi forti i vecchi sogni perché questo nostro mondo non perda coraggio"
"Make your old dreams strong so as not to allow this world to lose courage"
Milano. 2001

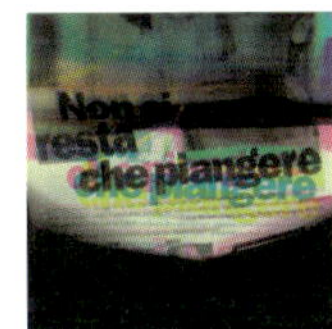

CLAUDIO SCOTTO DI CARLO
"Il ricordo di un uomo vero"
"The memory of a real man"
Milano. 2001

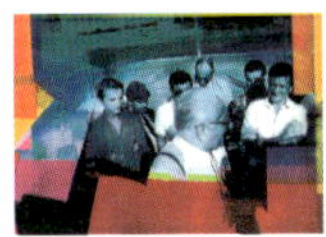

LUCA CORDERO DI MONTEZEMOLO
. "La prima volta che ho visto Enzo Ferrari era il 1977 ed era insieme a Cristiano Rattazzi ai box di Monza. È stata un'emozione molto forte"
"The first time I saw Enzo Ferrrari it was 1977 and he was with Cristiano Rattazzi in the pits at Monza. It was a huge thrill"
Milano. 2003

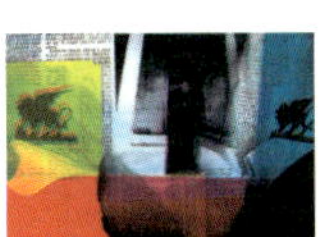

DESIDERIA CAVINA
"Potrei essere io. potrei non essere. Ma era il giorno del mio compleanno"
"It could be me. or maybe not. But it was the day of my birthday"
Milano. 2003

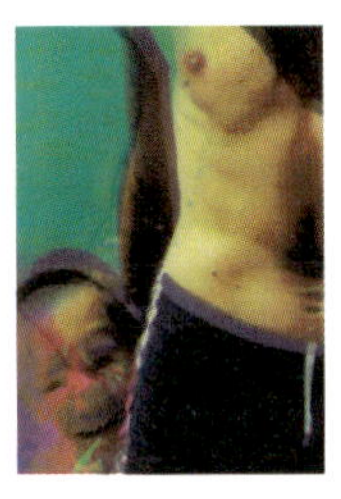

CLAUDIA GOBBI
"I miei due uomini"
"My two men"
Milano. 2001

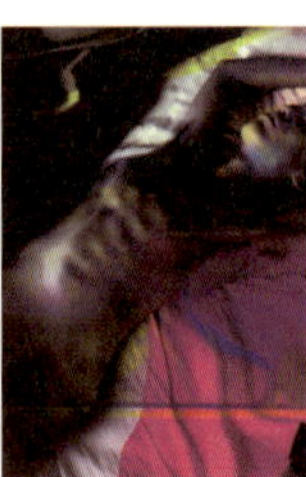

CRISTINA NUÑEZ
"L'inizio della mia carriera"
"The start of my career"
Milano, 2001

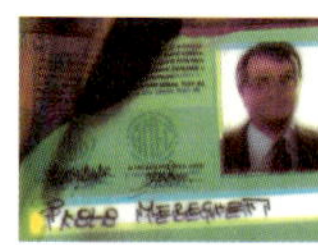

PAOLO MEREGHETTI
"La mia tessera di libero accesso a tutti i cinema d'Italia"
"My free pass to all the cinemas in Italy"
Milano, 2001

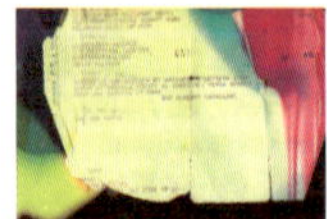

GIANGIACOMO SCHIAVI
"Il sogno di una vita in un telegramma"
"The dream of a life in a telegram"
Milano, 2002

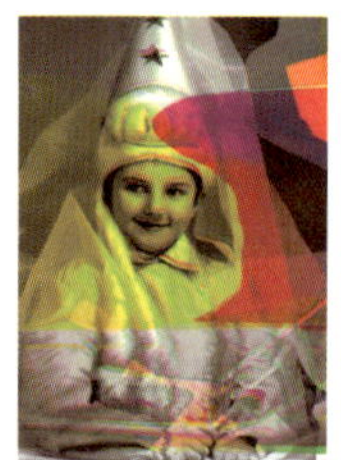

ELEONORA BUFFAGNI
"Un'immagine magica della mia infanzia per ritrovare il mio tempo perduto"
"A magic image of my childhood, à la recherche du temps perdu"
Milano, 2001

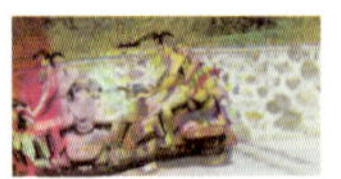

ENZA PIPPIA
"Felici a Salina"
"Happy at Salina"
Milano, 2001

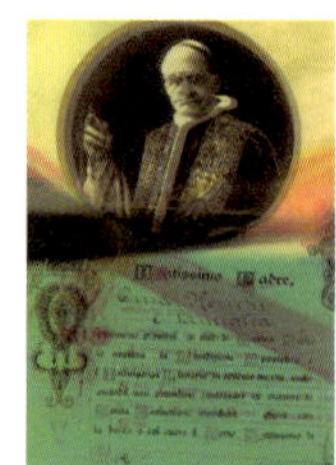

LUISA RONCHI
"1929: indulgenza plenaria alla mia famiglia (Gina Ronchi, mia nonna). Quali i benefici di oggi?"
"1929: plenary indulgence for my family (Gina Ronchi, my grandmother). What are the benefits today?"
Milano, 2001

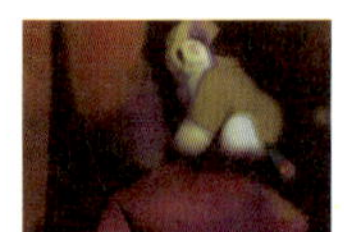

PAOLA COLIN
"È come vero"
"It could be real"
Milano, 2001

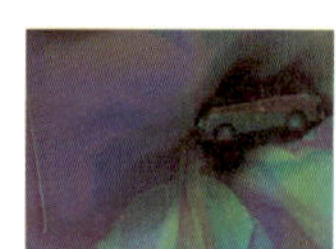

RENATO D'ANDREA
"La Milano, della mia infanzia quando i taxi erano verdi"
"The Milan of my childhood when taxis were green"
Milano, 2001

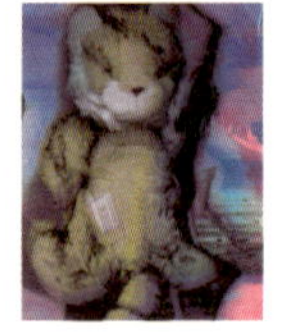

LAURA PEROTTI
"Dormo felice con lui da quasi trent'anni e sogno di ballare libera sulla spiaggia del mare"
"I have slept happily alongside him for almost thirty years and I dream of dancing freely on a beach by the sea"
Milano, 2001

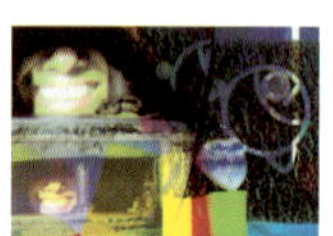

ADRIANA FARANDA
"Ironicamente dietro le sbarre (a Forte Prenestino) dopo essere uscita dal carcere. E un ciondolo donato da Maria Fida Moro"
"Ironically behind bars (at Fort Prenestino) after coming out of jail. And a pendant given by Maria Fida Moro"
Roma, 2003

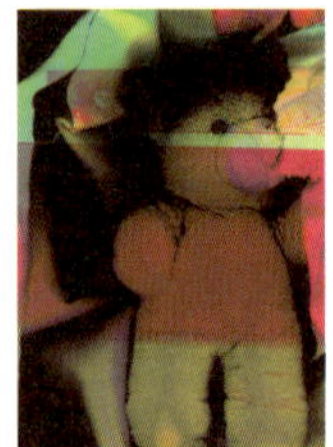

ALESSANDRA CURTI
"Il mio orsacchiotto! Ce l'ho fatta"
"My teddy bear! I did it"
Milano, 2001

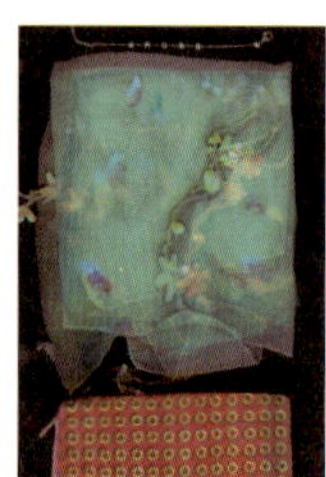

BARBARA MONTI
"A Raffaela. Ricordo indelebile di te"
"To Raffaela. Indelible memory of you"
Milano, 2003

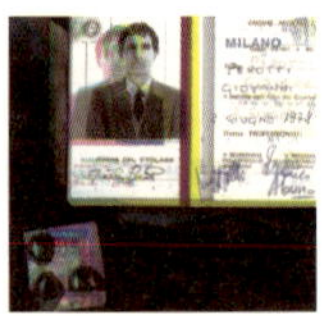

GIOVANNI PEROTTI
"Una volta c'era un ordine, è rimasto il mal di testa"
"Once there was order, what is left is a headache"
Milano, 2001

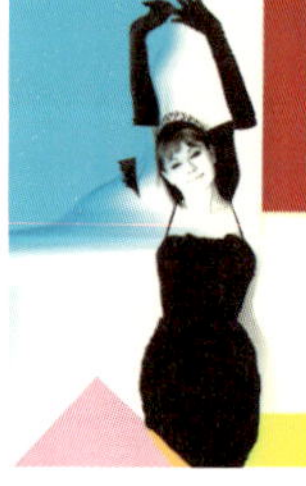

CLOTILDE LANDO
"Nell'Italia bacchettona, il mio affacciarsi alla vita"
(foto di Luciano Ferri)
"In over-devout Italy, my embracing of life"
(photo Luciano Ferri)
Milano, 2002

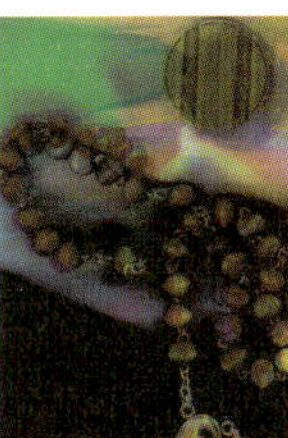

GIANCARLO PEDRAZZINI
"Mamma e papà"
"Mom and Dad"
Milano, 2001

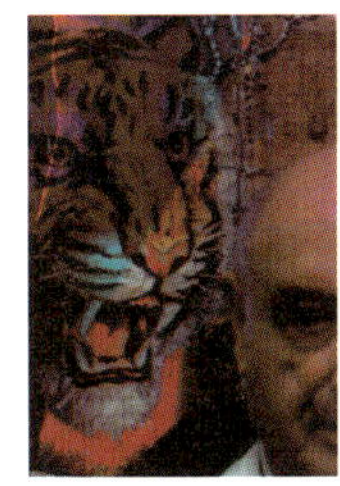

MIMMO ROTELLA
"XLIX Biennale di Venezia. Platea dell'Umanità. Durante una meditazione zen"
"49th Venice Biennal. Platea dell'Umanità. During Zen meditation"
Milano, 2002

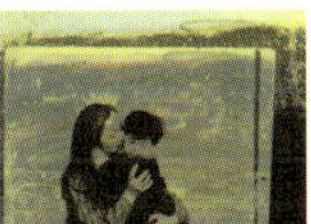

GLORIA BIANCHINO
"Con Alessandra aspettando Armanda"
"With Alessandra expecting Armanda"
Milano, 2001

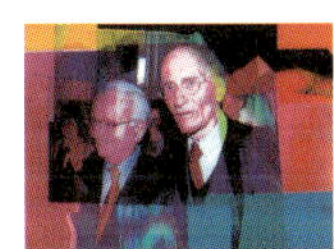

ENZO BIAGI
"Sono andato a trovarlo un mese fa a Fucecchio. Mi hanno lasciato solo nel cimiterino. come avevo chiesto perché dovevo parlargli. Gli ho detto: 'Indro. quante bischerate. Non ti mancherebbe il materiale'. Mi manchi. Ci manchi"
"I went to see him a month ago at Fucecchio. They left me alone in the little cemetery, as I had asked because I had to talk to him. I said: 'Indro. what a lot of foolishness. You wouldn't have any lack of material'. I miss you. We miss you."
Milano, 2003

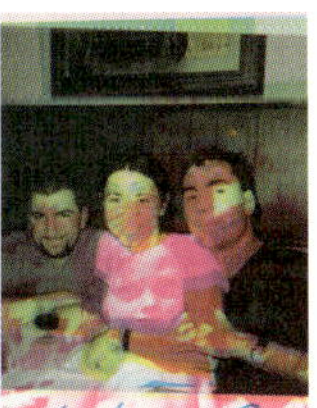

JONATHAN BONVICINI
"Am Ende zeigt rich was am Aufarg war"
Milano, 2001

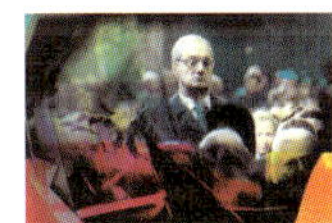

CESARE ROMITI
"Quando. nello spazio di un'ora. si ripercorrono venticinque anni di vita in comune"
"When in the space of an hour, you relive twenty-five years of life together"
Milano, 2003

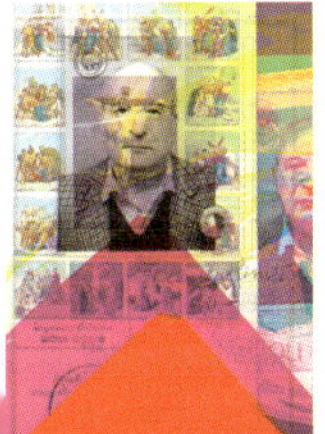

RENATO IACENTE
"Wanted"
Napoli, 2002

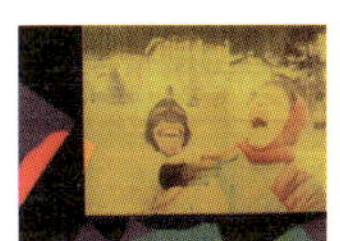

VITTORIO FASCE
"1963. Madonna di Campiglio: io sono quello a destra"
"1963, Madonna di Campiglio: I am the one on the right"
Milano, 2002

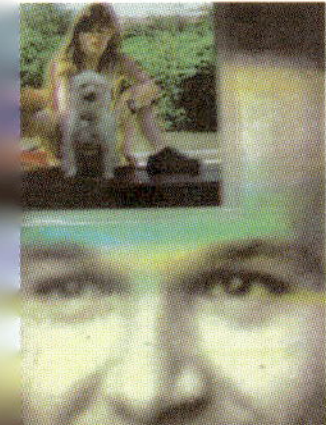

LEA ZUCCHETTI
"Io bambina e il ricordo degli occhi di mio padre"
"Me as a child and the memory of my father's eyes"
Milano, 2002

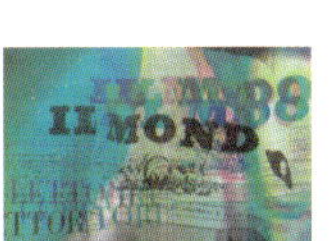

SILVIA PALOMBI
"8 marzo 1966: l'ultimo numero. che tristezza! Per tutta la vita del *Mondo* mamma ci ha lavorato"
"March 8, 1966: the last issue. what sadness! My mother worked on *Mondo* all its life"
Milano, 2001

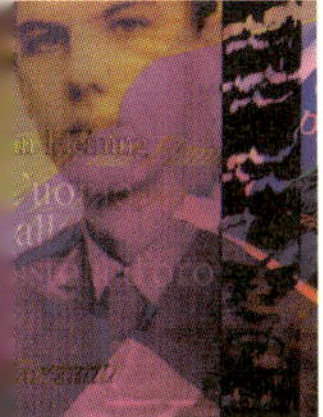

BIAGIO COSCIA
"1976"
Napoli, 2002

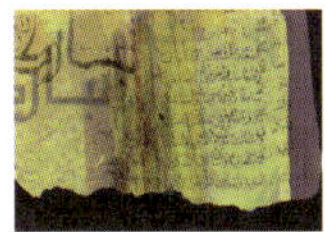

ANTONIO FERRARI
"Il frammento del Corano: dono di Sami. l'uomo che mi ha salvato la vita"
"A fragment of the Koran: a gift from Sami. the man who saved my life"
Milano, 2001

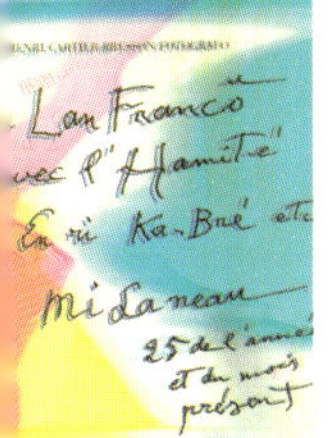

LANFRANCO COLOMBO
"Un rarissimo autografo di Henri Cartier-Bresson"
"An extremely rare autograph of Henri Cartier-Bresson"
Milano, 2001

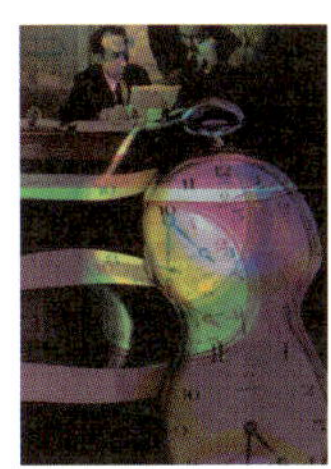

RINO PUCCI
"Il ricordo del nonno. il suo Omega da taschino che conservo con me"
"A memoir of Grandfather. his pocket Omega, which I keep with me"
Milano, 2002

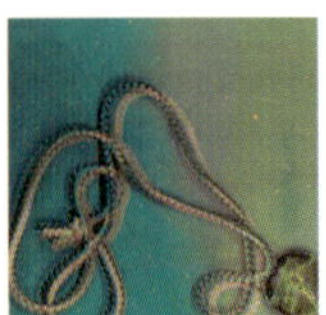

CARLO VERDELLI
"La mediaglietta che mio figlio Pietro ha vinto a un torneo di calcio, segnando il rigore decisivo nell'ultima partita. Ma io non c'ero a fargli festa"
"The little medal my son Pietro won at a football tournament, scoring the decisive penalty in the last match. But I wasn't there to congratulate him"
Milano, 2001

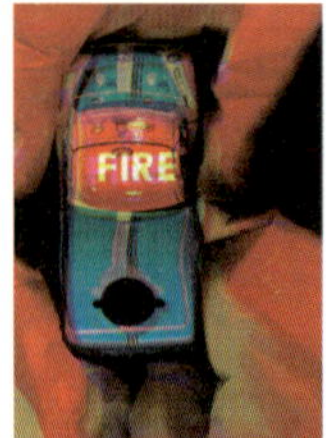

LUCIA BARONE
"Pompieri"
"Firefighters"
Napoli, 2002

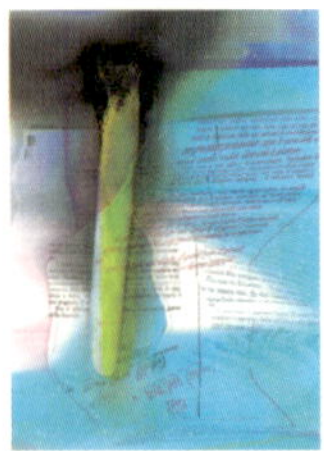

VIVIANO DOMENICI
"Il coltello d'osso che mi regalò un pigmeo cannibale dell'Irian Jaja (Papua)"
"The bone knife I was given by a cannibal pygmy of Irian Jaja (Papua)"
Milano, 2001

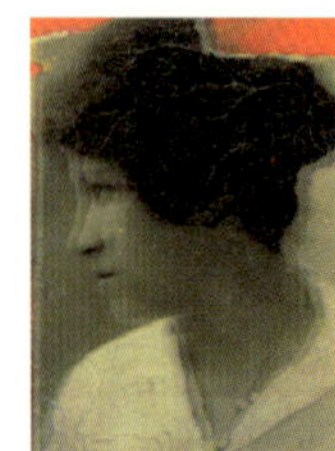

CARLA CERATI
"Mia madre"
"My mother"
Milano, 2001

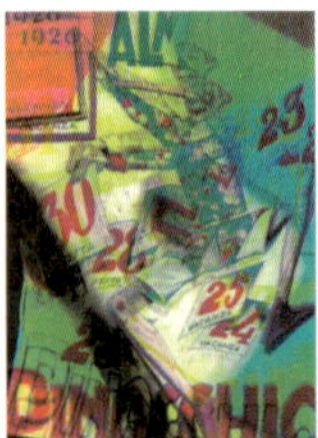

STEFANO BUCCI
"Il libro che amo di più"
"The book I love the most"
Milano, 2001

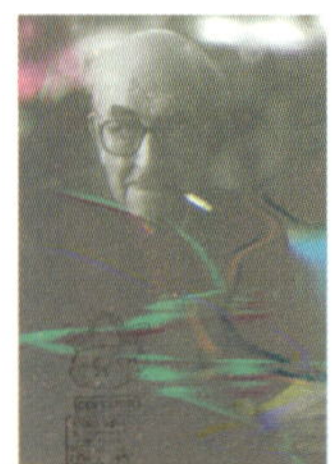

SILVANA BRANDUANI
"Franco"
Milano, 2001

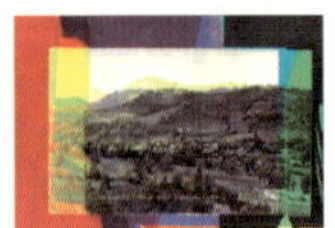

ALDO GRASSO
"Il paese dove sono nato"
"The town where I was born"
Milano, 2003

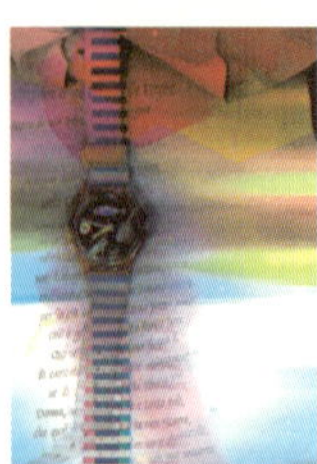

EMANUELA BELLONI
"Il tempo di Dante"
"The age of Dante"
Milano, 2001

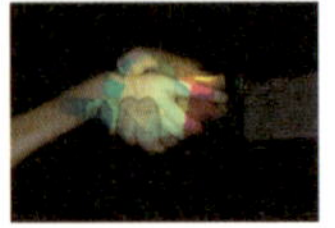

RAOUL BRETZEL
"Per la solidarietà globale"
"Pro global solidarity"
Roma, 2003

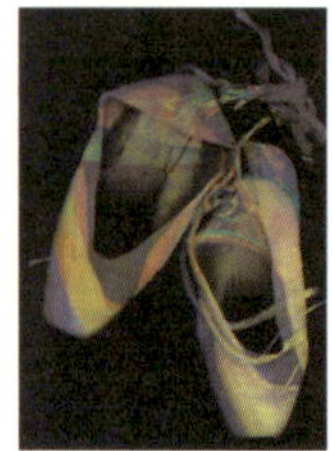

GIOVANNA TRENTIN
"Un'occasione mancata. Sulle punte della nostalgia"
"A missed opportunity. On the tips of nostalgia"
Milano, 2001

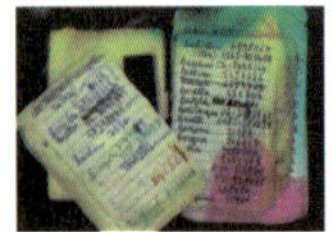

GIULIO NASCIMBENI
"La mia agendina, un po' utile, un po' Spoon River, un po' nido di memorie"
"My small diary, part useful, part Spoon River, part lair of memories"
Milano, 2001

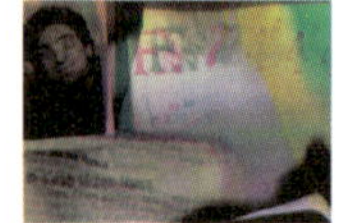

DANIELE MANCA
"La certificazione di nascita di Maria Francesca e la notizia dell'arrivo di Michele"
"Maria Francesca's birth certificate and the announcement of Michele's birth"
Milano, 2001

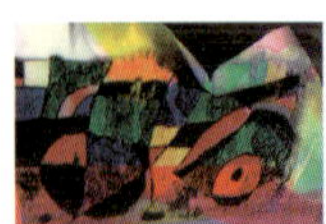

MICHELE DE GIORGIO
"L'arazzo perduto"
"The lost tapestry"
Roma, 2003

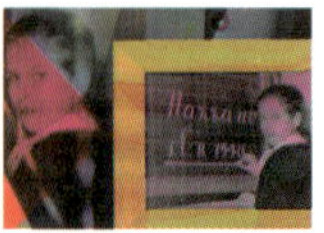

ANTONELLA FIORI
"È ancora il mio mondo interiore"
"It is still my interior world"
Milano, 2002

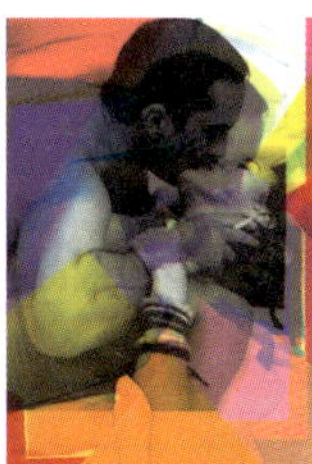

SUSANNA SINCLAIR ANDERSON
"Bitter Sweet Symphony"
Milano 2003

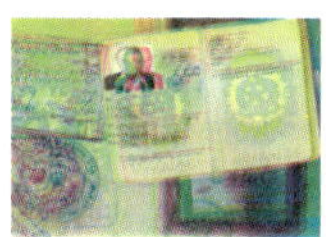

ETTORE MO
"Senza frontiere"
"Without borders"
Milano. 2001

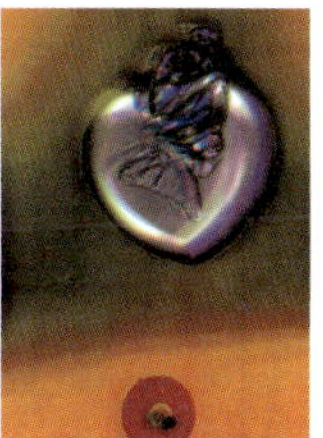

MARTINA CAVALLARIN
"Il mio cuore a Milano"
"My heart in Milan"
Milano. 2001

ANNA VULLO
"Un tenero barbaro"
"A gentle savage"
Milano. 2001

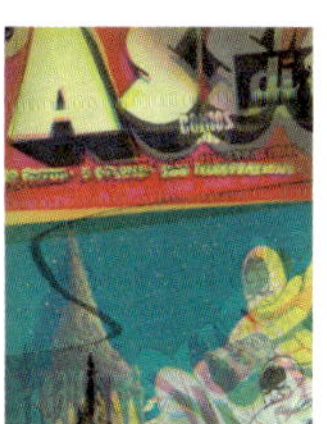

ITALO LUPI
"La prima cosa che mi ha fatto innamorare dell'il-
lustrazione e quindi del mio lavoro"
"The first thing that made me fall in love with illus-
tration and therefore with my work"
Milano. 2001

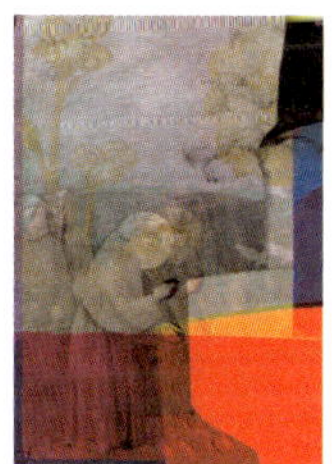

ALDO ESPOSITO
"Per una saggia strada"
"For a wise road"
Napoli. 2002

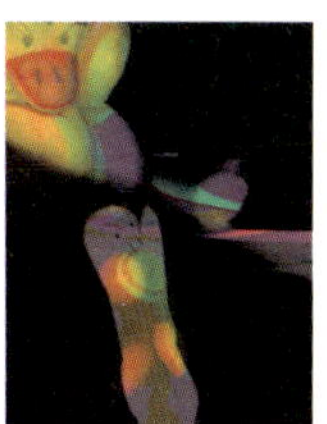

MASSIMO GAGGI
"Papi. cos'è Milano? Perché vai a Milano? Ma poi vai
e torni subito? Però portati questo"
"Daddy. what is Milan? Why are you going to Milan?
Are you going to come straight back? Take this
though"
Milano. 2001

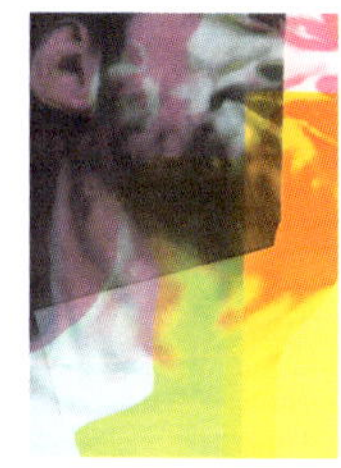

ROBERTO CODA ZABETTA
"Questo oggetto. opera d'arte. è l'unico che oggi
riesce a farmi ricordare... in modo piacevole"
"This object. a work of art. is the only one that
succeeds in reminding me... in a nice way"
Milano. 2002

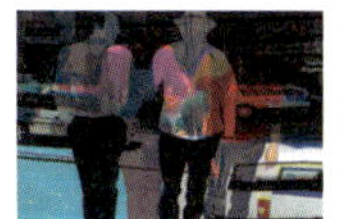

GIUSEPPE MAURIZIO DI GREGORIO
"Io e Dario Fo. un Piccolo e un grande giullare"
"Myself and Dario Fo. a small and a large jester"
Milano. 2001

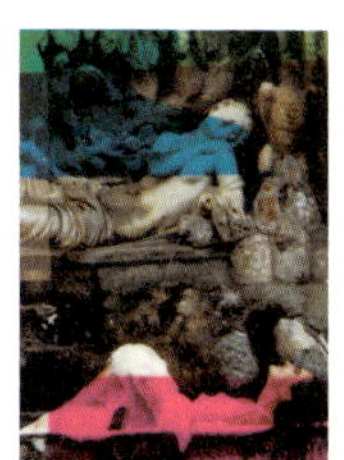

SILVIA SUDANO
"Il mio bagno"
"My bathroom"
Roma. 2003

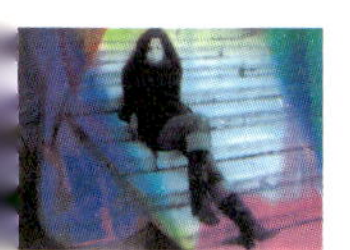

LINA SOTIS
"Anni Settanta: le donne hanno cambiato il mondo.
Il mondo ha cambiato le donne"
"The seventies: women who changed the world. The
world changed women"
Milano. 2001

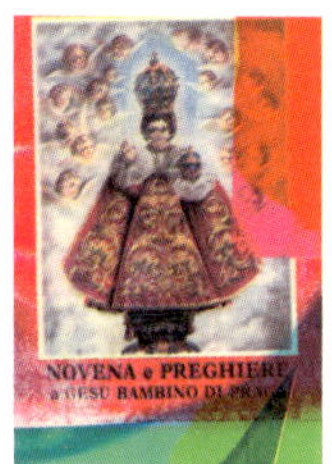

RANIERI POLESE
"O Gesù d'amor acceso"
"Oh Jesus of radiant love"
Milano. 2003

PIERO BOCCARDO
"Memorie pubbliche"
"Public memories"
Milano. 2001

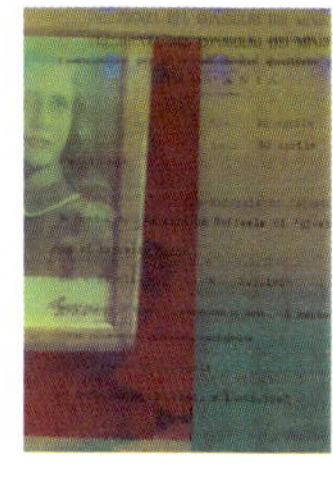

ELIO DELFINO
"Sguardo bagnato. memoria scolpita oltre la morte.
Compagna di vita"
"Wet look. memory fixed beyond death. Life com-
panion"
Milano. 2001

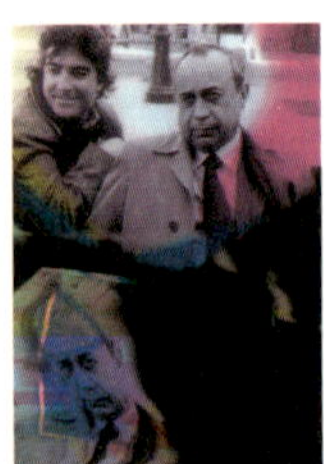

MATTEO COLLURA
"Un maestro, un destino"
"A teacher, a destiny"
Milano, 2001

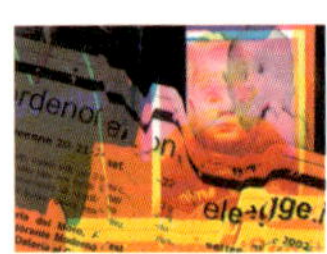

AIMARA GARLASCHELLI
"Il piacere, dopo"
"The pleasure, afterwards"
Pordenone, 2002

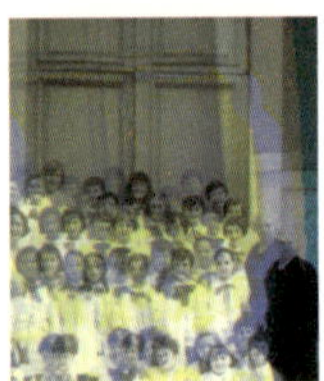

VIVIANA TONELLI
"La mia classe elementare. Io sono in seconda fila,
la quarta da sinistra"
"My primary school class. I am in the second row,
fourth from the left"
Milano, 2001

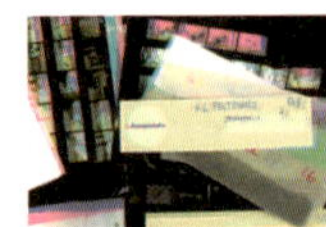

MARIO DONDERO
"Il mio archivio"
"My archive"
Milano, 2001

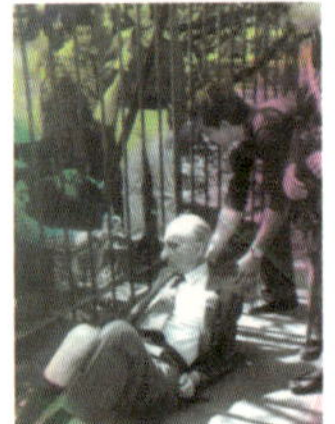

DINO MESSINA
"Milano, 2 giugno 1977: mattina, spari in piazza
Cavour. La gente fugge. Anch'io cerco riparo, poi,
timidamente mi avvicino all'uomo colpito. Riconosco
Indro Montanelli, che si aggrappa al cancello dei
giardini di via Manin. Gli reggo la nuca: 'Come sta
maestro?'. Quell'anno entro alla scuola di giornali-
smo"
"Milan, June 2, 1977: morning, shots in Piazza
Cavour. People running away. I too look for a hiding
place, then timidly I approach the wounded man. I
recognize Indro Montanelli, clinging onto the gate of
the park of Via Manin. I hold his head up: 'How are
you, sir?' That year I start attending the school of
journalism"
Milano, 2001

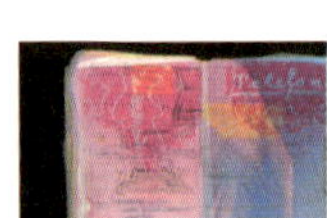

GILLO DORFLES
"La mia impossibile agenda"
"My messy organizer"
Milano, 2001

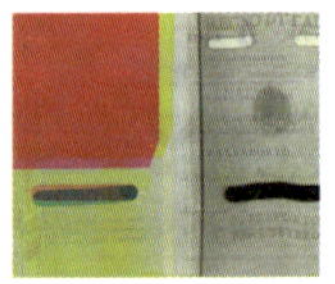

ALDO COLONETTI
"La mia agenda"
"My organizer"
Milano, 2001

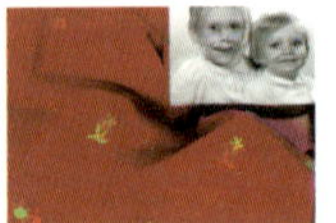

LETIZIA FAVARI
"I miei bambini"
"My children"
Milano, 2001

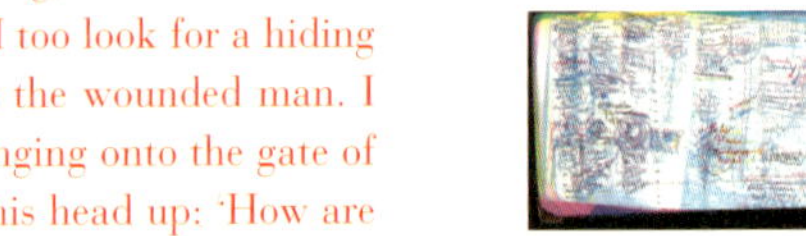

NICOLETTA CENTARDI
"Passaporto di mia mamma quando aveva otto
anni"
"My mother's passport when she was eight years old"
Milano, 2001

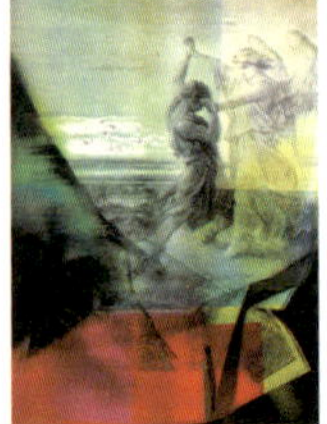

ORIANA FALLACI
"Perché la vita non muore"
"Because life doesn't die"
Roma, 2003

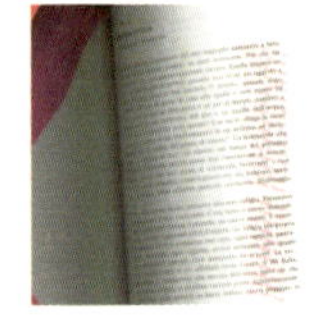

MASSIMO ARCIDIACONO
"Racconto del mio viaggio"
"Tale of my journey"
Milano, 2001

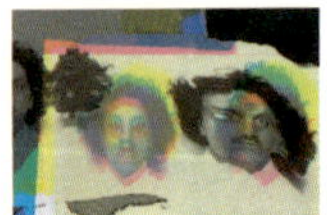

MORENO GENTILI
"Anni ribelli"
"Rebellious years"
Milano, 2001

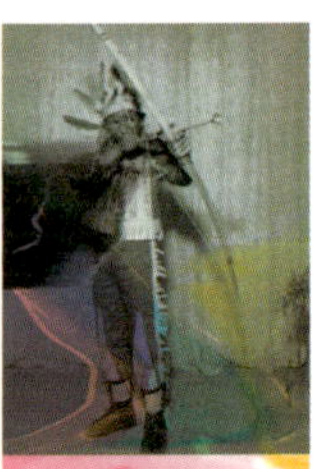

ANGELO MEREU
"Il mio primo vestito di carnevale"
"My first carnival costume"
Milano, 2001

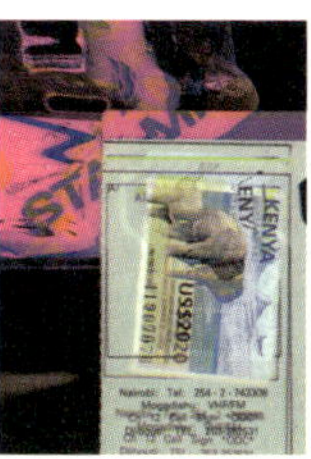

ISABELLA BALENA
"Dedicato a Ilaria Alpi, un viaggio in Africa, l'inizio di tante emozioni, di amicizie forti"
"Dedicated to Ilaria Alpi, a journey in Africa, the beginning of many emotions, of strong friendships"
Milano, 2001

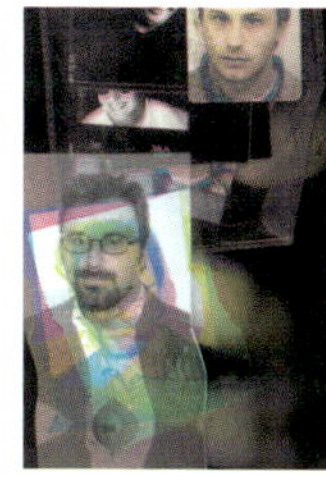

MAURIZIO D'ADDA
"Io, tra passato e presente con la donna della mia futura vita"
"Me, between past and present with the woman of my future"
Milano, 2001

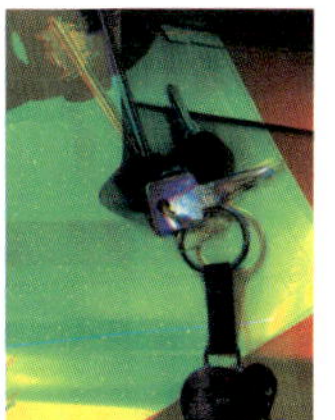

SUSANNA LEGRENZI
"La mia (seconda) nascita"
"My (second) birth"
Milano, 2002

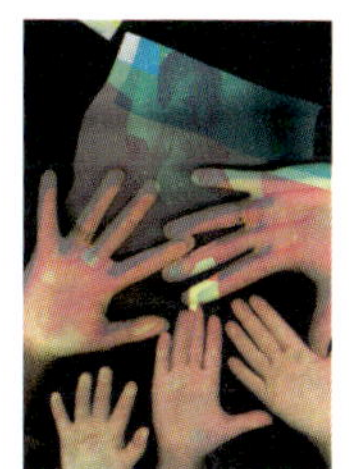

ALESSIA CELLITTI E FRANCESCO LA CAVA
"Impronta di famiglia"
"Family fingerprints"
Roma, 2003

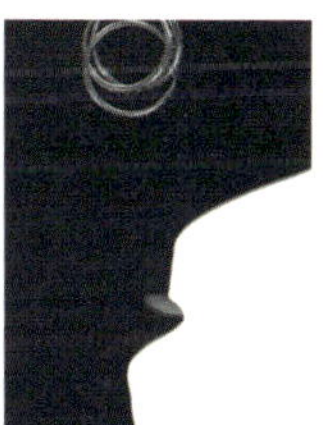

NICOLETTA GEMINETTI
"Il mio anello portafortuna per Milano"
"My lucky ring for Milan"
Milano, 2001

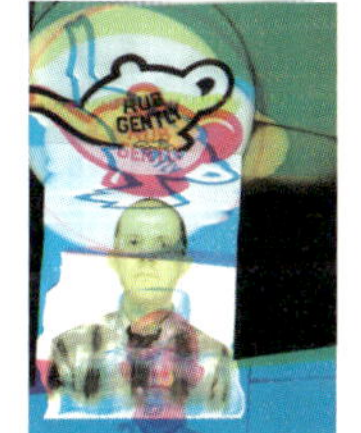

CARLO MARIA PILLONI
"Autoerotismo arabico"
"Arabic masturbation"
Pordenone, 2002

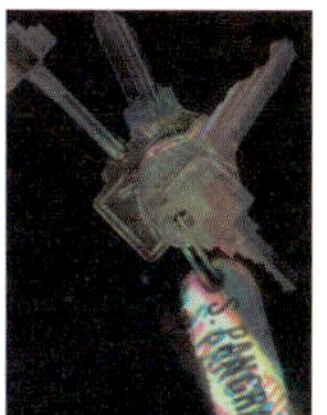

RAFFAELE FIENGO
"Ho trovato queste chiavi nella basilica di San Pancrazio a Roma. Il senso del tempo è racchiuso qui"
"I found these keys in the Basilica of Saint Pancras in Rome. The sense of time is contained here"
Milano, 2001

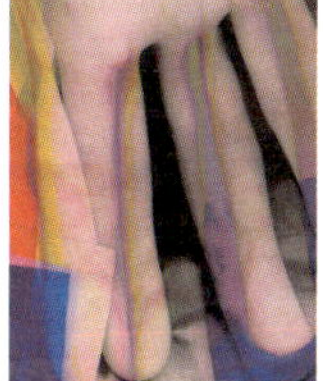

ELISABETTA CILENTI
"La mano di mio padre"
"My father's hand"
Napoli, 2002

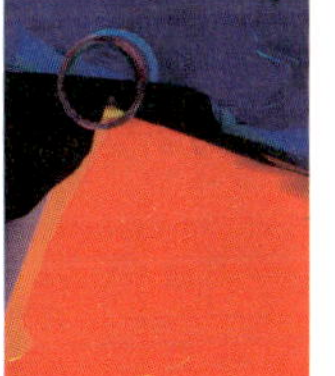

CHIARA PAVOLINI
"Lo perdo e lo ritrovo"
"I lose it and find it again"
Napoli, 2002

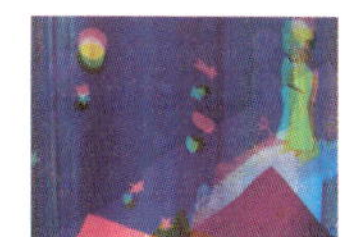

IDA GRIFO
"Bambino"
"Little boy"
Napoli, 2002

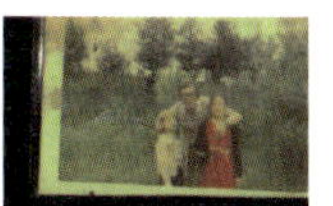

NESTORE MOROSINI
"Un giorno d'agosto, ritornando dal gran premio d'Austria"
"A day in August, returning from the Austrian Grand Prix"
Milano, 2001

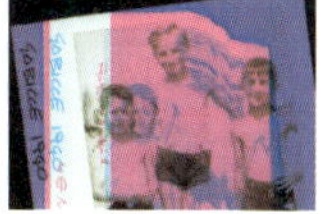

FRANCO FONTANA
"Io bambino a Gabicce"
"Me as a child at Gabicce"
Milano, 2001

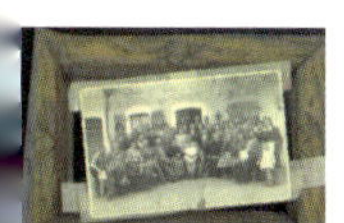

EGIDIA BORTOLUSSI
"Friuli, 1950, la mia famiglia al matrimonio di Modesto"
"Friuli, 1950, my family at the Modesto wedding"
Milano, 2001

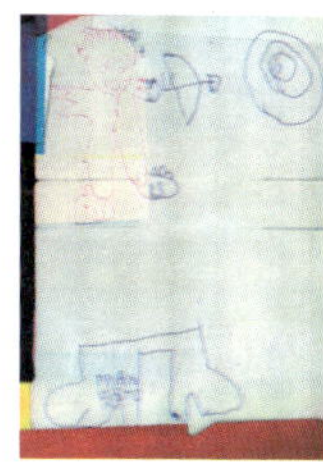

FRANCESCO CEVASCO
"Frankenstein in un disegno di Federica"
"Frankenstein in a drawing by Federica"
Milano, 2003

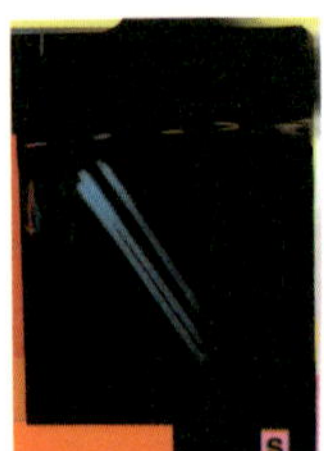

DOMENICO CARDONE
"La frattura"
"The fracture"
Roma, 2003

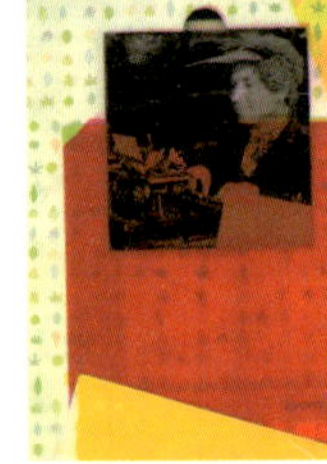

ROBERTO BONZIO
"Suonando l'Harpo"
"Playing Harpo"
Milano, 2001

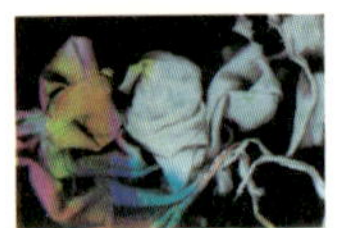

FLAVIA COLIN
"Vidulino, il sogno di tutte le notti"
"Vidulino, the dream of it every night"
Milano, 2001

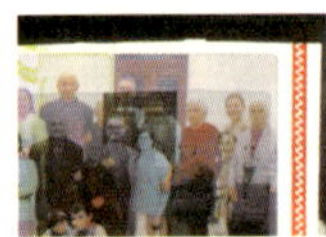

ADRIANA COLIN
"Famiglia"
"Family"
Pordenone, 2002

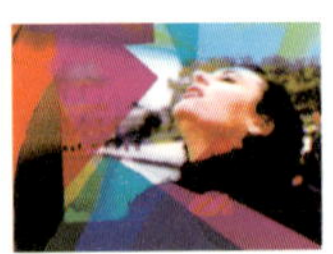

MELANIA GUIDA
"Un giorno felice"
"A happy day"
Napoli, 2002

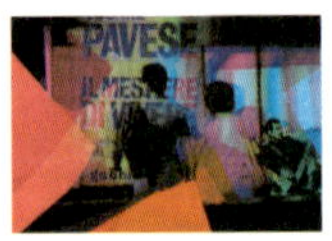

ROBERTO BUSET
"L'avvio di un lungo cammino"
"The start of a long journey"
Pordenone, 2002

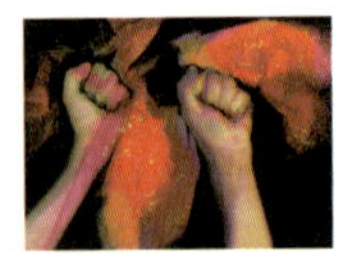

GIULIA E/AND LUCIA
"Giulia e Lucia donne di polso"
"Giulia and Lucia, tough women"
Napoli, 2002

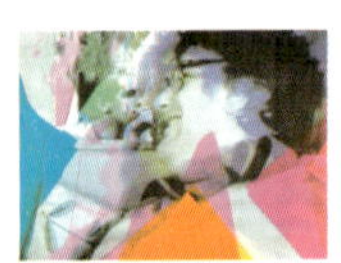

GIANNI ZANOLIN
"Dove speravano di ficcare il Naso i giovani intellettuali di sinistra nella fine degli anni Settanta"
"Where young left-wing intellectuals hoped to poke their nose at the end of the seventies"
Pordenone, 2002

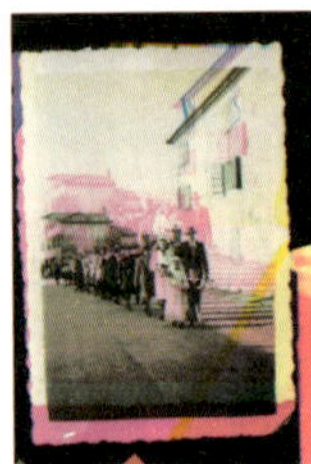

ONORINA CROSARIOL
"Il giorno più bello"
"The most beautiful day"
Pordenone, 2002

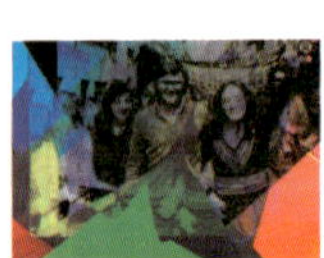

FRANCO VALVASORI
"Cambio di vita"
"Life change"
Pordenone, 2002

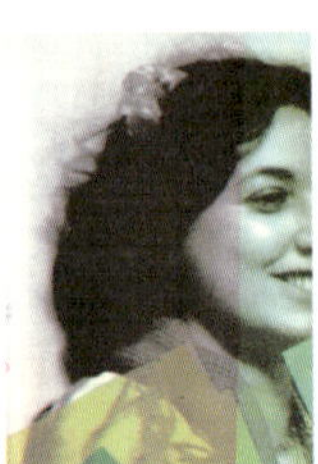

GIUSI PAVAN
"La muchacha dell'hidalgo"
Pordenone, 2002

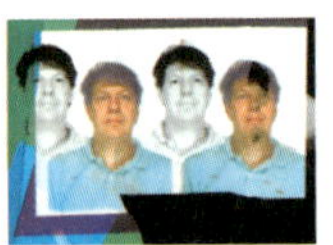

GIANLUIGI DEGAN
"Quattro per uno"
"Four for one"
Pordenone, 2002

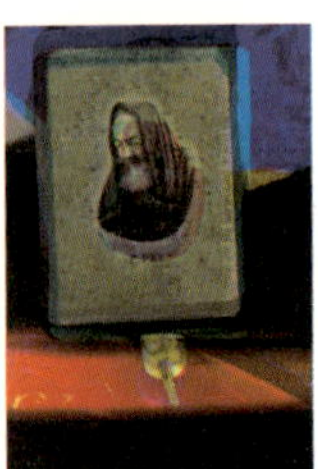

ALBERTO BRUNO
"La chiave dei miei ricordi"
"The keys to my memories"
Napoli, 2002

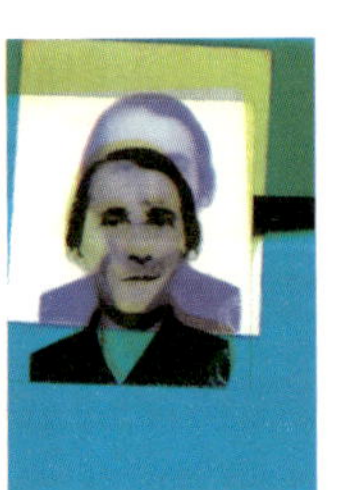

SALVATORE OLIVA
"Mia nonna"
"My grandmother"
Pordenone, 2002

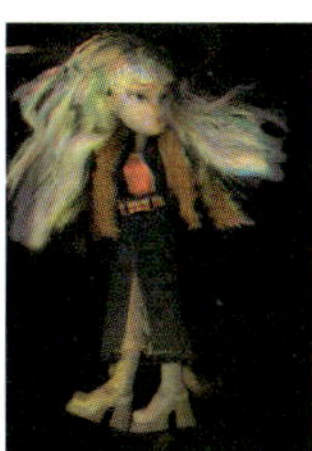

GIULIA VALLAR
"La moda"
"Fashion"
Pordenone. 2002

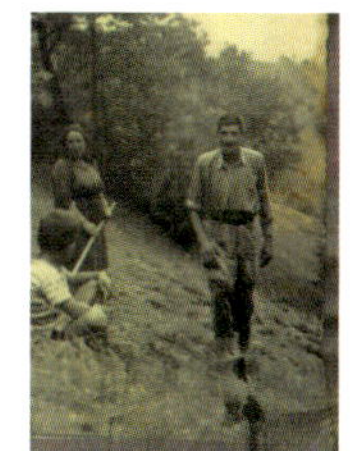

GIOVANNI VALLAR
"Con i nonni a fare fieno"
"With my grandparents making hay"
Milano. 2001

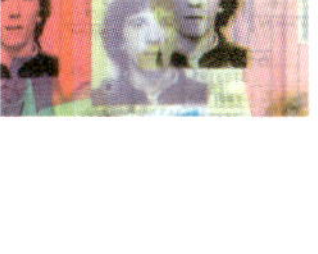

MAURO COVACICH
"Quando avevo i capelli"
"When I had hair"
Pordenone. 2002

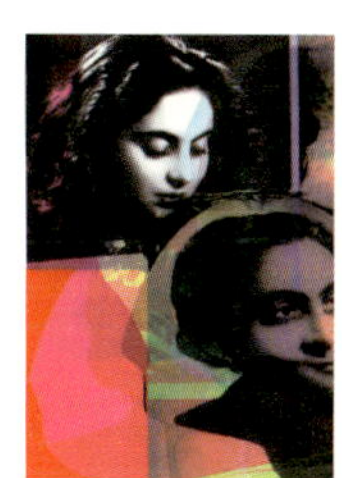

MARIA GAVA
"Continuità"
"Continuity"
Napoli. 2002

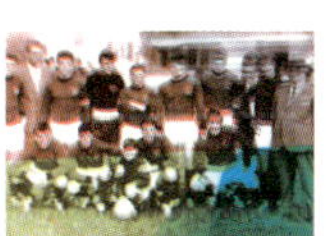

PIERO COLUSSI
"Una passione antica"
"An ancient passion"
Pordenone. 2002

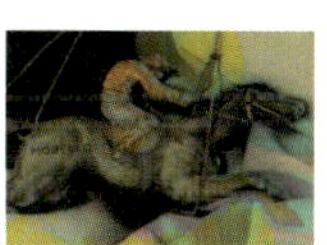

SILVIO MONTI
"L'ultimo ma non il peggiore"
"Last but not worst"
Milano 2002

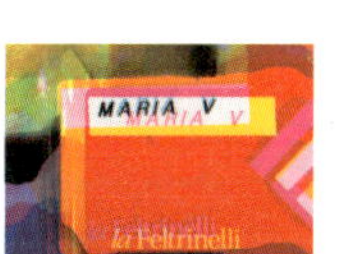

MARIA VARRIALE
"Nella speranza che non sia una memoria ma una cosa proiettata nel futuro (rinnovatemi il contratto!)"
"In the hope that it is not a memory but something projected towards the future (renew my contract!)"
Napoli. 2002

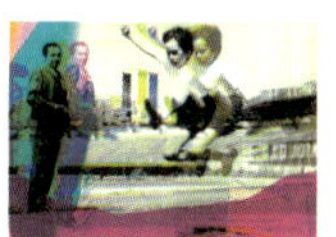

ALESSANDRO CANNAVÒ
"Io e mio padre. Nel mio salto, nel suo salto, un'unica motivazione: si può fare sempre di più"
"Me and my father. A single motivation for both our jumps: you can always do more"
Milano. 2001

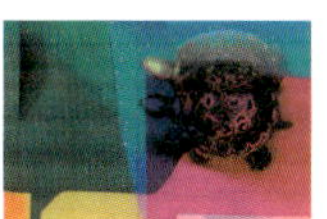

MAURIZIO COSTANZO
"È il mio portafortuna. La tartaruga è un animale antico che va piano, e che se si rovescia non riesce a tornare dritto. Le invidio la corazza dove può nascondere la testa"
"My lucky charm. The tortoise is an ancient animal that moves slowly and if it rolls over it can't right itself. I envy it its shell where it can hide its head"
Roma. 2003

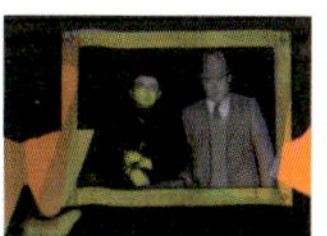

GIUSEPPE LIVERANI
"Passato, presente, futuro"
"Past, present, future"
Milano. 2001

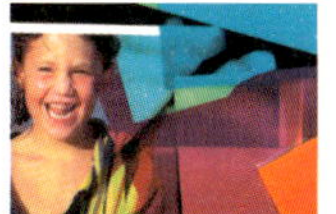

ELENA BARICCO
"Un sorriso per sempre"
"A smile for ever"
Milano. 2003

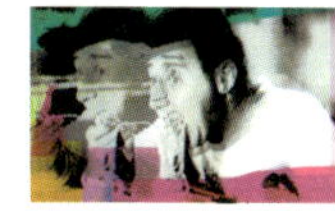

CARLO CARDINALE
"Lui, uno di noi"
"He, one of us"
Milano. 2001

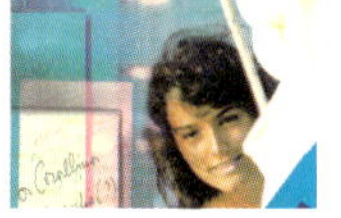

PAOLA DE CIUCEIS
"Corallina marina"
"Sea coral"
Napoli. 2002

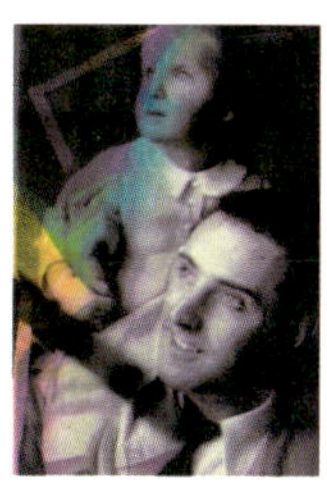

GIULIA BORGESE
"Gennaio 1938, con papà guardando lontano"
"January 1938 with Dad looking into the distance"
Milano. 2001

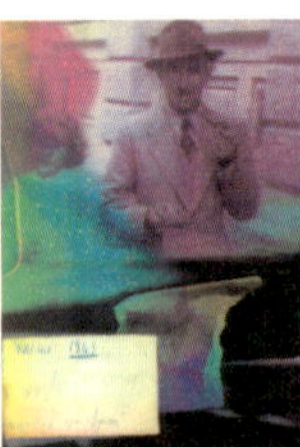

MARIELLA SPARACIARI
"A spasso con papà"
"Strolling with daddy"
Roma, 2003

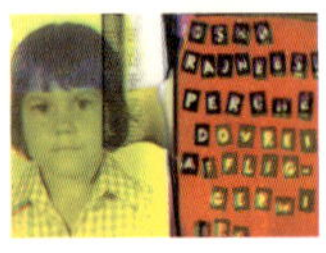

CARLO MACCHIAROLI
"15 febbraio 2003"
"February 15, 2003"
Roma, 2003

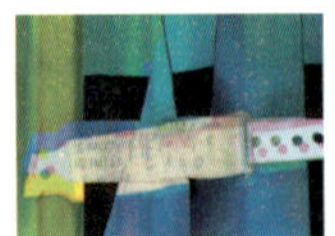

CATALDO D'ANDRIA
"La vita che cambia"
"Life changes"
Roma, 2003

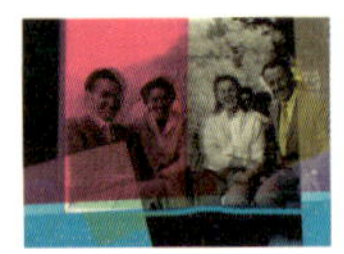

VINCENZO BIANCHI
"Quattro fidanzati a Brunate"
"Four fiancés at Brunate"
Roma, 2003

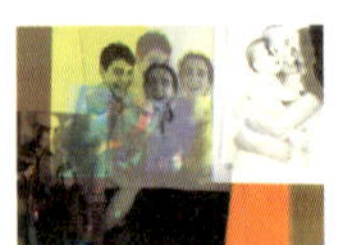

ILARIA BARBIERI MARCHI
"Tutti di buon umore"
"Everyone in a good mood"
Roma, 2003

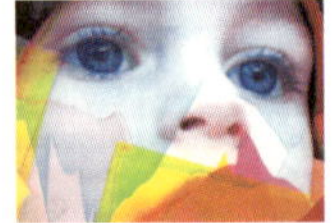

ALBERTO MAGGIANI
"Oltre il buio"
"Beyond the darkness"
Milano, 2001

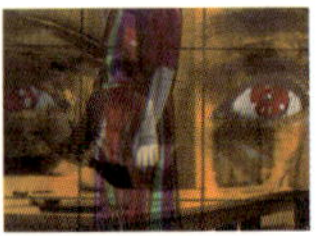

DANILO ECCHER
"La copertina del catalogo della prima mostra da me
realizzata alla Galleria d'Arte Moderna di Bologna"
"The cover of the catalogue of my first exhibition at
the Gallery of Modern Art of Bologna"
Roma, 2003

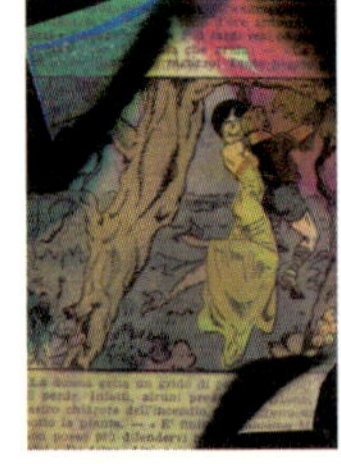

UMBERTO ECO
"Il mio primo fremito amoroso. La prima immagine
di donna, quando non avevo ancora cinque anni"
"My first lover's thrill. My first picture of a woman
when I was not even five years old"
Milano, 2001

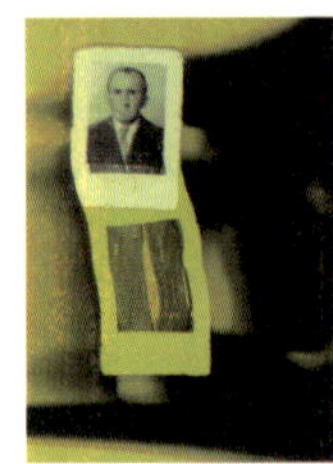

RENZO LOSI
"Mio padre un anno prima"
"My father a year before"
Milano, 2001

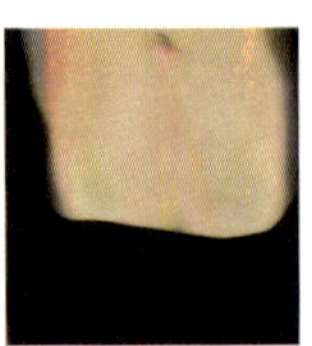

MICHELA MANTOVAN
"La fine del dolore"
"The end of pain"
Milano, 2001

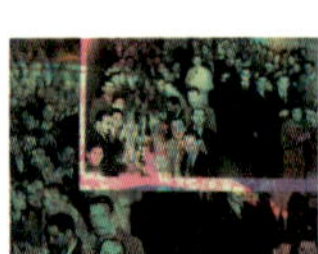

VICTOR SOKOLOWICZ
"Buenos, Aires. Celebraciòn por fin de la guerra
mundial en la fàbrica Ponieman hnos"
Roma, 2003

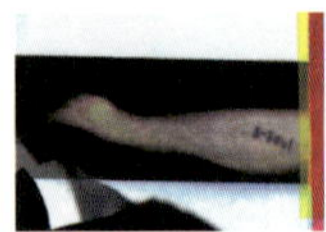

GIUSEPPE VARON
"Questo è il mio titolo di nobiltà. Io ricordo, voi
non dimenticate"
"This is my noble title. I remember, you mustn't
forget"
Roma, 2003

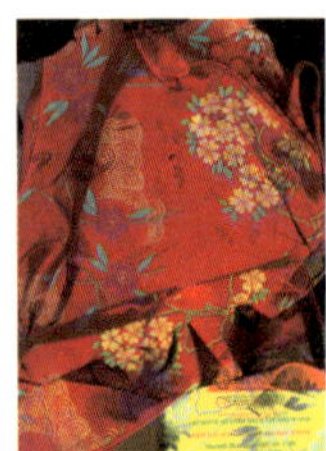

GUDRUN DE CHIRICO
"Memoria sinestetica"
"Synaesthetic memory"
Roma, 2003

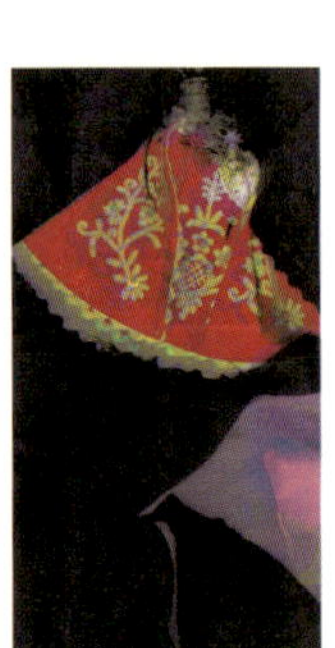

ADRIANO CAPRARA
"Gesù di Praga"
"Jesus of Prague"
Milano, 2001

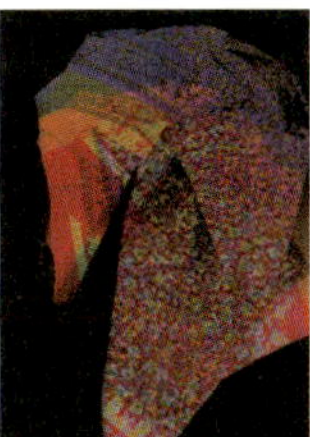

MAURIZIO CAPRARA
"Vento"
"Wind"
Milano, 2001

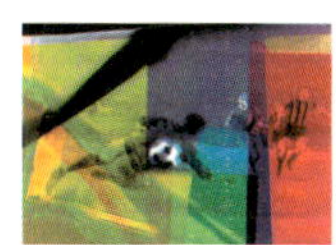

GIACINTO FACCHETTI
"Io, il gol, la più grande emozione"
"Me, the goal, the biggest thrill"
Milano, 2003

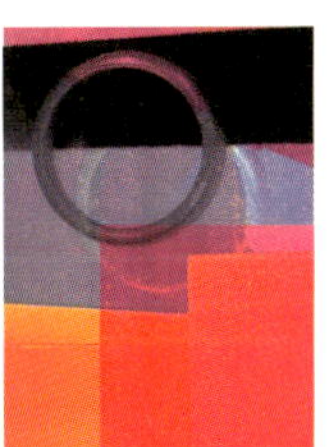

MARINA MOIANA
"Oro alla Patria. Ferro alla mano. Amore al mio cuore da mia bisnonna Elena"
"Gold for the nation. Iron to hand. Love in my heart from my great grandmother Elena"
Milano, 2003

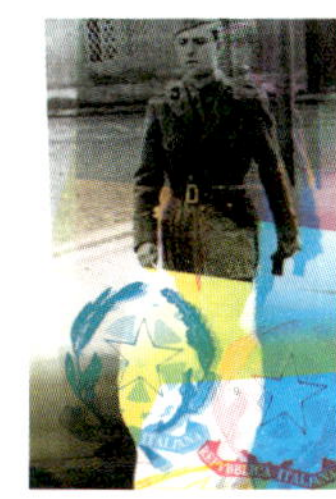

CARLO AZEGLIO CIAMPI
"8 settembre 1943: quando la Patria rinacque"
"September 8, 1943: when Italy was reborn"
Roma, 2003

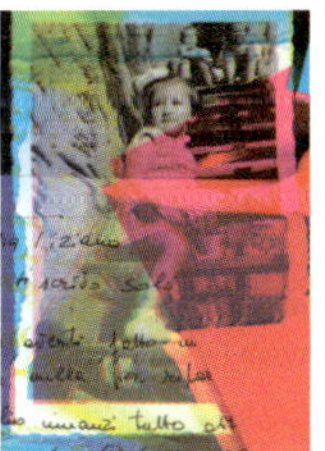

TIZIANA BATTISTEL
"Riposo sulla salita"
"Resting on the way up"
Pordenone, 2002

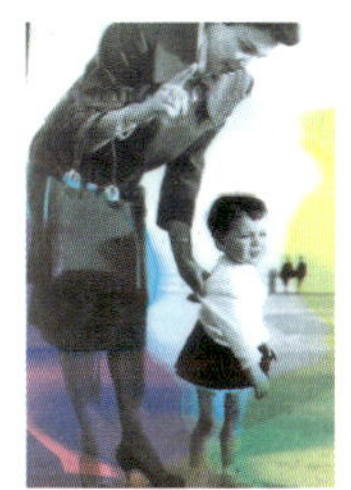

GIULIA BIANCHI
"Io e te"
"Me and you"
Milano, 2001

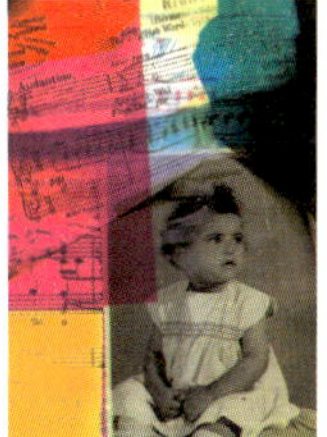

PAOLA PASTACALDI
"Die nacht"
Milano, 2003

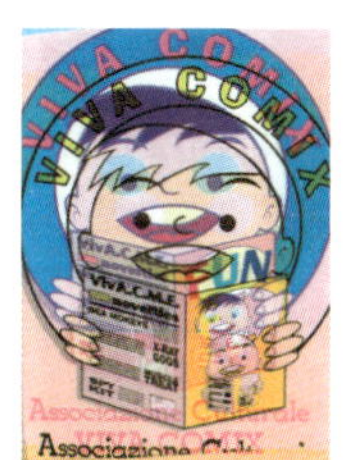

GIUSEPPE COLLOVATI
"Il simbolo dell'associazione Vivacomix"
"The symbol of the Vivacomix Association"
Pordenone, 2002

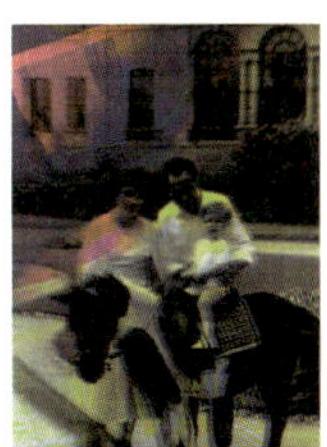

ALBERTO VALERI
"La famiglia"
"The family"
Milano, 2001

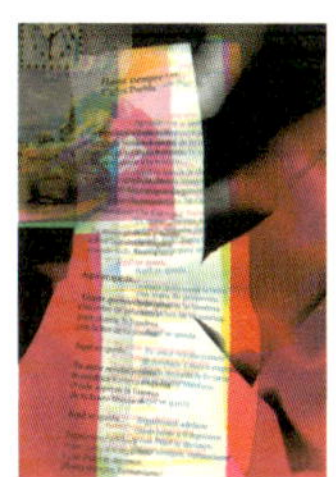

GIOVANNA CALVENZI
"Hasta la victoria!"
Milano, 2001

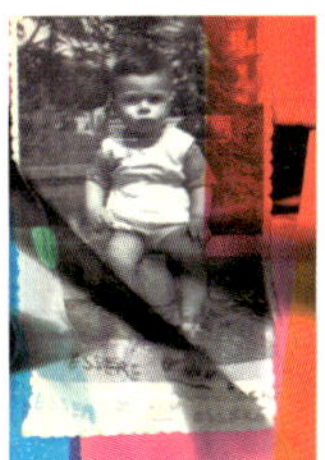

DANILO DE MARCO
"Le utopie si mantengono innocenti attraverso i fallimenti. E questa è la loro forza"
"Utopias remain innocent through failures. Is this their strength?"
Milano, 2003

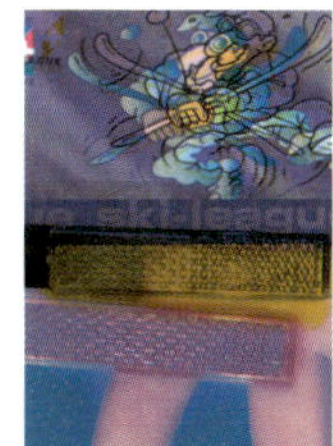

ALESSANDRO CURCIO
"Lo sci"
"Skiing"
Roma, 2003

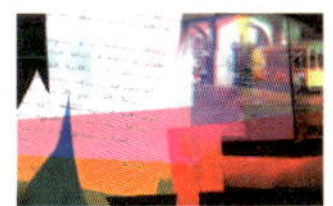

ANDREA KERBAKER
"Fotogramma"
"Frame"
Milano, 2003

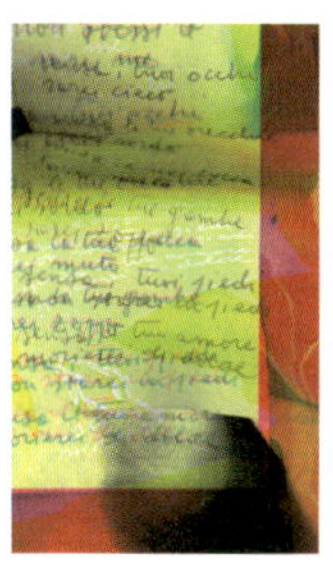

FLAVIA FEMINÒ
"Una poesia di mio marito"
"A poem by my husband"
Milano, 2001

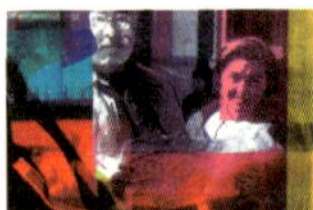

FERNANDA PIVANO
"Con Hemingway sì che avevo provato emozioni che mi sembra impossibile aver meritato, l'emozione di quel suo primo invito a Cortina, l'emozione del suo primo hug, l'emozione del suo: 'Tell me about the Nazi', l'emozione di sentirgli dire perché buttava via le pagine scritte il giorno prima, l'emozione di sentirlo mio maestro di vita e insieme mio maestro, insuperabile, davanti alla pagina scritta"
"Hemingway gave me emotions that I now feel I can't possibly have deserved, the thrill of his first invitation to Cortina, the thrill of his first hug, the thrill of his 'Tell me about the Nazi,' the thrill of hearing him say why he threw away pages written the day before, the thrill of feeling he was my teacher of life and my insuperable teacher of the written word"
Milano, 2003

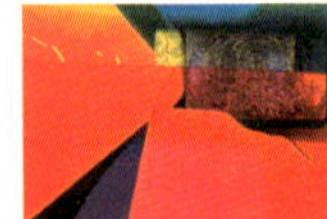

CARLO ODESCALCHI
"Questo oggetto ci è stato regalato per il mio matrimonio, accompagnato da un biglietto: 'Da una anziana signora di Genova al giovane sposo'. Nel marasma dell'evento ho perso quell'affettuoso biglietto e non sono mai riuscito a capire chi me lo avesse mandato. Da allora ho sempre tenuto questo oggetto sul comodino accanto al letto e mi sono domandato più di una volta: perché? Ho capito che era la maniera di ringraziare quella sconosciuta signora a cui dovrei un grazie vero"
"This object was given to us for my wedding, with a card: 'From an elderly lady of Genoa to a young groom.' In the total chaos of the event I lost that card with its affectionate message and never managed to find out who had sent it to me. Since then I have always kept this object on my bedside table and often wondered: why? I have understood it was a way of thanking that stranger to whom I owe my sincere thanks"
Roma, 2003

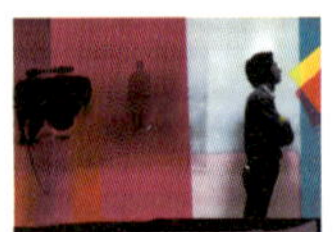

GERMANA STOCCHI
"Non ti vedo, non ti sento, non ti parlo ma ti penso sempre"
"I can't see you, I can't hear you, I can't speak to you but I think of you always"
Milano, 2003

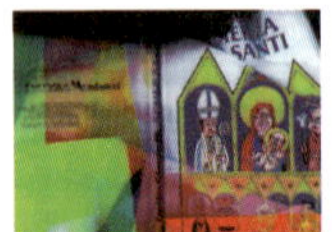

EMILIO GIANNELLI
"Questo libro ebbe delle ripercussioni familiari. Mise a dura prova la fede della mia mamma"
"This book had family repercussions. It severely tested my mother's faith"
Milano, 2003

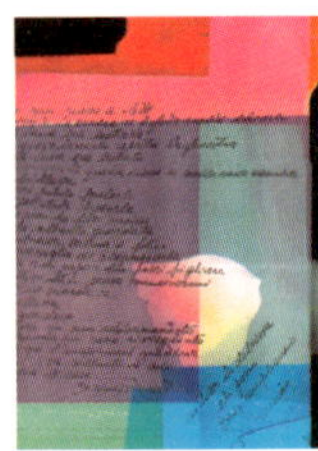

FLAVIO NATALIA
"Maggio"
"May"
Roma, 2003

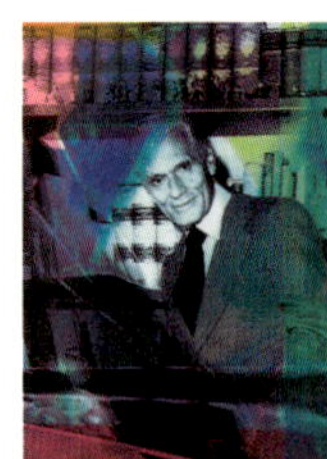

BEATRICE MOSCA
"Tutto ciò che posso immaginare e creare oggi, è nato con te ieri"
"Everything I am able to imagine and create today was born with you yesterday"
Milano, 2003

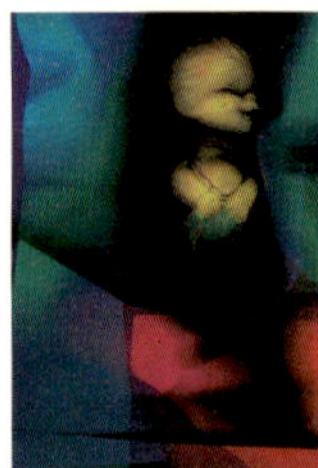

BRUNO DELFINO
"Il mio primo giocattolo. Un pupazzo, un sorriso che sfida il tempo e mi riporta tra le braccia di mia madre"
"My first toy. A doll, a smile that defies time and takes me straight back to my mother's arms"
Milano, 2003

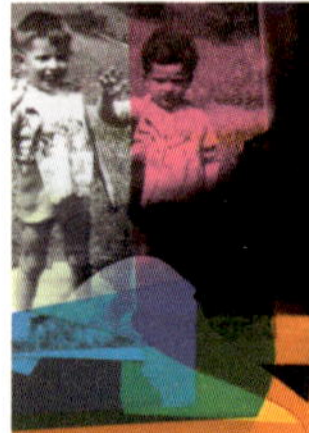

ROBERTO MICHELI
"Non siamo mai stati sulla luna"
"We've never been on the moon"
Roma, 2003

GIANLUIGI COLIN
"Mamma e papà"
"Mom and Dad"
Pordenone, 2002

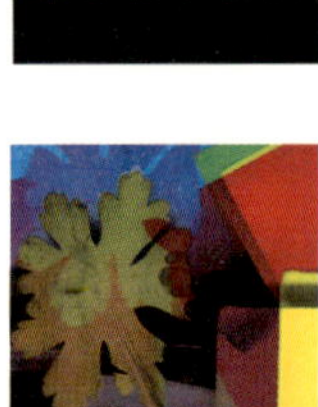

SILVIA PRODAROVA
Balgarija
"Un portafortuna da chi è rimasto sul tetto del mondo per aiutarmi a trovare la strada"
"A lucky charm from someone who stayed on the roof of the world to help me find my way"
Milano, 2003

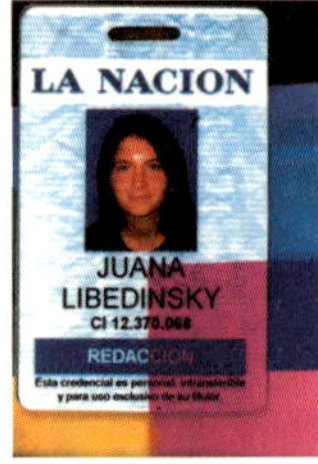

JUANA LIBEDINSKY
Argentina
"Omaggio alla stampa argentina"
"Homage to the Argentinean press"
Buenos Aires, 2002

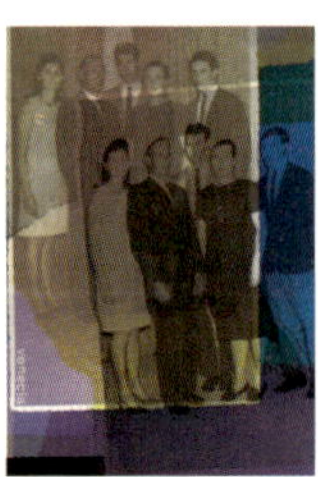

EMILIA AGNOLETTO
Argentina
"La mia famiglia a Venezia"
"My family in Venice"
Buenos Aires, 2002

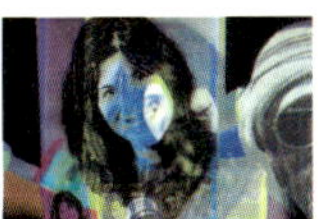

VILETTA LUKAROVA
Balgarija
"Con le mie persone più care. Una non c'è più ma
non c'era ancora"
"With my nearest and dearest. One is no longer there
but wasn't there then either"
Milano. 2002

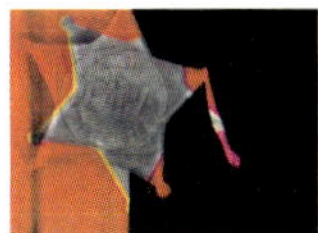

GUSTAVO GIMENEZ
Argentina
"La stella del mio lavoro"
"The star of my work"
Buenos Aires. 2002

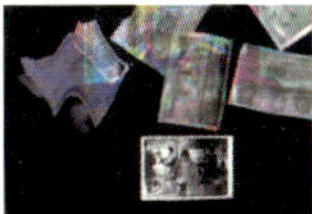

PAOLA CASTELLANI
Italia
"1991: frammenti di un'alba a Shangai"
"1991: fragments of a Shanghai dawn"
Kingshasa. 2002

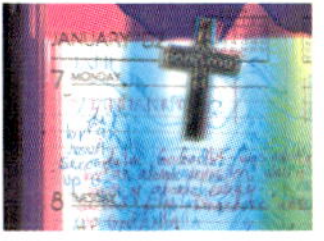

RACHELLE OATMAN
U.S.A.
"'God-Zilla' ti ama"
"'God-Zilla' loves you"
Milano. 2002

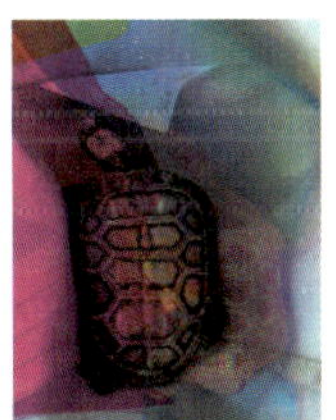

D'JAFAAR MAHADAVI
Iran
"È il simbolo della vita. La tartaruga va lenta ma
arriva sempre"
"It is the symbol of life. The tortoise goes slowly but
always gets there in the end"
Milano. 2001

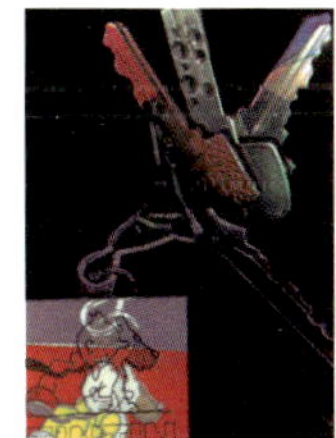

MARIA RAMIREZ
España
"Le chiavi che hanno girato il mondo con me"
"The keys that have been around the world with
me"
Milano. 2001

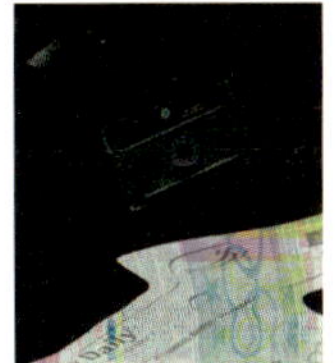

RHODRJ JONES
Wales
"La mia esistenza"
"My existence"
Bologna. 2003

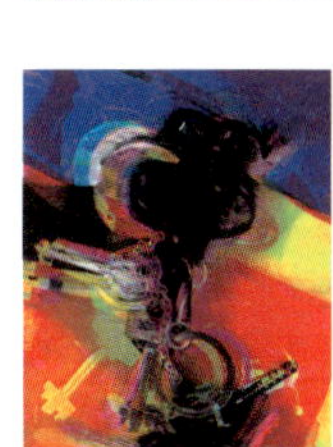

TITTI RINALDI
"Le chiavi del mondo"
"The keys of the world"
Napoli. 2002

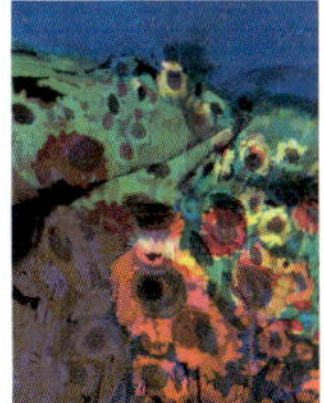

LUIGIA WIESNER
Italia/U.S.A.
"Papaveri"
"Poppies"
Milano. 2001

CHRISTOPH SCHNITZER
Deutschland
"Uso queste cartine per le sigarette da più di ven-
t'anni e le ho sempre con me"
"I have been using these cigarette papers for over
twenty years and I always have them with me"
Milano. 2003

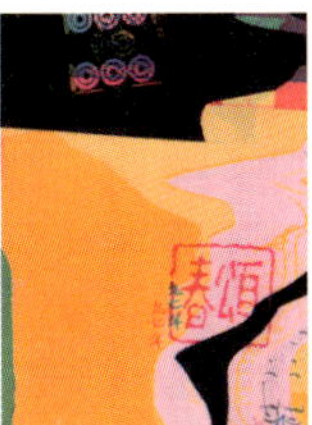

FRAZER MC KINN
Ireland
"Il dado trasparente"
"The transparent dice"
Milano. 2002

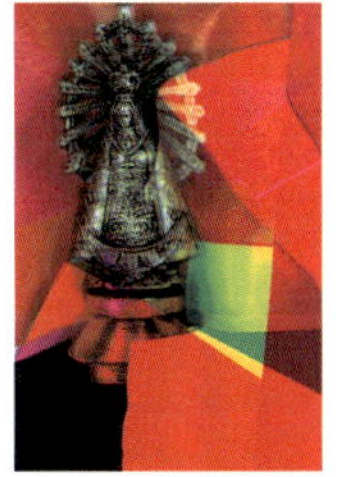

LORELEY GAFFOGLIO
Argentina
"La mia piccola vergine"
"My little virgin"
Milano. 2003

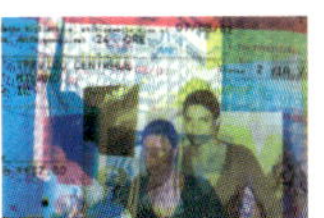

ERIC WILLIAM RINGSBY
U.S.A.
"Il mio biglietto di prima classe"
"My first-class ticket"
Milano. 2003

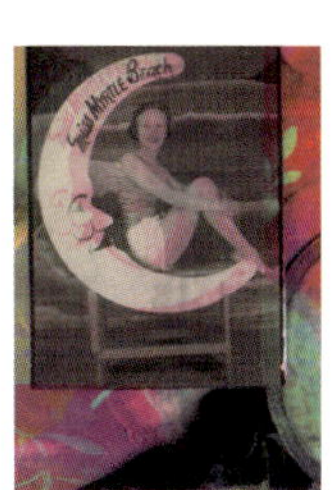

HARLOW TIGHE
U.S.A.
"La mia mamma nella luna"
"My mother in the moon"
Milano. 2001

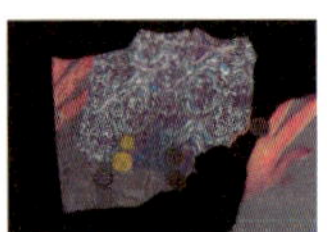

ANNA CURSEAK
Argentina
"Las monedas"
Buenos Aires, 2002

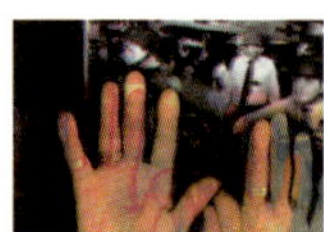

ANGELA BAITANO
Italia/Argentina
"Le mie mani per la libertà"
"My hands for freedom"
Buenos Aires, 2002

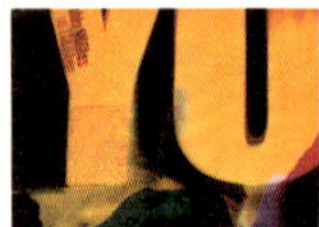

DANIELA BILELLO
Argentina/Italia
"Opera prima"
"First work"
Buenos Aires, 2002

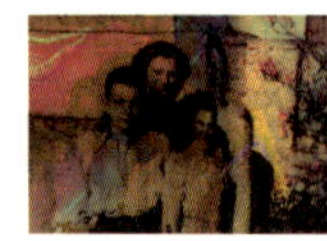

CARMEN RIBON
Argentina
"La mia famiglia. 1942/43 Buenos Aires. Malinconia"
"My family. 1942/43 Buenos Aires. Melancholia"
Buenos Aires, 2002

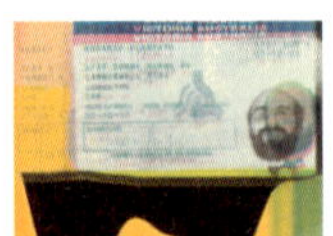

ROSARIO SCARPATO
Italia
"Patente di un italontano: post turista cronico non emigrante"
"Driving licence from a long ago Italy: chronic non-emigrant post-tourist"
Melbourne, 2003

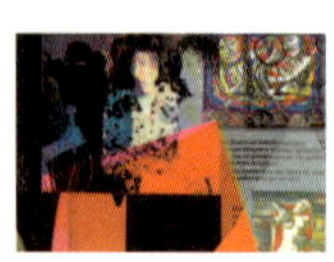

CATALINA FRIEDMANN
Deutschland
"Raquez Forner"
Buenos Aires, 2002

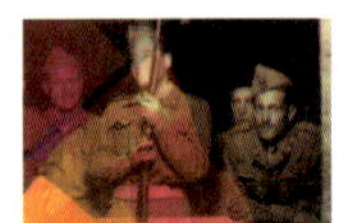

ROBERTO CAROLEI
Italia/Argentina
"Mio padre Biagio (foto in mezzo). La fine della guerra, 1945"
"My father Biagio (the photo in the middle). The end of the war, 1945"
Buenos Aires, 2002

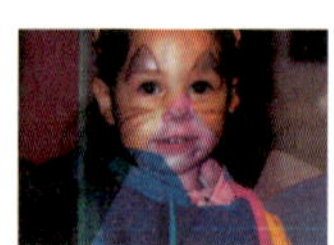

HADAS LIUZZI
Ysra'el
"Purim"
Buenos Aires, 2002

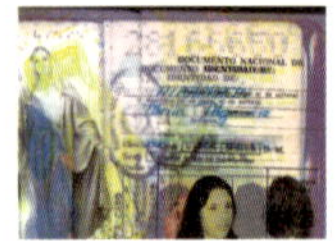

MARIA ALESANDRA ALBARRACIN.
Italia/Argentina
"La f'é"
Buenos Aires, 2002

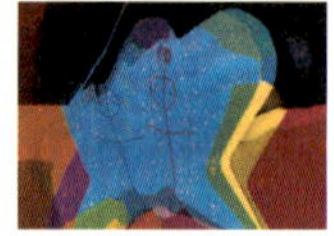

SUSANNE FRANZ
Deutschland/Argentina
"Gatills Schmetterling"
Buenos Aires, 2002

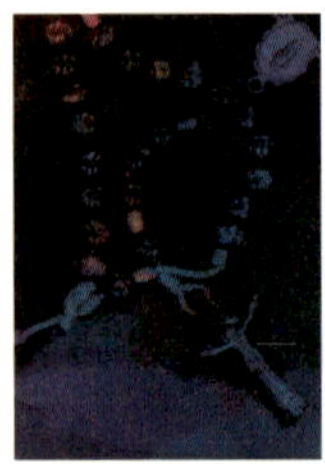

MARTIN CACCERES
Argentina/Italia
"Senza titolo"
"Untitled"
Buenos Aires, 2002

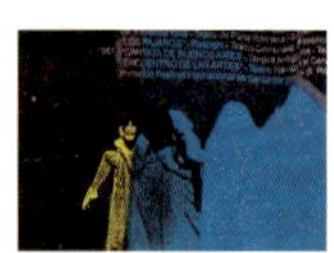

SUSANE ZIMMERMANN
Argentina/Italia
"Corrispondences, 1985"
Buenos Aires, 2002

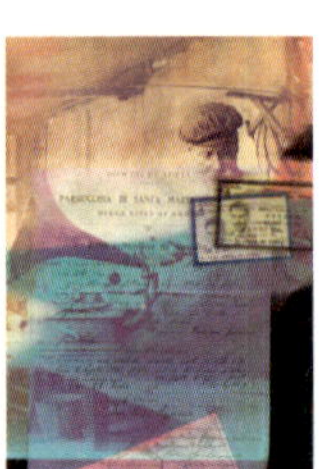

CARLO TRABALL.
Italia/Argentina
"Il nonno, 1968"
"The grandfather, 1968"
Buenos Aires, 2002

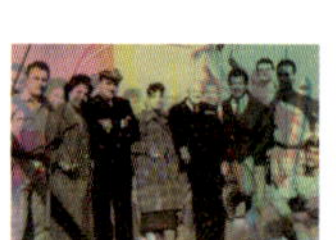

GIORGIO BALESTRA
Italia
"Il mio amico a Buenos Aires a bordo della Freccia Rossa"
"My friend in Buenos Aires on board the Red Arrow"
Buenos Aires, 2002

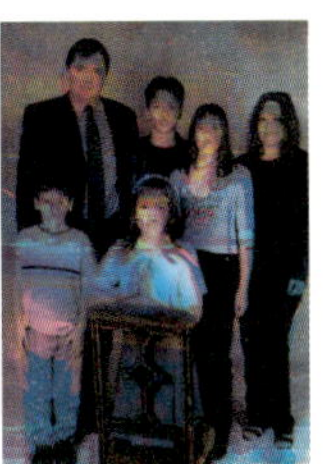

SILVIA MONGIANO
Italia/Argentina
"Prima comunione di Micaela"
"Micaela's First Communion"
Buenos Aires. 2002

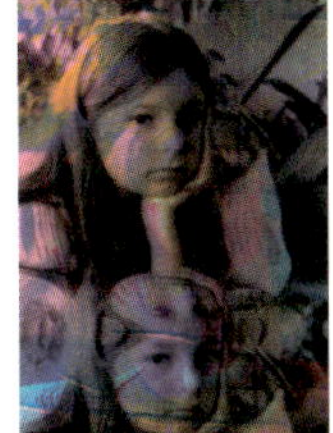

IRENES RIVAS
Argentina
"Quando sarò grande ricorderò la mia infanzia"
"When I grow up I will remember my childhood"
Buenos Aires. 2002

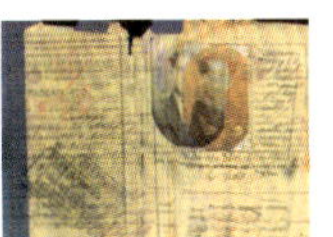

MARIA DI NIETTI
Italia/Argentina
"1925. la foto di mio padre quando è arrivato a Buenos Aires"
"1925. the photo of my father when he arrived in Buenos Aires"
Buenos Aires. 2002

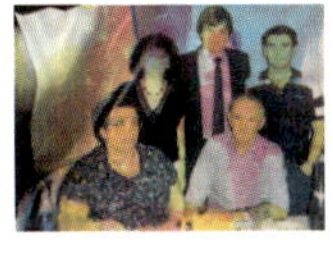

ROBERTO PICCIN
Italia/Argentina
"Il mio giorno di fidanzamento"
"The day of my engagement"
Buenos Aires. 2002

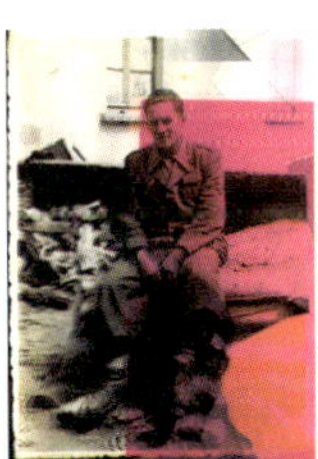

ROBERTO VENTURINI
Italia/Argentina
"Il mio babbo. Liguria. 1942"
"My dad. Liguria. 1942"
Buenos Aires. 2002

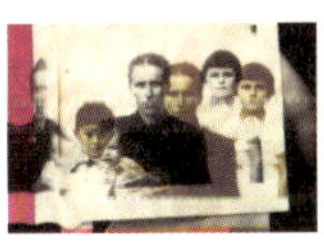

EMILIA AGNOLETTO
Italia/Argentina
"1952. il nostro arrivo in Argentina"
"1952. our arrival in Argentina"
Buenos Aires. 2002

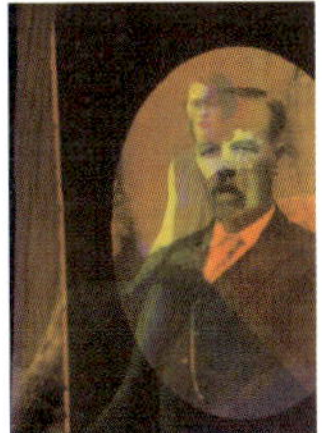

NELLY VIDAL
Italia/Argentina
"Antenati: mio nonno e mia nonna. 1920"
"Ancestors: my grandfather and grandmother. 1920"
Buenos Aires. 2002

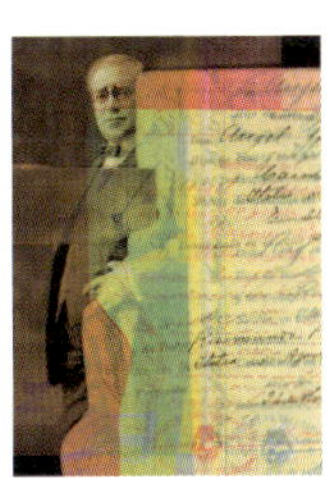

JUAN CARLOS MOSCATO
Italia/Argentina
"Mio nonno. 1920 circa"
"My grandfather. circa 1920"
Buenos Aires. 2002

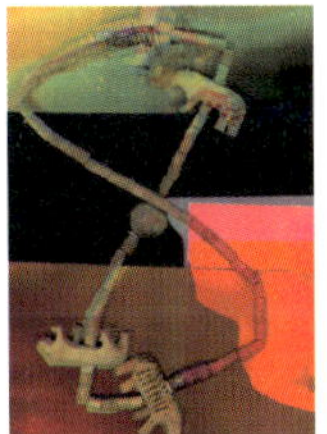

OMAR NGOLI
Senegal
"La collana che porto al collo"
"The necklace I wear around my neck"
Milano. 2003

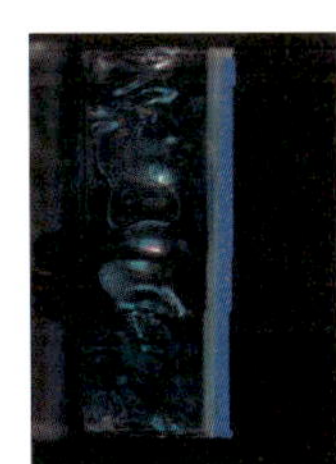

SALVINA SOLIMMA
Italia
"L'acqua dell'oceano che unisce le due sponde"
"Water from the ocean that joins the two shores"
Buenos Aires. 2002

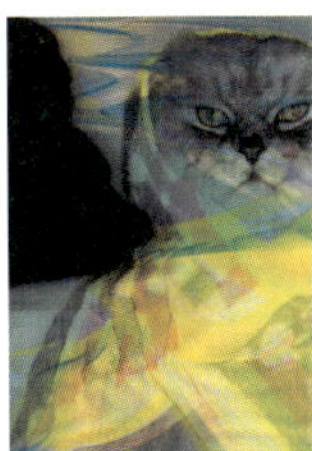

FIORELLA PIRAS
Italia/Argentina
"Sua gattitudine Roccia I"
"His royal catness Roccia I"
Buenos Aires. 2002

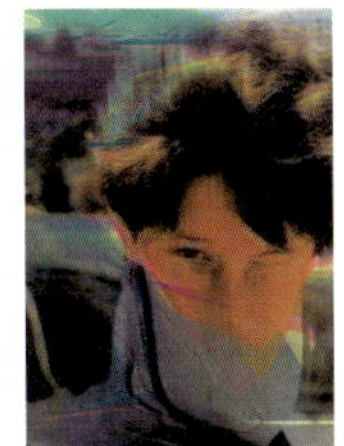

ALEJANDRA VUCCIARIÑO
Italia/Argentina
"Mi hito adoratdo: que este ojito tuyo guiñandose. me espere al final. Te adoro Mam. Recordati que mami te ama mucho"
Buenos Aires. 2002

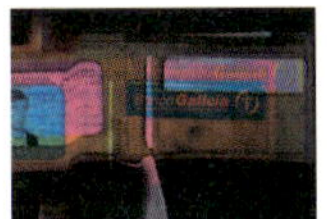

DANIEL RODRIGUEZ
Italia/Argentina
"El corralito"
Buenos Aires. 2002

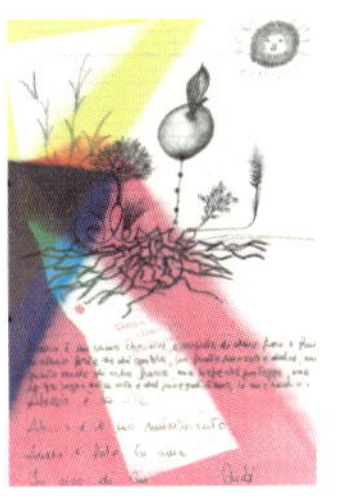

DANIELA GORVIA
Italia/Argentina
"L'amore scoperto a quarant'anni"
"Love discovered at the age of forty"
Buenos Aires. 2002

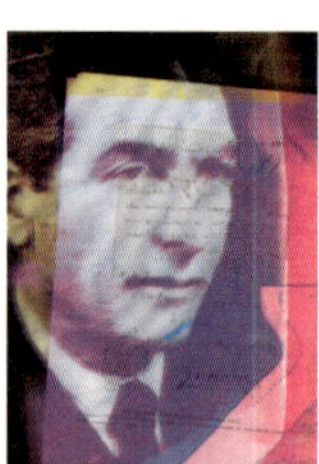

GIORGIO PONGELLI
"1893, Verdi Rinaldi"
Buenos Aires, 2002

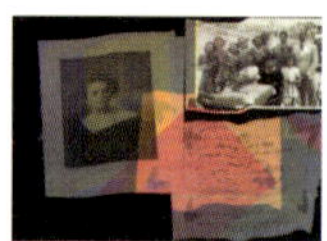

AMALIA JABLADO
Italia/Argentina
"I miei antenati, 1940"
"My ancestors, 1940"
Buenos Aires, 2002

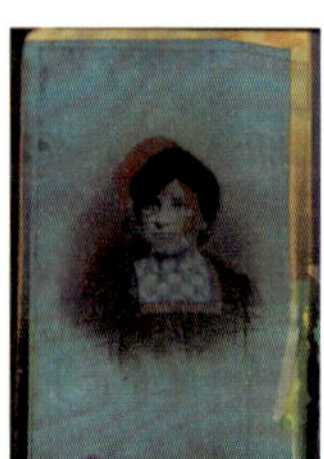

NADIA TOTTO
Italia/Argentina
"Mia nonna Antonia Tremul (in) Corrente, 1910
circa, Capodistria"
"My grandmother Antonia (in) Corrente (née
Tremul), circa 1910, Capodistria"
Buenos Aires, 2002

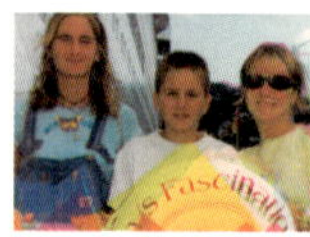

INES ROJAS
Italia/Argentina
"In vacanza, 1992"
"On holiday, 1992"
Buenos Aires, 2002

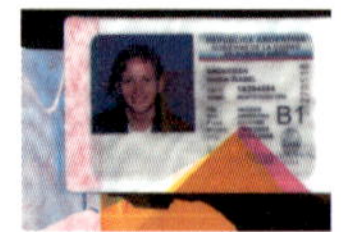

ISABEL GRÜNEISEN
Argentina
"La voz interior"
Buenos Aires, 2002

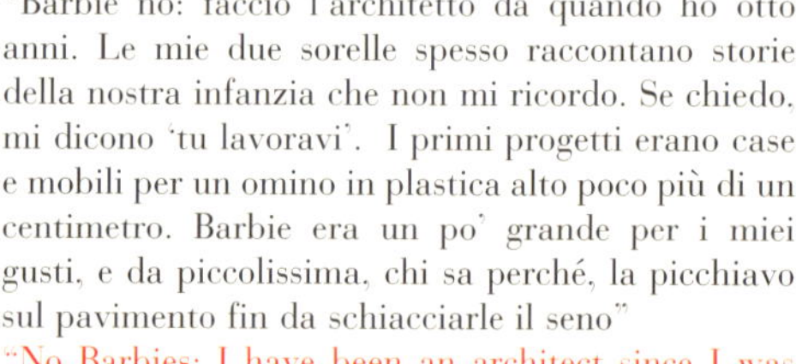

JOHANNA GRAWUNDER
"Barbie no: faccio l'architetto da quando ho otto
anni. Le mie due sorelle spesso raccontano storie
della nostra infanzia che non mi ricordo. Se chiedo,
mi dicono 'tu lavoravi'. I primi progetti erano case
e mobili per un omino in plastica alto poco più di un
centimetro. Barbie era un po' grande per i miei
gusti, e da piccolissima, chi sa perché, la picchiavo
sul pavimento fin da schiacciarle il seno"
"No Barbies: I have been an architect since I was
eight years old. My two sisters often tell stories of
our childhood I don't remember. If I ask they say
'you were working.' My first projects were houses
and furniture for a little plastic fellow about one
centimeter tall. Barbie was a bit big for my tastes
and, who knows why, from when I was very small,
I used to slam her on the floor until I crushed her
breasts"
Milano, 2003

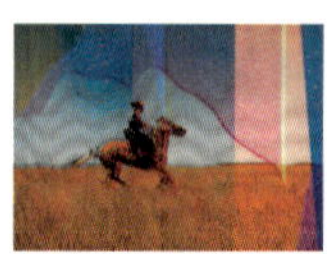

GIANCARLO GOLÈ
Italia/Argentina
"Nella Pampa, bella distesa fertile"
"In the Pampas, a beautiful, fertile land"
Buenos Aires, 2002

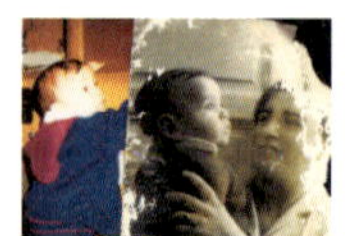

MASSIMO PIMPINICCHI
Italia/Argentina
"Io e mio figlio Alessio 1961-1995"
"Myself and my son Alessio 1961-1995"
Buenos Aires, 2002

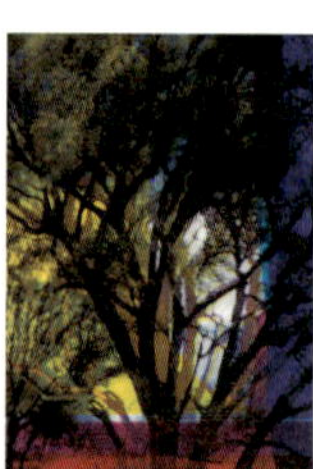

ALICIA RODRIQUEZ
Italia/Argentina
"Alberto, 1997"
Buenos Aires, 2002

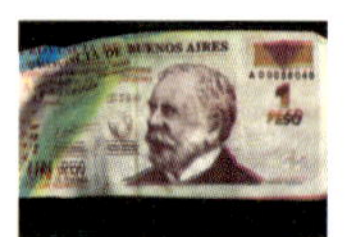

RAUL RODRIGUEZ
Paraguay
"Un *patacon*, simbolo della crisi argentina"
"A *patacon*, symbol of the Argentinean crisis"
Buenos Aires, 2002

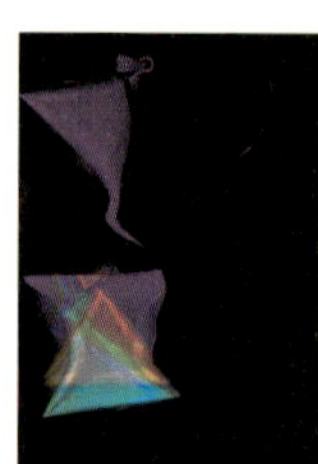

JIVAN ARPITAM
Australia
"Il mio contatto con l'arte"
"My contact with art"
Milano, 2003

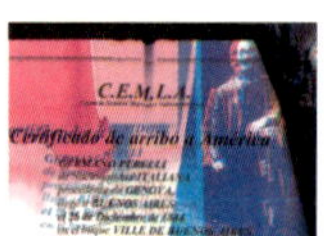

CRISTINA MARTINEZ DE ROMANO
Italia/Argentina
"Raices, 1910"
Buenos Aires, 2002

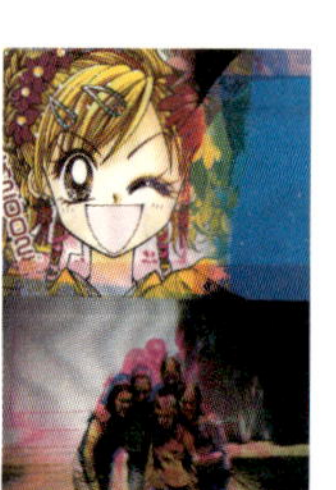

LUNA KIMURA
Japan
"Infinary. Il nome del mio gruppo, 2001"
"Infinary. The name of my band, 2001"
Buenos Aires, 2002

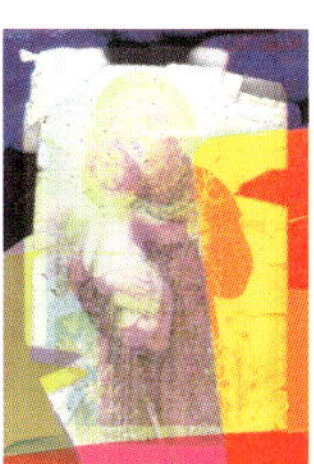

CIRO CACCIOLA
"Nonna Rita"
"Grandmother Rita"
Napoli. 2002

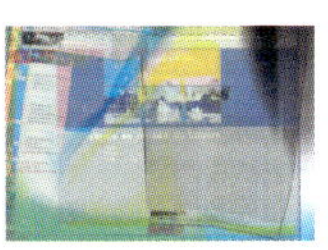

http://www.louvre.fr/
(2003)

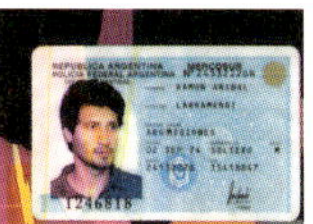

RAMON LAZZAMENDI
Argentina
"Yo"
Buenos Aires. 2002

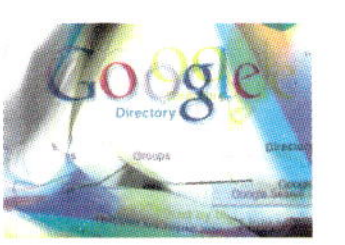

http://www.google.com
(2003)

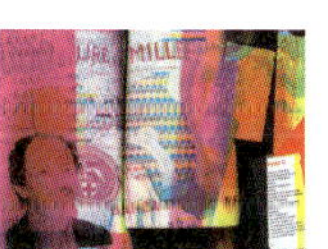

GIANNI CERAMI
"Calendario"
"Calendar"
Napoli. 2002

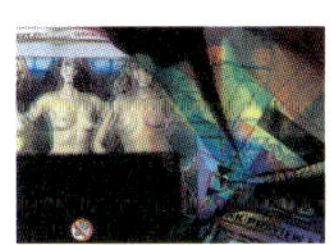

http://www.playboy.com
(2003)

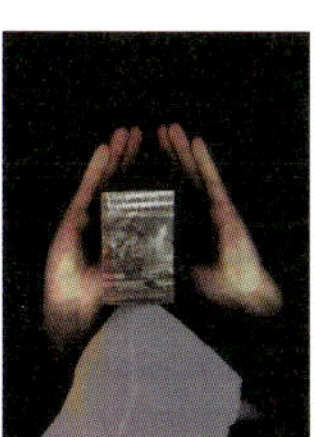

MONICA LOPEZ
Italia/Argentina
"Pranoterapeuta"
"Pranotherapist"
Buenos Aires. 2002

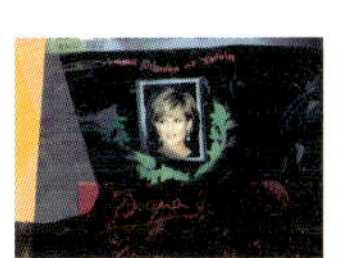

http://www.geocities.com/Colosseum/Sideline/4340
/diana.html
(2003)

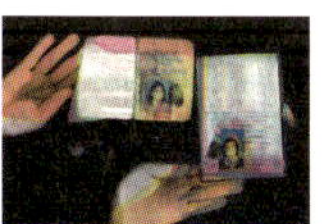

NATALIA ZIEGLER
Italia/Argentina
"Juntos insieme"
Buenos Aires. 2002

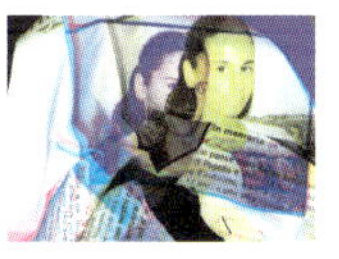

http://www.popolis.it/DESIRE.ASP
(2003)

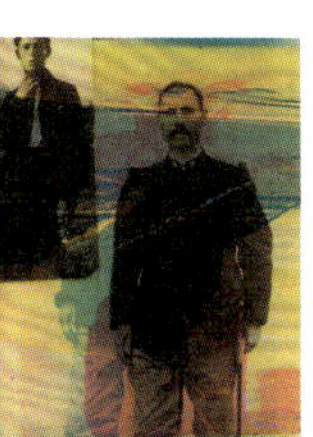

SUSANA DI NETTI
Argentina
"Mio nonno José e mio zio Stefano"
"My grandfather José and my Uncle Stefano"
Buenos Aires 2002

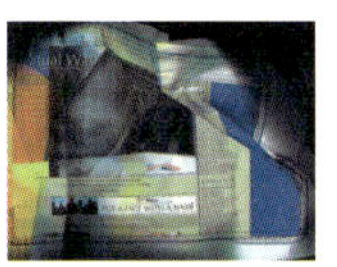

http://www.thevirtualwall.org/
(2003)

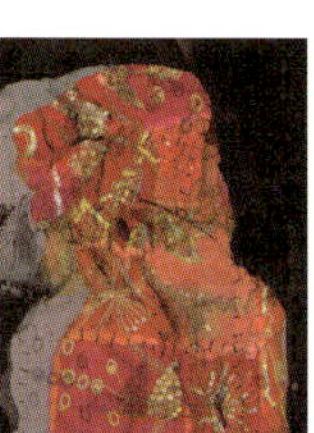

IDA CRIFO
"Partire"
"Leaving"
Napoli. 2002

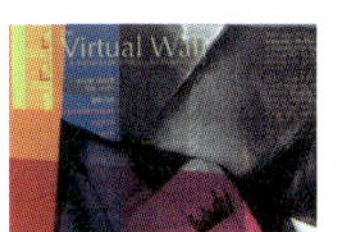

http://www.thevirtualwall.org/
(2003)

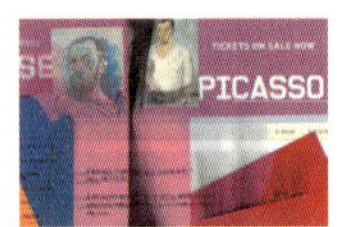

http://www.moma.org/index_noflash.html
(2003)

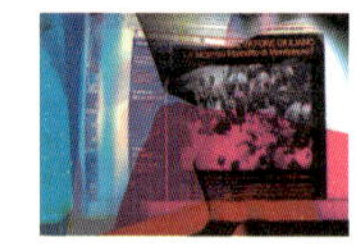

http://www.misteriditalia.com/giuliano/fine/
(2003)

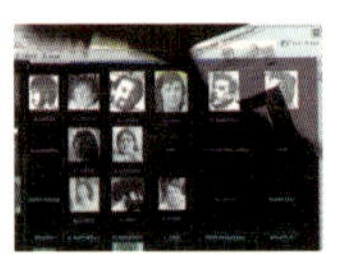

http://www.angelfire.com/band/snack/personaggi.h
tm
(2003)

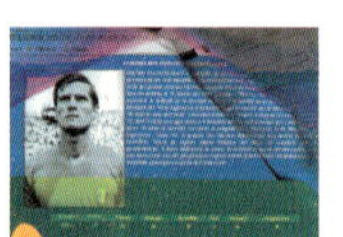

http://digilander.libero.it/azzurriweb/storia/gran-
di_del_passato/facchetti.htm
(2003)

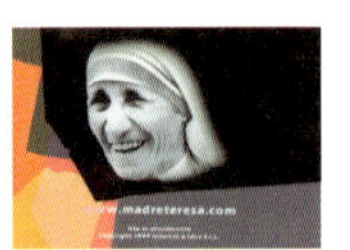

http://www.madreteresa.net/
(2003)

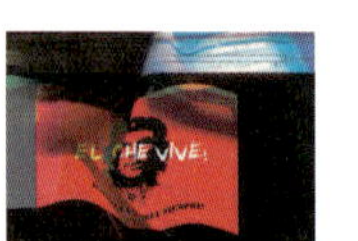

http://www.che-lives.com/
(2003)

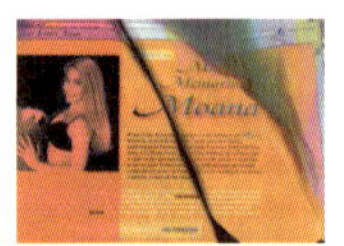

http://www.moanapozzi.com/
(2003)

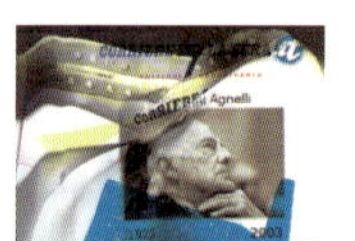

http://www.corriere.it/
(2003)

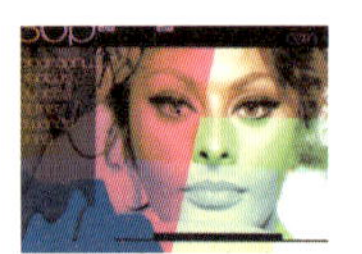

http://www.sophialoren.com/
(2003)

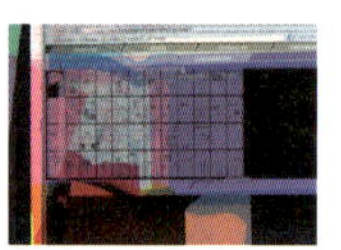

http://www.newseum.org/todaysfrontpages/default.
asp?page=1
(2003)

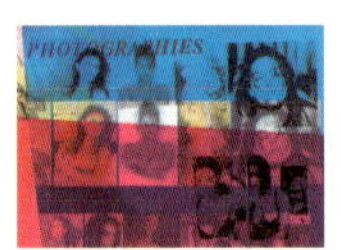

http://www.arana.free.fr/repphoto.html
(2003)

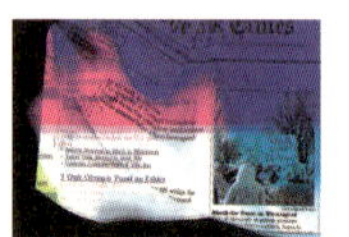

http://www.nytimes.com/
(2003)

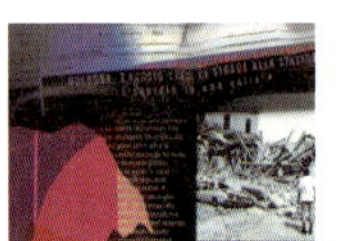

http://www.misteriditalia.com/lestragi/bologna/bolo
gna.html
(2003)

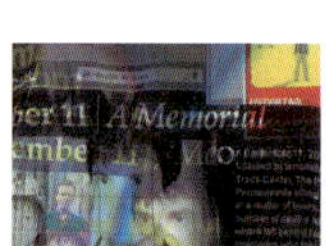

http://www.cnn.com/SPECIALS/2001/memorial/
(2003)

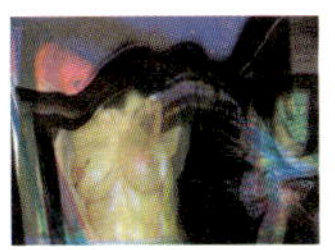

http://www.playboy.com/magazine/current/play-mate.html
(2003)

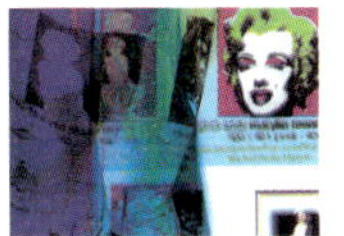

http://images.google.com/images?q=MONROE+MARYLIN&ie=ISO-8859-1&hl=en&btnG=Google+Search
(2003)

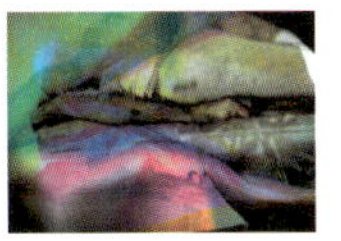

http://poetry.rotten.com/blonde/0001/
(2003)

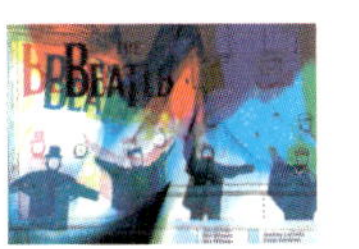

http://www.thebeatles.com/
(2003)

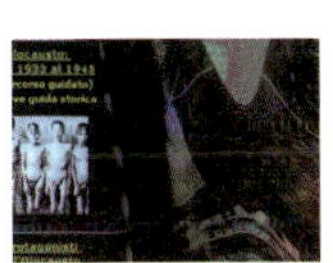

http://www.olokausos.org/
(2003)

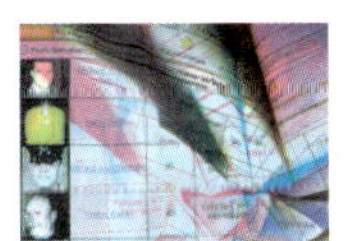

http://www.cnn.com/SPECIALS/2001/memorial/Lists/by-name/page5.html
(2003)

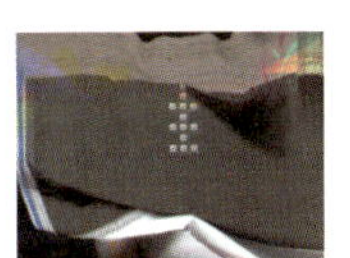

http://www.colin.it/ingresso.htm?ita
(2003)

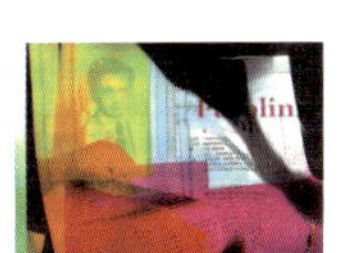

http://www.Pasolini.it/

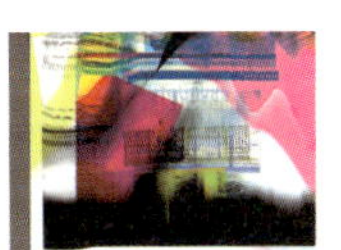

http://www.corriere.it/speciali/front_usa.shtml
(2003)

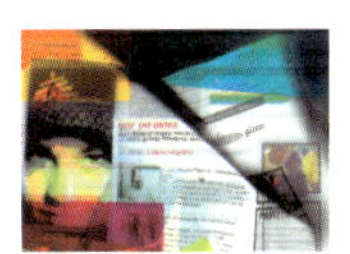

http://www.medicisenzafrontiere.it/msfinforma/

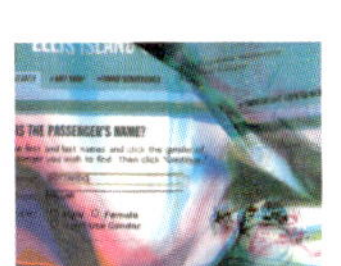

http://www.ellisisland.org/search/passSearch.asp?
(2003)

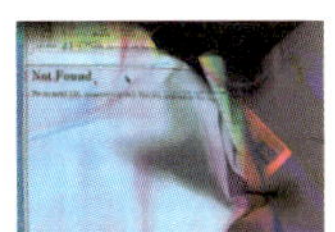

http://ueb.superlink.net/nemesis/computers.html
(2003)

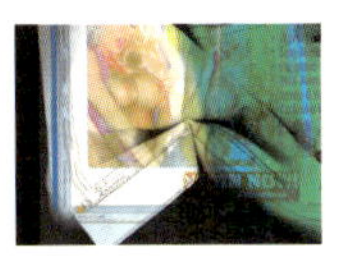

http://www.playboy.com/cyberclub/cybertour/index.html?magazine_0203
(2003)

Per saperne di più su Charta ed essere
sempre aggiornato sulle novità entra in

To find out more about Charta, and to learn
about our most recent publications, visit

www.chartaartbooks.it

Finito di stampare nel mese di marzo 2003
presso le Arti Grafiche Friulane S.p.A., Tavagnacco (Udine)
per conto di Edizioni Charta